Toni Breuer

Iberische Halbinsel

Topographische Karte der Iberischen Halbinsel

Wissenschaftliche
Länderkunden

Iberische Halbinsel

Spanien, Portugal

Toni Breuer

Mit 151 Abbildungen
und 64 Tabellen

Originalzitat aus: José Saramago:
A Jangada de Pedra. Romance.
Lisboa: Editorial Caminha 1986,
S. 214.
Übersetzung aus: José Saramago:
Das steinerne Floß. Roman.
Deutsch von Andreas Klotsch.
Reinbek bei Hamburg: Rowohlt
1994 (= rororo, Nr. 22305),
S. 265.

Tirando o caso da Galiza, caso e região puramente periféricos, ou, com outro rigor, apendiculares, a Espanha está ao abrigo das consequências mais nefastas do abalroamento, visto que, substancialmente, Portugal lhe serve de tampão ou pára-choques.

Abgesehen vom Falle Galicien, einem so peripheren wie die Region selber, oder anders und strenger gesagt, einem appendikularen, ist Spanien geschützt vor den schlimmsten Auswirkungen des Aufpralls, da Portugal ihm substantiell als Prellbock oder Stoßdämpfer dient.

Die Deutsche Nationalbibliothek verzeichnet diese Publikation
in der Deutschen Nationalbibliografie;
detaillierte bibliografische Daten sind im Internet über
http://dnb.d-nb.de abrufbar.

© 2008 by WBG (Wissenschaftliche Buchgesellschaft), Darmstadt
Die Herausgabe des Werkes wurde
durch die Vereinsmitglieder der WBG ermöglicht.
Redaktion: Dr. Barbara Welzel, Göttingen
Layout Satz und Prepress: schreiberVIS, Seeheim
in Zusammenarbeit mit Elke Göpfert, Mörlenbach-Weiher
Fotos: Der Autor, wenn nicht anders angegeben
Umschlagfotos: Der Autor
Gedruckt auf säurefreiem und alterungsbeständigem Papier
Printed in Germany

Besuchen Sie uns im Internet: www.wbg-darmstadt.de

ISBN 978-3-534-14785-4

Inhaltsverzeichnis

Vorwort

Der erstmalige Kontakt mit Kork als Baumrinde, der Duft der blühenden Macchie, die Adelspaläste der Konquistadoren in der Extremadura, die Wasserspiele im Garten des Generalife in Granada – das sind sinnliche Primärerfahrungen. Engagierte akademische Lehrer vermittelten mir als Student auf Exkursionen ebenso wie im Hörsaal eine bis dahin nur oberflächlich wahrgenommene Welt, für die ich mich gern begeistern ließ. Zeitgleich mit der subjektiv erfahrenen Faszination der Mediterraneïs erfuhr ich als Studierender noch im Grundstudium die fachinterne Diskussion über den Stellenwert der wissenschaftlichen Länderkunde, markiert durch den Kieler Geographentag von 1969. Rückblickend steht er für den Beginn eines Paradigmenwechsels in der Geographie.

Inzwischen sind fast vier Jahrzehnte vergangen. Die Globalisierung bescherte unserer Alltagswahrnehmung durch Verkürzung der Zeitdistanzen eine virtuelle Schrumpfung des geographischen Raumes ebenso wie eine Nivellierung regional-spezifischer Charakteristika. In den Frischwaren-Abteilungen unserer Supermärkte sind Erdbeeren aus Huelva und Frühgemüse aus Murcia bzw. Almería zum Regelangebot geworden. Weine aus klangvollen Herkunftsgebieten wie der rote Rioja oder der weiße Vinho Verde stehen inzwischen in den Regalen unserer Lebensmittel-Discounter. Autos weltbekannter Hersteller werden an portugiesischen und spanischen Standorten für den gesamten europäischen Markt produziert. Für den preisbewussten All-inclusive-Touristen sind Ziele an den spanischen Küsten austauschbar mit Destinationen in der Dominikanischen Republik. Diese Alltagserfahrung blieb auch für die akademische Lehre nicht folgenlos: Dissertationsthemen mit regionalem Bezug zur Iberischen Halbinsel finden eher verhaltenes Interesse. Exkursionsangebote nach Spanien oder Portugal gelten als nur begrenzt attraktiv, falls alternativ „exotischer" scheinende Ziele in Übersee zur Wahl stehen.

Die ehemals heftige wissenschaftliche Diskussion über die Funktion der regionalen Geographie ist in den Hintergrund getreten. Dabei ist diese Frage inzwischen keineswegs zufriedenstellend geklärt. Aber sie steht nicht mehr zentral für das Selbstverständnis des Faches. Konsequenterweise wird auch der regional-geographischen Forschung inzwischen ein nachrangiger Stellenwert beigemessen. Das ist durchaus erstaunlich, denn gleichzeitig wächst außerhalb der akademischen Welt das Bedürfnis nach regional-spezifischer Artikulation in Europa. Ursächlich dafür sind nicht zuletzt die Rückstufung der EU-Binnengrenzen und der gleichzeitig wachsende politische Einfluss der zentralen Brüsseler Institutionen, deren als nivellierend empfundene Reglementierungen in den einzelnen Mitgliedsstaaten zunehmend auf Kritik stoßen. Diese Kritik begünstigt die Rückbesinnung auf regionale Kulturtraditionen und regionale Identität. Im politischen Kontext nimmt das Gewicht der Regionen zu. Damit erwächst aus dem Unbehagen an der Globalisierung als Gegenbewegung eine Stärkung des regionalen Bewusstseins ebenso wie ein neu erwachtes Interesse an regional-spezifischen Informationen.

Wenn vor diesem Hintergrund nunmehr eine Länderkunde der Iberischen Halbinsel vorgelegt wird, so sind kontroverse Einschätzungen und Bewertungen zu erwarten. Andererseits hoffe ich, dass es mir mit diesem Buch gelingen möge, dem interessierten Leser einen Eindruck vom facettenreichen Spektrum des iberischen Kulturraums zu vermitteln.

Regensburg, im September 2007
T. Breuer

Iberische Halbinsel – Ansätze einer Gliederung

Die geographische Perspektive:
Einheit oder Differenzierung?

Die kompakte, quasirechteckige Umrisskonfiguration der Iberischen Halbinsel veranlasste den Griechen Strabo, sie mit einer Rinderhaut zu vergleichen: „Es gleicht einer in der Länge von Westen gegen Osten ausgebreiteten Rindshaut, welche ihre vordern Theile nach Osten zu gekehrt hat, die Breite aber geht von Norden nach Süden" (Strabo, Geographia III.1.3); zit. n. Forbiger 1857).

In der Moderne fasziniert eher die vielfältige naturräumliche und kulturelle Differenzierung, die für die schmeichelhafte Charakterisierung als „kleiner Kontinent" (Schacht 2004, S. 6) Anlass gibt. Mit einer Festlandsfläche von 581 680 km^2 (davon 492 712 km^2 spanisches Festland und 88 968 km^2 portugiesisches Festland) übertrifft die westlichste und größte der drei südeuropäischen Halbinseln die Fläche von Deutschland (357 000 km^2) um mehr als das Anderthalbfache. Auf die nur wenig zerklüftete Küstenlinie entfallen sechs Siebtel der Außengrenzen der Halbinsel. Das restliche Siebtel bildet die ca. 700 km lange Kammlinie der Pyrenäen, die als zonal orientierte Gebirgsbarriere die Iberische Halbinsel mit einer Landschaftsgrenze erster Ordnung gegen das übrige Europa abgrenzt. Die Wirksamkeit dieser natürlichen Gebirgsbarriere manifestiert sich u. a. in der seit 1659 unverändert bestehenden spanisch-französischen Territorialgrenze.

Die Bezeichnung „Iberische Halbinsel" geht auf Alexander von Humboldt zurück, der sich 1825 in einem Briefwechsel mit Heinrich Berghaus auf die griechische Bezeichnung für einen „in die Osthälfte der Halbinsel eingewanderten nordafrikanischen Volksstamm der Iberer" (Lautensach 1964, S. 17) bezog. Deutsche Schulatlanten benutzten noch nach dem Zweiten Weltkrieg die aus der zweiten Hälfte des 19. Jh. stammende Bezeichnung „Pyrenäen-Halbinsel" (so z. B. die 88. Auflage des „Diercke Weltatlas" von 1948). Aus geographischer Sicht ist diese Bezeichnung wenig sinnvoll, weil die Pyrenäen die Halbinsel gegen das restliche Europa abriegeln und nicht (wie beispielsweise im Falle des Apennin) als morphologische Struktureinheit prägen. Die Iberische Halbinsel teilen sich heute im Wesentlichen die beiden Staaten Spanien und Portugal, deren Namen sich wiederum auf römische Provinzbezeichnungen zurückführen lassen: Der römische Name (Provincia) „Hispania" leitet sich mutmaßlich von einem phönizischen Wortstamm ab, der Name „Portugalensis Provincia" wird 841 erstmals als Territorialbezeichnung verwendet und geht auf die römische Niederlassung Portus Cale (heute: Vila Nova de Gaia) an der Douro-Mündung im Bereich der heutigen Stadt Porto zurück.

Der Verlauf der Staatsgrenze zwischen Spanien und Portugal ist ausschließlich historisch bedingt. Eine naturräumliche Begründung für die Grenzziehung ist weder im großen Maßstab noch im Detail gegeben. Die Konfiguration und die naturräumliche Ausstattung der Iberischen Halbinsel unterstreichen somit nachdrücklich deren Charakter als räumliche Einheit.

Hervorgegangen aus römischen Provinzen, haben die beiden iberischen Staaten – Spanien und Portugal – heute auch beträchtliche historische Gemeinsamkeiten. Sie reichen vom Mittelalter (Maurenzeit und Reconquista) über die frühe Neuzeit (die Glanzzeit Spaniens und Portugals als imperiale Weltmächte) bis zum 20. Jh. (mit dem Verlust der letzten Kolonien und dem gemeinsamen späten Anschluss an das Europa des 20. Jh.). In der Summe folgt daraus eine gemeinsame, auf römischen Wurzeln gegründete iberische Kulturtradition.

Ungeachtet der Tatsache, dass historische ebenso wie konventionelle geographische Gesichtspunkte für eine räumliche Einheit der Iberischen Halbinsel sprechen, gibt es doch nicht minder gewichtige Argumente, die diese scheinbare Homogenität wiederum infrage stellen. So macht man sich beispielsweise selten bewusst, dass sich mit Spanien, Portugal, Andorra (468 km^2) und dem britischen Gibraltar (6,5 km^2) vier verschiedene politische Territorien auf der Halbinsel befinden. Das Flächenverhältnis der beiden größten Staaten ist darüber hinaus alles andere als ausgewogen: Mit den erwähnten 88 968 km^2 nimmt Portugal nur etwa ein Fünftel, Spanien hingegen die restlichen vier Fünftel der Fläche der Iberischen Halbinsel ein.

Diesem Missverhältnis entspricht ein nicht minder großes wechselseitiges Misstrauen zwischen beiden Ländern, dessen Wurzeln historisch weit zurückreichen und das man auch nicht als „Geplänkel", wie es oft in der Verwandtschaft zwischen Vettern an der Tagesordnung ist, verniedlichen sollte. Für Portugal war bereits die Vertreibung der Mauren im Mittelalter gleichzeitig ein Kampf gegen die Expansionspolitik der kastilischen Krone. Seither nehmen die Portugiesen den großen Bruder Spanien im Osten immer wieder als aggressiven Nachbarn wahr. Sie erklären dies mit der kriegerischen Erfahrung eines rund 300 Jahre länger dauernden Kampfes gegen die Maurenherrschaft ebenso wie mit der jahrhundertealten spanischen Praxis der Unterdrückung ethnischer Minderheiten in Katalonien, im Baskenland sowie (abgeschwächt) in Galicien, dem man sich sprachlich verbunden weiß. Besonders breite Akzeptanz findet bei Portugiesen der historische Vorwurf, dass Spanien zwischen 1580 und 1640 in der Zeit der Personalunion mit dem portugiesischen Königreich den Niedergang des portugiesischen Imperiums maßgeblich mit verursacht habe. Die wissenschaftliche historische Bewertung dieser Epoche geht zwar davon aus, dass Portugal auch unter anderen Umständen sein Riesenimperium gegen die Niederlande, Frankreich und England nicht dauerhaft hätte verteidigen können, dennoch ist diese Einsicht auch intellektuellen Portugiesen nur schwer zu vermitteln.

Die latente Aversion zwischen Spanien und Portugal ist inzwischen – nicht zuletzt dank der EU-Mitgliedschaft beider Staaten – einer zweckorientierten politischen Zusammenarbeit innerhalb der EU gewichen. Mit finanzieller Unterstützung aus dem europäischen Regionalfonds wurden auch Grenzübergänge ausgebaut bzw. neu geschaffen (wie z. B. eine Brücke über den Guadiana), was allerdings nichts an der Tatsache ändert, dass die Grenzübergänge für den Straßen-Güterverkehr auf einer Gesamtlänge von ca. 1300 km im Durchschnitt mehr als 100 km auseinanderliegen. Die tatsächliche Nutzung dieser Grenzübergänge liegt weit unter der Inanspruchnahme vergleichbarer europäischer Staatsgrenzen. Die mental weiterhin vorhandenen wechselseitigen Vorbehalte zwischen dem „kleinen" und dem „großen" Bruder werden in den Köpfen der Bevölkerung noch lange Zeit wirksam bleiben. Auch auf politischer Ebene überlebt die historisch gewachsene Rivalität in Form eines verschärften Konkurrenzdenkens zwischen beiden iberischen Brudernationen.

Die viel besprochene Einheit der Iberischen Halbinsel wird durch die sprachliche Differenzierung ebenso infrage gestellt: So sprechen die Portugiesen Portugiesisch, die Spanier hingegen „Kastilisch" (*castellano*). Diese sprachliche Nuance lenkt den Blick auf die Tatsache, dass es innerhalb Spaniens ethnische Minderheiten gibt, die sich in erster Linie über ihre Eigensprachlichkeit identifizieren. Dies sind die Basken, die Katalanen und die Galicier. Das heutige Portugiesisch geht auf einen galicischen Dialekt zurück. Er löste am Ende des 13. Jh. im damaligen Königreich Portugal Latein als Amtssprache ab. Aus diesem Dialekt entwickelte sich die heutige portugiesische Sprache, deren Etablierung u. a. durch die Gründung der ersten portugiesischen Universität – Coimbra (1290/1308) – wesentlich forciert wurde. Auf spanischem Territorium wurde die Eigensprachlichkeit der ethnischen Minderheiten in der Vergangenheit immer wieder heftig bekämpft und unterdrückt, eben weil man darin die Gefahr der Abspaltung und damit eines Zerfalls des spanischen Nationalstaates sah. Inzwischen hat Spanien dieses Problem durch das Konzept der Regionalisierung weitgehend entschärft (vgl. Kapitel „Geschichte und Politik"). Für die Perspektive einer traditionellen Raumgliederung bleibt festzuhalten, dass es aus historisch-politischer Sicht eine Reihe guter Argumente gibt, die gleichermaßen für wie auch gegen die Konzeption der Iberischen Halbinsel als homogener Teilraum Europas sprechen.

Die geopolitische Perspektive

Eine weitere Perspektive zur Behandlung der Iberischen Halbinsel bieten die geopolitischen Lagebeziehungen: Am portugiesischen Cabo da Roca (9° 29' 50" westlicher Länge; s. Abb. 1) erreicht das festländische Europa seinen äußersten westlichen Punkt. Den entsprechenden Namen „Ende der Welt" beansprucht allerdings (neben weiteren vergleichbaren Lokalitäten an der westeuropäischen Küste) das spanische Cabo Finisterre (9° 17' 29"

Abb. 1: Cabo da Roca (Portugal) – der westlichste Punkt Festlandeuropas (9°29'50" westlicher Länge)

westlicher Länge). Im europäischen Kontext markiert die Iberische Halbinsel damit die Außengrenze Europas im äußersten Südwesten. Dieser geographischen Randlage zu Mitteleuropa entspricht gleichzeitig ein wirtschaftliches Entwicklungsgefälle: „Um das wirtschaftlich pulsierende Zentrum Europas legt sich ein Kranz von Problemgebieten am Süd- und Westrand und nun auch am Ostrand der Gemeinschaft" (Miosga 1995, S. 145). Gemessen am regionalen Bruttoinlandsprodukt liegen die meisten Regionen der Iberischen Halbinsel (noch) deutlich unter dem Durchschnitt der EU. Selbst die wirtschaftsschwächsten Regionen in Frankreich oder Deutschland werden auf der Iberischen Halbinsel nur von wenigen (meist metropolitanen) Regionen an Wirtschaftskraft übertroffen. Der geographischen Randlage innerhalb der Europäischen Union entspricht damit in wirtschaftlicher Hinsicht ebenfalls eine Randstellung, bei der sich die Mehrzahl der iberischen Regionen nunmehr Seite an Seite mit Osteuropa in dem Bestreben findet, ihre wirtschaftliche Rückständigkeit aufzuholen.

An der Straße von Gibraltar schließlich begegnen sich der europäische und der afrikanische Kontinent – und zwar auf einer Distanz von nur 15 km. Die Meerenge von Gibraltar trennt dabei nicht nur formal zwei Kontinente, sondern gleichzeitig zwei sehr verschiedene Kulturerdteile im Sinne von Kolb (1962), nämlich das islamisch-orientalische Nordafrika und Europa mit seiner christlich-abendländischen Kulturtradition (s. Abb. 2). Konkret manifestiert sich diese kulturelle Grenzsituation in den spanischen Exklaven Ceuta und Melilla, die inzwischen zu Vorposten der Europäischen Union auf afrikanischem Boden geworden sind. Meyer (2005) stellt zwar den Kolb'schen Begriff der Kulturerdteile infrage, räumt aber im Hinblick auf die konkrete Situation in Ceuta und Melilla ein, dass nach dem „all-

Abb. 2: *Der Felsen von Gibraltar markiert seit der maurischen Invasion im 8. Jh. bis heute die Kontaktstelle zwischen Orient und Okzident in Westeuropa.*

tagsweltlichen Verständnis der Menschen vor Ort [...] die Religion das Hauptkriterium für die Definition von Kultur" bildet (Meyer 2005, S. 99).

Dem Gegensatz zwischen religiös fundierten kollektiven Identitäten in den spanischen Exklaven auf nordafrikanischem Boden entsprechen auf der Makroebene erhebliche demographische, soziale und ökonomische Disparitäten zwischen den nördlichen und den südlichen Anrainerstaaten des Mittelmeers (vgl. Tab. 1). Die Folge ist ein ständig steigender Migrationsdruck, der Spanien ebenso wie Portugal vor bislang nicht gekannte innenpolitische Probleme stellt. In den Südregionen der Iberischen Halbinsel sind Nordafrikaner inzwischen zur stärksten ethnischen Minderheit geworden. Daraus erwachsene Konflikte haben im lokalen Einzelfall in beiden großen iberischen Ländern bereits das Gespenst der Xenophobie heraufbeschworen.

Die periphere Randlage der Halbinsel wird darüber hinaus durch die Tatsache verstärkt, dass die im Atlantik gelegenen Inseln (Madeira) bzw. Inselarchipele (Kanaren, Azoren) das politische Territorium der beiden iberischen Staaten weit über die geographischen Grenzen Europas hinaus erweitern. Diese Lagequalität hat im aktuellen, globalpolitischen Kontext eine unvermutete Aufwertung erfahren: Das kleine Gipfeltreffen zwischen den USA und den Vertretern des „neuen Europa", das 2003 den Beginn des Irak-Krieges einleitete, fand bezeichnenderweise auf den Azoren statt, also auf einer zu Portugal gehörenden Inselgruppe, deren Brückenfunktion im atlantischen Dialog damit manifest wurde.

Die Brückenfunktion der atlantischen Inseln ist indes nicht neu: Sie galt im 18. und 19. Jh. für die Anpassung tropischer Nutzpflanzen (im heute noch bestehenden Botanischen Garten von Puerto de la Cruz auf Teneriffa zu bewundern) und gilt aktuell für moderne Erzeugertechnologien bei der Saatgut- und Stecklingsvermehrung im Rahmen globalisierter Produktionsstandort-Ketten (= „Filièren" auf den Kanarischen Inseln) (Lenz 2005).

Es lassen sich darüber hinaus auch historische Argumente dafür anführen, dass die atlantischen Inselarchipele zusammen mit der Iberischen Halbinsel als „Peripherie der Peripherie" (vgl. hierzu auch das Kapitel „Einblicke") betrachtet werden können: Jüngste Quellenforschungen ebenso wie die dadurch ausgelöste Neuinterpretation archäologischer Funde stärken die Annahme, dass verschiedene der Kanarischen Inseln bereits zu phönizischer Zeit Kontakt mit Kulturen im europäischen Mittelmeerraum hatten. In den folgenden Jahrhunderten erfuhren einzelne der atlantischen Inseln noch vor der Eroberung durch die Spanier bzw. Portugiesen wiederholt, wenn auch mit großen zeitlichen Unterbrechungen, sowohl bedeutsame kulturelle Impulse als auch Besiedelungsschübe aus dem Mittelmeergebiet (statt aus Nord- und Westafrika wie bisher angenommen; vgl. Santana Santana et al. 2002; Santana Santana & Arcos Pereira 2004).

Land	BIP je Kopf in US-$ (2000)	Wirtschaftliches Wachstum in % (1990–2000)	Anteil der Beschäftigten in der Landwirtschaft in % (1998)	Verstädterungsgrad in % (2002)	Alphabetenquote der Frauen in % (1998)	Säuglingssterblichkeit in ‰ (2002)
Frankreich	24 223	1,3	2,3	74	99,9	4,5
Griechenland	16 501	1,8	10,6	59	95,5	6,1
Italien	23 626	1,4	2,6	90	97,9	4,6
Portugal	17 290	2,5	3,9	48	89,0	5,5
Spanien	19 472	2,3	3,4	64	96,5	4,5
Ägypten	3635	2,5	17,5	43	41,8	44,0
Algerien	5308	−0,1	12,1	49	54,3	54,0
Libyen	k. A.	k. A.	k. A.	86	65,4	30,0
Marokko	3546	0,6	16,6	55	34,0	50,0
Tunesien	6363	3,0	12,4	63	57,9	26,0

k.A.: keine Angabe

Quelle: Censo Agrario 1999 (I.N.E., Madrid)

Tab. 1: *Mittelmeeranrainerstaaten und Portugal im sozioökonomischen Vergleich*

Es ist somit offenkundig, dass die starre Beschränkung einer geographischen Analyse auf die Iberische Halbinsel im engeren Sinne ebenso wenig zielführend ist wie die getrennte Behandlung nach politischen Staaten bzw. nationalen Volkswirtschaften. Gerade die geopolitische Perspektive legt eine verstärkte Berücksichtigung der Austauschbeziehungen nahe, mit denen die Iberische Halbinsel sowohl im europäischen als auch im globalen Raum vernetzt ist.

Die Perspektive grenzüberschreitender Raumordnungskategorien

Dies leitet zu einer dritten möglichen Perspektive über, nämlich zu grenzüberschreitenden Raumordnungskategorien innerhalb Europas. Konstituierend für ein „Europa der Regionen" sind weniger statische geographisch und/oder wirtschaftlich begründete Raumgliederungen als vielmehr die Entwicklungsdynamik städtischer Ballungsräume, die dank ihrer technischen Innovationsbereitschaft und infolge moderner Infrastruktureinrichtungen erwarten lassen, dass sie eine zukunftsorientierte Regionalentwicklung auslösen können. Damit ist das Konzept eines „Europa der Regionen" als unbrauchbar entlarvt: An seine Stelle ist de facto bereits ein „Europa der Netzwerke" getreten. Eine Schlüsselfunktion in diesen Netzwerkkonstrukten europäischer Regionalplanung nehmen polyzentrisch organisierte, durch optimierte Verkehrsinfrastruktur vernetzte Entwicklungsachsen ein. Für die Iberische Halbinsel werden zwei solcher Entwicklungsachsen wirksam, die allerdings bezeichnenderweise die Halbinsel in einen atlantischen und in einen mediterranen Einflussbereich teilen (vgl. Abb. 3). In beiden Fällen handelt es sich um Konzepte, die in den 1990er-Jahren entwickelt worden sind und die in ihren Konturen noch keineswegs ausgefüllt sind (Morvan 1996).

Der sog. **„atlantische Bogen"** (frz. *Arc Atlantique*; AA) wurde als Begriff erstmals 1989 bei einer Konferenz der peripheren Küstenregionen Europas geprägt. 1992 bewilligte das Europäische Parlament dann Finanzmittel im Rahmen eines „Programm Atlantis". Aus einer zunächst eher taktischen Motivation heraus war damit de facto eine europäische Raumordnungskategorie etabliert worden, die dem Prozess der Regionalisierung innerhalb einer sich erweiternden EU zusätzlichen Auftrieb verlieh. Wenngleich Kritiker dieser „Erfindung" bescheinigten, dass die „Idee nicht ausreicht, geographische Realität zu erzeugen" (Guillaume 1999, S. 94), ist der atlantische Bogen inzwischen als transnationale europäische Regionalorganisation formal etabliert (Schmitt-Egner 2000). Er umfasst die westliche Peripherie Europas von Südportugal bis Nordschottland.

Zu den Gemeinsamkeiten des atlantischen Bogens gehören zunächst eine Reihe von Standortnachteilen: Dazu zählt die relative Distanz zu den großen Verbraucherzentren in Europa, die unzureichend ausgebildete Verkehrsinfrastruktur, das un-

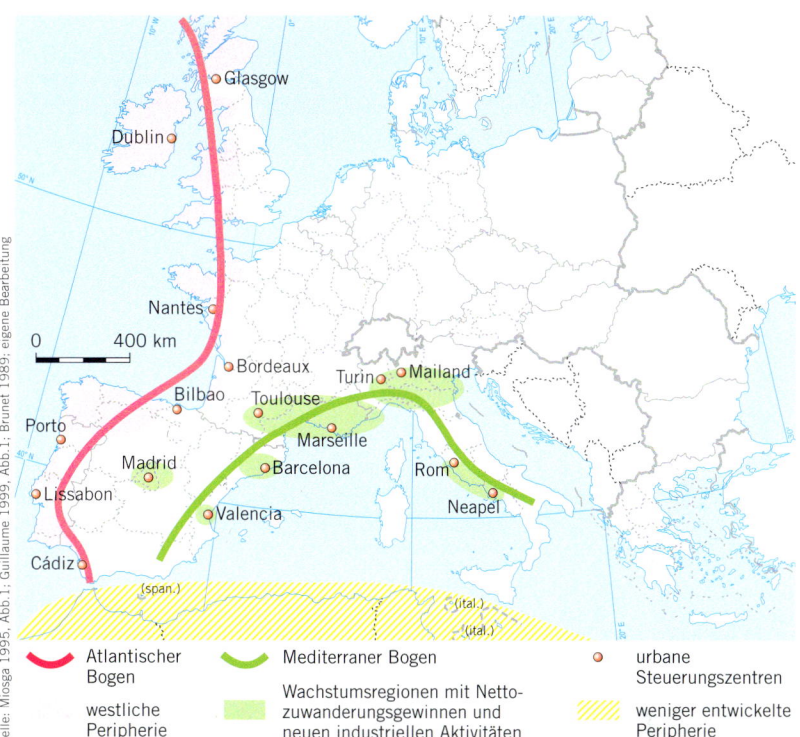

terdurchschnittliche Bruttosozialprodukt innerhalb der EU sowie rückständige wirtschaftliche Produktionsstrukturen. Zu den Standortvorzügen des atlantischen Bogens zählt vor allem die Küstenorientierung, die sich unmittelbar in wirtschaftliche Vorteile ummünzen lässt, z. B. vom Tourismus über marine Aquakultur bis zu Hafenfunktionen. Diese gemeinsamen Ressourcen sollen nicht zuletzt vor dem Hintergrund der Osterweiterung der EU gezielt gestärkt werden, wobei der atlantische Bogen sich als Entwicklungskorridor versteht. Als zentrale urbane Steuerungszentren auf diesem Korridor sollen Cádiz, Lissabon, Porto, Bilbao, Bordeaux, Nantes, Dublin und Glasgow wirksam werden. Ihre Anbindung an die großen kontinentaleuropäischen Verkehrsstränge ist deshalb vorrangiges Entwicklungsziel.

Der sog. **„mediterrane Bogen"** (span. *arco mediterráneo*; teilweise auch als *arco latino* bezeichnet) umfasst, wie der Name bereits andeutet, die Mittelmeer-Anlieger-Regionen von Spanien, Frankreich sowie von Nord- und Mittelitalien. Der mediterrane Bogen ist ebenso wie sein atlantisches Äquivalent aus der gleichen strategischen Grundkonzeption heraus entworfen worden: Vom wirtschaftlichen Kernraum Europas, der durch die Metropolitanräume London, Rhein-Ruhr, Rhein-Main und Mailand/Turin aufgespannt wird (die sog. „Blaue Banane"), fühlten sich die peripheren atlantischen Regionen Westeuropas ebenso bevormundet wie die mediterranen Küstenräume des Südens. Der atlantische Bogen und der mediterrane Bogen verstehen sich deshalb bewusst als Gegengewicht zu diesem bisherigen europäischen Territorialmodell, dessen Stärkung und Verfestigung es zu verhindern gilt.

Abb. 3: Die Iberische Halbinsel im Kontext europäischer Raumordnungskategorien

Der Begriff des „mediterranen Bogens" geht auf eine Initiative des damaligen französischen Bildungsministers Olivier Guichard zurück. Frankreich formulierte seine regionalpolitischen Forderungen in erster Linie zugunsten der südfranzösischen Regionen und wurde dabei von Spanien nach dessen EG-Beitritt unterstützt. Als Vorläuferkonstruktion des mediterranen Bogens kann die Idee einer sog. „Makroregion" Languedoc-Roussillon über Midi-Pyrénnées, Katalonien und Balearen bis Valencia dienen. Inzwischen konnte sich die ursprünglich mehr oder weniger willkürliche Gedankenkonzeption von Wissenschaftlern und Raumplanern nachhaltig zu einer recht konkreten Raumvorstellung eines eigenständigen „lateinischen" Kulturkreises verfestigen, der sich in sozioökonomischer Hinsicht grundlegend von Nord- und Zentraleuropa unterscheidet. Als wirtschaftlich dynamisches Kernstück des mediterranen Bogens gilt der Küstenabschnitt zwischen Valencia und der Toskana, wo mehr als 20 Mio. Menschen leben. Den (auch im sozioökonomischen Sinne) peripheren Randsaum des mediterranen Bogens bildet der Süden Italiens ebenso wie die andalusische Mittelmeerküste zwischen dem Cabo de Gata und Gibraltar.

Bezeichnenderweise ist der mediterrane Bogen als formale Planungskonzeption bisher in der EU-Politik allerdings nicht verankert, sieht man von der Erwähnung des Begriffs in verschiedenen Verlautbarungen der Brüsseler Kommission ab. Dessen ungeachtet ist die Effizienz dieser Identität stiftenden europäischen Raumkonzeption nicht zu unterschätzen: Im Rahmen der EU-Regionalförderung sind die EU-Regionen, die sich zum mediterranen Bogen zählen, bisher bei der Durchsetzung ihrer Forderungen sehr erfolgreich gewesen.

Im Rahmen der politischen Vertretung regionaler Interessen verfolgten die mediterranen Anliegerregionen in der Vergangenheit verschiedene Ansätze. Der 1991 gestartete Versuch, aus Midi-Pyrénées, Languedoc-Roussillon und Katalonien eine gemeinsame „Euregio" zu formieren, wurde bislang nicht realisiert. Im Rahmen des „Interreg III B"-Programms der Europäischen Kommission wurde aber für den Zeitraum 2000–2006 ein Kooperationsraum MEDOCC („Méditerrannée Occidentale") eingerichtet und mit EU-Fördermitteln von mehr als 200 Mio. € ausgestattet. Bemerkenswert an dieser jungen Initiative ist die Einbeziehung der nordafrikanischen Staaten Marokko, Algerien und Tunesien, und zwar im Rahmen des sog. C2M-Städtenetzwerks („Coopération des Métropoles Méditerrannéennes"), bei dem u. a. Tunis und Casablanca involviert sind. Damit dokumentiert die aktuelle EU-Regionalpolitik am Südsaum der Union ihre politischen Interessen an einer transmediterranen Kooperation, auch und insbesondere vor dem Hintergrund des Abbaus der bereits angesprochenen regionalen Spannungen und

Disparitäten zwischen Staaten mit islamisch-orientalischer und abendländischer Kulturtradition.

Auf der Iberischen Halbinsel schließt der mediterrane Bogen die wirtschaftlich aktivsten und dynamischsten Regionen Spaniens ein (Artis Ortuño et al. 1994). Deren Standortvorteile sind ein überdurchschnittliches wirtschaftliches Wachstum, das von der Krise traditioneller Industriebranchen unbelastet ist. Leistungsfähige Transportsysteme ebenso wie ein hohes Maß an Innovationsbereitschaft und eine weit fortgeschrittene Spezialisierung auf dem Dienstleistungssektor sowie in den Bereichen der Informationstechnologie von Forschung und Entwicklung zählen zu den wichtigsten Vorzügen des mediterranen Bogens im zukünftigen Wettbewerb einer europäischen Regionalentwicklung. Dazu gehört nicht zuletzt eine vergleichsweise intakte Umwelt. Diese ist wirtschaftlich unmittelbar bedeutsam: Immerhin zählen die mediterranen Küsten Spaniens zum wichtigsten Zielgebiet des internationalen europäischen Tourismus (Vera Rebollo 1993, Salvà Tomàs 1998c).

Im Kontext des hier dargelegten Diskurses zu einer Behandlung der Iberischen Halbinsel als räumliche Einheit zeigt sich, dass zumindest aus der noch jungen Perspektive einer modernen europäischen Regionalplanung die Vorstellung der Iberischen Halbinsel als einer geschlossenen Raumeinheit in keiner Weise gestützt wird. Das Gegenteil ist der Fall: Die skizzierten regionalpolitischen Strategien am Süd- und Westsaum der Europäischen Union unterstreichen den Gegensatz zwischen einem atlantischen und einem mediterranen Iberien. Dem entspräche eine räumliche Zweiteilung der Iberischen Halbinsel.

Fazit

Fasst man alle aufgeführten Überlegungen zusammen, so wird deutlich, dass jede der angesprochenen Perspektiven genutzt werden sollte, um eine ganzheitliche Behandlung der Iberischen Halbinsel ebenso zu gewährleisten wie eine Darstellung der vernetzten räumlichen Bezüge zwischen den Staaten Portugal und Spanien. Die klassischen geographischen Raumeinheiten, ihre kulturelle ebenso wie ihre wirtschaftliche Entwicklung bieten gewissermaßen das räumliche Grundgerüst der Betrachtung. Die Lagebeziehungen, die sich aus den territorialen Rahmenbedingungen ergeben, gewinnen aktuell eine neue Wertigkeit in der konkurrierenden globalen Entwicklung von Wirtschaftsräumen, wobei der technischen Infrastruktur zunehmend eine Schlüsselrolle zukommt. Die Vernetzung der Regionen innerhalb der EU bildet schließlich das derzeit wichtigste Instrument für eine konvergente Regionalentwicklung in Europa, an der die beiden iberischen Staaten schon bisher mit beachtlichem Erfolg teilgenommen haben.

Bevölkerungsstruktur und -dynamik

Abb. 4: *Zeitungskiosk in Madrid*

Überblick

■ Bei vergleichsweise niedriger Bevölkerungsdichte zeigt die räumliche Bevölkerungsverteilung erhebliche regionale Disparitäten.

■ Der Gegensatz zwischen entleerten ländlichen Binnenräumen und bevorzugten Küstenzonen mit verdichteter Bevölkerung ist Ergebnis historischer ebenso wie aktueller Wanderungsprozesse.

■ Auswanderung als Ventil für wirtschaftliche Missstände hat eine leidvolle Tradition, die sich zuletzt in der „Gastarbeiterwanderung" nach Westeuropa äußerte.

■ Entscheidenden Anteil an der regionalen Umverteilung der Bevölkerung hat die Binnenwanderung in der zweiten Hälfte des 20. Jh. als Ergebnis des Aufschwungs der nichtagrarischen Wirtschaft.

■ Die Binnenwanderung hat eine demographische Verstädterung zur Folge. Ihr entsprechen urbane generative Verhaltensweisen wie rückläufige Fertilitätsraten und zunehmende Überalterung.

■ Der wirtschaftliche Erfolg, der sich mit dem Beitritt zur Europäischen Gemeinschaft einstellte, macht beide iberische Staaten inzwischen zu attraktiven Zielländern für eine Zuwanderung aus Afrika und Lateinamerika. Die autochthone Bevölkerung muss diese ungewohnte Rolle erst noch akzeptieren.

■ Ein neues demographisches Element bilden Rentnerresidenten aus dem europäischen Ausland, die touristisch attraktive Standorte an den Küsten bzw. auf den Inseln temporär oder permanent als Altersruhesitze nutzen.

Entleerte Binnenprovinzen und verdichtete Küstenräume

Abb. 5: Bevölkerungsdichte auf der Iberischen Halbinsel (2001). Die unausgewogene räumliche Verteilung der Bevölkerung auf die jeweilige Gesamtfläche von Spanien und Portugal wird in dem sog. Lorenz-Diagramm (s. Nebenabbildung) an der beträchtlichen Abweichung von der (theoretisch postulierten) Gleichverteilung sichtbar, wobei die regionalen Disparitäten in Portugal nochmals schärfer als in Spanien ausgebildet sind.

Augenfälligstes demographisches Merkmal der Iberischen Halbinsel ist der Gegensatz zwischen Binnenräumen und Randlandschaften, der durch hohe Bevölkerungsdichtewerte auf den atlantischen Inselgruppen bzw. den Balearen noch unterstrichen wird. Für die ca. 51 Mio. Einwohner der Iberischen Halbinsel (davon 40,85 Mio. in Spanien und 10,35 Mio. in Portugal; Angaben nach den Volkszählungen von 2001) errechnet sich eine durchschnittliche Bevölkerungsdichte von 85,6 Einw./km^2 (Portugal 112,2 Einw./km^2 bzw. Spanien 80,73 Einw./km^2). Im europäischen Kontext liegt die Halbinsel damit deutlich unter der mittleren Bevölkerungsdichte der EU-15-Staaten (119,8 Einw./km^2; Eurostat 2001). Insbesondere im Vergleich mit Deutschland (231 Einw./km^2) zählt die Halbinsel zu den schwächer besiedelten Räumen in Europa. In den Bin-

nenräumen erreicht – mit Ausnahme der spanischen Hauptstadt Madrid – weder eine spanische Provinz noch eine portugiesische Subregion den statistischen Mittelwert. Hingegen verzeichnen die meisten Küstenprovinzen weit überdurchschnittliche Dichten, sodass sich insgesamt ein Bild dünn besiedelter Binnenräume ergibt, die sich deutlich gegen einen Ring dicht besiedelter Küstenprovinzen an der Peripherie abheben. Die räumliche Bevölkerungsverteilung bietet damit geradezu ein Lehrbuchbeispiel für ein zentral-peripheres Raummuster.

Dabei ist diese Bevölkerung regional außerordentlich dispers verteilt. Die relative Verteilung weist alle Küstenprovinzen bzw. -subregionen als offenkundige Vorzugs- und damit als Gunsträume aus. Hier werden im Regelfall durchgehend Dich-

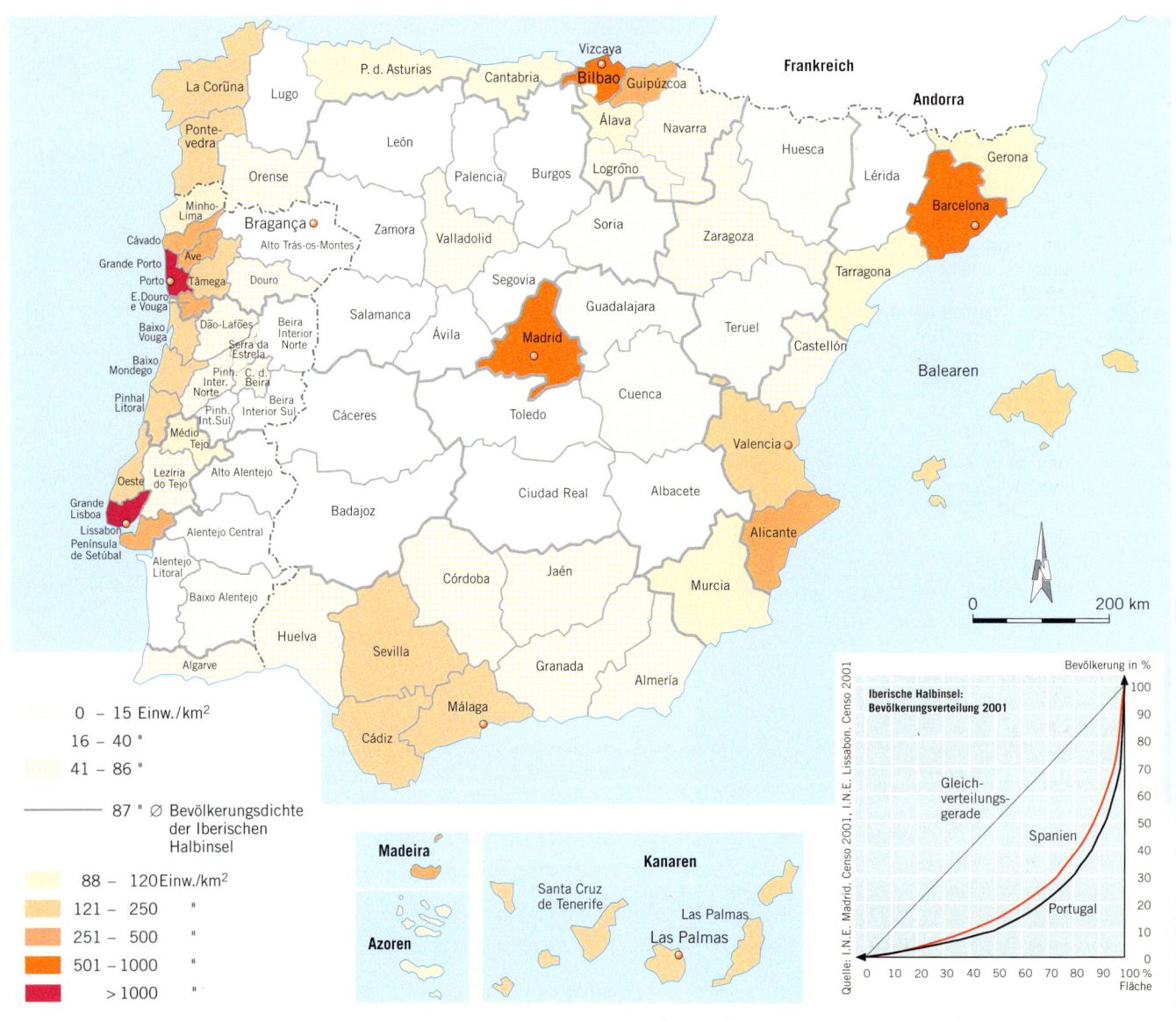

0 – 15 Einw./km^2
16 – 40 "
41 – 86 "
—— 87 " ⌀ Bevölkerungsdichte der Iberischen Halbinsel
88 – 120 Einw./km^2
121 – 250 "
251 – 500 "
501 – 1000 "
> 1000 "

Iberische Halbinsel: Bevölkerungsverteilung 2001

Bevölkerung in %

Gleichverteilungsgerade

Spanien

Portugal

Fläche

Quelle: I.N.E. Lissabon. Censo 2001, I.N.E. Madrid. Censo 2001

Quelle: Portugal: I.N.E. Lissabon. Censo 2001, Spanien: I.N.E. Madrid. Censo 2001

tewerte zwischen 100 und 200 oder sogar mehr Einwohnern/km^2 erreicht, während im Landesinnern flächenhaft Bevölkerungsdichten von weniger als 50 Einw./km^2 verbreitet sind (Abb. 5). Extreme bilden beispielsweise die spanische Provinz Teruel und der portugiesische Distrikt (*distrito*) Bragança mit jeweils weniger als 10 Einw./km^2. In Teruel sah man sich sogar veranlasst, die Zentralregierung in Madrid mit der Aktion „Teruel existe" an die bloße Existenz der Gebirgsprovinz zu erinnern (Voth 2003a). Teruel steht dabei beispielhaft für alle meerfern gelegenen Gebirgsräume der Iberischen Halbinsel. Dazu zählen in Portugal z. B. Alto Trás-os-Montes, Serra da Estrêla und Alto Alentejo, in Spanien die Provinzen des Iberischen Randgebirges oder des Kastilischen Scheidegebirges (zur Orientierung s. auch Abb. 29).

Die absolute Verteilung der Bevölkerung verschärft den zentral-peripheren Dualismus durch metropolitane Verdichtungsräume, die ihrerseits mit Ausnahme von Madrid alle küstenorientiert sind. Allein im Großraum Lissabon (Subregion Lisboa e Vale do Tejo) leben 3,5 Mio. Einwohner, d. h. rund ein Drittel der portugiesischen Bevölkerung, und in der Provinz Barcelona sind mit 4,8 Mio. mehr als 10 % der spanischen Bevölkerung konzentriert. Der metropolitane Ballungsraum Madrid hat teilweise bereits die Grenzen der gleichnamigen Provinz überschritten (z. B. nach Guadalajara). In der Provinz Madrid wohnen 5,4 Mio. Menschen. Gemeinsam mit Barcelona bündeln beide Provinzen rund ein Viertel der gesamten spanischen Bevölkerung. Weitere Verdichtungsräume formieren sich um die Kernstädte von Valencia (1,5 Mio. Einwohner), Bilbao (1,04 Mio. Einwohner), Sevilla (1,08 Mio. Einwohner), Málaga (860 000 Einwohner), Zaragoza (640 000 Einwohner) und Porto (263 000 Einwohner) sowie um Las Palmas auf den Kanarischen Inseln (630 000 Einwohner). Ihnen stehen im Landesinnern veritable Provinzhauptstädte gegenüber, in denen nicht einmal 50 000 Einwohner wohnen und die teilweise erhebliche Defizite in ihrer städtisch-funktionalen Ausstattung aufweisen (so z. B. Ávila, Cuenca, Huesca, Soria, Teruel).

Die Ursachen für diese räumlichen Diskrepanzen sind nicht aus naturräumlichen Standortfaktoren abzuleiten, wenngleich die hohen Randschwellen im Norden, Osten und Süden der Halbinsel den Zugang zum Landesinnern und damit dessen wirtschaftliche Entwicklung in der Neuzeit sicherlich nicht begünstigt haben. Das Grundmuster der dispersen Bevölkerungsverteilung wurde vielmehr in historischer Zeit angelegt. Den Hafenstandorten fiel dabei ein klarer Lagevorteil zu, sei es als Ausfuhrhafen für Rohstoffe, als Umschlagsplatz für Handelsgüter oder als Marinearsenal in imperialistischer Zeit.

Der Keim zum Dualismus zwischen Lissabon bzw. Porto einerseits und dem ländlichen Portugal andererseits wurde beispielsweise spätestens in der Mitte des 19. Jh. gelegt, als die Handels- und Wirtschaftsbeziehungen zwischen Portugal und England immer enger wurden, gleichzeitig aber die Verkehrsanbindung des agrarischen Hinterlands vernachlässigt wurde. Das spätere baskische Industrierevier verdankt seinen boomartigen Aufstieg am Ende des 19. Jh. ebenfalls den komplementären Austauschbeziehungen mit England (baskisches Eisenerz gegen englische Kohle), Ähnliches gilt für die Anfänge der katalonischen Textilindustrie. Ausnahme ist auch hier Madrid. Es verdankt seine zentrale Lage im Herzen der Iberischen Halbinsel einem herrscherlichen Willkürakt. Hier (ursprünglich in Toledo) sahen die kastilischen Herrscher ihren Machtanspruch über die Halbinsel am ehesten symbolhaft manifestiert.

Die historisch begründbaren Standortvorteile der heutigen urbanen Verdichtungsräume wurden in der zweiten Hälfte des 20. Jh. nachhaltig verstärkt, womit sich die regionalen Gegensätze zwischen Küsten- und Binnenräumen erst relativ spät in der geschilderten Weise verschärften. Eine Schlüsselrolle kommt dabei verschiedenen Migrationsprozessen zu, die auf der Iberischen Halbinsel nicht nur vordergründig Bevölkerungsverschiebungen größten Ausmaßes zur Folge hatten, sondern einen sehr komplexen soziodemographischen Transformationsprozess ausgelöst haben, dessen Dynamik seither ungebrochen anhält.

Migrationsprozesse und ihre Folgen

Die Übersee-Emigration

Eine Migrationsform mit weit zurückreichender Tradition in Europa ist die sog. Übersee-Emigration. Das gilt für Spanien und Portugal in besonderer Weise. Im 17. und 18. Jh. war diese Immigration zur Aufsiedelung der eigenen Überseekolonien notwendig. Im 19. Jh. mutierte die Auswanderung zunehmend zu einer Flucht der unteren Bevölkerungsschichten aus unzureichenden wirtschaftlichen Lebensverhältnissen. „Quem não está bem muda-se" (Wem es nicht gut geht, der geht fort) – so lautet ein in Portugal wohlbekanntes Sprichwort (hier zit. n. Weber 1980, S. 228). Das hohe natürliche Be-

völkerungswachstum auf dem Festland erzeugte bereits in der zweiten Hälfte des 19. Jh. auf der Iberischen Halbinsel einen erheblichen Bevölkerungsdruck, der mangels fehlender Industrialisierung in den Mutterländern nicht kompensiert werden konnte. Die transatlantische Emigration hatte in erster Linie die Funktion, den Bevölkerungsüberschuss abzubauen. Dem portugiesischen Staatspräsidenten Salazar (1932–1968) wird der zynische Ausspruch zugeschrieben: „Jedes Land exportiert, was es im Überfluss hat" (zit. bei Bieber 1975, S. 24). Aus Politikermund ist die Aussage in gewissem Sinne plausibel, denn das Ventil der Emigration enthob

Abb. 6: Die Übersee-Emigration des ausgehenden 19. Jh. hat in Altkastilien zahlreiche Siedlungswüstungen hinterlassen (Villimar, Los Balbases, Prov. Burgos).

beide iberischen Staaten des Zwangs zu durchgreifenden sozioökonomischen Reformen.

Verlässliches Datenmaterial über die Dimension der Auswanderung im 19. Jh. fehlt weitgehend. Weber (1980, S. 228) errechnet für die 1870er-Jahre eine Größenordnung von ca. 12 350 portugiesischen Emigranten jährlich. Die erste große Auswanderungswelle aus Spanien wurde 1853 in Galicien durch eine Missernte und die darauf folgende Hungersnot ausgelöst. Eine vorsichtige Hochrechnung, wie viele Emigranten in der zweiten Hälfte des 19. Jh. ihrer iberischen Heimat den Rücken gekehrt haben, kommt auf eine Größenordnung von ca. 2 Mio. Auswanderern. Das dürfte eher niedrig geschätzt sein, wenn man sich vergegenwärtigt, dass man für die gesamte europäische Übersee-Emigration im 19. Jh. eine Größenordnung von ca. 40 Mio. Auswanderern vermutet (Gonzálvez Pérez 2002). Besser belegt ist die iberische Emigration nach Übersee für das 20. Jh. Von 1901 bis 1960 emigrierten rund 3,33 Mio. Spanier (Ettema 1980) und rund 1,64 Mio. Portugiesen (Freund 1979, S. 27) nach Übersee. Von den Letztgenannten emigrierte im genannten Zeitraum der größte Teil (1,14 Mio.) nach Brasilien (Weber 1980, S. 230). Dabei können im Detail verschiedene Phasen unterschieden werden:

- Einen ersten Höhepunkt erreichte die iberische Übersee-Emigration zwischen 1900 und dem Ausbruch des Ersten Weltkrieges. In dieser Zeit verließen 1,4 Mio. Spanier und 0,6 Mio. Portugiesen den Kontinent.
- Im Jahrzehnt von 1920–1930 folgten weitere 0,35 Mio. Portugiesen und 0,6 Mio. Spanier.
- Eine ähnliche Größenordnung der iberischen Übersee-Emigration wurde letztmals zwischen 1950 und 1960 erreicht.

In Spanien war besonders Galicien im äußersten Nordwesten des Landes von den Emigrationswellen betroffen. Allein diese Region stellte phasenweise mehr als die Hälfte der gesamten spanischen Übersee-Emigranten (Breuer 1987, S. 175). Die Galicier zog es bevorzugt nach Argentinien und nach Kuba. Besonders betroffen von der Übersee-Emigration waren auch die Kanarischen Inseln. Die Kanarier bevorzugten Venezuela als Zielland. Noch in den 1990er-Jahren gab es auf dem zentralen Postamt von Santa Cruz de Tenerife einen separaten Briefeinwurf für die Destination Venezuela. Die Emigration aus infrastrukturell schlecht angebundenen Binnenräumen der Iberischen Halbinsel führte dort vielfach zur Aufgabe von Siedlungen. Hopfner (1955) berichtet u. a. über Siedlungswüstungen in Altkastilien (Abb. 6).

Für Portugal sind die Quellgebiete der Übersee-Emigration regional differenzierend nicht belegbar (Freund 1979, S. 23), aber die kleinbetrieblich strukturierten ländlichen Gebiete im Norden waren an der portugiesischen Übersee-Emigration ebenso wie die Latifundien-Gebiete des Alentejo überproportional beteiligt, weil diese Räume der wachsenden Bevölkerung keine Lebensgrundlage zu bieten vermochten.

Die Übersee-Emigration war im Regelfall definitiv. Die geschätzten Rückwanderungsquoten blieben selbst im 20. Jh. noch unter 5 % (Weber 1980, S. 229). Es emigrierten junge Menschen, vielfach auch als junge Familien. Häufig waren jedoch die jüngeren Männer in der Überzahl, sodass in den Zielgebieten in der Neuen Welt nicht selten Mangel an heiratsfähigen Frauen herrschte. In dieser Tatsache liegt u. a. eine der Wurzeln des Tangos, der im Emigrantenmilieu von Buenos Aires (Argentinien) entstand. Zu den Kernelementen des Tango-Lieds gehört die (meist unerfüllt bleibende) Sehnsucht des Emigranten nach der Liebe einer Frau (Allebrand 1998).

Als Massenphänomen endete die Übersee-Emigration in den 1960er-Jahren. Seitdem ist ihre Größenordnung vernachlässigbar. Die rückblickend als „traditionell" bezeichnete Emigration in Form der endgültigen Abwanderung erwerbsfähiger Bevölkerung kann damit als eine abgeschlossene historische Phase der Bevölkerungsentwicklung beider iberischer Staaten begriffen werden. Gleichzeitig bleibt festzuhalten, dass die Übersee-Emigration im 19. Jh. ebenso wie in der ersten Hälfte des 20. Jh. für die demographische Entwicklung beider iberischer Nationen eine gemeinsame tragische Konstante darstellt.

Die Gastarbeiterwanderung

Beide Nationen haben diese kollektive Erfahrung seither verinnerlicht, zumal die „traditionelle" Form der Emigration in der zweiten Hälfte des 20. Jh.

durch eine „neue Emigration" (Breuer 1987, S. 25) abgelöst wurde, die die Länder West- und Mitteleuropas zum Ziel hatte und allgemein unter der Bezeichnung der „Gastarbeiterwanderung" bekannt geworden ist. Rocha-Trindade (2002) bezeichnet die Migrationsphase zwischen 1950 und 1974 als „ciclo moderno". Die „neue" Emigration wurde durch die boomende europäische Wirtschaft ausgelöst, die in den westeuropäischen Industrieländern ihren wachsenden Arbeitskräftebedarf nicht mehr decken konnte. Die Zielländer warben deshalb in bilateralen Verträgen mit den Herkunftsländern gezielt Arbeitskräfte aus Südeuropa an. Parallel zur vertraglich geregelten Gastarbeiterwanderung entwickelte sich eine spontane Migration, die vielfach unkontrolliert (Einreise als Touristen) ablief. Gleichzeitig spielte der spätere Nachzug von Familienangehörigen (Familienzusammenführung) eine wesentlich größere Rolle als bei der traditionellen Übersee-Emigration. Umgekehrt war eine (unter Umständen wiederholte) Rückwanderung ins Heimatland der Emigranten sehr viel leichter zu realisieren und wurde entsprechend häufig praktiziert. Vor diesem Hintergrund divergieren die Schätzungen über das Volumen der Gastarbeiterwanderung von Südeuropa nach Zentral- und Westeuropa je nach Quellenlage außerordentlich stark (Abb. 7).

Im konkreten Fall der beiden iberischen Staaten datieren bilaterale Abkommen über Gastarbeiter für Spanien von 1960 (Deutschland) und 1961 (Frankreich, Belgien, Niederlande, Schweiz). Im Falle der Schweiz wurde eine temporäre Rückkehr durch das sog. „Rotationsprinzip" erzwungen, weil man auf diese Art und Weise verhindern wollte, dass Gastarbeiter in der Schweiz dauerhaft niederließen.

Portugal hielt zu diesem Zeitpunkt an der Politik des Wirtschaftsseparatismus fest und versprach sich von den niedrigen Einkommen im eigenen Land komparative Lohnkostenvorteile für die eigene Wirtschaft (nach Weber 1980, S. 231, lag das Lohnniveau in Frankreich und Deutschland in den Jahren 1964–1973 bei etwa dem Sechsfachen des portugiesischen). Auswanderungswillige Portugiesen benötigten deshalb seit dem Ende der 1950er-Jahre eine amtliche Auswanderungsgenehmigung. Diese war an eine Reihe von einschränkenden Bedingungen geknüpft. Dazu zählten u. a. der Nachweis einer Mindestschulausbildung, ein Gesundheitszeugnis sowie ein staatsbürgerliches „Führungszeugnis". Selbst als „Touristen" konnten Portugiesen bis 1974 nur dann offiziell ausreisen, wenn sie den Nachweis ausreichender finanzieller Unabhängigkeit zu führen in der Lage waren. Unter den Staaten West- und Mitteleuropas nahm lediglich Frankreich einreisende Portugiesen ohne offizielle Ausreisegenehmigung auf. Die Folge dieser Regelungen war ein ab ca. 1963 starker Anstieg der illegalen Abwanderung aus Portugal, von der insbesondere Frankreich dank seiner liberalen Einreisepolitik profitierte. Einen zusätzlichen Schub erhielt die illegale Gastarbeiter-Auswanderung aus Portugal durch die vierjährige Wehrpflicht, die 1967 in Portugal zur verstärkten Bekämpfung der Unruhen in den afrikanischen Provinzen eingeführt worden war.

Es ist leicht nachzuvollziehen, dass die illegal ausgereisten Portugiesen auf dem Arbeits- und Wohnungsmarkt in den europäischen Zielländern wenig oder gar keinen Rechtsschutz genossen, weil sie latent immer mit Abschiebung rechnen mussten. Geradezu erpressbar (und dann nicht selten von den eigenen Landsleuten im Zielland) waren Wehrdienstflüchtlinge („clandestinos"), denen als Deserteure eine offizielle Rückkehr in das Heimatland verwehrt war. Unter den geschilderten Umständen können Zahlenangaben über den Umfang der „modernen" Gastarbeiter-Emigration notwendigerweise bestenfalls Vorstellungen über die tatsächliche Größenordnung vermitteln. Weber (1980, S. 234) gibt für Portugal für den Zeitraum von 1960–1974 eine Zahl von 1,5 Mio. legalen Gastarbeitern an, zu denen nochmals 0,54 Mio. illegaler Gastarbeiter hinzuzurechnen sind, die in Frankreich als solche registriert worden sind. Allein für den Zeitraum zwischen 1970 und 1974 schätzt man, dass ca. 630 000 Portugiesen ihr Land als Arbeitsemigranten verließen (Engerman & das Neves 1997). Das entspricht ca. 7 % der damaligen Bevölkerung.

Quantitative Schätzungen über das Volumen der spanischen Gastarbeiter-Emigration nahm Leib (1984a, S. 157) vor. Demnach wanderten von 1960 bis 1974 insgesamt 2 Mio. Spanier zumindest zeitweise in die europäischen Industrieländer aus. Die Gastarbeiter-Emigration kam – bedingt durch die erste Erdölkrise und die dadurch ausgelöste weltweite wirtschaftliche Rezession – in der ersten Hälfte der 1970er-Jahre abrupt zum Stillstand. Deutschland schloss die Grenzen für spanische Gastarbeiter schon 1973; 1974/75 folgten Frankreich und die Niederlande. Infolge des in der Schweiz praktizierten Rotationsprinzips blieb ein gewisser Gastarbeiterstrom dorthin noch erhalten, ansonsten erfolgte eine Zu

Abb. 7: Erstes Kontingent spanischer Gastarbeiter bei der Ausreise nach Belgien gemäß spanisch-belgischem Vertrag von 1957 (Aufnahme: Manuel Iglesias; Archiv EFE) Quelle: Ausstellung „De la España que emigra a la España que acoge" http://www.ugt.es/fflc/exposiciones/06-07-migraciones/fotos.htm

wanderung in Zielländer Mittel- und Westeuropas nur noch im Rahmen der Familienzusammenführung.

Ist schon die Basis für die Abschätzung des Volumens der Gastarbeiter-Emigration von der Iberischen Halbinsel außerordentlich schwach, so gilt das in verstärktem Maße für die Abschätzung der definitiven Re-Migration nach 1974. Cavaco (1995a) schätzt die Zahl der per Saldo zurückgekehrten portugiesischen Gastarbeiter auf ca. 300 000. Das erscheint realistisch: Aus den Zahlen des Statistischen Bundesamtes in Wiesbaden errechnet sich für die damalige Bundesrepublik Deutschland für den Zeitraum 1973–1983 eine Gesamtzahl von 110 749 registrierten portugiesischen Rückwanderern (nach Sousa Ferreira 1986). Auch nach dem politischen Umsturz in Portugal war keine erkennbare Steigerung der Re-Migrationsquote gegeben. Zu deutlich anderen Ergebnissen kamen Stichproben-untersuchungen, bei denen nach der Rückkehrabsicht gefragt wurde. Eine solche Rückkehrabsicht äußerten bis zu vier von fünf befragten portugiesischen Gastarbeitern (Weber 1980, S. 236).

Für die spanische Gastarbeiterbevölkerung in den europäischen Industrieländern errechnete Leib (1984a, S. 157) für den Zeitraum 1960–1982 eine mutmaßliche Größenordnung von 1,56 Mio. Rückwanderern; das entspräche ca. 70 % der gesamten spanischen Auswanderung nach Westeuropa. Per Saldo dürften zwischen 1960 und 1974 etwa 850 000 Spanier (rd. 2 % der Bevölkerung von 1974) ihrem Land verlorengegangen sein.

Ohne Zweifel muss davon ausgegangen werden, dass ein nicht geringer Teil portugiesischer und spanischer Gastarbeiter sehr viel später, d. h. erst nach Ausscheiden aus dem Erwerbsleben im Gastland, ins Heimatland zurückzog, um dort den Lebensabend zu verbringen. Eine zufriedenstellende Abschätzung der Größenordnung dieser Gastarbeiter-Rückwanderung dürfte auch aus heutiger Sicht kaum möglich sein. Die verfügbaren Zahlen über die heute im Ausland lebenden Portugiesen bzw. Spanier (Tab. 2 und 3) legen allerdings den Schluss nahe, dass sehr viel weniger Portugiesen als Spanier remigriert sind. Dies könnte seine Ursache darin haben, dass der Anteil der illegalen Gastarbeiter-Emigration (vornehmlich nach Frankreich), für den es auf spanischer Seite keine Entsprechung gab, besonders hoch war. Die Bereitschaft dieser illegalen Emigranten zur Rückkehr ins Heimatland war offenkundig erheblich geringer.

Obwohl die Gastarbeiterwanderung als Phase der demographischen Entwicklung in Süd- und Mitteleuropa längst abgeschlossen ist, sind ihre Folgen bis heute nachhaltig. An erster Stelle sind die Geldüberweisungen („Rimessen") der Gastarbeiter in ihre Heimatländer zu nennen. Für die transferierten Gelder können allerdings nur geschätzte Größenordnungen angegeben werden, da Auslandsüberweisungen im Regelfall nur ab einem gewissen Größenbetrag meldepflichtig sind; das bei Heimfahrten mitgeführte Bargeld ebenso wie briefliche Übersendungen entziehen sich einer Registrierung. Anderer-

seits war die Größenordnung der Rimessen sowohl für die portugiesische als auch für die spanische Volkswirtschaft ein wichtiger Faktor. Weber (1980, S. 232) gibt für Portugal allein für das Jahr 1973 einen Devisenüberschuss aus dem privaten Geldtransfer von 2,4 Mrd. DM (1,2 Mrd. €) an. Ihren Höhepunkt erreichten die Rimessenzahlungen portugiesischer Arbeitnehmer im Ausland 1980 mit ca. 3 Mrd. US-$ (2,3 Mrd. €) (geschätzt). Nach Angaben der Banco de Portugal addierten sich die Rimessen zwischen 1970 und 1984 auf ca. 23,5 Mrd. US-$ (17,7 Mrd. €) (Zahlenangaben aus Sousa Ferreira 1986, S. 233). Folgt man Leib (1983), so überwiesen die spanischen Gastarbeiter auf dem Höhepunkt der Geldtransfer-Leistungen aus Europa im Jahr 1974 ebenfalls ca. 2,4 Mrd. DM (1,2 Mrd. €) in ihre Heimat. Allein aus Deutschland transferierten spanische Gastarbeiter zwischen 1960 und 1981 ca. 9 Mrd. DM (4,6 Mrd. €) nach Spanien.

Hinsichtlich der Verwendung der Rimessen in den Heimatländern muss auf Fallstudien zurückgegrif-

Argentinien	209 681
Frankreich	164 178
Venezuela	101 600
Deutschland	87 020
Schweiz	75 357
Brasilien	52 805
Großbritannien	46 498
Mexiko	43 222
USA	42 941
Belgien	36 124
Uruguay	36 096
Kuba	24 790
Andorra	22 523
Chile	19 525
Niederlande	14 651
Australien	12 776
Italien	11 731
Kanada	8923
Kolumbien	7083
Peru	7034
Portugal	5889

Tab. 2: Spanier im Ausland (2004); sonstige Länder mit über 1000 Spaniern sind: Österreich, Dänemark, Irland, Luxemburg, Norwegen, Schweden, Russland, Marokko, Südafrika, Costa Rica, Guatemala, Panama, Dominikanische Republik, Bolivien, Ecuador, Paraguay, Puerto Rico, Philippinen, Japan, Israel

Quelle: Censo electoral de residentes en el extranjero; Censo cerrado a 01. 07. 2004

Länder*	Eingeschriebene Wähler
Frankreich	1 311 210
Brasilien	492 921
Venezuela	221 567
USA	200 741
Schweiz	149 506
Kanada	140 575
Deutschland	123 151
Südafrika	108 312
Vereinigtes Königreich/Irland	106 634
Macau/Hongkong/China/Japan/Thailand	78 239
Spanien	72 204
Luxemburg	49 082
Kongo	46 031
Belgien	34 344
Australien	30 766
Niederlande	12 991
Moçambique	12 689
Argentinien	10 271
Schweden/Dänemark/Finnland/Norwegen	3343
Andorra	2988
Kolumbien	1869
Zimbabwe	1578
Saudi Arabien/Bulgarien/Ägypten/Griechenland/Israel/Türkei	1460
Namibia	1066
Italien	keine Daten
Kap Verde/Guinéa-Bissau/São Tomé und Príncipe/Senegal	keine Daten
Goa	keine Daten
Summe	*3 213 538*

*mit > 1000 registrierten Wählern

Quellen: www.cne.pt/ – Comissão Nacional de Eleições: http://www.secomunidades.pt/ – Secretaria de Estado das Comunidades Portuguesas

Tab. 3: Amtlich registrierte Auslandsportugiesen

fen werden. Die Bewertung der Rimessen-Verwendung fällt dabei überwiegend negativ aus, weil diese Rimessen in der ersten Phase der Gastarbeiterwanderung vorzugsweise in aufwändige Neubauten in den Heimatdörfern der Emigranten flossen, wo die getätigten Investitionen im volkswirtschaftlichen Sinne eher unwirksam blieben. Dabei wurde die indirekte Wirkung der Rimessen auf die jeweilige nationale Wirtschaft offensichtlich unterschätzt: Mit den Spareinlagen der Gastarbeiter konnten die heimischen Banken wesentliche Wirtschaftsprojekte finanzieren, die der Modernisierung der heimischen Wirtschaft zusätzliche Impulse zu geben vermochten, wenngleich diese Förderung vorzugsweise den wenigen Ballungszentren und nicht den angestammten ländlichen Heimatregionen der Gastarbeiter zugute kam. Die Rimessen haben damit die Modernisierung der heimischen Wirtschaft in nachhaltiger Weise stimuliert, gleichzeitig aber auch die regionalen Disparitäten in den Heimatländern zusätzlich verschärft (Leib 1986, S. 48). Darüber hinaus beeinflussten die regelmäßigen Heimatbesuche der Gastarbeiter ebenso wie die (teilweise wiederholte) Rückwanderung (Leib 1984b) die sozialen Lebensnormen in Portugal und Spanien ungleich stärker, als dies die traditionelle Übersee-Emigration jemals vermocht hatte.

In den Zielländern leben die dort verbliebenen, ehemaligen spanischen und portugiesischen Gastarbeiter heute vornehmlich in den städtischen Ballungsräumen, wo sie vordem als Arbeitskräfte gesucht waren. In Deutschland sind z. B. die Portugiesen in den Agglomerationsgebieten von Rhein-Ruhr, Rhein-Main und Stuttgart stärker vertreten. Den höchsten Konzentrationsgrad (mit > 25 % Anteil an der gesamten ausländischen Bevölkerung) erreichen die Portugiesen in den Städten Hamburg (mit Lüneburg) und Bremen sowie im Regierungsbezirk Münster, der mit Bottrop, Gelsenkirchen und Recklinghausen Teile des Ruhrgebiets mit einschließt. Freund (2003) kann zeigen, dass zwischen 1994 und 1997 – als Folge der deutschen Wiedervereinigung und des dadurch ausgelösten Baubooms in Berlin sowie in den Städten Mitteldeutschlands – nochmals Portugiesen im Erwerbsalter nach Deutschland zuwanderten. Insgesamt stellen die in Deutschland lebenden Portugiesen aber mit ca. 130 000 Personen nur 1,8 % der hier registrierten Ausländer (Stand: 2003) und bilden damit eine äußerst geringe Minderheit.

Die spanischen Gastarbeiter hatten sich in Deutschland häufig in sog. „Elternvereinen" organisiert, als ihre Kinder im Gastland schulpflichtig wurden. Viele dieser ehemaligen spanischen „Elternvereine" sind zu Keimzellen deutsch-iberischer Kulturvereine geworden, die in der zweiten und dritten Generation maßgeblich zur Integration in die (deutsche) Gastgesellschaft beigetragen haben. Als äußerlicher Beleg dafür kann die Zahl der Mischehen ebenso dienen wie der Anteil spanisch- oder portugiesischstämmiger Studenten an deutschen Universitäten.

Gemeinsame Folge der Übersee- ebenso wie der Gastarbeiter-Emigration ist, dass zur Jahrtausendwende die Anzahl der im Ausland lebenden (registrierten) Portugiesen 31 % der in Portugal lebenden Bevölkerung entspricht. Im Falle Spaniens sind es mindestens 3 %. Auch wenn man unterschiedliche Registrierungskriterien für Auslandsspanier bzw. -portugiesen berücksichtigen muss, so leben doch proportional ungleich mehr Portugiesen im Ausland als Spanier. Möglicherweise ist dies mit dem außerordentlich hohen Anteil illegaler Emigration aus Portugal zu erklären. Ein weiterer Gesichtspunkt, insbesondere für die in Frankreich lebenden Portugiesen, dürfte aber auch das zu Beginn des 21. Jh. im Vergleich zu Westeuropa immer noch niedrigere Einkommensniveau in Portugal sein. Angesichts der Größenordnung der im Ausland lebenden Iberer ist an die positive Selektion zu erinnern, die mit einer Emigration regelhaft verbunden ist. Berücksichtigt man zusätzlich die nicht unerhebliche Dunkelziffer unter den Auslandsiberern, so lässt sich zumindest näherungsweise ermessen, welches Bevölkerungspotenzial Spanien und insbesondere Portugal für die Entwicklung des eigenen Landes verlorengegangen ist.

Die Binnenwanderung

Ursache, Ablauf und Ausmaß der Binnenwanderung

Die Binnenwanderung setzte nahezu zeitgleich mit der Gastarbeiter-Emigration ein, als die spanische (und mit Abstrichen auch die portugiesische) Wirtschaft Ende der 1950er-Jahre einen neuen Aufschwung nahm, der durch ausländisches Investitionskapital ausgelöst wurde, das in jener Zeit erstmals Einlass in die jeweiligen nationalen Wirtschaften fand (1957 in Spanien, 1961 in Portugal). In Spanien war sicherlich auch der Bürgerkrieg ein auslösender Faktor. Er entwurzelte erstmals beachtliche Teile der bis dahin eher konservativ-beharrenden, überwiegend ländlichen Gesellschaft Spaniens und mobilisierte sie in größerem Umfang. Eine verstärkende Funktion hatte darüber hinaus der Ausbau des Binnenstraßennetzes nach 1950. Der zunehmende Verkehrsanschluss auch entlegener Landesteile an die Ballungszentren der Küstenräume verbesserte nicht nur den Informationsfluss in die ländlichen Gebiete hinein, sondern erleichterte dort auch die Abwanderungsentscheidung wesentlich. Von einer klaren ursächlichen Wirkungsbeziehung kann indes keine Rede sein. Als spontaner demographischer Prozess zum Ausgleich extrem disparitärer regionaler Lebensbedingungen wurde die Binnenwanderung in den 1950er-Jahren zum wichtigsten Steuerungselement für regionale Bevölkerungsverschiebungen auf der Iberischen Halbinsel.

In den meisten Fällen begann die Binnenwanderung in Form einer temporären Wanderung des Familienoberhauptes bzw. der unverheirateten Männer und Frauen. Vielfach zog die Restfamilie nach, teilweise in Form einer Etappenwanderung aus dem

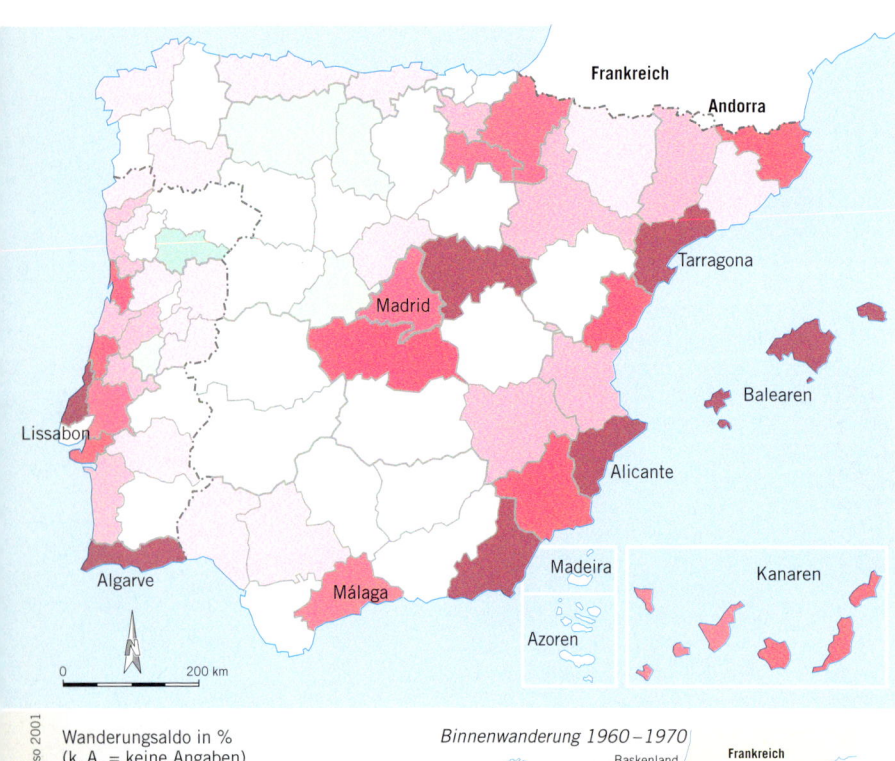

Quelle: I.N.E. Madrid. Censo 2001, I.N.E. Lissabon. Censo 2001

Wanderungsaldo in %
(k. A. = keine Angaben)

positiv	negativ
> 10,0	bis – 2,0
bis 10,0	bis – 4,0
bis 8,0	bis – 6,0
bis 6,0	
bis 4,0	
bis 2,0	

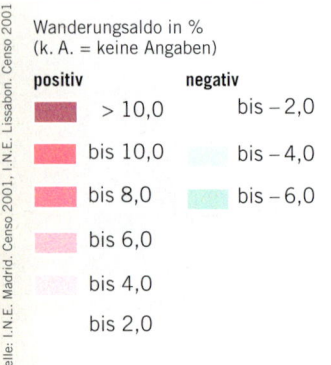

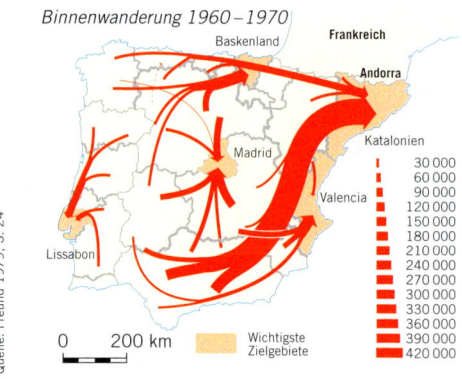

Binnenwanderung 1960–1970

Quelle: Freund 1979, S. 24

Abb. 8: *Regionale Wande-rungssalden in den Jahren 1991–2001*

heimatlichen Dorf in die nahe gelegene Stadt – die im Regelfall mit der Provinzhauptstadt identisch war – und schließlich weiter in die wirtschaftlich aufstrebenden überregionalen Stadtregionen. Ähnlich wie bei der Gastarbeiterwanderung waren bei der spanischen Binnenwanderung häufig Kettenwanderungen zu beobachten, d.h., nachbarschaftliche Bindungen am Herkunftsort wurden nicht selten entscheidend für den Abwanderungsentschluss und die Wahl des Zielgebietes, wo sich schließlich ganze Nachbarschaften wiedertrafen.

Zwischen 1950 und 1975 wanderten ca. 5,5 Mio. Spanier aus der angestammten Heimatprovinz in andere Landesteile ab, davon alleine 2,6 Mio. in der Dekade 1961–1970 (Breuer 1987). In Portugal waren es im Jahrzehnt von 1951–1960 fast 0,6 Mio. Binnenwanderer. Bis 1981 folgten weitere 1,5 Mio. Migranten (Weber 1980, S. 224; Weber 1997, S. 382). Im Einzelfall waren die dadurch ausgelösten Bevölkerungsveränderungen extrem: So erlitten 34 der insgesamt 50 spanischen Provinzen zwischen 1960 und 1971 wanderungsbeding-

te Bevölkerungsverluste in der Größenordnung von 2,6 Mio. Einwohnern; ganze 16 spanische Provinzen wiederum profitierten im gleichen Zeitraum vom Zuzug von 2,1 Mio. Menschen. Die baskische Provinz Álava erfuhr zwischen 1960 und 1971 einen wanderungsbedingten Bevölkerungsgewinn von 30,5 %, Cuenca im Iberischen Randgebirge verlor im gleichen Zeitraum 29,1 % (Breuer 1987, S. 234).

Bei insgesamt zahlreichen strukturellen Übereinstimmungen lief die portugiesische Binnenwanderung im Vergleich zur spanischen zeitlich später, d.h. phasenverschoben, ab. Darüber hinaus erhielt die Binnenwanderung nach der Nelkenrevolution von 1974 einen zusätzlichen Schub durch remigrierende Portugiesen, und zwar sowohl aus Übersee als auch aus Europa. Weber (1997, S. 382) nennt eine Größenordnung von 430 000 zurückkehrenden Portugiesen, die sich in den Jahren 1976 bis 1985 vorzugsweise im nördlichen Teil „Mittelküsten"-Portugals niederließen. Dieser Teil Portugals verzeichnet auch im letzten Jahrzehnt des 20. Jh. weiterhin beachtliche Wanderungsgewinne.

Eine portugiesische Besonderheit stellen die Afrika-Portugiesen dar, die nach der überstürzten Aufgabe der afrikanischen Kolonien im Gefolge der Nelkenrevolution ins Mutterland zurückströmten. Die meisten *retornados* besaßen einen portugiesischen Pass und gelten deshalb formal als Binnenwanderer. Der Großteil von ihnen kam 1975/76 ins Land. Registriert wurden damals 505 000 Personen, das waren immerhin ca. 5 % der gesamten portugiesischen Bevölkerung. Die mutmaßliche tatsächliche Rückkehrerzahl wird auf bis zu 750 000 geschätzt (Guibentif 1996).

Die nach 1950 einsetzende Binnenwanderung stärkte jeweils nur wenige städtische Wachstumspole, die auf diese Weise zu (im Regelfall) polyzentrischen metropolitanen Agglomerationsräumen heranwuchsen. In Spanien waren das Madrid, Barcelona, das baskische Industrierevier und der Großraum Valencia sowie (eingeschränkt) Sevilla. In Portugal profitierte zunächst nur der Großraum Lissabon von der Binnenwanderung. In den Jahren 1960 bis 1981 wanderten von 1,5 Mio. Binnenwanderern 64 % dorthin, aber nur 14 % in den Distrikt Porto (Weber 1997, S. 382; vgl. Abb. 8, Nebenkarte). Porto entwickelte sich phasenverschoben erst nach 1980 zu einem zweiten urbanen Attraktionspol (vgl. Abb. 9). Die *retornados* wurden teilweise in Nordportugal in eilends erbauten Fertighaussiedlungen untergebracht. Die Mehrzahl verblieb hingegen im Großraum Lissabon, wo sie sich als *desalojados* (= Vertriebene aus Afrika mit portugiesischem Pass) gemeinsam mit den *refugiados* (= schwarzafrikanische Flüchtlinge ohne portugiesische Staatsangehörigkeit) in randstädtischen Elendsvierteln (*bairros de lata*) niederließen.

In beiden Staaten ist die Binnenwanderung somit identisch mit der Land-Stadt-Wanderung, wobei die Landflucht wiederum gleichzeitig eine Aufgabe der Landwirtschaft bedeutet und zuerst die ländlichen Binnenräume erfasste, von denen die kleinbäuerlich

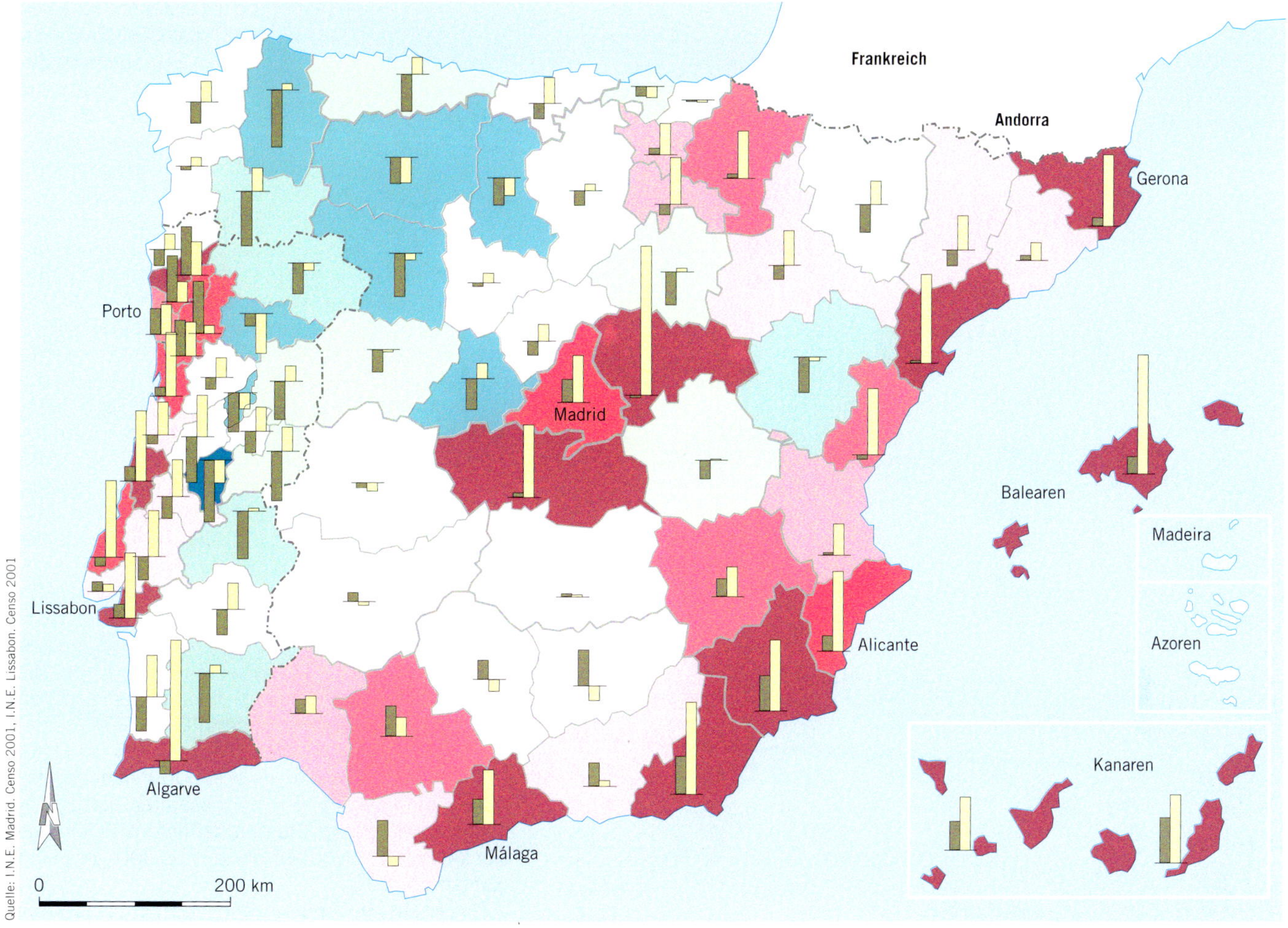

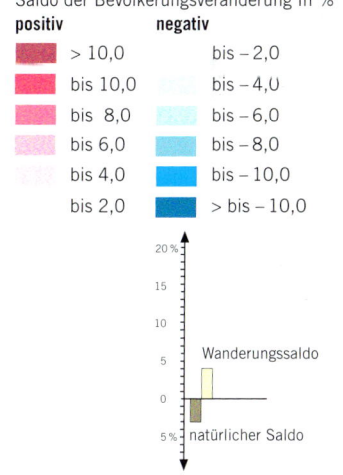

Quelle: I.N.E. Madrid. Censo 2001, I.N.E. Lissabon. Censo 2001

strukturierten Gebirgsräume am nachhaltigsten betroffen waren. Die Täler von *Las Hurdes* im entlegensten Westen des Kastilischen Scheidegebirges nahe der Grenze zu Portugal gelten in Spanien seit dem Buñuel-Film „Las Hurdes – Tierra sin Pan" (1932; Land ohne Brot) als Synonym für rückständige Gebirgsräume.

Als die Abwanderung in den Berggebieten einsetzte, konnte dort die staatliche Aufforstungspolitik nach 1940 zuerst ansetzen (vgl. Breuer 1979). Freund (1979, S. 31) verweist darauf, dass die Entleerung des Scheidegebirges auf portugiesischer Seite schon in der Dekade von 1911–1920 einsetzte. Für ihn ist bereits mit den Ergebnissen der portugiesischen Volkszählung von 1970 der „demographische Zusammenbruch des Binnenlandes" besiegelt. In der Folgezeit hat sich aber die Entleerung der Binnenräume in Portugal bis zur Gegenwart hin noch weiter fortgesetzt!

Die Binnenwanderung in der zweiten Hälfte des 20. Jh. ist gleichzeitig der wichtigste ursächliche Faktor für das aktuelle regionale Verteilungsmuster der Bevölkerung auf der Iberischen Halbinsel und hat entscheidend zur Verschärfung der regionalen Disparitäten auf der Iberischen Halbinsel beigetragen. Besonders krass äußert sich dies im Falle des Großraums Lissabon, wo inzwischen rund ein Drittel der gesamten portugiesischen Bevölkerung lebt. Deutlich abgeschlagen folgt auf Rang 2 die Agglomeration Porto. Großstädte mittlerer Größenordnung fehlen in Portugal fast völlig (vgl. Diagramm der städtischen Rang-Größen in Abb. 122). Eine derartige Primatstruktur der Landeshauptstadt gilt in weniger entwickelten Ländern als ein (mögliches) Merkmal von Unterentwicklung. Diese Assoziation ist im Übrigen keineswegs abwegig: Die Primatstruktur Lissabons wurde im letzten Jahrzehnt des 20. Jh. zusätzlich durch den Zuzug von Immigranten aus Staaten der Dritten Welt verstärkt. Die Binnenwanderung ist ebenfalls für die flächenhafte Entleerung der Binnenräume verantwortlich, von der wiederum die meerfernen Gebirgsräume so stark betroffen wurden, dass dort ganze Teilräume wüst gefallen sind. In Spanien folgte die Binnenwanderung einem zentral-peripheren Muster, in Portugal erzeugt sie einen Ost-West-Gradienten, in beiden Ländern zugunsten der Küstengebiete (vgl. Abb. 5).

Abb. 9: *Bevölkerungsveränderung in den Jahren 1991–2001*

Abb. 10: Die Binnenwanderung setzte zuerst in den entlegenen Talschlüssen der Bergländer ein. Hier: Kleinbauern bei der abendlichen Rückkehr von ihren Feldern (in den „Hurdes" bei Nuñomoral, Prov. Cáceres).

In den regionalen Wanderungsbilanzen wird für Spanien bereits im Zeitraum von 1976–1992 ein sehr bemerkenswerter zusätzlicher Trend sichtbar: Wanderungsverluste erleiden seit 1985 auch die altindustrialisierten Ballungsräume wie die baskischen Küstenprovinzen oder Katalonien (vgl. Abb. 9). Wanderungsgewinne hingegen erzielen die jüngeren Industriegebiete mit moderner Infrastruktur und/ oder zukunftsorientierten Industriebranchen. Dazu gehören in erster Linie Valencia, aber auch Madrid sowie wichtige Standorte der Automobil(zuliefer)- industrie wie beispielsweise Zaragoza (Aragonien) oder Pamplona (Navarra). Besondere Erwähnung verdienen darüber hinaus die beachtlichen Wanderungsgewinne in touristischen Zielgebieten, wie z. B. auf den Kanaren und Balearen, an der Algarve sowie in Andalusien und in Murcia (Serrano Martínez 1995).

Veränderung der Bevölkerungsstrukturen

Als Resultat hat die Binnenwanderung nicht nur die Bevölkerungsverteilung, sondern auch die Bevölkerungsstruktur in Portugal sowie in Spanien grundlegend umgestaltet: Die selektive Abwanderung junger Altersgruppen im erwerbsfähigen Alter hatte in den ländlichen Regionen eine sehr rasche und tiefgreifende Überalterung der Restbevölkerung zur Folge. Im Gegenzug erfuhren die Ballungsräume einen „Verjüngungsschub" mit einem für städtische Bevölkerung atypisch hohen Anteil von jungen Familien mit Kleinkindern. Die daraus resultierenden Unterschiede im generativen Verhalten der autochthonen und der zugezogenen städtischen Wohnbevölkerung nivellieren sich erst in den nachfolgenden Generationen der Zuwanderer.

Die strukturellen Folgen der interprovinziellen Binnenwanderung äußern sich gleichzeitig in einer zunehmenden demographischen Verstädterung, die sich in einer grundlegenden Umschichtung der Siedlungsgrößenstruktur manifestiert. Im Jahre 1900 wohnten ca. 68 % der spanischen Bevölke-

rung in Gemeinden mit weniger als 10 000 Einwohnern, d. h. im ländlichen Raum. Bis 2001 hat sich dieser Anteil auf ca. 25 % reduziert. Die Zunahme der städtischen Bevölkerung schlug sich bis in die 1990er-Jahre des 20. Jh. vornehmlich in einer Stärkung der Großstädte mit mehr als 100 000 Einwohnern nieder. Diese Tendenz ist inzwischen gebrochen: Der Anteil der Spanier, die in Großstädten mit über 100 000 Einwohnern leben, stagniert seit 1991 oder ist sogar rückläufig. Zum Zeitpunkt der Volkszählungen von 2001 lebten ca. 42,5 % der spanischen und 24,5 % der portugiesischen Bevölkerung in Großstädten mit mehr als 100 000 Einwohnern.

Aus einer Reihe von Arbeiten zur regionalen Bevölkerungsgeographie Spaniens geht hervor, dass im Zuge des regionalen und strukturellen Konzentrationsprozesses die Provinzhauptstädte auch dann eine positive Bevölkerungsentwicklung erfuhren, wenn ihre Provinzbevölkerung insgesamt abnahm (vgl. z. B. Müller 1988; Schlegel 1995). Es wird aber dabei leicht übersehen, dass eine Reihe von Provinzhauptstädten im Landesinnern in absoluten Zahlen nicht einmal 50 000 Einwohner erreicht.

Die Phase der großräumigen, interprovinziellen regionalen Bevölkerungsverschiebung durch Migration schwächte sich in Spanien schon in der zweiten Hälfte der 1980er-Jahre ab (Breuer 1986a) und hat zu Beginn des 21. Jh. eine vernachlässigbare Größenordnung erreicht. In Portugal ist eine gleichgerichtete, wenngleich zeitlich deutlich verzögerte Entwicklung zu beobachten. Bis zur Jahrtausendwende sind dort die Binnenwanderungen weiterhin ein beachtlicher Faktor für die Bevölkerungsentwicklung, wie der Vergleich der Volkszählungsdaten von 2001 und 1991 belegt (Abb. 8 und 9). Es bleibt festzuhalten, dass die gegenwärtige Inhomogenität der regionalen ebenso wie der strukturellen Bevölkerungsverteilung auf der Iberischen Halbinsel das Ergebnis einer Binnenwanderungsphase ist, die nach dem Zweiten Weltkrieg begann, in den 1960er-Jahren ihren Höhepunkt erreichte und zum Ende des 20. Jh. ausläuft bzw. abklingt. Die durch sie geschaffenen Raumstrukturen dürften aber über lange Zeit Bestand haben.

In der Vergangenheit haben sowohl Breuer (1982) als auch Mertins (1986) auf die enge Korrelation zwischen Binnenwanderung und regionalem Pro-Kopf-Einkommen hingewiesen. Ruppert (1986) konnte darüber hinaus die Koppelung von regionaldisparitärer Wirtschaftsstruktur und ungleichem Wirtschaftswachstum in Spanien deutlich machen. In Anbetracht des neuen, sich gegenwärtig abzeichnenden Trends mit Wanderungsgewinnen an den Südküsten der Halbinsel sowie auf den atlantischen Inseln stellt sich zu Beginn des 21. Jh. die Frage, ob für diese jungen Binnenwanderungen weiterhin die neoklassischen Migrationstheorien Anwendung finden können. Es ist nicht zu übersehen, dass am Ende des 20. Jh. jene nur wenig oder überhaupt nicht industrialisierten Gebiete Spaniens ebenso wie Portugals positive Wanderungssalden verzeichnen, die seit Jahrzehnten bevorzugte Ziele nicht nur für den Incoming- (d.h. Ausländer-)Tourismus, sondern auch für den nationalen Binnentourismus sind. Es spricht vieles für die Annahme, dass ein beachtlicher Teil der jüngeren Wanderungsgewinne in diesen touristischen Zielgebieten nicht ausschließlich wirtschaftlich motiviert, sondern auch als Ergebnis gewisser Wohnortpräferenzen zu interpretieren ist. Selbstverständlich sind die touristischen Zielgebiete auch für eine arbeitsplatzorientierte Zuwanderung prädestiniert. Die gleichen Gebiete werden aber in zunehmendem Maße auch als Wohnstandorte interessant, und zwar für eine alternde (Rentner-)Bevölkerung ebenso wie für hoch qualifizierte Berufsgruppen, die mit den modernen Mitteln der Telekommunikation Arbeit und Freizeit erfolgreich miteinander verknüpfen können.

Der demographische Transformationsprozess

Die indirekten Konsequenzen der verschiedenen, sich überlagernden Migrationsvarianten sind für den sozialen Wandel in Spanien ebenso wie in Portugal nachhaltig und weitreichend. Dazu gehört auch ein Wechsel des generativen Verhaltens, der nach dem Ende der Diktaturen 1974 bzw. 1975 und nach dem Aufbau neuer demokratischer Gesellschaftsstrukturen gemäß westeuropäischem Muster teilweise als radikal bezeichnet werden kann.

Die Unterschiede im generativen Wachstum werden erst bei regional differenzierender Betrachtung deutlich. Für das Spanien der 1970er-Jahre konnte Breuer (1987) bereits einen klaren Nord-Süd-Gradienten zunehmenden generativen Wachstums aufzeigen. Die höchsten natürlichen Wachstumsraten verzeichneten damals die andalusischen Provinzen ebenso wie die Kanarischen Inseln. Diese Abfolge hat sich im Grundsatz bis zur Gegenwart erhalten, wobei sich die Extreme erheblich aneinander angeglichen haben. In Portugal ist dieser regionale Gradient ebenso zu finden, allerdings mit umgekehrtem Vorzeichen: Der Süden erfährt dort die stärksten generativen Bevölkerungsverluste (Abb. 11).

Es versteht sich von selbst, dass aus der regional und zeitlich differenzierten Abfolge verschiedener Migrationsprozesse auch unterschiedliche generative Verhaltensweisen erwartet werden können. Mertins (1986, S. 41) unterscheidet drei Typen generativen Verhaltens, die er bestimmten Migrationsräumen zuordnet:

■ Das sind in Spanien die frühen Abwanderungsgebiete in den spanischen Binnenprovinzen beider Kastilien und der Extremadura, in Portugal die Binnenräume von Pinhal, Beira, Alentejo sowie die meerfernen Bergländer von Trás-os-Montes und Serra da Estrêla, die aufgrund der frühzei-

Abb. 11: Regionale Differenzierung des generativen Verhaltens (2000)

Quelle: Eurostat 2004

tigen Überalterung ihrer Bevölkerung extrem negative natürliche Wachstumsraten verzeichnen.

■ Als zweiten regionalen Typ generativen Verhaltens gliedert er die wichtigsten Zielgebiete der Binnenwanderung aus, wo durch den lange andauernden Zuzug junger Bevölkerung recht hohe natürliche Wachstumsraten auftreten. Das trifft für Lissabon und Setúbal ebenso wie für den Großraum Porto zu, der bis nach Cávado, Tâmega und Ave ausstrahlt. In Spanien wären Madrid und Katalonien zu nennen (Schlegel 1995, S. 310).

■ Problematisch bleibt die Interpretation des dritten regionalen Typs generativen Verhaltens: Die südspanischen Provinzen (und hier insbesondere Andalusien) wiesen noch 1981 die höchsten Geburtenraten auf, obwohl die Region bis dahin ganz wesentlich mit negativen Wanderungssalden an der Binnenwanderung sowie an der Gastarbeiter-Emigration beteiligt war (vgl. Breuer 1987). Mertins (1986, S. 41) bemüht in diesem Zusammenhang „das nur schwer rational erklärbare, längere Festhalten an traditional-ruralen Wertvorstellungen und Normen mit den sich daraus ergebenden Familienstrukturen und Bevölkerungsweisen". Diese Erklärung ist nicht sonderlich befriedigend. Umso überraschender ist es zu sehen, dass sich an dem rational nicht begründbaren Süd-Nord-Gefälle im generativen Verhalten bis 2000 nichts Grundsätzliches geändert hat: Sieht man von Madrid und den Kanaren ab, so bleibt Andalusien die einzige Flächenregion Spaniens mit einem positiven natürlichen Bevölkerungssaldo.

Die regional differenzierende Betrachtung des generativen Wachstums überrascht in zweifacher Weise. Zum Einen belegt sie für Spanien ein weiterhin bestehendes Süd-Nord-Gefälle mit eigenständigem generativem Verhalten der andalusischen sowie der kanarischen Provinzen, zum anderen wird der Gegensatz zu Portugal deutlich, wo eben dieses Gefälle in umgekehrter Richtung auftritt. Der Norden Portugals (und hier insbesondere der Einflussbereich von Porto) profiliert sich durch positive, der Süden (Alentejo) durch negative natürliche Bevölkerungssalden. Das geschilderte Raummuster ist somit offensichtlich nur partiell als Ergebnis vorausgegangener Migrationsprozesse zu erklären.

Mindestens ebenso bedeutsam sind neue Fertilitätsstrukturen, die eine nachhaltige Änderung des generativen Verhaltens anzeigen. In Spanien ist nicht nur die Zahl der Kinder pro Frau seit 1974 laufend zurückgegangen (1974: 2,8; 1998: 1,16 Kinder/Frau), sondern auch die Phase der stärksten Geburtenhäufigkeit hat sich verschoben: Traditionell lag die größte Geburtenhäufigkeit in der Altersgruppe der Frauen zwischen 24 und 27 Jahren, 1999 war es bereits die Altersstufe der 29- bis 32-Jährigen (Abb. 12). Dem entspricht ein gleichermaßen späteres Heiratsalter. Die Ursachen für diese generative Verhaltensänderung sind im Grundsatz aus anderen postindustriellen Gesellschaften bekannt: Eine bessere schulische Bildung sowie eine zunehmende berufsqualifizierende Ausbildung und anschließende Berufstätigkeit der Frauen in Verbindung mit wachsender sozialer Emanzipation und individuellem Wohlstandsstreben führen dazu, dass immer mehr Frauen einen Kinderwunsch verschieben oder gänzlich aufgeben (vgl. Goetze 1998).

Die regionalen Fertilitätsraten zeigen indes in beiden Ländern noch erhebliche räumliche Unterschiede: Überdurchschnittlich hohe Fertilitätsraten verzeichnen u. a. die meisten andalusischen Provinzen ebenso wie die portugiesische Küstenregion zwischen Porto und Lissabon (mit Einschränkungen auch die Algarve). Im Falle Andalusiens sind diese Abweichungen dem (weiterhin) relativ rückständigen Bildungsniveau der Frauen anzulasten; hier bestehen noch erhebliche Defizite in der schulischen und beruflichen Ausbildung der Frauen. In Portugal ist der demographische Modernisierungstrend vornehmlich in denjenigen Gebieten gebremst, die in den letzten Jahrzehnten bevorzugtes Ziel von schlecht oder überhaupt nicht ausgebildeten Zuwanderern waren. Im Übrigen bestätigen die Fertilitätsdaten der peripher gelegenen atlantischen Inseln beider Staaten eine zeitlich verzögerte demographische Entwicklung der Wohnbevölkerung. Mittelfristig dürften sich die regional unterschiedlichen Fertilitätsraten in beiden Ländern aber rascher angleichen.

Abb. 12: Fertilitätsraten im Vergleich

a) *Totale Fertilitätsraten (TFR) 1980 – 2003 in Europa*
Geburten je Frau

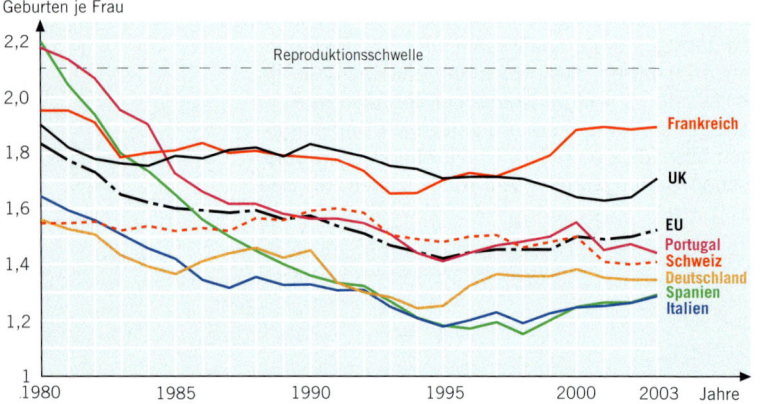

b) *Altersspezifische Fertilitätsraten in Spanien*
(Anzahl der Lebendgeborenen pro 1000 Frauen)

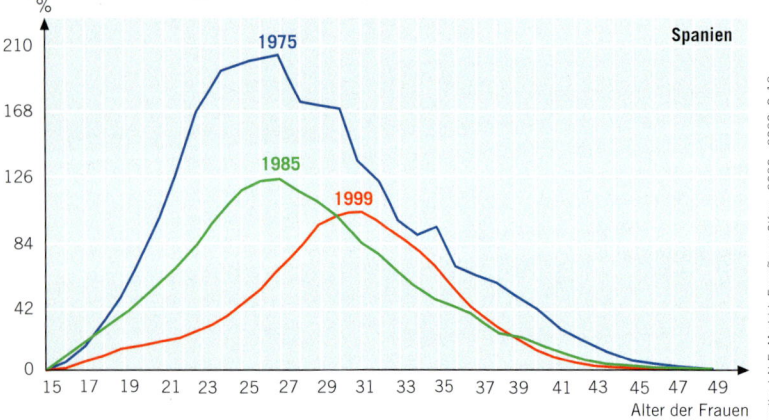

Quelle: Eurostat 2005

Quelle: I.N.E. Madrid; España en Cifres, 2002 – 2003. S.10

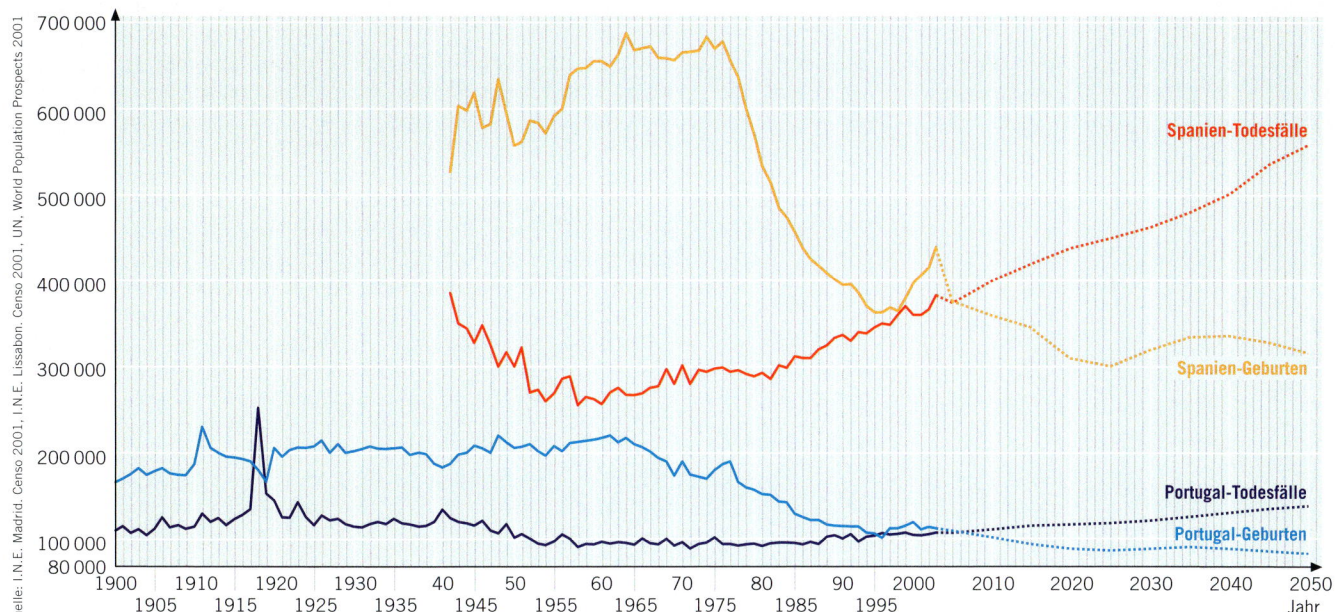

Quelle: I.N.E. Madrid. Censo 2001. I.N.E. Lissabon. Censo 2001. UN, World Population Prospects 2001

Abb. 13: *Die natürliche Bevölkerungsbewegung auf der Iberischen Halbinsel 1900–2003; Prognose bis 2050*

Am Beispiel der Kanarischen Inseln (und hier insbesondere der Provinz Las Palmas de Gran Canaria) wird der soziodemographische Umbruch besonders deutlich. Einerseits werden von Restgruppen der ländlichen Bevölkerung noch traditionelle generative Verhaltensmuster konserviert. Gleichzeitig sind in weiten Teilen der Inselgesellschaft (vorzugsweise in den vom Massentourismus am stärksten betroffenen Gemeinden) die traditionellen Familienstrukturen verstärkt in Auflösung begriffen: 2002 erreichten die Kanaren mit 38,4 % landesweit den höchsten Anteil an unehelichen Geburten (Spanien: 21,7 %); gleichzeitig war die Heiratsquote auf den Inseln mit 3,7 Eheschließungen pro 1000 Einwohner am geringsten (Spanien: 5,0). Von 1975 bis 2003 hat sich die Heiratsquote auf den Kanaren damit um etwa die Hälfte reduziert. Zieht man als dritte demographische Komponente noch die im Vergleich zur spanischen Gesellschaft hohe Fertilität der Immigranten seit dem Ende des 20. Jh. in Betracht, so wird deutlich, welch massivem Anpassungsdruck die autochthone Bevölkerung der Kanaren ausgesetzt war und weiterhin ist.

Die rückläufige Fertilität geht mit einer zunehmenden Überalterung der Bevölkerung einher. Beide Prozesse gemeinsam sind konstituierende Merkmale der demographischen Modernisierung. Etwa mit Beginn des 21. Jh. hatte der Anteil der über 65-Jährigen in Spanien denjenigen der Altersgruppe bis 15 Jahre erreicht. Seither steigt der Anteil der Bevölkerung im Rentenalter laufend an. Dies erklärt sich aus der gegenläufigen Entwicklung von Geburtenraten und durchschnittlicher Lebenserwartung. Legt man als Maß für den Grad der Überalterung den sog. Billeter-Index an, d. h. das Verhältnis von (potenziell) reproduktionsfähiger (15–49) zu reproduktionsunfähiger Bevölkerung (0–14 plus 50+), so ergeben sich für die gesamte Iberische Halbinsel selbst bei großmaßstäblicher Betrachtung ausnahmslos negative Werte, d. h., Spanien und Portugal können schon jetzt als überaltert gelten, wenngleich mit deutlichen regionalen Unterschieden. Die höchsten Überalterungswerte erreichen diejenigen spanischen Binnenprovinzen, die in den vergangenen Jahrzehnten am stärksten von der Landflucht betroffen waren, d. h. vor allem die Regionen im Nordwesten sowie im Iberischen Randgebirge. In Portugal sind alle meerfern gelegenen Binnenregionen besonders betroffen. Umgekehrt sind die städtischen Ballungsräume und Küstenzonen, die seit Jahrzehnten und auch weiterhin Zuwanderung durch junge Bevölkerung erfahren, von der Überalterung am geringsten geprägt. In Portugal ebenso wie in Spanien wird das natürliche Wachstum der Bevölkerung zunehmend durch die aktuelle Immigration getragen, die beide Länder wiederum vor ein neues Problem stellt.

Zusammenfassend bleibt festzustellen, dass die demographische Modernität der iberischen Gesellschaft durch die langfristige Entwicklung der rohen Geburten- und Sterberaten bestätigt wird: Seit 1990 nähern sich beide Kurven asymptotisch einander an. Das ist umso bemerkenswerter, als Spanien noch 1977 eine Geburtenrate von 18‰ verzeichnete und damit (gemeinsam mit Irland und Albanien) das rückständigste generative Verhalten in Europa zeigte. Damit weist die Dynamik des generativen Verhaltens die Bevölkerung beider iberischer Staaten am Ende des 20. Jh. als postindustrielle Dienstleistungsgesellschaften aus, auch wenn weiterhin erhebliche interregionale Unterschiede im generativen Verhalten bestehen. Überraschend an diesem Befund ist weniger der demographische Prozess selbst als vielmehr die Schnelligkeit seines Ablaufs, die auch ausgewiesene Experten des Mediterranraums überrascht hat (Wagner 2001, S. 94; vgl. Abb. 13).

Immigration als neue Herausforderung

Zuwanderung aus Drittländern

Mit dem Erliegen der Übersee-Emigration und dem Auslaufen der Binnenwanderung kehrte sich die Wanderungsrichtung zu Beginn der 1990er-Jahre in beiden iberischen Staaten um. Damit rückte das Thema der Immigration dort erstmals ins Bewusstsein einer breiteren Öffentlichkeit und gewinnt seither eine zunehmende politische Brisanz. Zunehmend wandern Wirtschaftsflüchtlinge aus der Dritten Welt zu, von denen ein Großteil die Iberische Halbinsel auf illegalem Wege erreicht. Man schätzt, dass die illegale Zuwanderung bereits die Größenordnung der legalen Immigration erreicht hat, und viele Anzeichen sprechen dafür, dass sie in Zukunft noch weiter steigen wird.

Im Falle Spaniens spielt die geographische Nähe zu Herkunftsländern mit erhöhtem Migrationsdruck eine zusätzliche Rolle. Die illegale Zuwanderung aus Nordafrika benutzt vor allem die Seewege über die Meerenge von Gibraltar sowie über die kurze Distanz zwischen der westafrikanischen Küste und der Kanareninsel Fuerteventura (Meyer 2002). Aus diesem Grund ist bei Immigranten afrikanischer Herkunft der Anteil von Personen ohne Ausweispapiere (*sin papeles*) besonders hoch. Allein in der ersten Jahreshälfte 1998 wurden an der spanischen Südküste von der Polizei ca. 2800 Nordafrikaner aufgegriffen, die mithilfe von Schleusern in kleinen Booten von Nordafrika aufs spanische Festland übergesetzt wurden. Für den gleichen Zeitraum kursierten in der spanischen Presse Schätzungen, nach denen zwischen 400 und 1000 nordafrikanische Wirtschaftsflüchtlinge die Überfahrt nicht überlebten und ertranken. Im Jahr 2000 erreichte die Zahl der illegalen Immigranten, die vor der andalusischen

Küste der Polizei in die Arme liefen, in nur neun Monaten fast 11 000. Aufgrund der besonderen politischen Konstellation, der zufolge die spanischen Exklaven Ceuta und Melilla EU-Territorium auf nordafrikanischem Boden repräsentieren, sind die beiden Städte, die schon in der jüngeren Vergangenheit vornehmlich vom Schmuggel zwischen Europa und Nordafrika lebten, zusätzlich einem außerordentlich starken Migrationsdruck aus Nordafrika ausgesetzt. Popp (1998, S. 343) spricht hinsichtlich der Mauer, die zwischenzeitlich von den spanischen Behörden um die Städte Ceuta und Melilla herum errichtet wurde, um das illegale Einsickern von nordafrikanischen Wirtschaftsflüchtlingen zu unterbinden, von einer „Art ‚Berliner Mauer'‚ (allerdings ohne Schießbefehl)". Mit seinen beiden exponierten Außenposten auf nordafrikanischem Boden fühlt sich Spanien gewissermaßen als eine Art Außenbastion der „Festung Europa" an deren südwestlicher Peripherie. Aufgrund dieser Situation ist es nur folgerichtig, dass sich die Marokkaner 1998 erstmals als stärkste Immigrantengruppe in der spanischen Ausländerstatistik durchsetzen konnten (vgl. Tab. 4).

In der jüngeren Migrationsgeschichte Spaniens nehmen die Kanaren eine Sonderstellung ein (Domínguez Mújica 1996; Zapata Hernández 2002). Die Inseln verzeichneten bereits nach der kubanischen Revolution von 1959 eine erste Rückwanderungswelle ehemals dorthin emigrierter *canarios*. Fast zeitgleich begann der Zuzug wohlhabender Europäer (vorzugsweise aus Großbritannien, Deutschland und den skandinavischen Ländern), die sich auf den Inseln mit (Zweit-)Wohnsitz niederließen und mit ihren Investitionen einen ersten wirt-

	SPANIEN			PORTUGAL		
Bevölkerung insgesamt	40 847 371				9 869 343	
Ausländer/Anteil an der Bevölkerung in %	1 572 013	(3,85 %)		238 944	(2,42 %)	
	Anzahl	**%-Anteil an Ausländern**			**Anzahl**	**%-Anteil an Ausländern**
Marokko	247 941	15,8	Kap Verde	52 227	21,9	
Ecuador	216 474	13,8	Brasilien	24 784	10,4	
Kolumbien	160 104	10,2	Angola	24 767	10,4	
Vereinigtes Königreich	94 862	6,0	Guinea-Bissau	19 222	8,0	
Deutschland	78 020	5,0	Vereinigtes Königreich	15 896	6,7	
Rumänien	57 533	3,7	Spanien	14 607	6,1	
Argentinien	47 661	3,0	Deutschland	11 871	5,0	
Frankreich	46 894	3,0	Frankreich	8381	3,5	
Peru	38 531	2,4	USA	8004	3,4	
Italien	36 815	2,3	São Tomé und Príncipe	6968	2,9	
Dominikanische Republik	31 582	2,0	Moçambique	4865	2,0	
Bulgarien	26 391	1,7	Niederlande	4811	2,0	
Kuba	25 797	1,6	China	4529	1,9	
Venezuela	18 370	1,2	Italien	3775	1,6	
Sonstige	445 038	28,3	Sonstige	34 237	14,3	

Tab. 4: Ausländische Wohnbevölkerung auf der Iberischen Halbinsel (2001)

Quelle: Volkszählungsdaten 2001

schaftlichen Aufschwung auslösten (Riedel 1971). Die Rückwanderung ehemaliger Emigranten aus Lateinamerika hielt infolgedessen an und verstärkte sich in den 1980er-Jahren, als Venezuela, das ehemalige Zielland der Überseemigration mit dem größten Anteil an Migranten kanarischer Herkunft, eine erste schwere Finanz- und Wirtschaftskrise durchlebte. Für die Kanaren ist insofern die Unterscheidung zwischen Immigranten ausländischer Nationalität und kanarischstämmigen Immigranten, die im Ausland – meist in Kuba oder Venezuela – geboren wurden, besonders bedeutsam. Setzt man die demographische Situation des Jahres 1960 = 100, dann erhöhte sich die Zahl der auf den Inseln geborenen Wohnbevölkerung bis 1991 auf den Indexwert 154,6. Im gleichen Zeitraum stieg der Index der im Ausland geborenen Wohnbevölkerung auf den Kanaren auf 524,4, bei ausländischer Wohnbevölkerung nach Nationalität sogar auf 710,3 (Zapata Hernández 2002, S. 55). Der weiterhin wachsende Zustrom illegaler Immigranten aus Nordafrika, die die Kanarischen Inseln (und damit EU-Territorium) auf dem Seeweg zu erreichen suchen, verschärft die demographische Situation zusätzlich. Vor diesem Hintergrund stellt die Immigration für die Regionalpolitik der Kanaren eine besondere Herausforderung dar.

Formaler Beginn einer Immigration größeren Stils auf die Iberische Halbinsel war die durch die Nelkenrevolution in Portugal ausgelöste überstürzte Entkolonialisierung. Per Gesetz vom Juli 1975 verloren die schwarzafrikanischen Bewohner der ehemaligen Kolonien ihre portugiesische Staatsangehörigkeit. Ein nicht geringer Teil von ihnen schloss sich den ins Heimatland zurückströmenden *retornados* mit portugiesischem Pass als Flüchtlinge (*refugiados*) an. Dennoch blieb die Größenordnung der ausländischen Wohnbevölkerung in Portugal bis zur Mitte der 1980er-Jahre absolut und relativ eher unbedeutend. (Portugal 1985: ca. 75 000 Ausländer; Spanien: 242 000). Erst später begann ein kontinuierlicher Anstieg der Immigrantenzahlen, wobei der Anteil illegaler (und damit auch statistisch nicht erfasster) Zuwanderer aus Drittwelt-Staaten laufend zugenommen hat.

Ungeachtet gewisser Unsicherheitsmargen bei den offiziellen Schätzungen sind die Grundzüge der Immigration bis zur Jahrtausendwende bekannt: Der bei Weitem überwiegende Anteil der portugiesischen Immigranten kommt aus lusophonen, also portugiesischsprachigen Herkunftsländern (> 55 % aus den ehemaligen afrikanischen Kolonien [PALOP = *Países Africanos de Lingua Oficial Portuguêsa*] und aus Brasilien). Im Falle Spaniens kamen die Immigranten bis zur Mitte der 1990er-Jahre vornehmlich aus den hispanophonen Staaten Lateinamerikas. Damit war die junge Immigration zu Beginn ihrer Entwicklung ursächlich mit der jeweiligen kolonialen Geschichte bzw. mit der Sprachgemeinschaft beider iberischer Staaten verknüpft. In der portugiesischen Presse war zeitweise ironisch sogar von einer Umkehr der Kolonisierungsrichtung die Rede.

Abb. 14: Grenzsicherung in Ceuta: Ein doppelter Drahtzaun, Flutlicht und ein Kontrollkorridor für die Grenzpolizei markieren die Südgrenze der Europäischen Union auf nordafrikanischem Boden.

Beide Staaten haben seit 1985 (Spanien) bzw. 1992 (Portugal) mehrere Gesetzeskampagnen zur nachträglichen Legalisierung illegaler Immigranten auf den Weg gebracht:

- In Portugal war damit ein erklärter politischer Richtungswechsel verbunden: Die Phase der unkontrollierten Einwanderung (*fase espontânea*) wurde durch eine regulierte Einwanderungspolitik (*regularização*) abgelöst. Neue Leitvorstellung ist seither eine gesteuerte Einwanderung (*imigração programada*).
- Allein in Spanien wurden bei fünf verschiedenen Einbürgerungsmaßnahmen zwischen 1985 und 2001 662 577 bislang nicht erfasste Migranten registriert, davon allein 463 665 in den Jahren 2000 und 2001 (Gonzálvez Pérez 2002, S. 212). Von Februar bis Mai 2005 gab es in Spanien ein weiteres dreimonatiges Sonderlegalisierungsverfahren: Dabei konnten Arbeitgeber für illegale Immigranten, die bisher als Schwarzarbeiter bei ihnen beschäftigt waren, eine ordnungsgemäße Aufenthaltsgenehmigung mit gleichzeitiger Arbeitserlaubnis beantragen. Auf diese Weise hoffte man, ca. 800 000 bisher illegale Arbeitnehmer zu erfassen.

Unter dem Vorbehalt einer weiterhin bestehenden Dunkelziffer ist folgende ausländische Wohnbevölkerung auf der Iberischen Halbinsel registriert (Tab. 4):

- Die Mehrzahl der Ausländer kommt aus Entwicklungsländern. Es handelt sich vielfach um Wirtschaftsflüchtlinge, die in Spanien ebenso wenig wie in Portugal sonderlich willkommen sind. Sie sind im Regelfall schlecht oder überhaupt nicht ausgebildet. Die Analphabetenrate ist hoch. Eine relative Ausnahme bilden die Brasilianer und Kubaner. Viele von ihnen sind seit den 1980er-Jahren wegen politischer und wirtschaftlicher Pro-

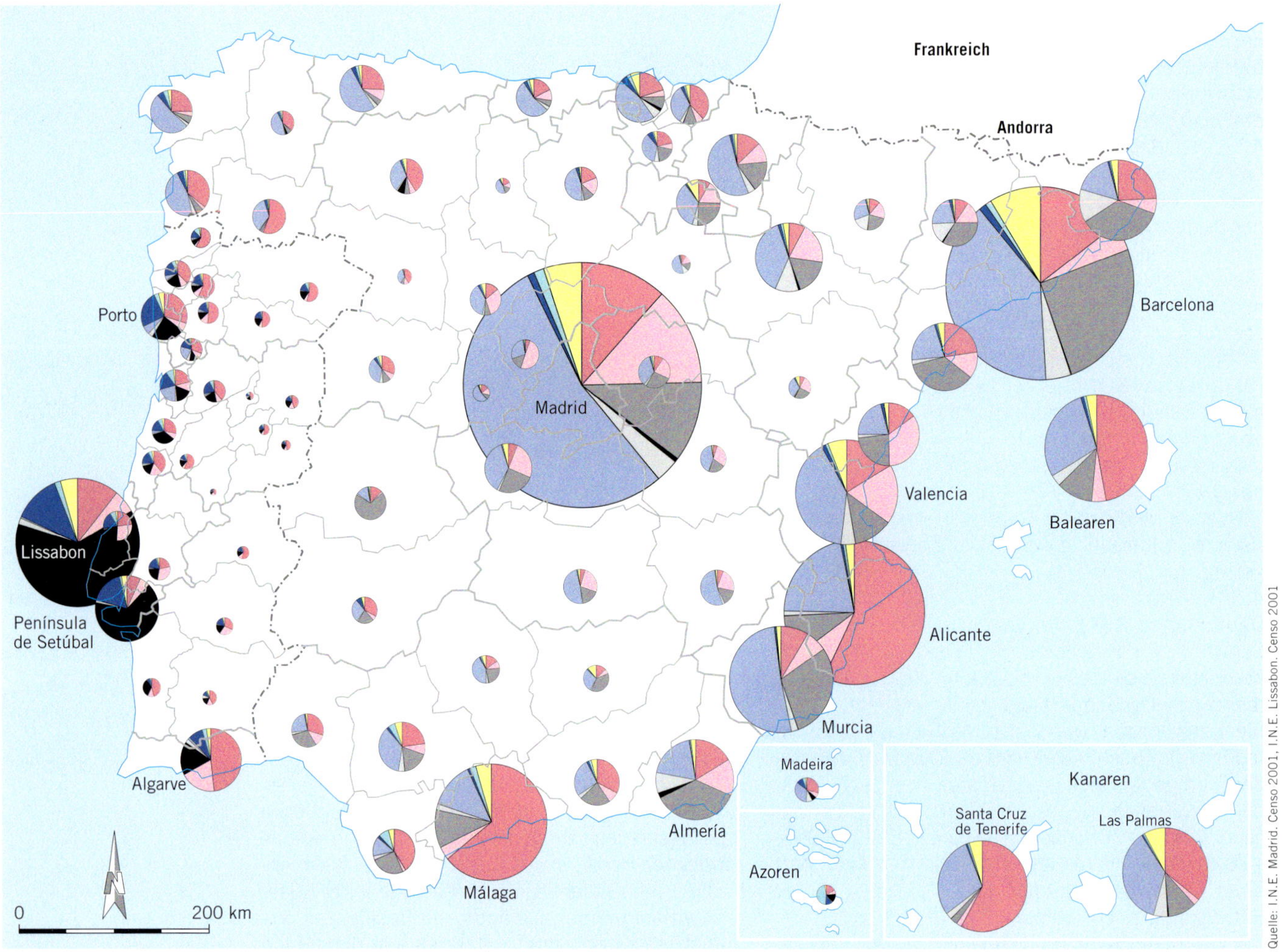

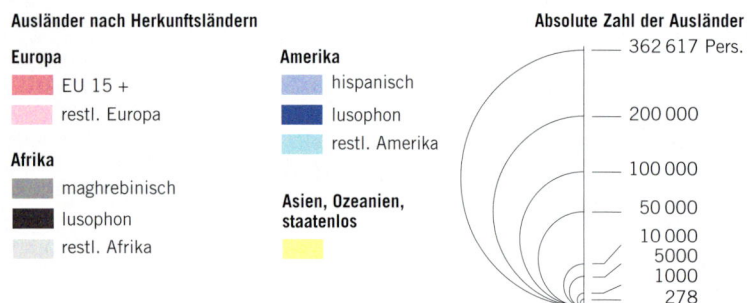

Frankreich

Andorra

Barcelona

Porto

Madrid

Valencia

Balearen

Lissabon

Alicante

Península
de Setúbal

Murcia

Madeira

Kanaren

Algarve

Almería

Santa Cruz
de Tenerife

Las Palmas

Azoren

Málaga

0   200 km

Ausländer nach Herkunftsländern

Europa
■ EU 15 +
■ restl. Europa

Afrika
■ maghrebinisch
■ lusophon
■ restl. Afrika

Amerika
■ hispanisch
■ lusophon
■ restl. Amerika

**Asien, Ozeanien,
staatenlos**
■

Absolute Zahl der Ausländer
362 617 Pers.

200 000

100 000

50 000

10 000
5000
1000
278

Quelle: I. N. E. Madrid. Censo 2001, I. N. E. Lissabon. Censo 2001

*Abb. 15: Räumliche Ver-
teilung der ausländischen
Bevölkerung (2001)*

bleme nach Portugal bzw. Spanien eingewandert;
vielfach verfügen sie über eine solide berufsprak-
tische Ausbildung.

■ Ein anderes Segment der ausländischen Bevölkerung auf der Iberischen Halbinsel stellen die Ost-
europäer. Seit der Jahrtausendwende drängen zunehmend Immigranten aus Osteuropa und den
Staaten der früheren Sowjetunion (Ukraine, Mol-
dawien, Rumänien) auf die Iberische Halbinsel:
Bei der Legalisierungskampagne für illegale Einwanderung in Portugal 2001 erhielten Osteuropä-
er 53 % der ca. 95 000 vergebenen Aufenthalts-
genehmigungen (Fonseca et al. 2002, S. 138).

■ Eine weitere Gruppe unter der ausländischen
Wohnbevölkerung bilden Europäer aus den EU-
Staaten sowie US-Amerikaner. Es handelt sich
vorwiegend um gut bis sehr gut ausgebildete
Fachkräfte, die in Portugal bzw. in Spanien als
Selbstständige oder als Angestellte berufstätig
sind.

■ Eine vierte, sehr homogene Ausländergruppe
schließlich stellen die EU-Europäer im Rentenalter.

Die geographische Verteilung der ausländischen
Wohnbevölkerung ist sehr unausgewogen (Abb. 15):
Erwerbstätige Ausländer aus Industrieländern leben
erwartungsgemäß entweder in den großen Wirtschaftszentren oder in den Zielgebieten des internationalen Tourismus. Die in ihrer Mehrzahl schlecht
ausgebildeten Zuwanderer aus Drittwelt-Ländern
(und seit neuerem auch aus Osteuropa) bevorzugen
die großstädtischen Ballungsräume (Madrid, Barcelona, Lissabon, Gerona, Porto). Darüber hinaus finden sich wenig qualifizierte Zuwanderer an der spanischen Südostküste (in den Provinzen Murcia und
Almería) sowie (in geringerem Umfang) in La Rioja
und in Cáceres, wo sie als ungelernte Helfer Arbeit
in der Landwirtschaft finden. Nicht unproblema-

tisch ist die regionale Verteilung der Schwarzafrikaner in Spanien (Gonzálvez Pérez 2002): Absolut betrachtet lebten im Jahr 2000 die meisten Schwarzafrikaner in Barcelona (55 000) und in Madrid (33 000). In der Provinz Murcia stellen sie 43‰ der Bevölkerung, in Gerona 37‰. Auch in Las Palmas de Gran Canaria ist ihr Anteil nennenswert. In Portugal verstärken die Immigranten aus der Dritten Welt die durch die vorangegangene Binnenwanderung geschaffenen regionalen Disparitäten (Eaton 1999). 1997 lebten 64 % aller Immigranten im Großraum Lissabon/Setúbal (vgl. Abb. 15). Insgesamt sind die Ausländeranteile in Madrid (Stadt: 7,2 %), Barcelona (Stadt: 6,3 %) und Lissabon (Stadtregion: 6,7 %) aber noch deutlich niedriger als in anderen europäischen Metropolen wie beispielsweise Amsterdam (13,7 %), Düsseldorf (17,8 %) oder Greater London (27,1 %) (alle Angaben jeweils für 2001).

In der Summe ist der Ausländeranteil auf der Iberischen Halbinsel im europaweiten Vergleich sehr gering. In Spanien beträgt er 3,1 %, in Portugal 4,0 %, in Italien 2,6 %, in Griechenland 7,0 %, in Deutschland 8,9 %, in Österreich 8,8 %, in der Schweiz 19,9 % (Stand: 2002; Quelle: OECD Factbook 2005). Dennoch wird die Immigration in den iberischen Gastländern als gesellschaftliches Problem empfunden, wobei sich die Problemwahrnehmung fast ausschließlich auf die Zuwanderung aus den weniger entwickelten Staaten beschränkt. Dabei hat vor allem die rasche Zunahme der (überwiegend illegalen) Zuwanderung (Spanien 1993–1998: +10,8 %) die Zielländer verunsichert, zumal statt einer Abschwächung eher eine Steigerung dieser Entwicklung zu erwarten ist.

Vor diesem Hintergrund ist eine Reflexion der theoretischen und politischen Konzepte zur internationalen Migration unumgänglich. Maßgeblich verantwortlich für die verschärfte Einwanderungssituation auf der Iberischen Halbinsel (wie z. B. auch in Italien) ist das Schengener Abkommen, das für Portugal, Spanien und Deutschland am 1. Juli 1995 in Kraft getreten ist; 1997 schloss sich Italien an, im März 2000 schließlich auch Griechenland. Zweck dieses Abkommens war u. a. die effiziente Kontrolle der EU-Außengrenzen mit dem Ziel, eine unkontrollierte Immigration wirksam zu unterbinden (Kreienbrink 2003). Diese Zielsetzung ist fragwürdig: „… the ,Wall of Schengen' is not the best one. First of all, solutions have not to become the way to improve our system of reject and defence" (Algora Weber 1998, S. 223). King (2000, S. 13) wies aber schon darauf hin, dass der Versuch einer radikalen Zuzugsunterdrückung nach den Erfahrungen der Migrationsforschung eine Welle illegaler Immigration auszulösen pflegt, die dann im Regelfall vom Aufbau internationaler Schleusernetze mit kriminellem Hintergrund begleitet wird. Nach King schafft die Globalisierung der Weltwirtschaft sowohl einen Arbeitskräftebedarf in speziellen Niedriglohnsegmenten der Industrieländer als auch einen wachsenden Emigrationsdruck (Push-Faktor) in den Drittwelt-Ländern. Eine politisch motivierte Zuwanderungsblockade und globalisierte Wirtschaftsverflechtungen schaffen demzufolge eine Dichotomie, die sich nur durch illegale Immigration auflösen lässt.

Im konkreten Fall Spaniens und Portugals trifft die legale ebenso wie die illegale Immigration aus Drittwelt-Ländern jeweils eine Gesellschaft, die mental noch in jahrhundertelanger, häufig traumatischer Emigrationserfahrung befangen ist, inzwischen dank der wirtschaftspolitischen Anlehnung an Europa endlich den ersehnten Anschluss an mitteleuropäische Lebensstandards gefunden hat und diesen Zustand auskosten möchte. Die Größenordnung ebenso wie die rasche Zunahme der Immigration bedeuten eine zusätzliche Herausforderung – hier, wo die Erfahrung diktatorischer politischer Strukturen die Ausbildung eines selbstbewussten Bürgertums für mehr als eine ganze Generation behindert hat (Fonseca et al. 2002, S. 139: „Portugal has a very weak civil society").

Die Umkehr der Migrationsrichtung hält den unvorbereiteten Gastländern nunmehr einen Spiegel vor (Ritaine 1999; zit. n. Fonseca et al. 2002). Obwohl die offizielle politische Position beider Staaten eindeutig antirassistisch und antifremdenfeindlich ist, sind die emotionalen Vorbehalte gegenüber der Gastbevölkerung auf individueller Ebene als latente Gefahr nicht zu unterschätzen. Dabei ist der Grad der Diskriminierung von Immigranten durchaus abgestuft: Portugal z. B. unterscheidet im alltäglichen Sprachgebrauch sehr feinsinnig zwischen „residente estrangeiro" und „imigrante". Obwohl nach semantischem Inhalt identisch, versteht man unter Ersteren (willkommene) ausländische Residenten aus Industriestaaten, unter Letzteren alle diejenigen Ausländer, für die eine Aufenthalts- und Arbeitserlaubnis gefordert wird (Rocha-Trindade 2002). Darüber hinaus werden in beiden iberischen Staaten die Emigranten aus der jeweils eigenen Sprachgemeinschaft, d. h. im Regelfall aus den ehemaligen eigenen Überseekolonien leichter akzeptiert; entsprechend geringer sind die Probleme der Integration dieser Zuwanderergruppen. Allerdings sind auch hier Einschränkungen zu machen: Unter den lusophonen Immigranten erfahren die ehemaligen Bewohner der Kapverdischen Inseln die geringste Wertschätzung. Sie leben sehr konzentriert in bestimmten Stadtvierteln von Lissabon. In der portugiesischen Hauptstadt konzentrierten sich 1997 26 600 registrierte Immigranten von den Kapverdischen Inseln, was ihre Integration eher erschwert. 1995 wurde ein junger Mann von den Kapverden in der Altstadt von Lissabon Opfer einer Skinhead-Attacke. Auf noch stärkere Ablehnung stoßen in Portugal osteuropäische Immigranten.

In Spanien kommt diese Rolle vornehmlich den Zuwanderern aus den Maghreb-Staaten (in erster Linie aus Marokko) und aus Schwarzafrika zu (Abb. 16). Sie stellen gleichzeitig die größte Gruppe unter den Zuwanderern (im Jahr 2000 kamen 29,2 % aller Immigranten aus Afrika). Gewalttätige

Abb. 16: Die vom saudi-arabischen König Abdul Aziz al-Saud gestiftete Moschee in Marbella (Costa del Sol) wird beim Freitagsgebet zum Sammelpunkt nordafrikanischer Immigranten.

Tatsächlich findet eine nicht näher bekannte Zahl von legalen ebenso wie von illegalen Migranten marokkanischer Herkunft in den landwirtschaftlichen Intensiv-Gartenbaugebieten Beschäftigung, die von spanischen Arbeitskräften ungern angenommen wird. In der genannten Gemeinde El Ejido z.B. bewirtschaften ca. 7500 Gemüsebauern etwa 11000 ha mit Gewächshauskulturen. Die Bevölkerung wuchs in 40 Jahren von 2641 Einwohnern (1960) auf eine Wohnbevölkerung von nunmehr 57877 Personen (2001) an, und die Gemeinde gehört gegenwärtig zu den wohlhabendsten in ganz Andalusien (Zahlenangaben aus Tyrakowski 2004, S.69f.). Sie bildet damit keinen Einzelfall. In vergleichbaren Gemeinden mit Gewächshauskulturen ist der Anteil von Immigranten besonders hoch (vgl. Tab. 5).

Gans & West (2004) weisen darauf hin, dass im konkreten Fall der nordafrikanischen Migranten die Migrationsentscheidung nicht individuell erfolgt, sondern als Haushaltsstrategie zur Existenzsicherung für die gesamte Familie zu sehen ist. Die Transferzahlungen (Rimessen) der Migranten in ihr Heimatland sind so erheblich, dass sie in Marokko z.B. durch ein staatliches Prämiensystem gefördert werden. Schon 1998 wurde das Volumen der Rimessen nach Marokko auf 2,1 Mrd. US-$ (1,6 Mrd. €) geschätzt, das entsprach damals 5% des marokkanischen BIP (die spanische Presse spekuliert inzwischen über einen Wertanteil von ca. 10% am BIP des nordafrikanischen Staates). Insgesamt ist die Immigration somit in komplexe Netzwerke eingebunden, deren Akteure nicht nur individuelle Personen, Familien(clans) und sogar staatliche Institutionen im Herkunftsland umfassen, sondern auch gewerbsmäßige Schleuserorganisationen (Tyrakowski 2004, S.64ff. spricht von „mafiosen Strukturen").

Zur Frage xenophober Tendenzen in der spanischen Gesellschaft haben die Sozialwissenschaftler Díez Nicolás & Ramírez Lafita (2001) im Zeitraum zwischen 1991 und 1997 bei insgesamt acht konsekutiven Befragungen von Spaniern wie Immigran-

Auseinandersetzungen mit afrikanischen Immigranten gab es zuerst in Südostandalusien. Einen zweifelhaften Bekanntheitsgrad erreichte die Kleinstadt El Ejido (Provinz Almería) im Februar 2000: Zunächst ermordete ein psychisch kranker Marokkaner eine Spanierin, zwei Wochen später wurden zwei spanische Landwirte durch einen anderen marokkanischen Täter umgebracht. Daraufhin begann in der Kleinstadt eine regelrechte Hetzjagd auf nordafrikanische Immigranten, wobei ca. 80 Nordafrikaner teilweise schwer verletzt wurden. Eine entsetzte spanische Öffentlichkeit sah sich erstmals mit der Frage der Xenophobie konfrontiert.

Gemeinde	EW/ha landwirtsch. Nutzfl.	Anteil der Immigranten an der Gesamtbevölkerung	Anteil der legalisierten Immigranten an allen Immigranten	Immigranten ohne Wohnung in % aller Immigranten	EW/ Bank	Haushalte/ Bank	Pkw/ 1000 EW	Dominante Wirtschaft
El Ejido	2,9	38,1	13,9	90,1	1024	348	350	Gartenbau
La Mojonera	3,4	33,3	37,0	83,3	820	244	330	Gartenbau
Roquetas de Mar	12,2	8,7	97,1	56,3	882	73	401	Tourismus Gartenbau
Vicar	2,8	20,2	56,1	74,7	1152	412	315	Gartenbau
Nijar	0,3	15,9	59,9	73,1	811	2 29	348	Gartenbau Tourismus
Stadt Almería	74,8	1,0*	?	?	889	119	356	Verwaltung Handel Transport

* Daten von 1998

Tab. 5: Strukturdaten ausgewählter Gemeinden mit Gewächshauskulturen in der Provinz Almería (2000)

Quelle: Tyrakowski 2004, S. 71

ten mit jeweils ca. 1200 Probanden/Gruppe ermitteln können, dass die Fremdenfeindlichkeit in Spanien im Vergleich zu anderen europäischen Staaten sowohl absolut wie relativ noch gering war. Allerdings fanden sie auch, dass Xenophobie vorzugsweise bei älteren Spaniern anzutreffen ist. Am stärksten werden Nordafrikaner bei der Wohnungs- und Arbeitsplatzsuche diskriminiert. Die portugiesische Bevölkerung hat u. a. Vorbehalte, wenn sich Immigranten zu Selbsthilfeorganisationen zusammenschließen. Basierend auf einer empirischen Studie im Ballungsraum Lissabon kommen auch Fonseca et al. (2002, S. 150) zu dem Ergebnis: „... mainly in the Lisbon area, are clear signs of an increase in racial tension."

Nach den Erfahrungen aus anderen europäischen Staaten mit längerer Einwanderungstradition ist zu befürchten, dass mit zunehmender politischer Unterdrückung auch das soziale Konfliktpotenzial der Immigration zunehmen wird. Dazu gehören neben internationalen Schleusernetzwerken und neben organisierter Kriminalität auch Armut und soziale Exklusion mit interethnischen Konflikten sowie Rassismus und Fremdenfeindlichkeit. Fonseca et al. (2002) fordern deshalb politische Programme zur gelenkten Einwanderung in Verbindung mit *bottom-up*-Ansätzen in der Gast- ebenso wie in der Einwanderungsgesellschaft, um mittelfristig eine Integration der Zuwanderer zu erreichen.

In diesem Zusammenhang verdienen weibliche Migranten aus (nord)afrikanischen Herkunftsländern eine besondere Beachtung. Domínguez Mújica (1996) hat zuerst auf die extreme Subordination weiblicher Immigranten aus den Maghreb-Ländern ebenso wie aus dem indisch-pakistanischen Kulturkreis hingewiesen. Diese Frauen sind den kulturellen Kodizes ihrer Heimatländer weiterhin verpflichtet und deshalb überwiegend auf häusliche und reproduktive Funktionen festgelegt. Marokkanische weibliche Immigranten z. B. sind durch traditionelle Rechtsvorschriften des Islam sehr stark an das männliche Familienoberhaupt gebunden, sodass hier im Einzelfall problematische soziokulturelle Verwerfungen zwischen Herkunfts- und Gastgesellschaft aufbrechen (wie sie im Übrigen aus Deutschland bei türkischstämmigen weiblichen Migranten bekannt sind). Nach den Beobachtungen von Domínguez Mújica führt aber auch eine bezahlte Erwerbstätigkeit für Frauen aus den oben genannten Herkunftsländern nicht zwingend zu einer stärkeren Emanzipation. Gans & West (2004, S. 38 ff.) hingegen verweisen unter Bezugnahme auf Ergebnisse der Migrationsforschung auf zukünftige Optionen. So werden die angesprochenen kulturell kodierten und sozial fixierten Normen in einem urbanen Umfeld vielfach in der zweiten Generation aufgebrochen. „Weibliche Migranten werden in diesem Prozess zu Innovationsträgern" (Gans & West 2004, S. 40). Die Verifizierung dieser These steht allerdings noch aus. Politischer Terror wie der Anschlag auf dem Atocha-Bahnhof in Madrid am 11. März 2004 sind für eine Stärkung des Integrations-

gedankens in breiten Schichten der Gesellschaft wenig förderlich.

Auf Spanien insgesamt bezogen sind nur ca. ein Drittel der legalisierten Migranten Frauen. Sie finden vorzugsweise im privaten häuslichen Bereich Beschäftigung, begünstigt durch die zwischenzeitlich weit gediehene Emanzipation der spanischen Frau infolge besserer Schulbildung und nachfolgender Berufstätigkeit. Gleiches gilt für die urbane bürgerliche Mittelschicht in Portugal (vgl. diesbezüglich auch die Ausführungen zur Fertilität).

Es kann kein Zweifel daran bestehen, dass die (inzwischen strafrechtlich verfolgte) Beschäftigung illegal eingereister Immigranten durch skrupellose Arbeitgeber den betroffenen Migranten wesentliche Sozialleistungen und Gesundheitsdienste vorenthält. Dennoch weist Eaton (1999) zu Recht darauf hin, dass bestimmte Segmente des informellen Arbeitsmarktes in Portugal bisher von der illegalen Zuwanderung profitiert haben. Viele Baugroßprojekte in Lissabon, die unter Termindruck fertig gestellt werden mussten (so die Vasco-da-Gama-Brücke über den Tejo, das Gelände der Expo 98, der Ausbau des U-Bahn-Netzes u. a. m.) konnten nur mithilfe illegaler Billigarbeiter wirtschaftlich realisiert und fristgerecht fertig gestellt werden. Viele weibliche Zuwanderer, die als Analphabeten häufig überhaupt keine Chancen auf dem regulären Arbeitsmarkt haben, finden als Hausangestellte in städtischen Haushalten (in Portugal ebenso wie in Spanien) eine illegale Beschäftigung und damit ein (wenngleich geringes) monetäres Einkommen. Gleiches gilt für nordafrikanische Zuwanderer, die in den Intensivanbaugebieten an der spanischen Levanteküste teilweise gesundheitsgefährdende Arbeiten in Gewächshäusern verrichten, die von einheimischen Arbeitskräften abgelehnt werden (z. B. das Ausbringen von Insektiziden und Pestiziden ohne ausreichenden Atemschutz).

Abb. 17: Afrikanische Migranten als Kunden einer Bank an der Praça da Figueira, Lissabon (Aufnahme: Bodo Freund)

Abb. 18: *Sehnsucht nach Licht und Wärme: mitteleuropäische Rentner-Residenten in Puerto de la Cruz (Teneriffa)*

Der Beitrag der Immigranten zur informellen Schattenwirtschaft in Spanien ebenso wie in Portugal ist wirtschaftlich bedeutsamer als amtliche Stellen einräumen. Dabei dürften die zumindest zeitweiligen komparativen Vorteile illegaler Immigranten auf dem informellen Arbeitsmarkt z. B. die unerwartet hohe Zahl derer erklären, die die mehrfachen Legalisierungskampagnen in beiden Staaten bisher nicht genutzt haben. Unbestritten ist der positive Effekt, den die Immigranten auf das natürliche Bevölkerungswachstum haben. Ohne Zuwanderung von außen würde die Bevölkerung auf der Iberischen Halbinsel noch stärker schrumpfen, als dies bisher schon der Fall ist.

Für eine quantitative Prognose der Zuwanderung fehlen gegenwärtig noch belastbare Daten. Es darf jedoch als gesichert angenommen werden, dass der Migrationsdruck auf die Außengrenzen der EU weiter steigen wird. Nach der Vision von Gonzálvez Pérez (2002) steht ganz Europa am Beginn einer Immigrationswelle, die er als spiegelbildliches Gegenstück zur europäischen Übersee-Emigration des 19. und 20. Jh. verstanden wissen möchte. Folgt man dieser Perspektive, so sind die Rahmenbedingungen für eine Masseneinwanderung nach Europa allerdings erheblich verschärft: Im Europa des 19. Jh. erreichten die Entsendeländer natürliche demographische Wachstumsraten von 1,2 bis 1,6 %. In den heutigen Herkunftsländern der nach Europa gerichteten Migration werden Wachstumsraten zwischen 2 und 4 % erreicht, dank reduzierter Mortalität (infol-

ge medizinischer Transferleistungen aus den Industriestaaten). Damit ist der Migrationsdruck in den heutigen Quellenländern mehr als doppelt so stark wie im 19. Jh.

Für die beiden iberischen Staaten kann die Migrationsproblematik sicherlich nur im Rahmen einer europäischen Einwanderungspolitik nachhaltig gelöst werden. Aus demographischer Perspektive werden Portugal und Spanien damit schneller in die europäische Pflicht genommen als beim EG-Beitritt 1986 angenommen.

Der Sonderfall der europäischen Altersmigration

Was in den USA begann, wird jetzt auch unter Europas Senioren zunehmend beliebter: der Zug in die Wärme und in das Licht des Südens (Breuer 2002). Die neue Nord-Süd-orientierte Alterswanderung ist eine *amenity seeking* („annehmlichkeitsorientierte") Migration (Abb. 18). Dieses Phänomen hat für Europa in den spanischen Zielgebieten bereits in den 1960er-Jahren des 20. Jh. begonnen, und zwar zuerst auf den Kanaren; später folgten die Balearen und die südlichen Mittelmeerküsten. Konkrete Zahlenangaben über das Volumen der diesbezüglichen transnationalen Altersmigration fehlen aber bis heute.

Das wichtige Herkunftsland Großbritannien führt z. B. kein Einwohnermelderegister. Das Gleiche gilt für Portugal als Zielland. Anfang der 1980er-Jahre emigrierten aus Norwegen laut amtlicher Statistik pro Jahr zwischen 100 und 150 Norweger nach Spanien. Die norwegische Tageszeitung *Aftenposten* berichtete aber schon 1983 von ca. 2500 Norwegern (davon ca. 80 % Rentner), die in der Provinz Alicante wohnten (allein 1500 in der Gemeinde Alfaz del Pi; nach Myklebost 1989, 206 ff.).

Im grenzüberschreitenden Reiseverkehr zwischen Westeuropa und der Iberischen Halbinsel waren die einschlägigen Regelungen auch schon vor Inkrafttreten des Schengener Abkommens so liberal, dass eine flächendeckende individuelle Grenzkontrolle unrealistisch war. Obwohl EU-Bürger nach derzeitiger Rechtslage bei einem Daueraufenthalt von mehr als sechs Monaten in Spanien meldepflichtig werden, kommen die meisten ausländischen Rentner-Residenten ihrer Meldepflicht nicht nach. Die Gründe dafür sind vielfältig: In den meisten Fällen handelt es sich um Nachteile oder unvorteilhafte Bedingungen bei Krankenversicherungen, Renten- oder Kindergeldzahlungen, die man vermeiden möchte. Bisweilen will man auch die Zahlung lokaler Steuern umgehen, und häufig steht hinter einem solchen Verhalten aber auch der (undifferenzierte) Wunsch nach Anonymität.

Eine hinreichend genaue Abschätzung des Volumens ausländischer Rentner-Residenten in südeuropäischen Ländern ist auch deshalb nicht möglich, weil ein nicht näher bekannter Anteil von ihnen den Wohnsitz in Spanien bzw. Portugal nur als Zweitwohnsitz nutzt. Zudem führt Portugal kein Melderegister für die Wohnbevölkerung, weshalb die Abschätzung des Ausländeranteils hier besonders un-

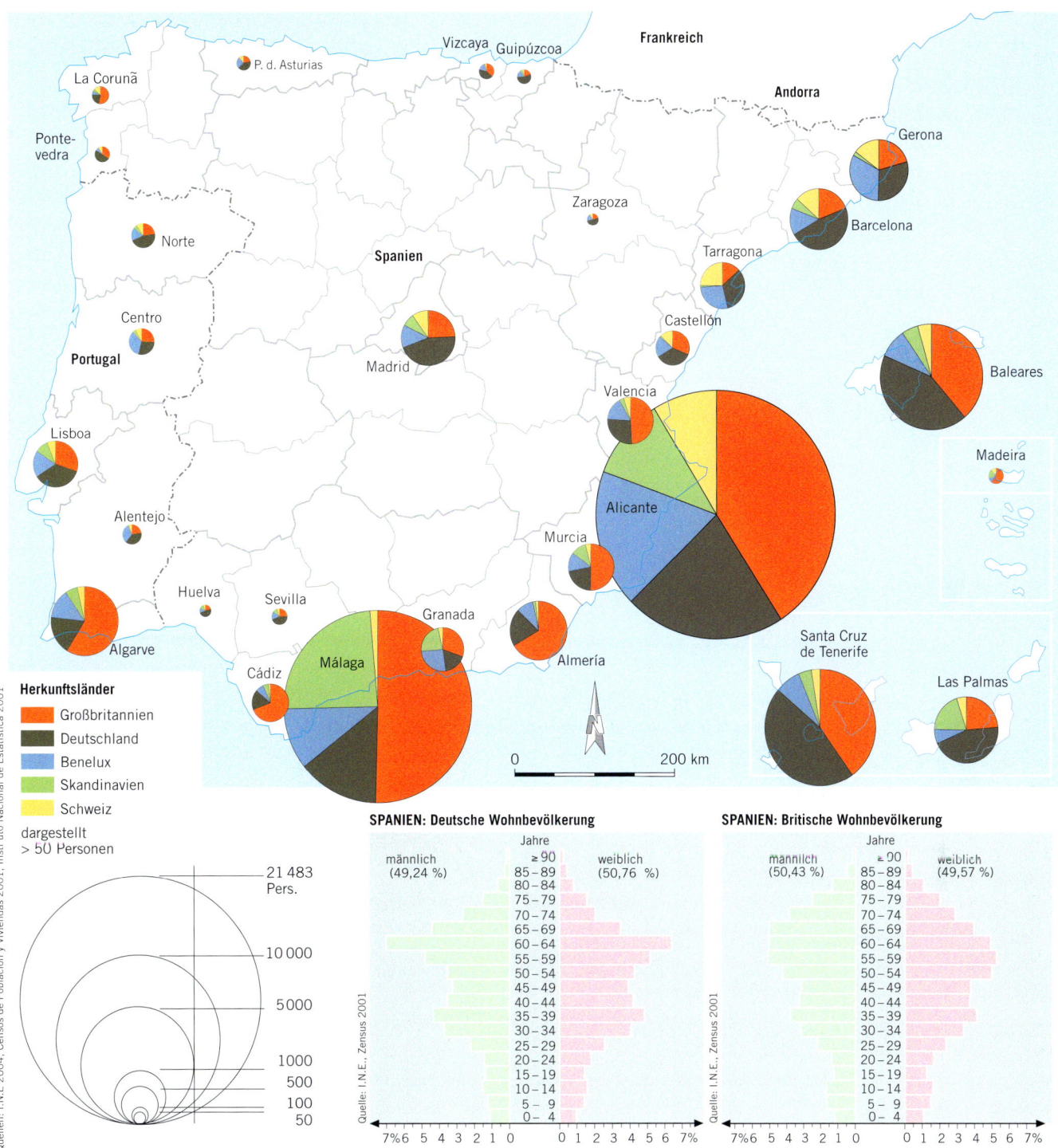

Herkunftsländer

- Großbritannien
- Deutschland
- Benelux
- Skandinavien
- Schweiz

dargestellt
> 50 Personen

21 483 Pers.
10 000
5000
1000
500
100
50

SPANIEN: Deutsche Wohnbevölkerung

Jahre
männlich (49,24 %) | ≥ 90 | weiblich (50,76 %)
85 – 89
80 – 84
75 – 79
70 – 74
65 – 69
60 – 64
55 – 59
50 – 54
45 – 49
40 – 44
35 – 39
30 – 34
25 – 29
20 – 24
15 – 19
10 – 14
5 – 9
0 – 4

7%6 5 4 3 2 1 0   0 1 2 3 4 5 6 7%

Quelle: I.N.E., Zensus 2001

SPANIEN: Britische Wohnbevölkerung

Jahre
männlich (50,43 %) | ≥ 90 | weiblich (49,57 %)
85 – 89
80 – 84
75 – 79
70 – 74
65 – 69
60 – 64
55 – 59
50 – 54
45 – 49
40 – 44
35 – 39
30 – 34
25 – 29
20 – 24
15 – 19
10 – 14
5 – 9
0 – 4

7%6 5 4 3 2 1 0   0 1 2 3 4 5 6 7%

Quelle: I.N.E., Zensus 2001

Quellen: I.N.E. 2004, Censos de Población y Viviendas 2001; Insti uto Nacional de Estatistica 2001

sicher ist. Vermutlich müssen die Zensusdaten von 2001 für den Beginn des 21. Jh. mit dem Faktor 3,5 bis 4 (!) multipliziert werden. Trotz dieser mutmaßlich hohen Dunkelziffer müssen die Aussagen zur regionalen Verteilung ebenso wie zur Altersstruktur auf die amtlichen Volkszählungsdaten von Portugal bzw. Spanien zurückgreifen (vgl. Abb. 19). Die bei Weitem wichtigste Gruppe ausländischer Altersresidenten stellen in Portugal wiederum die Briten.

Bevorzugte Zielregion ist die Algarve. Aus der Stichprobe von Williams et al. (1997) lässt sich schließen, dass über die Hälfte aller britischen Rentner in Portugal in den südportugiesischen Gemeinden Loulé, Faro und Lagos wohnt. Die Dauerbewohner bevorzugen dabei offenkundig das ländliche Hinterland der Küste; die saisonal anwesenden Rentner wohnen vorzugsweise in touristischen Plansiedlungen (*urbanizações*) an den Küsten.

Abb. 19: Räumliche Verteilung der ausländischen Senioren, die älter als 65 sind

In Spanien als dem wichtigsten Zielland für nordeuropäische Altersmigranten verteilt sich diese Gruppe räumlich außerordentlich polarisiert. Zwischen 80 und 90 % der jeweiligen ausländischen Nationalitäten konzentrieren sich an den Küstenabschnitten von Andalusien und Valencia sowie auf den beiden Inselgruppen: den Kanaren und Balearen. Gewisse nationale Referenzen sind dabei unübersehbar: Die Briten bevorzugen die Provinzen Málaga (Andalusien) und Alicante (Autonome Region Valencia). In diesen beiden Provinzen leben vermutlich mehr als die Hälfte aller britischen Renter-Residenten in Spanien. Die Deutschen sind auf den Kanarischen Inseln dominant vertreten (Breuer 2001a). An der Costa Blanca (Provinz Alicante) sowie in Andalusien stellen sie nach den Briten die zweitstärkste Gruppe. Auf den Balearen hält sich die registrierte britische und deutsche Wohnbevölkerung im Rentenalter nahezu die Waage.

Es gehört zu den Merkmalen der europäischen Altersmigration nach Südeuropa, dass die bevorzugten Zielregionen im Wesentlichen mit denjenigen des internationalen Tourismus deckungsgleich sind. Die internationale touristische Infrastruktur ist ein wichtiger Standortfaktor für die Altersmigration, weil damit auch nationalitätsspezifische Bedürfnisse befriedigt werden. Dazu gehört ein gewisses Mindestmaß an infrastrukturellen Einrichtungen wie Restaurants, Arztpraxen, Pflegedienste, Handwerksbetriebe u. Ä., die durch Landsleute der Altersmigranten betrieben werden und auf diese Weise das Problem der Sprachbarriere mildern. Nicht selten geben befragte Senioren zu Protokoll, dass sie für die Organisation ihres Alltags die Sprache des Gastlandes überhaupt nicht benötigen. So erklärt sich die Führungsrolle von Spanien – mit lokal nahezu „rein" britischer oder deutscher Infrastruktur – als Zielland der Altersmigration.

Als Motiv für einen Altersruhesitz im Süden wird von den befragten Rentnern an erster Stelle fast immer das Klima genannt. Leider ist dieser Begriff recht unpräzise. Es wird häufig die Sonne genannt, wenn möglicherweise die Wärme gemeint ist. Für Skandinavier, die den auch psychisch belastenden arktischen Winter aus lebenslanger Erfahrung kennen, ist offenkundig das Licht eine wichtige klimatische Größe. Der Faktor Klima wird somit auch in Abhängigkeit von der Nationalität der befragten Rentner und vom Zielgebiet unterschiedlich gewichtet. Die größte empirische Stichprobenerhebung haben King et al. (1998) mit einer Befragung von 925 britischen Probanden durchgeführt. Dabei nennen in der Summe ca. 40 % das Klima als „wichtigsten Grund". Das Klimamotiv für die Wahl eines Altersruhesitzes ist meist mit dem Aspekt der Gesundheit verzahnt. Auch wenn vielfach „Klima" formuliert wird, so ist häufig die klimatische Wirkung auf eigene gesundheitliche Beeinträchtigungen gemeint. Mediziner bestätigen, dass die Wärme in wintermilden Klimaten sich außerordentlich vorteilhaft bei alterstypischen Beschwerden wie Rheuma, Rückenschmerzen und Erkrankungen der oberen Atemwege auswirkt.

Berücksichtigt man die Ergebnisse von Rodríguez et al. (1998), die europäische Rentner aus fünf verschiedenen Nationen an der Costa del Sol befragten, so bestätigt sich die Dominanz des Kombinationsfaktors „Klima/Gesundheit". Andere Motivationen wie z. B. günstigere Lebenshaltungs- und/oder Immobilienkosten oder eine eher diffuse Vorliebe für die „lockere südliche Lebensart" sind von nachrangiger Bedeutung bzw. unterliegen zeitlich wechselnden Bewertungen. Der bei Weitem überwiegende Teil der Rentner-Residenten in südlichen Ländern (80–90 %) hat den späteren Altersruhesitzstandort schon vorher im Rahmen eines Urlaubs kennengelernt.

Für die Organisation des Alltagslebens kommt der fremdsprachlichen Kompetenz offenbar eine Schlüsselposition zu. Die bisherigen empirischen Fallstudien belegen aber, dass die überwiegende Mehrheit der ausländischen Rentner in Südeuropa die Sprache des Gastlandes überhaupt nicht beherrscht und sich bestenfalls mit bruchstückhaften Sprachkenntnissen verständigen kann, obwohl vermutlich in den meisten Fällen der Wille zum Erlernen der Fremdsprache vorhanden ist. Das führt u. a. dazu, dass in Spanien und an der portugiesischen Algarve die Mehrzahl der britischen ebenso wie der deutschen Rentner in touristischen Plansiedlungen (*urbanizaciones* bzw. *urbanizações*) unter ihresgleichen wohnt, d. h. in einer selbst gewählten räumlichen Segregation von der Gastgesellschaft. Daraus wiederum folgt, dass ein Großteil der ausländischen Rentner soziale Kontakte vorzugsweise mit Landsleuten pflegt. Die Briten ebenso wie die Skandinavier treffen sich dabei gerne in eigenen Clubs. An der spanischen Costa Blanca haben die britischen Rentner-Residenten sogar Selbsthilfegruppen zur Bewältigung ihrer Alltagsprobleme gegründet. Unter Deutschen hingegen ist die Bildung von Vereinen im Ausland eher die Ausnahme.

Eine Begleiterscheinung mangelnder Sprachkompetenz ist die soziale Isolation. Sie wird vornehmlich für allein lebende ausländische Rentner mit altersbedingten Mobilitätseinschränkungen ein Problem, wenn sie dauerhaft mit Hauptwohnsitz im Ausland leben. Sie stellen aber bisher noch eine verschwindend geringe Minderheit.

Für alle ausländischen Rentner west- oder nordeuropäischer Herkunft, die sich dauerhaft in Spanien bzw. Portugal niedergelassen haben, stellt sich die Frage einer endgültigen Rückwanderung ins Heimatland spätestens bei einschneidenden Veränderungen in der persönlichen Lebenssituation (Krankheit, schwere Behinderung, Pflegebedürftigkeit, Tod des Partners u. Ä.), sofern im Zielland keine familiären oder vergleichbar intensiven Netzwerke bestehen. Wissenschaftliche Untersuchungen stoßen hier an gewisse Grenzen, denn sie basieren bislang noch überwiegend auf Absichtserklärungen der Altersmigranten. Die bisher bekannten Fakten deuten für die oben genannten Lebenssituationen insgesamt eher auf einen Trend zur Remigration ins Heimatland hin, obgleich die absolute Zahl derjenigen Deutschen, die im Rentenalter in Spanien sterben, stetig zunimmt (nach Daten der deutschen Konsulate in Spanien). Möglicherweise wird eine größere Gruppe von ausländischen Migranten aber im Gastland verbleiben, sobald dort ein ausreichend differenziertes Angebot von medizinischen und pflegerischen Dienstleistungen in ihrer Muttersprache existiert. Der Bedarf an einem gestuften muttersprachlichen Angebot (von Hausbesuchen über ambulante Dienste bis zur höchsten Pflegestufe im Altenheim) wächst stetig. Ob er mittelfristig befriedigt werden kann, wird wesentlich von einer Harmonisierung der Leistungen in der gesetzlichen Sozial- und Krankenversicherung der EU-Mitgliedsländer abhängen. Gegenwärtig sind die Leistungsunterschiede in den jeweiligen nationalen Gesundheitssystemen noch beträchtlich.

Die Diskussion über die wirtschaftlichen Auswirkungen der Altersmigration in den Zielländern Südeuropas steht erst am Anfang. Bislang handelt es sich vorwiegend um divergierende, je nach Interessenlage nicht selten kontroverse polemische Aufrechnungen zu diesem Thema. Wissenschaftlich abgesicherte Aussagen über die wirtschaftliche Dimension der Altersmigration und ihre sektorale Auswirkung (z. B. auf das Baugewerbe, auf das Handwerk, auf Finanzdienstleister, auf den Gesundheitsbereich, auf die öffentlichen Haushalte usw.) liegen noch nicht vor. Für die spanischen Mittelmeerküsten und Inseln ebenso wie für die portugiesische Algarve darf aber als gesichert gelten, dass die positiven Wirtschaftseffekte der Rentnermigration in den Zielländern beachtlich sind (vgl. hierzu auch die Ausführungen zum „Residenztourismus" im Kapitel „Die Wirtschaft im Kräftefeld von Politik und Globalisierung"). In den iberischen Zielländern ist die Immigration von Rentnern aus den wohlhabenden EU-Ländern deshalb aus regionalpolitischer Sicht nicht nur unproblematisch, sondern im Regelfall auch hoch willkommen.

Geschichte und Politik

Abb. 20: *Maurische Was-serbaukunst: das Wasser-schöpfrad (noria) von Al-cantarilla (Prov. Murcia)*

Überblick

■ Historische Epochen und Einschnitte haben im Kulturraum Spuren hinterlassen, die bis in die Rö-merzeit zurückreichen und noch in der Gegenwart nachwirken.

■ Die nachhaltigsten Auswirkungen gehen auf die christliche Wiedereroberung (*reconquista*) zurück. Sie reichen von den bestehenden agrarsozialen Strukturen bis zum aktuellen Wählerverhalten.

■ Die koloniale Glanzzeit förderte eine bereits bestehende rentenkapitalistische Geisteshaltung. Feh-lende produktiv-kapitalistische Denkweise war später dafür verantwortlich, dass der Anschluss an die moderne Industrieentwicklung Westeuropas verpasst wurde.

■ In der ersten Hälfte des 20. Jh. stärkte das politische Leitbild der Isolation zwar die Rückbesinnung auf die eigenen Ressourcen, verhinderte aber auch eine nachholende sozioökonomische Entwick-lung.

■ Die mit der Demokratisierung verbundene „Rückkehr nach Europa" äußert sich in Spanien in Kom-petenzstreitereien zwischen der Zentralregierung in Madrid und den autonomen Regionalregierungen. In Portugal sind die historischen Regionen mental wirksamer als neue regionalpolitische Raumein-heiten.

■ Mit der EU-Osterweiterung ist eine rückläufige Regionalförderung der Europäischen Union zulasten von Portugal und Spanien absehbar. Von beiden Staaten wird nunmehr eine stärkere Eigeninitiative zur wirtschaftlichen Entwicklung eingefordert.

Historische Marksteine der Kulturraumentwicklung

Römische Zivilisation und maurische Kultur

Aus kulturhistorischer Sicht beginnt eine eigenständige „iberische" Kulturtradition mit der Römerzeit. Ein wesentlicher Beweggrund für die römische Besetzung der Iberischen Halbinsel war deren Erzreichtum. Der Grieche Strabo schreibt um die Zeitenwende über Iberien enthusiastisch: „Denn weder Gold noch Silber, weder Kupfer noch Eisen ist bis jetzt an irgendeinem Orte der Erde weder in solcher Menge, noch in solcher Güte erzeugt gefunden worden" (Strabo, Geographia III.1.8; zit. n. Forbiger 1857). Tatsächlich war die römische Provinz Hispania zu damaliger Zeit wichtigster Lieferant von Erzen für das Römische Reich. Rom betrieb u. a. gezielt die Ausbeutung von Eisen, Kupfer, Zinn, Blei, Quecksilber, Gold, Silber und Salz (für Letzteres bestand ein gewaltiger Bedarf zur Konservierung von Fisch). Die dem Atlantik zugewandte „Provincia Lusitania", die erst kurz vor der Zeitenwende (26 oder 19 v. Chr.) formell etabliert wurde, war für die römische Wirtschaft weniger interessant: Im heutigen Südportugal nutzten die Römer vornehmlich die landwirtschaftlichen Ressourcen sowie den Waldbestand für ihren Bedarf an Schiffsbaumaterial. Insgesamt bildet die römische Eroberung der Iberischen Halbinsel, die als Folge des 2. Punischen Krieges begann (220 v. Chr.) und bis zur Zeitenwende abgeschlossen war, für die Kulturlandschaftsentwicklung eine wichtige Zäsur, weil damit erstmals eine fremde Macht die gesamte Halbinsel flächenhaft erschloss.

In früheren Epochen waren nur an den südlichen bzw. südöstlichen Küsten punktuell Kolonien von fremden mediterranen Völkern angelegt worden. Aus dieser Zeit datieren einige Stadtgründungen, die bis heute überdauert haben. So gründeten die Phönizier im 11. Jh. v. Chr. Gadir (Cádiz) und Malaca (Málaga), die Karthager 240 v. Chr. Carthago Nova (Cartagena).

Die Römer hingegen erschlossen die Halbinsel infrastrukturell mit Straßen, Wasserleitungen, Be- und Entwässerungskanälen usw. Damals angelegte Trassen bilden noch heute die Grundlage wichtiger Fernstraßen auf der Halbinsel. Bekannte Brücken aus römischer Zeit werden jetzt noch genutzt, z. B. jene über den Tajo bei Alcántara, über den Guadiana bei Mérida und über den Guadalquivir bei Córdoba. Entsprechend groß ist auch die Zahl der römischen Stadtgründungen. Zu den heute bekanntesten zählen Lugo (Lucus Augusti), León (Legio [VII]), Braga (Bracara Augusta), Zaragoza (Caesarea Augusta), Tarragona (Tarraco), Barcelona (Stadtteil Barcino), Lissabon (Olisepo), Évora (Ebora), Mértola (Myrtilis), Mérida (Emerita Augusta) und Córdoba (Corduba). Beja und Santarém gehen auf ehemalige Garnisonsstandorte zurück. Städte waren für die römische Besatzung als Sitz der Verwaltungsorgane unentbehrlich. Entsprechend dem Standard der römischen Zivilisation verfügten sie über einheitliche zentrale Einrichtungen wie Markt,

Tempel, Thermen, Zirkus usw., ferner über Wasserleitungen und eine Kanalisation. Die schematische Grundrissstruktur der römischen Städte mit sich rechtwinklig kreuzenden Hauptstraßen ist heute nur noch in Tarragona nachvollziehbar. Ansonsten ist sie gegenwärtig lediglich in Resten in einigen Städten des Nordens zu erkennen, wo keine so grundlegende Umgestaltung erfolgte wie im späteren islamischen Süden der Halbinsel.

Die wichtigste und dauerhafteste Folge aus römischer Zeit war zweifellos die Romanisierung der gesamten Halbinsel. Sie erfolgte sehr schnell, durchgreifend und gründlich, sodass römische Dichter wie Seneca bzw. Kaiser wie Trajan und Hadrian aus Hispanien stammen. Zusammen mit der rö-

Abb. 21: Conímbriga (südlich von Coimbra) repräsentiert die Kulturleistung der Römer im heutigen Portugal (Aufnahme: Bodo Frund).

Abb. 22: *Moschee-Kathedrale von Córdoba mit Orangen-Vorhof (*Patio de los Naranjos*)*

mischen Sprache und Schrift wurden auch die römische Religion sowie das römische Recht übernommen.

Völkerwanderung und Germanenzeit hinterließen keine nachhaltigen Spuren in der Kulturlandschaft, obwohl die Westgoten rund 300 Jahre lang die Macht über den größten Teil der Halbinsel ausübten – am längsten von ihrer Hauptstadt Toledo aus, ab 585 auch von Braga, der ehemaligen Hauptstadt der Sueben. Insgesamt ist die kulturhistorische Bedeutung der Westgoten-Herrschaft zwar umstritten, ihre Bewertung bleibt aber überwiegend negativ. Für die machtpolitische Schwäche der Westgoten spricht u. a. die Tatsache, dass Araber und Berber, die 711 unter ihrem Anführer Tariq Ibn Ziyad von Nordafrika aus beim heutigen Gibraltar (*Djebel al-Tariq* = Berg des Tariq) erstmals iberischen Boden betraten, innerhalb von nur sechs Jahren nahezu die gesamte Halbinsel unter ihre Kontrolle bringen konnten. Die Niederlage der Westgoten gegen die muslimischen Berbertruppen markiert gleichzeitig die Geburtsstunde des arabischen Emirats Córdoba auf der Iberischen Halbinsel. Nur die kleineren Bergstämme in den unzugänglichen Gebirgen des Nordens von Galicien über Asturien bis zu den Pyrenäen leisteten hartnäckigen Widerstand und widersetzten sich erfolgreich einer maurischen Invasion. Dies ist insofern bemerkenswert, als die gleichen Gebiete auch bereits zur Zeit der römischen Eroberung erst als letzte unterworfen werden konnten (Asturien und Galicien z. B. erst 19 n. Chr.), wobei Teile der Bergländer de facto nie vollständig besetzt wurden. Deshalb ist der nördliche Saum der Halbinsel am wenigsten durch fremde Kulturen überprägt.

Die maurische Invasion kam an den Pyrenäen zum Stillstand, weil der notwendige Bevölkerungsnachschub aus Nordafrika fehlte. Überhaupt trug die islamische Herrschaft an der nördlichen Peri-

pherie der Halbinsel mehr den Charakter einer militärischen Besetzung, während der Zentralraum und der Süden durch die Mauren intensiv besiedelt wurden. Entsprechend gering ist heute die Zahl der maurischen Kulturzeugnisse im Norden.

Die Eroberer bestanden aus zwei verschiedenen völkischen Gruppen, nämlich einerseits aus Arabern mit hohem Zivilisationsstand und städtischer Kultur sowie andererseits aus Berbern, die als Ackerbauern und Hirten nur wenig zivilisiert waren. Die Araber siedelten vor allem in den Städten des Südens, die kriegerischen Berber in den Gebirgen des Landesinnern und im kühleren Norden der Halbinsel. Von 711–755 war Iberien, das die Muselmanen *al-andalus* nannten, ein vom Kalifat in Damaskus bzw. Bagdad politisch und religiös abhängiges Emirat, das sich 755 in staatlicher Hinsicht löste, um dann in Gestalt eines eigenen Kalifats von Córdoba ab 912 volle politische und religiöse Souveränität auszuüben. Anfang des 11. Jh. zerfiel das Reich in ca. 20 Teilstaaten (Taifate), oft unter berberischen Dynastien. Im Zuge der kriegerischen Auseinandersetzungen mit den christlichen Wiedereroberern des Nordens wurden die berberischen Almoraviden aus Nordafrika zu Hilfe gerufen, die *al-andalus* kurzerhand zu einer Provinz ihres Reiches machten. Durch mangelhafte Verwaltung zerfiel das Land allerdings bald wieder in Taifate, die für kurze Zeit noch einmal durch die ebenfalls aus Afrika stammenden Almohaden geeint wurden, bevor die letzten verbliebenen Kleinstaaten entweder von den christlichen Königreichen erobert oder ins islamische Königreich Granada (seit 1238) integriert wurden. Granada erlebte noch einmal eine kulturell hochstehende islamische Blütezeit, bevor es 1492 endgültig fiel.

Von portugiesischem Territorium konnten die Mauren sehr viel früher verdrängt werden. 1249 fiel Silves als letzte Hauptstadt des Taifats. Damit war der Süden Portugals endgültig zurückerobert, ca. 200 Jahre vor dem benachbarten Andalusien in Südspanien. Weltpolitisch blieb das nicht ohne Folgen: Der frühe Sieg über die Mauren bescherte Portugal einen zeitlichen Vorsprung gegenüber Spanien, dessen Kräfte weiterhin im Kampf gegen die Mauren gebunden waren. Portugal hingegen konnte sich auf die Erforschung des Seewegs nach Indien konzentrieren und legte dabei auch bereits den Grundstein zu den afrikanischen Kolonien, deren Bevölkerung wiederum als Sklaven entscheidend zur späteren Inwertsetzung der Eroberungen in der Neuen Welt beitrug.

Im andalusischen Teil des heutigen Spanien dauerte die islamische Kulturepoche ca. 780 Jahre, d. h., der Süden Spaniens war länger islamisch als er seitdem wieder christlich ist. Von der Dauer der maurischen Epoche auf der Iberischen Halbinsel wiederum ist die Dichte der kulturlandschaftlichen Zeugnisse abhängig, die erstmals umfassend von Lautensach (1960) dokumentiert wurden. Unter islamischer Herrschaft wurden z. B. die germanischen Besitzstrukturen zerschlagen. An ihre Stelle trat ein muselmanisches Pachtwesen (in verschiedensten

Pachtformen, aber in der Regel als Teilpacht), das eine intensive Bewirtschaftung des Landes auf kleinen Parzellen zur Folge hatte. Obwohl auch unter den Mauren flächenmäßig überwiegend Trockenfeldbau betrieben wurde, vollbrachten die neuen Herren die größten Leistungen in der Technik der Feldbewässerung.

Es ist zwar umstritten, ob die ausgedehnten Bewässerungsanlagen im Süden und Südosten der Halbinsel erst unter den Muselmanen erstellt wurden oder bereits aus römischer Zeit stammen, jedoch dürfte der Streit darüber hier müßig sein. Mit hoher Wahrscheinlichkeit waren eventuell vorhandene Bewässerungsanlagen aus römischer Zeit unter den Westgoten dem Verfall preisgegeben, d. h., dass die Bewässerungssysteme, die heute an der Levante-Küste und in Andalusien bestehen (etwa in den Huertas von Valencia, Murcia, Elche, Lorca, Granada usw.), in ihrer Form auf die Mauren zurückgehen. Diese verwendeten dabei in geschickter Anpassung an die physisch-geographischen Gegebenheiten durchaus verschiedene Bewässerungstechniken:

■ Die Kanalbewässerung durch Flusswasser war eine Gemeinschaftsaufgabe. Sie erforderte eine soziale Verteilung des Wassers und bedurfte daher eines eigenen Wasserrechts (fließendes Wasser war Staatseigentum, das proportional zur bearbeiteten Fläche zugeteilt wurde), wie es noch heute z. B. in Valencia Gültigkeit besitzt und praktiziert wird. Die aufwändigste Form der Wasserbeschaffung war die Anzapfung des Grundwasserhorizonts am Gebirgsrand durch unterirdische Kanäle, die das Wasser unter Ausnutzung des natürlichen Gefälles in Form eines ständig fließenden Rinnsals an die Erdoberfläche leiten (sog. *Qanate*). Ein berühmtes Beispiel für diese ingenieurtechnischen Meisterwerke bildet die Wasserversorgung von Madrid (Troll & Braun 1972; Braun 1974). Bis ins 19. Jh. basierte die Trinkwasserversorgung der spanischen Hauptstadt auf solchen Qanaten (der Name „Madrid" wird u. a. auch von *„mayrít"* abgeleitet, einem umgangssprachlichen Wort für *Qanat*).

■ Im Gegensatz dazu steht die Brunnenbewässerung durch sog. *norias*, das sind Göpelwerke, die durch Tierkraft angetrieben werden und mithilfe von Schöpfrädern Grundwasser aus einer Tiefe von bis zu 20 m holen können. Anders als die Kanalbewässerung kann eine solche Bewässerung individuell erfolgen. Sie wurde verstärkt dort angewendet, wo Flusswasser nicht in ausreichender Menge zur Verfügung stand (etwa in der Mancha). Im System der Kanalbewässerung dienen *norias* ebenfalls der Wasserhebung, werden aber durch das fließende Wasser des offenen Kanals angetrieben (vgl. Abb. 20).

Eine kulturhistorisch wichtige Leistung der Muselmanen war nicht nur die Einführung neuer Agrartechniken, sondern auch neuer Kulturpflanzen. Kress (1968) nennt u. a. Reis, Zuckerrohr, Baumwolle, Hartweizen, Dattelpalme, Maulbeerbaum, Jo-

hannisbrotbaum, Zitrone, Banane, bittere Orange (Pomeranze), Aprikose, Pfirsich, Melone, Spinat, Blumenkohl, Spargel, Artischocke, Kaper, Safran und Alfalfa (Luzerne).

Das islamische Pachtwesen hatte stark aufgeteilte Agrarflächen mit ausgedehnten Streusiedlungsgebieten zur Folge, wo die Pächter auf Einzelhöfen lebten. Die Landinhaber selbst lebten meist in den Städten. Dabei besteht die vielleicht bedeutendste Leistung der islamischen Kulturepoche in erster Linie darin, dass städtische Kultur und Zivilisation keinen Gegensatz zum ländlichen Leben bildeten; im Gegenteil befruchteten sich Landbau und Landtechnik wechselseitig immer wieder neu. Auf diese Weise hinterließen die Muselmanen vor allem in der Landwirtschaft Südspaniens bzw. der Levanteküste bleibende Spuren.

Wenngleich unter maurischer Herrschaft relativ wenige Städte neu gegründet wurden (aus dem heutigen Portugal ist überhaupt keine dauerhafte Stadtgründung bekannt, für Spanien sind 831 Murcia, 855 Calatrava, 874 Badajoz und 955 Almería zu nennen), so war doch die Überformung der vorhandenen Städte nachhaltig. In den meisten großen Städten Andalusiens ist der ummauerte Kernbereich der Altstadt (Al-Medina) mit der Hauptmoschee (inzwischen steht an ihrer Stelle eine Kirche) erhalten, ebenfalls der befestigte Verwaltungssitz (Alcázar), das ehemalige Marktviertel (Bazar) und die Zitadelle (Alcazaba; vgl. Kapitel „Die Ballungsräume").

Die Muselmanen bereicherten auch das städtische Gewerbe um neue Erwerbszweige. Historisch bedeutsam ist die Papierherstellung, deren Kenntnis aus Bagdad nach Al-Andalus überliefert wurde. Den historischen Quellen zufolge war das Papier, das im 10. Jh. auf der Iberischen Halbinsel durch die Mauren hergestellt wurde, in seiner Reinheit und Qualität einzigartig in ganz Europa. Bei der 1962 gegründeten Papierfabrik in Motril (Granada) waren die Pressrückstände (Pulpe) des dort angebauten Zuckerrohrs der standortentscheidende Rohstoff und damit die Grundlage einer modernen Papierproduktion, die bis in die Gegenwart (in der Firmengruppe Torraspapel S.A.) überdauert hat. Ähnliches gilt auch für andere Erwerbszweige, die von den Mauren mit großer Kunstfertigkeit geübt wurden. Dazu gehören die Fabrikation von farbigen Kacheln (*azulejos*, vom maurischen *az-zulaca* = „das, was angeheftet ist"), ferner das Gerben und die anschließende Bearbeitung von Leder oder auch die spezielle Kunst der sog. Damaszener-Einlegearbeiten. Dabei werden Gold-, Silber- oder Kupferfäden in gedunkelten Stahl eingearbeitet. Inzwischen werden diese alten Techniken vielfach nur noch für die Souvenir-Herstellung imitiert, so etwa in Toledo.

Die Auswirkungen der islamischen Kulturepoche sind in ihrer Mehrzahl gut zu belegen. In diesem Zusammenhang ist es allerdings nicht unproblematisch, wenn Kress (1968, S. 327 f.) auch die wirtschaftspsychologische Grundhaltung des Andalusiers auf eine maurisch-orientalische, fatalistische Geistes-

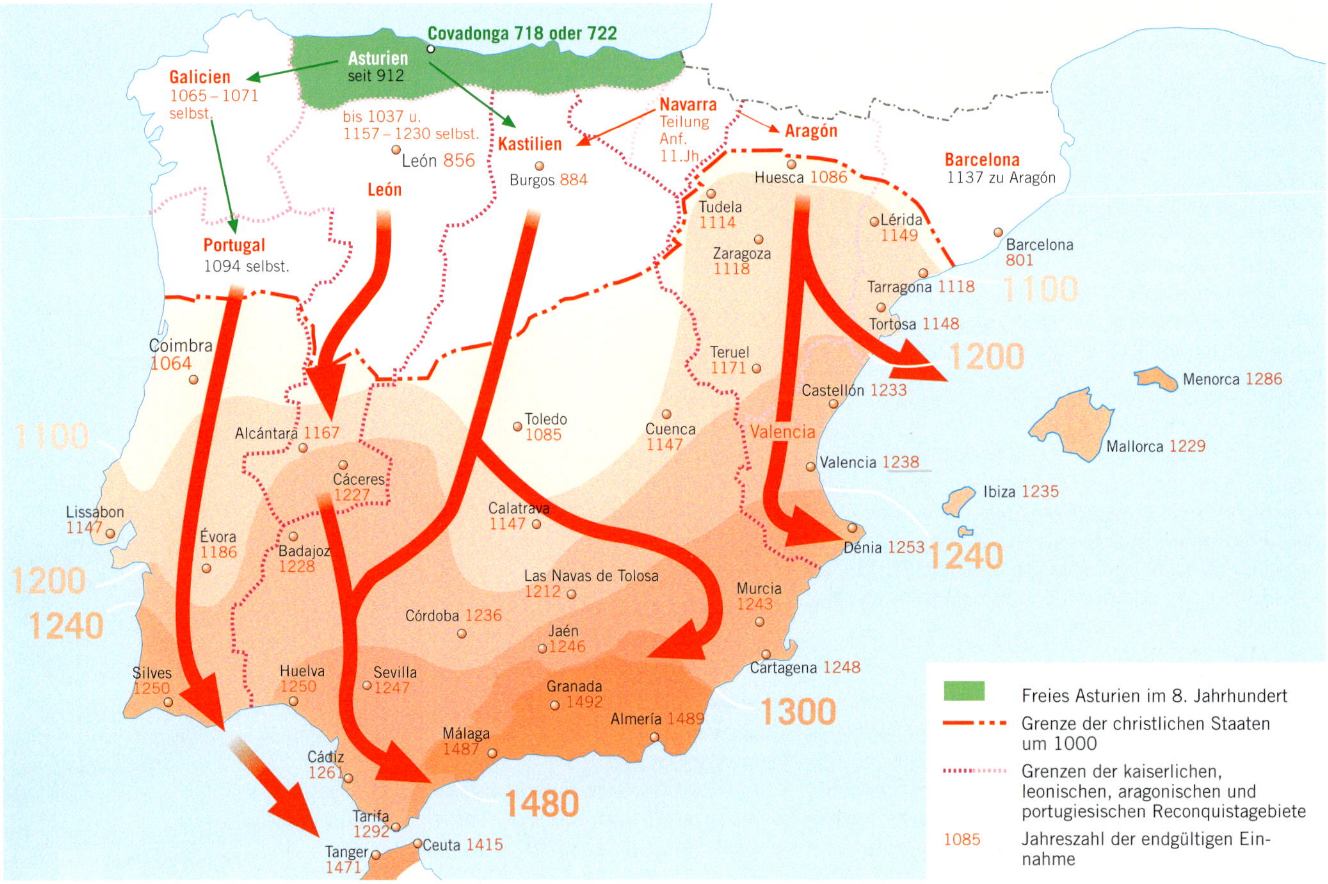

Covadonga 718 oder 722
Asturien seit 912
Galicien 1065–1071 selbst.
bis 1037 u. 1157–1230 selbst.
León 856
Kastilien
Burgos 884
Navarra Teilung Anf. 11.Jh.
Aragón
Huesca 1086
Barcelona 1137 zu Aragón
León
Portugal 1094 selbst.
Tudela 1114
Zaragoza 1118
Lérida 1149
Barcelona 801
Tarragona 1118
Tortosa 1148
1100
Coimbra 1064
Teruel 1171
Castellón 1233
1200
Menorca 1286
1100
Alcántara 1167
Toledo 1085
Cuenca 1147
Valencia
Valencia 1238
Mallorca 1229
Lissabon 1147
Cáceres 1227
Calatrava 1147
Ibiza 1235
1200
Évora 1186
Badajoz 1228
Dénia 1253 1240
1240
Las Navas de Tolosa 1212
Córdoba 1236
Jaén 1246
Murcia 1243
Silves 1250
Huelva 1250
Sevilla 1247
Granada 1492
Cartagena 1248
Málaga 1487
Almería 1489
1300
Cádiz 1261
1480
Tarifa 1292
Tanger 1471
Ceuta 1415

Freies Asturien im 8. Jahrhundert
Grenze der christlichen Staaten um 1000
Grenzen der kaiserlichen, leonischen, aragonischen und portugiesischen Reconquistagebiete
1085 Jahreszahl der endgültigen Einnahme

Quelle: Breuer 1982

Abb. 23: Der zeitliche Ablauf der Reconquista auf der Iberischen Halbinsel

haltung zurückführt. Er sieht darin die Wurzeln des Gegensatzes zwischen den Andalusiern heute und beispielsweise den geschäftstüchtigen Katalanen. Belegbar ist eine solche Deutung bisher nicht.

Insgesamt muss festgehalten werden, dass die Nachwirkungen der islamischen Kultur in der iberischen Kulturlandschaft im Norden der Halbinsel am geringsten sind. Im Süden und an der Levante-Küste hingegen, wo die Maurenherrschaft am längsten dauerte, sind die Folgen am vielfältigsten. Erfasst man die physiognomischen Reste der Maurenzeit heute, so ergibt sich eine von Norden nach Süden zunehmende Dichte von islamischen Kulturzeugen. Dies ist am deutlichsten zu dokumentieren durch Orts-, Fluss- und Flurnamen (Lautensach 1960). Sieht man von jenen physiognomischen Resten wie topographischem Namensgut, sprachlichen Relikten, Baudenkmälern usw. ab, so sind die funktionalen Nachwirkungen der langen Maurenherrschaft selbst im Süden der iberischen Kulturlandschaft eigentlich überraschend gering. Das liegt im Wesentlichen an dem Ausmaß, in dem während der christlichen Wiedereroberung des Landes das islamische Kulturerbe zerstört und getilgt wurde. Mittelalterlicher christlicher Fanatismus und Ignoranz konnten hier meist ungehindert wirken. Die Auslöschung der islamischen Kultur wäre sicherlich noch gründlicher gewesen, hätten nicht nach der Wiedereroberung durch die Christen die

zurückgebliebenen Araber (*moriscos* oder *mudéjares*), die unter islamischer Herrschaft assimilierten, aber christlich gebliebenen sog. *mozárabes* (= Fast-Araber) sowie die von den Muselmanen sehr geschätzte Bevölkerungsgruppe der Juden wesentliche Errungenschaften der maurischen Zivilisation weitervermittelt.

Die mittelalterliche Reconquista

Nachhaltigste Einflüsse auf die gegenwärtige iberische Kulturlandschaft gehen auf die christliche Wiedereroberung des Landes, die sog. *reconquista*, zurück, und zwar einerseits durch das Ausmaß, in dem sie die Nachwirkungen der vorangegangenen Kulturepoche auslöschte, und andererseits durch die räumlichen Strukturen, die sie selbst unmittelbar schuf.

Die Reconquista war kein Religionskrieg im eigentlichen Sinne. Sie verfolgte auf christlicher Seite vielmehr das machtpolitische Ziel, verlorenes Territorium zurückzugewinnen. Ausgangspunkt der Reconquista waren die schwer zugänglichen Berggebiete im Norden der Halbinsel (Kantabrisches Gebirge, Baskenland, Pyrenäen), wo die islamische Herrschaft nie oder nur nominell bestanden hatte. Dort entstanden im 8. Jh. kleine christliche Herrschaftsterritorien, die sich zuerst freie Grafschaften, dann Königreiche (span. *reino*) nannten. Hier sind die Grafschaften bzw. Königreiche von Galicien,

Asturien, León, Kastilien, Navarra, Aragonien und Katalonien bzw. Barcelona (Abb. 23) zu nennen. Als Keimzelle der Reconquista gilt Asturien, wo der Gotenkönig Pelayo in der Schlacht von Covadonga 718 die maurische Invasion dauerhaft abwehrte. Asturien wird deshalb heute als Wiege der spanischen Nation verstanden. In der Monarchie trägt der Kronprinz den Ehrentitel eines „Prinz von Asturien" (*Príncipe de Asturias*).

Für den Verlauf der Reconquista waren drei Machtzentren maßgebend, die aus dem Zusammenschluss verschiedener Grafschaften bzw. Königreiche erwuchsen, nämlich die Königreiche von León, von Kastilien und von Aragonien/Katalonien:

- Die Anfänge des Königreichs León liegen in Asturien. Dieses hatte sich im Laufe seiner Entwicklung im Westen bis nach Galicien und im Süden bis León ausgedehnt. Seit dem 10. Jh. befand sich das Machtzentrum in León. Die asturisch-leonesische Monarchie wurzelt in der westgotischen Tradition und verstand sich daher auch später als eigentlicher Träger des christlichen hispanischen Staatsgedankens.
- Kastilien war ebenso wie Galicien zunächst nur eine Grenzmark des Königreichs León. Nach internen Machtauseinandersetzungen erklärte sich Kastilien 961 zur selbstständigen Grafschaft, Galicien im äußersten Nordwesten der Halbinsel erhielt diesen Status ca. 100 Jahr später (1065). Wenig vorher (1035) hatte sich Kastilien bereits zum Königreich erklärt.
- Der Ursprung Aragoniens liegt im zentralen Pyrenäengebiet. Das Königreich konnte seinen Machtbereich aber schon früh ins südliche Vorland und sogar bis ins mittlere Ebro-Tal ausweiten. Aragonien vereinigte sich 1137 mit Katalonien, das durch dynastische, kulturelle (sprachliche!) und kirchliche Beziehungen in vielfacher Weise mit dem Frankenreich verbunden war.

Die christlichen Nordstaaten, die gemeinsam die Reconquista gegen die Mauren betrieben, hatten somit zwar gemeinsame Interessen, waren aber nach der dynastischen Herkunft ihrer Herrscher, ihrem historischen Werdegang und ihren kulturellen Wurzeln außerordentlich verschieden. Versteht man die Schlacht von Covadonga (718) und den Fall Granadas (1492) als Anfang und Ende der Reconquista, so dauerte diese rund 770 Jahre. Natürlich herrschte in diesem langen Zeitraum realiter kein permanenter Krieg. Auch innerhalb der beiden großen Krieg führenden Lager gab es bedeutende dynastische und machtpolitische Wechsel. Die sog. Reconquista als christliche Wiedereroberung der muslimisch beherrschten Territorien der Iberischen Halbinsel muss deshalb als Epoche begriffen werden. In dieser Zeit übernahm Kastilien schließlich die Führungsrolle, indem es Galicien, Asturien und das Königreich León unter seiner Führung vereinigte und damit im 13. Jh. endgültig die politische Vorherrschaft im Zentralraum der Halbinsel errang.

Eine Sonderrolle spielte die damalige Grafschaft Portugal. Ihre Keimzelle, die sog. *Terra Portucalen-*

sis (benannt nach der römischen Festung Portus Cale), liegt in dem Gebiet zwischen Minho und Douro, das ab 722 von León aus zurückerobert worden war. Diese Grafschaft konnte sich 1094 nach erfolgreichen Kämpfen gegen die Mauren von León lösen und sich 1140 selbst zum Königreich erklären, das in der Folge die Reconquista auf seinem Staatsgebiet erfolgreich selbst zu Ende führte (1250 mit dem Fall von Silves). 1297 erkannte Kastilien das Königreich Portugal auch vertraglich an. Dieser Vertrag markiert formal die Geburtsstunde des Staates Portugal, der seither seine territoriale Einheit bis auf geringfügige Grenzkorrekturen unverändert erhalten konnte. In die gleiche Zeit fällt die Einführung des galicisch-portugiesischen Dialekts als Amtssprache unter König Dinis (1279–1325), die das Latein ablöste und an der ersten, heute traditionsreichen Universität Portugals in Coimbra besonders gepflegt wurde (Abb. 24). Die Eigensprachlichkeit trug zur weiteren Trennung vom kastilisch dominierten Nachbarland bei.

Bedeutende Impulse erhielt die leonesisch-kastilische Reconquista durch die Verehrung des heiligen Jakob in Santiago de Compostela. Hier im Westen Galiciens waren einer Legende zufolge im 9. Jh. die Gebeine des Apostels gefunden worden. Dies wurde Anlass für eine Pilgerfahrt, zu der unter dem Signum des Kampfes gegen die Muselmanen Pilger aus ganz Europa aufbrachen. Der Heilige wurde als „Maurentöter" verehrt und gefeiert und verhalf Santiago de Compostela im Mittelalter dazu, nach Jerusalem und Rom zum drittwichtigsten Wallfahrtsort der damaligen christlichen Welt aufzusteigen. Noch heute ist St. Jakob der Nationalheilige und Schutzpatron Spaniens. Formales Merkmal der

Abb. 24: In Coimbra, der ältesten Universität Portugals, pflegt man auch im 21. Jh. noch alte Traditionen: Studenten auf dem Weg zur Immatrikulation.

Abb. 25: *Altkastilien – Land der Burgen. Die Burg von Ciudad Rodrigo (Prov. Salamanca) bietet die stilvolle Atmosphäre für den Großviehmarkt.*

Jakobspilger war die „Jakobsmuschel" (*Pecten jacobaeus*), mit deren Symbolkraft sich auch die christlichen Ritter der Reconquista identifizierten.

Der Pilgerweg nach Santiago („Jakobsweg") führte über festgelegte Routen von Mitteleuropa durchs Frankenreich (*chemin de Saint-Jacques*) und den Norden der Iberischen Halbinsel (*camino de Santiago*). Über diesen Weg gelangten fränkische christliche Kultur und fränkisches Gedankengut nach Galicien, die in ihrer kulturhistorischen Bedeutung bisher noch viel zu wenig beachtet werden. Unter anderem erfolgte dadurch eine so intensive Bindung Westgaliciens an den fränkischen Kulturkreis, dass dieser Landesteil sich nicht zusammen mit Portugal von Kastilien löste, obwohl Galicien und Portugal durch eine gemeinsame Sprache und Kultur verbunden waren.

So wie die Entstehung der staatlichen Existenz Portugals durch die Reconquista ausgelöst wurde, so war bei Abschluss der Reconquista auch das christliche Spanien erstmals als Nation geeint und verfügte auch bereits über ein in den Kämpfen gewachsenes nationales Bewusstsein. Der Abschluss der Reconquista (Portugal 1250, aber erst 1297 von Spanien anerkannt; Spanien 1492) markiert damit die Geburtsstunde der beiden heutigen Staaten.

Umgestaltung des Siedlungsnetzes und polarisierende Agrarstrukturen

Gleichzeitig hatten im Zuge der Wiedereroberung aber tief greifende soziale Umwälzungen stattgefunden, die u. a. auch eine völlige Neuverteilung des Landes zur Folge hatten. Die dabei geschaffenen Strukturen waren von der zeitlichen Geschwindigkeit, mit der die christlichen Königreiche nach Süden vorrückten, abhängig. Bei langsamem, aber kontinuierlichem Vorrücken der Reconquista-Front

war regional durchaus eine intensive Kolonisation des neu gewonnenen Landes möglich (z. B. im Zentralraum etwa bis zum Duero). Südlich des Duero vollzogen sich die Kriegsbewegungen über lange Zeit in häufig wechselnden Richtungen, sodass eine umfangreiche Sicherung des Landes in Form befestigter Burganlagen entstand (daher der Name „Kastilien"; Abb. 25) und die Kämpfe selbst nachhaltige Zerstörungen hinterließen. Im Ebro-Becken hingegen, wo die Reconquista relativ spät, dafür aber umso rascher und ohne aufwändige militärische Sicherheitsbauten erfolgte, waren die Kriegsfolgen entsprechend gering, sodass die alteingesessene Bauernbevölkerung und ihre überkommenen Strukturen teilweise erhalten blieben. Nach langem Stillstand, der u. a. durch das orographische Hindernis des Kastilischen Scheidegebirges verursacht war, erzielte die Reconquista auf spanischer Seite – nach dem Fall Toledos – südlich des Gebirgskamms überaus rasche Raumgewinne. In wenigen Jahren wurden riesige Areale erobert (darunter z. B. die Extremadura und Neukastilien), aus denen die Bevölkerung weitgehend geflohen war.

Neben der zeitlichen Komponente waren die Auswirkungen der Reconquista weiterhin davon abhängig, ob die Wiedereroberung der Gebiete von Portugal im Westen, von León/Kastilien im Zentralraum der Iberischen Halbinsel oder von Aragonien/Katalonien im Osten vorangetrieben wurde. Kastilien trachtete sehr rigoros einzig nach Raumgewinn. Mit einer gewissen Verbohrtheit und Ignoranz nahmen diese Eroberer keinerlei Rücksicht auf islamische Kulturzeugnisse, sondern betrieben vor allem deren Zerstörung. Deshalb blieb nach der Eroberung durch die Kastilier vorwiegend verwüstetes oder menschenleeres Land zurück. Verallgemeinernd lässt sich feststellen, dass die islamische Kulturlandschaft im Bereich der kastilischen Krone am gründlichsten vernichtet und durch neue feudalistische Strukturen ersetzt wurde.

Im Gegensatz zur leonesisch-kastilischen Reconquista war die Wiedereroberung unter dem Königreich Aragonien bemüht, die Infrastruktur der islamischen Kulturlandschaft weitgehend zu erhalten. Deshalb erfolgte im aragonesischen Machtbereich keine grundlegende Zerstörung der Städte, der agrarwirtschaftlichen Grundlagen usw. Entsprechend wurden vor allem in den Bewässerungsgebieten die kleinbetrieblichen Strukturen aus maurischer Zeit konserviert. Das gilt sogar für das maurische Wasserrecht (heute bildet das wöchentlich tagende Wassergericht von Valencia eine bekannte touristische Attraktion). Unter der aragonesischen Krone wurden die *moriscos* auch nach dem Fall Granadas am längsten geduldet. So erklärt sich heute noch die relative Häufigkeit maurischer Kulturzeugnisse im ehemaligen aragonesischen Machtbereich zwischen Zaragoza und Valencia.

Gleiches gilt für die portugiesische Reconquista. In der Algarve (nach dem maurischen *al-gharb* = Land des Sonnenuntergangs), wo die Mauren am längsten wirken konnten, blieben die kleinbetrieblichen Intensivformen des Gartenbaus ebenso wie die dafür erforderlichen Bewässerungssysteme und -techniken teilweise bis in die Details erhalten.

Die Genus-Zuweisung der aus dem Arabischen übernommenen Bezeichnungen wird im Deutschen unterschiedlich gehandhabt: Schacht (2002) plädiert in Anlehnung an den arabischen Artikel *Al-* und an die portugiesische Bezeichnung *O* bei dem Wort „Algarve" für den maskulinen Artikel, also *der* Algarve. Lautensach (1967, S. 512f.) lässt den Artikel ganz weg. Freund (1979) und Weber (1980, 1995) benutzen überwiegend die im Umgangssprachlichen gebräuchliche feminine Form (*die* Algarve; aber auch anders: Weber 1997, S. 478). Folgt man der Empfehlung von Urmes (2003, S. 138), ganz auf den Artikel zu verzichten, ist die logische Zuordnung je nach Satzstellung nicht mehr eindeutig. Der folgende Text bevorzugt den umgangssprachlichen Duktus, also *die* Algarve, aber *das* Alentejo.

Weil das kastilische Königtum seine Gefolgsleute durch die Verleihung von erobertem Land entschädigte, resultierte daraus eine völlige Neuaufteilung des Bodens. Bis zum Duero z.B., wo die Front nur langsam vorrückte, entstand auf diese Weise überwiegend Klein- und Mittelbesitz. Südlich des Scheidegebirges aber wurden im Zuge der schnellen Landgewinne gewaltige Grundbesitzflächen an den hohen Adel, an bedeutende Ritterorden sowie an die Kirche vergeben. Damit schuf die kastilische Krone die Basis für neues Großgrundeigentum, dessen agrar- und flurstrukturelle Grundzüge noch heute das Kulturlandschaftsbild südlich des Kastilischen Scheidegebirges bestimmen. So fiel z.B. fast die gesamte heutige Provinz Badajoz (Extremadura) an drei große Ritterorden: der Westen an den der Templer, der Norden und Osten an den Orden von Alcántara und die Mitte an denjenigen von Santiago. Der bedeutendste spanische Ritterorden von Calatrava hatte Besitzungen vom Ebro bis nach Niederandalusien, darunter ein Stück in der Größe von 100 000 ha westlich von Jaén. Der Erzbischof von Toledo besaß zwischen Jaén und Baza eine Fläche von ca. 200 000 ha Größe (Kress 1968). In Niederandalusien, das sind Teile der heutigen Provinzen Cádiz, Sevilla und Córdoba, vergab die Krone fruchtbares Ackerland nach festem Schema mit Besitzgrößen um 180 ha. Darauf errichteten die *seniores* Landsitze (sog. *cortijos*), von denen aus das Land durch Verwalter oder Pächter bewirtschaftet wurde, während die Eigentümer selbst in der Stadt lebten (Absentismus).

Auch in Portugal, wo die Reconquista rascher vonstatten ging, zeigen die Strukturen der anschließenden christlichen Besiedelung eine ähnliche Nord-Süd-Abfolge: Bis zum Río Mondego war eine Vielzahl kleiner Klöster für die Siedlungsentwicklung verantwortlich. Im küstennahen Mittelportugal konnten die meisten der alten Distrikthauptstädte überleben, im Landesinnern (von der östlichen Beira Alta über die Beira Baixa bis zum Alto Alentejo) hingegen war das Land den Militärorden zugefallen,

deren Heere die Reconquista maßgeblich vorangetragen hatten (Templerorden, Hospitalritterorden, Orden von Aviz). So erklärt sich auch, dass das gesamte Baixo Alentejo fest in der Hand des Santiago-Ordens war (Kress 1968). Die verhängnisvolle Verteilung der Bodeneigentumsverhältnisse wurde im 16. und 17. Jh. unter der spanischen Fremdherrschaft (1580–1640) restaurativ verstärkt. Damals stattete die Krone dem Adel und dem Klerus, die – im Unterschied zur portugiesischen Bourgoisie – die spanische Invasion unterstützt hatten, ihren Dank dadurch ab, dass sie deren Privilegien erneuerte. So konnte sich das bestehende Landbesitzmonopol nochmals verfestigen. Sichtbarer Ausdruck dieser im Hochmittelalter wurzelnden agrarsozialen Strukturen ist noch heute im ländlichen Raum von Alentejo und Ribatejo ein Siedlungsgefüge mit isolierten Einzelhöfen und mit den dazugehörigen Reihengroßsiedlungen für die Landarbeiter. Diese Gutshöfe wurden in Portugal häufig auf exponierten Kuppen angelegt und tragen deshalb heute die Bezeichnung *monte*. Der Namenszusatz *herdade* bezieht sich auf die Rechtsform des Erbguts. Der in ganz Portugal häufig anzutreffende Begriff der *quinta* geht auf eine spezielle Form der Teilpacht zurück, bei welcher der Pächter ein Fünftel (portugiesisch: *quinta*) der Nutzfläche auf eigene Rechnung bewirtschaften konnte.

Weil Mönchs- und Ritterorden, Kirche und Adel den Großteil des wertvollen Ackerlandes besaßen, bemühte man sich in Portugal ebenso wie in Spanien später mehrfach um Bodenbesitzreformen. Die spanischen Bourbonen z.B. erließen 1855 das Gesetz über die Auflösung der Güter der Toten Hand (*desamortización*), also kirchliches Immobilieneigentum, das dem Immobilienmarkt entzogen war. In Portugal begann die Säkularisierung schon 1826 und fand 1834 mit der Auflösung der Klöster und Orden ihren Abschluss. In beiden Ländern erwarben aber wiederum bürgerliche und adelige Großgrundeigentümer den größten Anteil des zwangsweise zum Verkauf angebotenen Lands. In Portugal, wo die neuen bürgerlichen Großgrundeigentümer sich auch mit käuflichen Adelspatenten aufwerten konnten, entstand auf diese Weise eine neue Adelsklasse, die gleichzeitig Schlüsselpositionen in der staatlichen Verwaltung erreichte, dabei aber dem Ideal des Grundeigentums als wichtigster Kapitalanlage verbunden blieb. Auch der Klerus verstand es sehr geschickt, wesentliche Landanteile zu behalten. Letztendlich brachte die Enteignung von Kirchenländereien nicht die angestrebten Strukturverbesserungen, sondern lediglich einen Wechsel der Landeigentümer. Den Schaden hatten in erster Linie die Kommunen, die nach dem Verkauf ihrer Ländereien (*tierras comunales* in Spanien; *baldios* in Portugal) vielfach verarmten. Man schätzt für das Jahr 1880, dass damals von 8,9 Mio. ha landwirtschaftlich nutzbarer Fläche in Portugal nur 4,64 Mio. ha produktiv genutzt wurden (Bieber 1975, S. 57).

Die Reconquista legte somit vorzugsweise in der südlichen Hälfte der Halbinsel den Grundstein für

Provinz	Anzahl der Betriebe mit > 1000 ha	%-Anteil an allen landwirtschaftlichen Betrieben	%-Anteil an der landwirtschaftlichen Nutzfläche
Cáceres	247	0,45	19,9
Ciudad Real	237	0,42	19,2
León	237	0,57	29,0
Teruel	220	1,23	32,1
Huesca	175	0,82	22,9
Lérida	143	0,61	25,3
Huelva	143	0,67	35,0
Almería	135	0,38	22,5
Granada	128	0,20	19,1
Ávila	98	0,42	25,5

Quelle: Censo Agrario 1999 (I.N.E., Madrid)

Tab. 6: *Anteil des Großgrundbesitzes (>1000 ha) an der landwirtschaftlichen Nutzfläche in Spanien*

eine „polarisierte Betriebsgrößenstruktur" (Freund 1977, S. 212) in der Landwirtschaft, die sich in wesentlichen Zügen nahezu unverändert bis an die Schwelle des 21. Jh. erhalten hat (vgl. Tab. 6). So gibt es z. B. in der spanischen Provinz Ciudad Real 45 Betriebe mit mehr als 5000 ha Betriebsfläche. In Granada sind 0,8 % aller Betriebe größer als 250 ha, sie besitzen aber 46,7 % der landwirtschaftlichen Nutzfläche. Im portugiesischen Alentejo erreichte sogar die durchschnittliche landwirtschaftlich genutzte Betriebsfläche bei der letzten Agrarzählung von 1999 einen Wert von 3,6 ha! In den andalusischen Provinzen Córdoba, Badajoz, Sevilla und Albacete befindet sich mehr als die Hälfte der landwirtschaftlichen Nutzfläche der Provinz in der Hand weniger Großfamilien. Für Portugal hat Freund (1977) gezeigt, dass solche Agrardynastien Grundbesitz akkumulieren, der sich über fast die ganze Staatsfläche verteilen kann und im Einzelfall sogar 20000 ha überschreiten dürfte. Dies bedeutet jedoch nicht, dass die Eigentümerfamilien der Großbetriebe im Einzelnen jeweils über Jahrhunderte hinweg nicht gewechselt hätten. Artola et al. (1978) haben für einzelne Güter in Niederandalusien vielmehr sehr detailliert mehrfache An- und Verkäufe sowie Teilungen nachgewiesen.

Den agrarstrukturellen Gegensatz zu den landwirtschaftlichen Großbetrieben des Südens bilden folgerichtig diejenigen Landesteile der Iberischen Halbinsel, die über Jahrhunderte hinweg keine revolutionäre Umgestaltung ihrer Bodeneigentumsverhältnisse erfuhren. Das gilt beispielsweise für das spanische Galicien, wo die Maurenherrschaft weder flächenhaft noch dauerhaft wirksam war. Deshalb konnten sich dort Siedlungs- und Besitzstrukturen aus keltischer Zeit konservieren. Lautensach (1964) postuliert in Anlehnung an ältere portugiesische Arbeiten für Nordportugal eine Siedlungskonstanz seit römischer Zeit, wobei die Besitzersplitterung der ehemals römischen „Villa"-Organisation auf den *Codex Visigotus* zurückgeführt wird. Als Beleg führt er die Gemeinde Creixomil (bei Guimarães) an, deren territoriale Erstreckung exakt der römerzeitlichen *villa* entspricht (zit. n. Weber 1980, S. 242f.).

Galicien gilt heute als Synonym für unrentable landwirtschaftliche Kleinbetriebe mit höchster Besitzersplitterung. Nach der Agrarzählung von 1999 errechnet sich für Galicien eine mittlere Betriebsgröße von 2,6 ha. In der Provinz Pontevedra sind es sogar nur 1,2 ha. Galicien zählt deshalb innerhalb der EU zu den Regionen mit erheblichem Entwicklungsrückstand und dürfte noch auf lange Zeit auf die Gemeinschaftsmittel zur Regionalförderung angewiesen sein. Das gilt in analoger Weise auch für die nordwestlichen Küstendistrikte Portugals. In Viana do Castelo, Braga, Porto und Aveiro verfügen mehr als die Hälfte aller Betriebe über weniger als 4 ha Land. Für die Küsten-Beira gibt die portugiesische Agrarzählung von 1999 eine mittlere Betriebsfläche von ganzen 2,1 ha an.

Der dualistischen Betriebsgrößenstruktur entsprechen ebensolche agrarsozialen Gegensätze. Dabei gilt es jedoch zu differenzieren: Bei den Kleinbetrieben im Norden der Halbinsel handelt es sich überwiegend um bäuerliche Familienbetriebe, die in der Gegenwart zunehmend als Zu- und Nebenerwerbsbetriebe bewirtschaftet werden. Anders verhält es sich mit dem Landbesitz der in den Stadtdörfern des Südens lebenden Bevölkerung. Es handelt sich bestenfalls um kleine, gartenähnliche Parzellen, die sich ringförmig um den Ort herum anordnen und intensiv für den Eigenbedarf genutzt werden.

Gemeinsam mit der nicht landbesitzenden Bevölkerung bildeten diese Kleinstbauern in der Vergangenheit ein billiges Landarbeiterpotenzial für die Großbetriebe. Die Verwalter dieser Latifundien kamen zur Zeit der Feldarbeiten von ihren Gutshöfen ins Dorf und warben hier Tagelöhner an. Noch 1979 war z. B. in der Campiña, dem fruchtbaren Ackerland Niederandalusiens, die Zuckerrübenernte ebenso wie die Baumwollernte von Hand die Regel. Ein einziger Betrieb beschäftigte dabei auf einer Nutzungsparzelle von 50 und mehr Hektar Größe bis zu 100 Tagelöhner. Als Tagelöhner, Kleinbauern und abhängige Kleinpächter bildete diese Bevölkerungsgruppe die agrarsoziale Unterschicht in dem umfassenderen Wirtschaftssystem des mediterranen „Latifundiums", das von Agrarhistorikern ebenso wie von Agrarsoziologen vielfach beschrieben wurde (vgl. z. B. Carrión 1975) und in seiner traditionellen Ausprägung auf der Iberischen Halbinsel inzwischen weitgehend verschwunden ist. Im sozialen Bereich haben zentrale Elemente der Latifundienwirtschaft indes überdauert: Das ehemalige Agrarproletariat ist heute beim sozialen und wirtschaftlichen Strukturwandel am stärksten benachteiligt.

Im 20. Jh. gab es in Spanien schon unter der Diktatur Francos verschiedene agrarpolitische Ansätze, um die südlich des Iberischen Scheidegebirges entstandenen Latifundien zu zerschlagen und damit die soziale Brisanz in den betroffenen ländlichen Räumen zu entschärfen. Die sog. Agrarreform war dabei jeweils Bestandteil verschiedener Großprojekte (*planes*) zur integrierten Förderung der Landwirtschaft. Eine nachhaltige Zerschlagung des Großgrundbesitzes ist dabei niemals gelungen. Als jüngste derartige Initiative schrieb sich die sozialistische Regionalregierung Andalusiens 1984 die Zwangsverpachtung unrentabel wirtschaftender Großbetriebe auf ihre Fahnen (Breuer 1990). Das Gesetzeswerk war schon damals ein Anachronismus: In den 1970er-Jahren begann, weitgehend unabhängig von den staatlichen Agrarreformmaßnahmen, eine zunehmende Mechanisierung der vormals extensiv bewirtschafteten Latifundien. Sie ist inzwischen abgeschlossen und hat in den ehemaligen Latifundiengebieten moderne Agrargroßbetriebe geschaffen. Diese meist im Landesinnern gelegenen Großbetriebe, die in der Vergangenheit immer wieder für sozialen Zündstoff gesorgt hatten und unter dem Schlagwort des *latifundismo* als Synonym für ineffiziente landwirtschaftliche Betriebe galten, nutzen ihre Betriebsgrößen inzwischen gezielt als strukturellen Wettbewerbsvorteil im europäischen Kontext.

In Portugal hat es bis in die jüngste Vergangenheit nie ernsthafte Anstrengungen gegeben, die agrarsozialen Probleme des Alentejo durch gezielte Wirtschaftsförderung zu bekämpfen. Die latenten Konflikte entluden sich deshalb erst anlässlich des revolutionären Militärputsches vom 25. April 1974, in dessen Folge das Landarbeiterproletariat zahlreiche Latifundien gewaltsam besetzte und ihre Bewirtschaftung (meist) als Genossenschaft selbst in die Hand nahm (Abb. 26). Ende 1976 gab es 468 solcher Produktionsgenossenschaften (UCPs = *Unidade Colectiva de Produção*) mit einer Gesamtnutzfläche von 1 066 230 ha (Weber 1997, S. 386). Allein zwischen März und September 1975 gab es im Alentejo mehrere „Besetzungswellen", die allerdings vornehmlich durch die neue radikalpolitische Führung gesteuert wurden, während sich die betroffenen ländlichen Unterschichten eher unorganisiert oder gar passiv zeigten (Borowczak 1987, S. 110 ff.).

Schon nach kurzer Zeit erwies sich die revolutionäre portugiesische Agrarreform als Fehlschlag. Im Zuge einer Verfassungsänderung ersetzte man 1989 den Begriff der Agrarreform durch den der „Konversion" (*reconversão*). Damit war eine Entschädigung der ehemaligen Eigentümer verbunden, und zwar entweder durch Geldzahlungen oder – sofern entsprechende Ansprüche vorlagen – durch Landrückgabe. Bei monetärer Entschädigung wurde der Boden durch den portugiesischen Staat an Interessenten verpachtet. Bis 1992 erhielten die geschädigten Großgrundeigentümer mehr als 1 Mio. ha Land zurück; ca. 22 000 ha wurden durch den portugiesischen Staat an Genossenschaften oder auch an Einzelpersonen verpachtet (Drain 1992/93, S. 173). Seither haben die traditionellen Großbetriebe sich in Portugal stärker in Richtung einer systematischen Holzbewirtschaftung mit geringem Arbeitskräftebedarf orientiert. Sie leisten damit einen Beitrag zur beschleunigten Entvölkerung der küstenfernen ländlichen Räume. Zu Beginn des 21. Jh. ist das agrarsoziale Problem in Portugal zwar nicht gelöst, aber

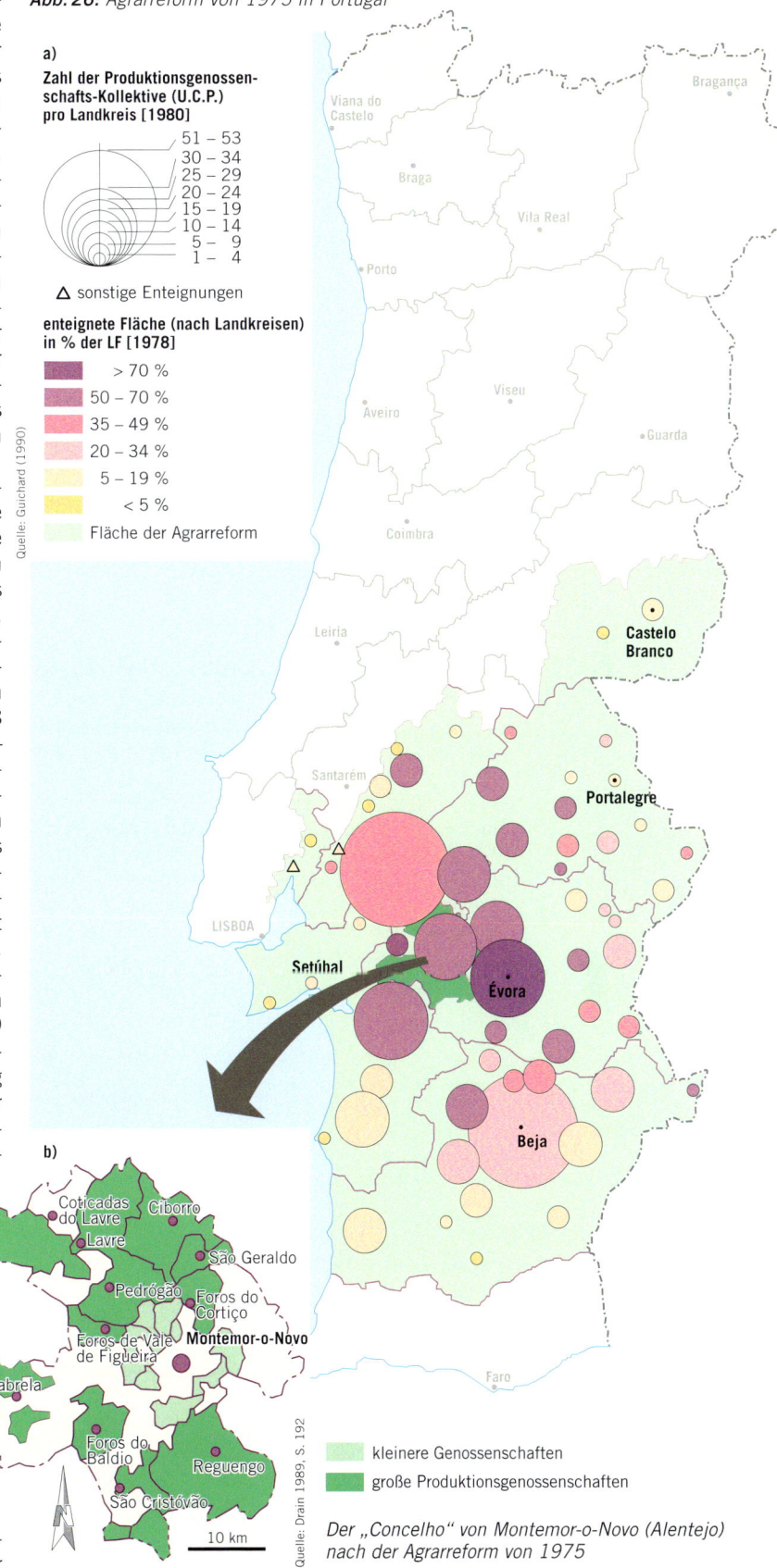

Abb. 26: *Agrarreform von 1975 in Portugal*

a)

Zahl der Produktionsgenossenschafts-Kollektive (U.C.P.) pro Landkreis [1980]

51 – 53
30 – 34
25 – 29
20 – 24
15 – 19
10 – 14
5 – 9
1 – 4

△ sonstige Enteignungen

enteignete Fläche (nach Landkreisen) in % der LF [1978]

> 70 %
50 – 70 %
35 – 49 %
20 – 34 %
5 – 19 %
< 5 %

Fläche der Agrarreform

Quelle: Guichard (1990)

b)

Quelle: Drain 1989, S. 192

kleinere Genossenschaften
große Produktionsgenossenschaften

Der „Concelho" von Montemor-o-Novo (Alentejo) nach der Agrarreform von 1975

doch entschärft. Die großbetrieblichen Strukturen haben somit auch im Alentejo bis ins 21. Jh. überdauert und erweisen sich nunmehr – wie schon vorher in Andalusien – als betriebswirtschaftlich vorteilhaft in einer marktwirtschaftlich konkurrierenden europäischen Landwirtschaft.

Historische agrarsoziale Strukturen und aktuelles Wählerverhalten

Wie stark die historisch überkommenen, (agrar-) sozialen Raummuster bis zur Gegenwart hin wirksam werden, zeigt sich u. a. im Wählerverhalten bei demokratischen Wahlen. Ein historischer Zufall wollte es, dass beide iberischen Staaten nach einer rund 40 Jahre andauernden Diktatur nahezu zeit-gleich eine freie demokratische Willensäußerung ihrer Bevölkerung möglich machten (vgl. Tab. 7). Am 25. 4. 1975 erfolgten in Portugal die Wahlen zur verfassunggebenden Versammlung. Die Spanier wählten am 15. 6. 1977 erstmals die beiden Kammern der *Cortes Generales* (bestehend aus dem Abgeordnetenhaus [*Congreso de los Diputados*] und dem Senat [*Senado*]), die wiederum die neue Verfassung erarbeiteten, die am 6. 12. 1978 per Volksreferendum angenommen wurde. Für die Artikulation politischer Grundpositionen bot sich damit in beiden Staaten eine einmalige Konstellation: Die ersten demokratischen Wahlen waren keine Abstimmung über vorangegangene (Fehl-)Leistungen einer Regierung, sondern Ausdruck einer Erwartungshaltung der Bevölkerung, die mit ihrem Votum zum Ausdruck bringen konnte, von welcher Partei sie die beste Vertretung ihrer eigenen Interessen erwartete.

Beschränkt man sich auf die polarisierten Grundpositionen eines „rechten" und eines „linken" Flügels im Parteienspektrum und projiziert die diesbezüglichen Wählervoten auf die einzelnen Regionen der Länder, so ergeben sich mehr oder weniger deutliche regionale Präferenzmuster der politischen Grundeinstellungen (vgl. Abb. 27 und 28). Zu den Repräsentanten des „rechten" Parteienspektrums zählten 1975 in Portugal die Demokratische Volkspartei (PPD) und das Demokratisch-Soziale Zentrum (CDS), in Spanien 1977 die Union des Demokratischen Zentrums (UCD) und die Volksallianz (AP). Zum „linken" Spektrum gehörte in beiden Staaten die Kommunistische Partei (Portugal: PCP, Spanien: PCE) und die Vereinigte Linke (IU). Eine vermittelnde Position nehmen in beiden Staaten die sozialdemokratischen („sozialistischen") Parteien ein (Spanien: PSOE, Portugal: PS).

Die regional differenzierende räumliche Projektion des Wahlverhaltens zeigt in beiden Staaten eine charakteristische zonale Abfolge der politischen Extreme von Nord nach Süd.

Im Falle Portugals wird die Zonierung auf eine fast dualistische Struktur reduziert: Zwischen Nordgrenze und Rio Vouga erzielte die konservative Demokratische Volkspartei Portugals fast flächenhaft mehr als 37 % aller Stimmen (Weber 1980, S. 281). Umgekehrt erreichen die Kommunisten nicht einmal in den Arbeiterwohnvierteln der Industrie- und Hafenstadt Porto mehr als 6,5 % der Stimmenanteile. Bis zum heutigen Tag gilt der Norden Portugals als Heimat der konservativen Stammwähler. Der Süden Portugals wiederum wird durch das linke Parteienspektrum dominiert. Als Hochburg der Kommunisten galt (und gilt noch heute) das Alentejo. Die Agrostadt Grândola wurde als „*Grândola vila morena*" bekannt: Die Ausstrahlung dieses Liedes über den lokalen Radiosender war 1974 das vereinbarte Signal für den Ausbruch der später so genannten „Nelkenrevolution".

Auch in Spanien gilt der Süden politisch als links orientiert. Das gilt vor allem für Andalusien (mit Córdoba als Hochburg der Kommunisten), wo die

Parteien-spektrum		SPANIEN Wahlen zum Abgeord-netenhaus (Cortes) am 15. 06. 1977	PORTUGAL Wahlen zur Verfassung-gebenden Versammlung am 25. 06. 1975
	Wahlenthaltung:	*22 %*	*8,1 %*
(Mitte-) Rechts-Parteien			
UCD [später: AP]	(*Unión de Centro Democrático*/ Zentrumspartei) (*Alianza Popular*/ Schwesterpartei der CSU)	34,6 %	
PP CP	(*Partido Popular*/Konservative Volkspartei) (*Coalición Popular*)	8,4 %	
PPD	(Demokratische Volkspartei)		26,4 %
CDS	(Demokratisch Soziales Zentrum)		7,6 %
Mitte-Links-Parteien			
PSOE	(*Partido Socialista Obrero Español*/Sozialist. Arbeiterpartei)	29,4 %	
PS	(Sozialistische Partei)		37,9 %
Links-Parteien			
PCE IU	(*Partido Comunista de España*/ Kommunistische Partei) (*Izquierda Unida*/ Vereinigte Linke)	9,4 %	
PCP MDP	(Kommunistische Partei Portugals) (Portugiesisch-Demokratische Bewegung)		12,5 % 4,1 %
Regionale Parteien			
PNV CiU ERC	(*Partido Nacionalista Vasco*/ Baskische Nationalisten) (*Convèrgencia i Unió*/ Katalonische Union) (*Esquerra Republicana de Catalunya*)	1,6 %	

Zusammenstellung: T. Breuer

Tab. 7: *Ergebnisse der ersten demokratischen Wahlen*

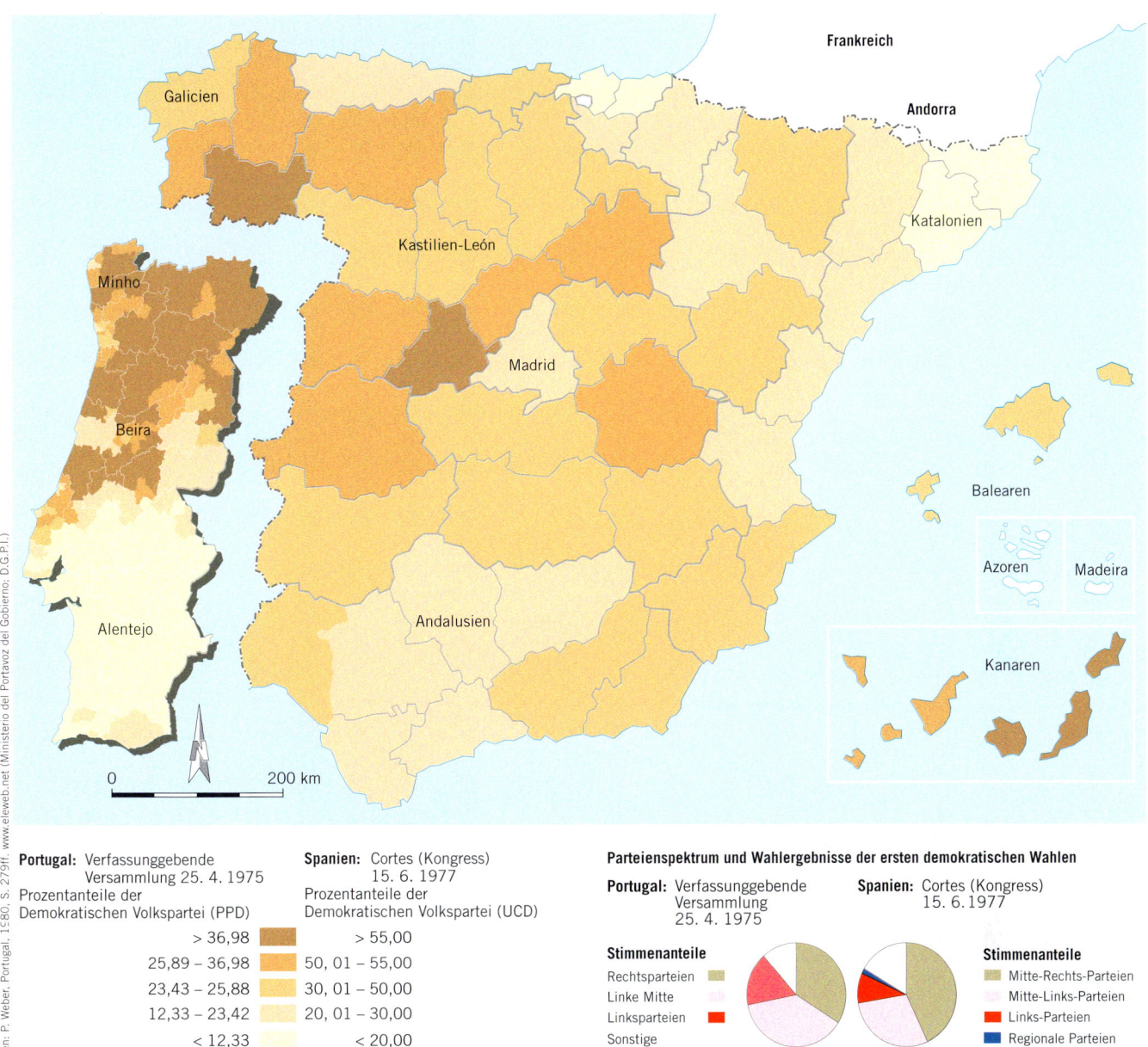

Quellen: P. Weber, Portugal, 1980, S. 279ff. www.eleweb.net (Ministerio del Portavoz del Gobierno; D.G.P.I.)

Portugal: Verfassunggebende
Versammlung 25. 4. 1975
Prozentanteile der
Demokratischen Volkspartei (PPD)

    > 36,98
    25,89 – 36,98
    23,43 – 25,88
    12,33 – 23,42
    < 12,33

Spanien: Cortes (Kongress)
15. 6. 1977
Prozentanteile der
Demokratischen Volkspartei (UCD)

    > 55,00
    50, 01 – 55,00
    30, 01 – 50,00
    20, 01 – 30,00
    < 20,00

Parteienspektrum und Wahlergebnisse der ersten demokratischen Wahlen

Portugal: Verfassunggebende
Versammlung
25. 4. 1975

Stimmenanteile
Rechtsparteien
Linke Mitte
Linksparteien
Sonstige

Spanien: Cortes (Kongress)
15. 6.1977

Stimmenanteile
Mitte-Rechts-Parteien
Mitte-Links-Parteien
Links-Parteien
Regionale Parteien
Sonstige

latifundialen Bodenbesitzstrukturen einer agrarsozialen Polarisierung über Jahrhunderte Vorschub geleistet haben. Traditionell linkslastig sind aber auch die ethnischen Minderheiten der Basken im Norden und der Katalanen im Nordosten eingestellt. Das geschilderte Raummuster ist im Falle des linken politischen Spektrums sehr stabil, wie die Wahlergebnisse zum spanischen Abgeordnetenhaus von 2004 belegen: In den „linken" Hochburgen erreichten die spanischen Kommunisten (IU) zwischen 50 und 69,15 % bei einer (angenommenen) Normalverteilung der für die IU abgegebenen Stimmen, das entspricht einer positiven Standardabweichung vom arithmetischen Mittelwert in der Größenordnung S > +0,5 (vgl. Gorgues et al. 2004 sowie die Nebenkarte in Abb. 28).

Sieht man von Asturien ab, wo sich der hohe Bergarbeiteranteil bereits bei den Wahlen von 1977 in entsprechend positiven Wahlergebnissen für die Kommunistische Partei niederschlug, so darf der gesamte Nordwesten Spaniens als konservativ eingestuft werden (wobei wiederum die baskische Minderheit mit separatistisch orientierten Regionalparteien auszuklammern ist). Insbesondere Galicien gilt noch heute als „Stammland" der Konservativen, was wiederum die mentale Nähe von Galiciern und Nordportugiesen unterstreicht. Es ist ohne Zweifel bemerkenswert, dass als ursächliche Bezüge für dieses geschilderte Raummuster des Wahlverhaltens historisch gewachsene agrarsoziale Strukturen am stärksten durchscheinen und somit indirekt bis in das Zeitalter der Reconquista zurückreichen.

Abb. 27: Räumliche Muster des Wahlverhaltens: konservative Parteien

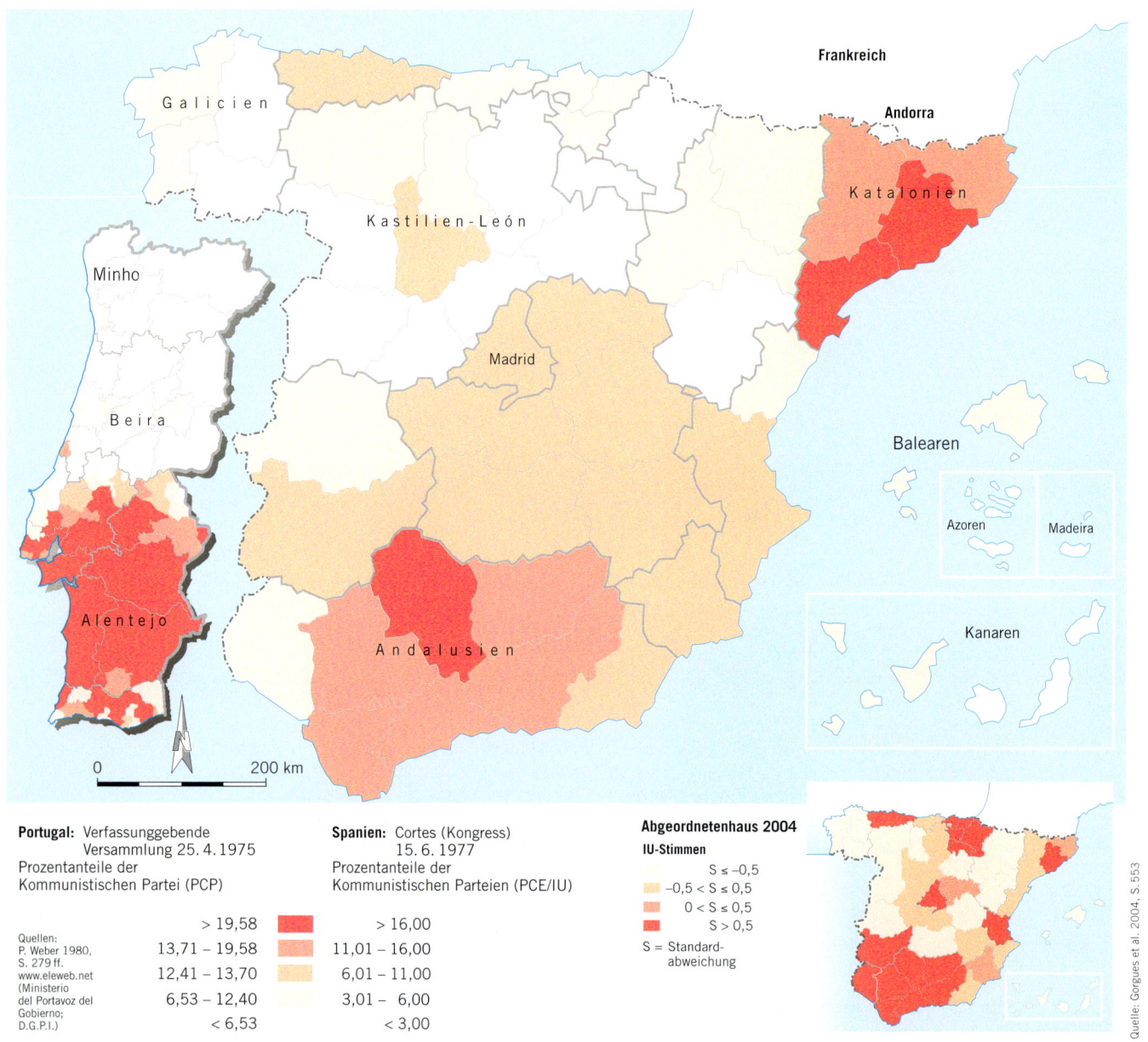

Quelle: Gorgues et al. 2004, S. 553

Portugal: Verfassunggebende
                 Versammlung 25. 4. 1975
Prozentanteile der
Kommunistischen Partei (PCP)

Quellen:
P. Weber 1980,
S. 279 ff.
www.eleweb.net
(Ministerio
del Portavoz del
Gobierno;
D.G.P.I.)

> 19,58	
13,71 – 19,58	
12,41 – 13,70	
6,53 – 12,40	
< 6,53	

Spanien: Cortes (Kongress)
                15. 6. 1977
Prozentanteile der
Kommunistischen Parteien (PCE/IU)

> 16,00	
11,01 – 16,00	
6,01 – 11,00	
3,01 – 6,00	
< 3,00	

Abgeordnetenhaus 2004
IU-Stimmen

S ≤ –0,5	
–0,5 < S ≤ 0,5	
0 < S ≤ 0,5	
S > 0,5	

S = Standard-
     abweichung

Abb. 28: Räumliche Muster des Wahlverhaltens: kommunistische Parteien

Vom „geliehenen" Reichtum zur verpassten Industrialisierung (15. – 19. Jahrhundert)

Der immense Reichtum, den die beiden imperialen Großmächte Ende der frühen Neuzeit aus ihren Kolonien zogen, war für den iberischen Wirtschaftsgeist eher hinderlich. Es ist nur vordergründig paradox, dass die Einkünfte aus Rohstoffen ebenso wie aus dem Handel langfristig die wirtschaftliche Motivation zerstörten, die für eine Industrialisierung im 19. Jh. nötig gewesen wäre. Dabei sind die Parallelen zwischen Spanien und Portugal trotz der zeitlich versetzten kolonialen Entwicklung beachtlich:

■ Beide Gesellschaften hatten den rentenkapitalistischen Wirtschaftsgeist mit seiner überzogenen Hochschätzung des Grundbesitzes aus dem Spätmittelalter übernommen. Ethnische Minderheiten mit einer abweichenden Wirtschaftsmentalität

wurden entweder durch äußere Schikanen oder unmittelbar vertrieben. Dazu zählten die *moriscos* ebenso wie die Juden. Spanien vertrieb 1492 alle Juden aus dem Land. Ein Drittel von ihnen wurde zunächst gegen Zahlung beträchtlicher „Gebühren" in Portugal unter João II. aufgenommen, in der Folge dann aber auch dort weiter schikaniert (1506 Pogrom in Lissabon; 1536 Inquisition gegen die Juden in Portugal). 1609/14 wurden aus Spanien alle noch verbliebenen *moriscos* vertrieben. Damit entledigten sich beide iberischen Nationen derjenigen Bevölkerungsgruppen, die im intellektuellen Leben und/oder im gewerblichen Sektor jeweils bedeutende Impulse gesetzt hatten. Die Folge waren langfristige wirtschaftliche Schäden ebenso wie ein intellektueller Aderlass.

- Die feudalstaatliche Ordnung schuf bis zum 16. Jh. eine breite Adelsschicht, in Portugal die „Barone" und *vizcondes*, in Spanien die *caballeros* bzw. *hidalgos*. Ihnen gemeinsam war die Verachtung jeder Form von produktiver Arbeit. Selbst verarmte Hidalgos lehnten jegliche Form der Erwerbstätigkeit ab (Cervantes hat in Gestalt seines Don Quixote diesem spanischen „Hidalgismus" ein literarisches Denkmal gesetzt). Der Hidalgo entwickelte sich zum Ideal der spanischen Herrengesellschaft. Schon 1541 zählten im Königreich Kastilien 15 % aller Familien weder Steuern noch leisteten sie volkswirtschaftlich etwas Produktives. Eine Zählung von 1787 weist aus, dass ein Viertel der spanischen Bevölkerung zum unproduktiven Adel zu rechnen war (Kress 1968). Aus der Schicht der spanischen Hidalgos rekrutierten sich ebenfalls die *conquistadores* („Eroberer"), die im Mutterland als Führungskräfte fehlten, in den neuen Kolonien aber ebenso wenig bleibende produktive Werte schufen. Große Teile des portugiesischen Adels wiederum fanden sich im 18. und 19. Jh. in Führungspositionen der staatlichen Verwaltung bzw. des Bankenwesens.

Die negativen Folgen einer rentenkapitalistischen Geisteshaltung sind am Beispiel Portugals leicht zu dokumentieren: Im 15. und 16. Jh. zog Portugal erhebliche Gewinne aus dem Gewürzhandel mit Asien und (teilweise auch) mit Afrika, ferner aus dem an der westafrikanischen „Goldküste" (Faktorei São Jorge das Minas) geförderten Gold. 1729 kamen dann noch die im brasilianischen Minas Gerais geförderten Diamanten hinzu. Man schätzt, dass neun Zehntel der aus den Kolonien fließenden Reichtümer in Luxusgüter und Prachtbauten in Lissabon flossen bzw. zur Begleichung von Handelsbilanz-Defiziten eingesetzt wurden. So wurde der Grundstein zu vielen Prachtbauten in Lissabon im „Goldenen Zeitalter" unter Manuel I. (1495–1521) gelegt („manuelinischer Stil"). Eine zentrale Bedeutung für die parallele historische Entwicklung Portugals und Spaniens seit dem 16. Jh. kommt zweifellos auch der Zeit der Personalunion beider Königreiche (1580–1640) zu.

Nach 1640 war die wirtschaftliche Autonomie Portugals gebrochen. Die kontinentalen Gegenspieler Spanien und Frankreich erzwangen eine politische Annäherung an England, die schließlich zur wirtschaftlichen Abhängigkeit führte. Die „privilegierten" Beziehungen zwischen Portugal und England wurzeln im Spätmittelalter: 1373 schlossen beide Nationen einen geheimen Bündnisvertrag, der 1386 als „Windsor-Vertrag" öffentlich wurde und den formellen Beginn einer jahrhundertelang wirksamen portugiesisch-englischen Sonderbeziehung markiert. Als formaler Beginn des Niedergangs der portugiesischen Wirtschaft in der Neuzeit gilt gemeinhin der 1703 zwischen Portugal und England geschlossene Methuen-Vertrag, benannt nach dem damaligen britischen Gesandten in Lissabon. In dem auch als „Wein-Tuch-Abkommen" charakterisierten Vertrag verpflichtete sich Portugal zur unbeschränkten Abnahme englischer Fertigwaren zu einem reduzierten Zollsatz. Im Gegenzug lieferte Portugal Wein nach England, der dort um ein Drittel geringer verzollt werden musste als französischer Wein. Auf diese Weise wurde für Portugal die Lieferung agrarer Rohstoffe gegen die Abnahme industrieller Fertiggüter aus England festgeschrieben. Der Vertrag erwies sich als fatal für Portugal, das damit von Preisschwankungen in England abhängig wurde; wenn die Preise für englisches Tuch stiegen, musste für die gleiche Ware entsprechend mehr Wein aus Portugal exportiert werden. Gleichzeitig schwächte die zunehmende Nachfrage der städtischen Bevölkerung nach englischem Tuch die einheimische portugiesische Leinenindustrie, deren kleine Manufakturen gegen die Textilproduktion des früh industrialisierten England auf Dauer chancenlos waren. Portugal verpasste auf diese Art und Weise den Einstieg in die eigene Industrialisierung. Stattdessen mussten immer größere Erlöse aus den Überseekolonien aufgewendet werden, um die teure Importware aus England bezahlen zu können. Durch die starke Fixierung des portugiesischen Handels auf England wurde Portugal gewissermaßen eine „englische Halbkolonie" (Weber 1980, S. 6); Lissabon entwickelte sich mehr und mehr zur Durchgangsstation für Gewinne, die in den portugiesischen Kolonien erzielt wurden und über Lissabon nach England transferiert werden mussten. Die Unabhängigkeit Brasiliens 1825 führte zum endgültigen Zusammenbruch der portugiesischen Staatsfinanzen, weil damit die wichtigste Einnahmequelle des Staates versiegte. Bei der kolonialen Aufteilung Afrikas in der zweiten Hälfte des 19. Jh. sorgte England wiederum dafür, dass Portugal seine territorialen Gebietsansprüche nicht durchsetzen konnte. Nun rächte sich auch das fehlende Interesse der portugiesischen Eliten für produktive Wirtschaftsstrukturen. Für Investitionen in zukunftsträchtige neue industrielle Produktionsstätten fehlte das Kapital ebenso wie die dazugehörige Unternehmerschicht. „Portugal wurde dank dieser Gesellschaft zu einem Land der Scheunen und Banken – die Werkstätten fehlten" (Bieber 1975, S. 59).

Der Methuen-Vertrag hat in Spanien keine vergleichbare Entsprechung. Die Bourbonen-Herrscher Philipp V., Ferdinand VI. und Karl III. waren im 18. Jh. durchaus an Technik und moderner Wissenschaft interessiert. In jener Zeit des Merkantilismus entstanden staatlich subventionierte königliche Manufakturen für Luxusgüter wie Porzellan und Glas, aber aufgrund militärischen Interesses auch Marinewerften in den Häfen von Cádiz, Cartagena und El Ferrol. Diese Städte zählen heute noch zu den Schiffsbaustandorten in Spanien und damit zu den älteren Industriestandorten an der Küste. Gemeinsam mit den königlichen Artilleriewerkstätten lösten die Marinewerften den neuzeitlichen Erz- und Kohlebergbau in Spanien aus. Die beiden nordspanischen Montanreviere auf der Basis asturischer Kohle bzw. baskischer Eisenerze formierten sich jedoch erst im 19. Jh.

Vorher hatte bereits eine bedeutsame Umstrukturierung bei der gewerblichen Verarbeitung agrarischer Produkte stattgefunden, ausgelöst durch die Einführung des Baumwollanbaus. Die Verarbeitung von Baumwolle zu Textilien erforderte andere Techniken als die Aufbereitung der Schafwolle, die ja auf der gesamten Halbinsel erzeugt und unmittelbar vor Ort, d. h. dezentral verarbeitet werden konnte. Für die Baumwollverarbeitung hingegen benötigte man relativ viel Wasser, das in Spanien nicht überall unbegrenzt zur Verfügung stand. Weiterhin waren technisch anspruchsvolle Spinnmaschinen erforderlich. Es ist bezeichnend, dass nicht Kastilier, sondern Katalanen im Hinterland von Barcelona an der Südabdachung der Pyrenäen mit der Baumwollverarbeitung in Spanien begannen. Sie markiert den Beginn und die Grundlage der heutigen katalonischen Industrie.

Insgesamt wurden unter der merkantilistischen spanischen Politik des 18. Jh. die Weichen für eine einschneidende regionale Umverteilung der wirtschaftlichen Gewichte zugunsten der peripheren, küstennahen Gebiete gestellt, eine Chance, die vornehmlich von den Katalanen und Basken genutzt wurde. Dabei wechselte sich eine protektionistische Wirtschaftspolitik nach französischem Vorbild (Colbertismus) mehrfach mit Phasen wirtschaftlicher Liberalisierung ab. Im 19. Jh. ging die industrielle Entwicklung in Spanien langsamer voran als in den übrigen Staaten West- bzw. Mitteleuropas, obwohl eine rasch wachsende Bevölkerungszahl sowohl die nötigen Arbeitskräfte als auch das erforderliche Verbraucherpotenzial zur Verfügung stellte und obwohl das Land über reiche Bodenschätze verfügte. Außerhalb von Katalonien und Baskenland mangelte es indes an einheimischem Kapital und Geschäftsgeist. Dem kastilischen Adel war durch das Ideal des Hidalgismus jede produktiv-kapitalistische Denkweise fremd. Von regionalen Ausnahmen abgesehen, die bezeichnenderweise ethnischen Minderheiten zugeordnet werden können (Basken und Katalanen), fehlte dem Land eine kapitalkräftige Bürgerschicht, die ihre historische Rolle hätte erkennen und die señorialen Strukturen hätte zerstören können.

Entsprechend der kolonialen Entwicklung verlief nunmehr die weitere wirtschaftliche Entwicklung in Spanien und Portugal parallel: Hier wie dort bot man ausländischen Interessen ein freies Betätigungsfeld. In beiden Staaten lag beispielsweise der Eisenbahnbau vollständig in den Händen ausländischer Kapitalgesellschaften. In Spanien verkaufte der Staat u. a. die Schürfrechte für die wichtigsten Bodenschätze an ausländische Interessenten:

- 1835 erwarb die Familie Rothschild die berühmten Quecksilberminen von Almadén.
- 1853 begann das noch heute bestehende belgische Unternehmen „Compagnie Royale Asturienne des Mines" mit dem Abbau der Kohlelager von Avilés in Asturien.
- 1866 übernahm die englische Gesellschaft „The Tharsis Sulphur and Copper Company" die Ausbeutung der Río-Tinto-Kupferminen.
- 1881 nahm die französische „Société Minière et Métallurgique de Peñarroya" den Bleiabbau in der Sierra Morena auf.

Für Portugal gilt im Grundsatz dasselbe, wenngleich das Land im Vergleich zu Spanien nur über wenig abbauwürdige metallische Lagerstätten verfügt. Die Konzessionen für den Kupferbergbau von Mértola (S. Domingos) ebenso wie für die Zinn- und Wolfram-vorkommen im Estrêla-Gebirge lagen in englischer Hand. Die Beispiele verdeutlichen, dass die neuzeitlichen Anfänge des industriellen Bergbaus auf der Iberischen Halbinsel auf ausländischem Kapital basieren und im Wesentlichen ausbeuterische Züge trugen.

Nutznießer war im Falle Portugals die englische, im Falle Spaniens die französische Wirtschaft. Schon vorher hatten England und Frankreich die beiden iberischen Nationen als führende Kolonialmächte abgelöst, die den Einstieg in die Industrialisierung verpassten und nun ihrerseits in eine quasikoloniale wirtschaftliche Abhängigkeit gerieten.

Die endgültige Auflösung des spanischen Kolonialreiches fällt mit dem Ende des 19. Jh. zusammen: 1898 verlor Spanien mit Kuba und den Philippinen seine beiden letzten Kolonien. Portugal zog erst 1975 in einer „planlosen" bzw. „kopflosen Entkolonialisierung" (Freund 1979, S. 9/11) den formalen Schlussstrich unter eine Epoche, die de facto schon zu Beginn des 20. Jh. zu Ende gegangen war.

Die großen Umbrüche des 20. Jahrhunderts

Das Ende der kolonialen Glanzzeit:
Isolation als neues Leitbild

Trotz aller Unterschiede im Detail sind die Parallelen in der weiteren wirtschaftlichen Entwicklung beider Staaten verblüffend. In engem Zusammenhang mit ihrer protektionistischen Wirtschaftspolitik steht die Übersee-Emigration des 19. und 20. Jh. (vgl. Kapitel „Bevölkerungsstruktur und -dynamik"), die einen einschneidenden Wandel der Sozial- und Wirtschaftsstrukturen verhinderte, der spätestens zu Beginn des 20. Jh. unumgänglich gewesen wäre. Die Emigration war einerseits Ausdruck der mangelhaften wirtschaftspolitischen Rahmenbedingungen auf der Iberischen Halbinsel; andererseits hat sie eine wirtschaftliche Modernisierung nachhaltig verzögert.

In beiden Fällen erfolgt zunächst eine von Selbstmitleid nicht immer freie „Nabelschau", die schließlich in die selbst gewählte Isolation als gesellschaftspolitisches Leitbild mündet. Die entsprechenden Parolen sind verschieden (Portugal: *orgulhosamente sós* [„stolzes Alleinsein"]; Spanien: *España es diferente* [„Spanien ist anders"]), in der Zielrichtung aber identisch. Insbesondere Spanien fühlte sich bis über die Mitte des 20. Jh. hinaus nicht als Bestandteil Europas – Europa lag jenseits der Pyrenäen. In wirtschaftlicher Hinsicht mündete diese Geisteshaltung in das Leitbild der Autarkie, in politischer Hinsicht jeweils in Diktaturen: Salazars „Estado Novo" („Neuer Staat") bestand 40 Jahre lang (1928–1968). Spanien musste nach der Diktatur Primo de Riveras zunächst noch die bittere Erfahrung eines Bürgerkrieges (1936–1939) durchleben, um anschließend unter General Franco auf ähnliche wirtschaftspolitische Zielsetzungen ausgerichtet zu werden wie das benachbarte Portugal. Die Diktatur des spanischen Generals brachte dem Land vordergründig eine Befriedung unter straffer Lenkungskontrolle durch die Zentralregierung in Madrid. De facto war es eine verordnete staatliche Einheit, die wesentliche regionalistische Strukturelemente im spanischen Kultur- ebenso wie im Wirtschaftsleben bewusst unterdrückte.

Vordringliches Ziel beider Staaten war zu Beginn des 20. Jh. die Neuordnung der Staatsfinanzen, die man unter straffer staatlicher Lenkung am ehesten gewährleistet sah. Als Spanien 1898 mit Kuba und den Philippinen seine beiden letzten Kolonien verloren hatte, floss dort investiertes Kapital zunächst ins Mutterland zurück (*dinero indio*). 1907 sicherte sich der spanische Staat per Gesetz das ausdrückliche Interventionsrecht bei allen wirtschaftlichen Transaktionen. Der wirtschaftliche Vorteil, den Spanien aus diesem Kapitalzufluss – im Unterschied zu Portugal – hätte ziehen können, wurde spätestens durch den Bürgerkrieg zunichte gemacht. Dessen wirtschaftliche Folgen waren verheerend: Die Industrieproduktion ging um 31 % zurück, das spanische Volksvermögen verringerte sich um 25,7 %, und das durchschnittliche Pro-Kopf-Einkommen schmolz um 28,3 % (Bernecker 2002, S. 176). Nach dem Bürgerkrieg entsprach die spanische Wirtschaftskraft etwa dem Stand von 1914, d. h., Spanien war auf eine Ausgangsposition zurückgefallen, die mit der Lage Portugals bei dem Amtsantritt Salazars 1928 vergleichbar war.

Die erzwungene Rückbesinnung auf die eigenen Ressourcen förderte in beiden Staaten ein protektionistisch-dirigistisches Autarkiedenken. Damit war eine Abkopplung von der weltwirtschaftlichen Entwicklung verbunden. Beide iberischen Staaten schützten ihr produzierendes Gewerbe vor unerwünschter ausländischer Konkurrenz durch hohe Zollbarrieren. Unter staatlichem Schutz wurden zahlreiche Unternehmen gegründet, die in ihrer Mehrzahl an Kapitalmangel litten, kleinbetrieblich strukturiert waren und daher im internationalen Vergleich unrentabel wirtschafteten. In Portugal stärkte die protektionistische Industriepolitik zusätzlich die regionale Konzentration auf die Standorte Porto und Lissabon, die schon im 19. Jh. von den englischen Investoren bevorzugt worden waren und nun von der eigenen Bourgeoisie erneut begünstigt wurden.

Die negativen Folgen für die wirtschaftliche Entwicklung beider Länder waren unübersehbar. Ein Import moderner Technologien, die für einen wirksamen Schub bei der nachholenden Industrialisierung hätten sorgen können, blieb aus. Es war daher nur eine Frage der Zeit, bis beide Volkswirtschaften ihre Autarkiepolitik lockern mussten. In Spanien erfolgte die erste handelspolitische Eröffnung des Landes im Jahr 1959, als erstmals ausländisches (vornehmlich US-amerikanisches) Kapital in die spanische Wirtschaft floss. US-Dollars hatten auch schon vorher die spanische Volkswirtschaft gestützt, als Spanien den USA verschiedene Militärstützpunkte im Rahmen langfristiger Pachtverträge überließ. Bis 1970 folgte eine planwirtschaftliche Dekade mit verschiedenen „Entwicklungsplänen", die erstmals wirtschaftliche Erfolge zeitigten und in dieser Phase den Grundstein für die spätere, sprunghafte Entwicklung Spaniens vom Agrar- zum Industriestaat legten.

Nahezu zeitgleich verfolgte Portugal eine andere Strategie, indem es 1960 der europäischen Freihandelszone EFTA beitrat. Die EFTA war ursprünglich als Konkurrenzorganisation zur Europäischen Gemeinschaft (EG) gegründet worden, aber es waren ironischerweise Staaten der EG, die in Portugal für einen ersten wirtschaftlichen Impuls sorgten: Wirtschaftsunternehmen aus EG-Staaten, die Betriebe in Portugal gründeten, erhielten auf diese Weise einen direkten Zugang zum EFTA-Wirtschaftsraum, gleichzeitig profitierten sie vom niedrigen Lohnpreisniveau in Portugal. In der Folge flossen bis 1974 erhebliche Direktinvestitionen europäischer Industrieunternehmen vorzugsweise in arbeitsintensive Fertigungsbranchen in Portugal. In politischer Hinsicht erwies sich der Beitritt Portugals zur EFTA als Sackgasse. Nachdem England, Irland und Dänemark sich 1972 aus der EFTA gelöst hatten, verblieb Portugal als südeuropäisches Anhängsel einer Rest-EFTA, deren Schwerpunkt in einem Nordeuropa mit völlig anderen sozioökonomischen Strukturen lag. In diesem Kontext blieb Portugal nicht nur wirtschaftlich ein marginal gelegener „Fremdkörper" (Freund 1979, S. 10).

Wie stark die beiden Diktaturen in Spanien bzw. in Portugal unabhängig voneinander im Gleichschritt marschierten, zeigt sich insbesondere in der Agrarpolitik, wo einzelne Entwicklungsprogramme sich teilweise bis auf den Wortlaut entsprechen (Tab. 8):

- In dem Bemühen, die Versorgung der eigenen Bevölkerung mit Grundnahrungsmitteln zu sichern, rief Portugal ab 1926 zur sog. „Weizenschlacht" (*campanha do trigo*). In Spanien nahm das „Nationale Weizenamt" (*Servicio Nacional del Trigo*) nach dem Bürgerkrieg seine Arbeit auf. Damals entstanden (als Folge des Programms „*Red Nacional de Silos*") auf den Hochebenen Kastiliens jene genormten Getreidesilos an den Bahnstationen, die noch heute das Bild der Meseten ebenso wie des Alentejo prägen.
- Beide Staaten starteten in den 1930er-Jahren große Bewässerungsprojekte, um wesentliche Teile der landwirtschaftlichen Nutzfläche in Be-

Spanien		Portugal	
1907	Ley de Colonización y Repoblación Interior		
Política Hidráulica →			
1926	Confederaciones Hidrográficas	1926	Campanha/Batalha do Trigo („Weizenschlacht")
1932	Instituto de Reforma Agraria	1937	Plano da Hidráulica Agrícola (landwirtschaftliche Bewässerungsprojekte)
1939	Instituto Nacional de Colonización	1937	Junta de Colonização Interna (Amt für Binnenkolonisation)
1940	Servicio Nacional del Trigo → Red Nacional de Silos	1939	„Plano de Povoamento Florestal" (Aufforstung durch den staatlichen Forstdienst Serviços Florestais)
1940	„Patrimonio Forestal del Estado" (staatliche Forstverwaltung)	1953/58	1. Sechsjahresplan
1964/67	„Primer Plan de Desarrollo" (1. Landesentwicklungsplan)	1959/64	2. Sechsjahresplan
1968/71	2. Landesentwicklungsplan	1968/73	3. Nationaler Entwicklungsplan

Zusammenstellung: T. Breuer

Tab. 8: Synopse der Gesetzesinitiativen zur „Inneren Kolonisation" bzw. zur Landesentwicklung bis 1975

wässerungsland überführen und damit die Flächenerträge nachhaltig steigern zu können. Spanien übernahm im Rahmen seiner „*política hidráulica*" eine Vorreiterrolle und gründete bereits 1926 die „*Confederaciones Hidrográficas*". Es handelte sich dabei um einen Zusammenschluss aller an der Wasserwirtschaft eines größeren Flusseinzugsgebietes beteiligten administrativen Institutionen. Erst durch diese organisatorische Maßnahme wurde die anschließende zentral gelenkte planmäßige Wasserbewirtschaftung der großen spanischen Ströme möglich. Portugal folgte dem Konzept mit zehnjähriger Verzögerung (1937: *Plano da Hidráulica Agrícola*).

■ Beide iberischen Staaten etablierten Behörden für die sog. „Binnenkolonisation" (Portugal: *Junta da Colonização Interna*), mit deren Hilfe eine agrare Bodenreform und eine Verbesserung der landwirtschaftlichen Betriebsstruktur erreicht werden sollte. Auf spanischer Seite verfolgte das 1932 gegründete „*Instituto de Reforma Agraria*", das später in „*Instituto Nacional de Colonización*" umbenannt wurde, die gleiche Zielsetzung.

■ Als zeitlich letzte Maßnahme in der ersten Hälfte des 20. Jh. zur Mobilisierung aller verfügbaren primären Ressourcen besannen sich Spanien und Portugal auf die Forstwirtschaft. Aus diesem Anlass wurde in beiden Staaten eine zentrale Forstbehörde etabliert (Portugal: „*Serviços Florestais*"; Spanien: „*Patrimonio Forestal del Estado*"). Beide Behörden (gegründet 1939 bzw. 1940) entwickelten auf ihrem Staatsgebiet jeweils differenzierte Wiederaufforstungspläne, die vorzugsweise auf

staatlichen ebenso wie auf kommunalen Allmendflächen in den Gebirgsräumen umgesetzt wurden. Die Parallelität der agrarpolitischen Maßnahmen fand in der ersten Hälfte der 1950er-Jahre eine Fortsetzung in Form von gesamtwirtschaftlichen „Entwicklungsplänen": Spanien beschloss zwischen 1964 und 1971 zwei solcher „*Planes de Desarrollo*", Portugal stellte zwischen 1953 und 1973 drei nationale Entwicklungspläne auf. Dies belegt, dass beide iberischen Staaten noch bis 1970 gleiche Probleme mit nahezu identischen Zielmaßnahmen zu lösen versuchten, die jeweils auf der Prämisse einer starken staatlichen Zentralmacht basierten.

Es ist zweifellos ein merkwürdiger historischer Zufall, dass die Epoche der binnenwirtschaftlich orientierten Diktaturen in beiden Staaten nahezu zeitgleich endete. Salazar starb zwar sieben Jahre vor Franco, die Wirksamkeit seines Regimes endete de facto aber erst mit dem politischen Umsturz am 25. 4. 1974. Franco starb 1975 und machte den Weg für eine neue demokratische Verfassung frei, die 1978 in Kraft trat. Spanien blieben nicht zuletzt dank des persönlichen Eingreifens von König Juan Carlos vergleichbare revolutionäre politische Wirren wie im Nachbarland erspart. Der alternde spanische Diktator hatte den Prinzen von Asturien (*Príncipe de Asturias*) schon 1969 zu seinem Nachfolger bestimmt, wohl in der Erwartung, damit einen unpolitisch denkenden Repräsentanten ausgewählt zu haben, der die Interessen der herrschenden Generalskaste nicht behindern würde. Diese Einschätzung erwies sich jedoch als falsch: Mit persönlichem Mut, politischer Weitsicht und Durchsetzungskraft erstickte der junge König Juan Carlos am 23.2.1981 einen Militärputsch im Keim und bekannte sich damit vorbehaltlos zur noch jungen spanischen Demokratie. Er dokumentierte so gegenüber dem politischen Europa endgültig die Abkehr Spaniens vom franquistischen Gedankengut.

Die portugiesische „Nelkenrevolution" war in Wirklichkeit ein Militärputsch junger, links orientierter Offiziere (*Movimento das Forças Armadas*; MFA). Die „Revolution" überdauerte nur ein Jahr. Das Schlagwort von der „*Independência Nacional*" unter der Leitidee eines wirklich freien Sozialismus erwies sich als wenig tragfähiges Konzept: Das wirtschaftlich prosperierende Mittel- und Westeuropa hatte sich längst von nationalen bzw. isolationistischen Konzepten losgesagt und suchte den sozioökonomischen Fortschritt stattdessen in wirtschaftspolitischen Zusammenschlüssen. Der revolutionäre Prozess in Portugal scheiterte aber auch aus anderen Gründen: Innenpolitisch belasteten mehr als 500 000 Immigranten, die als *retornados* in einem unkontrollierten Strom die aufgegebenen afrikanischen Kolonien fluchtartig verließen und „nach Hause" zurückströmten, die Aufnahmefähigkeit des Heimatlandes bis aufs Äußerste. Die revolutionären Landbesetzungen im Alentejo stießen im übrigen Land keineswegs auf breite Sympathie, weil sie auch bei kleinen Landeigentümern diffuse Ängste schürten. Außenpolitisch wurde Portugal von den übrigen NATO-Partnern gleichzeitig zwar subtil, aber nicht minder nachdrücklich „überwacht", die einen Brückenkopf des kommunistischen „Ostblocks" in Westeuropa unter allen Umständen zu verhindern suchten. Die Revolution in Portugal endete schließlich formal am 25. 4. 1975 mit den ersten freien Parlamentswahlen nach mehr als 50 Jahren. Den Weg zur neuen demokratischen Verfassung, die am 26. 4. 1976 proklamiert wurde, hatten gemäßigte konservative Offiziere geebnet.

Regionen in Spanien: historisches Erbe und politisches Konstrukt

Die ca. 40 Mio. Einwohner Spaniens sprechen überwiegend „Spanisch", bezeichnen diese Sprache selbst aber als „Kastilisch" (*castellano*). Diese sprachliche Nuance lenkt den Blick auf die Tatsache, dass es innerhalb Spaniens ethnische Minderheiten gibt, die sich in erster Linie über ihre Eigensprachlichkeit identifizieren: die Basken, die Galicier und die Katalanen. Die Brisanz der Existenz dieser Minderheiten speist sich nicht zuletzt aus der Tatsache, dass sie geographisch peripher zum kastilischen Kernland liegen, im konkreten Fall an der Nord- bzw. Ostküste der Iberischen Halbinsel (vgl. Abb. 29). Der sprachlichen Differenzierung entspricht eine regional eigenständige Ethnizität, aus der eine Form von Nationalismus erwächst, die

in Mitteleuropa eher als Regionalismus begriffen wird. Gegenwärtig artikuliert sich der galicische, baskische und katalonische Nationalismus innerhalb der Grenzen des Königreichs Spanien in ethnischer (eigene Sprache), soziopsychologischer (Regionalbewusstsein) und politischer Hinsicht (eigene Parteien). Der Gegensatz zwischen dem kastilischen Zentralismus und dem peripheren Regionalismus der ethnischen Minderheiten ist umso erstaunlicher, wenn man sich vor Augen führt, dass der spanische Nationalstaat schon im 15. Jh. gebildet wurde. Spaniens Grenzen mit Portugal und Frankreich zählen zu den lagestabilsten in Europa. Dem entspricht allerdings keineswegs eine gleichartige Stabilität der politischen Institutionen.

Die Wurzeln des spanischen Regionalismus liegen zweifellos in der geschichtlichen Entwicklung der einzelnen Landesteile (Alonso Fernández 1990). Diese manifestiert sich in regionalen Landschaftsbezeichnungen, die als historische Raumbegriffe in Spanien auch gegenwärtig noch verwendet werden. Die traditionellen Regionen gehen auf den historischen Werdegang der einzelnen Teilräume zurück. In Nordspanien liegen der Namengebung mittelalterliche regionale Herrschaftsbildungen zugrunde (z. B. Königreich León, Königreich Asturien, Königreich Navarra, Königreich Aragonien), in Zentral- und Südspanien erinnert die Namengebung an die

Abb. 29: *Iberische Halbinsel: regionale Gliederung und Sprachgruppen*

Sprachgebiete
(Baskisch)

Historische Regionen/ bzw. Provinzen
(Algarve)

Administrative/statistische Raumeinheiten

— Staatsgrenzen

— NUTS II (Spanien: Autonome Regionen)

— NUTS III (Spanien: Provinzen)

muslimische Vergangenheit Spaniens (Andalusien: von der arabischen Bezeichnung *al-andalus*) bzw. an die phasenhafte Wiedereroberung (*reconquista*) der arabischen Territorien durch die christlichen Herrscher (Altkastilien; Neukastilien). Der politisch motivierte Wille zur staatlichen Einheit sorgte allerdings immer dafür, dass die historische Gliederung des Landes in verschiedene „Regionen" in administrativer Hinsicht bedeutungslos blieb.

Der „periphere" Nationalismus (Núñez 1996) entwickelte sich erst im letzten Drittel des 19. Jh. Zur Zeit der I. Republik 1873/74 entwarfen katalonische Föderalisten erstmals eine alternative Konzeption von 14 Nationalstaaten für Spanien. Während der II. Republik (1931–1936) erreichte der periphere Nationalismus sogar eigene Autonomiestatute für die drei oben genannten sprachlichen Minderheiten. Katalonien konnte dabei für wenige Jahre eine autonome Regierung einsetzen. Den drei baskischen Provinzen und dem alten Königreich Navarra wurden darüber hinaus aus dem späten Mittelalter stammende Steuerprivilegien und Sonderrechte (die sog. *foros*) bestätigt. Der Spanische Bürgerkrieg (1936–1939) machte diese Errungenschaften wieder zunichte. Unter der anschließenden Franco-Diktatur galt jede Form von Regionalismus als Separatismus, der den Zusammenhalt der spanischen Nation gefährdete, und wurde deshalb massiv unterdrückt. Die Förderung zentralistischer Strukturen unter Franco war dabei keineswegs neu, sondern gründete auf faktischen Raumstrukturen, deren Basis der Bourbonenkönig Carlos III. schon 1760 gelegt hatte.

Das regionalistische Bewusstsein blieb jedoch trotz der zwangsweisen Unterdrückung während der Diktatur immer lebendig. Die Ursachen dafür werden nicht nur in der sprachlichen Eigenständigkeit gesehen, sondern auch im Bewusstsein einer wirtschaftlichen Sonderstellung, und zwar sowohl im positiven als auch im negativen Sinne. Das Baskenland und Katalonien waren bis 1950 die einzigen bedeutsamen Industriegebiete in Spanien. Sie zählten traditionell zu den am weitesten entwickelten und wohlhabendsten Provinzen des Landes. Das Bewusstsein der eigenen wirtschaftlichen Leistungsfähigkeit verstärkte das Bestreben nach regionaler Autonomie. Umgekehrt verhinderte in Galicien die Eigensprachlichkeit in Verbindung mit der dort herrschenden wirtschaftlichen Unterentwicklung eine Identifizierung mit dem Zentralstaat und wirkte somit gleichfalls als Motor für eine autochthone Autonomiebewegung. Vereinfacht ausgedrückt entsprach dem Gegensatz zwischen dem staatlichen Zentralismus kastilischer Prägung und dem Regionalismus der ethnischen Minderheiten an der Peripherie des Landes eine ökonomische Entwicklungsdisparität. Aber auch ohne die Basis einer Eigensprachlichkeit wurde eine extreme ökonomische Rückständigkeit einer Region zum alleinigen Auslöser für regionalistische Bestrebungen. Dies traf z. B. für Andalusien zu. Im Falle der Kanarischen Inseln kamen noch die Insellage bzw. die besondere Festlandsferne hinzu und begründeten dort ebenfalls regionalistische

Tendenzen, die sich gegen die Zentralmacht in Madrid richteten („*¡godos fuera!*"; mit den „Goten" sind die Festlandsspanier gemeint). Dies macht es verständlich, dass Spanien nach dem Ende der Diktatur Francos im Jahre 1975 am Dualismus zwischen dem kastilischen Herrschaftsanspruch, repräsentiert durch die Hauptstadt Madrid, und dem historisch gewachsenen, während der Diktatur unterdrückten Regionalismus der peripheren Ethnien zu zerbrechen drohte. Wortführer einer Abspaltung von Spanien waren vor allem die baskischen Provinzen.

Vor diesem Hintergrund wurde 1978 die neue demokratische Verfassung entworfen. Sie weist Spanien als parlamentarische Monarchie aus. Der König als Staatsoberhaupt ist dabei gleichzeitig Symbol für die staatliche Einheit des Landes. Bei der im Dezember 1978 verabschiedeten Verfassung ist das Konzept der sog. „integrierten Regionalisierung" besonders zu würdigen. Damit sollte den drohenden separatistischen Tendenzen in manchen Landesteilen der Boden entzogen werden. Es handelt sich dabei im Kern um eine durch die Verfassung „verordnete" Regionalisierung ganz Spaniens, das durch die Schaffung sog. „autonomer Gemeinschaften" (*comunidades autónomas*) den bisherigen politisch zentralisierten spanischen Staat in ein föderales System überführte. Weil das regionale Bewusstsein in Spanien aber nicht überall gleichermaßen stark ausgebildet war, dauerte es bis 1983, bis sich in Spanien schließlich 17 neue politisch autonome Regionen gemäß den Vorgaben der Verfassung von 1978 etabliert hatten (vgl. Abb. 29). Als „Bausteine" für die Autonomen Regionen dienten die Provinzen. Ihre Festschreibung als Verwaltungseinheiten geht auf Javier de Burgos und das königliche Dekret vom 30. 11. 1833 zurück. Seither ist die Grenzziehung der Provinzen in Spanien bis auf wenige Ausnahmen unverändert geblieben: Die Provinz Albacete formierte sich erst 1851. Die ursprüngliche Einheitsprovinz der Kanaren wurde 1927 in die Westkanaren (Pto. de la Cruz/Teneriffa) und die Ostkanaren (Las Palmas/Gran Canaria) aufgeteilt (vgl. Alonso Fernández 1990). Ursprünglich waren in jeder Provinzhauptstadt Dependancen der Zentralregierung (die sog. *Diputaciones Provinciales*) vertreten. Darüber hinaus dienten die Provinzen als administrative räumliche Basis nicht nur für statistische Erhebungen (beispielsweise der Bevölkerung), sondern auch für die Wahlkreise. Sie waren somit prädestiniert, das Grundgerüst der neuen territorialen Ordnung Spaniens zu bilden.

Die sog. „historischen" Regionen Spaniens dienten nur teilweise als Vorgaben für die neuen Autonomen Regionen. Die Provinz Madrid z. B. gehört im historischen Sinne zu Neukastilien, wurde aber aufgrund ihrer Bevölkerungszahl und ihrer aktuellen politischen Funktion im Zuge der Neuordnung zu einer eigenständigen Autonomen Region. Hinzu kam, dass die verordnete Regionalisierung sich keineswegs in allen Fällen auf ein eigenständiges regionales Bewusstsein bei der Bevölkerung stützen konnte. Es gab z. B. kein ausgeprägtes alt- bzw.

Region	Fläche in %	Bevölkerung in %	Arbeitslosenquote¹	Beschäftigung¹ nach Wirtschaftssektoren			BIP/Kopf in Euro³ [in % vom Landesdurchschnitt]		Relatives Pro-Kopf-Einkommen (Spanien = 100¹)		Regionale Bruttowertschöpfung nach Wirtschaftssektoren in %			Eingeschriebene Studenten im Studienjahr 2003–2004 (ohne Fernuniversitäten)
				Primär-sektor	Industrie/ Bauwesen	Tertiär-sektor			1967	2001	Primär-sektor	Industrie/ Bau	Tertiär-sektor	
Andalucía	17,3	18,0	21,8	11,3	12,3/12,9	63,5	9 993,67	[72,3]	70,0	73,9	8,6	13,0/10,7	67,7	241 441
Aragón	9,4	2,9	7,9	7,5	26,2/ 9,3	57,0	15 054,69	[108,9]	100,2	107,1	5,4	26,4/ 8,2	60,0	35 298
Asturias	2,1	2,6	14,4	7,0	20,4/11,4	61,2	11 808,05	[85,4]	103,0	83,3	2,7	23,7/10,5	63,1	32 905
Baleares	1,0	2,1	6,7	2,0	9,8/15,9	72,3	21 363,87	[154,5]	136,0	130,9	1,6	8,3/ 9,4	80,7	13 184
Canarias	1,4	4,3	12,7	5,4	6,8/15,1	72,7	13 487,29	[97,5]	80,4	90,6	2,8	7,7/11,2	78,3	44 609
Cantabria	1,0	1,3	12,8	7,5	20,2/12,5	59,8	12 854,74	[93,0]	112,6	92,4	4,6	21,6/10,3	63,5	12 291
C.-La Mancha	15,7	4,3	12,3	10,9	19,2/14,9	55,0	11 061,43	[80,0]	67,8	82,0	10,1	20,8/12,9	56,2	31 740
C.-León	18,6	6,0	12,4	9,8	19,7/12,2	58,3	12 678,34	[91,7]	82,3	92,8	12,1	23,3/10,1	54,5	88 429
Cataluña	6,3	15,5	8,8	2,6	29,0/10,2	58,2	17 099,33	[123,6]	141,0	122,2	1,7	27,3/ 8,4	62,6	184 396
Extremadura	8,2	2,6	22,5	14,1	11,1/15,1	59,7	10 132,12	[73,3]	55,0	70,6	12,9	14,4/11,8	60,9	25 980
Galicia	5,8	6,6	13,8	14,9	19,4/12,3	53,4	11 672,47	[84,4]	72,1	83,0	6,6	20,3/10,8	62,3	83 754
Madrid	1,6	13,1	9,9	0,8	15,7/ 9,2	74,3	17 497,33	[126,5]	142,3	128,4	0,2	15,4/ 8,6	75,8	243 623
Murcia	2,2	2,9	12,4	11,6	18,2/12,3	57,9	11 057,64	[79,9]	79,6	79,0	7,6	19,1/10,6	62,7	39 153
Navarra	2,1	1,4	6,2	6,8	28,5/ 8,9	55,8	16 202,96	[117,2]	117,4	123,6	3,9	32,9/ 8,0	55,2	16 096
País Vasco	1,4	5,1	10,9	1,8	28,3/ 9.0	60,9	15 851,73	[114,6]	149,5	115,4	1,8	31,0/ 7,6	59,6	66 695
La Rioja	1,0	0,6	7,4	10,6	29,3/ 8,7	51,4	15 529,81	[112,3]	112,7	116,0	13,8	27,4/ 7,9	50,9	6870
Valencia	4,6	10,2	10,7	4,3	24,0/12,6	59,1	13 794,57	[99,7]	103,4	102,1	3,1	23,9/ 9,7	63,3	136 920
Ceuta²	19 km²	0,2	21,0	0,5	5,3/ 8,1	86,1	10 594,98	[76,6]	52,6	75,3	0,8	4,9/ 5,6	88,7	1808
Melilla²	13 km²	0,2	21,0	0,5	5,3/ 8,1	86,1	9 865,57	[71,3]	52,6	75,1	0,4	4,0/ 6,6	89,0	
España Gesamt	*505 992 km²*	*41 116 842*	*12,9*	*6,4*	*19,9/ 11,6*	*62,1*	*13 829,72*	*[100,0]*	*100,0*	*100,0*	*4,1*	*20,5/ 9,5*	*65,9*	*1 473 448*

¹ Jahresmittelwerte
² Die nordafrikanischen Enklaven Ceuta und Melilla haben nicht den Status von autonomen Gemeinschaften, sondern sind autonome Städte.
Daten nach: Instituto Nacional de Estadistica (INE): *Encuesta de Población Activa* (EPA); Instituto Nacional de Estadística (INE) 2002: *España en cifras 2001*, Madrid.
³ BIP zu Marktpreisen. Daten nach: Julio Alcaide Inchausti & Pablo Alcaide Guindo (2002): *Avance de las magnitudes económicas en 2001 y serie provisional del balance económico regional. Años 1995 a 2001*. In: Cuadernos de Información Económica, Nr. 167, S. 1–53; Anuario El País 1999.

Quellen: Nohlen & Hildenbrand 2005/Instituto Nacional de Estadística (www.ine.es) 2004

Tab. 9: *Sozioökonomische Basisdaten zu den autonomen Gemeinschaften in Spanien (2001)*

neukastilisches Bewusstsein, sodass die entsprechenden Autonomen Regionen eher spröde Namenskonstruktionen erhielten („Kastilien-León" bzw. „Kastilien-La Mancha"). Die Mancha-Provinz Albacete entschied sich zunächst für eine Zweierunion mit der Provinz Murcia, bevor sie sich endgültig der größeren Region Kastilien-La Mancha anschloss. Die Provinz Murcia bildet somit heute gleichzeitig ihre eigene Autonome Region. Nicht viel anders verhielt sich Navarra, das nach entsprechenden Vorschlägen der Basken ursprünglich eine gemeinsame Autonome Region mit den baskischen Provinzen in Betracht zog, sich dann aber doch für die Einzellösung entschied. Die endgültige Formierung der heutigen 17 Autonomen Regionen war deshalb erst 1983 abgeschlossen. Dazu gehörten die Einrichtung demokratisch gewählter regionaler Parlamente, der Aufbau regionaler Verwaltungsstrukturen, regionaler Ordnungskräfte u. a. m.

Aus dem hier nur in aller Kürze geschilderten historischen Werdegang der heutigen Autonomen Regionen in Spanien erklärt sich deren Heterogenität: In der flächenmäßig kleinsten Region Spaniens (La Rioja) leben auf 1,0 % des spanischen Territoriums 0,7 % der spanischen Bevölkerung. Die bevölkerungsstärkste Provinz ist Andalusien mit 17,9 % der Gesamtbevölkerung Spaniens, und die größte Fläche nimmt die Autonome Region Kastilien-León mit 18,7 % des spanischen Territoriums ein. Nicht minder beträchtlich sind die ökonomischen Disparitäten zwischen den einzelnen Regionen: Die Balearen erreichten 2002 109,0 % des mittleren BIP pro Kopf der Bevölkerung in der EU-15, Madrid sogar 111,5 %; Andalusien und die Extremadura hingegen bilden mit weniger als 70 % des EU-15-Durchschnitts die Schlusslichter (vgl. Tab. 9).

Insgesamt erwies sich das Konzept der „integrierten Regionalisierung" für Spanien als innenpolitisch geschickter und erfolgreicher Schachzug. Die weiterhin bestehenden interregionalen Spannungen in Spanien werden im Wesentlichen auf der übergeordneten europäischen Ebene katalysiert. Seither ist Spanien ein viel analysiertes Beispiel für die Politikwissenschaft bei der Frage nach nationenbildenden bzw. regionenbildenden Elementen (vgl. Brunn 1996).

Die Autonomen Regionen Spaniens sind inzwischen zur wichtigsten räumlichen Bezugseinheit bzw. Aggregationsebene (NUTS = *Nomenclature des Unités Territoriales Statistiques*) der amtlichen EU-Statistik geworden. Diese Nomenklatur ist seit Juli 2003 die allein zulässige räumliche Aggregationsbasis für die Übermittlung regionaler statistischer Daten an das zentrale statistische Amt der EU („EUROSTAT") in Brüssel:

- Die heute kleinste räumliche Aggregationsebene von EUROSTAT bildet die Ebene NUTS-III; ihr entsprechen als administrative Kategorie die 50 spanischen Provinzen.
- Die politisch-administrativ definierten Autonomen Regionen entsprechen dem nächsthöheren statistischen Aggregationsniveau NUTS-II.
- Für die wiederum noch gröbere statistische Gliederung in Großräume (NUTS-I) fehlt in Spanien ein politisch-administratives Äquivalent.

Für den regionalen Vergleich auf der Grundlage statistischer Daten innerhalb der Regionen der Europäischen Union sind die autonomen Regionen in Spanien gegenwärtig die am häufigsten verwendete räumliche Bezugseinheit.

Zum Vergleich: In der Bundesrepublik Deutschland entspricht die NUTS-I-Ebene den Bundesländern, die NUTS-II-Ebene den Regierungsbezirken und die NUTS-III-Ebene den Landkreisen bzw. den kreisfreien Städten. Die unterschiedliche räumliche Größenordnung der administrativen Einheiten in den Staaten der EU machte es erforderlich, für einen aussagekräftigen regionalen Vergleich innerhalb der EU-Regionen jeweils unterschiedliche hierarchische NUTS-Ebenen zu berücksichtigen. Mit den Autonomen Regionen in Spanien (NUTS-II) wären unter regionalpolitisch-funktionalen Gesichtspunkten die deutschen Länder (NUTS-I) am ehesten vergleichbar.

	Zentral-regierung	Autonome Regional-regierungen	Landkreise/ Städtische Kommunen	Total
1979	88,0	0,1	11,9	100,0
1985	76,6	12,6	12,8	100,0
1990	67,5	19,2	13,3	100,0
1995	67,0	21,5	11,5	100,0
1997	63,8	23,9	12,3	100,0
2004*	52,0	32,0	16,0	100,0

*Schätzung

Tab. 10: *Struktur des öffentlichen Haushalts nach politisch-administrativen Hierarchieebenen (in % der verausgabten öffentlichen Mittel)*

Quelle: Serrano Martínez 2005, S. 92

Der Umbau des ehemaligen spanischen Zentralstaates zu einem modernen föderativen System musste mit verfassungsrechtlichen Kompromissen erkauft werden. Daraus resultiert heute eine Reihe von ungeklärten rechtlichen (und in der Konsequenz dann auch planerischen, d. h. raumrelevanten) Zuständigkeiten. Im Konfliktfall gilt auch in Spanien, dass die zentrale Gesetzgebung (durch die *Cortes Generales*, also Kongress und Senat mit Sitz in Madrid) die regionale Gesetzgebung der Regionalparlamente bricht. Das gilt aber nicht, wenn die Regionalregierung deutlich machen kann, dass der Sachverhalt in die „exklusive" Kompetenz der Region fällt. Gleichzeitig sieht die Verfassung vor, dass das Zentralparlament in Madrid Regierungsfunktionen teilweise auf die Regionen übertragen bzw. an diese delegieren kann. Über die Funktion und Zuständigkeit der Provinzen und Gemeinden schweigt sich die Verfassung weitgehend aus (Castanyer 1995). Die Folge sind zahlreiche Kompetenzstreitigkeiten zwischen der Zentralregierung und den Regionalregierungen. Dabei geht es auch um brisante Sachverhalte wie um die Frage der Wasserbewirtschaftung, -bevorratung und -verteilung in Dürrezeiten.

Tendenziell nimmt dabei das Gewicht der Regionen zulasten der Zentrale in Madrid zu. Serrano Martínez (2005, S. 81) spricht sogar von einer „gewissen zentrifugalen politischen Ideologie". Der Trend zur politischen Stärkung der Regionen wird in der Struktur der öffentlichen Haushalte deutlich (vgl. Tab. 10). Er steht damit in klarem Widerspruch zur gegenläufigen wirtschaftlichen Entwicklung, die zunehmend auf vernetzte Verbundstrukturen im Rahmen einer europäischen und schließlich auch globalisierten Wirtschaft setzt (vgl. hierzu auch das Kapitel „Die Wirtschaft im Kräftefeld von Politik und Globalisierung").

Andere regionalistische Tendenzen werden seit dem Beitritt Spaniens zur EG im Jahre 1986 auf europäischer Ebene „absorbiert". Dabei erleben die spanischen Regionen jetzt die Brüsseler EU-Bürokratie als neue Fremdbestimmung. Die zunehmende wirtschaftliche Abhängigkeit einzelner spanischer Regionen von transnationalen Industriekonzernen (wie z. B. von „Global Players" in der Automobilindustrie) wird offenkundig gegenwärtig noch unterschätzt. Es dürfte aber kein Zweifel daran bestehen, dass den Autonomen Regionen in Spanien bei der zukünftigen Entwicklung und Gestaltung des Landes eine Schlüsselrolle zufällt.

Portugal: administrative versus regional-statistische Raumeinheiten

Die traditionelle administrative Gliederung Portugals unterscheidet sich erheblich von derjenigen des spanischen Nachbarn. Das gilt für die formaljuristischen Zuständigkeiten ebenso wie für die Skalierung der räumlichen Einheiten. Das zentrale Problem liegt in der fehlenden Konkordanz zwischen administrativen (in der Regel historisch-kulturell gewachsenen) und statistischen Raumeinheiten, die im Rahmen der EU für eine effiziente Raumplanung der europäischen Regionen vorausgesetzt wird. Der von Brüssel ausgehende Harmonisierungsdruck wird in Portugal besonders stark empfunden, weil es für die EU-Vorgaben von hierarchisch gestaffelten, regionalstatistischen Aggregationsebenen keine äquivalenten historisch-kulturellen Vorlagen gibt.

Dabei schreibt doch die Verfassung von 1976 (unter Titel VIII, Art. 256 und 257) eine Regionalisierung Portugals als Desiderat fest. Die Bezeichnung der „Autonomen Regionen" Madeira und Azoren trägt lediglich der Sonderstellung der atlantischen Inseln Rechnung. Auf dem portugiesischen Festland ist regionales Bewusstsein hingegen nicht ausgeprägt. Das zeigt sich am deutlichsten im Fehlen regionalpolitischer Parteien und wurde am 8.11.1998 anlässlich einer Volksabstimmung über eine Regionalisierung des Landes auch formell bestätigt: Bei einer insgesamt sehr geringen Wahlbeteiligung (48,12%) widersprachen 63,52% der portugiesischen Wähler einer Einteilung des Landes in Regionen.

Die dauerhafteste administrative Einteilung Portugals basiert auf 18 Distrikten, die 1835 durch die damalige Königin D. Maria II. per Dekret als *distritos administrativos* aus der Aufteilung von sieben existierenden Provinzen entstanden (der heutige Distrikt Setúbal wurde im Jahr 1926 nachträglich geschaffen). 1936 erfolgte die Festlegung von sog. „regiões naturais". Obwohl sie niemals eine Verwaltungsbedeutung besaßen, identifizieren sich heute noch sehr viele Portugiesen mit diesen elf verschiedenen Raumeinheiten, die auch bereits die heute noch gebräuchlichen Regionsbegriffe (wie z.B. Ribatejo, Alto Alentejo oder Estremadura) trugen. Umgangssprachlich werden sie „Provinzen" genannt (Rosario S. da Silva 2002). Freund (1979, S. 19) bezeichnet sie richtiger als „historische Provinzen".

Dem portugiesischen „distrito" (Distrikt) entspräche somit noch am ehesten die spanische „provincia" (Provinz). Aber während die Provinzen in Spanien als Basisbausteine für die neu gebildeten „Autonomen Regionen" aufgewertet wurden, schwächte Portugal im europäischen Kontext seine historisch etablierten Distrikte, indem es sie für die Konzeption von statistischen NUTS-Einheiten zerstückelte. Als Vorlage für die EU-Regionalstatistik dienten ältere raumplanerische Entwürfe, die nach der Nelkenrevolution als Bestandteile von wirtschaftlichen Entwicklungsplänen jeweils temporär Bestand hatten.

Im Ergebnis finden sich auf der NUTS-II-Ebene in Portugal nur fünf Festlandsregionen – diese werden durch die „Autonomen Regionen" Madeira und Azoren ergänzt. Deren räumliche Kammerung begünstigt eine Nord-Süd-Abfolge im Unterschied zu anderen Entwürfen für Planungsregionen, die den Gegensatz von Küsten- und Binnenräumen zu berücksichtigen suchten (vgl. Weber 1980, S. 131). Einzig die Algarve ist sowohl mit dem gleichnamigen Verwaltungsdistrikt als auch mit der historischen Provinz identisch. Für aussagekräftige, regional differenzierende Analysen statistischer Daten ist die NUTS-II-Einteilung aber räumlich allzu grob

auflösend, zumal ihr Zuschnitt den für Portugal charakteristischen Gegensatz zwischen Küsten- und Binnenräumen nicht wiederzugeben vermag.

Für die hierarchisch niedrigere NUTS-III-Ebene (vgl. Abb. 29) gibt es in Portugal ebenso wenig eine historische Vorgabe. Die neu kreierten 28 NUTS-III-Einheiten decken sich nur im Ausnahmefall (*Minho-Lima* und *Algarve*) mit der traditionellen administrativen Gliederung des Landes nach Distrikten und können nicht als konsolidiert gelten: So wurde z.B. die in Abb. 29 dargestellte Zuordnung von NUTS-III-Einheiten zur nächsthöheren Hierarchie-Ebene im weiteren Umfeld des Großraums Lissabon zwischenzeitlich verändert. Die NUTS-III-Einheiten müssten korrekterweise als „Planungs-Subregionen" bezeichnet werden. Ein „Musterbeispiel" für die Zerstückelung der 18 Distrikte liefert die Subregion Douro: Sie setzt sich aus vier verschiedenen Teilstücken der Distrikte Bragança, Guarda, Vila Real und Viseu zusammen. Dies erschwert eine historisch fundierte, vergleichende Regionalanalyse innerhalb der EU außerordentlich.

Das Problem der portugiesischen Regionalisierung beginnt bereits bei der kleinsten administrativen Einheit, der Gemeinde. Die kleinste und vielfach auch historisch älteste räumliche Organisationseinheit ist die *freguesia*, im deutschen Wortsinn die Pfarrei oder der Kirchsprengel. Sie verfügt über eigene Verwaltungsorgane, mittels deren sie ihre Interessen im übergeordneten *concelho* vertritt. Ihre eigenständige administrative Zuständigkeit ist eher gering. Die *concelhos* („Räte") wurden bereits unter Sancho I. (1185–1211) als Verwaltungsbezirke eingerichtet und mit eigenen Rechten ausgestattet. Sie sind in der Bevölkerung entsprechend stark verwurzelt. Sie nehmen in Portugal viele administrative und Versorgungsfunktionen wahr, die in Spanien (ebenso wie in Deutschland) bereits auf der unteren Ebene der Gemeinden angesiedelt sind. Auf diese Weise erklärt sich, dass Weber (1980) ebenso wie Freund (1979) die *concelhos* als (Land-)Kreise bezeichnet, Álvarez García (2000) hingegen als *municipios*. Nach spanischem Verständnis entsprächen die *freguesias* folglich den Gemeinden im deutschsprachigen Sinne.

Die Lösung des Problems wird durch die portugiesische Gesetzgebung, die 1985 (1993 modifiziert) die Bildung neuer *concelhos* und *freguesias* regelte, nicht erleichtert. So entstanden zwischen 1987 und 1991 allein 47 neue *freguesias*. Gleichzeitig bemühen sich die *freguesias* in den Küstenregionen, die dank der Zuwanderung zu städtischer Größe herangewachsen sind, um die Ausweisung als *concelho* oder gar als „Stadt". Schon 1991 gab es 185 *vilas* und drei *cidades* (vgl. Kapitel „Die Ballungsräume"), die trotz ihrer Einwohnerzahl nicht Verwaltungssitz eines *concelho* waren (alle Zahlenangaben aus Álvarez García 2000, S. 276f.).

Man könnte diese Details als lokale Petitessen abtun, aber in Wirklichkeit erwachsen aus den diskordanten Zuständigkeiten beiderseits der portugiesisch-spanischen Grenze weitreichende Raumordnungsprobleme. In den durch die Landflucht entleerten Binnenräumen haben sich auf spanischer Seite inzwischen zahlreiche kommunale Zweckverbände formiert, um die notwendige Infrastruktur zur Versorgung von Flächengemeinden, die bisweilen weniger als 100 Einwohner zählen, aufrechterhalten zu können. Die sinnvolle Abstimmung mit den portugiesischen Nachbarn scheitert allerdings an den dort noch weiterhin kleinteiligen Strukturen. Möglicherweise verhilft ein anderes „Argument" mittelfristig zur Einsicht: Nur größere administrative Einheiten haben eine Chance, EU-Fördermittel aus den einschlägigen regionalen Initiativprogrammen (INTERREG, LEADER u. a.) zu erhalten.

Die Rolle der iberischen Staaten in der EU

Die in den neuen Verfassungen verankerte Demokratisierung war eine wichtige politische Voraussetzung für die Aufnahme beider Länder in die Europäische Gemeinschaft. Die EG konnte und wollte keine diktatorischen Regimes als Vollmitglied akzeptieren. Die Aufnahme beider Staaten in die EG am 1. 1. 1986 war somit einerseits eine Belohnung für die Demokratisierung nach Überwindung der Diktatur, andererseits Ausdruck einer solidarischen Hilfestellung der Gemeinschaft bei der dauerhaften Sicherung eben dieser Demokratie.

Aus iberischer Perspektive war die Zugehörigkeit zur europäischen Gemeinschaft vor allem ein wirtschaftliches Desiderat. Der Anschluss an die EG bedeutete nicht nur formal eine „Rückkehr nach Europa", sondern gleichzeitig mit der endgültigen Abkehr vom autarkistischen Isolationismus eine Hinwendung zum wirtschaftlichen Liberalismus der europäischen Marktwirtschaft. Die Vollmitgliedschaft eröffnete beiden Ländern die Möglichkeit, den Anschluss an die wirtschaftliche Entwicklung West- und Mitteleuropas zu gewinnen. Wichtige organisatorische Voraussetzungen dafür waren und sind die Auflösung wirtschaftlich hemmender Grenzen innerhalb Europas, der freie Technologie- und Informationstransfer sowie der Austausch von Personen, Waren und Gütern. Beide Staaten haben dies als Chance begriffen. Die inzwischen erreichten sozioökonomischen Fortschritte sind allerdings im Detail durchaus unterschiedlich.

Aus Sicht der Gemeinschaft war die Aufnahme Spaniens und Portugals durchaus nicht unumstritten: Der deutliche wirtschaftliche Entwicklungsrückstand ließ erwarten, dass beide Länder auf lange Zeit zu Nettoempfängern von EG-Zuwendungen werden würden. Darüber hinaus zwangen die beiden Beitrittskandidaten der EG zentrale politische Kurskorrekturen auf. Im Agrarsektor beispielsweise, der durch die bis dahin praktizierte Subventionspolitik der EG ohnehin schon die Zahlungsfähigkeit der Gemeinschaft zu sprengen drohte, wurden die schon vor dem Beitritt bestehenden Überkapazitäten bei Olivenöl und Wein (aus Frankreich und Italien) nochmals gravierend erhöht. Eine unveränderte Fortsetzung der EG-Agrarpolitik, die sich bis dahin im Wesentlichen in Ausgleichszahlungen und Subventionen erschöpfte, war somit nicht weiter finanzierbar. Zeitgleich erfolgte eine Verstärkung des politischen Drucks der Länder der Dritten Welt auf die Gemeinschaft (u. a. artikuliert auf der GATT-Konferenz von Uruguay 1986), die sich durch die Zollpolitik der EG benachteiligt sahen. Die sog. Süderweiterung der EG von 1986 wurde damit zum Auslöser für eine Reihe von wirtschaftspolitischen Strukturveränderungen. Für die Landwirtschaft beider iberischer Staaten erwuchs daraus ein besonders hoher Anpassungsdruck. Er schlägt sich in einem Abbau der landwirtschaftlichen Arbeitsplätze bei gleichzeitiger Zunahme der städtischen Bevölkerung nieder, ein Prozess, der bis zur Gegenwart anhält.

Die Industrie Spaniens und Portugals erfuhr seit dem EG-Beitritt der beiden Länder eine zunehmende wirtschaftliche Einbindung in die europäische bzw. globale Produktionskette (Abb. 30). Messbar wird dieser Prozess an den ausländischen Direktinvestitionen (vgl. hierzu auch das Kapitel „Die Wirtschaft im Kräftefeld von Politik und Globalisierung"). Allein von 1985 bis 1990 haben sich diese Auslandsinvestitionen in Spanien verzehnfacht (Harsche 2001). Zwischen 1990 und 1993 erfolgte wertmäßig mehr als die Hälfte aller portugiesischen Exporte durch Unternehmen mit ausländischer Kapitalbeteiligung (Freund 1995). Wenngleich ausländische Direktinvestitionen bereits vor 1986 erfolgt waren, so löste der Beitritt zur EG einen neuerlichen Investitionsschub aus, und zwar in erster Linie aus den europäischen EG-Partnerländern. Mit dieser Entwicklung waren allerdings Rationalisierung und Personalabbau im verarbeitenden Gewerbe verbunden, sodass beide Länder nun auch industrielle Arbeitslosigkeit kennenlernten. Die Industriearbeiterlöhne sind inzwischen dabei, sich dem Niveau der

Abb. 30: Nach dem Beitritt zur EG wirbt Spaniens Wirtschaft um Vertrauen in Deutschland. Quelle: Anzeigen-Kampagne der spanischen Wirtschaft in überregionalen deutschen Zeitschriften.

Quelle: http://ec.europa.eu/regional_policy/atlas/spain/es_en.htm

west- und mitteleuropäischen Industrieländer anzugleichen. Mit dem Anstieg der Lohn- und Lohnnebenkosten erhöhten sich die Stückkosten industrieller Produktionseinheiten. Beide Länder müssen jetzt schmerzhaft die Kehrseite der industriellen Entwicklung kennenlernen, nämlich die Behauptung auf den internationalen Märkten ohne Schutz durch nationale Zollschranken.

Andererseits ist der messbare Einfluss Europas auf das Wirtschaftsgeschehen der Iberischen Halbinsel inzwischen beträchtlich. Vom EG-Beitritt haben bisher insbesondere die einzelnen Regionen profitiert. Die damalige europäische Gemeinschaft hatte bereits 1975 den Europäischen Fonds für regionale Entwicklung (EFRE) ins Leben gerufen, der ausschließlich den weniger entwickelten Regionen der Gemeinschaft zugute kommen sollte. Ziel der Regionalförderung der EG war es, regionale wirtschaftliche Disparitäten abzubauen. Bis 1989 flossen die EFRE-Mittel der EG vornehmlich in rückständige Regionen in Italien, Irland, Griechenland und im Vereinigten Königreich (Schottland). Seither profitierten die iberischen Regionen von dieser Gemeinschaftseinrichtung in erheblichem Umfang: Im Planungszeitraum 1989–1993 war der Strukturfonds mit knapp 64 Mrd. ECU ausgestattet. Davon entfielen insgesamt 45,5 Mrd. auf die sog. „regionalen Ziele". Dabei flossen in dem genannten Vierjahreszeitraum 3,5 Mrd. ECU nach Portugal und 6,6 Mrd. nach Spanien.

Der EFRE wurde in einer grundlegenden Reform, die im Januar 1989 in Kraft getreten ist, in einen regionalen Strukturfonds eingebunden, der seither aus drei Teilfonds besteht:
- dem EFRE (Europäischer Fond für regionale Entwicklung),
- dem ESF (Europäischer Sozialfond) und
- dem EAGFL (Europäischer Ausrichtungs- und Garantiefond für die Landwirtschaft).

Für den Fischereisektor existiert ein eigenständiges strukturpolitisches Finanzinstrument (FIAF).

Für den Mitteleinsatz aus diesen Strukturfonds wurden fünf vorrangige Ziele festgelegt, von denen drei einen regionsspezifischen Charakter trugen („regionale Ziele"). Seit dem Jahr 2000 ist die Zahl der vorrangigen Ziele für strukturpolitische Maßnahmen in den Regionen der EU auf zwei reduziert:
- Ziel 1 sind „Gebiete mit Entwicklungsrückstand", definiert als diejenigen Gebiete, in denen das Bruttoinlandsprodukt (BIP) weniger als 75 % des EU-Durchschnitts beträgt.
- Ziel 2 sind „Regionen mit Strukturproblemen außerhalb des neuen Ziels 1". Dazu zählen ländliche Gebiete mit rückläufiger Entwicklung ebenso wie Problemgebiete in den Städten. Ziel-2-Gebiete werden mit Mitteln des EFRE und ESF gefördert.

Portugal fiel bis 2004 noch mit seiner gesamten Staatsfläche in die Kategorie der Ziel-1-Gebiete. Inzwischen ist Madeira aus der Ziel-1-Förderung herausgefallen. Der flächenmäßig größte Teil Spani-

Ziel Nr. 1

Keine Förderung der wirtschaftlichen Entwicklung

Regionen mit Entwicklungsrückstand

Förderung bis 31.12.2005

Förderung bis 31.12.2006

Ziel Nr. 2

Regionen mit rückläufiger Entwicklung

Regionen mit teilweise rückläufiger Entwicklung

Abb. 31: EU-Regionalförderung

	Portugal	Griechenland	Spanien	Irland
Summe der Förderung:				
– Minimum	16%	16%	61,0%	2%
– Maximum	18%	18%	63,5%	6%

Eigene Berechnung nach den Daten von www.europa.eu.int/comm/regional_policy/intro/regions5_de.htm (Stand: 10.07.06)

Tab. 11: *Der Gesamthaushalt des Kohäsionsfonds für den Zeitraum 2000 – 2006*

Ein Charakteristikum der europäischen Regionalförderung besteht darin, dass die nationalen Volkswirtschaften dabei zur Eigenbeteiligung gezwungen werden. In Ziel-1-Gebieten können mit EU-Geldern maximal 75 % der Gesamtkosten einer Maßnahme abgedeckt werden, in Ziel-2-Gebieten sind es höchstens 50 %. Die fehlenden Mittel müssen von der Region selbst bzw. aus nationalen Quellen aufgebracht werden. Die Annahme von EU-Fördermitteln zwingt somit auch die öffentlichen Haushalte in den betroffenen Regionen zur Realisierung von Investitionen. Vor allem in Portugal ist manches Investitionsprojekt der öffentlichen Hand erst durch die zugesagten EU-Mittel auf diese Weise „angestoßen" worden.

Festzuhalten bleibt an dieser Stelle, dass die Entwicklungsinitiative der Europäischen Union inzwischen ein erstrangiger Faktor für die iberischen Regionen ist, um zusätzliche öffentliche Fördermittel aus den jeweiligen nationalen Etats zu erlangen. Das gilt nicht nur für die hier angesprochenen regionalen Förderziele, sondern in analoger Weise für Mittel des europäischen Sozialfonds, aus denen beispielsweise Maßnahmen zur Bekämpfung der Langzeitarbeitslosigkeit oder zur beruflichen Ausbildung von Jugendlichen finanziert werden. Die EU-Regionalfördermittel mit ihren klaren Zielvorgaben ersetzen inzwischen teilweise eine eigenständige nationale Regionalplanung in Spanien und Portugal. Ohne die Finanzmittel aus der europäischen Regionalförderung wären vermutlich in einigen iberischen Regionen überhaupt keine und in anderen nur wenige Entwicklungsimpulse realisiert worden. Die 2004 in Kraft getretene Osterweiterung der EU dürfte für die beiden iberischen Staaten insofern spürbare regional- und wirtschaftspolitische Folgen haben. Im Vergleich zu den neuen EU-Mitgliedern sind Spanien und Portugal schon sehr weit entwickelt. Ein erheblicher Teil der (regionalen) Wirtschaftsförderung der EU wird somit jetzt neuen Zielgebieten in Osteuropa zufließen.

ens ist ebenfalls Ziel-1-Gebiet. Ziel-2-Gebiete umfassen darüber hinaus in Spanien große Teile des Baskenlandes und des nördlichen Katalonien (vgl. Abb. 31).

Parallel zu diesen regionalen Strukturfonds schuf die EU 1993 einen besonderen „Kohäsionsfonds", der unter dem Gesichtspunkt solidarischer Gemeinschaftshilfe vornehmlich Umwelt- und Verkehrsprojekte in den wirtschaftlich schwächeren Mitgliedsstaaten fördern sollte. Bei einem mittleren jährlichen Volumen von ca. 30 Mrd. € profitierte Spanien zweifellos am stärksten von diesen Fördermitteln (vgl. Tab. 11). Sie wurden ihrer Zweckbindung entsprechend zur Modernisierung und zum Ausbau von See- und Flughäfen ebenso eingesetzt wie zur Verbesserung der Fernverbindungen (Abb. 32). Weniger plausibel erscheint der Mitteleinsatz hingegen, wenn man heute auch in entlegenen Gebirgsregionen Spaniens (auf dem Festland ebenso wie auf den Inseln) unter hohem Kosteneinsatz bestens ausgebaute Straßen vorfindet, die offenkundig vorzugsweise von Radrennsportlern adäquat genutzt werden.

Abb. 32: *Spanien nutzt die Regionalförderung der EU insbesondere zur Bewältigung des Strukturwandels in Problembranchen: Hafensanierung in Cartagena (Prov. Murcia).*

Die Osterweiterung der EU war deshalb ein wichtiger Anlass für die Brüsseler Kommission und die Mitgliedsstaaten, eine neue Generation von Strukturfondsprogrammen vorzubereiten. Die bisherigen Instrumente der „alten" Strukturfonds liefen Ende 2006 aus. Die erste Planungsphase unter dem neuen Zielbegriff der „Kohäsionspolitik" ist für 2007 – 2013 vorgesehen. Die neuen „Kohäsionsinstrumente" werden gegenwärtig erst noch konzipiert. Man darf aber davon ausgehen, dass sie – wie auch bereits die Vorgängerinstrumente – dem Ziel einer auf Solidarität gründenden regionalen Wirtschaftsförderung und damit dem weiteren Abbau regionaler Entwicklungsdisparitäten verpflichtet sein werden.

Naturraum, Wirtschaft und Umwelt

Abb. 33: Der Marmorstein von Estremoz (Alentejo) ist eine bedeutende natürliche Ressource für die nationale portugiesische Volkswirtschaft. Gleichzeitig sind mit den Steinbrüchen auch wichtige Arbeitsplätze für die ansonsten strukturschwache Region verknüpft. Aufnahme: E. Birner.

Überblick

■ Der weitaus größte Teil der Iberischen Halbinsel unterliegt dem mediterranen Klimaregime. Aus dem saisonalen Niederschlags- und Abflussaufkommen resultiert ein Zwang zur Wasserbevorratung, um die sommerliche Trockenperiode zu überbrücken. Die steigende Nachfrage macht Wasser zu einem politischen Streitobjekt.

■ Die traditionelle, wenig technisierte Landwirtschaft mit Trockenfeldbau und die Weidewirtschaft sind besonders vom natürlichen Niederschlagsaufkommen abhängig. Der Bewässerungsfeldbau erbringt gesteigerte Flächenerträge. Dieser Vorzug des Bewässerungsfeldbaus wird aber vielfach durch Defizite bei den Betriebsgrößen, der Eigentumsordnung, der effizienten Vermarktung u. Ä. entwertet.

■ Die Modernisierung der Landwirtschaft erzwingt entweder eine Intensivierung oder eine Extensivierung der Landnutzung. In beiden Varianten erweist sich die Bodenerosion im sommertrockenen Spanien zunehmend als Problem.

■ Als wichtige erosionsvorbeugende staatliche Maßnahme wurde in der zweiten Hälfte des 20. Jh. aufgeforstet. Dem wirtschaftlichen Erfolg steht jedoch ein verändertes Artenspektrum mit eingeführten nichtheimischen Baumarten gegenüber. Dies äußert sich u. a. verstärkt in Waldbränden.

■ In antiker Zeit war die Iberische Halbinsel reich an Bodenschätzen. Heute ist der Bergbau in wirtschaftlicher Hinsicht unbedeutend. Die Bergbaufolgelandschaften stellen ökologische Altlasten dar.

■ Die Fischereiwirtschaft ist an den Mittelmeerküsten der Halbinsel eher unbedeutend. Nennenswerte Fangmengen werden nur aus den atlantischen Fanggründen angelandet.

■ Fossile Energieträger fehlen auf der Iberischen Halbinsel fast völlig. Es wird nur die Wasserkraft als alternative Energiequelle in einem gewissen Umfang genutzt. Bei der Nutzung der Sonnenenergie hinken Portugal und Spanien ihren europäischen Nachbarn noch weit hinterher.

Relief und Gewässernetz

Eine einfache *morphographische Gliederung* der Halbinsel weist bereits auf eine Besonderheit hin: Bei einer Gesamtfläche von 581 680 km^2 (ohne Inseln) liegen mehr als 65 % höher als 500 m. Madrid liegt mit 667 m (Station Retiro) höher als Innsbruck (507 m). Die durchschnittliche Höhenlage der Halbinsel beträgt 640 m (Lautensach 1964, S. 39) und wird innerhalb Europas nur noch von der Schweiz (ca. 1300 m) übertroffen.

Aber anders als der Alpenstaat besitzt Spanien ausgedehnte Hochflächen. Dies belegt die hypsographische Kurve der Iberischen Halbinsel (Abb. 34). Sie weist zwei Verflachungen auf, die einerseits durch die sog. Meseta (untere Verflachung bei ca. 500 m) und andererseits durch die Mittelgebirge mit Hochflächencharakter (wie z. B. das Iberische Randgebirge oder die Sierra Morena mit einer oberen, weniger ausgedehnten Verflachung bei ca. 1000 m) bedingt sind. Die Meseta-Hochflächen bil-

den gewissermaßen den zentralen Teil der Iberischen Halbinsel in Form eines großen quadratischen Blocks, der im Mittel mit ca. 0,3 % Neigung zum Atlantik hin abfällt. Den gesamten Komplex teilt das Kastilische (bzw. in Portugal so genannte) Hauptscheidegebirge in die Nord- bzw. Südmeseta (Abb. 35). Es erreicht in der spanischen Sierra de Gredos mit dem Gipfel des Plaza del Moro Almanzor eine Höhe von 2592 m, in der portugiesischen Serra da Estrêla von 1993 m. Auf portugiesischer Seite findet die Nordmeseta ihre Fortsetzung in der Rumpffläche der Trás-os-Montes („Land hinter den Bergen") mit einer mittleren Höhenlage zwischen 600 und 850 m.

Beide Meseten werden auf spanischer Seite nochmals gegen die Peripherie hin abgeriegelt: die Nordmeseta durch das Kantabrische Gebirge (Torre de Cerredo 2648 m in den Picos de Europa; Abb. 36), die Südmeseta durch die Sierra Morena (Bañuela

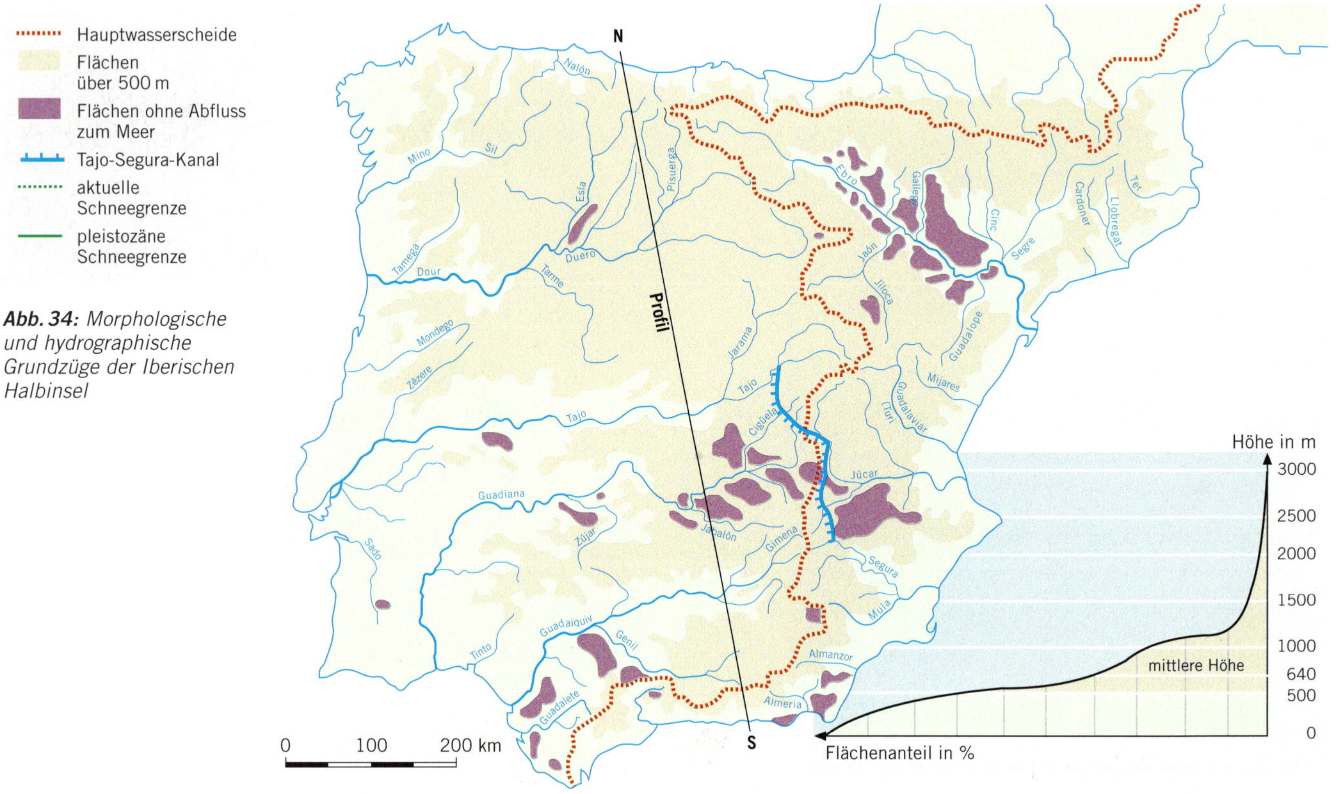

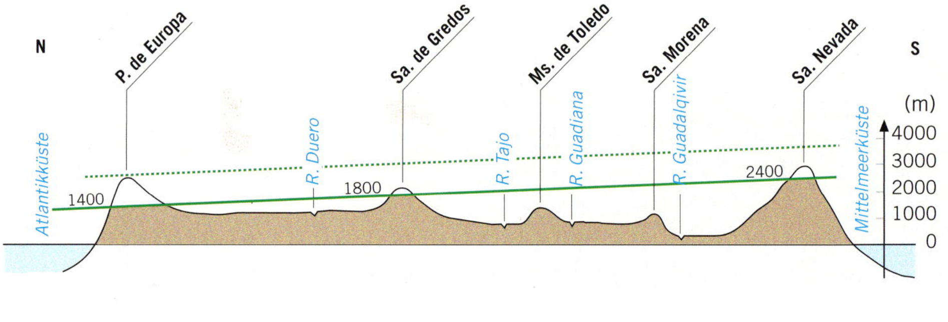

Legende:
- ···· Hauptwasserscheide
- Flächen über 500 m
- Flächen ohne Abfluss zum Meer
- Tajo-Segura-Kanal
- ···· aktuelle Schneegrenze
- — pleistozäne Schneegrenze

Abb. 34: *Morphologische und hydrographische Grundzüge der Iberischen Halbinsel*

Quellen: Solé Sabaris 1991a; Lautensach 1964

1323 m in der Sierra Madrona). Die Südmeseta ist insgesamt niedriger und wird in ihrem Westteil nochmals durch den Keil der sog. „Montes de Toledo" (Las Villuercas 1595 m), eine unregelmäßige Folge nicht zusammenhängender Bergkämme, gegliedert. Der Asymmetrie der beiden Meseten entspricht die diametrale Lage zweier großer dreiecksförmiger Depressionen: des Ebro-Beckens im Nordosten und der Guadalquivir-Niederung im Südwesten. Von beiden ist nur Letztere zum Meer hin offen, während die Abriegelung Spaniens gegen die Küste im Übrigen nahezu vollständig ist (Kantabrisches Gebirge, Pyrenäen, Katalonische Küstenkette, Iberisches Randgebirge, Betische Kordillere). Dabei bleibt selbst die Symmetrie der absoluten Höhen gewahrt: Im Norden erreichen die Pyrenäen mit dem Gipfel des Aneto 3408 m, im Süden steigt die Betische Kordillere in der Sierra Nevada auf 3479 m an (Mulhacén, höchster Gipfel des festländischen Spanien).

Im Unterschied dazu fehlen die Gebirgsrandschwellen auf der Westseite der Halbinsel weitgehend: Portugal ist deshalb in seiner gesamten Nord-Süd-Erstreckung nach Westen hin offen, d. h. natürlicherweise zum Atlantik hin orientiert. In Anbetracht der geringen räumlichen Tiefe des portugiesischen Territoriums ist das Landesinnere Portugals einschließlich der Gebirge über die in den Atlantik entwässernden Flusstäler relativ gut zugänglich. Davon profitiert insbesondere „Mittelküsten-Portugal", wo dank einer tektonischen Flexur westlich einer Linie Porto – Tomar – Setúbal flach lagernde mesozoische Sand- und Kalksteinschichten die Auslasspforten für Tejo und Sado zusätzlich begünstigen. Insgesamt liegen 43 % der Fläche von Festland-Portugal unterhalb von 200 m (Lautensach 1967, S. 39).

Auf spanischem Territorium hat die periphere Abschirmung der Hochflächen im Landesinnern durch hohe Gebirgsrandschwellen nicht nur in historischer Zeit den Zugang von den schmalen Küstensäumen zum Landesinnern erheblich behindert, sondern war auch noch in der Zeit der Industrialisierung ein gra-

Abb. 35: *Die baumlose Hochebene der Nordmeseta nach der Getreideernte (Prov. León)*

Abb. 36: *Die glazial überformte Gipfelregion der Picos de Europa im Kantabrischen Gebirge erreicht 2648 m.*

Abb. 37: *Die flach lagernden mesozoischen Kalksteinschichten erzeugen im Iberischen Randgebirge nicht selten eindrucksvolle Formen und Strukturen (Bahnlinie von Madrid nach Valencia bei Cuenca).*

Abb. 38: *Die runden Verwitterungsformen des Granits („Wollsackverwitterung") sind für die paläozoische Iberische Masse (Hauptscheidegebirge bei Valverde del Fresno, Extremadura) typisch.*

Kippung nach Westen sind für die ausgeprägte Asymmetrie der Einzugsgebiete der großen Fluss-Systeme auf der Iberischen Halbinsel verantwortlich. Rund 69 % ihrer Flusseinzugsgebiete entwässern zum Atlantik, die restlichen 31 % besitzen einen Abfluss zum Mittelmeer (Tab. 12). Die Hauptwasserscheide verläuft deshalb im östlichen Drittel der Halbinsel in Nord-Süd-Richtung und buchtet nur am Ebro nach Westen aus. Der Ebro ist damit der einzige Mittelmeerzufluss, der mit den atlantischen Zuflüssen verglichen werden kann. Diese sind jeweils rund 1000 km lang und entspringen im Iberischen Randgebirge in relativ geringer Höhe. Entsprechend mäßig ist das Gefälle dieser großen Ströme, die auf ihrem langen Weg zum Atlantik zahlreiche mittlere und kleine Zuflüsse in sich aufnehmen und infolgedessen eine relativ ausgeglichene Wasserführung besitzen.

Portugal befindet sich somit in einer Unterlieger-Situation, d. h., alle wichtigen Flüsse des Landes entspringen in Spanien, wo auch der größte Flächenanteil ihres jeweiligen Einzugsgebietes liegt. Zu den wenigen Ausnahmen gehören Rio Sado und Mondego als autochthone portugiesische Flüsse. Portugal ist somit von allen spanischen Maßnahmen zur Regulierung der atlantischen Zuflüsse unmittelbar betroffen und in seiner eigenen Handlungsfähigkeit entsprechend eingeschränkt.

Im Unterschied zu den großen atlantischen Stromsystemen sind die zum Mittelmeer hin entwässernden Flüsse meist nur zwischen 100 und 200 km lang, müssen aber auf dieser kurzen Strecke den gleichen Niveauunterschied zur Erosionsbasis überwinden. Da infolge der kurzen Lauflängen keine oder nur unbedeutende seitliche Zuflüsse einmün-

vierender Nachteil. Die hohen Küstenschwellen erklären beispielsweise, weshalb in Spanien jene großen Kanäle fehlen, die im übrigen Europa seit dem 18. Jh. gebaut wurden und dort wesentlich zur Industrialisierung der Binnenräume beitrugen, indem sie diese mit den Häfen verbanden.

Im Übrigen wird der Einfluss der Reliefverhältnisse der Iberischen Halbinsel auf die Gestaltung der heutigen Kulturlandschaft in erster Linie durch das Gewässernetz wirksam. Der ausgedehnte, zweigeteilte zentrale Block der Meseta und seine leichte

Fluss	Lauflänge (km)	Einzugsgebiet (km²)	bis Pegel	mittl. jährl. Abfluss MQ (m³/sec)
Kantabrische Flüsse				
Miño	343	17 757	Tuy	340
Nalón	135	4 657	Puente Forcinas	107
Atlantische Mesetaflüsse				
Duero	913	98 375	span.-portug. Grenze	325
Tajo	1202	81 947	span.-portug. Grenze	250
Guadiana	820	67 500	Badajoz	79
Guadalquivir	580	57 421	Cantillana	164
Portugiesische Flüsse				
Rio Mondego	234	5200	Coimbra	99,4*
Rio Sado	175	6271	Alcácer do Sal	33
Mittelmeerzuflüsse				
Ebro	928	85 997	Tortosa	614
Júcar	534	22 145	Albalat	50
Zum Vergleich				
Donau	2857	47 496	Hofkirchen	636
Rhein	1242	159 300	Rees	2280
Elbe	727	131 950	Neu-Darchau	712
Mosel	545	27 088	Cochem	315

* Instituto da Àgua, Plano Nacional de Àgua (2004)

Tab. 12: *Hydrologische Charakteristika der großen Flusssysteme auf der Iberischen Halbinsel*

Zusammengestellt bzw. berechnet nach: Solé Sabaris 1991b, Busskamp & Schmidt 2003, Lautensach 1964, Instituto da Àgua, Plano Nacional de Àgua 2004

den, die zu einer ausgewogenen Wasserführung beitragen könnten, ist das Abflussverhalten der Flüsse hier eine direkte Reaktion auf Art, Menge und saisonale Verteilung der fallenden Niederschläge.

Das Gleiche gilt auch für die kurzen Flüsse an der Nordabdachung des Kantabrischen Gebirges. Hier müssen allerdings fast 2000 Höhenmeter auf wenigen Zehnerkilometern Lauflänge überwunden werden, d.h., die Niveauunterschiede sind noch größer als an der Mittelmeerküste. Trotz der formal vergleichbaren Kennzeichen (geringe Lauflänge bei hohem Gesamtgefälle) unterscheiden sich die kantabrischen Zuflüsse zum Atlantik sowohl im Hinblick auf die Erosionsformen (bzw. Talgestaltung) als auch im Hinblick auf die wirtschaftlichen Nutzungsmöglichkeiten von den Mittelmeerzuflüssen erheblich: Im atlantischen Norden konnten sich schluchtartige Kerbtäler ausbilden. An der mediterranen Ostküste finden sich breite Flusstäler mit weiten Schotterflächen als Talsohlen, die in den Sommermonaten teilweise völlig trockenfallen („Torrenten").

Abb. 39: *Im Sommer überziehen sich die abflusslosen Senken in der Südmeseta infolge des Verdunstungssogs mit Salzkrusten (Mancha bei Ocaña, Prov. Albacete).*

Das Niederschlagsregime und seine Wirksamkeit

Damit erweist sich das *Klima* in einem umfassenden Sinne als wichtigster physisch-geographischer Faktor, der sowohl mittelbar als auch unmittelbar die iberische Kulturlandschaft maßgeblich prägt. In deskriptiven Klimaklassifikationen werden die Länder rund ums Mittelmeer zusammen mit vergleichbaren Klimagebieten der Nord- wie auch der Südhalbkugel als „subtropische Winterregengebiete" bezeichnet.

Zentrales Charakteristikum des mediterranen Klimas ist eine Trockenperiode im Sommer. Der *Niederschlagsgang* ist somit das zur Kennzeichnung des Mittelmeerklimas wichtigste Klima-Element, dem sich die thermischen Verhältnisse unterordnen. Nach der klassischen Modellvorstellung der atmosphärischen Zirkulation wird der Niederschlagsgang in den Mediterrangebieten durch die jahreszeitliche Verschiebung der großen zonalen Windgürtel erklärt. Dabei überqueren die winterlichen Tiefdruckgebiete innerhalb der außertropischen Westwindzone die Iberische Halbinsel allerdings nur selten mit ihrem Kern. Vielmehr werden im westlichen Südeuropa bei einer westlichen Zirkulation meist nur die Fronten von Zyklonen wetterwirksam, die mit Kern über dem südlichen England nach Osten ziehen. Diese Fronten können (v. a. wenn es sich um hoch reichende Kaltfronten handelt) die Iberische Halbinsel bis zur Südküste überstreichen und bringen in erster Linie Galicien, Portugal sowie der nach Westen hin offenen Guadalquivir-Niederung reichliche Niederschläge.

Das Klimadiagramm von Lissabon (s. Abb. 42) zeigt das „klassische" Bild des Niederschlagsmaximums in den Wintermonaten, das auf die Nieder-

schlagswirksamkeit eben jener atlantischen Zyklonen zurückzuführen ist. Bei tendenziell gleichem Jahresverlauf nehmen die Niederschläge nach Norden zu, sodass Santiago de Compostela in der Summe sogar 1886 mm Jahresniederschlag empfängt (Abb. 40). Das Diagramm macht gleichzeitig deutlich, dass an der Westküste Galiciens zu allen Jahreszeiten Regen fällt. Eine sommerliche Trockenperiode fehlt völlig, nur das sommerliche Niederschlagsminimum verrät noch die Nähe zum Mittelmeerklima. Insgesamt aber ist der Gegensatz zwischen dem immerfeuchten Norden und dem sommertrockenen zentralen und südlichen Teil der Halbinsel offensichtlich. In Zentralspanien haben diese von Westen heranziehenden Fronten über den westlichen Randgebirgen schon große Regenmengen verloren, sodass die inneren Meseten (vor allem in ihrem Westteil) einen analogen Niederschlagsgang bei gleichzeitig reduzierten Niederschlagsmengen verzeichnen (vgl. z. B. die Station Badajoz).

Für den größten Teil Spaniens, d. h. vor allem für die zentralen und östlichen Bereiche, ist das Niederschlagsmaximum in den Hochwintermonaten jedoch eher untypisch. Vielmehr zeigen z. B. die Klimadiagramme der Ostküstenstationen (vgl. etwa Barcelona) im Winter ein sekundäres Niederschlagsminimum, sodass zwei Niederschlagsmaxima auftreten, nämlich ein absolutes Maximum im Herbst und ein sekundäres im Frühjahr. Die zentralen Teile Spaniens sowie die gesamte mediterrane Ostküste empfangen also in den Übergangsjahreszeiten die meisten Niederschläge.

Im Herbst wie auch im Frühjahr, wenn sich das atmosphärische Zirkulationsgeschehen umstellt,

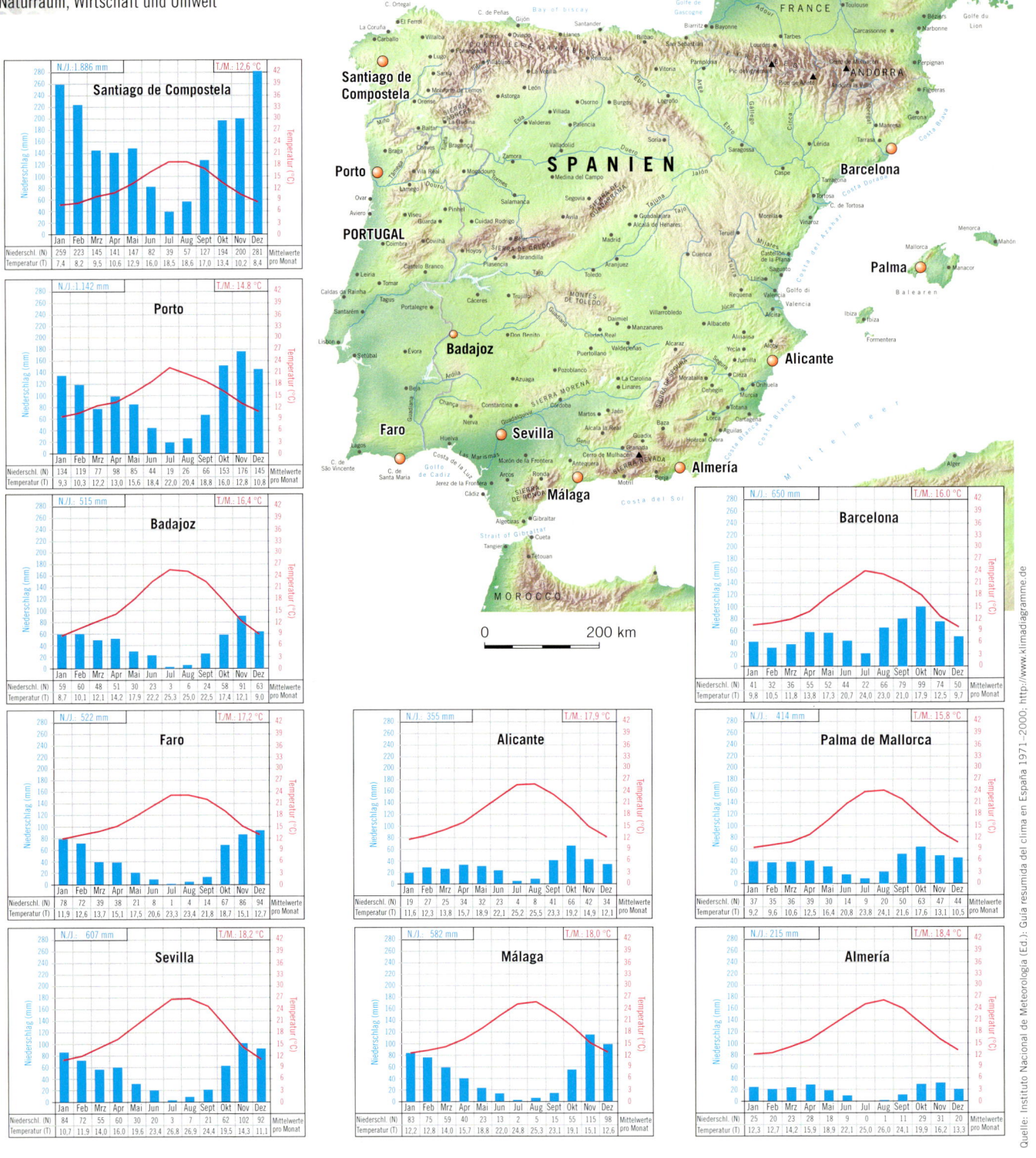

Abb. 40: *Klimadiagramme ausgewählter Stationen auf der Iberischen Halbinsel*

kommt es mit gewisser Regelhaftigkeit zu sog. „*blocking*"-Situationen über Europa, bei denen die zonale, von West nach Ost gerichtete Strömung blockiert ist, sodass sich eine meridionale Zirkulation *(low-index circulation)* entwickeln kann. Dabei wird polare Kaltluft durch die Rhône-Furche nach Süden gelenkt, die im westlichen Mittelmeerbecken meist ergiebige Niederschläge auslöst. Die herbstlichen Kaltlufteinbrüche sind jedoch niederschlagsträch-

tiger, weil dann das Meer noch sehr warm ist (im Oktober noch über 20 °C) und die untersten Luftschichten entsprechend feuchtigkeitsgesättigt, d. h. insgesamt instabil geschichtet, sind. Im Frühjahr ist dieser Effekt geringer (Geiger 1970).

Der Effekt eines sekundären winterlichen Niederschlagsminimums wird teilweise bereits im Zentrum der Halbinsel wirksam (vgl. z. B. das Klimadiagramm von Madrid in Abb. 42), ist aber an der spa-

Quelle: Instituto Nacional de Meteorología (Ed.): Guía resumida del clima en España 1971–2000; http://www.klimadiagramme.de

nischen Ostküste sehr viel deutlicher ausgeprägt. Eine charakteristische Nord-Süd-Abfolge repräsentieren die Klimastationen von Barcelona über Alicante bis Almería. Alle Diagramme zeigen übereinstimmend ein absolutes Niederschlagsmaximum im Herbst und ein sekundäres im Frühjahr. Dabei nehmen die Niederschläge von Norden nach Süden ab, sodass sich die sommerliche Dürrezeit nach Süden sukzessive verlängert. Im äußersten Südosten fällt schließlich fast überhaupt kein Niederschlag mehr. An der südexponierten andalusischen Mittelmeerküste stellt sich mit zunehmender Annäherung an den Atlantik wieder der bekannte „mediterrane" Niederschlagsgang mit winterlichem Maximum ein (z. B. in Málaga oder Sevilla).

Die jahreszeitliche Verteilung der Niederschläge leitet unmittelbar zur Frage ihrer *Wirksamkeit* in wirtschaftsgeographischer Hinsicht über. Mitteleuropäische Touristen z. B. bevorzugen im Sommer vor allem die Küsten im trockenen Teil Spaniens, während sie in ihrer Mehrzahl die spanischen Atlantikküsten meiden. In den Wintermonaten wiederum wird an der Ostküste sogar das sekundäre Niederschlagsminimum vom Fremdenverkehrsgewerbe genutzt: In dieser Jahreszeit wirbt man um sog. Langzeiturlauber aus dem Norden, die keine Badeferien mehr anstreben, der nasskalten Witterung in West- und Mitteleuropa aber für ein bis zwei Monate ausweichen wollen.

Für die Landwirtschaft wirken sich die Trockenperioden im Allgemeinen immer dann als nachteilig aus, wenn sie mit den Wachstumsphasen der Kulturpflanzen zusammenfallen. So tritt z. B. die ausgedehnte Trockenzeit in den Sommermonaten auf, also gerade dann, wenn der Wasserbedarf der Nutzpflanzen besonders hoch ist. Geradezu verheerend kann es sich in diesem Zusammenhang auswirken, wenn an der Ostküste die Frühjahrsniederschläge ausbleiben, was nicht selten der Fall ist. Dann geht die Saat häufig erst gar nicht auf. Deshalb entspricht die hohe Variabilität der Frühjahrsniederschläge an der Ostküste dort gleichzeitig einer hohen Ernteunsicherheit.

Bevor an wenigen ausgewählten Beispielen auf die wirtschaftsgeographische Niederschlagswirksamkeit näher eingegangen wird, ist zunächst das grundsätzliche Problem von regionalem Wasserüberschuss und Wasserdefizit anzusprechen: Die *regionale Wasserhaushaltsbilanz*, d. h. die räumlich differenzierende Erfassung von Wasserdefizit oder

Abb. 41: *Die Halbwüste im Südosten der Iberischen Halbinsel gilt als klimatischer Vorposten Afrikas in Südeuropa (Sierra de los Filabres, Prov. Almería).*

Wasserüberschuss sowie die Dauer von solchen Defizit- bzw. Überschussphasen, ist für alle Mittelmeerländer von größter Bedeutung für die optimale Nutzung der Wasservorräte. Dabei gilt es, Gebiete mit Wasserüberschuss (humide Gebiete) und solche mit Wasserdefizit (aride Gebiete) auszugliedern bzw. die zeitliche Abgrenzung von ariden oder humiden Phasen in bestimmten Regionen festzulegen.

Auf der Basis der Anzahl der ariden Monate, des Abflusses, des Jahresdefizits an Wasser sowie der Ausnutzung der Speicherkapazität des Bodens haben Lautensach & Mayer (1960) für die Iberische Halbinsel eine leicht zu handhabende Matrix entworfen, die es ermöglicht, humide, semihumide, semiaride und extrem semiaride Gebiete (vollaride Gebiete fehlen in Spanien) zu definieren (Tab. 13) und kartographisch darzustellen.

Dieser sehr praxisorientierte Ansatz wurde nur von Vilà Valentí (1968) aufgegriffen, danach ist er bei den spanischen Autoren offensichtlich in Vergessenheit geraten (vgl. Franco Aliaga 1996). In der Zwischenzeit haben Lauer & Frankenberg (1985) die Schlüsselfunktion des Wärme- und Wasserhaushaltes für eine geoökologische Klimaklassifikation eindrucksvoll belegt und eine Karte der hygrothermischen Klimatypen von Europa (Lauer & Franken-

	humide Gebiete	semihumide Gebiete	Trocken-grenzen	semiaride Gebiete	extrem semiaride Gebiete
Zahl der ariden Monate	0	< 4	6	< 7	< 11
Abfluss (Wasserüberschuss)	groß	nähert sich 0	+ 0	0	0
Jahresdefizit an Wasser	< 50 mm	> 50 mm		sukzessive steigend	
max. Speicherkapazität des Bodens	voll erreicht	voll erreicht	knapp erreicht	nicht mehr erreicht	

Tab. 13: *Schwellenwerte der Humidität bzw. Aridität für die Iberische Halbinsel*

Nach: Lautensach & Mayer 1960

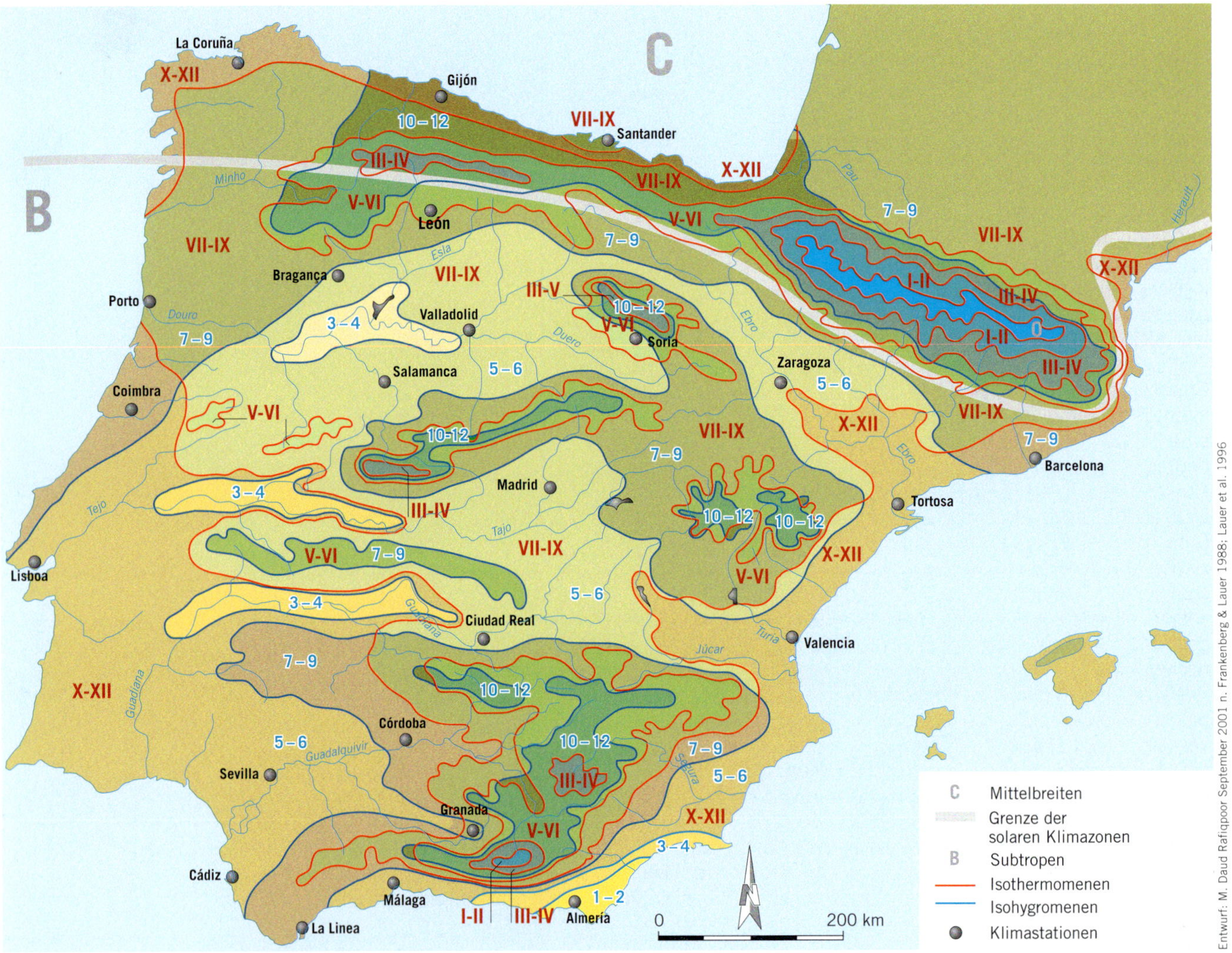

La Coruña
X-XII
Gijón
C
10–12
VII-IX
Santander
III-IV
X-XII
B
V-VI
7–9
VII-IX
León
V-VI
VII-IX
I-II
Bragança
VII-IX
III-V
Porto
3–4
Valladolid
10–12
7–9
Coimbra
Salamanca
5–6
V-VI
Zaragoza
5–6
X-XII
VII-IX
10–12
Madrid
VII-IX
7–9
7–9
III-IV
10–12
10–12
Barcelona
3–4
Lisboa
V-VI
7–9
X-XII
Tortosa
3–4
Ciudad Real
V-VI
7–9
5–6
X-XII
10–12
Valencia
Córdoba
5–6
10–12
7–9
Sevilla
III-IV
5–6
Granada
X-XII
3–4
Cádiz
V-VI
1–2
Málaga
I-II III-IV Almería
La Linea

Entwurf: M. Daud Rafiqpoor September 2001 n. Frankenberg & Lauer 1988; Lauer et al. 1996

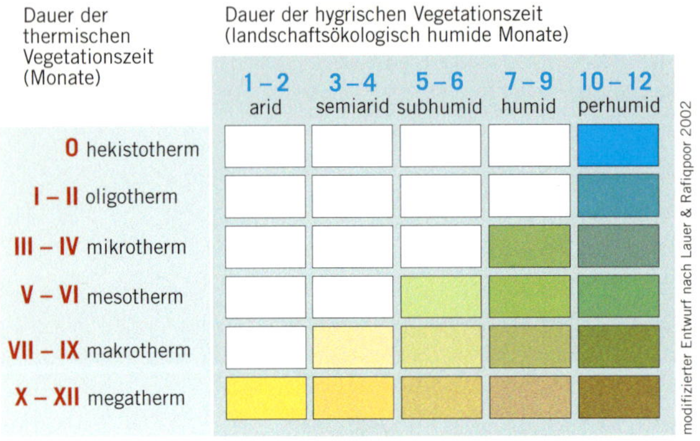

C Mittelbreiten
Grenze der solaren Klimazonen
B Subtropen
Isothermomenen
Isohygromenen
Klimastationen
0   200 km

Dauer der thermischen Vegetationszeit (Monate)	Dauer der hygrischen Vegetationszeit (landschaftsökologisch humide Monate)				
	1–2 arid	3–4 semiarid	5–6 subhumid	7–9 humid	10–12 perhumid
0 hekistotherm					
I – II oligotherm					
III – IV mikrotherm					
V – VI mesotherm					
VII – IX makrotherm					
X – XII megatherm					

modifizierter Entwurf nach Lauer & Rafiqpoor 2002

Lissabon/P
38° 43' N / 09° 09' W; 77 m ü. NN
N = 708 mm; pLV = 713 m; T = 16,6 °C
Weinbau, Obst, Gemüse

Niederschlag (N) / potentielle Landschaftsverdunstung (pLV)
Temperatur (T)

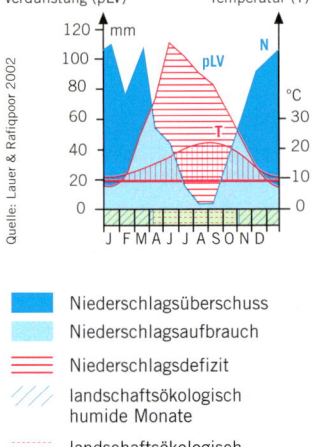

Quelle: Lauer & Rafiqpoor 2002

Madrid/E
41° 25' N / 03° 41' W; 667 m ü. NN
N = 438 mm; pLV = 645 m; T = 13,9 °C
Ackerbau mit Weizen

Niederschlag (N) / potentielle Landschaftsverdunstung (pLV)
Temperatur (T)

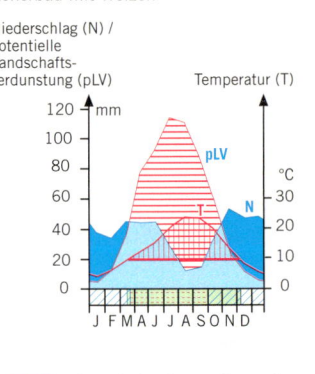

Niederschlagsüberschuss
Niederschlagsaufbrauch
Niederschlagsdefizit
landschaftsökologisch humide Monate
landschaftsökologisch aride Monate

thermische Vegetationszeit
thermische Vegetationsruhe
thermischer Überschuss
thermischer Schwellenwert

Abb. 42: *Hygrothermische Klimatypen der Iberischen Halbinsel*

berg 1986) veröffentlicht, die dann als Grundlage für eine neue Klimaklassifikation der Erde diente (Frankenberg & Lauer 1988; Lauer et al. 1996) und seither nochmals verfeinert wurde (Lauer & Rafiqpoor 2002). Der Klimatyp wird dabei durch die thermische und hygrische Vegetationszeit bestimmt. Methodisches Kernstück ist die rechnerische Bestimmung der „optimalen Landschaftsverdunstung", die zum Teil erheblich von der rechnerisch zu ermittelnden potenziellen Verdunstung (pV) freier Wasserflächen abweicht. Um dabei auch den ökophysiologischen Wandel des Vegetationskleides im Jahresgang zu berücksichtigen, wurden für Europa 18 unterschiedliche Bodenbedeckungstypen bestimmt.

Für eine Übersichtsdarstellung der klimatischen Grundzüge der Iberischen Halbinsel wird hier dem methodisch komplexeren und modernen Ansatz von Lauer et al. (1996) der Vorzug vor der älteren Gliederung von Lautensach & Mayer (1960) gegeben. Hervorzuheben ist zunächst die Zweiteilung der Halbinsel in zwei verschiedene solare Klimazonen (Abb. 42): Der gesamte Nordsaum Spaniens gehört zu den Mittelbreiten (C), der Rest des Landes ebenso wie ganz Portugal zu den Subtropen (B). Dem entspricht der Gegensatz zwischen einem atlantisch geprägten und einem mediterranen Teil der Iberischen Halbinsel.

Die regionale Differenzierung dieser Klimazonen basiert einerseits auf der Dauer der hygrischen Vegetationszeit (von arid bis perhumid), andererseits auf der Länge der thermischen Vegetationszeit (jeweils in Monaten). Die thermische Vegetationszeit beginnt bei einer Mitteltemperatur ≥10 °C. Als landschaftsökologisch humide Monate gelten die Zeiten, in denen das Pflanzenwachstum durch einen Niederschlagsüberschuss oder aber durch den Aufbrauch der verfügbaren Bodenfeuchtigkeit gewährleistet ist.

Die daraus abgeleiteten hygrothermischen Klimatypen ergeben ein sehr differenziertes Muster, bei dem jedoch die bekannten Regelhaftigkeiten weiterhin aufscheinen: Die den Hochflächen aufsitzenden Gebirge sind durch die humide Höhenzonenabfolge gekennzeichnet, wobei in den Hochlagen der Pyrenäen und im Gipfelbereich der Sierra Nevada zwölf landschaftsökologisch humide Monate mit einer thermisch möglichen Vegetationszeit von weniger als zwei Monaten zusammenfallen. Im wechselfeuchten Landesinnern heben sich die Gebirge als eigenständige Klimabereiche ab: Bei niedrigeren Temperaturen sind sie im Jahresverlauf deutlich feuchter als die großen Hochebenen der beiden Meseten. Diese werden ebenso wie randliche Bereiche des oberen Ebro-Beckens bei makrothermen Temperaturbedingungen landschaftsökologisch noch als subhumid eingestuft. Das gilt auch für den Südwesten der Halbinsel, der in hygrischer Hinsicht aus der Exposition zum Atlantik Nutzen zieht. Semiarid bei gleichzeitig megathermen Wärmebedingungen sind einerseits der südöstliche Küstenabschnitt zwischen Murcia und Málaga, andererseits die binnenländischen Flussniederungen von Duero (zwischen Valladolid und der portugiesischen Grenze), Tajo (zwischen Talavera de la Reina und Vila Velha de Ródão in Portugal) und Guadiana (zwischen Ciudad Real und Badajoz). Im äußersten Südosten bei Almería werden bei landschaftsökologisch nur noch 1–2 humiden Monaten pro Jahr und megathermen Wärmeverhältnissen wüstenhafte (aride) Bedingungen erreicht.

Im Detail bleiben aber auch interpretationsbedürftige Ergebnisse: In der Mancha südlich von Ciudad Real zeigt die Klimaklassifikation mit 6–7 landschaftsökologisch humiden Monaten vermutlich zu feuchte Verhältnisse an (vgl. Abb. 42). Dafür sprechen vornehmlich die morphologischen Klimazeugnisse: Zahlreiche endorheische (abflusslose) Lokalitäten in der Mancha mit sommerlichen Salzkrusten an der Oberfläche belegen sehr eindrucksvoll die Intensität der saisonalen Aridität. Die Erklärung könnte in den für die Berechnung der Landschaftsverdunstung verwendeten Bodenbedeckungstypen liegen, die den regionalen Varianten Iberiens möglicherweise nicht voll gerecht werden. Eine ähnliche Interpretation ist möglicherweise auch für den Südwesten der Halbinsel vonnöten, wo die Karte im Dreieck zwischen Lissabon, Sevilla und Cádiz undifferenziert subhumide hygrische Verhältnisse (mit 5–6 hygrischen Vegetationsmonaten) bei häufig megathermen Bedingungen anzeigt.

Starkregen und Überschwemmungskatastrophen

Die Niederschläge, die bei mediterranem Niederschlagsgang im Herbst einsetzen und an der Ostseite der Iberischen Halbinsel in dieser Jahreszeit auch zugleich ihr Maximum erreichen, fallen in ihrer Mehrzahl als Starkregen (> 40 mm Tagesniederschlag; im Deutschen umgangssprachlich als „Wolkenbrüche" bezeichnet; Abb. 43). Die nach der langen Phase exzessiver Trockenheit von der Hitze verkrusteten Böden verhindern (vor allem bei Lehm-, Ton- und Mergelböden) ein Eindringen des Niederschlagswassers. Dieses fließt vielmehr sofort oberflächig ab, und zwar zunächst flächenhaft. Die Folge ist eine intensive Bodenabspülung, die einerseits vom Bodensubstrat abhängig ist (z. B. sind Ton- und Glimmerschiefer besonders undurchlässig), andererseits von der Vegetationsbedeckung. Am stärksten gefährdet sind vegetationslose Flächen, weitständige Strauchformationen (*matorrales*), aber auch Kulturland, vor allem wenn es nicht bewässert und mit Wechselkulturen bestellt wird. Diese Felder werden nämlich vor dem Einsetzen der Niederschläge umgebrochen, sodass ihnen zum Zeitpunkt der Starkregen die schützende Vegetationsdecke fehlt.

Das zunächst flächenhaft abfließende Wasser sammelt sich in den Einschnitten und schließlich in den Tälern, die zum Mittelmeer hin entwässern. Je kleiner das Einzugsgebiet dieser Flüsse und je kürzer ihre Lauflänge, umso unausgeglichener ist ihre Wasserführung. Extreme Beispiele bieten vor allem die kleineren Mittelmeerzuflüsse im Südosten, wo bei den ersten herbstlichen Starkniederschlägen im Oktober einzelne Abflussereignisse das

Abb. 43: *Bei den ersten Herbstniederschlägen sind am Mittelmeersaum kurzfristige Überflutungen an der Tagesordnung (Prov. Murcia).*

italienischen Wort hierfür) allgemein als „Torrenten" bezeichnet, in Spanien heißen sie *ramblas* (die gleichnamige bekannte Geschäftsstraße in Barcelona folgt dem Verlauf eines ehemaligen Trockentälchens). Torrentielle Abflüsse treten an der gesamten Mittelmeerküste von Barcelona bis Gibraltar auf. Dabei sind die Torrente-Täler gleichzeitig bevorzugte Träger hochwertigen Kulturlandes. Ihr Hochflutbett, die sog. *vega*, ist Standort der bekannten spanischen *huertas*, wo auf bewässerten Flächen intensiver Gartenbau betrieben wird, der bis zu vier und mehr Ernten pro Jahr erbringen kann. Eine solche bewässerte *vega* vermittelt im Sommer den Eindruck einer grünen Oase, die sich wohltuend gegen die verdorrte, staubgraue Umgebung abhebt. Im Zuge der winterlichen Hochwasserführung der *ramblas* wird die *vega* normalerweise nicht überflutet.

Dennoch kommt es an der mediterranen Peripherie immer wieder zu singulären Überschwemmungen. Dabei wirken sich dann die Kombination von außergewöhnlich intensiven Niederschlägen, rascher Sedimentation in Becken und Flussläufen sowie die intensive landwirtschaftliche Nutzung der Talauen besonders verhängnisvoll aus. Berüchtigt sind die *ramblas* vor allem im extrem semiariden Südosten Spaniens, wo die Starkniederschläge ebenso wie die daraus resultierenden Abflüsse sehr irregulär auftreten. Die Folge sind katastrophale Hochwässer, die im Einzelfall zahlreiche Menschenleben kosten und mühsam geschaffenes Kulturland zerstören.

Eine sehr anschauliche Kartendarstellung findet sich bei Juárez Sánchez-Rubio et al. (1989), die ein Überschwemmungsereignis (3.–5. November 1987) am Unterlauf des Río Segura (Prov. Murcia) dokumentiert haben (Abb. 44). Aus den an den verschiedenen Pegeln gemessenen maximalen Abflusswerten geht hervor, dass vornehmlich der außergewöhnlich hohe Abfluss des Río Mula, der oberhalb der Stadt Murcia in den Río Segura mündet, für die flächenhafte Überflutung am Unterlauf des Segura verantwortlich war. Eine grobe Vorstellung von der Intensität der auslösenden Niederschläge können

bis zu 10000-Fache (!) des mittleren Abflusses (in m³/sec) erreichen (so der Río Almanzora am Pegel Cantoria/Provinz Granada). Selbst der Llobregat im nordspanischen Katalonien kann im Oktober auf mehr als das Hundertfache des mittleren Abflusses anschwellen, während die großen Ströme wie der Ebro oder Guadalquivir sehr viel geringere Abflussschwankungen aufweisen (Tab. 14).

Gerade die kleineren Zuflüsse zum Mittelmeer führen, sofern sie dem pluvialen Abflusstyp zuzurechnen sind, nur periodisch Wasser. Im Sommer liegen diese Täler trocken, ihre breiten, mit Schotter bedeckten Sohlen werden nicht selten als Wege benutzt. Im Zuge der Herbstniederschläge aber füllen sich diese Trockentäler innerhalb weniger Stunden mit Wasser und verwandeln die Talsohlen in reißende Ströme, die gewaltige Mengen an Schutt und Lockermaterialien mit sich führen. Solche periodisch wasserführenden Flüsse werden (nach dem

Fluss	Pegel	Einzugsgebiet km²	Mittlerer Abfluss (MQ) m³/sec	Höchster Abfluss (HQ*) m³/sec	HQ/MQ*	Monat
Tajo	Bolarque	7402	43,1	2000	46	Jan.
Guadiana	Villanueva	34 771	61,1	3500	57	Feb.
Guadalquivir	Alcalá del R.	47 000	186,1	4800	26	Feb.
Guadalfeo	Motril	1292	0,3	1142	3 807	Okt.
Almanzora	Cantoria	1100	0,3	3100	10 333	Okt.
Segura	Orihuela	13 603	14,3	971	68	Okt.
Turia	La Presa	6294	15,6	3700	237	Okt.
Ebro	Zaragoza	40 434	245,1	4130	17	Jan.
Guadalope	Alcañiz	3476	7,2	771	107	Okt.
N. Pallaresa	Collegats	1518	298,1	900	3	Okt.
Foix	Stausee	279	0,3	235	783	Sept.
Llobregat	Martorell	4561	21,4	2785	130	Okt.

*HQ wird hier als Äquivalent zum spanischen Begriff „*caudal máximo instantáneo*" verwendet.

Tab. 14: *Vergleich zwischen mittlerem und Spitzenabfluss ausgewählter Flüsse in Spanien*

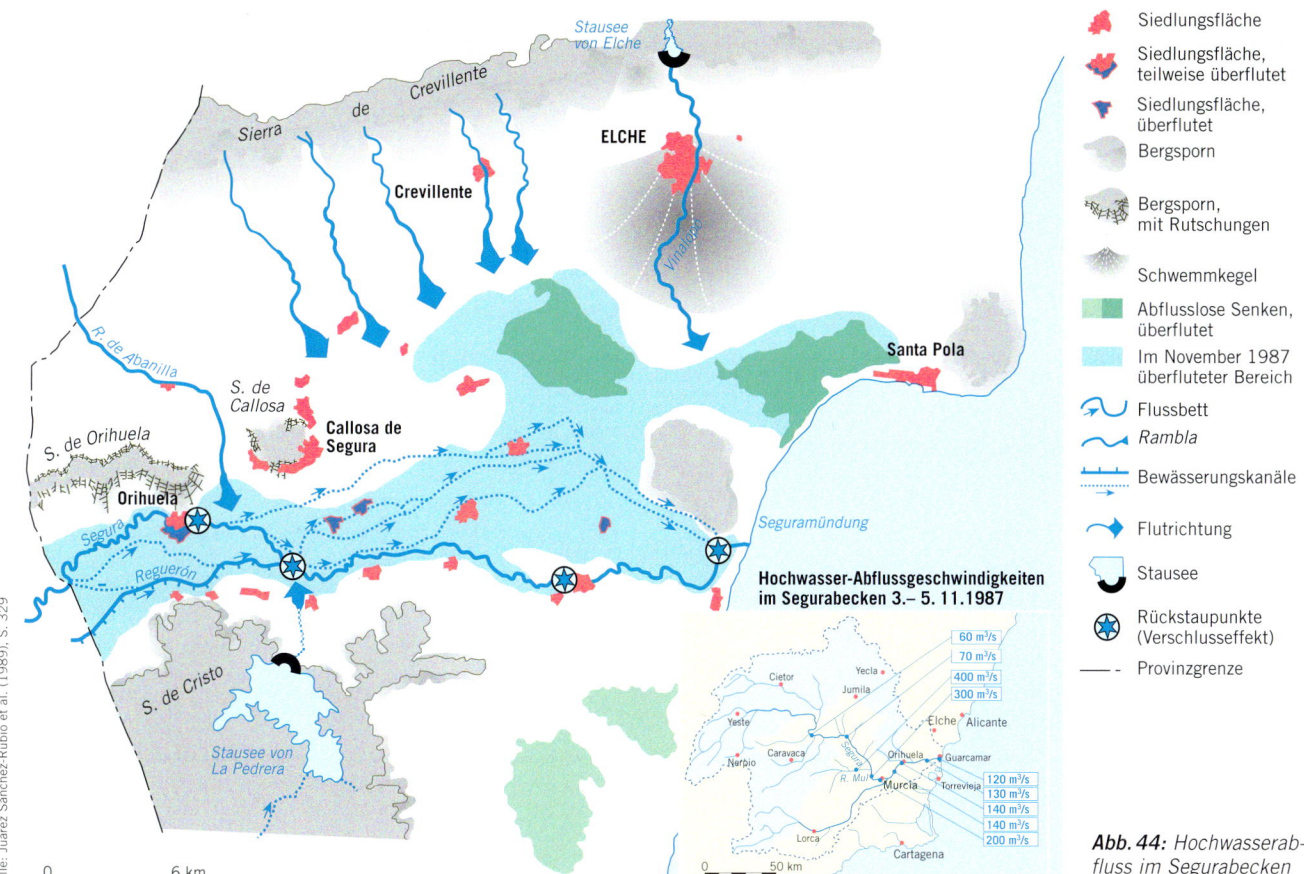

Quelle: Juárez Sánchez-Rubio et al. (1989), S. 329

Legende:

- Siedlungsfläche
- Siedlungsfläche, teilweise überflutet
- Siedlungsfläche, überflutet
- Bergsporn
- Bergsporn, mit Rutschungen
- Schwemmkegel
- Abflusslose Senken, überflutet
- Im November 1987 überfluteter Bereich
- Flussbett
- *Rambla*
- Bewässerungskanäle
- Flutrichtung
- Stausee
- Rückstaupunkte (Verschlusseffekt)
- Provinzgrenze

Hochwasser-Abflussgeschwindigkeiten im Segurabecken 3.– 5. 11. 1987

60 m³/s
70 m³/s
400 m³/s
300 m³/s
120 m³/s
130 m³/s
140 m³/s
140 m³/s
200 m³/s

Abb. 44: *Hochwasserabfluss im Segurabecken 3. – 5. November 1987*

wenige registrierte Messungen vermitteln: Vom 3. 11. (0.00 Uhr) bis 4. 11. 1987 (9.00 Uhr) fielen an der Station Pego 388 l/m²; in Elche wurden am 4. 11. 1987 im Morgengrauen zwischen 2.42 Uhr und 4.40 Uhr, d. h. während nur zweier Stunden 147 l/m² gemessen (die Tagessumme des Niederschlags erreichte dort 264 l/m²).

Als „wegbereitend" für die flächenhafte Überflutung erweisen sich die Bewässerungskanäle, deren eigentliche Funktion es ist, abgeleitetes Flusswasser auf die zu bewässernden Felder (*huertas*) zu lenken. Im Falle der unkontrollierten Überschwemmung fördern sie deren flächenhafte Ausbreitung und damit die Zerstörung dieses wertvollen Kulturlandes zusätzlich. Die historisch gewachsenen geschlossenen Siedlungen sind im Regelfall nur partiell betroffen: Häufig sind sie auf lokalen Erhebungen, in Spornlagen oder randlich zur *vega* hochwassergeschützt angelegt. Verheerend wirken sich allerdings aufstauende Hindernisse und die daraus resultierenden Rückstaueffekte aus (wie im Fall der Stadt Orihuela). Auslösende Hindernisse sind dabei nicht selten Bauten, die der Verbesserung der Infrastruktur dienen wie etwa Bahndämme oder Trassenführungen von küstenparallelen Überlandstraßen. Im konkreten Fall des Überschwemmungsereignisses vom November 1987 erwies sich die verrohrte Überleitung des Tajo-Segura-Kanals, die die *rambla*

des Reguerón auf wuchtigen Betonstützpfeilern quert, als neuralgischer Rückstaupunkt. Nicht minder fatal wirkte sich die zunehmende Verbauung (u. a. durch Aufforstungsmaßnahmen) im Mündungsbereich des Segura aus: Während in normalen Jahren infolge der Wasserentnahme kaum noch Restwasser die Flussmündung erreicht, wird der Abfluss bei Flutereignissen nunmehr blockiert (vgl. Abb. 44).

Bei dem Flutereignis von 1987 standen ca. 12 000 ha – das sind ca. 50 % der gesamten *vega* des Segura – eine Woche lang unter Wasser. Die wirtschaftlichen Verluste in der Landwirtschaft wurden auf ca. 7 Mrd. Pts. (ca. 42 Mio. €) beziffert, die Schäden an Wohn- und Wirtschaftsgebäuden auf 3,7 Mrd. Pts. (ca. 22 Mio. €) Überschwemmungskatastrophen größeren Ausmaßes treten im mediterranen Spanien allerdings nicht regelhaft auf, sondern müssen sogar als selten bezeichnet werden. Als der Río Turia, der die Altstadt von Valencia seit Jahrhunderten durch episodische Überschwemmungen bedroht hat, im Jahre 1957 besonders schwere Schäden in der Stadt anrichtete, war dieses Überschwemmungsereignis der Anlass für eine vollständige Umleitung des Flusses. Der neue, künstliche Flusslauf umgeht heute die Altstadt in einem großen Bogen südwärts. Das ehemalige Flussbett wurde zu einem bandartigen, innerstädtischen Park umgestaltet.

Flüsse

- ■ Ter/Onyar
- ■ Besós
- ■ R. Barcelona
- ■ Llobregat
- ■ Ebro
- ■ Túria
- ■ Júcar
- ■ Segura
- ■ R. Palma

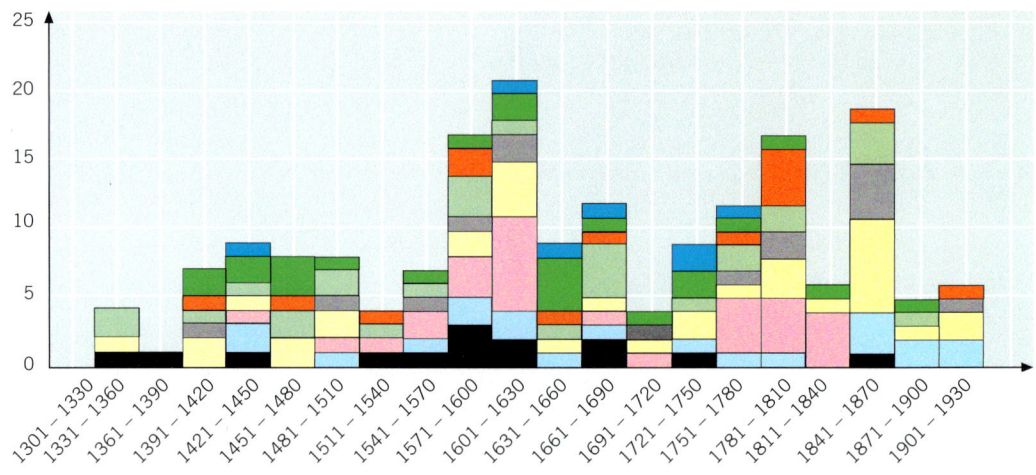

Überschwemmungen: Häufigkeiten nach Monaten

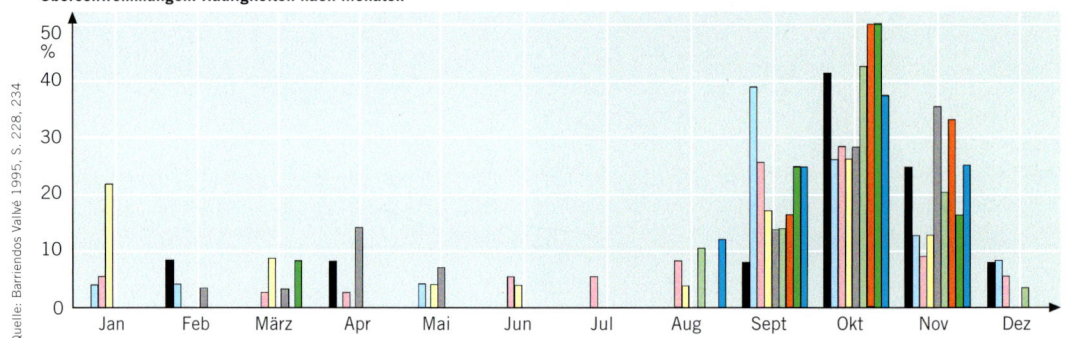

Quelle: Barriendos Vallvé 1995, S. 228, 234

Abb. 45: *Katastrophale Überschwemmungen an der spanischen Mittelmeerküste vom 14.–20. Jh.*

Trotz des singulären, nicht-periodischen Charakters dieser Naturkatastrophen sind sie ein Charakteristikum des Mediterranraumes. Juárez Sánchez-Rubio et al. (1989) dokumentieren allein für den Unterlauf des Río Segura in der Zeit von 1946 bis 1987 17 Überschwemmungsereignisse, von denen die Überflutungen von 1946 und 1987 katastrophale Ausmaße besaßen. Vor diesem Hintergrund ist die Studie von Barriendos Vallvé (1995) sehr aufschlussreich: Für den Zeitraum vom 14. bis zum 19. Jh. konnte er anhand historischer Quellendokumente 201 katastrophale Überschwemmungsereignisse an der spanischen Mittelmeerküste zweifelsfrei ermitteln und analysieren. Erwartungsgemäß fällt die große Mehrzahl der katastrophalen Überschwemmungsereignisse in die Herbstmonate (mit Maximum im Oktober; vgl. Abb. 45). Überraschend ist hingegen der Befund, dass diese Katastrophen über einen Untersuchungszeitraum von 398 (Min.) bis 680 (Max.) Jahre hinweg unter Berechnung gleitender 30-jähriger Mittel im statistischen Sinne nicht gleich verteilt auftreten. Vielmehr lassen sich drei Phasen besonders intensiver Katastrophenereignisse ermitteln, nämlich an der Wende vom 16. zum 17. Jh., am Ende des 18. Jh. und schließlich in der Mitte des 19. Jh. Bei aller Zurückhaltung in der Formulierung sieht der Autor hier eine Parallele zur sog. „Kleinen Eiszeit", die die Paläoklimatologie in eben diesem Zeitraum (1550–1850) für die mittleren und hohen Breiten in Europa und Nordamerika

ermittelt hat (Lamb 1982): Die erste und letzte Phase der katastrophalen Überschwemmungen fällt demzufolge mit dem Beginn und Abschluss dieser Klimaphase zusammen.

Angesichts der gewaltigen wirtschaftlichen Schäden, die solche singulären, wolkenbruchartigen Niederschläge verursachen, versuchen präventive Baumaßnahmen wie der Bau von Rückhaltebecken und kleineren Überjahresspeichern im Oberlauf der *ramblas* die katastrophale Wirkung späterer Überflutungen zu verhindern oder wenigstens zu mildern. So entstanden im trockenen Südosten Spaniens schon seit dem frühen 19. Jh. eine Vielzahl kleinerer Stauseen. Sie dienten primär der Bekämpfung der Überschwemmungskatastrophen und erst sekundär der Wasserbewirtschaftung für die Landwirtschaft. Diese Stauseen erwiesen sich als recht wirkungsvoll, allerdings ist ihre Effektivität nur von begrenzter Dauer: Sie werden durch die Akkumulation der Sedimentfracht normaler Herbst- bzw. Winterabflüsse relativ schnell aufgefüllt. Ein bekanntes Beispiel bildet der Oberlauf des Río Guadalentín nordwestlich von Lorca (Provinz Murcia). Hier wurde nach der Flutkatastrophe von 1802, die in Lorca 608 Menschenleben forderte, im Jahre 1806 das Becken von Valdeinfierno mit einer damaligen Kapazität von 20 Mio. m³ gebaut. Der Stausee war aber bereits 1850 durch sedimentierte Erdmassen aufgefüllt, sodass 1879 die Dammkrone um 15 m erhöht werden musste, um auf diese Weise erneut eine Kapazität von 25 Mio. m³ Stauraum zu schaffen. Heute ist das ehemalige Staubecken von Valdeinfierno durch Sedimenteintrag vollständig verfüllt und hat damit seine Funktion als Rückhaltebecken verloren.

Die Effizienz der überschwemmungsverhindernden Funktion von Stauseen wurde am Beispiel des Yesa-Stausees in Hocharagonien auf der Südabdachung der Pyrenäen differenziert analysiert (López-Moreno et al. 2002). Das Ergebnis ist vergleichsweise ernüchternd: Überschwemmungen werden nur dann sicher vermieden, wenn das Rückhaltebecken zum Zeitpunkt des katastrophalen Zuflusses zu weniger als der Hälfte gefüllt ist. Zehnjährige Hochflutereignisse werden noch bei einer freien Restkapazität zwischen 50 und 30 % mit hinreichender Wahrscheinlichkeit vermieden. Bei einem Füllungsgrad von mehr als 90 % des Stauraums geht die Präventivwirkung des Rückhaltebeckens gegen Null. In diesem Fall verstärken länger andauernde Niederschlagsphasen sogar das Überflutungsrisiko für die Talbereiche unterhalb der Staumauer, weil dann aus Sicherheitsgründen mehr Wasser abgelassen werden muss als kurzfristig zufließt. Überträgt man diese Befunde auf die gesamte Iberische Halbinsel, so folgt daraus, dass die Präventivwirkung von Stauseen vom Niederschlagsregime – und hier vom zeitlichen Auftreten der maximalen Zuflüsse – abhängt. Überflutungen werden immer dann am zuverlässigsten verhindert, wenn die Rückhaltebecken nach einer längeren Trockenperiode weniger gefüllt sind. Je nach regionalem Niederschlagsgang kann dies im Herbst oder – bei einem sekundären Zuflussminimum im Hochwinter – auch im Frühjahr der Fall sein.

Der Zwang zur Wasserbewirtschaftung

Nutzbare Ressourcen: Grundwasser oder Oberflächenabfluss

Das Erfordernis einer Wasserbewirtschaftung ergibt sich in wechselfeuchten Gebieten aus dem saisonalen Niederschlagsrhythmus. Für die Wasserbeschaffung in den Trockenzeiten bieten sich grundsätzlich zwei Möglichkeiten an: die Bewässerung aus den Grundwasserreservoirs oder durch die Nutzung der Flusswasserkapazitäten.

Abseits der Flusstäler ist man ausschließlich auf Grundwasservorräte angewiesen. Weil nutzbare fossile Grundwasserspeicher auf der Iberischen Halbinsel bisher nicht bekannt sind, muss eine nachhaltige Grundwassernutzung auf diejenigen Entnahmemengen begrenzt werden, die eine Regenerierung des Grundwasserreservoirs im langjährigen Mittel nicht gefährden. Insbesondere in der Südmeseta (Mancha) spielt die Nutzung des Grundwassers eine größere Rolle.

Eine Bewirtschaftung der Flüsse wiederum, d. h. die Nutzung des Abflusses aus Überschussgebieten für die Versorgung von Defizitgebieten, kann nur vom mittleren jährlichen Abfluss ausgehen, der zur Verfügung steht. Neben der absoluten Höhe des Ab-

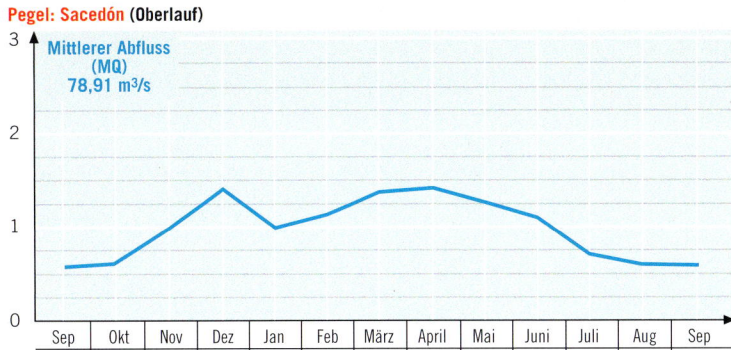

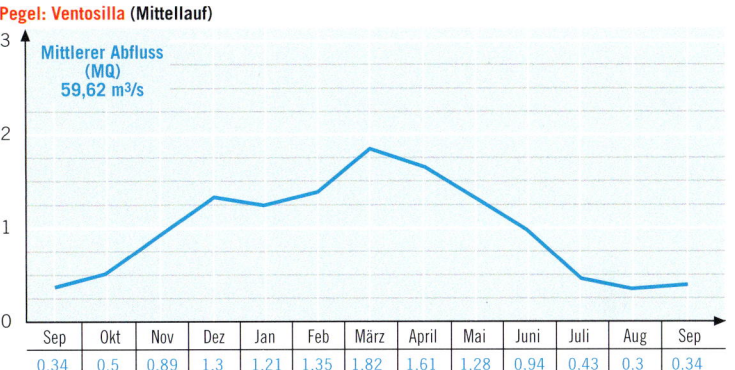

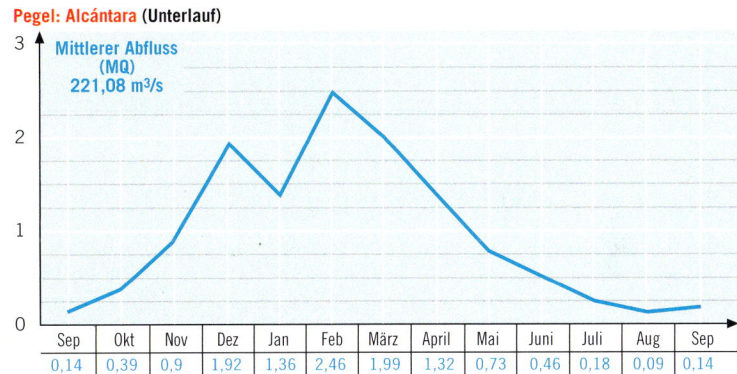

Die Zahlen in der jeweils untersten Zeile geben für jeden Monat den %-Anteil am mittleren Abfluss MQ an

Quelle: Franco Aliaga 1996

flusses ist vor allem dessen jahreszeitliche Schwankung von Bedeutung. Die Mehrzahl der spanischen Flüsse ist dem pluvialen Abflusstyp zuzuordnen, d. h., als Folge der winterlichen Niederschläge liegt das Maximum des Abflusses im März, das Minimum im August. Dies ist gleichzeitig der heißeste Monat des Jahres mit dem größten Wasserbedarf.

Als Beispiel für die Wasserführung der großen atlantischen Zuflüsse auf der Iberischen Halbinsel kann der Tajo dienen (Abb. 46): Er entspringt in der Sierra de Albarracín und erhält im Oberlauf seine wesentlichen Zuflüsse aus dem Kastilischen Scheidegebirge. Die Abflusskurve ist am Pegel Sacedón noch zweigipfelig mit einem ersten Maximum im April (als Folge der Schneeschmelze) und einem zweiten Maximum im November/Dezember (als Er-

Abb. 46: Abflusskurven des Río Tajo

gebnis der herbstlichen Niederschläge). Im kontinentaler geprägten Inneren der Halbinsel werden die Herbstniederschläge dann zunehmend von den Winterniederschlägen übertroffen. Unterhalb von Toledo (am Pegel Ventosilla) zeigt die Abflusskurve bereits ein ausgeprägtes Maximum im März. An der portugiesischen Grenze (am Pegel von Alcántara) ist die pluviale Steuerung des Abflusses noch deutlicher: Das Wintermaximum verschiebt sich zum solaren Winter hin, d. h. in den Februar. Gleichzeitig bleibt die Wirksamkeit der Herbstniederschläge sichtbar.

Die großen Flusseinzugsgebiete der Iberischen Halbinsel und die jeweiligen Abflusscharakteristika der großen Ströme bilden die Grundlage aller geplanten Bewirtschaftungsmaßnahmen. Allerdings verlaufen die großen Ströme der Iberischen Halbinsel über weite Strecken als Fremdlingsflüsse durch aride Gebiete, wo Wasserverluste statt Wasserzuwüchse zu verzeichnen sind. Der mittlere jährliche Abfluss an der Mündung des Ebro, des wasserreichsten Flusses Spaniens, erreicht deshalb nur wenig mehr als ein Viertel des Rhein-Abflusses in Rees an der deutsch-niederländischen Grenze (vgl. Tab. 12). Der Abfluss des Duero an der spanisch-portugiesischen Grenze ist nur geringfügig größer als derjenige der Mosel bei Cochem und wird seinerseits von dem ungleich kürzeren Miño im immerfeuchten Galicien übertroffen. Der mittlere Abfluss des Júcar in Südostspanien wiederum beläuft sich auf ein Sechstel des Abflusses der Mosel bei

Cochem. Dieser geringe jährliche Abflusswert verdeutlicht damit erneut das hydrologische Ungleichgewicht zwischen der atlantischen Abdachung und dem Südosten Spaniens.

Dabei ist darauf hinzuweisen, dass das von Nord nach Süd abnehmende Niederschlagsaufkommen zu großen Teilen nicht genutzt werden kann, weil es sogleich wieder verdunstet. Die Verdunstungsverluste nehmen zonal von Nord nach Süd zu und verschärfen ihrerseits das regionale Ungleichgewicht zwischen Gebieten mit hohem und niedrigem Abfluss (Abb. 47). Der jährliche Gang der mittleren Wasserführung erfordert die Speicherung des abfließenden Wassers, damit dieses im Sommer zur Verfügung steht, wenn die natürliche Wasserführung der Flüsse am geringsten ist. Dabei wird das Speichervolumen der Stauseen wegen der extremen Schwankungen der jährlich fallenden Niederschlagsmengen im Allgemeinen auf das Zwei- bis Dreifache des mittleren Jahresbedarfs ausgelegt. Auf diese Weise soll auch bei einer länger dauernden Dürreperiode eine kontinuierliche Wasserversorgung der Wirtschaft und Bevölkerung gesichert werden (sog. „Überjahresspeicher").

Wasserbewirtschaftung: ein kurzer historischer Rückblick

Ein kursorischer historischer Rückblick über die Wasserbewirtschaftung auf der Iberischen Halbinsel muss schon bei den Römern ansetzen. Der älteste spanische Stausee (in Proserpina, Provinz Mérida) geht noch auf die Zeit des römischen Kaisers Trajan zurück. Die römischen Wasserbauten dienten in erster Linie der gesicherten Wasserversorgung der städtischen Zentren, die im Regelfall gleichzeitig Garnisonsstandorte waren. Die Aquädukte – etwa die von Segovia und Tarragona – sind heute bekannte

Abb. 47: *Regionale Wasserbilanz*

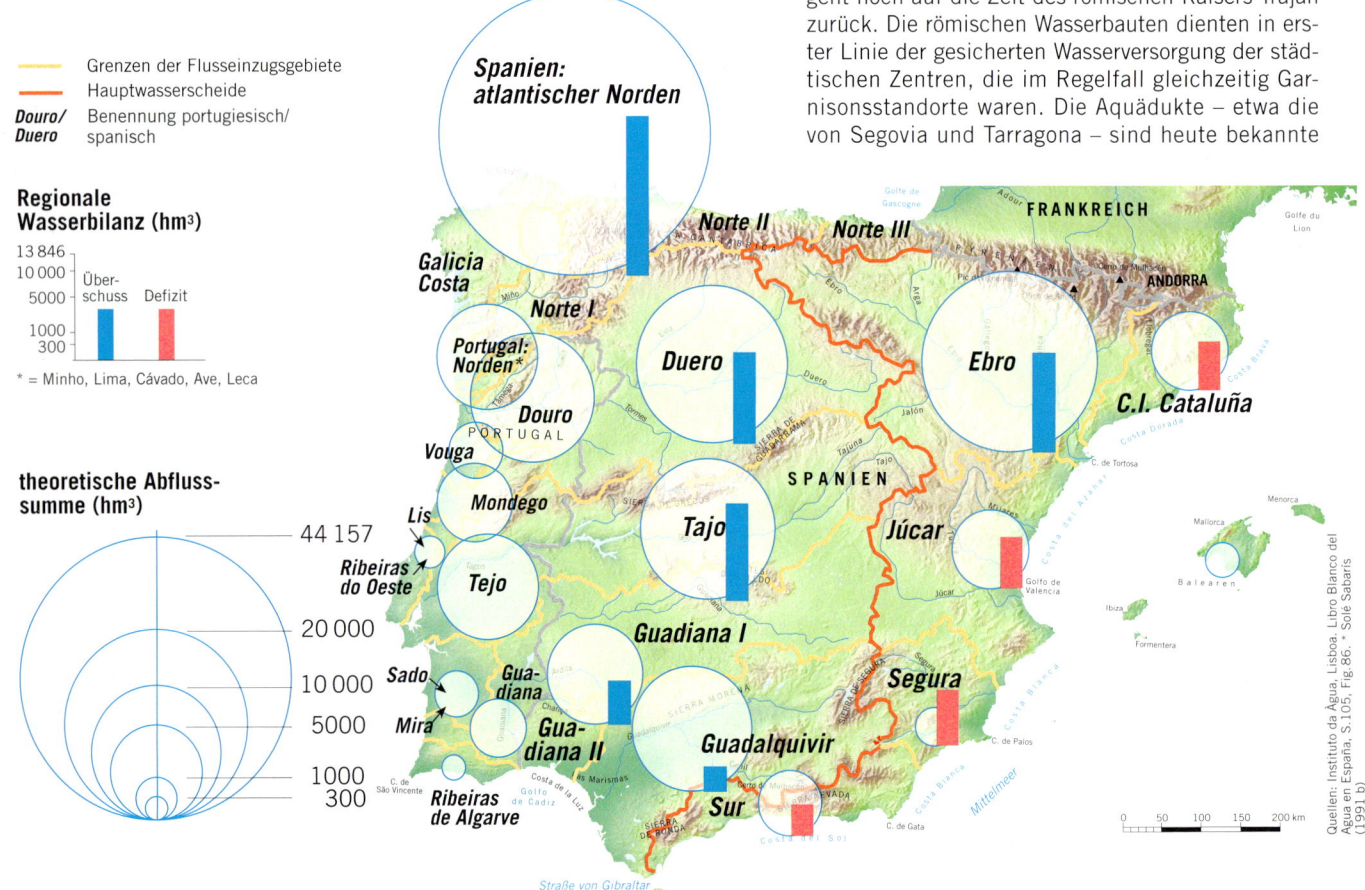

Quellen: Instituto da Água, Lisboa. Libro Blanco del Água en España, S.105, Fig.86. * Solé Sabarís (1991 b)

touristische Attraktionen. In maurischer Zeit hatte die Wasserbewirtschaftung stärker die Funktion der Bewässerung landwirtschaftlicher Kulturen. Auf diese Zeit gehen viele Details der Bewässerungsinfrastruktur an der Levanteküste zurück (Kanalsysteme, Schöpfräder [*norias*], Brunnen mit Göpelwerken).

In der Neuzeit konzentrierte sich das wasserbauliche Interesse zunächst ausschließlich auf die Schaffung von Wasserwegen. Die meisten der geplanten Kanäle wurden aber nie realisiert. Verwirklicht wurden z.B. der „Canal de Castilla" sowie der „Canal de Campos". Im Ebro-Becken wurden die Kanäle „Canal Imperial de Aragón", „Canal de Tauste" und „Canal de Aragón y Cataluña" ausgebaut bzw. neu angelegt (Gil Olcina 2001).

Ein Umdenken in der staatlichen Wasserplanung dokumentiert der Bau der Stauseen von Valdeinfierno am Río Luchena sowie wenige Kilometer unterhalb der Staudamm von Puentes am Río Guadalentín im Jahre 1785. Als staatlich initiiertes Großprojekt wurden damit bisher unbekannte Dimensionen eröffnet: Anders als der ältere „Embalse de Tibi" mit 3,7 hm^3 (Kubikhektometer; siehe auch Tab. 15) sollte der neue Stausee von Puentes 52 hm^3 fassen. Aufgrund von bautechnischen Fehlern brach die Staumauer aber bereits 1802. Die dadurch ausgelöste Flutwelle kostete mehr als 600 Menschen das Leben und versetzte dem Gedanken des Talsperrenbaus mit seiner Technikgläubigkeit einen empfindlichen Rückschlag.

Einen neuerlichen Schub erfuhr die staatlich initiierte Wasserwirtschaft zu Beginn des 20. Jh., ausgelöst durch den Verlust der letzten spanischen Kolonien, der eine Rückbesinnung auf die eigenen Ressourcen der Halbinsel erzwang (vgl. Kapitel „Geschichte und Politik"). Im Zuge einer neuen Ideologie des sog. *regeneracionismo* forderte einer ihrer Wortführer, Joaquín Costa: „Der Staat muss die Kanäle und Stauseen bauen und unterhalten" („*El Estado debe construir y explotar los canales y pantanos*"; zit. nach Gil Olcina 2001, S. 10). Die neue Denkweise fand ihren Niederschlag in dem 1902 verabschiedeten „Generalplan für Bewässerungskanäle und Stauseen" und begründete die Ideologie zentralstaatlicher Wasserbewirtschaftung.

Unter dem Franco-Regime (1939–1975) wurde die zentrale Wasserbewirtschaftung zu einem Kernelement der sog. Entwicklungspläne (*„planes del desarrollo"*), die das postkoloniale Spanien wirtschaftlich erneuern sollten. Die wasserbauliche Planung verstand sich dabei immer als multifunktional: Zum Einen zielte sie auf die Schaffung von landwirtschaftlichen Bewässerungsflächen, wovon man eine erhebliche Ertragssteigerung und damit eine Ausweitung der landwirtschaftlichen Produktion erwartete, zum Anderen sollten agrarsoziale Probleme im Rahmen einer Agrarreform gelöst werden, beispielsweise durch Landumverteilung und Ansiedlung bäuerlicher Kolonisten auf neu geschaffenem Bewässerungsland. In diesem Zusammenhang entstanden in den Beckenlandschaften der großen iberischen Ströme Ebro, Duero, Tajo, Guadiana und

Guadalquivir bedeutende Projekte zur Überführung von Trocken- in Bewässerungsfeldland.

Einen Höhepunkt erreichte der Talsperrenbau in Spanien in den 1960er-Jahren. Zwischen 1955 und 1985 wurden dabei durchschnittlich 15 Stauseen pro Jahr fertiggestellt. Der ständig steigende Wasserbedarf sorgt indes dafür, dass der weitere Ausbau von Stauseen auch gegenwärtig noch geplant und realisiert wird.

Theoretische Wasserhaushaltsbilanz und praktische wasserbauliche Planung

Die großen Stauseen liegen im Wesentlichen an der Südabdachung der immerfeuchten Gebirge des Nordens der Halbinsel bzw. an der Südabdachung des Hauptscheidegebirges und sammeln die dort fallenden reichlichen Niederschläge. Südlich des Tajo ist der bisher erstellte Stauraum merklich geringer als in der Nordhälfte der Halbinsel. Guadiana und Guadalquivir übertreffen nur gemeinsam die Stauraumkapazität allein des Tajo-Einzugsgebietes – ein Resultat der geringen Niederschläge und des entsprechend niedrigeren Abflusses. Inzwischen gibt es allein in Spanien mehr als 1000 Stauseen (Tab. 15).

Die theoretische Berechnung des Wasserdefizits als Folge der sommerlichen Trockenheit ist aus der Wasserhaushaltsbilanzgleichung abzuleiten. Benötigt werden Angaben für die potenzielle Verdunstung (zu berechnen nach dem Modell von Thornthwaite), für die Feldkapazität (das ist das Porenvolumen bzw. die Wasserspeicherfähigkeit) des Bodens sowie die gemessene monatliche Niederschlagsmenge. Ein solches naturwissenschaftlich fundiertes Überschuss-Defizit-Konzept auf der Grundlage des natürlichen Niederschlagsaufkommens, der mittleren Temperaturverhältnisse und der daraus resultierenden, rechnerisch ermittelten Verdunstung (Lautensach & Mayer 1960) steckt jedoch bestenfalls

Flusseinzugsgebiet	Anzahl	Fassungsvermögen[1] (hm^3)
Atlantische Nordabdachung	144	4354
Duero	70	7465
Tajo	201	11 004
Guadiana	105	7658
Guadalquivir	106	6748
Südabdachung	26	1148
Segura	27	1093
Júcar	45	2841
Ebro	175	6572
Östl. Pyrenäen (Katalonien)	16	692
Balearen	2	11
Kanaren	126	100
Total	**1033**	**49 693**

[1] Ein Kubikhektometer (hm^3) entspricht einem Würfel mit 100 m Kantenlänge und einem Wasserinhalt von 1 Mio. m^3 bzw. 1 Mrd. Liter.

Quelle: Méndez & Molinero 1993, S. 245

Tab. 15: *Stauseen in Spanien*

die natürlichen Größenordnungen für eine Wasserbewirtschaftung ab. Im Detail enthält sie zwei systeminterne Fehlerquellen:

- Zum Einen ist die Feldkapazität und damit die Speicherfähigkeit der Böden je nach Bodenart unterschiedlich. Die Modellrechnung kann kleinräumige regionale Unterschiede in den Bodenarten aber nicht berücksichtigen. Zusätzlich wird die Speicherfähigkeit der Böden durch die für semiaride Gebiete typischen subkutanen Kalkkrusten eingeschränkt.
- Zum Anderen ist die Modellannahme unrichtig, dass der Oberflächenabfluss erst nach der Sättigung des Bodens erfolgt. Bei Starkregen nimmt der Boden sogar nur sehr wenig Wasser auf, während fast der gesamte Niederschlag sofort oberflächig abfließt. Entscheidend für die Ermittlung des Wasserdefizits ist also weniger die gemessene Niederschlagsmenge als vielmehr die zeitliche Konzentration der Niederschläge. Damit ist eine Berechnung des Wasserbedarfs auf der Grundlage der Wasserhaushaltsbilanzgleichung nur von sehr begrenztem Wert.

Aus diesem Grunde kommt in der Planungspraxis vielfach ein anthropogenes Überschuss-Defizit-Konzept zur Anwendung. Es berücksichtigt, dass nicht nur Pflanzen einschließlich der landwirtschaftlichen Kulturpflanzen, sondern auch die Industrie ebenso wie die privaten Haushalte an den Siedlungsstandorten einen kalkulierbaren Wasserbedarf haben. Dessen Berechnung orientiert sich am effektiven Wasserverbrauch oder auch am prognostizierten Wasserbedarf, sodass die jeweiligen Bilanzierungen je nach den zugrundeliegenden Modellannahmen zu unterschiedlichen Ergebnissen kommen. So erklärt sich beispielsweise, dass Wasserbedarfsberechnungen in Spanien und in Portugal beträchtlich divergieren. Hinzu kommen wechselnde Berechnungsgrundlagen, u.a. bedingt durch die extreme interanuelle Variabilität der Niederschläge. Ein Niederschlagsaufkommen von 40 % des im langjährigen Mittel zu erwartenden Niederschlags ist in trockenen Jahren nicht ungewöhnlich.

Schließlich und endlich sind die jahreszeitlich verfügbaren Niederschlagsmengen und ihre bekannt hohe Variabilität nicht für die gesamte Iberische Halbinsel in gleicher Weise wirksam, sie sind vielmehr durch teilweise beträchtliche regionale Unterschiede charakterisiert. Als räumliches Grundmuster ist dabei festzuhalten, dass die Dauer der sommerlichen Trockenperiode und damit die Größenordnung des sommerlichen Wasserdefizits von Nord nach Süd zunimmt. In abgeschwächter Form wiederholt sich dieser Gradient von West nach Ost, d.h., mit zunehmender Distanz vom Atlantik wächst der Grad der sommerlichen Trockenheit. Der Zwang zur Wasserbewirtschaftung in der sommerlichen Trockenperiode muss deshalb auf der Iberischen Halbinsel gleichzeitig einen regionalen Wasserausgleich mit einschließen.

Aus zentralstaatlicher Sicht wird aus den hydrologischen Disparitäten zwischen dem Norden und dem Süden der Halbinsel eine ursächliche Beziehung zur wirtschaftlichen Rückständigkeit Südspaniens abgeleitet. Konzepte zur Wasserüberleitung aus Flusseinzugsgebieten mit Überschüssen in solche mit Defiziten sollen hier Abhilfe schaffen. Konkret enthält der erste nationale Wasserbauplan Überlegungen zur Überleitung aus dem Tajo- ebenso wie aus dem Ebro-Becken auf die defizitäre Ost- bzw. Südostabdachung der Iberischen Halbinsel (Morales Gil 2002). Gegenwärtig findet aber auch die konträre Grundposition einer regionalen, dezentralisierten Wasserbauplanung wachsende Zustimmung in der Bevölkerung. Daraus ergeben sich erhebliche innenpolitische Spannungen.

Grundlage für aktuelle Überlegungen und Maßnahmen des Wasserbaus in Spanien ist das Wassergesetz vom 2. August 1985 (*Ley de Aguas 29/1985*). In Artikel 1.2 wird festgestellt: „Die Oberflächengewässer sowie die erneuerbaren Grundwasservorräte, die in den Wasserkreislauf integriert sind, stellen eine einzigartige Ressource dar, die den allgemeinen Interessen untergeordnet und als öffentliches Gut Teil des Staatseigentums ist." Vorher galt, dass auf eigenem Grund erbohrtes Grundwasser Eigentum des Grundeigentümers wurde. Dies änderte das Gesetz von 1985, allerdings mit Übergangsfristen von 50 Jahren. Eine Ausnahme von diesem Grundsatz gibt es nur auf den Kanarischen Inseln, wo aufgrund historischer Vorgaben die Wasserrechte ähnlich wie die Rechte an Grund und Boden privat sind. In Artikel 1.3 legt das Gesetz darüber hinaus fest: „Die Wasserplanung, der alle Aktivitäten hinsichtlich des öffentlichen Gemeinguts Wasser unterworfen sind, obliegt in jedem Fall und in allen Gemarkungen dem Staat." Dabei wird der regionalen Zuständigkeit dahingehend Rechnung getragen, dass die sog. *„confederaciones hidrográficas"* für ihr jeweiliges Zuständigkeitsgebiet (= Flusseinzugsgebiet) die Planungshoheit haben. Die Zentralplanung in Madrid ist in allen denjenigen Fällen zuständig, wo einzugsgebietsübergreifende Eingriffe in den Wasserhaushalt vorgesehen sind.

Für die Bewertung der aktuellen wasserbaulichen Planung auf der Iberischen Halbinsel ist es sinnvoll, die grundsätzliche Größenordnung des verfügbaren Niederschlagswassers und der Nachfrage nach Brauchwasser nochmals deutlich zu machen. Nach Abzug der Verdunstung verbleiben auf der Iberischen Halbinsel (ohne Inseln) von dem natürlich fallenden Niederschlag theoretisch ca. 145 km^3 Wasser/Jahr, die potenziell nutzbar wären. Flächenproportional würden davon 112,5 km^3 auf Spanien und 33 km^3 auf Portugal entfallen. Dank des Zuflusses aus Spanien erhöhen sich (rechnerisch) die portugiesischen Ressourcen aber auf ca. 64 km^3 (Drain 2000, S. 177). Diese theoretischen Werte sind für die Realität nur bedingt planungsrelevant. Von den in Spanien theoretisch verbleibenden 81,5 km^3 werden ca. 70 km^3 als Bodeneintrag und Abfluss gemessen. Davon werden summarisch in ganz Spanien 46 km^3 verbraucht. Sie verteilen sich

Flusseinzugsgebiet	Haushalte	Industrie	Landwirtschaft	Total
Atlantische Nordabdachung	663	670	955	2288
Duero	214	43	3508	3765
Tajo	567	184	1947	2698
Guadiana	150	89	2231	2470
Guadalquivir	478	157	3097	3732
Südabdachung	284	28	827	1139
Segura	166	19	1626	1607
Júcar	559	115	2402	3076
Ebro	300	324	6820	7444
Östl. Pyrenäen (Katalonien)	676	308	23 290	1274
Spanien Festland	**4057**	**1937**	**703**	**29 697**
Balearen	105	–	275	380
Kanaren	143	–	267	417
Spanien gesamt	*4305*	*1944*	*24 245*	*30 494*

Quelle: Méndez & Molinero 1993, S. 247

Tab. 16: *Jährlicher Wasserbedarf (1992) in hm³*

zu 24 km³ auf die Landwirtschaft (52,2 %), 15 km³ auf die Industrie (32,6 %) und 7 km³ auf die privaten Haushalte (15,2 %) (Franco Aliaga 1996, S. 223 ff.).

Diese summarischen Angaben tragen allerdings in gewisser Weise den regionalen Disparitäten von Wasserverfügbarkeit bzw. Wasserbedarf nicht Rechnung. So erklärt es sich, dass die regionale Differenzierung des jährlichen Wasserbedarfs nach hydrologischen Einzugsgebieten im Einzelfall zu erheblichen Abweichungen kommt. Die in Tab. 16 aufgelisteten Bedarfsmengen dürften der Realität zumindest nahekommen – sie sind in den derzeit gültigen nationalen Wasserplan Spaniens eingeflossen.

Die Landwirtschaft ist per Saldo der größte Wasserverbraucher. Sie beansprucht die größten Wasseranteile dort, wo das natürliche Angebot am geringsten ist, d. h. in den Trockengebieten im Süden und Südosten der Iberischen Halbinsel. In diesen Bereichen erreicht der Anteil der Landwirtschaft am Verbrauch des kostbaren Wassers bis zu 80 % und mehr. Insofern ist die generalisierende Wasserbilanz-Darstellung, die Solé Sabarís (1991b) in seiner „Geographie von Spanien" präsentiert, in den Angaben zur absoluten Größenordnung von regionalen Wasserüberschüssen bzw. Wasserdefiziten zwar inzwischen veraltet, nicht jedoch in der relativen Aussage (leider hat Solé Sabarís seine konkreten Berechnungsgrundlagen nicht veröffentlicht). Seine Karte (siehe Abb. 47) zeigt sehr deutlich, dass ausnahmslos der mediterrane Ostsaum der Iberischen Halbinsel den größten Wasserbedarf hat und als defizitär auszuweisen ist. Auch der nationale spanische Wasserplan in der Fassung von 2001 bestätigt, dass insbesondere die Ostabdachung der Iberischen Halbinsel hinsichtlich der Wasserversorgung defizitär ist. Kernbestandteil des nationalen spanischen Wasserplans sind deshalb Überlegungen und Konzepte für einen regionalen Wassertransfer aus dem immerfeuchten Norden der Iberischen Halbinsel an die mediterrane Ostküste. Aufgrund des Verlaufs der Hauptwasserscheide ebenso wie

des verfügbaren Abflussvolumens steht dabei der Ebro im Zentrum der planerischen Überlegungen, weil er erhebliche Niederschlagsmengen von der Südabdachung der Pyrenäen aufnimmt und dabei als einziger der großen Ströme der Halbinsel zum Mittelmeer hin entwässert.

Der Vollständigkeit halber ist aber auch daran zu erinnern, dass die Wasserkraft von Stauseen zusätzlich zur Energiegewinnung genutzt wird. Staatliche Konzessionen, die an private Energieunternehmen vergeben wurden, lieferten den Impuls für ein Netz von Wasserkraftwerken an den großen Strömen der Iberischen Halbinsel, wobei der Schwerpunkt der Energieerzeugung im wasserreichen Norden der Halbinsel liegt. Die größte Leistung erbringt gegenwärtig der 1962 fertiggestellte Stausee von Aldeadávila mit 1,14 MW. Die Stromerzeugung mithilfe erneuerbarer Energien ist angesichts der Ressourcenarmut an fossilen Brennstoffen sowohl für Spanien als auch für Portugal von besonderem wirtschaftlichem Wert.

Dürreperioden

Was ist eine Dürre?

Dank der Konzeption der iberischen Stauseen als „Überjahresspeicher" wird die Irregularität der Jahresniederschläge weitgehend abgepuffert. Wenn allerdings mehrere Jahre mit Niederschlagsdefiziten aufeinander folgen, spricht man von einer „Dürre". Damit ist hier nicht die normale Sommertrockenheit gemeint. Als Pendant zu den Überschwemmungen bilden Dürren das zweite große Naturrisiko. Eine rezente Dürreperiode erlebte die Iberische Halbinsel zwischen 1992 und 1995. Am stärksten betroffen war der Süden, der auch unter regulären Witterungsbedingungen die längste sommerliche Trockenperiode überstehen muss.

Im Unterschied zu katastrophalen Überschwemmungsereignissen, deren Beginn, Ablauf und Ende präzise zu bestimmen sind, werden Dürreperioden in der Regel erst nach einer gewissen zeitlichen Verzögerung wahrgenommen, einzelne Trockenjahre

Landesteil	Durchschnittlicher Jahresniederschlag (mm)	Kritischer „Schwellen"-Niederschlag für eine Dürre (mm)
Nordsaum/Pyrenäen	1500	750
Duero-Einzugsgebiet	400	250
Ebro-Einzugsgebiet	350	300
Extremadura	500	350
Becken des Guadalquivir	600	400
Guadiana-Einzugsgebiet (ohne Extremadura)	400	225
Katalonien/Balearen	550	400
Yúcar-Einzugsgebiet	425	280
Segura-Einzugsgebiet	250	150
Kanarische Inseln	200	100

Tab. 17: Schwellenwerte jährlichen Niederschlagsaufkommens für ein „Dürrejahr" in verschiedenen spanischen Landesteilen

Quelle: Morales Gil et al. 2000, S. 10

von einer städtischen Wohnbevölkerung möglicherweise überhaupt nicht. Dürre, die sich in Form von Wassermangel bemerkbar macht, ist das Ergebnis eines sehr komplexen Zusammenspiels von natürlichem Niederschlagsaufkommen, verfügbaren Wasserreserven in Speichern (wie z. B. Stauseen), der technischen Infrastruktur für einen regionalen Wasserausgleich und einem politisch-administrativen Krisenmanagement. Morales Gil et al. (2000) unterscheiden deshalb verschiedene Dürrebegriffe:

■ Die *hydrologische Dürre* ist durch ein spürbares Defizit im jährlichen Niederschlagsaufkommen definiert. Denkbare Schwellenwerte für ein solches Niederschlagsdefizit sind von der Verdunstung und dem Grad bzw. der Art der Bodenbedeckung abhängig, sodass solche Schwellenwerte bestenfalls als grobe Richtwerte und immer nur für geographische Teilbereiche angegeben werden können (Tab. 17). In der Realität wird ein hygrisches Trockenjahr, in dem diese Schwellenwerte deutlich unterschritten werden, möglicherweise von der Bevölkerung kaum wahrgenommen, weil die zahlreichen Stauseen in den verschiedensten Landesteilen dann ihre Funktion als „Überjahresspeicher" erfüllen. Das ist am wenigsten auf den Inseln möglich. Deshalb sind die Balearen und insbesondere die Kanaren im Falle einer hydrologischen Dürre besonders betroffen.

■ Die *agrarische Dürre* ist durch einen Mangel an Bewässerungswasser für Kulturpflanzen während der Wachstumsperiode definiert. In aller Regel stehen während einzelner Trockenjahre genügend Wasserreserven zur Verfügung, die eine kontinuierliche Versorgung der Kulturpflanzen sicherstellen. Eine agrarische Dürre ist spätestens dann gegeben, wenn die regionalen Speicherreserven aufgebraucht sind und ein interregionaler Wasseraustausch entweder nicht möglich ist oder aus politisch-administrativen Gründen behindert wird.

■ Der Begriff der „*urbanen Dürre*", den die genannten spanischen Autoren verwenden, muss im Deutschen als *urbaner Wassermangel* übersetzt werden. Wasserkürzungen für den Bedarf einer

städtischen Wohnbevölkerung oder auch einer touristischen Gastbevölkerung sind immer dann zu erwarten, wenn die verfügbaren Speicherreserven ebenso wie die Möglichkeiten eines regionalen Wasserausgleichs bereits ausgeschöpft wurden.

Das Beispiel Sevilla: Trinkwasserversorgung während der Dürreperiode 1992–1995

Die Trinkwasserversorgung der Stadt Sevilla basiert im Wesentlichen auf dem kleinen Einzugsgebiet des Rivera de Huelva, der im Norden der Stadt in den Guadalquivir mündet. Hier wurden bis 1991 insgesamt vier Stauseen angelegt. Bezeichnenderweise sind allerdings die Grundwasserreserven nicht in das Konzept der städtischen Wasserversorgung mit einbezogen. Die genannten Stauseen garantieren in normalen Niederschlagsjahren (vgl. Abb. 48) eine gesicherte Wasserversorgung der Stadt Sevilla.

Tab. 18 dokumentiert die Entwicklung von Jahresniederschlag und Wasserspeicherung am Rivera de Huelva für die Jahre unmittelbar vor und während der Dürreperiode. Daraus lässt sich ableiten, dass die Stauseen im hydrologischen Jahr 1989/90 letztmals durch überdurchschnittlich hohe Jahresniederschläge und einen daraus resultierenden besonders hohen Oberflächenabfluss gefüllt werden konnten. Das hydrologische Jahr 1990/91 repräsentiert das Ende der „normalen" Periode. Anschließend beginnt die eigentliche Dürre mit einem Wasserzulauf von zuletzt – im hydrologischen Jahr 1994/95 – nur noch 13,3 hm³. Im Oktober 1995 enthielten die Stauseen zur Wasserversorgung von Sevilla weniger als 6 % ihres regulären Fassungsvermögens an Wasser. Um die Wasserversorgung der Stadt aufrechtzuerhalten, wurden im Zuge sog. „Notentnahmen" insgesamt 113,34 hm³ Wasser aus dem Guadalquivir abgeleitet. Das Flusswasser musste sehr aufwändig zu Trinkwasserqualität aufbereitet werden, wobei vorgeschriebene Grenzwerte häufig nicht eingehalten werden konnten (Tab. 19). Ein besonderes Problem bestand neben der Versalzung auch in der Verunreinigung durch eingetragene Herbizide und Pestizide.

Insgesamt gab es während der Dürreperiode zwölf amtliche Wassersparverordnungen – einschließlich Wasserdrosselungen und Wassersperren. Die letzte konnte erst am 31. Januar 1996 aufgehoben werden, nachdem Ende 1995 heftige Niederschläge die vier Jahre anhaltende Dürreperiode beendet hatten.

Für die nachträgliche Bewertung der Situation in Sevilla muss berücksichtigt werden, dass die Versorgungssituation der Stadt im konkreten Fall durch Zuwanderung in die neu ausgewiesenen Wohngebiete der Stadt westlich des Guadalquivir (Aljarafe; vgl. Kapitel „Die Ballungsräume") zusätzlich verschärft wurde. Ausgelöst durch den Bau mehrerer moderner Straßenbrücken über den Río Guadalquivir anlässlich der Weltausstellung 1992 erfuhr das Aljarafe am Ende der 1980er-Jahre eine gewaltige suburbane Überformung. Damit verbunden war der Anschluss der neu entstandenen Wohnsiedlungen an das zentrale Wasserversorgungsnetz der Stadt

Quelle: EMASESA 1997

Abb. 48: *Jahressummen des Niederschlags in Sevilla*

	Hydrologisches Jahr							
	1988/89	**1989/90**	**1990/91**	**1991/92**	**1992/93**	**1993/94**	**1994/95**	**1995/96**
Jahresniederschlag (mm)	554,5	1028,8	511,0	463,7	396,1	518,6	291,9	844,6
Wasserzulauf in die Stauseen (hm³)	146,5	727,5	106,4	33,5	12,4	109,1	13,3	581,3

Quelle: EMASESA 1997

Tab. 18: *Niederschlagsaufkommen und Wasserspeicherung am Rivera de Huelva (Andalusien)*

Sevilla. Gleichzeitig wurde damals die dezentrale, auf der Nutzung von Grundwasser basierende lokale Wasserversorgung der historisch gewachsenen Dörfer und Weiler im Aljarafe aufgegeben. Das erwies sich in Zeiten der nachfolgenden Dürre als Schildbürgerstreich, weil im nämlichen Gebiet auch während der Dürreperiode bestes Grundwasser, das ohne zusätzliche Aufbereitung Trinkwasserqualität besaß, für die Bewässerung landwirtschaftlicher Flächen abgepumpt wurde. Aus deutscher Sicht ist es darüber hinaus unfassbar, dass das lokale Wasserversorgungsunternehmen selbst für die Zeit der Dürreperiode noch Wasserverluste im maroden Leitungsnetz zwischen 26,2 hm³ (1991) und 19,9 hm³ (1995) einräumen musste.

Landesweit wirksame Dürreperioden

Die geschilderte Dürre war kein Einzelfall, sondern eine von insgesamt drei Dürreperioden, die im Einzugsbereich des Guadalquivir allein zwischen 1970 und 1995 aufgetreten sind (Tab. 20). Auch bei Betrachtung einer größeren Zeitreihe (Tab. 21) wird deutlich, dass in den letzten 100 Jahren Dürreperioden mit einer Dauer zwischen zwei und fünf Jahren durchaus keine Ausnahme waren. Wollte man sie überbrücken, wäre die Anlage von Überjahresspeichern erforderlich, die die Wasserversorgung für mindestens fünf Jahre gewährleisten würden. Das ist unrealistisch.

Parameter	vor der Dürreperiode	während der Dürreperiode	
	November 1991	**November 1992**	**Juli 1993***
Leitfähigkeit [µsec./cm bei 20°C]	228,0	935	1 740,0
Chlorgehalt [Cl in mg/l]	16,9	150	364,5
Salzgehalt [Na in mg/l]	12,0	92	229,0

* ausnahmslos Flusswasser aus dem Río Guadalquivir

Quelle: Del Moral Ituarte 1994, S. 129

Tab. 19: *Entwicklung der Trinkwasserqualität in Sevilla während der Dürreperiode 1992–1995*

In diesem Zusammenhang ist daran zu erinnern, dass die Dürreperiode Anfang der 1990er-Jahre keineswegs alles bisher Dagewesene in den Schatten stellte. Es lässt sich vielmehr belegen, dass sie „nur" die drittgrößte Dürre seit Beginn systematischer Messungen im Jahre 1838 in Spanien war. Sie wurde noch übertroffen durch Dürreperioden, die ihren Höhepunkt um 1850 und um 1877 erreicht hatten. Eine Dürreperiode von längerer Dauer ist in Spanien zuletzt am Beginn des 20. Jh. (1909–1914) aufgetreten. Seitdem sind bereits zwei Generationen herangewachsen, d. h., das Bewusstsein für die Dürregefahr ist in der spanischen Bevölkerung vorübergehend verloren gegangen.

Zwischen 1991 und 1995 fielen in Südspanien nur 30–35 % des normalen Niederschlagsaufkommens, lokal wurden sogar nur 15 % erreicht. Dabei

Quelle: Confederación Hidrográfica del Guadalquivir; zit. n. EMASESA 1997

Trockenperiode	Jahresniederschlag (mm)		jährl. Wasserzufluss in Stauseen (hm³)	
	Mittelwert	Minimum	Mittelwert	Minimum
1973–1976	498	438	1550	1100
1981–1983	413	383	1162	723
1992–1995	397	279	768	400

Tab. 20: *Dürreperioden im Einzugsbereich des Guadalquivir*

Quelle: Morales Gil et al. 2000, S. 9

	Trockenjahre	Dürreperioden
19. Jh.	1836	1800–1808
	1853	1820–1830
	1882	1840–1850
		1861–1880
20. Jh.	1907	1909–1914
	1950	1938–1939
	1952	1944–1945
	1955	1963–1964
	1961	1978–1984
	1966	1992–1996
	1970	
	1973	
	1998	

Tab. 21: *Trockenjahre und Dürreperioden in Spanien*

betraf die genannte Dürre nicht ganz Spanien gleichermaßen. Der äußerste Nordsaum der Iberischen Halbinsel (von Galicien im Nordwesten über Asturien und das Baskenland bis zu den Pyrenäen) empfing weiterhin Niederschläge, die im Einzelfall über eine Jahressumme von 2000 mm hinausgingen. Auch die Gebirge in der Nordhälfte des Landes erhielten teilweise nur unwesentlich geringere Niederschlagsmengen als erwartet. Dürren in Spanien waren und sind somit weiterhin in erster Linie das Problem einer regional ungleichen Niederschlagsverteilung ebenso wie organisatorischer Defizite in der effektiven Bewirtschaftung der verfügbaren Ressourcen.

Vor diesem Hintergrund müssten auch die pauschalen Angaben über die wirtschaftlichen Schäden, die die Dürre von 1992–1995 in der spanischen Landwirtschaft anrichtete, regional differenziert werden: Zur Rettung der Zitrus- und Obstbaum-Plantagen an der spanischen Ostküste wurden im Juli 1994 55 Mio. m³ Wasser zusätzlich aus der Region Kastilien-La Mancha über das Flusssystem des Río Segura in die Provinzen Valencia, Alicante und Murcia abgeleitet, obwohl man im Herkunftsgebiet das Wasser selbst benötigte. Die Folge waren 1995 massive Protestkundgebungen der Bauernverbände, u. a. in Form der sog. „Wassermärsche". Insgesamt wurde der wirtschaftliche Schaden, den die Dürre der 1990er-Jahre in der spanischen Landwirtschaft anrichtete, auf umgerechnet ca. 3 Mrd. € geschätzt.

Regionaler Wasseraustausch: ein Politikum

Die Tajo-Segura-Überleitung
Das größte bisher auf der Iberischen Halbinsel realisierte Projekt einer Wasserüberleitung wurde 1978 verwirklicht. In jenem Jahr wurde der Tajo-Segura-Kanal fertiggestellt, der den Río Tajo in seinem Oberlauf anzapft und Teile des Tajo-Wassers über einen Kanal in den extrem semiariden Südosten Spaniens leitet. Auf diese Weise wird erstmals Flusswasser von der atlantischen Abdachung der Iberischen Halbinsel über die Hauptwasserscheide hinweg auf die mediterrane Abdachung übergeleitet (Abb. 49) und das bestehende hydrologische Ungleichgewicht durch einen regionalen Wassertransfer korrigiert. Die Idee geht in ihren Grundzügen auf den wohl bedeutendsten spanischen Wasserbauingenieur der Neuzeit, Manuel Lorenzo Pardo, zurück, der das Projekt im bereits genannten „Ersten Nationalen Wasserbauplan" von 1933 erstmals umrissen hatte. Es sollte allerdings bis zum Mai 1969 dauern, bis mit dem Kanalbau begonnen werden konnte. Auslösend für die definitive Entscheidung war eine vorangegangene katastrophale Dürre (ab Herbst/Winter 1966).

Der eigentliche Überleitungskanal (*trasvase*) vom Tajo zum Segura mündet in den Stausee von Talave am Río Mundo, dem größten Zufluss des Segura. Über diese Flüsse gelangt das Wasser schließlich zum Verteilerstausee von Ojos, von dem aus die Hauptseitenkanäle und nachgelagert ein Netz von kleineren Verteilungskanälen den bislang trockenen Südosten der Iberischen Halbinsel flächenhaft erschließen (Abb. 50). Nutznießer des ehrgeizigen Kanalprojekts sind vornehmlich zwei hydrographische Verbünde im trockenen Südosten der Halbinsel: die „Confederación Hidrográfica del Sur", deren Zuständigkeit bis in die Region Almería reicht, sowie die „Confederación Hidrográfica del Júcar", die für die Bewässerungsflächen südlich von Alicante zuständig ist.

Von der Größenordnung her steht das Tajo-Segura-Projekt für eine spektakuläre ingenieurtechnische Meisterleistung, deren technische Einzelheiten beeindruckend sind: Über eine Gesamtlänge von 286 km passiert der Kanal zahlreiche Aquädukte und Tunnel, darunter denjenigen von Talave, mit 31 km der längste seiner Art in Europa. Um die

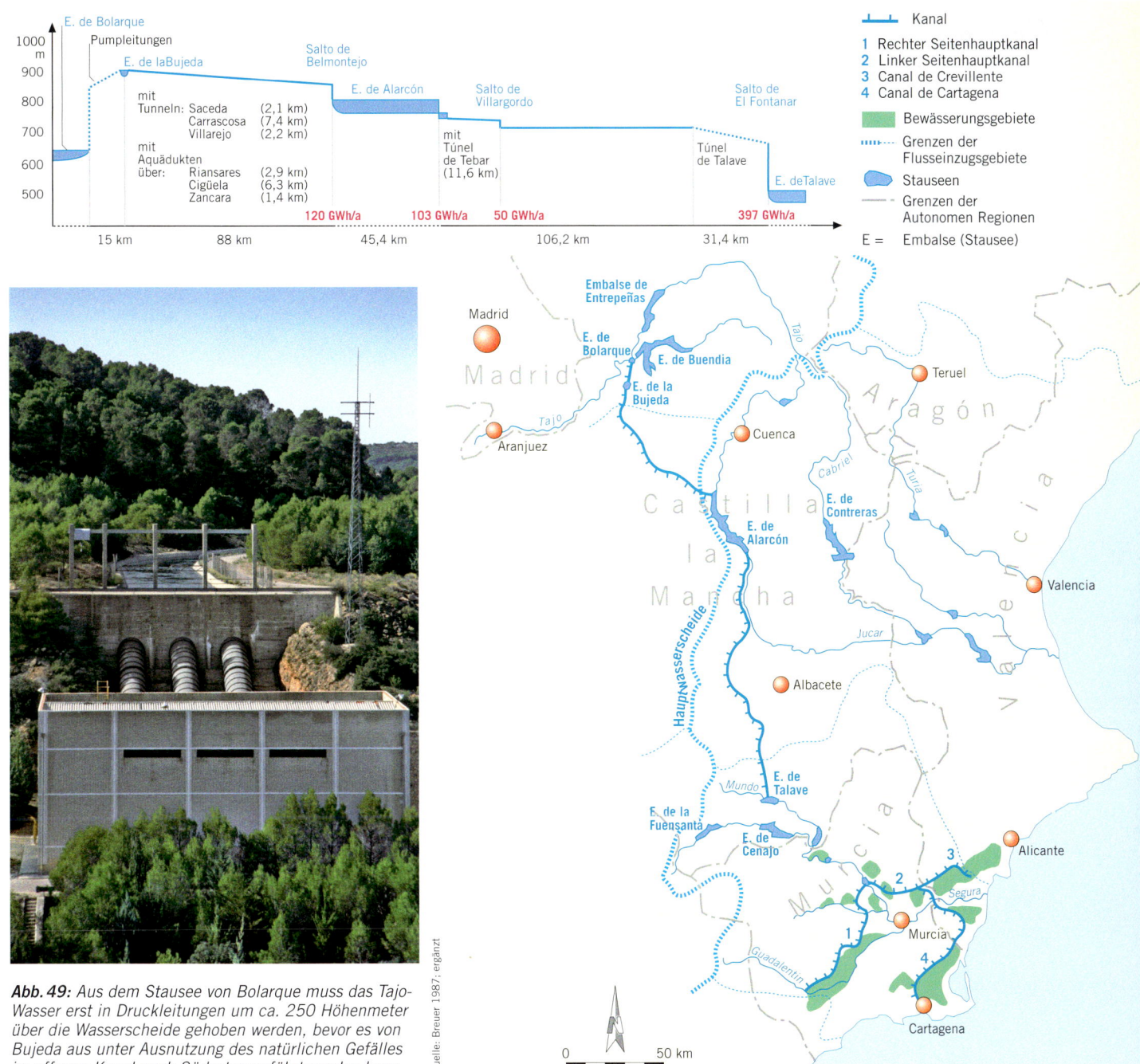

Abb. 49: *Aus dem Stausee von Bolarque muss das Tajo-Wasser erst in Druckleitungen um ca. 250 Höhenmeter über die Wasserscheide gehoben werden, bevor es von Bujeda aus unter Ausnutzung des natürlichen Gefälles im offenen Kanal nach Südosten geführt werden kann.*

Quelle: Breuer 1987; ergänzt

Abb. 50: *Der Tajo-Segura-Kanal*

Hauptwasserscheide in Form der Sierra de Altomira im Iberischen Randgebirge zu überwinden, müssen Pumpstationen das Tajo-Wasser von 642 auf 898 m heben. Die technischen Installationen sind für ein maximales Fassungsvermögen von 33 m³/sec ausgelegt, die eine maximale Transferkapazität von 1000 hm³ Wasser pro Jahr zulassen. Dieser Maximalwert sollte allerdings erst in einer zweiten Ausbauphase erreicht werden. 1971 wurde zunächst die Überleitung von 600 hm³ pro Jahr genehmigt. Bei einem kalkulierten Verdunstungsverlust von 15 % (90 hm³) verbleiben rechnerisch 510 hm³ pro

Jahr zur Verteilung; der Löwenanteil davon war mit 400 hm³ pro Jahr für die Bewässerung landwirtschaftlicher Kulturen vorgesehen (vgl. Tab. 22).

Tatsächlich wurde diese in einer ersten Ausbaustufe vorgesehene Transfermenge bisher nie erreicht. Die größte bisher transferierte Wassermenge belief sich im hydrologischen Jahr 1986/87 auf 377 hm³, im Dürrejahr 1994/95 waren es lediglich 135 hm³. Trotz des, gemessen an den Planvorgaben, erheblich reduzierten Volumens an transferiertem Wasser musste der Anteil des für die Versorgung der städtischen Haushalte vorgesehenen Was-

Landwirtschaftliche Bewässerung	hm³/Jahr
Obere und mittlere Vega des Segura	65
Gemarkung Mula	8
Lorca und Guadalentín-Tal	65
Östliche Bewässerungsgebiete am linken und rechten Seitenkanal	
Untere Vega des Segura und Salztonebenen von Alicante	125
Campo de Cartagena	122
Almanzora-Tal in der Provinz Almería	15
Gesamte landwirtschaftliche Bewässerung	400
Städtische Wasserversorgung	110
Verluste (15%)	90
Total	**600**

Tab. 22: *Wasserverteilungs-Kontingente der Tajo-Segura-Überleitung in der ersten Ausbauphase*

Quelle: Hernández Soria 2001, S. 3

Abb. 51: *Das aus dem Tajo übergeleitete Wasser quert die traditionsreiche huerta von Murcia in verrohrten Druckleitungen auf dem Weg ins Campo de Cartagena.*

sers um 10 % auf 120 hm³ erhöht werden, weil die rasch wachsenden touristischen Zentren an der Küste zwischen Alicante und der touristischen Urbanisation „La Manga del Mar Menor" ständig mehr Frischwasser verbrauchten. Gleichzeitig wurde das Ziel eines Ausbaus der landwirtschaftlichen Bewässerungsflächen gemäß den Planvorgaben konsequent umgesetzt. Rund 47 000 ha mit einer unzureichenden oder veralteten infrastrukturellen Ausstattung wurden modernisiert sowie rund 90 000 ha an neuen Bewässerungsflächen geschaffen.

An der offenkundigen Diskrepanz zwischen dem durch die Tajo-Segura-Überleitung bereitgestellten zusätzlichen Wasserangebot und der tatsächlichen, laufend steigenden Nachfrage entzündet sich eine – teilweise militant geführte – kontroverse Diskussion über die Bewertung dieses einzigen bisher realisierten gigantischen Wasserüberleitungsprojektes. Die Diskussion bezieht ihre aktuelle Brisanz nicht zuletzt aus den Vorschlägen des neuen Nationalen Wasserplans, der eine zweite Wasserüberleitung vom Ebro in den trockenen Südosten der Halbinsel vorschlägt, ein Projekt, das die Größenordnung der Tajo-Segura-Überleitung nochmals übertreffen würde.

Vor diesem Hintergrund ist eine nüchterne Bewertung der Tajo-Segura-Überleitung unumgänglich. Die offenkundige Fehlkalkulation an transferierbaren Wasserentnahmemengen aus dem Tajo ist wohl durch die Berechnungsgrundlage zu erklären. Alle hydrologischen Basisberechnungen für die großen Wasserbauprojekte, die Spanien nach 1960 realisierte, stützen sich auf Mittelwerte der vorangegangenen 30 Jahre. Im Falle der Messreihe des Tajo-Pegels wurde dabei offenkundig ein Zeitraum mit überdurchschnittlich hohen Niederschlags- und Abflusswerten erfasst, die seither nicht mehr erreicht wurden. Die Fehlkalkulation hat gleichzeitig fatale Folgen für die Unterlieger am Tajo. Vor der Entnahme von Tajo-Wasser am Stausee von Buendía betrug der mittlere Abfluss bei Aranjuez im Sommer 30 m³/sec; das Jahresmittel lag bei 150 m³/sec. Nachdem inzwischen bis zu 60 % der am Oberlauf des Tajo verfügbaren Wassermenge für die Überleitung an die Levanteküste entnommen werden, wird in einzelnen Jahren das festgesetzte Abflussminimum (mit 6 m³/sec) bereits nicht mehr erreicht. Das bedeutet, dass infolge der Reduzierung der Abflussmenge der relative Schadstoffeintrag aus dem Großraum Madrid im Mittellauf des Tajo bedenkliche Dimensionen angenommen hat. Im Río Jarama, der die Abwässer der Region Madrid dem Tajo zuführt, liegt das Verhältnis von sauberem Wasser zu kontaminierten Abwässern gegenwärtig bei 3 : 7. Im Streckenabschnitt zwischen der Mündung des Río Jarama und der Stadt Talavera de la Reina ist das Tajo-Wasser inzwischen so stark kontaminiert, dass es nicht einmal mehr für die landwirtschaftliche Bewässerung geeignet ist (Hernández Soria 2001).

An dieser Stelle muss daran erinnert werden, dass Planung und Bau des Tajo-Segura-Kanals in die Phase der Franco-Diktatur fielen. Die praktischen

	Überleitungswasser		Autochthones Wasser	
	Landwirtschaft [Ptas/m³]	Trinkwasser [Ptas/m³]	Landwirtschaft [Ptas/m³]	Trinkwasser [Ptas/m³]
1981–1982	6,21	9,50	2,00	3,09
1982–1985	6,54	9,83	2,00	3,09
1985–1986	9,55	12,99	3,17	4,38
1986–1987	11,70	16,73	3,16	5,49
1987–1989	11,70	16,77	3,11	4,67
1989–1995	13,68	18,55	4,86	6,36
1995	18,23	23,99	6,23	9,41

Quelle: Melgarejo Moreno 2000, S. 80

Tab. 23: *Tarifentwicklung für Wasser aus der Tajo-Segura-Überleitung*

Konsequenzen der Wasserüberleitung tragen aber die zwischenzeitlich etablierten Autonomen Regionen nach der politischen Umstrukturierung in einem demokratischen Spanien. Deshalb setzten die von der Wasserentnahme betroffenen Autonomen Regionen bereits 1980 ein Gesetz durch, demzufolge die Kosten für die wirtschaftlichen und ökologischen Nachteile in den Geberregionen auf den Verbraucher umgelegt werden sollen. Die den Wassertarifen zugrunde liegenden Berechnungen mussten aus Gründen der politischen Durchsetzbarkeit auf Kostendeckung ausgerichtet sein und von der Abschöpfung möglicher Gewinne Abstand nehmen. Aufgrund der mangelhaften Auslastung des Kanals, der für eine Kapazität von 1000 hm³ pro Jahr ausgelegt ist, bisher aber im Mittel nur 250 hm³ pro Jahr in den trockenen Südosten der Halbinsel überleitet, erreichen die kalkulierten Einnahmen aus den Gebühren bei Weitem keine Kostendeckung. Trotz kontinuierlicher Anhebung der Gebühren für übergeleitetes Tajo-Wasser – wobei die Tarife für die Landwirtschaft nochmals subventioniert werden (vgl. Tab. 23) – bleibt die Überleitung von Tajo-Wasser auch ökonomisch ein verlustreiches Unternehmen (Melgarejo Moreno 2000).

Der größte Nutznießer der Überleitung von Tajo-Wasser in den Südosten Spaniens ist die Landwirtschaft. Dennoch hat die Wasserknappheit hier eher zugenommen, nachdem zwar der im Plan vorgesehene Ausbau der Bewässerungsflächen umgesetzt wurde, nicht jedoch die Größenordnung der vorgesehenen jährlichen Überleitungsmengen. In der Erwartung von Überleitungsmengen zwischen 600 und 1000 hm³ pro Jahr wurden bewässerbare landwirtschaftliche Flächen unter spekulativen Gesichtspunkten auch in sensible Trockengebiete vorangetrieben. Vielfach wird das Ausbleiben der kalkulierten Wassermengen aus der Tajo-Überleitung durch illegale Wasserentnahmen aus den Verteilerkanälen kompensiert. Ökologisch bedenklicher ist die illegale Anzapfung von Grundwasserreserven und die dadurch ausgelöste langfristige Übernutzung des Grundwassers, dessen sinkender Spiegel an vielen Stellen das Eindringen von versalztem Meereswasser in den Grundwasserkörper ermöglicht. Die bereits jetzt erkennbaren Schäden durch eine Übernutzung der Grundwasservorräte im Südosten Spaniens sind erheblich.

Der spanische Nationale Wasserplan von 2001 und die geplante Ebro-Überleitung

Das neue Planungsprojekt einer Anzapfung des Ebro-Abflusses unmittelbar vor der Mündung und der Ableitung dieses Wassers durch einen küstenparallel geführten Überleitungskanal in den Südosten ist einer der Kernbestandteile des Nationalen Wasserplans von 2001, der mit einer Laufzeit von 20 Jahren rechtskräftig verabschiedet wurde. Der Plan stützt sich auf Artikel 149.1.13 der spanischen Verfassung, der die wirtschaftliche Rahmenkompetenz der Zentralregierung in Madrid regelt. Ziel der geplanten Ebro-Überleitung ist deshalb nicht allein der Ausgleich des Wasserdefizits im Südosten Spaniens, sondern auch die Verbesserung der Wasserversorgung im Großraum Barcelona, der durch die internen Wassereinzugsgebiete Kataloniens versorgt wird. Die Hochrechnungen gehen von einer jährlichen Entnahmemenge in der Größenordnung von 1000 hm³ aus, die nach Abzug von Verdunstungsverlusten in Höhe von 50 hm³ pro Jahr netto zur Verteilung zur Verfügung stehen sollen. Die vorgesehene Verteilung dieser Wassermenge auf die einzelnen Zielregionen ist Tab. 24 zu entnehmen.

Die vorgesehenen 180 hm³ für die Versorgung Kataloniens sollen im Mündungsbereich des Ebro bei Tortosa entnommen werden und über einen 175 km langen Kanal bis zum Stausee von San Jaime geführt werden (vgl. Abb. 52). Eine ungleich größere technische Herausforderung bildet die Überleitung des Ebro-Wassers in den Südosten. Als Ausgangspunkt dieses Kanals soll eine Entnahmestelle bei Cherta oberhalb von Tortosa dienen. Im Endausbau

Ziel-Einzugsgebiet	Externe Wasserzufuhr (hm³/Jahr)	
	Netto	Brutto
Katalonisches Binnenbecken	180	190
Júcar	300	315
Segura	430	450
Süden	90	95
Total	*1000*	*1050*

Quelle: Marco Segura 2002, S. 58

Tab. 24: *Geplante externe Wasserzuleitungs-Kontingente in die Defizitgebiete durch die Ebro-Überleitung*

.... Bestehende oder im
Bau befindliche
Hauptkanäle

⊔⊔⊔⊔ Geplanter Kanal

△ Pump- bzw.
Hebewerke

★ Wasserkraftwerke

↓ Einspeisung in
andere hydraulische
Systeme

Abb. 52: Geplante Ebro-
Überleitung

würde der Kanal nach einer Gesamtlänge von 845 km schließlich westlich von Almería im Stausee von Aguadulce enden. Von der Entnahmestelle bei Azud de Cherta in 10 m ü. Meeresspiegelniveau muss das Wasser zunächst auf 200 m ü. NN gepumpt werden, um anschließend nach einer erneuten Hebung auf 264 m ü. NN (vom Stausee von Alcalá am Río San Miguel) der eigenen Schwerkraft folgend den Río Júcar im Stausee von Tous zu erreichen. Die vorgesehene Dimensionierung der Wasserleitung bis Tous soll einen Wasserdurchlass von 50 m³/sec ermöglichen. Am Stausee von Tous muss das Wasser dann in zwei Stufen um fast 400 m gehoben werden, um schließlich unter energetischer Nutzung von drei verschiedenen Staustufen das Campo de Cartagena zu erreichen. Dabei können teilweise bereits vorhandene Kanalabschnitte benutzt werden; u.a. eignen sich dafür Streckenabschnitte der „Posttrasvase" des Tajo-Segura-Sys-

tems. Technisch aufwändig ist die Überwindung zweier Geländeschwellen zwischen Júcar und Segura sowie weiterer Schwellen zwischen Segura und Almanzora auf dem letzten Streckenabschnitt bis Almería (vgl. Profil in Abb. 52).

Anders als bei dem Projekt der Tajo-Segura-Überleitung ist die Ebro-Überleitung unter nunmehr veränderten demokratischen Rahmenbedingungen und neuen Zuständigkeiten für die betroffenen Autonomen Regionen zu einem zentralen Thema in der politischen Auseinandersetzung geworden, wobei nicht nur Umweltschutz-Aktivisten und Ökologen als Kritiker auf den Plan treten. Die jeweils unterschiedlichen regionalen Interessen haben sich in der Auseinandersetzung mit der zentralen staatlichen Wasserbauplanung in Madrid zu einer Kontroverse ausgeweitet, die in der spanischen Presse als „Wasserkrieg" (*„guerra de agua"*) bezeichnet wird. Von der geplanten Ebro-Überleitung wären gleich elf Autonome Regionen betroffen: Kantabrien, das Baskenland, Navarra, La Rioja, Kastilien-León, Kastilien-La Mancha, Aragonien, Katalonien, Valencia, Murcia und Andalusien. Als Empfänger sind die Regionen von Valencia, Murcia und der Osten Andalusiens verständlicherweise Befürworter des Projektes. Sie profitieren schließlich am meisten von der Wasserüberleitung. Schärfster Gegner des Plans ist die Autonome Region Aragonien. Auf ihr Territorium entfällt fast die Hälfte des Wassereinzugsgebietes des Ebro. Sie wäre damit die bei Weitem größte Geberregion. Im Widerstand gegen die Ebro-Überleitung sind sich sämtliche im aragonesischen Parlament vertretenen politischen Parteien einig. Ihr wichtigstes Argument ist die politische Benachteiligung ihrer Region zu Zeiten der Franco-Diktatur. Hätte man in Aragonien den Bewässerungsfeldbau mit landwirtschaftlichen Intensivkulturen ebenso gefördert wie in Murcia, so argumentieren sie, dann gäbe es heute im Ebro-Einzugsgebiet kein überschüssiges zu verteilendes Wasser (Sauri & del Moral 2001). Darüber hinaus ist man in Aragonien über das Anliegen der Zentralregierung empört, die Wasser aus bekanntermaßen strukturschwachen Gebieten in Regionen überleiten möchte, die im interregionalen spanischen Kontext bereits zu den am weitesten entwickelten gerechnet werden.

Die Empfängerregionen im Südosten Spaniens wiederum nutzen für ihre Argumentation das Solidaritätsprinzip, das im Wasserrecht von 1985 gesetzlich verankert ist: „Das Wasser gehört allen Spaniern" (*„el agua es de todos los españoles"*). In dieser Auseinandersetzung haben sich eine Reihe von Initiativen direkt und indirekt Betroffener formiert, die sich als soziale Akteure erstmals in der noch jungen spanischen Demokratiegeschichte massiv in die politischen Entscheidungsprozesse einbringen. Das Ebro-Überleitungsprojekt wurde damit zu einem konkreten Fallbeispiel für die sog. „politische Ökologie", die bei umweltverändernden Planungen die ungleiche Verteilung von Kosten und Nutzen auf die beteiligten Akteure hinterfragt (Krings 1999; Chatel 2006). Aus soziologischer Perspektive wurde die politische Auseinandersetzung um die Ebro-Überleitung zum Auslöser für eine besondere Form kollektiver Identitätsbildung. Als spezifische „Widerstandsidentität" (Goetze 2005) hat sich der Prozess einer allgemeinen regionalen Bewusstseinsbildung in Spanien damit weiter verstärkt.

Am 18.6.2004 wurde das im Nationalen Wasserplan von 2001 festgeschriebene Projekt einer Überleitung von Ebro-Wasser in den trockenen Südosten vorerst per Gesetz gestoppt. Vorausgegangen war ein Regierungswechsel, bei dem die Sozialistische Arbeiterpartei Spaniens die bis dahin regierende konservative Volkspartei ablöste. Damit wurden gleichzeitig auch bereits begonnene Bauabschnitte des Kanalprojekts stillgelegt und neue Leitlinien für eine Umorientierung in der staatlichen Wasserpolitik formuliert. Es bleibt abzuwarten, wie lange diese Leitsätze politischen Bestand haben werden.

Das Alqueva-Bewässerungsprojekt im Alentejo

2001 beschloss Portugal einen eigenen nationalen Wasserbauplan, der allerdings nicht mit dem Nachbarn in Spanien koordiniert wurde und darüber hinaus in Einzelfällen nicht einmal die Wasserrahmenrichtlinie der Europäischen Union erfüllt (Esteve & Martínez 2001). Pauschal lässt sich formulieren, dass der Süden Portugals mit der längsten sommerlichen Trockenperiode im Unterschied zu Südspanien bisher kaum durch größere Bewässerungsprojekte erschlossen wurde. Lautensach (1964) führt dies u.a. auf das fehlende Interesse der politisch einflussreichen Schicht von Großgrundeigentümern zurück, die vor allem im Alentejo strukturbestimmend waren und weiterhin sind. Vor diesem Hintergrund mutet das Großprojekt des Alqueva-Staudamms, der 2002 fertiggestellt wurde, fast wie ein Anachronismus an. Die durch den Staudamm aufgestaute Wasserfläche wird bei ausgeschöpften Fassungsvermögen 250 km² umfassen; dabei erreicht der Stausee eine maximale Länge von 83 km. Der Rückstau des Guadiana-Wassers wirkt sich noch auf spanischem Territorium aus. Mit einer Speicherkapazität von 4150 hm³ Wasser besitzt Portugal nunmehr den größten Stausee Europas (Abb. 53).

Die Bauarbeiten zu dem Großprojekt hatten bereits 1977 begonnen, mussten aber anschließend aufgrund ausbleibender Finanzmittel seitens der Weltbank eingestellt werden. Noch 1993 gab Freund – unter Verweis auf die zwischenzeitlich geänderten ökonomischen und politischen Rahmenbedingungen – dem Projekt keine Chance zur Realisierung. Umso bemerkenswerter ist nun die erfolgte Fertigstellung des Staudamms (Abb. 54). Der Weg dazu wurde durch einen neuen Kooperationsvertrag zwischen Spanien und Portugal aus dem Jahre 1998 bereitet. In dem Vertrag stimmt Portugal zu, dass Spanien dem Douro zusätzliche Wassermengen zur Bewirtschaftung entnimmt. Der dadurch bedingte verringerte Abfluss des Douro auf portugiesischer Seite stellt aus portugiesischer Sicht kein ernsthaftes Problem dar, weil der Norden Portugals

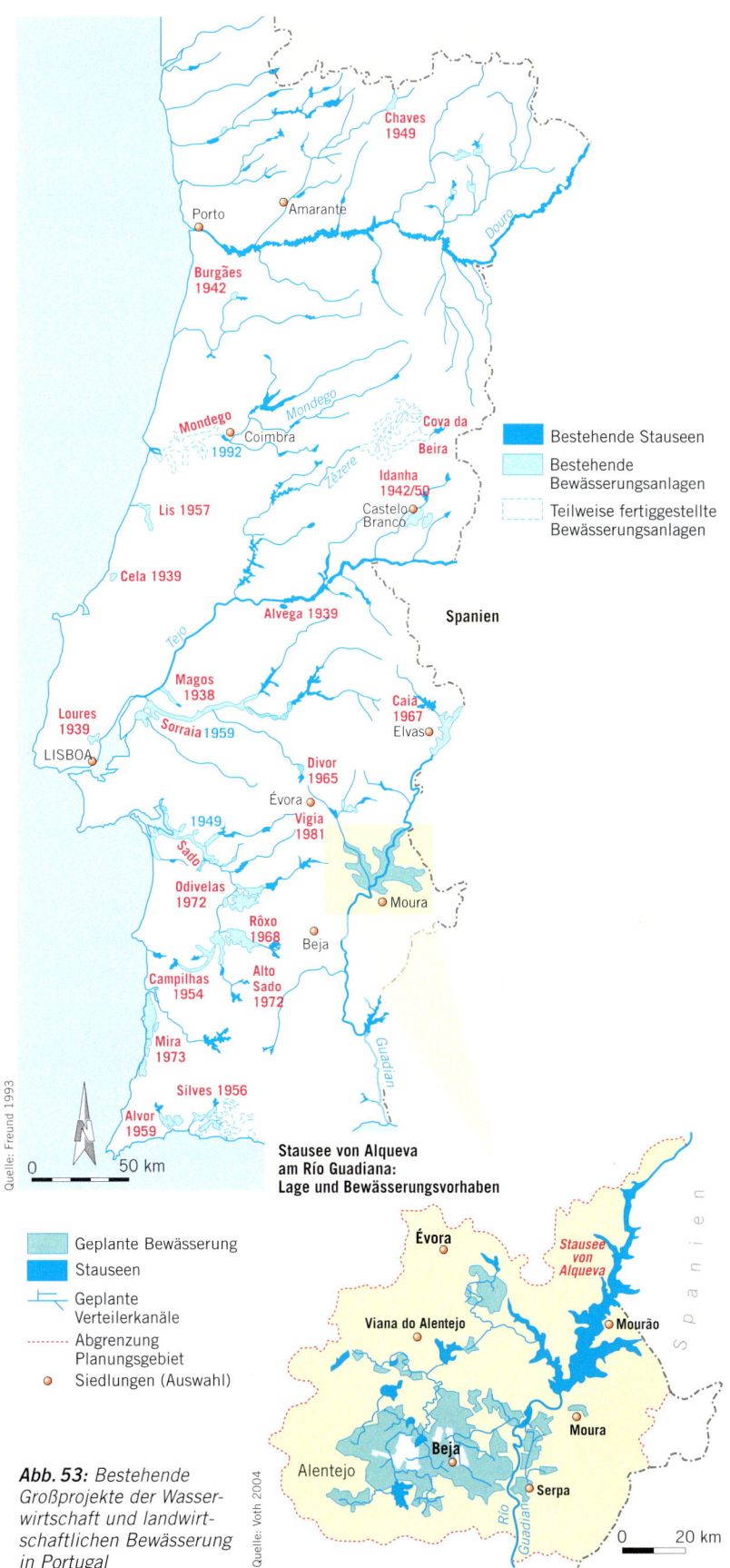

Quelle: Freund 1993

Bestehende Stauseen

Bestehende Bewässerungsanlagen

Teilweise fertiggestellte Bewässerungsanlagen

0   50 km

Stausee von Alqueva am Río Guadiana: Lage und Bewässerungsvorhaben

Geplante Bewässerung

Stauseen

Geplante Verteilerkanäle

Abgrenzung Planungsgebiet

Siedlungen (Auswahl)

Quelle: Voth 2004

0   20 km

Abb. 53: *Bestehende Großprojekte der Wasserwirtschaft und landwirtschaftlichen Bewässerung in Portugal*

Abb. 54: Nach der vollständigen Flutung ist der Alqueva-Stausee im Alentejo (Südportugal) nun der größte Stausee Europas.

diana") sind inzwischen versiegt. Am Mittellauf des Guadiana sind die verfügbaren Wasserressourcen im Zuge der Ausbaumaßnahmen des *Plan Badajoz* ebenfalls restlos ausgeschöpft. Das auf portugiesischer Seite ankommende Guadiana-Wasser ist infolgedessen bereits erheblich mit Salzen und Schadstoffen kontaminiert. Hinzu kommen die – aus Sicht der ökologischen Kritiker – im sommertrockenen Alentejo unvertretbar hohen Verdunstungsverluste durch eine Stauseefläche von rund 250 km^2. Vor diesem Hintergrund war die großflächige Abholzung der für die Überstauung vorgesehenen Fläche ökologisch fast nachrangig.

Die ökonomische Kritik an dem Alqueva-Bewässerungsprojekt hebt auf die unverhältnismäßig hohen Baukosten ab. Nach den bisher bereits akzeptierten Kostenberechnungen wird das Projekt so teuer, dass eine vollständige Umlage der Kosten auf die späteren Nutzer des Wassers ausgeschlossen wird. Eine Subventionierung des Wasserpreises würde aber den Rahmenrichtlinien der Europäischen Union zuwiderlaufen.

Schließlich wird das Alqueva-Projekt auch aus politischer Perspektive heftig kritisiert: Ohne großzügige Förderung aus Mitteln der EU-Regionalförderung wäre das Projekt niemals zu verwirklichen gewesen. Kritiker bemängeln, dass nunmehr ein Projekt aus den 1970er-Jahren mit EU-Mitteln realisiert wird – zu einem Zeitpunkt, zu dem sich die ökonomischen ebenso wie die ökologischen und die politischen Rahmenbedingungen grundsätzlich verändert haben. Darüber hinaus verstößt die Konzeption des Alqueva-Projektes in Details sowohl gegen Umweltauflagen der EU als auch gegen Vorhaben, die eine positive Regionalentwicklung des Alentejo gewährleisten sollen.

Dem gegenüber stehen die Erwartungen auf einen Entwicklungssprung im Bemühen um eine Modernisierung der südportugiesischen Landwirtschaft. Die Aussicht auf eine Steigerung der landwirtschaftlichen Erträge ebenso wie auf einen strukturellen Wandel hin zur Intensivlandwirtschaft mit der Erzeugung von Obst- und Gartenbauprodukten ist überaus verlockend. Hinzu kommen erhoffte Sekundäreffekte des Stausees im Hinblick auf einen Naherholungs- bzw. Kurzzeittourismus, der von den städtischen Ballungsräumen an der Küste ausgehen könnte.

Zwischenbilanz: eine „neue Wasserkultur"?

Vor dem Hintergrund der offensichtlichen massiven Schädigung des Grundwasserreservoirs im Südosten durch übermäßige und illegale Grundwasserentnahme erweist sich die Tajo-Segura-Überleitung als Danaergeschenk: Zwar konnten die Bewässerungsflächen im Südosten erheblich ausgeweitet und damit auch die Wertschöpfung aus einem hoch intensiven Gartenbau potenziert werden, andererseits wurde das Problem des chronischen Wassermangels keineswegs gelöst, sondern im Sinne einer Erwartungsspirale um eine weitere Größendimension bereichert. Vor diesem Hintergrund ist die Interpretation gerechtfertigt, die im Tajo-Segura-Kanal die auslö-

dank des natürlichen Niederschlagsangebots mittelfristig über hinreichende Wasserreserven verfügt. Im Gegenzug sichert Spanien zu, dem Río Guadiana keine weiteren Wassermengen mehr zu entnehmen, damit auf portugiesischer Seite durch den Aufstau des Guadiana die Voraussetzungen für eine großflächige Bewässerungslandwirtschaft geschaffen werden können. Vergés (2002, S. 143) bezeichnet die Abmachung zutreffend als „virtuellen Wassertransfer" zwischen dem wasserreichen Norden Portugals und dem defizitären Süden, der durch diese vertragliche Regelung mit dem Nachbarn Spanien zustande kommt. Nachdem der Staudamm von Alqueva inzwischen fertiggestellt ist und sich nunmehr füllt, müssen die infrastrukturellen Einrichtungen der vorgesehenen 110 000 ha an neuen Bewässerungsflächen erst noch geschaffen werden. Umfangreiche Baumaßnahmen zur Umsiedlung der betroffenen ländlichen Bevölkerung ebenso wie die Verlegung von Straßen und der Neubau von Brücken sind bereits realisiert.

Das grenzüberschreitende Großprojekt trifft in der portugiesischen Bevölkerung auf erstaunlich geringen Widerstand. Umso beachtenswerter ist die Kritik von Fachleuten auf beiden Seiten der gemeinsamen Grenze, die ökonomische, ökologische und politische Gesichtspunkte gleichermaßen umfasst.

Zur ökologischen Kritik des Alqueva-Projekts gehört einerseits der Hinweis darauf, dass die hydrologischen Ressourcen des Río Guadiana auf spanischer Seite bereits überbeansprucht seien. Am Oberlauf des Guadiana ist eine katastrophale Grundwasserabsenkung durch (teilweise illegale) Übernutzung für landwirtschaftliche Zwecke inzwischen offenkundig: Das Naturschutzgebiet der „Tablas de Daimiel", einst das größte Feuchtgebiet im semiariden Teil Spaniens, ist inzwischen bis auf einen kümmerlichen Rest trockengefallen. Die Quellflüsse des Guadiana (im Feuchtgebiet der „Ojos del Gua-

Alte Wasserkultur	Neue Wasserkultur	
Expansionsphase	**Übergangsphase**	**Reifephase**
Mehr Stauseen und Wasser-Über-leitungen	Management der Nachfrage	Integriertes Management von Einzugsgebieten
Hochwasserschutz, Verbesserung der Wasserversorgung	Hochwasser ist kontrolliert, Versorgung ist gesichert	Kein Wassermanagement ohne Raumplanung
Priorität der Bewässerung (80–90 %) und der städtischen Versorgung (10 %)	Management der Prioritäten, wirtschaftlicher Wandel	Frage nach verträglichen Nutzungen in den Einzugsgebieten
Geringe Beachtung von Umwelt-problemen	Wachsende gesellschaftliche Wahrnehmung von Umwelt-problemen	Bedeutende Rolle der Umwelt-werte
Wasser als Grundbedarf	Wasser als Produktionsfaktor, gesellschaftliche Bedeutung	Wasser ist von „ökosozialer" Bedeutung
Kaum gesellschaftliche Konflikte, kaum Partizipation	Zunehmende gesellschaftliche Konflikte und Partizipation	Bedeutende gesellschaftliche Konflikte und Schlüsselrolle der öffentlichen Partizipation
Geringe Beachtung der Effizienz in Nutzung und Verteilung, kaum Anreize	Zunehmende Besorgnis über Effizienz und Verteilung, Diskussion über Anreize	Konservation, Einsparung und Umweltbedarf an Wasser; Anreize, Kampagnen
Fehlen statistischer Daten zu Nutzungen und Konsum	Notwendigkeit zuverlässiger Daten wird betont	Zuverlässige Datenserien sollten vorhanden sein

Entnommen aus: Voth 2003b, S. 55, nach einem Entwurf von Aguilera Klink 1999, S. 57

Tab. 25: *Wandel der Wasserkultur in Spanien*

sende Ursache für einen ungebremsten und unkontrollierten Wasserhunger des Südostens sieht (Esteve & Martínez 2001, S. 162). Der Wasserbedarf überdimensionierter landwirtschaftlicher Bewässerungsflächen löste nach dieser Lesart nun seinerseits neue Überlegungen für die Überleitung von Ebro-Wasser in den Südosten aus. Damit wird der bereits bekannte Teufelskreis gewissermaßen neu umrundet.

Bei den aktuellen wasserbaulichen Großprojekten auf der Iberischen Halbinsel fällt auf, dass die politische Meinungsbildung und Partizipation in Spanien ungleich intensiver als in Portugal verläuft. Unabhängig davon, ob man den vorläufigen Ausgang des „Wasserkrieges" in Spanien befürwortet oder bedauert, ist an diesem Beispiel doch deutlich geworden, dass nationale Interessen zunehmend ein Opfer von regionalen Interessen werden, die sich durch regionale Identitäten legitimieren. Die im vergangenen Jahrhundert erstmals praktizierte Instrumentalisierung des Wassers zur Schaffung einer nationalen Identität verlagert sich nunmehr auf die regionale Ebene. Darunter leidet nicht nur die nationale Identität, vielmehr geht auch die nationale Solidarität verloren. Als Beleg für diese Befürchtung

kann Katalonien dienen, das seinerseits unter Umgehung der nationalen Regierungen in Madrid und Paris direkte Verhandlungen mit der französischen Region Languedoc-Roussillon eingeleitet hat, um die Möglichkeiten der Überleitung von Wasser aus der unteren Rhône bis nach Barcelona auszuloten (Sauri & Del Moral 2001).

Es ist gleichzeitig offenkundig, dass die politische Auseinandersetzung über das Wassermanagement in Spanien zwischen der zentralstaatlichen Planung einerseits sowie den Interessen der einzelnen Autonomen Regionen und den agrar- und umweltpolitischen Vorgaben der Europäischen Union andererseits Fronten aufgebaut hat. Ohne Zweifel sind die Autonomen Regionen aus dieser Konfrontation bislang gestärkt hervorgegangen. In diesem Zusammenhang entstand der euphorisch-proklamatorische Begriff der „neuen Wasserkultur" (Martínez Gil 1997). Es sind aber sehr wohl Zweifel an der optimistischen Einschätzung angebracht, dass der neue Geist des Regionalismus gleichzeitig einen Paradigmenwechsel von der „alten" zur „neuen Wasserkultur" einleitet, wie es Aguilera Klink 1999 unterstellt hat (vgl. Tab. 25).

Naturraum und traditionelle Landwirtschaft

Um der Bedeutung der iberischen Landwirtschaft in angemessener Weise Rechnung tragen zu können, ist weniger eine produktorientierte als vielmehr eine systemorientierte Betrachtungsweise erforderlich. Dabei kommt zwei Faktorkomplexen eine ursächlich steuernde Funktion zu, nämlich dem Klima (im engeren Sinne: dem Jahresgang des Niederschlags) einerseits und den (historisch gewachsenen) Eigentums- bzw. Betriebsstrukturen andererseits.

Die traditionellen Formen des Feldbaus und der Viehweidewirtschaft stehen unter dem Diktat des wechselfeuchten mediterranen Klimas und sind daher in den einzelnen Mittelmeerländern bis auf lokale Modifikationen ähnlich. Entscheidend in diesem Zusammenhang ist das mehr oder weniger starke sommerliche Niederschlagsdefizit, dem durch spezielle Nutzpflanzen bzw. Wirtschaftsweisen begegnet werden muss. Konsequenterweise spricht Wagner (2001, S. 244) von „mediterraner Bodennutzung".

Auf der Iberischen Halbinsel ist davon nur der immerfeuchte atlantische Nordsaum ausgenommen, wo der Anbau landwirtschaftlicher Kulturpflanzen ganzjährig auf der Grundlage des natürlich fallenden Niederschlags (Regenfeldbau) möglich ist.

Die Höhenlagen über 600–800 m in den Bergländern entziehen sich meist einer einfachen dualistischen Zuordnung nach „mediterraner/nichtmediterraner Bodennutzung", weil dort infolge zunehmender thermischer Ungunst und schwieriger Reliefbedingungen der Kulturlandschaftsanteil zunehmend geringer wird und zahlreiche Mischformen der Bodennutzung auftreten.

Seit den Ausführungen Theobald Fischers (1904) gilt der Ölbaum *Olea europaea* als die typische mediterrane Kulturpflanze schlechthin. Seine polare Verbreitungsgrenze steckt den physisch-geographischen Mittelmeerraum nach Norden hin ab. Als weitere charakteristische Dauerkultur ist der Weinbau zu nennen. Ergänzend tritt noch das Getreide in Form des Wechselfeldbaus hinzu. Brot, Öl und Wein bilden im Mittelmeergebiet seit vorbiblischen Zeiten die Grundlagen der Ernährung seiner Bewohner, deren Eiweißbedarf durch die Produkte der Viehweidewirtschaft (überwiegend in Form der Schaf- und Ziegenhaltung) gesichert wurde. Die Grundnahrungsmittel aus der traditionellen agrarischen Produktion werden auch als „klassische mediterrane Trias" (Rother 1993, S. 130) bezeichnet. Sie basiert auf dem sog. Trockenfeldbau (*cultivo de secano*), bei dem sich der Anbau der Kulturpflanzen auf den natürlich fallenden Niederschlag gründet. Der mediterrane Trockenfeldbau sicherte zusammen mit der Weidewirtschaft somit eine autarke Nahrungsmittelproduktion. Im Unterschied zur traditionellen Landwirtschaft Mitteleuropas, wo sich Viehhaltung und Ackerbau betriebsintern häufig wechselseitig funktional ergänzen, war die traditionelle mediterrane Viehwirtschaft eher eigenständig. Aus der Geschichte sind zahlreiche Konflikte vor allem zwischen mobiler Viehhaltung und sesshaftem Ackerbau bekannt.

Im Unterschied zum mediterranen Trockenfeldbau spricht man vom sog. Bewässerungsfeldbau (*cultivo de regadío*), wenn das sommerliche Niederschlagsdefizit durch zusätzliche Bewässerung der landwirtschaftlichen Kulturen ausgeglichen wird. In vorindustrieller Zeit war der Bewässerungsfeldbau aufgrund seiner Bindung an natürliche Wasservorkommen während der Trockenzeit im Regelfall räumlich eng auf Flussauen, Gebirgsfußflächen und schmale Küstenhöfe begrenzt. Die Nutzung der kostbaren Ressource Wasser hatte eine intensive Bodennutzung zur Folge, die sich traditionell vornehmlich auf Gartenbauprodukte konzentrierte.

Mindestens ebenso merkmalsprägend wie die Wasserverfügbarkeit sind für die mediterrane Landwirtschaft spezifische Eigentums- und Betriebsstrukturen. Aus den unterschiedlichen Formen der Partizipation (Eigentum, Pacht) an den Ressourcen Boden bzw. Wasser leiten sich wiederum sehr spezifische Bodennutzungssysteme und Betriebssysteme ab, die sich ihrerseits in bestimmten agrarsozialen Kategorien niedergeschlagen haben. „Die komplizierten Eigentums- und Betriebsstrukturen sind die wichtigsten Prägekräfte der Landwirtschaft im Mittelmeerraum" (Wagner 2001, S. 238). Diese Strukturen lassen sich grob vereinfacht auf einen Dualismus zwischen Großgrundeigentum und bäuerlichem Kleineigentum reduzieren. Dessen historische Wurzeln wurden für die Iberische Halbinsel bereits im Kapitel „Geschichte und Politik" angesprochen. Noch heute entspricht den genannten betriebsstrukturellen Extremen auch eine regionale Polarisierung zwischen kleinbäuerlichen Familienbetrieben in Nordportugal bzw. in Nordwestspanien sowie landwirtschaftlichen Großbetrieben im südportugiesischen Alentejo bzw. im südspanischen Andalusien.

Das traditionelle „Latifundium" tritt dabei in zahlreichen betriebsstrukturellen Varianten auf. Sie reichen vom direkt bewirtschafteten Großbetrieb über vielfache Formen der Verpachtung bzw. Unterverpachtung bis zu von Kleinpächtern eigenbewirtschafteten Kleinbetrieben (vgl. u. a. Sabelberg 1997). Gemeinsam war den verschiedenen Formen des traditionellen Latifundiums ein passiver Wirtschaftsgeist der Land besitzenden Oberschicht, der sich im Absentismus der Eigentümer bzw. Großpächter ebenso äußerte wie in der aufwands- und ertragsextensiven Bewirtschaftung. Vielfach trug dieser Wirtschaftsgeist rentenkapitalistische Merkmale nach orientalischem Vorbild. Darüber hinaus ist die traditionelle Latifundienwirtschaft mit einer „Proletarisierung" der ländlichen Bevölkerung (Drain 1992/93, S. 160) und verschiedenen daraus resultierenden agrarsozialen Unterklassen (wie z. B. Tagelöhner oder abhängige Kleinpächter) verbunden. Die historisch überkommene agrarsoziale Differenzierung findet ihren Niederschlag noch heute im politischen Wahlverhalten (vgl. Kapitel „Geschichte und Politik").

Unter den geschilderten betriebsstrukturellen Rahmenbedingungen haben sich im Laufe der Jahrhunderte auf der Iberischen Halbinsel im Zusammenspiel von Trocken- und Bewässerungsfeldbau unterschiedliche Wirtschaftsformen entwickelt, die durch ihre spezifische Wirtschaftsweise und ihr Wirtschaftsziel die ländlichen Räume jeweils typenhaft geprägt haben.

Die „mediterrane Trias" im Trockenfeldbau

Der Getreidebau

Der Getreideanbau im Trockenfeld wird durch die Dauer der sommerlichen ariden Phase mehr oder weniger stark eingeschränkt. Darüber hinaus sind die Erträge auch von der Variabilität der winterlichen Niederschläge unmittelbarer betroffen als eine Dauerkultur, was sich in zum Teil extremen jährlichen Ertragsschwankungen äußert. Daher kommt den bodenverbessernden Maßnahmen im Trockenfeldbau eine besondere Bedeutung zu. Während jedoch in unseren Breiten infolge des Überangebots an Niederschlag Nährsalze aus dem Oberboden nach unten gespült werden, vollzieht sich in den Trockengebieten die umgekehrte Bewegung: Die Nährsalze werden durch den Verdunstungssog kapillar nach oben geführt, können aber infolge Wassermangels an der Oberfläche nicht gelöst werden, sondern reichern sich im Oberboden an. Das vorrangige Problem der Bodenverbesserung im herkömmlichen mediterranen Trockenfeldbau ist also weniger die Düngung durch Mineralienzufuhr als vielmehr die Speicherung von Feuchtigkeit im Boden. Alle bodenbearbeitenden Maßnahmen müssen vorrangig dieses Ziel verfolgen.

Das gilt in besonderem Maße für die traditionelle Trockenbrache. Ihre primäre Funktion ist die Wasserspeicherung, gegen die der Aspekt der Bodenregeneration relativ zurücktritt. Dabei wird das Land für die Dauer eines Jahres (oder länger) nicht eingesät, in dieser Zeit aber mehrfach bearbeitet, um die Fähigkeit des Bodens zur Wasserspeicherung zu verbessern. Nach der Ernte des Getreides im Mai bzw. Juni dient die verbleibende Stoppelfläche über den Winter hinweg, zum Teil auch bis ins folgende Frühjahr, als Weide. Danach wird der Boden zum ersten Mal umgebrochen, d. h., der von den winterlichen Niederschlägen durchtränkte Oberboden wird nach unten gepflügt. Anschließend werden die großen Schollen möglichst fein zerkleinert, um aufkommendes Unkraut zu entwurzeln und durch die lockere Struktur der Deckschicht den Verdunstungssog so weit wie möglich zu unterbrechen. Der Vorgang des Pflügens mit anschließendem mehrfachem Eggen wiederholt sich im Laufe des Frühjahres unter Umständen mehrmals. Nach den letzten Niederschlägen wird dann nicht mehr gepflügt, sondern im April/Mai noch einmal Unkraut gejätet, das dem Boden die kostbare Feuchtigkeit zu entziehen droht. Unmittelbar vor Beginn der Herbstniederschläge wird das Feld zur Einsaat vorbereitet. Diese erfolgt in der Regel zur Zeit des ersten Niederschlagsmaximums im Oktober.

Die Trockenbrache ist ein wesentlicher Bestandteil aller traditionellen Fruchtfolgesysteme bei den Wechselkulturen im Trockenfeldbau. Damit verbunden ist ein entsprechend hoher Flächenbedarf bzw. niedriger Flächenertrag. In dem Bemühen, die Versorgung der Bevölkerung mit Brotgetreide sicherzustellen, förderten sowohl Portugal als auch Spanien u. a. durch staatlich garantierte und subventionierte Erzeugerpreise vorrangig den Weizenanbau. Heute noch vorhandene Relikte der damaligen Förderkampagnen („Weizenschlacht"; vgl. Kapitel „Geschichte und Politik") sind die weithin sichtbaren Getreidesilos an den Bahnlinien, die die bedeutendsten Weizengebiete der Iberischen Halbinsel von Altkastilien über die spanische Extremadura bis ins portugiesische Alentejo physiognomisch kennzeichnen (Abb. 55).

Abb. 55: *Die Weizensilos im Niederalentejo (hier bei Serpa) zeugen von der agrarpolitischen* campanha do trigo *(„Weizenschlacht") aus den 1930er-Jahren.*

Auf fruchtbaren Niederungsböden wie beispielsweise in der sog. *campiña* Niederandalusiens stellte sich im 19. Jh. eine zunehmende Tendenz ein, Teile der Bracheparzellen mit Leguminosen für den Selbstverbrauch (Kichererbsen, Erbsen) oder aber mit Futterpflanzen (Saubohnen, Linsenwicken usw.) einzusäen (*barbecho semillado*). Überall dort, wo sich die Erträge dieser Brachkulturen als konstant erwiesen, ist die klassische Trockenbrache spätestens in der Mitte des 20. Jh. verschwunden, sodass sich auf fruchtbaren Niederungsböden der Iberischen Halbinsel eine Zweifelderwirtschaft mit dem alternierenden Anbau von Getreide und Brachfrüchten dauerhaft etablieren konnte.

Die gegenwärtig anzutreffende variantenreiche Vielfalt dieses Fruchtwechselsystems erklärt sich in erster Linie durch die inzwischen beachtliche Zahl von geeigneten Brachpflanzen, woraus sich wiederum unterschiedlich lange Brachephasen und entsprechend differenzierte Bearbeitungsmethoden der Brache ableiten. Geradezu spektakulär für die Iberische Halbinsel ist der Erfolg der Sonnenblumen als Brachepflanzen. Sonnenblumen können in der ausklingenden winterlichen Niederschlagsperiode eingesät werden und dank ihres extrem raschen Wachstums anschließend schon nach wenigen Monaten geerntet werden. Infolge der gezielten Verbesserung entsprechender Saatvarietäten haben sich die Sonnenblumen im Wechsel mit Getreide als wichtigste Kultur im Trockenfeldbau der Iberischen Halbinsel etablieren können. Im Falle Spaniens konnte Breuer (1985) zeigen, dass der Sonnenblumenanbau auf der Iberischen Halbinsel mithilfe des Vertragsanbaus eingeführt wurde und modellhaft

Abb. 56: *Räumliche Diffusion des Sonnenblumenanbaus im Trockenfeldbau Spaniens*

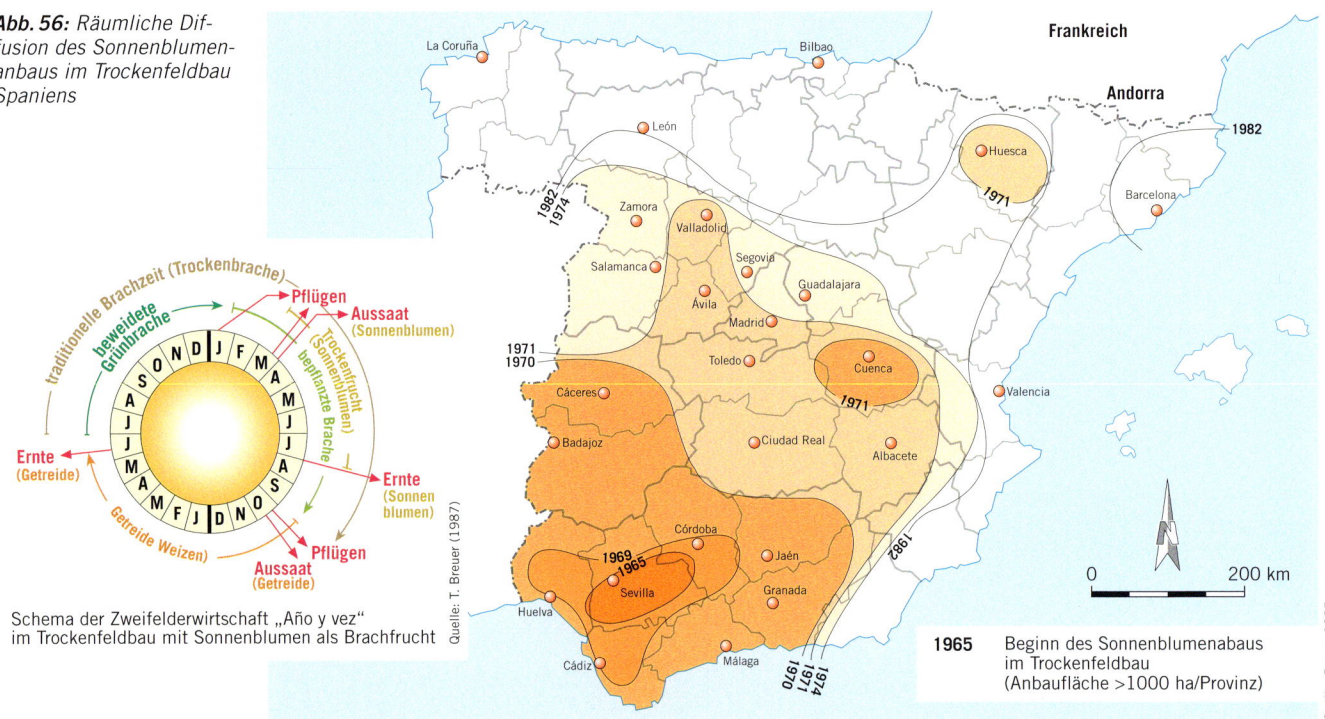

Schema der Zweifelderwirtschaft „Año y vez" im Trockenfeldbau mit Sonnenblumen als Brachfrucht

Quelle: T. Breuer (1987)

1965 Beginn des Sonnenblumenanbaus im Trockenfeldbau (Anbaufläche >1000 ha/Provinz)

Quelle: Breuer 1985

den zeitlichen und räumlichen Diffusionsmechanismen einer Innovation gefolgt ist (vgl. Abb. 56).

Der wirtschaftliche Erfolg der Brachkulturen im Trockenfeldbau, von denen die Sonnenblumen zweifellos am bedeutsamsten sind, gründet sich vornehmlich auf die Tatsache, dass sie vielfach industriell verwertbare Rohstoffe bereitstellen (sog. *cultivos industriales*). Es ist insofern bemerkenswert, dass ausgerechnet die Brachkulturen, die ursprünglich als sekundäre Komplementärfrucht im Rahmen eines alternierenden Getreideanbaus entstanden sind, gegenwärtig dafür verantwortlich sind, dass das klassische System des mediterranen Trockenfeldbaus auch in der Moderne noch eine wirtschaftlich rentable landwirtschaftliche Produktion zu garantieren vermag.

Die Ölbaumkultur

Zu den klassischen mediterranen Dauerkulturen zählt in erster Linie der Ölbaum. Er war schon um 1000 v. Chr. in Palästina verbreitet und wurde vermutlich im 7./6. Jh. v. Chr. im Zuge der hellenistischen Kolonisation des westlichen Mittelmeerraums auf die Iberische Halbinsel gebracht. Er ist nicht zuletzt deshalb zum Synonym des mediterranen Trockenfeldbaus geworden, weil er außerordentlich wassergenügsam ist. Dafür ist er andererseits kälteempfindlich; seine winterliche Frostverträglichkeit endet bei −7 °C, sodass er in den zentralen Hochebenen und Gebirgen der Iberischen Halbinsel oberhalb einer Zone von 600–800 m nicht mehr vorkommt. Der Ölbaum tritt in Reinkultur (*cultivo único*) oder in Mischkultur (*cultivo asociado*) auf. Der gemischte Anbau ist sehr gebräuchlich, weil Ölbaumbestände erst 7–8 Jahre nach ei-

ner Neuanlage eine erste Ernte ermöglichen und nach ca. 15 Jahren ihre volle Produktion erreichen. Eine weit verbreitete Anbaukombination bilden Ölbäume mit Wein, nicht selten aber auch mit einjährigen Unterkulturen wie z. B. Getreide. Auf diese Weise tragen die Dauerkulturen in der mediterranen Bodennutzung zur Risikostreuung bei gleichzeitiger Stabilisierung der pflanzlichen Produktion bei.

Ein Charakteristikum der Ölbaumkultur besteht darin, dass alle größeren Arbeiten in die Wintermonate von November bis März fallen. Die dunkel bis schwarz gewordenen Früchte werden geschüttelt oder auch mit Stöcken vom Baum geschlagen. Sie werden anschließend in speziellen Mühlen für die Ölgewinnung gepresst. Als Tafeloliven nimmt man üblicherweise andere Varietäten, die vollfleischiger sind und dann bereits im Herbst als grüne Oliven geerntet werden, um anschließend durch die Konservenindustrie verarbeitet zu werden. Mit dem Beschneiden der Bäume im Herbst enden die eigentlichen Arbeiten am Ölbaum selbst. Die Bearbeitungsintensität des Bodens während des restlichen Jahres schwankt im Einzelfall sehr stark, je nach Intensität der Bewirtschaftung. Eine extensive Öl-Oliven-Produktion, die sich mit geringen Erträgen zufriedengibt, wird sich auf ein einmaliges Auflockern des Bodens im Spätsommer beschränken. Bei intensiven Formen der Kultivierung von Tafeloliven ist ein mehrfaches Umbrechen des Bodens mit anschließendem Eggen gemäß den bereits beschriebenen Arbeitsprinzipien der Trockenbrache üblich.

Der kulturhistorische Stellenwert der Ölbaumkultur lässt sich schon etymologisch belegen: Das spanische Wort für Öl (*aceite*) leitet sich von *aceituna* (= Olive) ab. Darüber hinaus lässt sich die Bedeu-

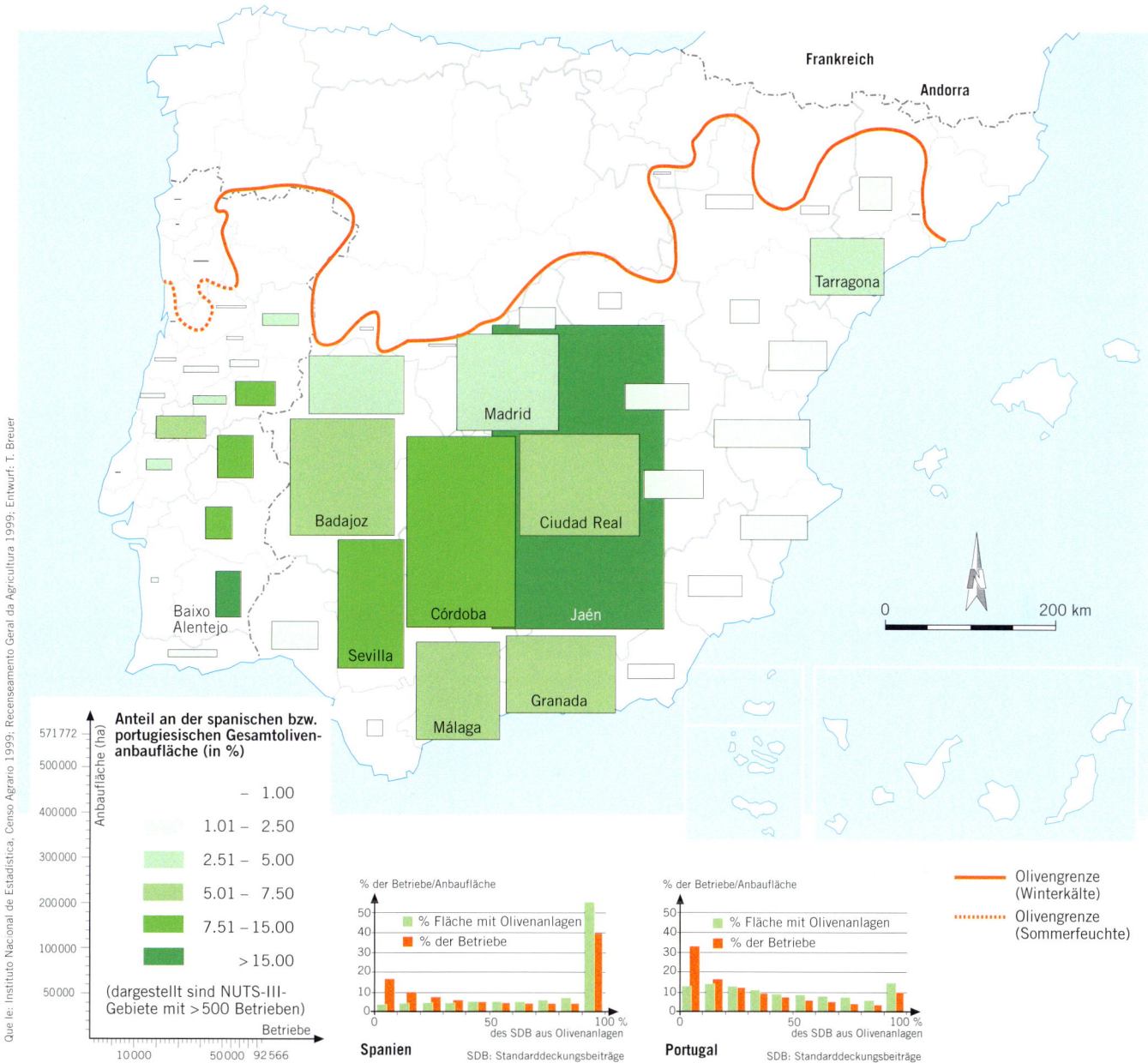

Frankreich

Andorra

Tarragona

Madrid

Ciudad Real

Badajoz

Baixo
Alentejo

Córdoba   Jaén

Sevilla

Granada

Málaga

0   200 km

Anteil an der spanischen bzw. portugiesischen Gesamtolivenanbaufläche (in %)

Anbaufläche (ha)

571 772
500000
400000
300000
200000
100000
50000

– 1.00
1.01 – 2.50
2.51 – 5.00
5.01 – 7.50
7.51 – 15.00
> 15.00

(dargestellt sind NUTS-III-Gebiete mit >500 Betrieben)

Betriebe

10000   50000 92566

Quelle: Instituto Nacional de Estadística, Censo Agrario 1999; Recenseamento Geral da Agricultura 1999; Entwurf: T. Breuer

% der Betriebe/Anbaufläche

% Fläche mit Olivenanlagen
% der Betriebe

0   50   100 %
des SDB aus Olivenanlagen

Spanien   SDB: Standarddeckungsbeiträge

% der Betriebe/Anbaufläche

% Fläche mit Olivenanlagen
% der Betriebe

0   50   100 %
des SDB aus Olivenanlagen

Portugal   SDB: Standarddeckungsbeiträge

—— Olivengrenze (Winterkälte)
········ Olivengrenze (Sommerfeuchte)

tung der Ölbaumkultur auch daran ablesen, dass 37 % (Spanien) bzw. 38 % (Portugal) aller landwirtschaftlichen Betriebe in irgendeiner Form Oliven anbauen. Die Bandbreite der Produktivität ist dabei allerdings erheblich: In der extensivsten Form handelt es sich um Olivenhaine mit uraltem, wenig produktivem Baumbestand. Am anderen Ende der Skala finden sich intensiv bewirtschaftete, junge Ölbaumpflanzungen, die mit hohem technischem Aufwand gepflegt werden. Insgesamt ist der Unterschied zwischen Spanien und Portugal erheblich: Auf Spanien allein entfallen ca. 51 % der gesamten Olivenanbaufläche der EU (2000: 4,3 Mio. ha), auf Portugal hingegen nur 8 % (Marquer 2003). Mehr als ein Drittel aller landwirtschaftlichen Betriebe mit Olivenanbau beziehen in Spanien mehr als 90 % des gesamten Betriebseinkommens (Stan-

darddeckungsbeitrag) allein aus Oliven. In Portugal ist es umgekehrt: In knapp einem Drittel aller Betriebe mit Oliven steuern diese weniger als 20 % zum Standarddeckungsbeitrag bei.

Insgesamt erfolgt der Olivenanbau in Spanien häufiger in spezialisierten Monokulturen durch Großbetriebe, die die Marktbeihilfen der EU-Agrarförderung exzessiv ausschöpfen: Allein 42,8 % der gesamten garantierten Höchstmenge bei der EU-Olivenölerzeugung werden von Spanien beansprucht (EU-Kommission 2002). Die subventionierten Olivenanbauflächen werden seit 2003 mithilfe von Luftbildern im Rahmen eines Geographischen Informationssystems (GIS) überwacht. Zu den regionalen Schwerpunkten des iberischen Olivenanbaus zählen die spanischen Provinzen Córdoba, Sevilla und Jaén (Abb. 57). Dort erbringen Oliven im Durchschnitt al-

Abb. 57: *Oliven: Anbaubetriebe und Anbauflächen 1999*

ler Betriebe mehr als die Hälfte des Betriebsein-kommens, d. h., die Landwirtschaft dieser Provinzen ist von der Ölbaumkultur abhängig. In der Provinz Jaén in Hochandalusien erreichen Ölbäume fast 70 % der landwirtschaftlichen Nutzfläche. Hochwertige Tafeloliven werden vornehmlich in den nieder-andalusischen Provinzen Sevilla und Córdoba produziert. Die Schwerpunkte des spanischen Olivenanbaus sind gleichzeitig Schwerpunkte einer groß-betrieblich strukturierten Landwirtschaft, die durch hohen Kapitaleinsatz und Lohnarbeitskräfte charakterisiert ist.

Neuerdings wird die hochintensive, spezialisierte Form des großbetrieblichen Olivenanbaus unter Einsatz von ertragssteigernder Bewässerung im portugiesischen Alentejo (so z. B. im südlichen Vorfeld des Alqueva-Staudamms), aber auch in Kerngebieten des spanischen Olivenanbaus aufgenommen. Allein in der Provinz Jaén hat sich der Flächenanteil des bewässerten Olivenanbaus zwischen 1990 und 2000 mehr als verdoppelt (Voth 2005). Ursächlich verantwortlich für diese Entwicklung ist die steigende Nachfrage nach Oliven bzw. Olivenöl, das sich bei kritischen Verbrauchern in Mittel- und Nordeuropa wegen seiner organoleptischen Eigenschaften als „gesundes" Nahrungsmittel steigender Beliebtheit erfreut. Inzwischen werden bereits mehr als 20 % des in der EU konsumierten Pflanzenöls aus Oliven gewonnen, während der Olivenölanteil an der weltweiten pflanzlichen Ölproduktion nur ca. 3 % ausmacht.

Die wirtschaftliche Effizienz des kapitalintensiven Olivenanbaus in Großbetrieben darf aber nicht darüber hinwegtäuschen, dass die Ölbaumkultur aus agrarsozialer Perspektive für kleinbäuerliche Betriebe mit Familienarbeitskräften ungleich bedeutsamer ist, als es die regionalwirtschaftliche Bilanz ausweist. Das gilt für Nordportugal ebenso wie für Katalonien sowie für weitere Teilbereiche in der Südhälfte der Halbinsel, wo der Ölbaum vornehmlich in Form von Mischkulturen mit Wein anzutreffen ist.

Der Weinbau

Innerhalb der mediterranen Trias nimmt der Wein flächenmäßig den dritten Rang ein. Die Dauerkultur besetzt in Spanien 8,7 %, in Portugal 5,6 % der landwirtschaftlich genutzten Fläche. Dennoch unterscheidet sich der Weinbau in beiden Ländern hinsichtlich der ökonomischen Bedeutung beträchtlich. Die Unterschiede erklären sich vornehmlich durch die unterschiedlichen Anteile der Produktion für den internen Massenkonsum einerseits bzw. für exportfähige Qualitätsweine andererseits.

Die winterkalten Hochebenen und Gebirge des Nordens werden vom Wein ebenso wie vom Ölbaum gemieden. Im Unterschied zur Olivenkultur findet der Weinbau im Norden aber immer wieder lokale Gunsträume, wo in klimatischen Grenzlagen häufig exzellente Weine produziert werden können. Dazu zählen das Gebiet von La Rioja im oberen Ebro-Becken ebenso wie kleinere, isolierte Abschnitte im

spanischen Duero-Tal. Flächenhaft am bedeutendsten ist der Weinbau in der spanischen Mancha, die mit ca. 160 000 ha als das größte zusammenhängende Weinbaugebiet der Erde mit geschützter Herkunftsbezeichnung gilt (vgl. Abb. 58). Hinzuzurechnen ist das Anbaugebiet von Valdepeñas, wo der Weinanbau auf ca. 35 000 ha Fläche fast in Monokultur betrieben wird. Diese Größenordnung alleine entspricht bereits einem Drittel der gesamten bundesdeutschen Rebflächen. Die Gesamtanbaufläche einschließlich der nicht klassifizierten Weine erreicht in der Region La Mancha – Valdepeñas – Jumilla – Almansa – Méntrida im Südosten der Iberischen Halbinsel fast 600 000 ha Größe.

Bei der Anlage der Rebflächen gibt es beachtliche regionale Unterschiede im Detail, vorzugsweise in Abhängigkeit vom Relief, der daraus resultierenden Parzellengröße und der Betriebsgröße. In den großbetrieblich strukturierten Weinbaugebieten beträgt der Reihenabstand in der Regel zwischen 2,5 und 3 m, um eine maschinelle Bodenbearbeitung zu ermöglichen und gleichzeitig die vorhandenen Feuchtigkeitsreserven adäquat nutzen zu können. So erklärt sich, dass z. B. in der Mancha auf einen Hektar nur 1500 bis 2000 Rebstöcke kommen (zum Vergleich: an Rhein und Mosel sind es bis zu 10 000 Stück/ha).

Die Ernte bildet den Höhepunkt der Feldarbeiten im Weinbau. Sie erfolgt von Mitte September bis November. In den großen Weinbaugebieten müssen für diesen Zweck Saisonarbeiter angeworben werden, die häufig im ganzen Land rekrutiert werden. Seit Mitte der 1990er-Jahre kommen zunehmend Immigranten aus Nordafrika, Südamerika sowie (in jüngster Zeit) aus Osteuropa als saisonale Erntehelfer im spanischen Weinbau zum Einsatz, wobei der Anteil illegal Beschäftigter sehr hoch geschätzt wird (Gonzálvez Pérez 1999).

Die heutige wirtschaftliche Dimension und Bedeutung einer qualitativ hochwertigen, auf den internationalen Markt ausgerichteten Weinerzeugung ist vergleichsweise jungen Datums, obwohl der Weinbau auf der Iberischen Halbinsel eine sehr lange Tradition hat, die vermutlich sogar bis in die vorrömische Zeit reicht. Die entscheidenden Impulse für eine marktorientierte Weinerzeugung kamen aber jeweils von außen. Den Anfang machte England, nachdem englische Seeräuber im 17. Jh. aus dem Hinterland von Jerez (Andalusien) alkoholreiche, süße Weine nach England gebracht hatten. Zur Erhöhung des Alkoholgehalts wurden die Weine zusätzlich mit Weinbrand verschnitten („gesprittet") und eroberten in dieser Form als Modegetränk die englischen Salons des 18. und 19. Jh. Im portugiesischen Douro-Tal fanden englische Weinhändler ähnlich süße Weine, die sich für die Mode des Aufsprittens (port. *beneficio*) eigneten. Der Weinbau im Douro-Tal erlebte in der Folge des Methuen-Vertrages von 1703 (vgl. Kapitel „Geschichte und Politik") einen boomartigen Aufschwung. Die Vermarktung der mit Weinbrand versetzten Süßweine übernahmen englische Weinhäuser, die als Markenna-

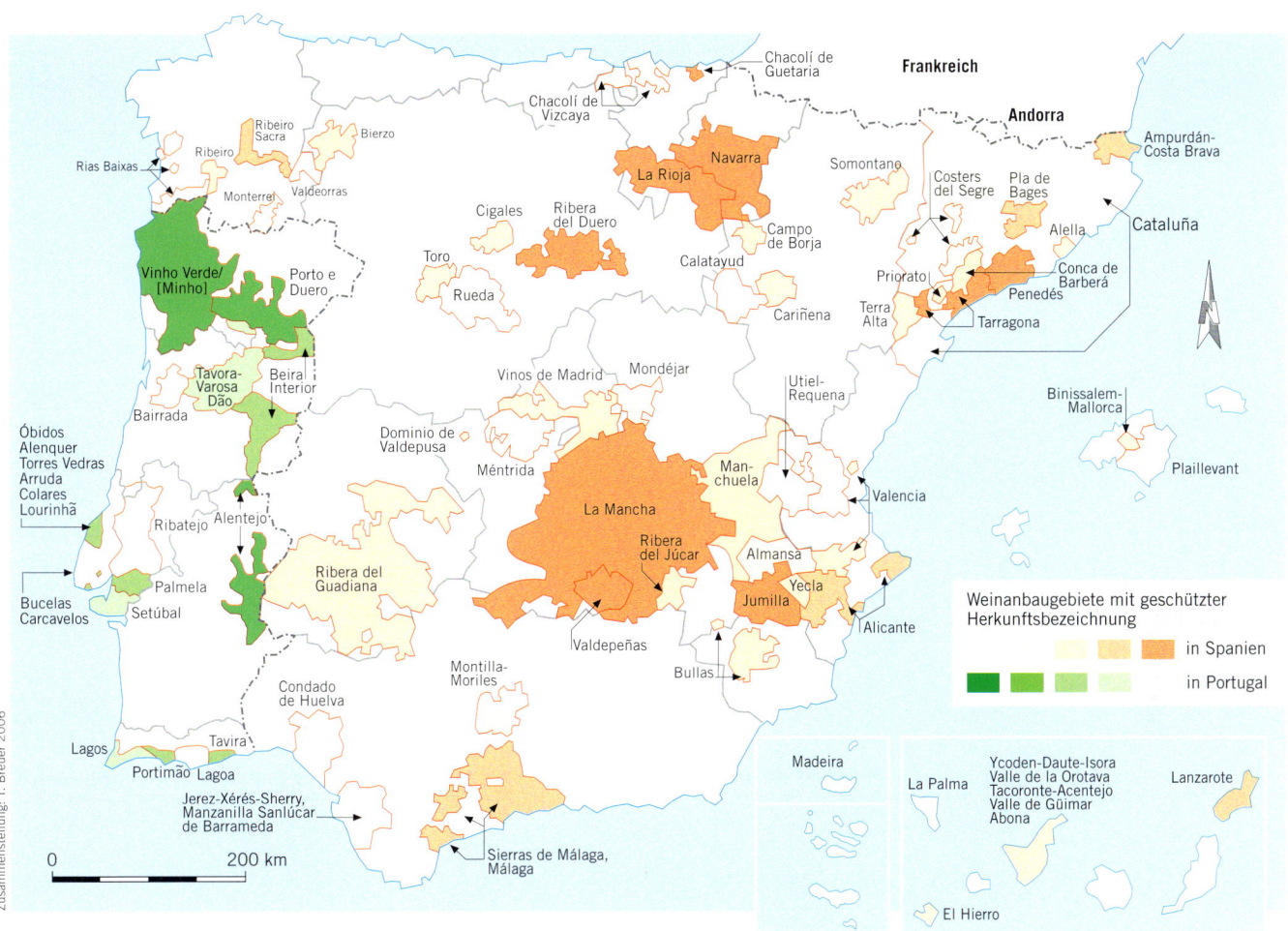

Zusammenstellung: T. Breuer 2006

men bis zum heutigen Tage Bestand haben. Dazu gehören Firmen wie OSBORNE, JOHN CROFT, WILLIAMS & HUMBERT, TAYLOR'S und viele andere. Das schwarze Schattenbild eines Mannes im Studententalar mit markantem, breitkrempigem Hut, das George SANDEMAN als Markenzeichen für sein Weinhandelshaus auswählte, gilt bis heute als Musterbeispiel modernen Markenmanagements. Da die Engländer das spanische Wort „Jerez" schlecht aussprechen konnten, wurde daraus kurzerhand die auch heute noch übliche Bezeichnung „Sherry". Die portugiesische Hafenstadt Porto, an deren Gegenufer (in Vila Nova de Gaia) die meisten englischen Weinhandelshäuser entstanden waren, wurde namengebend für die seither als „Portwein" bekannten, aufgespritteten Süßweine aus dem portugiesischen Douro-Tal.

Einen gänzlich andersartigen Impuls erfuhr die spanische Weinerzeugung im letzten Drittel des 19. Jh. von Frankreich aus. Der Reblausbefall erreichte Europa 1863 und vernichtete in den Folgejahren flächenhaft die Rebenbestände des damals bedeutendsten europäischen Weinproduzenten Frankreich. Dieser Vorgang blieb nicht auf Frankreich beschränkt und wurde für Europa unter dem Begriff der sog. „Reblauskrise" bekannt. Damals musste Frankreich sich für spanische Weine öffnen,

sodass der spanische Weinbau kurzfristig einen boomartigen Entwicklungsimpuls erfuhr, bevor der Reblausbefall schließlich auch die Iberische Halbinsel erreichte. In jener Zwischenphase wanderten französische Weinbauern aus dem Bordelais nach Nordspanien aus. Sie fanden im oberen Ebro-Tal (in der Provinz La Rioja) in geschützten Hanglagen geeignete Bedingungen für einen Neubeginn des Weinbaus. Indem sie ihre über Generationen erworbenen Kenntnisse und Fähigkeiten in der Erzeugung hochwertiger und lagerfähiger Weine mitbrachten, legten sie den Grundstein für eines der bis heute bekanntesten Qualitätswein-Anbaugebiete Spaniens. Auf diese Tradition ist es zurückzuführen, dass die hochwertigen Rioja-Weine aus verschiedenen Rebsorten (Granacho-, Tempranillo-, Graciano- und Mazuelo-Trauben) verschnitten werden.

Die Reblauskrise konnte zu Beginn des 20. Jh. durch das Aufpfropfen europäischer Rebsorten auf amerikanische Unterlagen überwunden werden. Dennoch erwuchsen aus den genannten historischen Ansätzen in Spanien keine breitenwirksamen Impulse für eine marktorientierte Produktion von Qualitätsweinen. Die Massenweine, die in der spanischen Weinbauregion La Mancha produziert wurden, flossen als Tafelweine vorwiegend in den spanischen Binnenmarkt; vielfach wurden Überproduk-

tionen zu Weinbrand verarbeitet, der wiederum bei der Sherry-Herstellung Verwendung fand. Noch 1990 waren 80 % der Weinexporte aus dem Anbaugebiet von La Mancha Fassweine, die in den großen Verbraucherländern (Deutschland, Niederlande, Dänemark) als Sektgrundweine verarbeitet wurden. Auf portugiesischer Seite wurden Überschüsse der Massenweinproduktion u. a. in die damaligen Ostblockstaaten mit geringen Qualitätsanforderungen exportiert. Ein Umdenken erfolgte erst im Vorfeld der Beitrittsverhandlungen zur Europäischen Gemeinschaft, als der Beitritt der beiden iberischen Staaten die ohnehin schon bestehende Überproduktion an Massenweinen in der Gemeinschaft noch zusätzlich zu verschärfen drohte. In Spanien hatten frühe Weingesetze von 1970 bereits Standards gesetzt, die zu Qualitätsweinen hinführen sollten. In

Portugal wurden vielfach erst in den 1980er-Jahren rebsortenreine Weinparzellen geschaffen, um den EG-Normen für Qualitätsweinbau zu genügen. Zusätzlich erzwang die Landflucht in den großen Weinbaugebieten Spaniens eine Rationalisierung und eine damit verbundene betriebsstrukturelle Neuorientierung. Dieser Prozess setzte in Spanien bereits in der Mitte der 1960er-Jahre ein. Bis 1985 ging die Weinfläche insbesondere in den weniger begünstigten Anbaulagen in der Nordhälfte Spaniens (von der Nordmeseta über Navarra und Aragonien bis nach Katalonien) spürbar zurück (Piqueras 1988).

Insgesamt stellt die Iberische Halbinsel ca. 40 % der Weinbaufläche Europas (EU-15; Stand: 2000). In der Weinerzeugung werden allerdings nur 26,5 % (Stand: 2003) erreicht. Im Detail sind die Größenordnungsunterschiede zwischen Spanien und Portu-

Anbauflächen (2000)		
	Fläche (in ha)	Anteil in % an der Anbaufläche in der EU-15
Spanien	1 186 417	34,10
Italien	907 959	26,09
Frankreich	889 353	25,56
Portugal	220 357	6,33
Deutschland	99 742	2,87
EU-15	3 479 539	
Länder außerhalb der EU-15:		
Rumänien	247 536	

Erzeugung (2003)		
	Erzeugung (in hl)	Anteil in % an der Erzeugung in der EU-15
Frankreich	50 352 000	33,36
Italien	44 604 000	29,55
Spanien	33 478 000	22,18
Deutschland	9 984 000	6,62
Portugal	6 677 000	4,42
EU-15	150 924 700	
Länder außerhalb der EU-15:		
Zypern	29 113 307	
Rumänien	5 461 000	

Tab. 26: *EU-Weinbau: Anbauflächen und Erzeugung*

gal erheblich: In der Weinbaufläche nimmt Spanien mit 34,1 % den ersten Rang innerhalb der EU-15 ein; bei der Weinerzeugung erreicht das Land mit 22,2 % nur noch Rang 3. In Relation dazu ist der Stellenwert des Weinbaus in Portugal mit einem Flächenanteil von 6,3 % und einem Produktionsanteil von 4,4 % geradezu nachrangig (vgl. Tab. 26). Der Weinbau ist bis auf wenige regionale Ausnahmen (so in den Mancha-Provinzen Ciudad Real, Albacete und Toledo, seit neuerer Zeit auch in der südlichen Extremadura) klein- bis mittelbetrieblich strukturiert, wobei für Mittelbetriebe Flächengrößen ab ca. 5 ha anzusetzen sind. In Spanien verfügt rund die Hälfte aller Wein anbauenden Betriebe über weniger als 2 ha Fläche; mehr als 95 % aller Winzerbetriebe sind kleiner als 50 ha. Im Nordwesten der Iberischen Halbinsel wird der Weinanbau vielfach im Nebenerwerb betrieben, im spanischen Galicien sind es im Einzelfall sogar akademisch gebildete, freiberufliche „Hobby"-Winzer, die die Familientradition des Weinanbaus fortführen. Die eigentliche Vinifikation und Vermarktung der kleinbäuerlichen Weintraubenproduktion übernehmen im Regelfall jedoch Genossenschaften oder private Großkellereien (Abb. 60). Mit der Abkehr von der Überproduktion billiger Massenweine zu Beginn der 1990er-Jahre haben sich moderne Vinifikationsverfahren in Verbindung mit einer professionellen Vermarktung durch große Weinbaugenossenschaften bzw. große private Weinfirmen durchgesetzt. Das gilt in erster Linie für die spanischen Weinbauregionen, wo modernste Technologien mit effektiven Vermarktungsstrategien sehr effizient eingesetzt werden.

Im Unterschied dazu wird der portugiesische Weinbau bisher nur in wenigen Ausnahmefällen (wie z. B. beim Portwein) durch professionelle Vermarktung stimuliert. Zwar wirbt man (durchaus zu Recht) mit ca. 500 verschiedenen, aktiv angebauten lokalen Rebsorten, diese Vielfalt ist allerdings einer exportorientierten Vermarktung größerer Mengen eher abträglich, zumal viele der autochthonen Rebsorten nicht unbedingt den Geschmack breiter europäischer Käuferschichten treffen.

Mit steigender Bedeutung der Vermarktung gewinnt die Qualitätskontrolle zunehmend an Gewicht. Auf dem europäischen Binnenmarkt und erst recht auf dem Welt-Weinmarkt sind nur noch hochwertige Weine mit kontrollierter Herkunftsbezeichnung nach dem Vorbild der französischen *Appellation d'Origin Contrôlé* (AOC) erfolgreich. Die Bezeichnung lautet im Spanischen DO(C) für *Denominación de Origen (Cualificada)*, im Portugiesischen DOC für *Denominacão de Origem Controlada*. Die meisten dieser Anbaugebiete (vgl. Abb. 58) haben sich auf Rotweine spezialisiert. Vor diesem Hintergrund bilden die säurereichen Weißweine, die im atlantischen Nordwesten der Halbinsel produziert werden (in Portugal der sog. Vinho Verde, in Galicien der Ribeiro) ebenso eine originelle Besonderheit wie die weißen Schaumweine (*cava*), die u. a. aus dem katalonischen Penedés kommen. Insgesamt verstärkt sich der Trend zu großen genossenschaftlichen oder pri-

vaten Kellereiunternehmen, die die bäuerliche Rebenproduktion zunehmend steuern. Dazu zählen in Portugal z. B. die SOGRAPE-Gruppe („Mateus-Rosé") oder Fonseca („Lancers"); in Spanien seien beispielhaft Namen wie „Felix Solís" oder „Luis Megía" (beide ansässig in Valdepeñas) genannt.

Mit wachsender Größe der Kellereien nimmt auch der Rationalisierungsdruck zu: Die Zahl der fest angestellten Beschäftigten geht laufend zurück. Die Sherry-Kellerei González Byass (Hausmarke „Tío Pepe") mit Sitz im spanischen Jerez, die immerhin über 700 ha eigene Rebflächen verfügt, hat ihre Belegschaft zwischen 1993 und 1998 von 1000 auf 300 Beschäftigte reduziert. Weil die Nachfrage nach „angespritteten" Dessertweinen wie Sherry und Portwein seit langem stagniert, wird die Produktionsmenge von den Kellereien sorgfältig gesteuert. Um den übersättigten Sherry-Markt rentabel zu halten, wurde die Anbaufläche zwischen 1991 und 1995 um die Hälfte zurückgefahren. Einer ähnlichen „Flächenbereinigung" musste sich auch das Anbaugebiet von La Rioja unterziehen. Auch im portugiesischen Douro-Anbaugebiet muss die überschüssige Traubenproduktion entweder als Tafelwein vermarktet werden oder bei Erreichen der geforderten Qualitätsstandards als Qualitätswein in den Handel gebracht werden, um ein Überangebot von Portwein zu vermeiden. Portweine sind Dessertweine, die ihre Süße aus der Restsüße des Originalweins beziehen. Sie unterscheiden sich damit vom Sherry-Wein, bei dem der Traubenzucker weitgehend vergärt wird, sodass hier kaum Restsüße verbleibt.

Kennzeichen des Sherrys ist die Verschnitttechnik des Solera-Systems: Dabei wird die neue Ernte über vier Jahre hinweg schrittweise in 10-%-Margen mit älteren Weinen verschnitten. Auf diese Weise werden unabhängig von jahresbedingten Schwankungen gleichbleibende Qualitäten erzielt, die darüber hinaus in standardisierten Geschmacksrichtungen erzeugt werden können. Der Abfolge von *fino* über *manzanilla, amontillado* und *oloroso* bis zum „*Cream*" entspricht nicht nur eine zunehmende Dunkelfärbung des Weines, sondern auch ein stei-

Abb. 60: Die spanische Weinerzeugung wird zunehmend durch moderne Vinifikationsverfahren und professionelle Vermarktungsfirmen geprägt (Valdepeñas, Kastilien-La Mancha).

gender Alkoholgehalt (von 15,5 % bis 22 %) bei gleichzeitig wachsender aromatischer Süße.

Nach dem Vorbild der traditionsreichen Dessertwein-Marken schicken sich die großen Getränkekonzerne nunmehr auch bei den neuen Qualitätsweinen an, den traditionellen, aber bisher vornehmlich auf den Binnenkonsum orientierten Weinbau auf der Iberischen Halbinsel grundlegend umzugestalten.

Der Bewässerungsfeldbau zwischen Tradition und staatlichen „Kolonisations"-Projekten

Wenn in der Landwirtschaft „künstliche" Maßnahmen zum Ausgleich von trockenzeitbedingten Wasserdefiziten eingesetzt werden, spricht man von „Bewässerungsfeldbau". Dieser basiert entweder auf der Anzapfung eines oberflächennahen Grundwasserhorizonts (*aquifer*), beispielsweise durch das Niederbringen von Brunnenbohrungen, oder aber auf der Ableitung von Flusswasser, das anschließend über ein hierarchisch verzweigtes Kanalsystem auf die zu bewässernde Parzelle gebracht wird. Beide Grundprinzipien werden auf der Iberischen Halbinsel nachweislich seit römischer Zeit praktiziert und erfuhren in der arabisch-maurischen Kulturepoche nachhaltige Impulse und Weiterentwicklungen. Aus den jahrhundertelangen Erfahrungen resultieren im Wortsinn „traditionelle" Bewässerungsgebiete, die auch als *huertas* oder *vegas* bezeichnet werden mit ebenfalls traditionellen Bewässerungstechniken (unter Einsatz von Göpelwerken und *norias* bei der kleinräumigen oder ausgeklügelten Be- und Entwässerungskanalsystemen bei der großflächigen Bewässerung). Damit verbunden war im Regelfall ein spezifisches Rechtssystem, das dem besonderen ökonomischen Wert des Produktionsfaktors Wasser (neben dem Produktionsfaktor Boden) Rechnung trägt (vgl. hierzu auch Kapitel „Geschichte und Politik").

Zu den wichtigsten Merkmalen des traditionellen Bewässerungsfeldbaus auf der Iberischen Halbinsel gehören der klein- und kleinstbetrieblich strukturierte intensive Anbau hochwertiger Obst- und Gemüsekulturen in Kombination mit verschiedenen Formen der Pacht bzw. des Eigentums an Boden und Wasser. Viel zitierte Beispiele sind etwa die *huertas* von Valencia oder Murcia sowie die *vega* von Granada (Teschendorf 1978). Diese traditionelle Ausprägung der Bewässerungslandwirtschaft wird deshalb auch als „*huerta-* oder *vega-*Typ" bezeichnet (Mertins 1993, S. 17). Ihr charakteristisches Merkmal ist bis auf den heutigen Tag die Zitrusbaumkultur (Abb. 61; vgl. auch die Verbreitungskarte in Abb. 62). In Portugal zählen dazu dispers verteilte, kleinbäuerliche Gebiete mit marktorientiertem Obst- und Gartenbau in der Algarve, aber auch beispielsweise die Gemüseanbaugebiete im mittleren Abschnitt der Tejo-Niederterrasse um Santarém. Räume dieses Typs galten in der Vergangenheit als Synonyme für aktive, ökonomisch erfolgreiche Agrarräume dank einer hoch effizienten, spezialisierten marktorientierten Landwirtschaft.

Diese Bewertung ist inzwischen obsolet. Die traditionellen Bewässerungsgebiete befinden sich in einer tief greifenden Strukturkrise: Im Zuge der Mechanisierung und nachfolgenden Mutation zu einer agroindustriell organisierten landwirtschaftlichen Produktion sind sie vielfach nicht mehr konkurrenzfähig. Das wichtigste Entwicklungshindernis bilden die kleinbetrieblichen Strukturen in Verbindung mit technisch veralteten Bewässerungseinrichtungen, deren Modernisierung vielfach an der mangelnden Wirtschaftlichkeit scheitert. Eine zusätzliche Belastung erfährt die traditionelle Bewässerungslandwirtschaft in stadtnahen Lagen durch den Siedlungsdruck und die daraus erwachsende Wassernutzungskonkurrenz, wie Fischer (2000) am Beispiel der *vega* von Granada aufzeigt. Die wirtschaftliche Krise der traditionellen Bewässerungsgebiete ist vielfach beschrieben worden. Trotz der strukturellen Probleme leisten die traditionellen Bewässerungsgebiete im Südosten der Iberischen Halbinsel aber weiterhin einen beachtlichen Beitrag zur landwirtschaftlichen Produktion (Geiger 1993).

Die Formen des „modernen" Bewässerungsfeldbaus und die daraus erwachsenden „neuen" Bewässerungsgebiete unterscheiden sich fundamental von der traditionellen Variante. Die moderne Bewässerungstechnologie wurde erst durch große Wasserbauprojekte unter Einsatz von schwerem Maschinengerät möglich. Diese Großprojekte waren ausnahmslos staatlich initiiert und gelenkt; der entsprechende Impuls dazu erfolgte unter den faschistischen Diktaturen von Salazar (Portugal) und Franco (Spanien) erst in der Mitte des 20. Jh. Beide Regimes „verkauften" ihre Entwicklungsprogramme im Rahmen der sog. „Inneren Kolonisation" gleichzeitig als Maßnahme zur „Agrarreform", d. h., die großen Bauprojekte zur Schaffung von neuen Bewässerungsflächen verfolgten neben der wirtschaftlichen gleichzeitig eine agrarsoziale Zielsetzung (vgl. Kapi-

Abb. 61: *Zur traditionellen* huerta-*Landwirtschaft gehören offen geführte Wasserzuleitungskanäle ebenso wie Zitrusfrüchte als Dauerkulturen (Küstenhof von Valencia).*

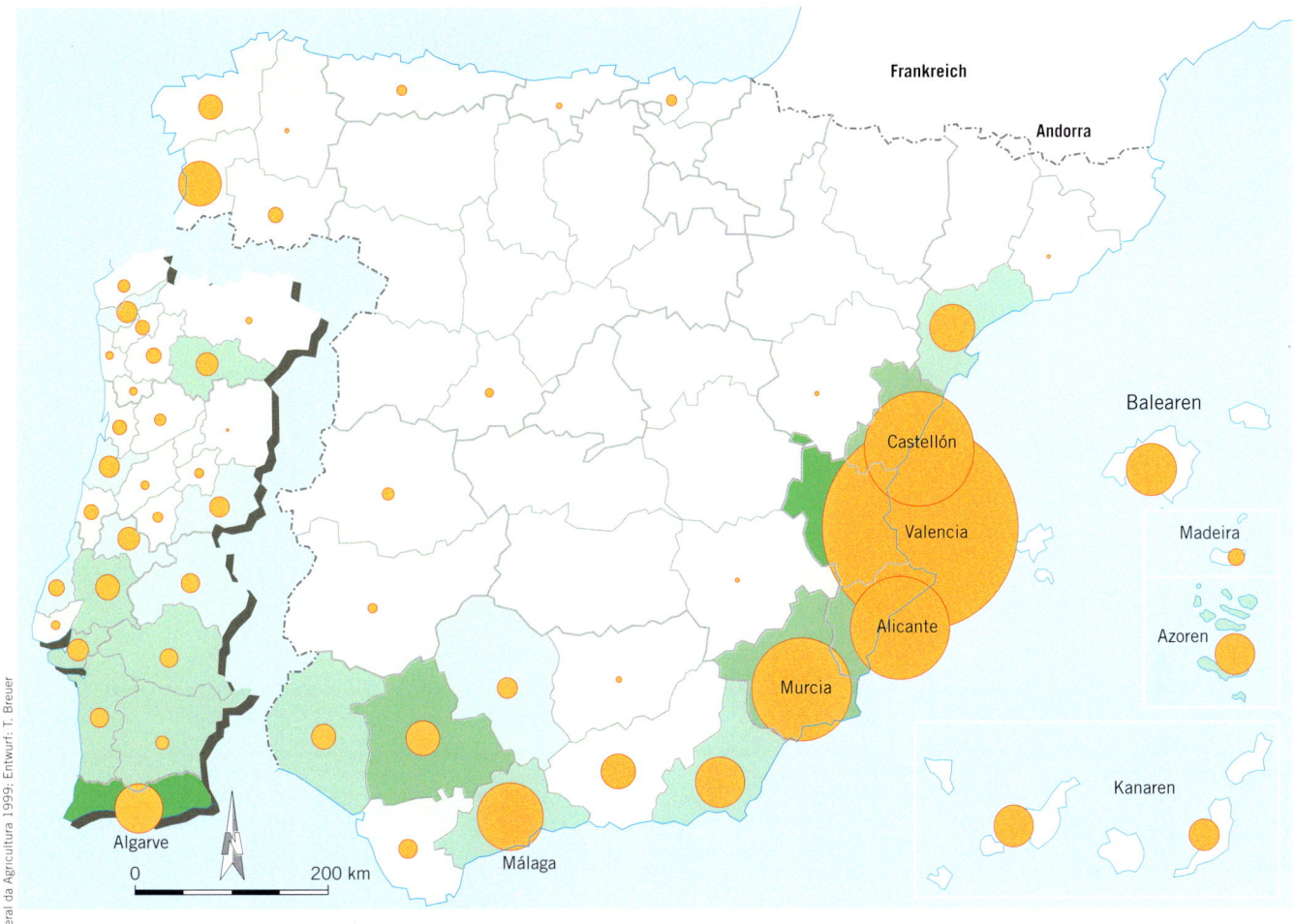

Quelle: I.N.E.: Censo Agrario 1999; Recenseamento Geral da Agricultura 1999; Entwurf: T. Breuer

Provinzanbauflächen (ha) in % der gesamten spanischen bzw. portugiesischen Zitrusfrüchteanbaufläche

- < 1,0 %
- 1,1 – 2,0 %
- 2,1 – 5,0 %
- 5,1 – 15,0 %
- > 15,0 %

Anbaubetriebe (> 50 Betriebe)

Betriebe
176 753
100 000
50 000
20 000
10 000
5000
1000
500
100

Abb. 62: Zitrusfrüchte: Anbaubetriebe und Anbauflächen 1999

tel „Geschichte und Politik"). Die Zielvorstellungen der staatlichen Planung orientierten sich an rentabel arbeitenden klein- und mittelbäuerlichen Familienbetrieben, die auf dem durch Bewässerung in Wert gesetzten und als Eigentum zugewiesenen Land einen marktorientierten Intensivanbau betreiben sollten. Mertins (1993, S. 19) bezeichnet diese moderne Variante des Bewässerungsfeldbaus als „Kolonisationstyp". Alle genannten Projekte entstanden im Geist einer allgemeinen Euphorie, als man im Konzept der Umwandlung von Trocken- zu Bewässerungsland (span. *regadío*) den Schlüssel gefunden zu haben glaubte für eine nachholende ökonomische Entwicklung in peripheren, d. h. rückständigen agrarischen Wirtschaftsräumen. Müller

spricht in diesem Zusammenhang sehr treffend vom „Mythos des *regadío*" (Müller 1993, S. 49).

Die in sie gesetzten hohen Erwartungen haben die großen Planvorhaben allerdings sämtlich nicht erfüllt. Hinsichtlich der sozialen Zielsetzung haben sie sogar völlig versagt: Die Schaffung bäuerlicher Eigentumsbetriebe unter gleichzeitig nachhaltiger Existenzsicherung für ehemalige agrarsoziale Unterschichten ist ebenso gescheitert wie die erhoffte Eindämmung der Landflucht. Eine der wichtigsten Ursachen dafür war die unzureichende Bemessung der Betriebsflächen, die die neuen landwirtschaftlichen Siedler bzw. Kolonisten bereits nach wenigen Jahren zu einem landwirtschaftlichen Zu- oder Nebenerwerb zwangen. Damit setzte auch in den neuen Kolonisationsgebieten der staatlich geförderten Agrarkolonisation die Landflucht ein (Tyrakowski 1978, 1987; Busman & Peperkamp 1988). Zusätzlich zu den genannten betriebsstrukturellen Defiziten waren viele Kolonisationsprojekte aber auch in ihrer Produktionsausrichtung oft wenig erfolgreich.

Für das Bewässerungsgebiet am unteren Guadiana in der spanischen Extremadura (Plan Badajoz) ist inzwischen ein vierfacher Wechsel der Leitkultur belegbar:

- In der Initialphase sollte Baumwolle als wichtigstes Agrarprodukt der neuen Bewässerungsgebiete den Anstoß zur Entstehung einer Baumwoll-verarbeitung und Textilindustrie liefern. Das scheiterte am weltweiten Preisverfall für Baumwolle infolge des damaligen Siegeszuges der Synthetikfasern. Der Flächenanteil der Baumwolle an der landwirtschaftlichen Nutzfläche in den neuen Bewässerungsgebieten sank von 38,4 % (1962) auf 6,4 % (1969).

▪ Daraufhin wurden Zuckerrüben zur neuen Leitkultur, von deren industrieller Weiterverarbeitung man sich erneut sekundäre wirtschaftliche Wachstumsimpulse versprach. Der Zuckerrübenanbau erwies sich allerdings wirtschaftlich als wenig konkurrenzfähig und ging nach 1970 rasch zurück.

▪ In der Folge suchte man die Lösung in der Milchviehhaltung, basierend auf Futterbau und Maisanbau. Auch hier blieb die erhoffte Rentabilität aus, nicht zuletzt wegen der relativ marktfernen Lage zu den großen spanischen Verbraucherzentren.

▪ Diese Erfahrung leitete zum großflächigen Anbau von Tomaten über, die als Konserven und damit distanzunempfindlich vermarktet werden konnten. Die Tomaten alleine erwiesen sich jedoch als zu schwache Basis für eine Konservenindustrie, die immer nur saisonal ausgelastet und dabei der Konkurrenz sowohl aus den spanischen Erzeugergebieten an der Levanteküste als auch (beispielsweise) aus Italien und Griechenland nicht gewachsen war.

In Portugal konzentrierten sich die Initiativen des zweiten Landesentwicklungsplans (1959–1964) auf das Alentejo. Sie fanden bei den dortigen Großgrundeigentümern allerdings wenig Interesse. Manche Projekte sind schlicht misslungen (Freund 1993, S. 11 nennt u. a. Idanha, Sado und Campilhas). Zwischen 1938 und 1974 konnte die zuständige Kolonisationsbehörde staatlicherseits ganze 74 000 ha für die Bewässerungswirtschaft erschließen. Angesichts der vorgesehenen 200 000 ha ist das wenig beeindruckend. Auch großen Teilen der Niederbeira sowie des Ribatejo fehlt eine Tradition im Bewässerungsfeldbau (Freund 1993, S. 9). Zu den jüngeren, erst in den 1990er-Jahren fertiggestellten Bewässerungsprojekten zählen Perimeter im unteren Mondego-Tal (1600 ha) sowie in der Cova da Beira (700 ha). Ansonsten konzentrierte sich der Staat nach der politischen Wende von 1974 zunehmend auf die Sanierung bereits bestehender Bewässerungsperimeter.

Trotz dieser negativen Bewertung, die sich an der initialen Zielsetzung der Bewässerungsgroßprojekte orientiert, haben die genannten staatlichen Maßnahmen die Physiognomie ebenso wie die ökonomischen Grundlagen der iberischen Agrarlandwirtschaft grundlegend verändert. Im wechselfeuchten Spanien ist der Bewässerungsfeldbau landesweit verbreitet. Gleichzeitig ist der „Mythos des regadío" weitgehend entzaubert. Die Umwandlung von Trockenfeld- in Bewässerungsfeldbau erbringt nicht eo ipso exorbitante Ertragssteigerungen. In der spanischen Nordmeseta z. B. wird die Vegetationsperiode infolge der ungünstigen thermischen Verhältnisse im Winterhalbjahr

zeitlich sehr stark eingeschränkt – auf wenige Monate zwischen der zweiten Aprilhälfte und der ersten Septemberhälfte –, sodass Mehrfachernten (wie im thermisch begünstigten Süden der Iberischen Halbinsel) im Regelfall ausgeschlossen sind. Erschwerend kommt hinzu, dass der spanische Zentralstaat sich seit den 1980er-Jahren zunehmend aus der Planung und Finanzierung regionaler Entwicklungsgroßprojekte zurückgezogen hat. 1985 waren z. B. in der Autonomen Region Kastilien-León nur rund 44 % der Bewässerungsfläche unter direkter Beteiligung des Staates erschlossen. Ältere Bewässerungsgroßprojekte wurden vorzeitig abgebrochen: Von den im „Plan Tierra de Campos" vorgesehenen 200 000 ha Bewässerungsland wurden weniger als 70 000 ha realisiert; der Plan wurde 1975 endgültig eingestellt. Das nach dem gleichnamigen Stausee im Norden der Provinz León benannte „Riaño-Projekt" wurde vollständig gestoppt (Müller 1993).

Vor diesem Hintergrund erklärt sich die zunehmende Bedeutung von Privatinitiativen, welche die durch die staatlichen Großprojekte zwar in Aussicht, aber dann nicht bereitgestellten Wassermengen durch private Brunnenbohrungen zu kompensieren suchten. Das mit leistungsfähigen Motorpumpen geförderte Grundwasser wird meist durch fahrbare Beregnungsanlagen (Sprinkler- und Radialberegnung; „Center-Pivot-Irrigation") in der Flur verteilt. Bei einem Durchmesser von bis zu 1000 m für einen permanent installierten Rotationssprinkler sind zusammenhängende Großparzellen erforderlich. Deshalb kommt diese Technik vorzugsweise in Großbetrieben zum Einsatz, die auch die nötigen privaten Kapitalinvestitionen dafür aufbringen können. Andererseits verleitet diese Technik zur Überdehnung der Grundwasserreserven. In zentralen Teilen des spanischen Duero-Beckens ist die Übernutzung der Grundwasservorräte inzwischen quantifizierbar. Gleichzeitig steigt der Anteil der Flächen, die nur sporadisch bewässert werden können (span. regadío eventual oder semiriego). Müller (1993, S. 44) nennt für 1985 für die Region Kastilien-León eine Größenordnung von 100 000 ha, die in Form einer solchen „Halbbewässerung" nur von Fall zu Fall bewässert werden konnten.

Die ökologischen Folgen sind nach den bisherigen Erfahrungen schwierig zu kalkulieren, und sie sind auch nicht auf thermisch benachteiligte Landesteile im Norden der Iberischen Halbinsel beschränkt. Barth (1993, S. 67) ermittelte für sein Untersuchungsgebiet in der Mancha eine stetig zunehmende Entnahmetiefe für Grundwasser zu Bewässerungszwecken. Sie lag um die Mitte der 1970er-Jahre noch bei 20–30 m unter Flur, bis 1993 war sie auf 40–60 m abgesunken. Im Mittel errechnete er für die Dekade 1980–1990 eine Grundwasserabsenkung um 1,5 m pro Jahr. Diese Größenordnung deckt sich mit den Aussagen von Müller (1993, S. 48) in der Nordmeseta. Offensichtlich stellt die privatwirtschaftlich betriebene Ausweitung des Bewässerungsfeldbaus einen neuen Typus der Bewässerungswirtschaft dar, der in der Nomenklatur

| Spanien | bewässer-bar | davon | | LF | bewässerbare Fläche/LF | Ackerfläche | bewässerbare Fläche/ Ackerfläche |
| | | bewässert | nicht bewässert | | | | |
	ha	ha	ha	ha	%	ha	%
1999[1]	3 575 494	3 315 600	259 894	26 316 787	13,59	16 920 359	21,13
1950[2]		1 459 000					
1940[2]		1 500 000					
1900[2]		1 230 000					

| Portugal | bewässer-bar | davon | | LF | bewässerbare Fläche/LF | Ackerfläche | bewässerbare Fläche/ Ackerfläche |
| | | bewässert | nicht bewässert | | | | |
	ha	ha	ha	ha	%	ha	%
1999[3]	791 986	606 213	185 773	3 863 116	20,50	1 761 672	44,96
1976[4]	628 000						

Zusammengestellt nach:
[1] Censo Agrario 1999. I.N.E., Madrid.
[2] I.N.E., Madrid 2005.
[3] Recenseamento Geral da Agricultura 1999. I.N.E., Lisboa. http://www.ine.pt/prodserv/Rga/Publicacaopdf.htm
[4] Statist. Bundesamt (Hrsg.): Länderbericht Portugal 1994, Wiesbaden.

Tab. 27: *Bewässerbare landwirtschaftlich genutzte Fläche (LF) in Spanien und Portugal (Agrarzensus-Daten; Stand: 1999)*

von Mertins (1993) bisher noch keine Berücksichtigung gefunden hat.

Ein völlig eigenständiger Typus der Bewässerungswirtschaft ist im südlichen Teil Galiciens und in Nordportugal vorzufinden. Die humiden Klimabedingungen bei nur eingeschränktem sommerlichen Niederschlagsaufkommen und einem ausreichenden Angebot an perennierenden Wasserläufen werden hier für eine sog. „Mehrungsbewässerung" genutzt, d. h., die sommerlichen Wassergaben gleichen kurze niederschlagsfreie Phasen aus, um die Erträge zu stabilisieren bzw. im Wortsinn zu „mehren". Diese Art der Intensivierung geht auf das 17. Jh zurück, als der Mais aus der Neuen Welt in den humiden Teilen der Iberischen Halbinsel erfolgreich eingeführt wurde und anschließend über Jahrhunderte die dortige kleinbäuerliche Subsistenzwirtschaft stabilisierte. Die leichte Wasserverfügbarkeit ohne den Zwang zu komplexen Techniken und Organisationsformen hat zur Dauerhaftigkeit dieser Mehrungsbewässerung beigetragen. Vor diesem Hintergrund erklärt sich die aus der klimatischen Konstellation eher unerwartete regionale Verteilung der Bewässerungsflächen in der portugiesischen Landwirtschaft: Die höchsten Flächenanteile erreicht der Bewässerungsfeldbau nicht etwa im sommertrockenen Südportugal, sondern in den (relativ) dichter bevölkerten Landkreisen Nordportugals.

In der Summe konnten die bewässerbaren Flächen in der Landwirtschaft der Iberischen Halbinsel von rund 1,5 Mio. ha am Ende des Zweiten Weltkrieges bis auf 4,28 Mio. ha ausgeweitet werden (Tab. 27). Der erreichte Flächenzuwachs ist vornehmlich staatlichen Initiativen geschuldet. Obwohl die damit verbundene agrarsoziale Zielsetzung gescheitert ist und die hochgesteckten wirtschaftlichen Erwartungen nur teilweise umgesetzt werden konnten, haben die staatlichen Großprojekte vornehmlich die landwirtschaftlichen Mittel- und Großbetriebe begünstigt und damit ihre Wettbewerbsfähigkeit im Rahmen der EU nachhaltig gesteigert. Im gewissen Sinne ist diese Situation eine Ironie des Schicksals: Die ehemaligen Latifundien in Spanien zählen gegenwärtig zu den größten Nutznießern der gewaltigen Kanal- und Wasserbauprojekte, die eigentlich bäuerlichen Siedlern einen landwirtschaftlichen Vollerwerb im Bewässerungsfeldbau auf eigener Scholle ermöglichen sollten. Nicht zuletzt vor dem Hintergrund dieser Erfahrungen ist die kritische Einschätzung des Alqueva-Bewässerungsprojektes im portugiesischen Alentejo als Anachronismus nachvollziehbar.

Die Viehhaltung

Angesichts des besonderen Interesses, das der ackerbaulichen Nutzung, insbesondere in der intensivierten Form des Bewässerungsfeldbaus, entgegengebracht wird, findet die Viehwirtschaft weniger Aufmerksamkeit. Aus der Perspektive der Flächennutzung ist das nicht nachvollziehbar, denn von der landwirtschaftlich genutzten Fläche der Iberischen Halbinsel werden nur zwei Drittel ackerbaulich genutzt. Das restliche Drittel entfällt auf Natur- und Kunstweiden (vgl. Tab. 28).

Die Viehhaltung ergänzt die mediterrane Trias um ein viertes Element. In der traditionellen Variante stützt sie sich überwiegend auf das Schaf als wichtigstes Nutztier, besonders karge Weiden bleiben den Ziegen vorbehalten. In vorindustrieller Zeit war die wichtigste Form der Weidewirtschaft die sog. Transhumanz. Dabei werden komplementäre Klimazonen saisonal wechselnd als Weidegebiete genutzt, was wiederum Herdenwanderungen erforderlich macht. Auf der Iberischen Halbinsel weiden die Herden während der sommerlichen Dürreperioden in den höheren Gebirgslagen, wo die Aridität entweder überhaupt nicht mehr wirksam wird (z.B. in den

Portugal	Ackerfläche (*terra arável*)	Dauerkulturen (*culturas permanentes*)	Dauerweideland (*pastagens permanentes*)	LF
Fläche (ha)	1 761 672	711 648	1 389 875	3 863 116
Anteil an der LF (%)	45,60	18,42	35,98	100,00

Spanien	Ackerfläche (*tierras labradas*) [inkl. Dauerkulturen!]		Dauerweideland (*pastos permanentes*)	LF
Fläche (ha)	16 920 359		9 396 427	26 316 787
Anteil an der LF (%)	64,29		35,71	100,00

Iberische Halbinsel gesamt	Ackerfläche [inkl. Dauerkulturen!] (*terra arável + tierras labradas + culturas permanentes*)		Dauerweideland	LF
Fläche (ha)	19 393 679		10 786 302	30 179 903
Anteil an der LF (%)	64,26		35,74	100,00

Tab. 28: Ackerbau-, Weide- und landwirtschaftlich genutzte Flächen in Portugal und Spanien

Quelle: www.ine.es
www.ine.pt
Censo Agrario 1999, Copyright INE 2005
Recenseamento Geral da Agricultura 1999,
http://www.ine.pt/prodserv/Rga/Publicacaopdf.htm

Pyrenäen) oder aber sehr stark gemildert ist (etwa in Teilen des Iberischen Randgebirges; vgl. Abb. 63). Im Winter, wenn extrem hohe Niederschläge und Schnee den Weidegang im Gebirge unmöglich machen, weiden die Herden in den niedriger gelegenen Tiefländern. Als Weidegründe dienten dabei in der Vergangenheit vornehmlich abgeerntete Getreidefelder und Bracheparzellen im Rahmen der Zweifelderwirtschaft *año y vez*.

Für die Iberische Halbinsel wird üblicherweise zwischen einer Pyrenäen-Transhumanz und der sog. zentraliberischen Transhumanz unterschieden:

- Die Pyrenäen boten den transhumanten Herden hervorragende, immerfeuchte Weidegründe im Sommer, als komplementäre Winterweiden dienten sowohl die Tiefländer auf der französischen Seite (*Languedoc*) als auch im südlichen Pyrenäenvorland (Ebro-Becken). Aus den Arbeiten von Rinschede (1979) geht hervor, dass die Transhumanz in den Pyrenäen regional und lokal sehr vielfältige Formen ausgebildet hat, wobei für die spanischen Winterweidegebiete insbesondere zwi-

schen dem Ebro-Becken und Katalonien (z.B. Penedés) zu unterscheiden ist.

- Die Sommerweiden der zentraliberischen Transhumanz liegen im Wesentlichen in den Gebirgen der nördlichen Hälfte der Halbinsel in Höhen oberhalb von 1500 m. Zu den wichtigsten Sommerweidearealen zählt das Iberische Randgebirge mit den Höhenlagen der Provinzen Cuenca, Guadalajara und Teruel. Des Weiteren ist die Südabdachung der Kantabrischen Kordillere zu nennen, wo vor allem der Norden der Provinz León ein wichtiges Ziel der transhumanten Herden im Sommer darstellt. In abnehmender Bedeutung folgen die nördlichen Ausläufer des Iberischen Randgebirges (mit Teilen der Provinzen Soria, Logroño und Burgos) sowie die Höhengebiete der Provinzen Segovia, Ávila, Salamanca und Valladolid. Anders als diese genannten Sommerweideareale sind die Winterweiden, die bei der zentraliberischen Transhumanz in der südlichen Hälfte der Halbinsel aufgesucht werden, weniger scharf abzugrenzen. Zu den Schwerpunkten der Winterweiden für trans-

Abb. 63: Schema der transhumanten Weidewirtschaft zwischen Pyrenäen (Sommerweiden) und Ebro-Becken (Winterweiden)

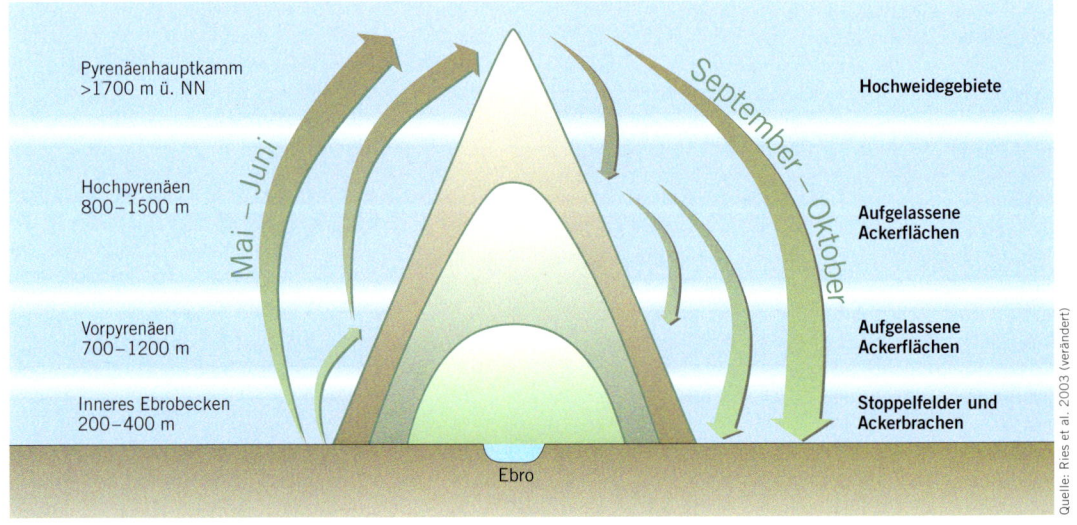

Quelle: Ries et al. 2003 (verändert)

Quelle: Eurostat 2005; **Quelle: Turkey's Statistical Yearbook 2004 (Stand 2003)

	Schafe (in 1000)
Vereinigtes Königreich	24 554,0
Spanien	22 729,5
Griechenland	9241*
Italien	8106*
Portugal	3541,0
Türkei (zum Vergleich)**	25 431,0

* geschätzte Zahlen

***Tab. 29:** Schafbestand der EU-Länder (2004)*

humante Schafherden zählt die Provinz Cáceres, gefolgt von den Tiefländern zwischen der Sierra de Guadalupe und der weiter südlich gelegenen Sierra Morena. Zu den wichtigsten Zielgebieten zählen hier die Landschaften von La Serena (Badajoz), von Los Pedroches (Córdoba) sowie das Tal von Alcudia (Ciudad Real).

Die Sommerweiden im Gebirge erstrecken sich auf nicht bearbeitetes Ödland. Sie gehören nahezu ausschließlich dem Staat, den Gemeinden oder Zweckverbänden (beispielsweise zur Aufforstung). Die Winterweiden hingegen sind im Regelfall Privateigentum, wobei der Großgrundbesitz im Süden der Iberischen Halbinsel den Weidegang begünstigt. Die Eigentümer verpachten die 7–8 Monate dauernde winterliche Weidenutzung jährlich neu, und zwar traditionell am Fest San Miguel (29. September). Die Sommerweiden erzielen bei insgesamt kürzerer Aufenthaltsdauer teilweise nur ein Zehntel des Preises der Winterweiden.

Die transhumante Schafhaltung stellt zweifellos eine optimale Anpassung an den mediterranen Niederschlagsgang dar. Sie ist deshalb traditionell im gesamten Mittelmeergebiet verbreitet. Auf der Iberischen Halbinsel erhielt sie zusätzliche Impulse durch die jahrhundertlange Erfahrung der Reconquista-Kämpfe, die die Bevölkerung lehrte, dass bewegliche Habe sicherer war als wertvolle Liegenschaften, die in Kriegszeiten nur unvollkommen zu schützen waren.

Gegenwärtig ist die Transhumanz vielfach nur noch eine Reliktform der traditionellen Viehhaltung auf der Iberischen Halbinsel. Die Ursachen für den radikalen Rückgang der Transhumanz liegen einerseits in der Kostenbelastung durch die Hirtenwanderung, nachdem die Fußwanderung von Herden und Hirten über Triftwege (*cañadas*), die ursprünglich die gesamte Halbinsel wie ein Netz überzogen, durch den Transport per Lkw und Bahn abgelöst worden war (vgl. Breuer 1987, S. 92). Noch gravierender wirkte sich die Verknappung der Winterweiden aus: Die In-Wert-Setzung von Trockenfeldbauflächen durch Umwandlung in Bewässerungsanbau dezimierte die Brachflächen und damit die wichtigsten Winterweiden für transhumante Herden. Die Modernisierung der iberischen Landwirtschaft, die mit den staatlichen Maßnahmen zur „inneren Kolonisation" begann, hat der transhumanten Schaf-Weidewirtschaft somit mancherorts ihre Grundlage entzogen.

Der bis zur Bedeutungslosigkeit fortgeschrittene Rückgang der transhumanten Schafhaltung jenseits der Pyrenäen darf allerdings nicht zu der Annahme einer gesamtwirtschaftlichen Bedeutungslosigkeit der Viehhaltung auf der Iberischen Halbinsel verleiten. Spanien alleine rangiert mit rund 23 Mio. Schafen unter den Mittelmeer-Anrainerstaaten gegenwärtig auf Platz 3 hinter der Türkei und Großbritannien (vgl. Tab. 29). Diese Schafbestände sind überwiegend ortsfest (span. *estantes*). Dabei gibt es ein breites Spektrum von Betriebstypen. Es reicht von der eigenständigen Schäferei ohne Landbesitz bis zur Schafhaltung im Rahmen landwirtschaftlicher Großbetriebe. Insgesamt ist für die ortsfeste Schafhaltung jedoch der bäuerliche Kleinbesitz typisch.

Regionale Schwerpunkte der Schafhaltung auf der Iberischen Halbinsel sind die ländlich geprägten Binnenräume (Kastilien-León, Kastilien-La Mancha, Extremadura). Eigenständige Schwerpunkte bilden darüber hinaus die bergbäuerlich nutzbaren Bereiche der Pyrenäen und des Pyrenäen-Vorlandes, ferner die Zonen des traditionellen Großgrundbesitzes im Süden (Andalusien und Alentejo; vgl. Tab. 30).

Region SPANIEN	Schafe insgesamt (in 1000)	Ziegen insgesamt (in 1000)
Galicien	329,6	75,8
Asturien	73,7	33,7
Kantabrien	74,1	17,2
Baskenland	357,6	27,2
Navarra	880,7	10,6
La Rioja	170,5	12,8
Aragonien	2755,5	43,6
Madrid	110,3	53,5
Kastilien-León	4343,5	113,1
Kastilien-La Mancha	3376,5	336,8
Extremadura	4575,6	261,6
Katalonien	895,4	76,9
Land Valencia	474,7	136,6
Balearen	346,8	24,9
Andalusien	3246,7	883,9
Murcia	644,3	105,5
Ceuta	k.A.	k.A.
Melilla	k.A.	k.A.
Kanarische Inseln	74,0	565,5
Spanien insgesamt	*22 729,5*	*2779,2*
PORTUGAL		
Norden	482,0	143,0
Algarve	73,0	25,0
Zentrum	825,0	228,0
Lissabon	142,0	4,0
Alentejo	2011,0	131,0
Azoren	3,0	8,0
Madeira	5,0	7,0
Portugal insgesamt	*3541,0*	*546,0*

Quelle: Eurostat 2005

***Tab. 30:** Bestand an Schafen und Ziegen in Portugal und Spanien (2004)*

	Fleisch – insgesamt	Schaf- und Ziegenfleisch
Portugal	73,9	67,6
Spanien	109,8	106,1
Italien	75,6	45,3
Griechenland	53,6	80,8
Deutschland	91,8	55,0

Tab. 31: *Grad der Selbstversorgung mit Fleisch (Angaben in % für 2003)*

Quelle: Eurostat 2005

Eine Differenzierung der Schafhaltung nach Produktionszielen ist nur bedingt von praktischem Wert, weil vorzugsweise im kleinbäuerlichen Bereich bei kleinen Herden Mischformen üblich sind. Im jeweiligen nationalen Rahmen dominiert die Fleischerzeugung, ergänzend kommt die Milchproduktion (zur Käseherstellung) hinzu. Der Gesichtspunkt der Wollproduktion ist nachrangig. Während die Erzeugung von Schaffleisch auch zur Belieferung überregionaler Märkte dient, werden Ziegen vorzugsweise für den Eigenbedarf und für die lokale Vermarktung gehalten.

Davon sind „moderne" Formen der stationären Großviehhaltung mit dem Ziel der Fleisch- und Milcherzeugung zu unterscheiden. Nicht zu unterschätzen ist darüber hinaus die stationäre Geflügelhaltung. Der größte Teil dieser modernen fleischerzeugenden Betriebe ist landlos: Die Geflügel-Käfighaltung ist ebenso üblich wie die Aufstallung von Rindern. Die häufig ausgedehnten Stallanlagen der Betriebe suchen als Standorte die Nähe der großen städtischen Verbraucherzentren. Das wird aber nur für den Flugreisenden beim Landeanflug auf Madrid, Sevilla oder Lissabon augenscheinlich erfahrbar. Ansonsten lässt die physiognomische Unauffälligkeit der stationären Stallviehhaltung leicht in Vergessenheit geraten, dass die Effizienz dieser Art von Viehhaltung vor allem zur Fleischversorgung der Ballungsräume außerordentlich hoch ist. Spanien beispielsweise zählt zu den wenigen Ländern Südeuropas, die auf diese Art und Weise ihre Selbstversorgung mit Fleisch gewährleisten (vgl. Tab. 31).

Landnutzungswandel und Geomorphodynamik

Varianten des Landnutzungswandels

Der Begriff des Landnutzungswandels soll hier als eine Veränderung der Landnutzung verstanden werden, die ausschließlich durch den wirtschaftenden Menschen ausgelöst wird. Der Aspekt des Klimawandels wird damit bewusst ausgeklammert. Der anthropogen bedingte Landnutzungswandel hat neben vordergründig physiologisch-morphologischen Veränderungen der Siedlungs- und Wirtschaftsflächen vor allem ökologische Folgen, deren Tragweite bisher aber nur bedingt abgeschätzt werden kann.

In Anlehnung an Ries (2003) sind für die Veränderung der Landnutzung zwei grundsätzliche Varianten zu berücksichtigen, nämlich Intensivierung und Extensivierung. In beiden Fällen werden die Veränderungen durch einen sozioökonomischen Strukturwandel im Rahmen des Modernisierungsprozesses verursacht. Für rezente Landnutzungsveränderungen auf der Iberischen Halbinsel sind insbesondere agrarpolitische Vorgaben von messbarem Einfluss. Dazu zählen Landstilllegungsprämien ebenso wie Kopfprämien zur Förderung der Schafhaltung.

Intensivierung

Die Intensivierung der agrarischen Landnutzung äußert sich in einem erhöhten Aufwand von Kapital und Technik; sie erfolgt häufig in räumlich konzentrierter Form. Ein extremes Beispiel bilden Produktionsstandorte für hochwertige Obst-, Gemüse- und Zierpflanzen, neuerdings auch für die Saatgut- und Stecklingsvermehrung (vgl. Kapitel „Die Wirtschaft im Kräftefeld von Politik und Globalisierung"). Am Beispiel der *Costa Granadina* an der andalusischen Mittelmeerküste zwischen Motril und Almuñécar verweist Drescher (1995) auf die komplexen Folgen: Der Mandelanbau als traditionelle Form der Dauerkultur im Trockenfeldbau wurde hier zu Beginn der 1980er-Jahre durch den intensiven Bewässerungsfeldbau für (sub)tropische Obstsorten sowie für Frühgemüse unter plastikgedeckten Gewächshäusern verdrängt. In diesem Zusammenhang wurden die Hänge der Küsten-Vorbergszone durch großflächige mechanische Terrassierung unter gleichzeitiger Vernachlässigung eines besonderen Böschungsschutzes vollständig umgestaltet, sodass in der Folge nicht nur alle natürlichen Landschaftselemente ausgeräumt waren, sondern gleichzeitig eine zusätzliche Landschaftszerstörung durch ungewöhnlich starke Erosion einsetzen konnte.

Diese Prozesse sind im Übrigen für die küstenexponierten Hänge im gesamten Mittelmeerraum geradezu typisch (Rother 1993). Die bedenklichen ökologischen Folgen belegt Drescher am Beispiel der *Llanos de Carchuna*. Die rund 500 ha große Küstenebene ist inzwischen flächendeckend durch Folienhäuser versiegelt. Die Übernutzung der Wasserressourcen hat zur starken Versalzung des Grundwassers geführt. Erschwerend kommt der verstärkte Bodeneintrag von Herbiziden und Pestiziden hinzu. In Bodenproben, die Drescher in der *vega* von Motril am Auslauf der Bewässerungskanäle genommen hat, erbrachte die Sedimentanalyse hochtoxische Dosen beispielsweise für Lindan (mit 21,0 mg/kg Boden) und Heptachlor (mit 3,5 mg/kg Boden). Zum Vergleich: Die Letaldosis für Goldfische ist im Falle von Lindan bereits bei 0,15 mg/l Wasser erreicht, im Falle von Heptachlor bei 0,23 mg/l Wasser (Drescher 1995, S. 150). Die Kontamination ist lokal besonders hoch in den Gewächshausbereichen, wo z. B. Lindan infolge der fehlenden aeroben Belüftung kaum natürlicherweise abgebaut wird.

Die großflächige Bewässerung, die in der mechanisierten Landwirtschaft mobile bzw. rotierende Sprinkleranlagen nutzt, löst auf den betroffenen Flächen nicht selten eine Bodenverschlämmung bei gleichzeitiger Rinnenerosion und Bodenversalzung aus. Beispiele dafür finden sich im zentralen Ebro-Becken ebenso wie auf den Flächen der Nordmeseta (wie z. B. in der *Tierra de Campos*). Die Auswirkungen solcher Art veränderter Landnutzung auf die Pflanzendecke wurde von Deil (1997) und Deil & Haug (1996) in Südspanien untersucht. In einem vergleichenden pflanzensoziologischen Ansatz analysiert er die Pflanzengesellschaften beiderseits der Straßen von Gibraltar, wo sich auf spanischer Seite „agro-industrielle Vegetationskomplexe" klar von der kleinbäuerlichen Subsistenzwirtschaft in Marokko unterscheiden. Die moderne, voll mechanisierte Bodenbearbeitung auf großen Nutzungsparzellen hat in der *campiña* Niederandalusiens eine drastische Reduzierung der Artenzahl zur Folge. Auf Koppelweiden mit Rinderhaltung finden sich nur noch verarmte Unkrautbestände. Diese Koppelweiden können ebenfalls als eine Form der Intensivierung interpretiert werden: Vor allem in den atlantisch beeinflussten, vergleichsweise niederschlagsreichen Teilen Südwestandalusiens sind moderne Dauerweide-Nutzungsformen am Ende des 20. Jh. im Rahmen einer Vergrünlandungswelle eingeführt worden.

Seit den 1990er-Jahren ist auch für Teile der südlichen Pyrenäenabdachung eine unerwartete Intensivierung der Schafhaltung bekannt (Ries 2003). Sie ist ihrerseits als Ergebnis einer vorangegangenen Extensivierung bei der ackerbaulichen Nutzung zu erklären und hat im Einzelfall sogar zu einer Wiederbelebung der Pyrenäen-Transhumanz geführt (Lucht 1998). Diese rezent zu beobachtende Zunahme des Weidegangs in Aragonien ist offenkundig eine direkte Folge der EU-Schafzuchtprämien, die zu Beginn der 1990er-Jahre eingeführt wurden und sich pro Tier und Jahr auf 26,40 € beliefen. Für Spanien insgesamt ist der Bestand an Schafen über die Jahrtausendwende allerdings recht konstant geblieben.

Extensivierung

Im Unterschied zur Intensivierung sind von einer extensivierten Landnutzung im Regelfall große Flächen betroffen. Die Aufgabe von Ackerflächen ebenso wie extensivierte Formen der Viehhaltung sind eine Folge der massiven Bevölkerungsabwanderungen aus dem ländlichen Raum, von der neben den zentraliberischen Hochebenen und Beckenlandschaften vornehmlich die Bergregionen betroffen waren und weiterhin sind. Wie erinnerlich, wird die Aufgabe des Ackerbaus durch Flächenstilllegungsprogramme der EU zusätzlich gefördert und beschleunigt. Zu Beginn des 21. Jh. waren z. B. im zentralen Ebro-Becken bereits rund 40 % der ehemals ackerbaulich genutzten Flächen stillgelegt und als solche registriert worden. In den aragonesischen Pyrenäen war der Anteil des Ackerlandes bereits in den 1980er-Jahren auf 3 % zurückgegangen, 1900 hatte er noch 28 % der landwirtschaftlich genutzten Fläche erreicht (Ries 2003, S. 16/17).

Krohmer & Deil (1999) haben die Folgen extensivierter Landnutzung am Beispiel von zwei Tälern in der Serra de Monchique in Südportugal dokumentiert (Abb. 64). Sie dürften für die Höhenlagen unterhalb 1000 m im Süden der Iberischen Halbinsel repräsentativ sein. Beide untersuchten Täler – das Odelouca-Tal und das Seixe-Tal – zeigten bei vergleichbarer pedologischer Ausstattung gleiche Grundmuster der traditionellen Landnutzung: mit Bewässerungsfeldbau auf dem Grund der Täler und Trockenfeldbau (Getreide) an den Hängen. Das nach Westen geöffnete Seixe-Tal ist dank der atlantischen Luftmassen feuchter, infrastrukturell aber schlecht an das innerportugiesische Straßennetz angebunden. Das nach Süden orientierte Odelouca-Tal zeigt eher mediterrane klimatische Züge und liegt in einer Tagesausflugsdistanz zur Küste der Algarve. In einem Zeitraum von 30 Jahren zwischen 1966 und 1996 hat sich die Landnutzung in beiden Tälern einschneidend verändert: Der Trockenfeldbau wurde vollständig aufgegeben mit der Folge, dass sich die landwirtschaftliche Nutzfläche um mehr als 50 % verringerte. Am stärksten war die Aufgabe des Ackerbaus in den entlegenen Seitentälern sowie in den Gipfellagen. Als neue Kulturpflanzen treten Agrumenkulturen auf, vorzugsweise in den unteren Tallagen des thermisch begünstigten Odelouca-Tals. Die traditionelle Korkeichen-Waldfläche auf den nicht terrassierten Hangpartien der Täler hat sich vergleichsweise wenig verändert. Auffallender ist die Zunahme der Eukalyptusforste von 2 auf 22 % in dem genannten Zeitraum von 30 Jahren. Insgesamt erreicht die Eukalyptusfläche rund 30 % Anteil an der agrarischen Nutzfläche der gesamten Serra. Im Rahmen verschiedener Aufforstungswellen wurden vornehmlich die Hochlagen sowie ehemalige Allmendweideflächen mit Eukalyptus aufgeforstet.

Als derzeitiges Ergebnis des geschilderten Landnutzungswandels in der südportugiesischen Serra unterscheiden Krohmer & Deil (1999) in dem nur noch dünn besiedelten Gebirgsraum drei sehr unterschiedliche Bevölkerungsgruppen:

- Eine überalterte autochthone Landbevölkerung lebt selbstversorgerisch bescheiden bei vergleichsweise geringem Lebensstandard.
- Wirtschaftlich wirksamer ist eine jüngere Bevölkerungsschicht, die ihr Einkommen überwiegend außerhalb der Landwirtschaft erwirtschaftet, durch Investitionen in den Agrumenanbau bzw. in die forstwirtschaftliche Nutzung von Eukalyptusholz aber wichtige neue Akzente setzt.
- Davon zu unterscheiden ist eine dritte Gruppe von „zivilisationsflüchtigen" Ausländern aus West- und Mitteleuropa, die ihrerseits postindustrielle Erwerbsformen eingeführt haben. Sie haben teilweise aufgelassene Höfe bzw. Gebäude aufgekauft und restauriert, betätigen sich im sanften Tourismus oder auch in der „Folklore"-Landwirtschaft (Krohmer & Deil 1999, S. 190).

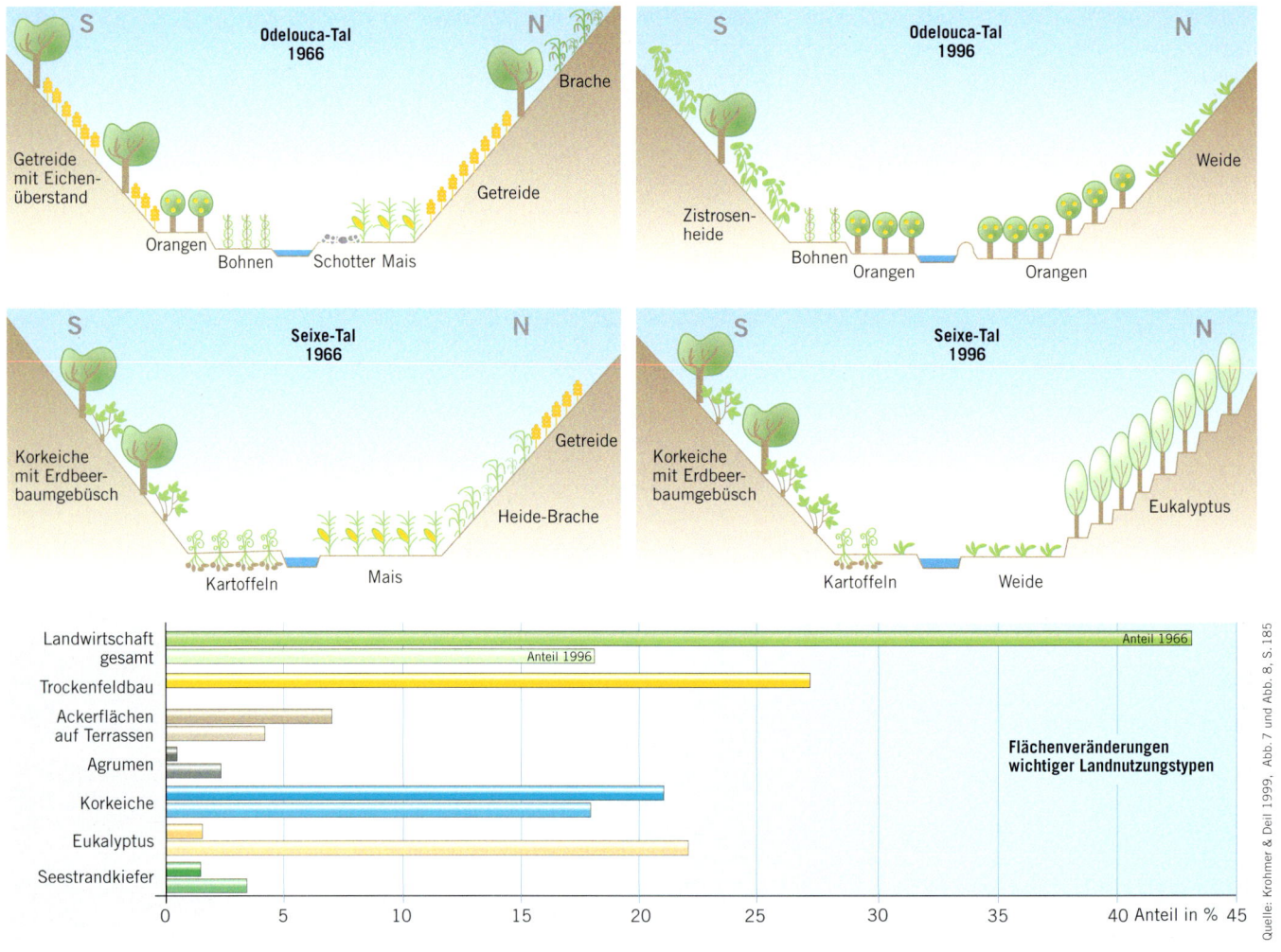

Quelle: Krohmer & Deil 1999, Abb. 7 und Abb. 8, S. 185

Quelle: Krohmer & Deil 1999, Abb. 7 und Abb. 8, S. 185

Abb. 64: *Schema des Landnutzungswandels in der Serra de Monchique (Südportugal)*

Die rezente Bodenerosion

Auf die Folge erhöhter Bodenerosion als Ergebnis unangepasster Intensivierungsmaßnahmen, beispielsweise bei der Terrassierung von Hängen, wurde bereits hingewiesen. Bei Extensivierungserscheinungen wäre auf den aufgelassenen Flächen hingegen theoretisch eine rasche natürliche Pflanzensukzession und damit gleichzeitig ein natürlicher Erosionsschutz zu erwarten. In einer großmaßstäblichen und generalisierenden Perspektive ist in der Tat der Grundsatz weiterhin gültig, demzufolge die Bodenerosion einerseits eine Funktion der Niederschlagsintensität, andererseits eine Funktion der natürlichen Vegetationsdecke und der Hangneigung darstellt. Im mediterranen Teil der Iberischen Halbinsel fallen die höchsten Niederschlagsmengen in den Herbstmonaten, die unmittelbar an die sommerliche Trockenperiode anschließen. Sie wirken besonders erosiv, weil der Boden dann kaum Wasser aufnehmen kann, sodass fast der gesamte Niederschlag oberflächig abfließt. Eine Schlüsselgröße für die Erosivität der Starkniederschläge ist demzufolge der „Feuchtezustand des Bodens vor dem erosiven Ereignis" (Faust 2003, S. 145).

Unterstützt wird dieser Effekt durch die für Trockengebiete typischen subkutanen (Kalk-)Krusten.

Sommerliche edaphisch-klimatische Aridität in Verbindung mit hoher hygrischer Variabilität sowie Starkregenereignisse (> 40 mm Tagesniederschlag), wie sie vornehmlich an der Ostküste sowie im gesamten Süden Spaniens vorkommen, sind der Bodenerosion besonders förderlich. Verschärft wird diese Situation einerseits durch weitere natürliche Ungunstfaktoren wie Hangneigung, Lockermaterialien geringer Permeabilität und Vegetationsauflichtung, andererseits durch unangepasste landwirtschaftliche Bodennutzung. Aus dem Zusammenwirken dieser Faktoren erklärt sich, dass Spanien „in Europa das Land mit dem größten Erosionspotenzial" ist (Faust 1995b, S. 712).

Die Erosionsgefährdung lässt sich theoretisch berechnen. Bekannte Verfahren sind beispielsweise die sog. Wischmeier-Formel (Wischmeier & Smith 1978) oder die USLE-Gleichung (Universal Soil Loss Equation) von Mintegui et al. (1985). In der Praxis erweist sich die Anwendung dieser Verfahren auf mediterrane Klimaverhältnisse als problematisch, weil die erosive Wirksamkeit von singulären Starkregenereignissen in den Modellrechnungen keine zufriedenstellende Berücksichtigung findet.

Die staatliche Forstbehörde ICONA hat deshalb zusätzlich zum R-Faktor nach der USLE-Gleichung flächendeckend für ganz Spanien den Erosivitätsindex von Fournier (zit. n. López Bermúdez 1990) berechnet, definiert durch das Verhältnis von p^2 (p = Niederschlag des regenreichsten Monats) zu P (= Jahresniederschlagssumme). Damit sollen Starkregenereignisse besser gewichtet werden. Die tabellarische Gegenüberstellung beider Indexwerte für ausgewählte Stationen am spanischen Mittelmeersaum (vgl. Tab. 32) zeigt allerdings, dass sehr trockene Stationen (wie z. B. das südspanische Almería), die bei singulären Starkregenereignissen besonders erosionsgefährdet sind, auch durch den Fournier-Wert nicht hinreichend charakterisiert werden.

Der aus der Niederschlagserosivität abgeleitete Bodenabtrag ergibt nicht minder divergierende Mengenangaben. Für die Campiña von Cádiz zitiert Faust (1995b) spanische Autoren mit Werten von 71 t/ha/Jahr bzw. 24 t/ha/Jahr. Er selbst hat ebendort auf Ackerstandorten Bodenabtragsmessungen vorgenommen und die Ergebnisse nach Einflussfaktoren wie Menge des Niederschlags, Ausgangssubstrat, Hangneigung und Bodenbearbeitungstechnik differenziert. Die so ermittelten Abtragswerte (ereignisbezogene Daten, drei Niederschlagstage mit insgesamt 111 mm Niederschlag) schwanken – je nach Lokalität der Messparzelle – zwischen 4,55 t/ha (im Frühjahr auf Braunerde mit Stoppelmulch) und 81,64 t/ha (auf vegetationsfreiem Regosol). Bemerkenswert ist die erhebliche Streuung dieser Messwerte. Dabei spielt die Hangneigung offensichtlich nur eine untergeordnete Rolle für den Grad des Bodenabtrags. Stattdessen misst Faust (1995b) der Technik der landwirtschaftlichen Bodenbearbeitung eine dominante Bedeutung bei. In neueren Modellrechnungen (persönl. Mitteilung 2007) kommt Faust für die Mergellandschaft der niederandalusischen Campiña zu einem generellen Bodenabtragswert von etwa 82 t/ha/Jahr in Ober- und Mittelhangpositionen, wenn keine erosionsmindernden Bodenbearbeitungstechniken (Fruchtfolgealternativen, spezielle Pflug-(*tillage*-)Techniken, Stoppelmulch usw.) zum Einsatz kommen.

Für Spanien als Ganzes muss man zurzeit noch mit qualitativen Schätzungen der Erosionsgefährdung vorliebnehmen. Die Übersichtskarte (Abb. 65) basiert auf Berechnungen des spanischen Umweltministeriums (Ministerio de Obras Públicas y Urbanismo 1985) und vermittelt nur eine grobe Übersicht auf der Grundlage der Autonomen Regionen. Dabei zeigt sich ein Nord-Süd-Gradient zunehmender Erosionsgefährdung, der sich zusätzlich von West nach Ost verschärft. Für Andalusien hat die dortige Umweltschutzbehörde 1989 eine geographisch differenzierte Karte entworfen, die ebenfalls eine nach Osten zunehmende Erosionsgefährdung in Anlehnung an die gleichfalls zunehmende edaphisch-klimatische Aridität unterstreicht (vgl. Abb. 65; umgezeichnet nach Faust 1995b).

Flächenhafter Bodenabtrag, der die Feinsedimente über die natürlichen Entwässerungslinien ab-

Klimastationen	Faktor von Fournier	Faktor „R" aus der USLE
Gerona	62	348
Montseny	59	385
Barcelona	46	266
San Celoni	59	320
Palma (San Juan)	31	112
Pollensa	48	285
Ibiza	34	71
Tortosa	52	185
Valencia	57	175
Xixona	30	112
Yecla	27	82
Alicante	39	245
San Javier	46	135
Murcia	27	95
Rogativa	47	140
Fuensanta	24	159
Moratalla	38	109
Pozo Alcón	61	201
Almería	21	50
Cabo de Gata	38	122

Quelle: López Bermúdez 1990, S. 503

Tab. 32: *Erosivitätsindizes des Niederschlags an mediterranen spanischen Klimastationen*

führt, ist besonders problematisch für jede Form der Wasserrückhaltung. Pauschale Zahlenangaben hierzu sind weder möglich noch sinnvoll, weil der Bodenabtrag vom regionalen Klima- und Abflussregime ebenso abhängig ist wie von der pedologisch-morphologischen Beschaffenheit des Einzugsgebietes und seiner Vegetationsbedeckung bzw. Landnutzung. Als grobe Größenordnung kann aber davon ausgegangen werden, dass mindestens 75 % der Stauraumsedimente spanischer Stauseen aus Schluff bzw. Ton bestehen, d. h., bei dem abgetragenen Material handelt es sich vorwiegend um Böden. Die restlichen Korngrößenanteile entfallen überwiegend auf Sand, in Einzelfällen wird auch Kies in die Stauseen eingetragen.

Für insgesamt 70 Stauseen in Spanien, die von Sanz Montero et al. (1996; zit. n. Valero Garcés et al. 1996–97) untersucht wurden, errechnet sich ein mittlerer Abtrag im Einzugsgebiet von 429 t/km^2/Jahr. Schnabel & Ergenzinger (1987) nennen für den Pantano de Pena (im südöstlichen Abschnitt des Ebro-Beckens) 260 t/km^2/Jahr. In ähnlicher Weise hat Faust (1995a, S. 27) den mittleren Bodenabtrag in Andalusien aus der Reduzierung des Stauraumvolumens von Stauseen rückgerechnet (Tab. 33).

Unabhängig von der jeweiligen Berechnungsmethode ist unstrittig, dass die Stauraumverlandung schubweise als Ergebnis weniger Starkregen- bzw. Hochwasserereignisse erfolgt, die nach Auftreten und Intensität stark schwanken können, sodass Phasen besonders intensiven Sedimenteintrags sich mit relativen Ruhephasen abwechseln (Valero Garcés et al. 1996–97).

Name des Stausees	V_i in hm³	V_n in hm³	Jahre	E in km²	Steilheit von E	Abtrag in m³/ha/a
Guadalcacín	76,40	63,33	50	638	mäßig-gering	4,2
Bermejales	104,00	102,62	20	300	mäßig-steil	2,3
Bornos	215,42	203,77	17	1344	gering	5,1
Hurones	140,00	139,37	3	348	steil	7,5
Cenajo	471,90	438,90	24	1430	steil	9,6
Argos	11,72	11,15	6	500	mäßig	1,9
Alfonso XIII.	36,00	21,65	60	571	mäßig	4,2

V_i = Initialvolumen des Stausees
V_n = Volumen des Stausees nach n Jahren
E = Einzugsgebiet

Quelle: Faust 1995a, S. 27

Tab. 33: *Gebietsabtragsberechnungen für Einzugsgebiete von Wasserrückhaltebecken in Südspanien*

Bei der kleinräumigen Analyse rezenter Bodenabtragungsprozesse traten regional sehr unterschiedliche und im Einzelfall auch erwartungswidrige Ergebnisse zutage. Im Rahmen des Forschungsprojektes EBRODESERT hat eine deutsch-spanische Forschergruppe den Zusammenhang zwischen verstärktem Oberflächenabfluss und Bodenerosion in Abhängigkeit vom anthropogenen Landnutzungswandel zwischen der südlichen Pyrenäenabdachung und dem Ebro untersucht. Die empirischen Feldarbeiten waren mikro- bis mesoskalig angelegt und

schlossen experimentelle Beregnungsversuche mit ein (Marzolff et al. 2003). Zu den überraschenden Arbeitsergebnissen zählt, dass die Aufgabe des klassischen Trockenfeldbaus und damit der Entfall der Bodenbearbeitung die natürliche Pflanzensukzession keineswegs begünstigt. Vielmehr kommt es zur Bildung von Schlämmkrusten, die die Infiltration von Niederschlagswasser behindern und den Oberflächenabfluss fördern. Damit verzögert sich die natürliche Pflanzensukzession auf den aufgelassenen Flächen, sodass selbst ältere Brachflächen

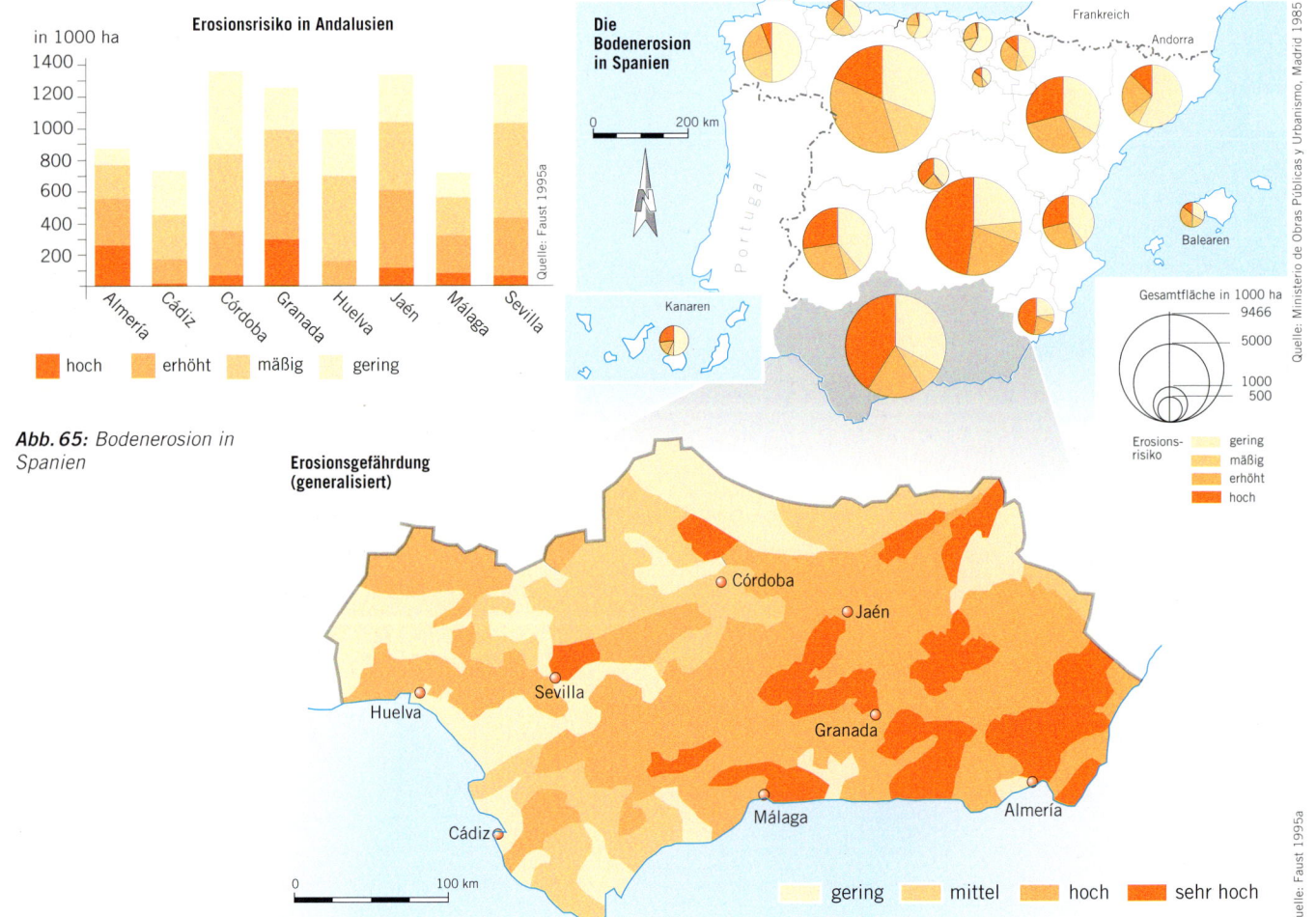

Abb. 65: *Bodenerosion in Spanien*

durch spontane Vegetationsregeneration kurzfristig keine Mindestbedeckung von 60 % erreichen. Es verbleiben ausreichend große Spülflächen, auf denen sich bei entsprechender Hangneigung flächen- und linienhafte Erosionsformen ausbilden können. In Einzelfällen belegen Erdsockel dank aufsitzender Stipa-Horstgräser eine lokale Tieferlegung der ursprünglichen, im Trockenfeldbau genutzten Oberfläche um bis zu 30 cm (Ries 2003).

Als kritische Untergrenze für einen wirksamen Erosionsschutz im Ebro-Becken ermittelte die deutsch-spanische Forschergruppe eine Vegetationsbedeckung von mindestens 60 %. Dies weicht erheblich von bisher angenommenen Werten (30 – 40 %) ab. Die Befunde lassen den Schluss zu, dass die im Zusammenhang mit dem Flächenstilllegungsprogramm der EU aufgelassenen ehemals landwirtschaftlich genutzten Flächen die Regeneration der natürlichen Vegetation durch Krustenbildung verzögern.

Die starke Streuung der empirisch erhobenen Geländedaten ebenso wie die durch Simulation experimentell ermittelten Messwerte erlauben allerdings zur Zeit noch keine verlässlichen Prognosen zum Abtragungsprozess. Das gilt in gleicher Weise für die Arbeitsergebnisse von Faust (1995a/b) in Andalusien.

Für Portugal stellt sich das Problem der Bodenerosion nicht in vergleichbarer Schärfe. Mit Ausnahme des Südens ist das Klima mindestens semihumid. Die portugiesischen Flüsse sind im Regelfall sämtlich perennierende, d. h. ganzjährig wasserführende Gewässer. Eine dauerhaft vorhandene geschlossene Vegetationsbedeckung ist verantwortlich dafür, dass die Bodenzerstörung durch Erosion nur unter besonderen Rahmenbedingungen (wie beispielsweise in Steillagen im Gebirge oder bei unsachgemäßer Bodenbearbeitung in Hanglagen) eine lokal begrenzte Bedeutung erreicht.

Die holozäne Morphodynamik

Die rezente Morphodynamik mit starker Erosion im mediterran geprägten Teil der Iberischen Halbinsel bietet Anlass, Rückschlüsse auf die holozäne Landschaftsentwicklung zu ziehen, wobei die Böden und ihre Verbreitung als Indikatoren besondere Berücksichtigung finden. Faust & Díaz del Olmo (1997) haben für Südspanien die Ergebnisse der jüngeren geomorphologischen Quartärforschung in einer entsprechenden Synopse zusammengefasst, wobei kritische Vorbehalte im Detail aufgrund der unterschiedlichen verwendeten Methoden notwendigerweise zurückgestellt werden mussten (vgl. Abb. 66).

Abb. 66: *Bodenbildungen in Südspanien*

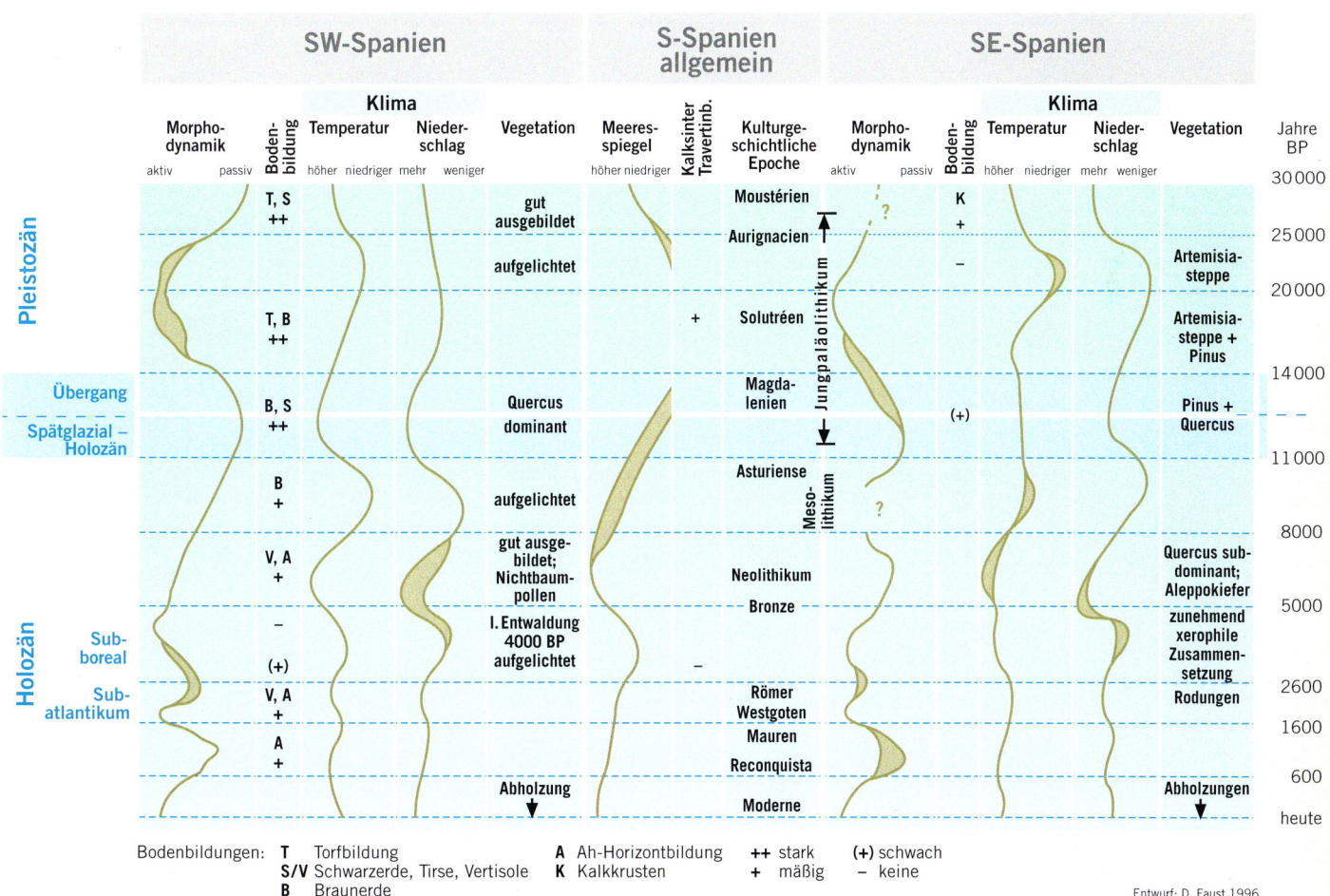

Quelle: Faust & Díaz del Olmo 1997

Entwurf: D. Faust 1996

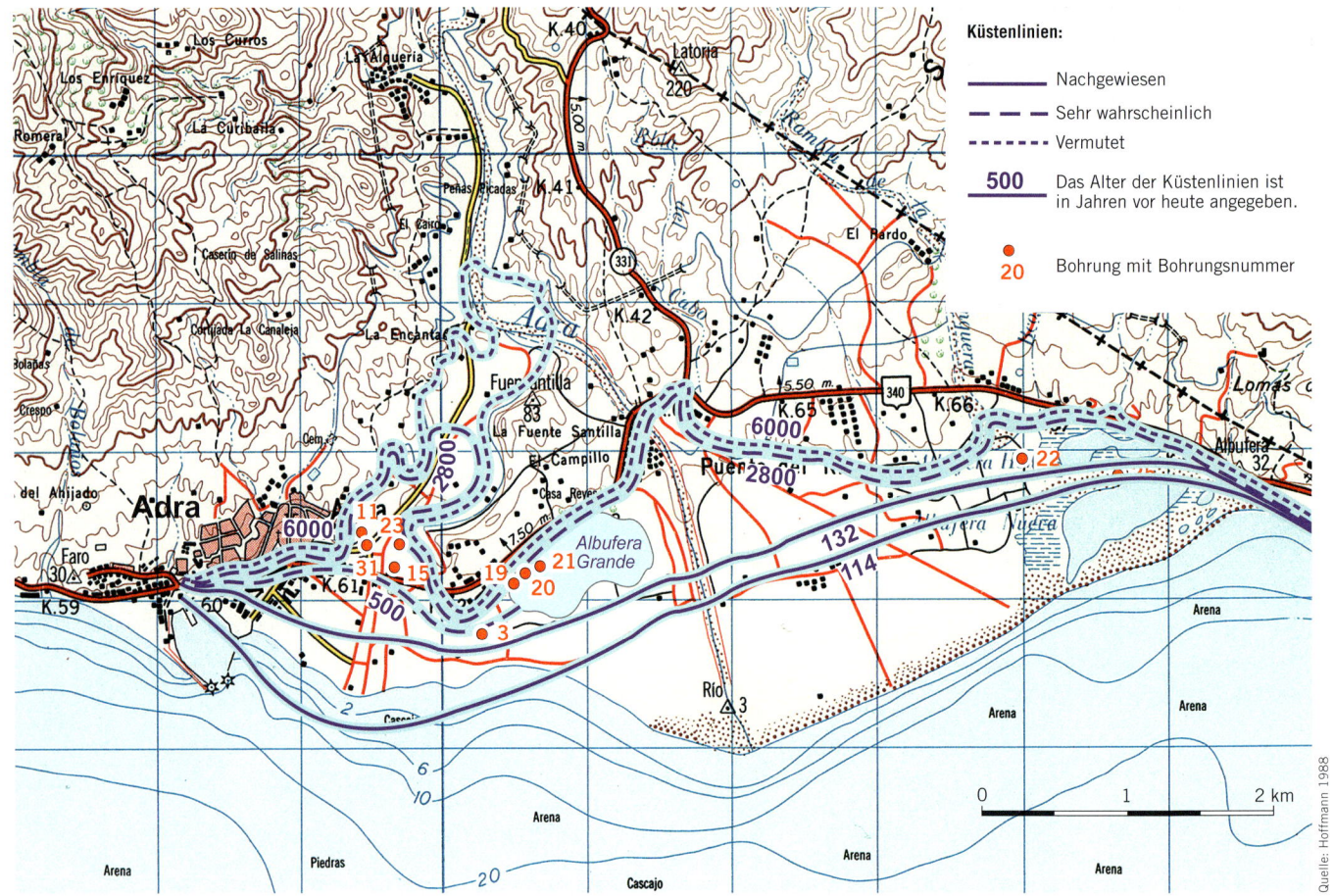

Küstenlinien:

———— Nachgewiesen

– – – – Sehr wahrscheinlich

‥‥‥‥ Vermutet

500 Das Alter der Küstenlinien ist in Jahren vor heute angegeben.

● 20 Bohrung mit Bohrungsnummer

Quelle: Hoffmann 1988

0 1 2 km

Abb. 67: *Holozäne Küsten-verläufe im Tal des Río Grande de Adra*

Als grundsätzliches Ergebnis ist dabei festzuhalten, dass die morphodynamischen Prozesse im Pleistozän (bis ca. 14 000 vor heute) durchaus sehr stark ausgeprägt waren, dabei aber – bei entsprechenden regionalen Unterschieden zwischen Südwest- und Südostspanien – einer ausschließlich klimatischen Steuerung unterlagen. Das deckt sich mit älteren Forschungsergebnissen (Hempel 1981): Analysen der Sedimentfüllungen sowohl der *vega* von Granada als auch des Eurotas-Tals in Griechenland ergaben ein Alter von ca. 10 000 Jahren, d. h., die Bodendecke der Talflanken war bereits „skelettiert" und die Talaufschüttung war sedimentologisch bereits abgeschlossen, bevor die ersten Zeugnisse menschlicher Besiedlung auftreten.

Nach einer zwischengeschalteten, morphodynamisch eher ruhigen Phase an der Wende vom Spätglazial zum Holozän nimmt die Morphodynamik erneut zu und zeigt bis zur Gegenwart wechselnde Intensitätsspitzen, die in ganz Südspanien nunmehr gleichsinnig verlaufen. Sie sind allerdings nicht mehr klimatisch gesteuert, sondern durch den Menschen als dominanten Faktor verursacht. Entsprechend hoch ist die räumliche Variabilität der Morphodynamik.

Eine erste bedeutsame anthropogene Beanspruchung der Landschaft im Süden der Iberischen Halbinsel wird für das Subboreal (ca. 5000–2600 vor heute) ermittelt. Die Entwaldung bzw. Vegetationsauflichtung wird durch eine leichte Klimaerwärmung bei einer geringfügigen Meeresspiegelrezession von ca. 40 cm unterstützt. Als Ursache wird ein starker Bevölkerungszuwachs mit entsprechend resultierendem Flächendruck angenommen.

Im Subatlantikum (2600–1600 vor heute, also bis ca. 400 n. Chr.) löst sich die Morphodynamik dann endgültig von klimatischen Steuerungsfaktoren. Befunde für erhebliche Abtragungs- und Sedimentationsvorgänge sind für die römische Epoche an der Levanteküste (Río Turia bei Alicante) und im äußersten Südosten (Río Segura bis Almería) vielfach belegt. Im Südwesten (Campiña Andalusiens) ist gleichfalls eine zunehmende Auelehm-Sedimentation bei Ausdehnung des Trockenfeldbaus (Getreide und Oliven) festzustellen. Die gleichsinnige morphologische Aktivität folgt damit nicht mehr der klimatischen Ausprägung: Der Südwesten der Iberischen Halbinsel ist in dieser Phase feuchter (semihumid) als der Südosten (semiarid).

Die anthropogene Deutung der Morphodynamik ist für den genannten Zeitabschnitt unumstritten – es gibt zahlreiche Belege für eine umfangreiche, bergbaubedingte Holzentnahme. Das Holz wurde vornehmlich als Brennmaterial zur Verhüttung von Erzen, aber auch als Grubenholz verbraucht. Hinzu kam der wachsende Holzbedarf für den (römischen) Flottenbau.

Zwischen 400 und 1400 n. Chr. stabilisiert sich die Morphodynamik wieder. Dies wird für die erste Hälfte dieses Zeitraums auf den (relativen) Bevölkerungsrückgang, für die zweite Hälfte auf die hoch entwickelte, angepasste Landbewirtschaftung unter den Mauren zurückgeführt. Eine erneute Belebung der Abtragungsprozesse an den Hängen ist nach 1400 n. Chr. zu beobachten. Sie werden teilweise wiederum konkreten historischen Ereignissen zugeordnet. Unstrittig ist wohl, dass die Vertreibung der Mauren nach dem erfolgreichen Abschluss der Reconquista einen Verfall der perfektionierten maurischen Landbearbeitungstechniken zur Folge hatte – mit entsprechender Landschaftsdegradierung. Die neue Feudalherrschaft in Verbindung mit dem Weidetrust der „Mesta" tat ein Übriges, um den Waldbestand zu dezimieren und Bodenabtragungsprozesse damit indirekt zu verstärken.

Im Südwesten Andalusiens rekonstruieren Faust & Díaz del Olmo (1997) für das 17./18. Jh. eine Abholzungsphase, die sie auf die kriegerischen Auseinandersetzungen zwischen Spanien und England zurückführen. In großen Teilen der Iberischen Halbinsel wirkte sich auch die Aufteilung der Allmendflächen in Privatland (*desamortización*) im 19. Jh. in Form einer Holzschlagkampagne (und damit in erhöhten Bodenerosionsraten) aus.

Die rezent sehr starke Geomorphodynamik wird von verschiedenen ursächlichen Faktoren getragen. Dazu zählt die Auflassung großer landwirtschaftlich genutzter Flächen (bei gleichzeitiger Intensivierung im lokalen Maßstab) ebenso wie der neue Besiedelungsdruck an den mediterranen Küsten der Iberischen Halbinsel mit entsprechender flächenextensiver Überbauung in der Gegenwart.

Die konkreten Auswirkungen der holozänen Morphodynamik auf die Küstenkonfiguration dokumentierte Hoffmann (1988). Er belegte, dass die o. g. Aktivitätsphasen an der andalusischen Mittelmeerküste zunächst die Verfüllung von Meeresbuchten, dann die Aufschüttung von Küstenebenen (häufig in Form der Deltabildung) zur Folge hatten (vgl. Abb. 67). Inzwischen ist diese intensive Sedimentationsphase weitgehend abgeschlossen: Zum Einen liefern die skelettierten Hänge im Hinterland immer weniger Feinmaterial für den Bodenabtrag, zum Anderen verhindern die neuen „Sedimentationsfallen" der Stauseen einen Eintrag der fluviatilen Sedimente ins Mittelmeer. Die Folge ist seither eine zunehmende aktuelle Erosion an exponierten Außenkanten der Küstenebenen durch eine küstenparallele Meeresströmung. Diese ist keineswegs neu, wurde aber bisher von der aktiven fluviatilen Sedimentation erodierter Böden aus dem Hinterland mehr als kompensiert (Hoffmann 1995).

Ein weiteres Beispiel liefert das Ebro-Delta, das heute eine Fläche von ca. 320 km² umfasst und über eine Außenküste von ca. 50 km Länge verfügt (vgl. zum Folgenden Brückner 1999, S. 15). Allein im Holozän ist das Delta um 28 km nach Osten ins Mittelmeer hineingewachsen, wobei die fortschreitende Akkumulation seit 1749 im Detail dokumentiert werden kann. Der Bau von Staudämmen im Einzugsgebiet des Ebro brachte das Deltawachstum in den 1990er-Jahren zum Erliegen. Seither erfährt das Ebro-Delta Flächenverluste durch Erosion bei gleichzeitig verstärkter mariner Intrusion von Salzwasser in den Süßwasserkörper.

Die Aufforstung

Gemessen an den Flächenanteilen nimmt der Wald in beiden iberischen Staaten mit ca. einem Drittel (und mehr) der Staatsfläche eine beachtliche Stellung ein. In Spanien hat die Waldfläche (*terreno forestal*) mit 33 % fast die Größenordnung der landwirtschaftlich bewirtschafteten Flächen (*tierras de cultivo*) mit 36 % (Stand: 2001) erreicht, in Portugal mit 38 % (im Vergleich zu 33 % für die Landwirtschaft) diese bereits übertroffen. Diese Relationen sind das Ergebnis staatlich initiierter und staatlich organisierter Aufforstungskampagnen, die seit dem ersten Drittel des 20. Jh. in großem Stil umgesetzt wurden (vgl. Kapitel „Geschichte und Politik"). Das Erfordernis einer Aufforstung mit dem Ziel einer flächenhaften Wiederbewaldung war bereits im 17. Jh. erkannt worden. Bis zu diesem Zeitpunkt war die natürliche Waldfläche der Iberischen Halbinsel mutmaßlich um ca. zwei Drittel ihrer ursprünglichen Dimension geschrumpft (Müller-Hohenstein 1973). In Portugal waren um 1800 nur noch 15 % des Landes bewaldet (Weber 1997, S. 386). Die Ursachen dürften im Wesentlichen anthropogener Natur gewesen sein.

Auch zu Beginn der großen Aufforstungskampagnen des 20. Jh. bestand die Waldvegetation der Iberischen Halbinsel nur noch in Ausnahmefällen aus natürlichen Formationen. Die „klassische" pflanzensoziologische Modellkonzeption (n. Braun-Blanquet 1964) basiert auf der Theorie, dass die anthropogene (Über-)Nutzung des mediterranen Waldes sekundäre Degradationsformationen geschaffen hat. Dieser Vorstellung zufolge waren naturnahe Hochwälder (span. *monte alto*) meist stufenweise degradiert: Das Spektrum reichte von artenreichen Strauchgesellschaften (ital. *macchia*; span. *monte bajo*) bis zu kümmerlichen Zwergstrauchformationen (span. *tomillares*; sie entsprechen der frz. *garrigue*). Eine synoptische Darstellung dieses Modells der Vegetationsdegradierung im Mittelmeergebiet findet sich bei Wagner (2001, S. 229).

Jüngere empirische Arbeiten zur Vegetationsdynamik im nördlichen Mittelmeerraum (kommentiert bei Neff 2000) relativieren diesen klassischen Degradationsansatz erheblich: Die massive Landflucht und die daraus resultierende Aufgabe traditioneller Formen der Landnutzung haben u. a. eine spektakuläre Zunahme der Verbuschung zur Folge. In der Konsequenz nehmen Macchien- und Garrigue-Flächen zu, die in der jüngeren mediterranen Ökosystemforschung je nach Standort- oder Perturbationsregime auch als dynamische Schlussgesellschaften interpretiert werden. Der gleichzeitige Befund, dass die Waldfläche im nördlichen Mittelmeerraum laufend zunimmt, steht dazu nicht im Widerspruch.

Funktion und Umfang

Die Aufforstungen des 20. Jh. zielten vornehmlich auf die Inwertsetzung anderweitig nicht nutzbarer Räume. Sie müssen historisch in den Kontext einer verstärkten Rückbesinnung auf die eigenen Ressourcen (Projekte im Rahmen der „inneren Kolonisation") eingeordnet werden. Auslösend für die staatlichen Aufforstungskampagnen waren sowohl Naturkatastrophen wie Erdrutsche, Überschwemmungen und dergleichen, die unmittelbar auf die fehlende Vegetationsdecke zurückgeführt wurden, als auch der politisch motivierte Wille, der Bevölkerung in den rückständigen ländlichen Räumen die staatliche Fürsorge möglichst eindrucksvoll vor Augen zu führen. Diese im weitesten Sinne sozialen Beweggründe sind inzwischen obsolet geworden.

Bevor detaillierter auf die verschiedenen Funktionen der modernen Aufforstung eingegangen wird, ist es erforderlich, die Besitzverhältnisse gesondert anzusprechen. Obwohl der überwältigende Teil der Aufforstung unter staatlicher Lenkung erfolgt, ist der Staat als Waldeigentümer eher unbedeutend (Portugal 1,2 %; Spanien [Zentralstaat und Autonome Regionen] 5,8 %; Stand: 1995). Darüber hinaus unterscheiden sich beide Staaten hinsichtlich der Besitzverhältnisse aber erheblich: Der private Waldanteil liegt in Spanien bei 67 %, in Portugal erreicht er 87 %, wobei vor allem der umfangreiche kleinbäuerliche Waldbesitz im Norden des Landes erwähnt werden muss. Aus dem gleichen Grunde ist der Anteil kommunaler Waldflächen in Portugal mit 5,4 % im Vergleich zu Spanien (23,4 %) sehr gering. Bei diesen kommunalen Waldflächen handelt es sich überwiegend um ehemals gemeinschaftlich genutzte Allmendflächen (port. *baldios*), die mit dem Rückgang der Weidenutzung (infolge der Landflucht) zunehmend verbuschten. Dieser Prozess setzte zuerst in ungünstigen Rand- und Höhenlagen der Gemarkungen ein und hält seither unvermindert an. Nach Hochrechnungen der FAO (Forest Resources Assessment 2005) hat sich in Spanien die Buschfläche zwischen 1990 und 2005 um ca. 21 500 km^2 verringert (−17,3 %) bei gleichzeitiger Zunahme der Waldfläche um 44 360 km^2 (+32,9 %). Eine sehr junge Sonderentwicklung ist darüber hinaus für Portugal bedeutsam: Hier erreichten die Waldflächen im Eigentum der – überwiegend papierverarbeitenden – Industrie bereits 1995 einen Flächenanteil von 6,5 %. Dieses Segment fehlt in Spanien nahezu vollständig (0,01 %).

Die Aufforstung erfüllt heute auf der Iberischen Halbinsel mehrere zentrale Funktionen: Zu den öko-

logischen Zielsetzungen gehört die Reduzierung der Bodenerosion durch Baumbewuchs und damit die Schaffung der Voraussetzungen für eine zukünftige neue Bodenbildung. Hinzu kommen Gesichtspunkte der Regulierung des Wasserhaushalts im umfassenden Sinne, in Einzelfällen auch geländeklimatische Zielsetzungen wie z. B. lokaler Windschutz. Darüber hinaus hat die Aufforstung eine bedeutsame wirtschaftliche Funktion: Die geregelte Forstbewirtschaftung unter Nutzung schnellwüchsiger Baumarten ermöglicht bei kurzen Umtriebszeiten einen rentablen Kapitaleinsatz, allerdings unter Verzicht auf qualitativ wertvolle Hölzer. Der größte Teil dieser Holzproduktion geht deshalb in die Papierfabrikation.

Nach den unterschiedlichen primären Funktionen unterscheidet man:
- „Protektionspflanzungen", die vorwiegend aus ökologischen Gründen angelegt werden, und
- „Produktionspflanzungen", die auf eine möglichst effiziente Holzproduktion ausgerichtet sind.

Als funktionale Kategorien sind diese Begriffe sinnvoll, in der konkreten Aufforstungspraxis sind beide Belange im Regelfall miteinander verzahnt (*multiple purpose* in der Terminologie der FAO [Food and Agriculture Organization of the United Nations]).

Der Umfang der auf der Iberischen Halbinsel durchgeführten Aufforstungen ist beeindruckend, wenn man die aktuellen Relationen von Wald zu Ackerland würdigt. Die absoluten amtlichen Zahlenangaben sind allerdings für Portugal und Spanien schwer vergleichbar, weil häufig unterschiedliche Zeiträume zugrunde liegen. Darüber hinaus wurden in beiden Ländern in der Zwischenzeit große Flächen schon mehrfach aufgeforstet, beispielsweise nach Waldbränden, aber auch als Erneuerung nach regulärem Holzeinschlag. Zu Beginn des 21. Jh. errechnet sich für Spanien eine jährliche Aufforstungsfläche zwischen 1,7 und 2 % der gesamten Waldfläche des Landes.

Die regionale Verteilung der Aufforstungsmaßnahmen spiegelt einige wenige Ordnungskriterien wider, die bereits in der von Müller-Hohenstein (1973) publizierten Karte für Spanien aufscheinen: Die Aufforstungen häufen sich zum Einen in Gebirgen, zum Anderen in den Grenzzonen der Binnenprovinzen, die von den jeweiligen Provinz- bzw. Distrikthauptstädten aus gesehen peripher liegen. Damit zeichnen die Aufforstungen das zentral-periphere Ordnungsschema, das u. a. der demographischen Gliederung der Iberischen Halbinsel zugrunde gelegt wurde, auf eine sehr bezeichnende Weise nach. Die Gebirgsräume ebenso wie die peripher gelegenen Randzonen der Binnenprovinzen wurden als Erste von der Abwanderung betroffen. Deshalb waren die Aufforstungen hier am leichtesten einzuleiten, wo die Beeinträchtigung des bestehenden Kulturlandes am geringsten war. Das schließt nicht aus, dass es im lokalen Kontext in der Vergangenheit auch ernsthafte Konflikte zwischen einer flächenhaften Aufforstung einerseits und der traditionellen Landnutzung andererseits gegeben hat. In Nordportugal, wo al-

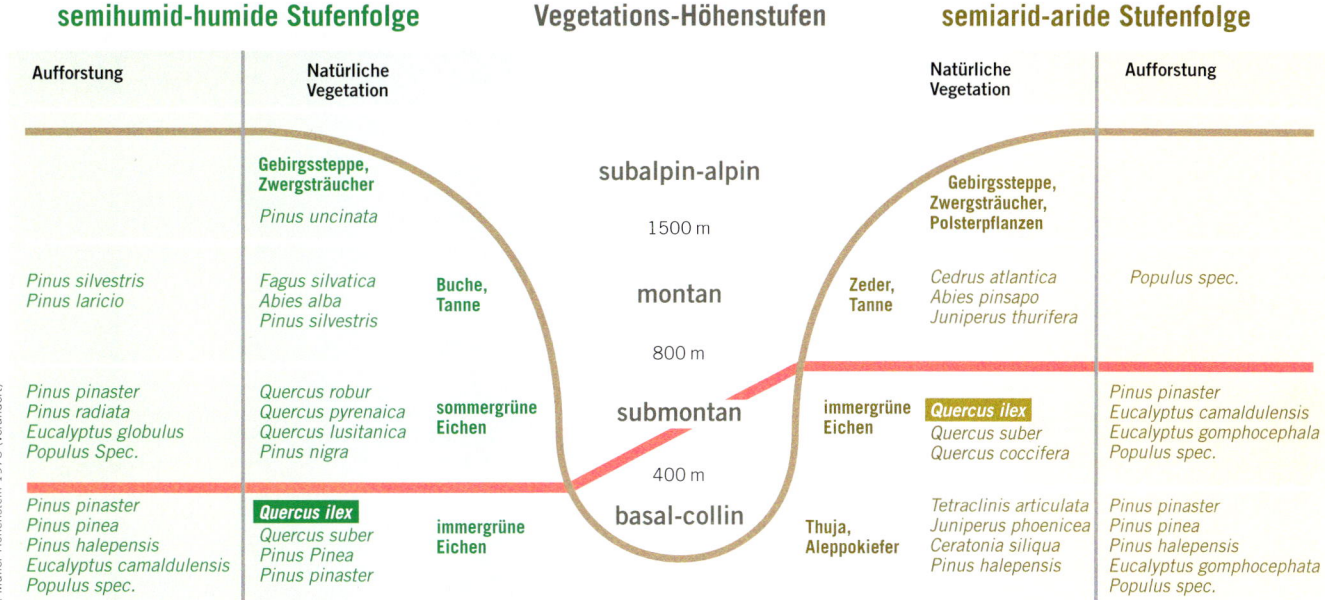

semihumid-humide Stufenfolge		Vegetations-Höhenstufen	semiarid-aride Stufenfolge	
Aufforstung	**Natürliche Vegetation**		**Natürliche Vegetation**	**Aufforstung**

Die mediterranen Stufen i.e.S. werden mit weißer Schrift auf farbigem Grund dargestellt

Quelle: Müller-Hohenstein 1973 (verändert)

---

lein der Privatwald sich auf ca. 300 000 meist klein-bäuerliche Besitzer verteilt, deren Waldparzellen darüber hinaus in Gemengelage verstreut liegen, ist eine effiziente forstliche Bewirtschaftung von Wald-flächen bis zum heutigen Tag nur sehr eingeschränkt möglich.

Sieht man von solchen lokalen oder auch regio-nalspezifischen Besonderheiten ab, dann besetzt die Aufforstung gegenwärtig (im Idealfall) vornehm-lich die von der Landbevölkerung aufgegebenen vor-maligen Kultur- bzw. Weideflächen. Sie erfüllt damit in zunehmendem Maße eine ökologische ebenso wie eine ökonomische Funktion. Ihre ehemals ange-strebte agrarsoziale Funktion ist in der Zwischenzeit gegenstandslos geworden.

Das veränderte Artenspektrum

Die Folgen der Aufforstung lassen sich auf drei be-merkenswerte Ergebnisse reduzieren: Aus vegetati-onsgeographischer Perspektive ist zunächst das ver-änderte Artenspektrum innerhalb des Waldbestan-des hervorzuheben. Daraus wiederum erwachsen zwei ökonomisch relevante Folgewirkungen, nämlich die Ökonomisierung der Waldbestände einerseits und die zunehmende Gefahr von Waldbränden an-dererseits.

Das neue Waldkleid, das die Aufforstungen her-vorbringen, weicht erheblich von der potenziellen natürlichen Vegetation ab und gibt damit auch de-ren ökologische Vorteile preis. Das gilt prinzipiell für alle Vegetationshöhenstufen. In Abb. 68 differen-ziert Müller-Hohenstein (1973) nach einer semihu-miden und einer semiariden Stufenfolge. Die feuch-te Variante entspricht im Wesentlichen den portu-giesischen Standortbedingungen, die trockene Vari-ante trifft eher die Situation des mediterranen Ost-teils der Halbinsel. In den mediterranen Stufen im engeren Sinne verschwinden die für das Mittelmeer-gebiet so charakteristischen immergrünen Eichen (Steineiche – *Quercus ilex*; Korkeiche – *Quercus su-ber*; Kermeseiche – *Quercus coccifera*). Sie werden ebenso wie die Buche in der montanen Stufe von Nadelhölzern verdrängt, wobei es sich nahezu aus-schließlich um Kiefernarten handelt. Unter den acht wichtigsten zählen die Pinie (*Pinus pinea*), die Seestrandkiefer (*Pinus pinaster*) und die Aleppokie-fer (*Pinus halepensis*) zu den eigentlich mediter-ranen Spezies. Dabei konnten diese zum Teil auch über ihre bisher angenommene ökologische Ampli-tude hinaus erfolgreich angepflanzt werden, so z. B. in den nordspanischen Gebirgen die Seestrandkie-fer. Ein Grund dafür dürfte die in den Monokulturen fehlende Konkurrenz anderer Holzarten sein.

Die bisher durchgeführten Aufforstungen haben vor allem den Anteil der Nadelgehölze nachhaltig gesteigert. Beim aktuellen Forstbestand (Stand: 1995/2001) erreichen die Koniferen in Spanien knapp 40 % des Waldbestandes, in Portugal 34 %. Allein die Seestrandkiefer (*Pinus pinaster;* port. *pi-nheiro bravo*) besetzt 31 % der portugiesischen Waldfläche und stellt damit mehr als 90 % aller Na-delholzbestände in Portugal. Die Seestrandkiefer verträgt vor allem trockenere Böden. Die trocken-heitsresistente Aleppokiefer (*Pinus halepensis*) kommt mit nur 300 mm Jahresniederschlag aus. In Höhen oberhalb 1200 m überwiegen bei ausrei-chenden Niederschlägen die winterharten Gemei-nen Waldkiefern (*Pinus silvestris*). In der Summe hatte die Aufforstung auf der Iberischen Halbinsel in beiden Staaten eine „Koniferisierung" der Wald-vegetation zur Folge.

In Relation zu den Koniferen spielen Laubgehölze bei den Aufforstungen eine eher nachrangige Rolle. Das gilt jedoch nur für die quantitativen Flächenan-

Abb. 68: Vergleich von natürlicher Vegetation und Aufforstung in den mediterranen Vegetations-Höhenstufen

Abb. 69: *Die Papierfabrik der PORTUCEL-Gruppe in Cacia (Aveiro) verarbeitet fast ausschließlich Eukalyptusholz.*

teile. In der Kategorie der Laubbäume haben die Aufforstungsmaßnahmen vornehmlich und einseitig der Ausbreitung von Eukalyptusbeständen (*Eucalyptus globulus*) den Weg geebnet. Diese in Australien beheimatete exotische Holzart, die in der natürlichen Vegetation des Mittelmeergebiets unbekannt ist, wurde flächenhaft in Mittelportugal sowie in Nordwestspanien ebenso wie in den atlantischen Provinzen Andalusiens angepflanzt, wo auch heute noch ihre Verbreitungsschwerpunkte liegen. Mehr als die Hälfte aller spanischen Eukalyptusbestände ist heute in Andalusien vorzufinden (in der Provinz Huelva allein 47 %), weitere 19 % konzentrieren sich in der Extremadura.

In Portugal ist die von Eukalyptus eingenommene Waldfläche zwischen 1925 und 1995 von 67 000 ha auf 695 000 ha angewachsen. Diese Holzart erreicht damit bereits einen Flächenanteil von 21 % an der gesamten Forstfläche Portugals (zum Vergleich: Bei der Agrar-Enquête von 1968 waren für ganz Portugal nur 5,3 % der Waldfläche mit Eukalyptus nachgewiesen; Weber 1980, S. 82).

Bei den Aufforstungen werden die einzelnen Baumarten vorzugsweise immer noch als Monokulturen angelegt. So beträgt die mittlere Umtriebsdauer bei Kiefernarten je nach Varietät zwischen 20 und 40 Jahren (*Pinus radiata* z. B. 20 Jahre), bei Eukalypten aber nur 10–12 Jahre. Die Hektarerträge sind stark von den Feuchtigkeitsverhältnissen abhängig. Kiefernbestände erreichen im semiariden Niederandalusien höchstens 0,9 m^3 pro Jahr und Hektar, Eukalypten bei 12-jähriger Umtriebsdauer aber bis zu 3,5 m^3. Im immerfeuchten Norden der Iberischen Halbinsel werden mit Eukalyptusarten sogar mittlere Erträge bis zu 14 m^3 pro Hektar erzielt (Márquez Fernández 1977).

Die ökonomische Effizienz der Eukalyptusforste steht damit außer Frage. Darüber hinaus gehen von der Eukalyptusverarbeitung auch nennenswerte Im-

pulse für den lokalen Arbeitsmarkt aus. In der Umgebung der Stadt Huelva (Andalusien) z. B. gibt es eine Reihe von Betrieben, die sich nicht nur auf die Holzverarbeitung im engeren Sinne beschränken (von der Zellulose- bis zur Möbelherstellung), sondern auch Kartonagen und Feinpapiere ebenso wie aromatische Essenzen (aus den Blättern von *Eucalyptus globulus*) produzieren.

Die forstlichen Erträge aus Koniferen erreichen ebenfalls eine stetig wachsende Bedeutung. Bei Kiefern sind die Hektarerträge umso höher, je humider das Klima wird. In Galicien z. B. erreichen die Erlöse aus der Forstwirtschaft etwa das Doppelte des Maisanbaus und sogar das Dreifache der traditionellen Weidenutzung. Im semiariden Andalusien hingegen sind die einheimischen Kiefernarten der Ertragskraft der Eukalypten deutlich unterlegen.

Die Gewinne aus der Forstwirtschaft, die zunächst den Eigentümern bzw. den Besitzern zugute kommen, werden zunehmend auch für die verarbeitende Industrie interessant. Als Beispiel für einen noch jungen vertikalen Integrationsprozess kann die Papierindustrie in Portugal dienen. Die portugiesische Zellstoffindustrie konnte von 1997 bis 2004 die Holzimporte fast auf Null reduzieren, weil die portugiesische Holzproduktion den wachsenden Bedarf der Industrie inzwischen zu decken vermag. 2004 erreichten die Eukalypten einen Anteil von mehr als 80 % an der portugiesischen Zellstoffproduktion, auf Kiefernarten entfielen nur ca. 17 % (nach einer Pressemitteilung der portugiesischen Zellstoffindustrie CELPA). Ein zunehmender Teil von Forstflächen wird dabei von der Zellstoffindustrie selbst aufgekauft bzw. bewirtschaftet. So besitzt die PORTUCEL-Gruppe, die zu den führenden Unternehmen der Branche gehört und bei Aveiro (in Cacia), in Figueira da Foz sowie in Setúbal Papiermühlen unterhält (Abb. 69), ausgedehnte Eukalyptusforste in der Serra de Ossa (Hochalentejo). Die portugiesische Zelluloseindustrie ist gleichzeitig in das globale Netz der Papiererzeugung eingebunden. Ehemals nationale Unternehmen (wie z. B. die Cellulosa Beira Industrial CELBI) wurden von global operierenden Firmen übernommen (im konkreten Fall durch den schwedisch-deutschen Konzern Stora Feldmühle). Dank einer Produktionssteigerung bei der Zellstoffherstellung, die von 1985 bis 2000 eine Zuwachsrate von 50 % erreichte, ist Portugal heute innerhalb Europas der drittgrößte Zellstoffproduzent (2000: 1,77 Mio. t). Bei gebleichtem Eukalyptus-Zellstoff hat Portugal inzwischen den weltweit dritten Rang unter den Exporteuren erreicht.

Wenn die Eukalyptusbestände heute 21 % der gesamten portugiesischen Waldfläche einnehmen (das entspricht 672 000 ha), so ist dies auch die Folge teilweise erheblicher Subventionen, die nach Portugal geflossen sind. Zwischen 1981 und 1988 förderte vor allem die Weltbank den Aufschwung der Papierindustrie in Portugal; von 1986 bis 1996 folgte eine spezielle Förderung im Rahmen der EG. Im Jahre 2000 waren in der portugiesischen Zellstoffindustrie ca. 4500 Arbeitskräfte beschäftigt.

Insgesamt besteht ein Zielkonflikt zwischen der konjunkturell und wirtschaftlich zu begrüßenden Aufforstung mit Eukalypten einerseits und langfristig befürchteten irreversiblen ökologischen Schäden andererseits. Die Blätter und Rindenbestandteile, die von Eukalypten abgeworfen werden, führen bei ihrer Zersetzung dem Boden keine Nährstoffe zu. Vielmehr verursachen die in den Blättern enthaltenen Essenzen eine Übersäuerung des Bodens. Die völlig unzureichende Humusbildung lässt keine zufriedenstellende Bodenregeneration zu, das fehlende Unterholz hat erhöhten Bodenabfluss und damit ein erhöhtes Erosionsrisiko in Hanglagen zur Folge, obwohl der Erosionsschutz doch durch die Aufforstung gewährleistet werden sollte.

Zudem ist der Wasserentzug durch Eukalypten beträchtlich. Die Wurzeln eines Baumes können bis zu 20 m Länge erreichen und vermögen bis zu 500 l Bodenwasser pro Tag anzusaugen (zum Vergleich: Die auf der Halbinsel einheimische Korkeiche verbraucht pro Tag im Mittel lediglich ca. 10–15 l; Krauss 2001, S. 163). In der Nähe der großen Eukalyptuspflanzungen sinkt infolgedessen der Grundwasserspiegel. Auch die Wasserknappheit in den oft niederschlagsfreien Sommermonaten wird der Eukalyptusaufforstung in Portugal angelastet. Der beträchtliche Wasserentzug hat darüber hinaus eine erhöhte Verdunstung zur Folge.

Ob sich jedoch infolge von Eukalyptusaufforstungen irreversible ökologische Schäden einstellen, ist heftig umstritten. In Einzelfällen wird eine pseudoökologische Argumentation von global agierenden Umweltschutzgruppen instrumentalisiert, um eigene Interessen auf lokaler Ebene durchzusetzen (Schramke & Uhlenwinkel 2004). Entgegen anders lautenden populistischen Darstellungen ist die Ausbreitung der Eukalyptusbestände in Portugal bislang nicht zulasten der traditionsreichen Korkeichenbestände gegangen. Die Befunde des nationalen portugiesischen Forstinventars belegen stattdessen sogar eine leichte Flächenzunahme der Korkeichenbestände. Richtig ist indessen, dass der Export von Papierrohmasse (Zellstoff; port. *pasta*) den traditionellen Kork wertmäßig inzwischen überflügelt hat.

Obwohl die Korkeiche (*Quercus suber*) im gesamten maritimen Westen des Mittelmeerraumes verbreitet ist, liegt ihr räumlicher Schwerpunkt im atlantisch beeinflussten Teil der Iberischen Halbinsel. Dabei entfallen 33 % der Welt-Korkfläche auf Portugal, weitere 23 % auf Spanien. Gemessen an der Korkproduktion stellt Portugal alleine mehr als die Hälfte (54 %) der weltweiten Korkerzeugung. Spanien bringt es hier nur auf 26 % (Zahlenangaben für 1999; zit. n. Voth 2003c, S. 57). Kork kann geradezu als Markenzeichen für die traditionelle portugiesische Wirtschaft gelten. Auch aktuell ist Portugal weltweit der Marktführer bei Produktion, Verarbeitung und Export dieses wohl wichtigsten Nebenproduktes der Forstwirtschaft.

Die Korkeichenwälder wurden erstmals im 14. Jh. durch amtliche Vorschriften und Gesetze geschützt, weil man die wertvollen Baumbestände und ihre Er-

tragskraft über Generationen hinweg sichern wollte. Die extensiv genutzten Weidewirtschaftswälder (port. *montados*) waren die sich selbst regenerierende Grundlage eines sehr komplexen traditionellen Nutzungssystems (vgl. u. a. Breuer 1987, S. 80 ff.). Bis zum Ende des 20. Jh. ist die differenzierte Nutzung der *montados* in Südportugal bzw. der *alcornoques* in der spanischen Extremadura infolge der Abwanderung aus den ländlichen Binnenräumen erheblich reduziert worden. Die Bodenbearbeitung unter den weitständigen Kork- und Steineichenbeständen wurde weitgehend eingestellt, die traditionelle Eichel-Schweinemast wurde mit dem Auftreten der Afrikanischen Schweinepest auf der Iberischen Halbinsel (in Spanien 1994, in Portugal 1999) endgültig aufgegeben. Bei rückläufigem Weidegang insgesamt kommt Unterwuchs auf, sodass die Korkeichenbestände zunehmend Gefahr laufen, durch mediterrane Strauchgesellschaften zu verbuschen. Das von Umweltschutzorganisationen bisweilen skizzierte Szenario eines „Korkeichensterbens" wäre somit weniger die Folge eines Raubbaus als vielmehr Ergebnis der Aufgabe einer traditionellen, extensiven Bodennutzung (die Ergebnisse der Simulationsrechnungen von Neff 2000, S. 112 ff. legen einen solchen Schluss nahe).

Nichtsdestoweniger sind Korkeichen noch in ganz Portugal omnipräsent, allerdings liegt der Schwerpunkt der Korkeichenbestände heute im Südteil des Landes. Seit den 1950er-Jahren ist die mit Korkeichen bestandene Fläche im Wesentlichen stabil geblieben. Bei der dritten Revision des nationalen Forstinventars (Befliegung 1995) wurde sogar eine leichte Flächenzunahme festgestellt (713 000 ha). Entsprechend unterliegt auch die Korkproduktion seit der Mitte des 20. Jh. nur vergleichsweise geringen Schwankungen.

Die stärkste Expansionsphase erlebte die Korkindustrie im 19. Jh., als vornehmlich der französische Markt immer mehr Flaschenkorken importieren musste. In diesem Zusammenhang entwickelte sich das spanische Katalonien (und hier insbesondere die Provinz Gerona) zu einem frühen Zentrum der Korkverarbeitungsindustrie. Portugal zog erst im auslaufenden 19. Jh. nach, möglicherweise bedingt durch die periphere Randlage zum Hauptabnehmerland Frankreich. In der Zwischenzeit wird der Rohstoff Kork ausgerechnet im Segment der Flaschenverschlüsse durch konkurrierende Produkte infrage gestellt, da die Rückstände, die bei der Kultivierung verursacht werden, sich kontaminierend auswirken können. Nicht nur Kapsel- und Schraubverschlüsse, sondern auch vollsynthetische Kunststoffpropfen und sogar hochwertige Glasverschlüsse drohen daher den Korkstopfen vom Weinmarkt zu verdrängen.

Dennoch dürfte die Zukunft des Korks als Naturprodukt gesichert sein, und zwar dank seiner Eignung für die Wärmedämmung und Schallisolierung. In dieser Funktion wird Kork als nachwachsender Rohstoff nicht nur in der Automobil- und Schuhindustrie mit großem Erfolg eingesetzt, sondern in zunehmenden Maße auch in der Bauwirtschaft im

Abb. 70: *Gestapelte Rohkorkrinden im Alentejo (links) und Korkdämmplatten (Fa. AMORIM S.A. in S. Paio de Oleiros; rechts) als industrielles Endprodukt für den Innenausbau*

Rahmen des Innenausbaus (Wand- und Deckendämmung, Bodenbeläge usw.; Abb. 70). In der Summe sind die physikalischen Eigenschaften der Korkrinde (Feuchtigkeitsbeständigkeit, Dampfdurchlässigkeit und Elastizität) bis auf weiteres ein Garant dafür, dass dieser nachwachsende Rohstoff sich weiterhin einer hinreichenden Nachfrage erfreuen dürfte.

Obwohl der Rohkork in Portugal überwiegend südlich des Tejo gewonnen wird, liegt der Schwerpunkt der portugiesischen Korkverarbeitung in Nordportugal zwischen Porto und Aveiro. Während die katalonische Korkindustrie eher stagniert, nimmt die Korkverarbeitung auf portugiesischer Seite tendenziell zu. In diesem Zusammenhang erfolgt auch eine betriebsstrukturelle Konsolidierung dieser Branche, indem die Klein- und Mittelbetriebe zunehmend verdrängt werden. Die Korkeiche und die nachgelagerte Korkrindenverarbeitung dürften damit auf absehbare Zeit ihre Funktion als Aushängeschild einer auf traditionellem Rohmaterial basierenden und gleichzeitig erfolgreichen modernen portugiesischen Industrie beibehalten.

Waldbrände

Ursachen und Wirkungen

Rückschläge erlebt die Aufforstung vor allem immer wieder durch ausgedehnte Flächenbrände. Sie sind vornehmlich im Sommerhalbjahr im gesamten sommertrockenen Mittelmeergebiet an der Tagesordnung und füllen dann regelmäßig die Schlagzeilen der Tagespresse.

Die natürliche Vegetation im Mittelmeerraum hat sich der Sommertrockenheit angepasst. Die entsprechenden Anpassungserscheinungen reichen von der Blattreduktion über die Dornenbildung bis hin zum hohen Gehalt an öligen bzw. harzigen Essenzen zur Verringerung der Evaporation. Diese Merkmale der Xerophythen (Trockenpflanzen) sowie der geringe Wassergehalt der Phythomasse erhöhen die Brennbarkeit der Vegetation in der Trockenheit erheblich. Daraus resultiert für alle wechselfeuchten Gebiete eine erhöhte Gefährdungswahrscheinlichkeit, die ihrerseits mit zunehmender Dauer und Intensität der Trockenheit ansteigt. Häufigste Ursache für natürliche Waldbrände ist Blitzschlag. Die bei Weitem überwiegende Zahl der Waldbrände wird allerdings durch den Menschen ausgelöst, sei es durch Unachtsamkeit oder bewusste Brandstiftung.

Für Spanien errechnet sich für den Zeitraum 1975–1984 ein mittlerer Flächenwert von rund 2000 km^2, die jährlich einem Brand zum Opfer fallen (May 1995). Dieser Mittelwert wurde in Einzelfällen aber auch erheblich überschritten: Im Juli 1994 brannten allein an der spanischen Ostküste zwischen Barcelona und Alicante 1680 km^2 Wald- und Buschland (Breuer 1995a), auf der Kanareninsel La Palma vernichteten drei Flächenbrände zwischen Juli und September 1994 eine Fläche von 5144 ha, was 7,3 % der Inselfläche und 14 % der Waldfläche der Insel entsprach. Die systematische Auswertung der Brandstatistik mithilfe eines Flächenrasters von 10 km Maschenweite erbringt für Spanien insgesamt allerdings ein überraschendes Verteilungsmuster: Brandhäufigkeit und Brandschäden konzentrieren sich nicht etwa in den trockensten Teilen der Iberischen Halbinsel, sondern sind überdurchschnittlich stark in den nordspanischen bzw. nordportugiesischen Küstenregionen sowie in Katalonien und in der Autonomen Region Valencia vertreten (May 1995, S. 299). Es ist somit offenkundig, dass die tatsächliche Brandhäufigkeit der klimatisch bedingten, natürlichen Gefährdungswahrscheinlichkeit in keiner Weise entspricht. Ein zeitnaher Abgleich mit den einschlägigen amtlichen statistischen Angaben bestätigt diese Feststellung (Abb. 71).

Portugal: Waldbrandflächen nach Agrarregionen und Baumarten

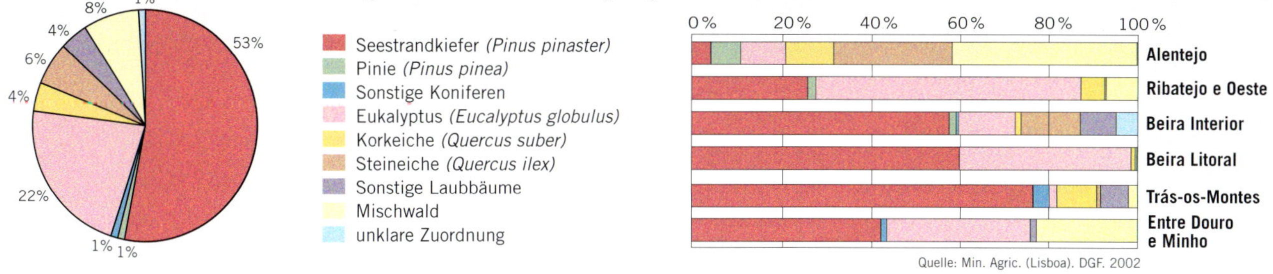

Seestrandkiefer *(Pinus pinaster)*
Pinie *(Pinus pinea)*
Sonstige Koniferen
Eukalyptus *(Eucalyptus globulus)*
Korkeiche *(Quercus suber)*
Steineiche *(Quercus ilex)*
Sonstige Laubbäume
Mischwald
unklare Zuordnung

53%
22%
8%
6%
4%
4%
1%
1%
1%
1%

0% 20% 40% 60% 80% 100%

Alentejo
Ribatejo e Oeste
Beira Interior
Beira Litoral
Trás-os-Montes
Entre Douro e Minho

Quelle: Min. Agric. (Lisboa). DGF. 2002

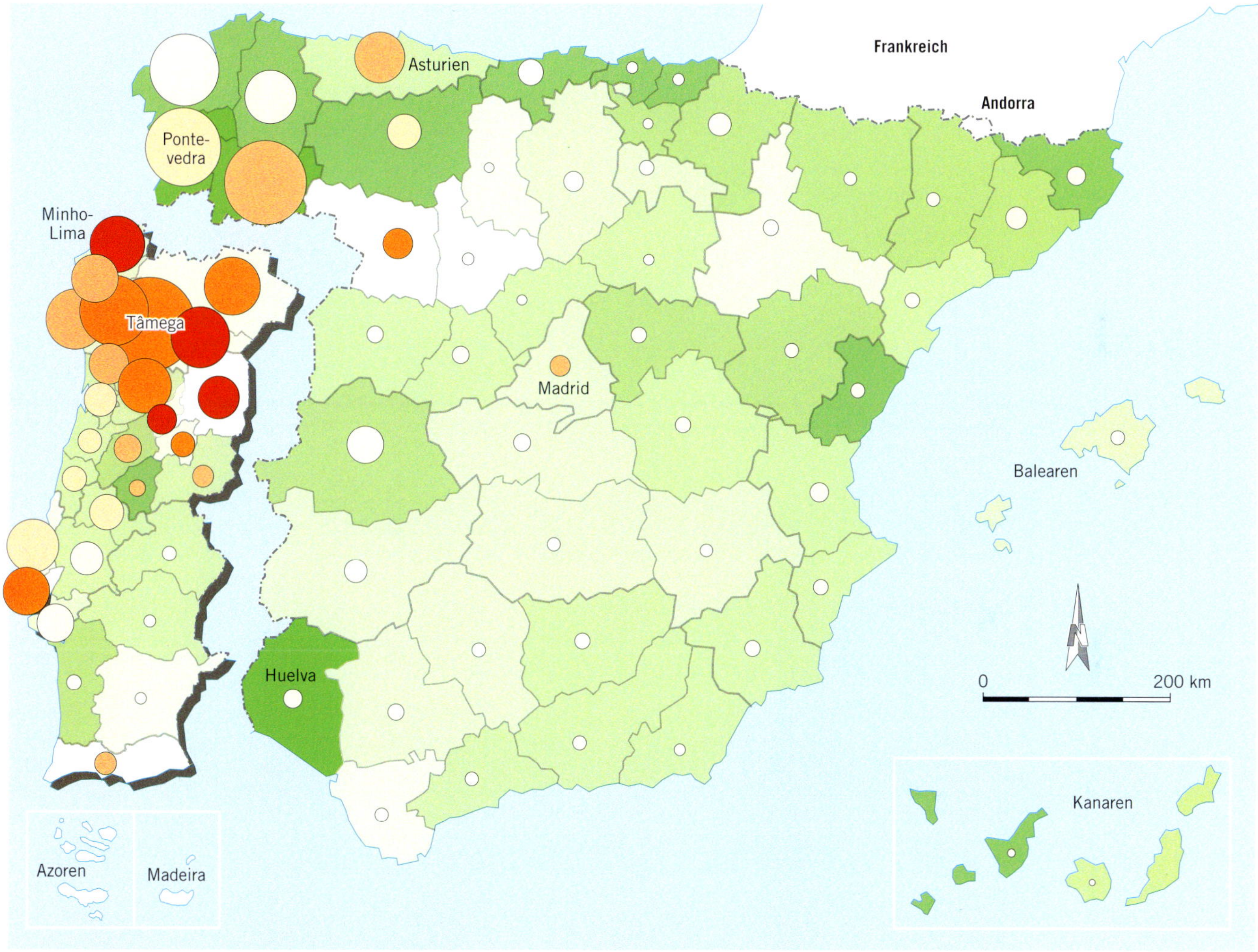

Frankreich

Andorra

Asturien

Ponte-vedra

Minho-Lima

Tâmega

Madrid

Huelva

Balearen

Azoren   Madeira

Kanaren

0   200 km

Anteil der Waldfläche an der Provinzfläche in %

– 20,0
20,1 – 30,0
30,1 – 40,0
40,1 – 50,0
60,1 – 70,0
50,1 – 60,0
> 70,0

Anteil der durchschnittlichen Waldbrandfläche (Mittelwert 1999–2002) an der gesamten Waldfläche in %

<0,50
0,51 – 1,00
1,01 – 2,50
2,51 – 5,00
5,01 – 10,00
>10,00

Durchschnittliche Anzahl der Wald- und Buschbrände (Mittelwert 1999–2002)

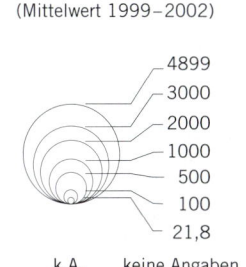

4899
3000
2000
1000
500
100
21,8

k.A.   keine Angaben

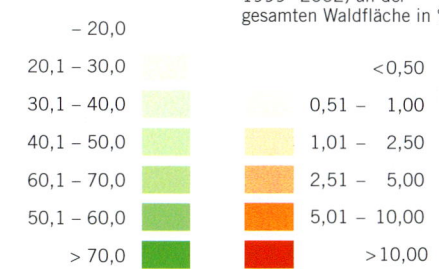

Quellen:
Ministerio de Agricultura, Pesca y Alimentación (M.A.P.A.), Madrid 1999
Dirección General de Conservación de la Naturaleza, Ministerio de Medio Ambiente (jährl. Statistik), Madrid 2002
Inventário Florestal Nacional 3.a Revisão, Lissabon 2001

Abb. 71: *Waldbrände: Regionale Verteilung und betroffenes Artenspektrum*

Abb. 72: Waldbrandflächen in der Serra do Marão, Trás-os-Montes (Nordportugal)

In Spanien sind nur 3–4 % aller Brände nachweislich auf natürliche Ursachen, d. h. auf Blitzschlag zurückzuführen. Für den gesamten Mittelmeerraum werden sogar noch niedrigere Quoten angenommen: Nur ca. 1 % aller Brände sind demzufolge durch Blitzschlag ausgelöst. Das sommerliche Gewittermaximum liegt im Innern der Iberischen Halbinsel, wo die Brandhäufigkeit aber deutlich unter dem spanischen Durchschnitt liegt. Umgekehrt besteht ein Zusammenhang zwischen Brandhäufigkeit und der spezifischen Brennbarkeit der Vegetation. Ein besonderes Brandrisiko stellen die harzreichen Kiefernbestände dar, die im Rahmen der Aufforstung bevorzugt zur Anpflanzung verwendet wurden (vornehmlich *Pinus halepensis, Pinus nigra* sowie *Pinus pinaster*). Bezieht man die in Spanien 1975–1984 abgebrannte Fläche nur auf Waldbestände, so sind Kiefernwälder mit fast 70 % vertreten! Hier liegt auch die eigentliche Erklärung für die überdurchschnittlich hohe Brandhäufigkeit bzw. die entsprechend hohen Brandschäden in Nordportugal, im nordspanischen Galicien sowie in Asturien bzw. Kantabrien. Eine Bilanzierung des portugiesischen Landwirtschaftsministeriums (Relatório final de incêndios florestais 2002) kommt zu dem Ergebnis, dass 53 % aller Waldbrandflächen in Portugal mit Kiefern (*Pinus pinaster*) und weitere 22 % mit Eukalyptus (*Eucalyptus globulus*) bestanden waren. Diese Zahlen bestätigen, dass die ökologisch ohnehin schon problematischen Eukalyptusforste auch Waldbrände eher begünstigen (vgl. Abb. 71).

Die Mehrzahl der Brände auf der Iberischen Halbinsel ist anthropogen verursacht. Dabei ist zunächst nicht unbedingt an vorsätzliche Brandstiftung zu denken. Brand-auslösende Ursachen sind z. B. Fun-

kenflug an elektrifizierten Bahnlinien, nachlässiger Umgang mit Maschinen in der Land- und Forstwirtschaft u. a. m. Darüber hinaus ergibt sich ein erhebliches Gefährdungspotenzial durch die zunehmende Erholungsnutzung der Wälder. Unachtsamkeiten beim Picknick bzw. beim Grillen von mitgebrachten Speisen lösen nicht selten verheerende Brände aus.

Der Anteil von Brandstiftungen kann nur geschätzt werden. Einheimische Autoren unterstellen, dass zwischen 30 und 40 % aller Brände auf bewusste Brandstiftung zurückzuführen sind (zit. n. May 1995). Diese Brandstiftungen sind keineswegs willkürlich, sondern in der Regel zielgerichtet. So hat etwa das Abbrennen von Feldern als Maßnahme zur Aschendüngung im gesamten Mittelmeerraum seit Jahrhunderten Tradition. Es lebt auch unter den modernen Praktiken der landwirtschaftlichen Bodennutzung weiter, beispielsweise durch Abbrennen des Strohs, das nach der Mähdrescherernte auf den Feldern zurückgelassen wird. Weitere bekannte Motive sind die Sichtverbesserung für die Niederwildjagd, private Streitigkeiten über Nutzungsrechte oder auch die Sabotage von Aufforstungsmaßnahmen, wenn diese im Einzelfall für betroffene Grundeigentümer oder Nutzer Nutzungseinschränkungen bzw. Bauverbote zur Folge haben. Bei vielen Bränden in Küstennähe, an Stauseen oder in Naturschutzgebieten darf es als erwiesen gelten, dass sie im Zusammenhang mit Bodenspekulationen stehen. Abgebrannte Flächen erleichtern die Aufhebung von Baubeschränkungen und die Ausweisung als Bauland.

Hinsichtlich der Auswirkungen von Waldbränden im Mittelmeergebiet sind die veröffentlichten Schadensbilanzen nicht selten irreführend. In Spanien

z. B. werden in der Statistik der Schadensbilanz nur Waldflächen berücksichtigt. Die ausgedehnten Busch- und Zwergstrauchformationen (span. *matorral* bzw. *tomillares*), die im forst- bzw. agrarwirtschaftlichem Sinne zwar wertlos sind, dabei aber eine wichtige ökologische Funktion erfüllen, bleiben in der Schadensbilanz unberücksichtigt. Tatsächlich entfällt fast die Hälfte der abgebrannten Flächen auf eben diese Pflanzenformationen (vgl. Tab. 34). Somit bleiben 46,9 % aller Brandflächen unberücksichtigt. Eben diese Flächen liegen aber vorzugsweise im sommertrockenen mediterranen Teil des Landes.

Entsprechend differenziert sollte auch die Frage nach den Auswirkungen der Brände auf die Vegetation beantwortet werden. Hier muss mindestens zwischen ökonomischen und ökologischen Schäden unterschieden werden. Grundsätzlich ist daran zu erinnern, dass für die pflanzliche Regeneration nach Bränden zwei Optionen bestehen:

- Zum Einen ist es der Wiederaustrieb der Pflanze an unterirdischen Organen. Zu diesen Pflanzen gehören die Steineiche (*Quercus ilex*), der Mastixstrauch (*Pistazia lentiscus*), die Europäische Zwergpalme (*Chamaerops humilis*), die Baumheide (*Erica arborea*), der Erdbeerbaum (*Arbutus unedo*) sowie die Kermeseiche (*Quercus coccifera*).
- Eine andere Art der Regeneration besteht in der Samenkeimung. Dazu sind die meisten Zistrosenarten in der Lage (z. B. *Cistus albidus, C. ladaniferus, C. monspeliensis, C. salviaefolius* usw.). Einige von ihnen können als regelrechte Pyrophythen gelten. In dieser Gruppe finden sich aber auch Straucharten wie Rosmarin (*Rosmarinus oficinalis*), die Baumheide (*Erica arborea*) oder der Stechginster (*Ulex parviflorus*). Schließlich und endlich ist hier die Aleppokiefer (*Pinus halepensis*) zu nennen. Ihre Zapfen öffnen sich durch die Hitzewirkung des Feuers. Die zu Boden fallenden Samen keimen in der Asche der frischen Brandflächen vergleichsweise gut. Voraussetzung für die natürliche Regeneration von Aleppokiefern-Beständen ist allerdings, dass der Nachwuchs ca. 15 Jahre lang von Folgebränden verschont bleibt. Zu vergleichbaren Ergebnissen kommt auch Höllermann (1995, 1996), der die Folgen von Bränden in der Waldstufe der westlichen Kanarischen Inseln analysierte. Vor allem die auf den Inseln endemische Kanarische Kiefer (*Pinus canariensis*) zeichnet sich dank ihrer Fähigkeit zum Stammausschlag und der Entwicklung von Basistrieben durch ein erstaunliches Regenerationsvermögen aus. Bei „normaler" Brandintensität und ausbleibenden Folgebränden ist ein kanarischer Kiefernwald bereits 8–10 Jahre nach dem Feuer vollständig regeneriert. *Pinus canariensis* ist damit gegenüber mediterranen Kiefernarten (wie z. B. der Aleppokiefer) deutlich im Vorteil, die sich nur über Samenaustrieb zu regenerieren vermögen. Einen Sonderfall stellt die Korkeiche (*Quercus suber*) dar; die Rinde schützt den Stamm vor unmittelbaren Schäden durch die Flammen. Wenn die Temperaturen im Kronenbereich

Busch-/Zwergstrauch-Formationen	46,9 %
Kiefernwald/Aufforstungen	32,7 %
immer-/sommergrüne Eichenbestände	11,6 %
sonstige Baumbestände	8,8 %
abgebrannte Fläche	100 %

Tab. 34: *Flächenbilanz von Brandflächen in Spanien 1975–1984*

Quelle: May 1995, S. 300

nicht allzu hoch werden, werden dort die Wiederaustrittsknospen auch nicht zerstört. Wenn Wälder betroffen sind, erholen sich die ausschlagfähigen mediterranen Eichen nach Bränden am besten. Aber auch die mediterranen *matorrales* regenerieren sich sehr schnell. Unter ökologischen Gesichtspunkten sind Waldbrände für die autochthone mediterrane Vegetation also unproblematisch. Im Einzelfall fördern sie sogar die Regenerierung und Verjüngung der natürlichen Vegetation, d. h., sie wirken teilweise als ökologisches Regulativ.

Pflanzen und Baumarten der gemäßigten Breiten hingegen, die auch in den submontanen und montanen Höhenstufen der Iberischen Gebirge vorkommen, werden durch Brände aufs Schwerste geschädigt bzw. vernichtet. Weil geschlossene Waldbestände mit mediterranen Baumarten auf der Iberischen Halbinsel aber eher die Ausnahme darstellen und an ihre Stelle zwischenzeitlich flächenhafte Kiefernforste getreten sind, hinterlassen die häufigen Brände in aller Regel bei zahlreichen Beständen erhebliche ökonomische Schäden.

Bewertung von Waldbränden

Große Hoffnungen darf man in die quantifizierende Bewertung der vom Brand betroffenen Flächen mithilfe von Fernerkundungssystemen setzen. Ziel ist es dabei, Schadensklassen aus Satellitenbildern abzuleiten und damit die wirtschaftlichen Schäden präziser abschätzen zu können. Aus der Bewertung der Feueranfälligkeit bzw. der Feuerresistenz könnte jeweils standortbezogen ein Feuerrisiko-Einstufungssystem entwickelt werden. Aus der Kenntnis der Feuerwirkung auf den Vegetationsbestand lassen sich nicht nur Prognosen zur Regenerierung der natürlichen Vegetation ableiten, sondern auch eine Abschätzung möglicher Schutzmaßnahmen gegen Bodenerosion nach einem Brand (Martín et al. 1994; Chuvieco Salinero et al. 1995).

Der Zusammenhang zwischen Bodenerosion und Waldbränden ist sehr komplex, und die Ergebnisse lokaler Geländebefunde unterscheiden sich häufig erheblich. Pérez-Cabello & de la Riva (2003) ermittelten erstaunlich niedrige Oberflächenabfluss- sowie Abtragsraten nach Waldbränden. Echeverría et al. (2003) stellten fest, dass die verbrannte Biomasse (Nekromasse) nach Waldbränden die Interzeption von Niederschlagswasser begünstigt und damit den Oberflächenabfluss zunächst hemmt. In einer späteren Phase ist das feuchtigkeitsgesättigte Sediment dann allerdings besonders abtragungsgefährdet.

Die Geländebefunde von May (1995) in Andalusien zeigen andererseits, dass auch hier pauschale Größenordnungsangaben wenig sinnvoll sind. In verkarstetem Gebiet beispielsweise erreicht der Oberflächenabfluss auch nach Bränden maximal nur 10 % des Gesamtabflusses, weil 90 % in den Grundwasserleiter infiltriert werden. Auf nicht verkarstetem Substrat ist der Oberflächenabfluss nach Bränden zunächst sehr hoch.

Diese differenziertere ökologische Bewertung der Waldbrände darf aber ebenso wenig wie die verbesserten Möglichkeiten des Brandmonitorings zu dem Fehlschluss verleiten, den Bränden insgesamt eine nachrangige Bedeutung zuzumessen. Die Brände verursachen immense Schäden und Kosten, fordern nicht selten sogar Menschenleben. Eine zentrale

Aufgabe der zuständigen Behörden besteht deshalb darin, Brände, die durch Unachtsamkeit (etwa bei Freizeitaktivitäten in naturnahen Gebieten) oder Nachlässigkeit (etwa bei land- oder forstwirtschaftlichen Arbeiten) entstehen, durch verstärkte Aufklärungskampagnen präventiv zu verhindern. Ein eigenständiges Problem bilden die bewussten Brandstiftungen, deren Zahl offenkundig weiter zunimmt („*terrorismo ecológico*"). Hier bietet sich noch ein weites Betätigungsfeld für sozial- ebenso wie wirtschaftspsychologisch fundierte präventive Öffentlichkeitsarbeit in Spanien wie auch in Portugal, wo z. B. die verheerenden Waldbrände im August/September 2005 ausschließlich auf Brandstiftung zurückzuführen waren.

Geologie und Bodenschätze

Generell lässt sich feststellen, dass metallische wie nichtmetallische Mineralien auf der Iberischen Halbinsel bevorzugt in den Gebirgszügen auftreten, während die großen Sedimentationsbecken der beiden Meseten, des Ebro, des Guadalquivir und des sog. Lusitanischen Trogs in „Mittelküsten"-Portugal nahezu frei von Minerallagerstätten sind (vgl. Abb. 73). Besonderen Metallreichtum verzeichnet die alte Iberische Masse, wo während der herzynischen Faltung ein intensiver Mineralisierungsprozess ablief (Ablagerung und Segregation innerhalb des erstarrenden Magmas, Lösung unter Druck bzw. hydrothermal). Der herzynischen Gebirgsbildungsphase ist die Entstehung der beiden reichen Mineralienbänder am Nord- bzw. Südsaum der Halbinsel zuzuschreiben.

Im Nordwesten der Iberischen Masse (Nordportugal, Galicien, Asturien, León) folgt die Anordnung metallischer wie nichtmetallischer Lagerstätten dem Prinzip konzentrischer Bögen, die sich als Folge der tektonischen Struktur jener Region konvex nach Westen wölben. In Spanien sind es vor allem die Eisenerzgänge in den silurischen Synklinalen Ostgaliciens und Westasturiens, die einen Eisengehalt von 40–50 % besitzen und nach Südosten bis in die Provinz León reichen. In Portugal gehören dazu die Hämatitlagerstätten von Moncorro (im Distrikt Bragança). Die Erze sind allerdings durch einen hohen Phosphorgehalt belastet. In Asturien, im Bereich der kambrischen und silurischen Schiefer bzw. Quarzite, leiten die eisenhaltigen Sandsteine des Devons schließlich in den großen inneren Kohlenbogen über. Auf portugiesischer Seite waren die Kohlevorkommen des „Douro-Karbon-Gürtels" am oberen Douro bei Pejão nie wirklich ergiebig. 1992 wurden gerade noch 147 000 t gefördert.

Das Gegenstück zur Mineralregion am Nordsaum bildet im Süden der „Iberische Pyritgürtel" mit seinen sauren Eruptivgesteinen. Er gehört geologisch zur alten Iberischen Masse und reicht von Westandalusien bis ins südportugiesische Alentejo. Die Pyrite der Sierra Morena setzen sich zu fast 59 % aus

Schwefel zusammen. Wirtschaftlich wertvoll sind sie in erster Linie aufgrund ihres Kupfergehaltes. Darüber hinaus enthalten sie andere Metalle wie Zink, Blei und Eisen, die bei der Verbrennung des Pyrits als Rückstände ausgefällt werden. Pyrite kommen in Form von Ost-West-gerichteten Bändern vorwiegend in der spanischen Provinz Huelva vor. Von hier erstrecken sie sich sowohl nach Westen (Aljustrel in Portugal) als auch nach Osten in die Provinz Sevilla. Die berühmte Kupfermine vom Río Tinto zählt zusammen mit denjenigen von La Zarza und Tharsis zu den ältesten Minen der Halbinsel.

Im gesamten Südwesten der Halbinsel schätzt man die Reserven auf 500 Mio. t, das ist mehr als die Hälfte der bekannten Weltvorräte. Auf der westlichen Flanke ist die Grube von Neves-Corvo im Alentejo inzwischen zur größten Mine Portugals geworden (Romão 2002; vgl. Abb. 73). Neben Kupfer sind auch die Begleitmineralien Zinn und Zink rentabel auszubeuten. Die Exploitation wird von der Eurozinc Mining Corporation mit mehrheitlich kanadischem Kapital betrieben. Das Unternehmen förderte 2004 mit 790 Beschäftigten ca. 1,9 Mio. t Erzgestein mit einem mittleren Kupfergehalt von 5,7 %. Nachdem der Zinngehalt des Gesteins auf nur noch 1,7 % zurückgegangen ist, wurde die Anlage ab 2006 für die Aufbereitung von Zink umgerüstet.

Ebenfalls in der Sierra Morena lag in der Vergangenheit der Schwerpunkt des spanischen Bleibergbaus mit den Gruben von Linares und La Carolina. Die größten und am leichtesten auszubeutenden Erzlager sind jedoch inzwischen weitgehend erschöpft, sodass der spanische Bleibergbau international bedeutungslos geworden ist. An die Bleiglanzvorkommen der Sierra Morena lehnen sich diejenigen des Quecksilbers an. Als Resultat einer starken magmatischen Intrusion konzentrierten sie sich in den Minen von Almadén (Provinz Ciudad Real).

Außerhalb der alten Iberischen Masse liegen nur zwei bedeutendere Bergbaugebiete, nämlich im baskisch-kantabrischen Norden sowie im Südosten

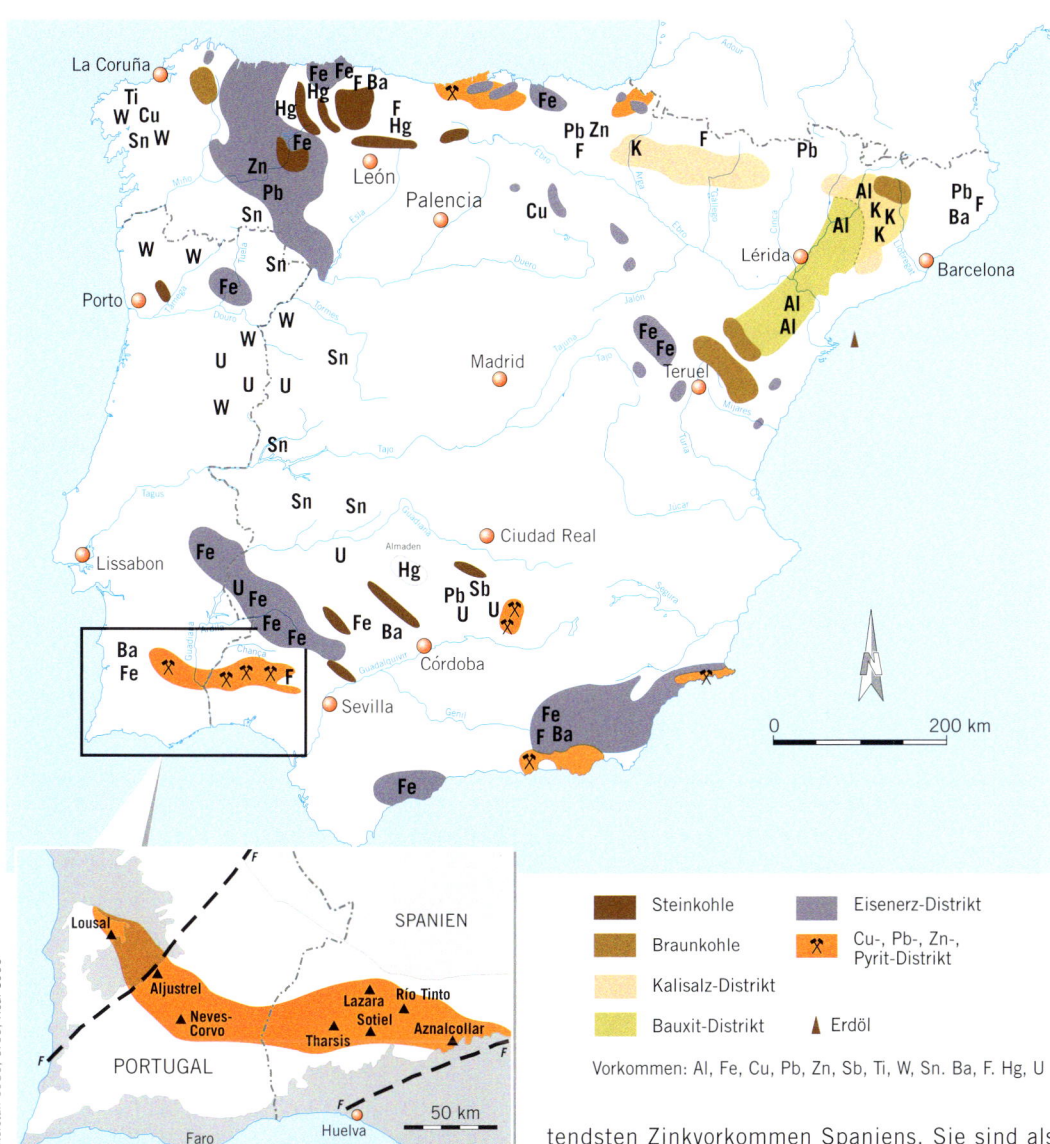

Quelle: Bischoff & Kerstan 1986, S. 13; Real 1999

Abb. 73: *Lagerstätten und mineralische Vorkommen*

Steinkohle

Braunkohle

Kalisalz-Distrikt

Bauxit-Distrikt

Eisenerz-Distrikt

Cu-, Pb-, Zn-, Pyrit-Distrikt

Erdöl

Vorkommen: Al, Fe, Cu, Pb, Zn, Sb, Ti, W, Sn. Ba, F, Hg, U

post-Paläozoikum

oberes Paläozoikum

unteres Paläozoikum

iberischer Pyritgürtel

größere Verwerfungen

wichtige Minenstandorte

SPANIEN

PORTUGAL

50 km

Lousal

Aljustrel

Neves-Corvo

Lazara

Sotiel

Tharsis

Río Tinto

Aznalcollar

Faro

Huelva

---

der Halbinsel. Die kretazischen Schichten in den Provinzen Santander, Vizcaya und Guipúzcoa bergen bzw. bargen die wichtigsten Eisenerzvorkommen Spaniens. Die Erze kommen aber meist in Faltentaschen und Erzgängen vor, eingeschaltet zwischen Ton- und Sandschichten. Diese Art von Lagerstätten erlaubt kaum einen effizienten Abbau unter Maschineneinsatz. Die bedeutendste Mineralkonzentration fand sich am linken Ufer der Ría von Bilbao. Die baskischen Eisenerzlager von Somorrostro sind inzwischen erschöpft. Analoge Eisenerzvorkommen sind in Mittelportugal auf der Halbinsel von Setúbal an einen lokalen Komplex mesozoischer Kreideschichten gebunden (Manganerzmine von Cercal).

Ergänzt werden die Eisenerzlagerstätten im baskisch-kantabrischen Abbaugebiet durch die bedeu-

tendsten Zinkvorkommen Spaniens. Sie sind als Zinkspat und Zinkblende während der alpidischen Gebirgsbildungsphase durch Lösung entstanden und haben die mesozoischen Kalke durchdrungen und metamorphisiert, so z. B. in der großen kretazischen Synklinale von Reocín (Provinz Santander).

Ein weiteres ehemals bedeutendes großes Bergbaugebiet findet sich im Südosten der Iberischen Halbinsel. An ihm haben die Provinzen Granada, Almería und Murcia Anteil (Abb. 73). Es handelt sich im morphologischen wie im geologischen Sinne um die östlichen Ausläufer der betischen Systeme. Die mineralischen Metalllagerstätten (neben Eisen auch Blei, Zink, Mangan, Kupfer, Zinn) laufen im Minendistrikt von Cartagena aus. Im 20. Jh. war die Betische Kordillere im Südosten zeitweise das zweitwichtigste Bleibergbaugebiet Spaniens.

Die Eisenerzvorkommen im Iberischen Randgebirge (Serranía de Albarracín, Provinz Teruel) sind inzwischen weitgehend erschöpft. Im Bereich der großen inneren Depressionen der Meseten sowie der beiden Molassebecken von Ebro und Guadalquivir findet Bergbau nur in den Randzonen statt. Erwähnenswert ist der Abbau von Kalisalzen sowie von Braunkohle im Ebro-Becken. Auf die tertiärzeitlichen Restseen des Ebro-Beckens sind auch die Kalisalzlager bei Soria und Cardona (Provinz Barcelona) zurückzuführen.

Der Bergbau: Ressource und Altlast

Die enthusiastische Einschätzung Strabos vom immensen Erzreichtum der Iberischen Halbinsel ist Geschichte. Vorbei sind auch die Zeiten der Anfangsphase der Industrialisierung im 19. Jh., als vorwiegend ausländische Kapitalgesellschaften die Schürfrechte an spanischen Bodenschätzen erwarben und erhebliche Kapitalgewinne ins Ausland transferieren konnten. Portugal besaß allerdings niemals nennenswerte Vorkommen von Rohstoffen wie Kohle, Erdöl oder Eisenerz, die für den Aufbau einer Schwerindustrie erforderlich gewesen wären.

Heute hat der iberische Bergbau nur noch geringe wirtschaftliche Bedeutung: An der Wende zum 21. Jh. erwirtschaftete die iberische Bergbauwirtschaft weniger als 1 % des jeweiligen nationalen Bruttoinlandsproduktes. Der Bergbau hat damit nicht nur einen erheblichen Bedeutungsverlust, sondern gleichzeitig auch einen einschneidenden Strukturwandel erfahren. Der zeitgenössische spanische Bergbau zeichnet sich durch einen hohen Mechanisierungsgrad bei gleichzeitig geringen Beschäftigtenzahlen aus, die im Rahmen des nationalen Arbeitsmarktes absolut wie relativ zu vernachlässigen sind. Das entspricht durchaus einem weltweit zu beobachtenden Trend in der Bergbauwirtschaft (Haas & Fleischmann 1991, S. 185 ff.) und dokumentiert insofern den sozioökonomischen Modernisierungsprozess, den Spanien und Portugal seit ihrem Beitritt zur EG 1987 auf dem Weg von der Industrie- zur Dienstleistungsgesellschaft bereits durchlaufen haben.

Der Wettbewerb der internationalisierten Rohstoffmärkte in Verbindung mit neuen, globalisierten Handelsbeziehungen war für den Niedergang des Bergbaus ungleich stärker ursächlich als die Erschöpfung einzelner Lagerstätten (wie z. B. im Baskenland). Hinzu kamen verschärfte Umweltschutzauflagen nach europäischen Standards. Die meisten der bekannten iberischen Erzlagerstätten sind heute nicht mehr wirtschaftlich rentabel abzubauen. Der portugiesische „Douro-Karbon-Gürtel" existiert als Bergbaurevier nicht mehr. Die Steinkohlenförderung wurde in Portugal 1994 beendet. Die Manganerzgrube von Cercal auf der Halbinsel von Setúbal wurde 2000 geschlossen, nachdem die *Siderurgia Nacional* als alleinige Abnehmerin der Erze ihren Betrieb eingestellt hatte.

Von der ehemals ruhmreichen bergbaulichen Vergangenheit Spaniens sind in der Gegenwart vorwiegend Altlasten übrig geblieben: Die meisten Beschäftigten im Bergbau finden sich heute in Asturien und in León. Die dortigen Kohlengruben werden schon seit geraumer Zeit aus sozialpolitischen Gründen hoch subventioniert.

Die Mehrzahl der Kohlengruben im Norden Spaniens (26 in León, 15 in Asturien, 12 in Teruel, 3 in Palencia) bot 2001 noch mehr als 13 000 Beschäftigten Arbeit. In Asturien sind von insgesamt 7324 im Bergbau Beschäftigten 6144 in einem einzigen Betrieb (HUNOSA; Stand: 2001) angestellt. In León beschäftigen zwei Bergbaubetriebe 2205 (von insgesamt 4365 im Bergbau registrierten) Personen. Die mittlere Betriebsgröße von 216 Beschäftigten pro Betrieb (Stand: 2001) zeigt aber überdeutlich, dass die Betriebsgrößenstrukturen auch im europäischen Vergleich noch lange nicht konkurrenzfähig waren, obgleich Spanien innerhalb der EU-15 mit 19,6 % der Steinkohlenförderung hinter Deutschland und Großbritannien den dritten Rang einnahm. Bei den Beschäftigten im Steinkohlebergbau erreichte Spanien sogar den zweiten Rang hinter Deutschland. Vergleicht man allerdings die Förderleistung je Mann-Stunde, so erreichte Spanien mit 331 kg weniger als 30 % der Menge, die ein britischer Bergmann in der gleichen Zeit förderte (Eurostat; Zahlen für 1999). Diese Relation spricht für sich, zeigt sie doch den aus betriebswirtschaftlicher Sicht weiterhin bestehenden Modernisierungsbedarf des spanischen Steinkohlebergbaus. Andererseits liegen die aktuellen Kohlebergbau-Betriebe Spaniens im peripheren nördlichen Landesteil, der kaum andere Arbeitsplätze bieten kann. Der Kohlenbergbau in Spanien ist damit – vergleichbar der Situation in Deutschland – vornehmlich ein sozialpolitisches Problem.

Als das Angebot preiswerten Erdöls auf dem Weltmarkt in den 1960er-Jahren auch in Asturien den Kohlebergbau in eine Krise stürzte (Abb. 74), übernahm der spanische Staat die wirtschaftlich unrentabel gewordenen asturianischen Bergwerke und vereinigte sie 1967 in der HUNOSA, die in ihrer Unternehmensorganisation mit der deutschen Ruhrkohle AG vergleichbar ist. Ziel der staatlichen Stützungsmaßnahme war es, eine Massenarbeitslosigkeit in Asturien zu verhindern. Das ist allerdings nicht gelungen. Von 1969 bis 1991 wurde die Belegschaft kontinuierlich abgebaut; seit 1991 wurde der Abbau der Belegschaft dann nochmals forciert, gestützt auf insgesamt drei nationale Bergbaupläne, von denen der jüngste im Jahr 2005 ausgelaufen ist. Obwohl die Belegschaft in 30 Jahren um fast 20 000 Beschäftigte verringert wurde und obwohl die Produktivität pro beschäftigtem Bergarbeiter dabei erheblich gesteigert werden konnte, sind die Verluste der HUNOSA bis zur Gegenwart kontinuierlich gestiegen. Im Jahre 2002 beliefen sie sich auf knapp 600 Mio. €. Diese Zahl wird verständlich, wenn man sich vergegenwärtigt, dass 2002 eine Tonne Importkohle im Hafen von Gijón ca. 30 € kostete, eine Tonne einheimischer Kohle am Grubenausgang der Zechen in Asturien hingegen bereits Kosten von 276 €/t verursacht hatte. Der weiterhin betriebene Abbau der HUNOSA-Belegschaft erfolgt zwar sozialverträglich, aber kostenträchtig über das Verfahren der Frühverrentung.

Mit erheblichem finanziellen Aufwand (der neue nationale Bergbauplan [*Plan Minero* 2006–2012]

sieht ein Subventionsvolumen von 2,88 Mrd. € vor, wovon ca. 60 % allein nach Asturien fließen sollen) und unter Einsatz von Fördergeldern aus der EU-Regionalförderung hat man sich schon bisher bemüht, alternative Ersatzindustrien nach Asturien zu ziehen, so wie es auch im Fall des Ruhrgebiets mit der Errichtung des Opel-Werkes in Bochum geschah. Bis 2006 war das Ergebnis bei der Einwerbung von produzierendem Gewerbe eher kümmerlich: Zwei Glaswerke (u. a. für die Herstellung von Autoglas; Abb. 74) sowie der Thyssen-Konzern (mit einer Produktionsanlage für Aufzüge, Laufbühnen u. Ä.) konnten für das ehemalige Kohlenrevier angeworben werden.

Neue Hoffnungen stützen sich auf große, flächenkonsumierende Verbraucherzentren mit Fachmärkten, differenziertem Freizeitangebot sowie Hotel- und Gastronomieeinrichtungen. Das geplante Zentrum von „Valdecuna" bei Mieres soll auf einer Gesamtfläche von 50 000 m² ca. 300 Arbeitsplätze direkt und weitere 370 indirekt schaffen. Selbst wenn diese Prognose eintreffen sollte, darf vermutet werden, dass gleichzeitig ein nicht unerheblicher Teil von Arbeitsplätzen im städtischen Einzelhandel lediglich aus dem historischen Stadtkern in das neue Zentrum verlagert wird (Zusammenstellung der quantitativen Informationen nach Cortizo Álvarez 2002).

Rationalisierungsdruck und Umweltschutzauflagen haben bei den metallischen Erzen zur Aufgabe ganzer Montanreviere geführt. Die berühmten Pyrit- und Kupferminen am Río Tinto, wo zu Spitzenzeiten rund 30 000 Arbeiter beschäftigt waren, sind auf wenige große Tagebaubetriebe reduziert. Der Pyritbergbau wird auch gegenwärtig durch ausländisches Kapital kontrolliert. Die alten Förder- und Aufbereitungsanlagen, die noch Anfang der 1980er-Jahre zur Gewinnung von Gold und Silber (mittels Zyanid) genutzt wurden, verrotten heute in einer durch jahrhundertelangen Chemikalieneinsatz irreversibel geschädigten Umgebung, die teilweise nicht einmal mehr Vegetation aufkommen lässt. 1983 traten verschärfte Umweltschutzvorschriften in Kraft, denen

zufolge die gesamte bergbaulich beanspruchte Fläche als „katastrophale" Kontamination eingestuft werden musste. Die nach den geltenden Gesetzen geforderte Sanierung ist bis heute nicht erfolgt. Der Vorschlag britischer Wissenschaftler, das betroffene Gelände, das im Wortsinn nicht mehr „renaturierbar" ist, als riesiges Freiluft-Bergbau-Industriemuseum für den Fremdenverkehr zu gestalten, konnte sich nicht durchsetzen (Willies 1994). Stattdessen kam das Río-Tinto-Revier im April 1998 in die Schlagzeilen der europäischen Medien, als in der von dem schwedischen Bergbaukonzern „Boliden" betriebenen Mine von Aznalcóllar der Damm eines Flotationsbeckens brach, was in den Flussmarschen des Río Guadalquivir ein flächenhaftes Sterben in der Tier- und Pflanzenwelt verursachte.

In anderen aufgelassenen Bergbauzonen hat die Sanierung der Minenbecken zumindest partiell begonnen. Dazu zählt das Bergbaugebiet von Cartagena, das schon in römischer Zeit genutzt und bis zur Gegenwart mehrfach durch jeweils neue Exploitationstechniken ausgebeutet wurde (zuletzt erfuhr der Bleibergbau durch den Bergbauplan von 1971 eine kurze und heftige Wiederbelebung; vgl. Breuer 1987, S. 55 f.). Inzwischen ist der Bergbau hier vollständig aufgegeben worden (Abb. 75). Zurückgeblieben ist eine nicht rekultivierte „Mondlandschaft", zu deren wichtigsten Merkmalen Abfallhalden, ehemalige Schlämmteiche sowie offene Bergbaugruben gehören. Im bergbaulich beanspruchten Teil des Berglandes von Cartagena addieren sich allein in den beiden Gemeinden von La Unión und Cartagena die von Abfallhalden besetzten Flächen auf rund 600 ha. Die ehemaligen Schlämmteiche besetzen insgesamt 160 ha an Fläche, 19 offene Bergbaugruben verteilen sich auf ca. 220 ha. Das größte Problem besteht darin, dass sie in vielen Fällen als Deponien für bergbauliche Abfälle missbraucht wurden.

Die Kosten für eine umfassende Sanierung des ehemaligen Bergbaugebietes im Bergland von Cartagena konnten vom spanischen Staat allein nicht aufgebracht werden. Nachdem die Gelder aus dem

Abb. 74: Demontierte ehemalige Kohlenwaschanlage in Sovilla (bei Mieres in Asturien) im April 2003 (links); nach gelungener Revitalisierung der ehemaligen bergbaulichen Brachfläche (rechts) wird hier Autoglas produziert (Aufnahme: T. Cortizo im Oktober 2006)

Abb. 75: *Aufgelassenes Bergbaurevier in der Sierra de Cartagena (La Unión, Prov. Murcia)*

Abb. 76: *Ehemalige, durch Flotationssedimente verlandete Hafenmole von Portmán (Prov. Murcia)*

regionalen Entwicklungsfonds der EU zunächst bevorzugt in Revitalisierungsmaßnahmen für den ehemaligen Erzhafen von Cartagena flossen, hat man in der Zwischenzeit begonnen, die eigentliche Bergbau-Folgelandschaft zumindest partiell zu sanieren (Martínez Orozco et al. 1993). Aus Kostengründen kann allerdings nicht die gesamte bergbaulich beanspruchte Fläche saniert werden. Insgesamt sind vier abgestufte Sanierungsmaßnahmen vorgesehen:

- Der größte Teil der betroffenen Erdmassen soll unangetastet bleiben.
- Hoch kontaminierte Bergbauabfälle in der Nähe von Siedlungen oder entlang von Straßen sollen vollständig abgetragen und außerhalb des ursprünglichen Standorts dauerhaft sicher deponiert werden.
- Der größte Teil der ehemaligen Schlämmteiche sowie die meisten der Grubenränder sollen remodelliert werden.
- Die Oberflächen und Hangpartien der ehemaligen Schlämmteiche sollen durch die Technik des *hydro-seeding* (Nassansaat) rasch befestigt werden. Dabei wird der Samen der Pflanzen in einer wässrigen Suspension mit tixotrophen (flüssigkeitsverdickenden) Zusatzstoffen auf geneigte Flächen aufgespritzt. Das Verfahren schützt vor allem unter trockenen Witterungsbedingungen vor Austrocknung und Auswehung der Saat (vgl. Tab. 35).

Bergbauliche Abfälle wurden mit amtlicher Genehmigung seit 1957 auch in das nahe gelegene Mittelmeer eingetragen. Das Verfahren der Entsorgung von Flotationsklärschlämmen wurde erst 1990 endgültig verboten. Bis dahin waren allerdings allein in die Bucht von Portmán 54 Mio. t an Schlamm eingebracht worden. Die hochgradig kontaminierten Sedimente haben die ehemalige Meeresbucht nahezu vollständig verfüllt und überdecken heute nicht nur die ehemaligen Hafenbecken und Molen des Fischerortes (Abb. 76), sondern sind als submarine Deltaschüttung im Flachwasserbereich vor der Küste noch über Distanzen von mehr als 5 km nachweisbar (Abb. 77).

Die Bucht von Portmán ist damit nach den Umweltschutzkriterien der EU zu einem der „schwarzen Punkte" an den Küsten des europäischen Mittelmeers geworden, d. h. zu einem der am stärksten kontaminierten mediterranen Küstenabschnitte Europas. Das deponierte Sediment unterliegt vor allem bei Stürmen mit starkem Wellengang einer erheblichen und permanenten Umlagerung. Aus diesem Grund verändert sich auch die eigentliche Strandlinie laufend, d. h., der Strand ist außerordentlich instabil, weil die ihn aufbauenden Sedimente nicht

Maßnahme	Gruben	Klärschlamm-Teiche	Total
Beibehaltung des Ist-Zustands (m³)	2 110 000	2 709 000	4 819 000
Massenabtrag (m³)	913 000	74 750	987 750
Re-Modellierung (m³)	240 031	517 150	757 181
Wieder-Begrünung (ha)	21,61	368,83	390,44

Tab. 35: *Restrukturierungsmaßnahmen in der Bergbaufolgelandschaft des Berglandes von Cartagena*

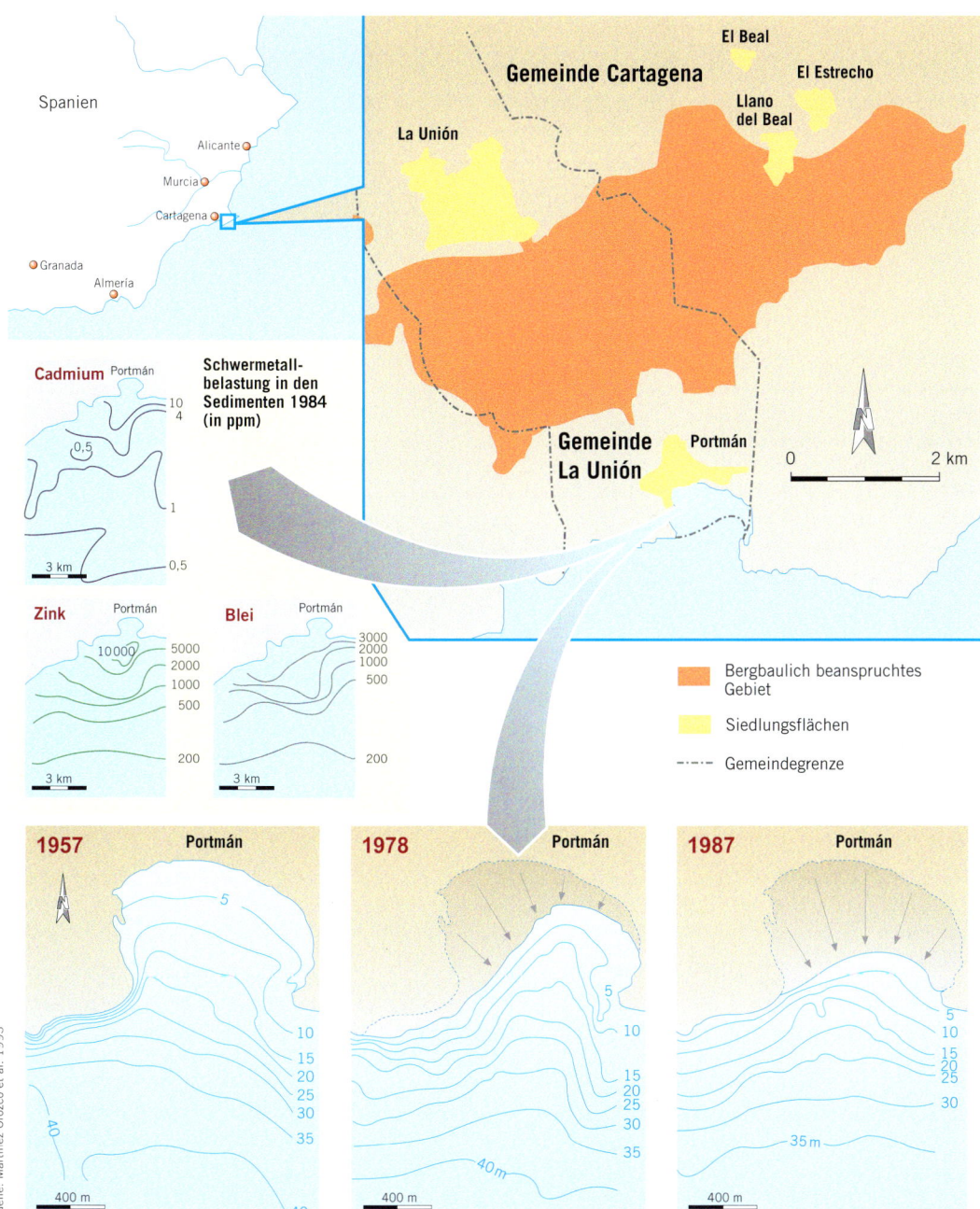

Quelle: Martínez Orozco et al. 1993

konsolidiert sind. In der Nähe des Einleitungspunktes der Schlämme sind die Konzentrationen von Kadmium, Zink und Blei im Sediment besonders hoch. Zu den (absolut) höchsten gemessenen Werten zählen 3844 ppm bei Blei, 11 349 ppm bei Zink und 16 ppm bei Kadmium. (Zum Vergleich: Die deutsche Klärschlammverordnung setzt für das Ausbringen von Klärschlämmen auf landwirtschaftlich genutzten Böden die folgenden Grenzwerte: Blei 100 ppm, Zink 200 ppm, Kadmium 1,5 ppm.) Die hier für die Portmán-Bucht genannten Werte nehmen allerdings mit zunehmender Entfernung vom Einleitungspunkt Richtung offenes Mittelmeer rasch ab (vgl. Abb. 77). Eine nicht zu unterschätzende

Gefahr liegt in der Bioakkumulation von Schwermetall, indem beispielsweise benthonische Organismen von Fischen aufgenommen werden und so in die Nahrungskette gelangen. Für eine spätere unbedenkliche Strandnutzung durch Touristen müssten die oberen Schichten der eingetragenen submarinen Sedimente ausgetauscht werden. Damit stellt sich das Problem der Suche nach geeigneten Endlagerstätten für diese hochkontaminierten Schlämme.

Die meisten alten Minenstandorte in den peripher gelegenen Bergbaugebieten im Innern der Iberischen Halbinsel sind zur Bedeutungslosigkeit abgesunken. Ihre Namen stehen für eine vergangene Epoche. Lediglich Puertollano (Provinz Ciudad Real)

gelang es, die Tradition des Steinkohlebergbaus, basierend auf der klassischen Kohlenchemie, seit 1975 in einem industriellen Chemiekomplex fortzuführen, der auf der Verarbeitung von importiertem Rohöl basiert. Möglich wurde diese Entwicklung durch den Bau einer 265 km langen Pipeline von Málaga nach Puertollano und durch die Errichtung einer Raffinerie ebendort im Jahr 1965. Sie ist bis zum heutigen Tag der einzige Raffineriestandort in Spanien, der nicht an der Küste liegt. Die Petrochemie ihrerseits schuf für Puertollano wieder ähnliche Monostrukturen wie zuvor der Steinkohlebergbau. Eine Abwanderung größeren Ausmaßes konnte auch durch die neue Industrie nicht verhindert werden. Immerhin hat die Stadt mit noch ca. 50 000 verbliebenen Einwohnern als einziger der ehemals bedeutsamen Minenorte in peripheren Wirtschaftsräumen im Landesinnern Spaniens den Sprung zum zentralen Ort mit qualifiziertem Dienstleistungsangebot geschafft (Wagner 1987). Währenddessen verrotten die Relikte einer montanindustriellen Infrastruktur (wie Fördertürme, Schmelzöfen, Gleisanlagen, E-Kraftwerke und dergleichen). 1992 hat die „Sociedad Minera Metalúrgica de Peñarroya", die immer noch Eigentümerin der Gruben von Puertollano ist (vgl. Kapitel „Geschichte und Politik"), rund um den Förderturm der ehemaligen Nordgrube ein Bergbau-Freilichtmuseum eingerichtet (*Parque de Pozo Norte*). Die touristische Wertschöpfung aus dem Projekt ist indes sehr gering. In der spanischen Öffentlichkeit erwacht erst allmählich ein gewisses Interesse an der eigenen Industriegeschichte und Industriekultur. Bei der öffentlichen Hand ist die Sensibilität für den Schutz und Erhalt von Industriedenkmälern noch wenig ausgeprägt, zumal bislang ein anwendbarer Kriterienkatalog für den Schutz industrieller Kulturgüter fehlt (Cañizares Ruiz 2003).

Die Natursteingewinnung: ein Wirtschaftszweig von wachsender Bedeutung

In dem Maße, wie die klassischen Bodenschätze unter den Rohstoffen an wirtschaftlichem Gewicht verloren haben, ist die ökonomische Bedeutung von Natursteinen sowie Tonen und Erden angewachsen. Die Steine und Erden werden vorzugsweise als Baustoffe in der Bauindustrie verarbeitet bzw. veredelt. Im Unterschied zum klassischen Bergbau erfolgt die Förderung und Verarbeitung (beispielsweise zu Ziegeln, Baukeramik, Feinkeramik oder Glas) räumlich stark gestreut. Die Branche ist überwiegend durch Klein- bis Mittelbetriebe geprägt, wobei diese Betriebe allerdings einem verstärkten betriebswirtschaftlichen Selektionsdruck ausgesetzt sind.

In Portugal entfielen bereits 1992 ca. zwei Drittel des Wertes der extraktiven Industrie auf Steine und Erden (Weber 1997, S. 388). Bei den Beschäftigten waren die Gegensätze noch deutlicher: 84,7 % aller in der portugiesischen Bergbauwirtschaft Beschäftigten arbeiteten in Steinbrüchen, in den klassischen Bergbauminen waren es hingegen nur 15,3 % (Zahlenangaben für 1998). In der Zwischenzeit dürfte sich das Verhältnis noch weiter zugunsten der Gewinnung von Steinen und Erden verschoben haben.

Von zunehmender wirtschaftlicher Bedeutung ist die Gewinnung von sog. „Ziergestein". Dazu zählen alle Marmorgesteine (metamorphisierte Kalksedimente), Granit- und Gneis- sowie Schiefergesteine. Die Gewinnung massiven Ziergesteins erfordert den Einsatz von schweren Maschinen. Im Unterschied zur Ton- oder Glasverarbeitung sind sie deshalb in Anlehnung an die geologischen Vorkommen stärker räumlich konzentriert. Einen überregional bedeutsamen Standort für die Gewinnung von Naturstein bilden die Granitsteinbrüche von Porriño/Pontevedra sowie die Schieferbrüche von Barco de Valdeorras/Orense im spanischen Galicien. Ansonsten ist Spanien nach Italien der zweitwichtigste Produzent von Kalziumkarbonat-Gesteinen („Marmor"). 17 % des spanischen Marmors kommen aus dem Hinterland von Murcia, wo die Metamorphose der Kalksedimente im Rahmen der alpidischen Faltungsdynamik in den östlichsten Ausläufern der Betischen Kordillere erfolgte.

Im Unterschied dazu sind die berühmten Marmorvorkommen von Estremoz und Vila Viçosa im portugiesischen Alentejo (Abb. 78) als mesozoische Sedimente einer tektonischen Schutzlage inmitten der Iberischen Masse zu verdanken. Die verschiedenen charakteristischen Einfärbungen des portugiesischen Marmors (von Weiß- über Rosa- bis zu Brauntönen) haben die Vorkommen von Estremoz weit über die Grenzen Portugals hinaus bekannt gemacht und zu einem begehrten Exportprodukt werden lassen. Im Jahr 2000 stellten Marmor und andere Kalziumkarbonate mehr als 54 % des in ganz Portugal gewonnen Ziergesteins. Portugal profitiert gegenwärtig noch stärker als Spanien von komparativen Lohnkostenvorteilen in der Natursteinproduktion, insbesondere im Vergleich zum wichtigsten Konkurrenten Italien.

Abb. 78: Der in Estremoz (Alentejo) gebrochene Marmor ist ein wichtiger Devisenbringer für Portugal.

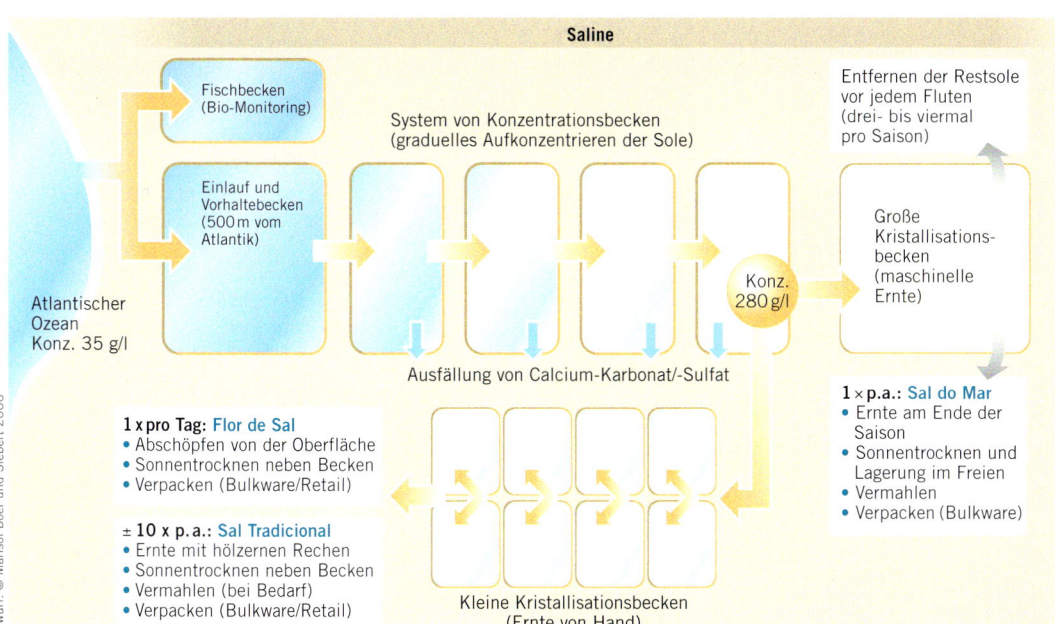

Entwurf: © Marisol Boer und Siebert 2006

Abb. 79: *Ablauf der Meer-salzproduktion in einer Saline*

Die Meersalzgewinnung: vom traditionellen Handwerk zur industriellen Produktion

Ein Erwerbszweig, der viel von seiner ehemals großen Bedeutung verloren hat, ist die Meersalzgewinnung. Der zwischenzeitlich erfolgte Niedergang der Salinenwirtschaft, der mit einem einschneidenden Strukturwandel von der handwerklichen hin zur industriellen Verarbeitung einhergegangen ist, hat verschiedene Ursachen:

- Zu den wichtigsten zählen zweifellos die modernen Konservierungstechniken, die das vorher weit verbreitete Salzen von Lebensmitteln zur Haltbarmachung überflüssig werden ließen.
- Darüber hinaus haben die Einleitung von Industrieabwässern in die Flüsse bzw. direkt ins Meer die Kontamination von Meerwasser häufig an jenen Standorten verstärkt, die für die Meersalzgewinnung besonders prädestiniert waren und deshalb vielfach auf eine lange und traditionsreiche Geschichte als Salinestandorte zurückblicken konnten. Aus diesem Grund sind z. B. die ehemals berühmten, seit dem 10. Jh. historisch belegten Salzgärten in der Hafflandschaft der Ria de Aveiro inzwischen weitgehend aufgegeben und funktionslos geworden.

Grundsätzlich ist daran zu erinnern, dass die Meersalzgewinnung nicht nur an sommertrockenes Klima mit möglichst hohen sommerlichen Verdunstungsgraden gebunden ist, sondern auch an Flachküsten mit einem ausgeprägten Tidenhub, der beispielsweise an der portugiesischen Atlantikküste im Mittel zwischen 3,0 und 3,5 m beträgt und durch eine trichterförmige Konstellation von Flussmündungen noch zusätzlich verstärkt wird. Für die Meersalzgewinnung geeignete Flachwasserbereiche müssen darüber hinaus wirkungsvoll vor dem Wellengang des offenen Meeres geschützt sein. Infolgedessen bilden die weit ins Land hineinreichenden Mün-

dungsästuare der Flüsse oder auch die Strandseen hinter schützenden Nehrungen besonders günstige Standorte. Sie sind in vielen Fällen gleichzeitig auch die historisch ältesten Salinenstandorte. Als Beispiele für die Iberische Halbinsel wären die Haffzonen von Aveiro sowie der östlichen Algarve (zwischen Faro und Tavira) ebenso zu nennen wie die Strandseen von Torrevieja an der spanischen Costa Blanca. Beliebte Salinenstandorte sind auch die Mündungsästuare der größeren Flüsse. An der iberischen Atlantikküste sind dies beispielsweise Vouga, Mondego (Figueira da Foz), Tejo oder Sado (Setúbal), die Guadiana-Mündung (Castro Marim) oder auch die Salinas de Sta. María bei Cádiz. Vor allem in den Flussmündungsbereichen können Salinen bis zu 30 km weit landeinwärts liegen. Zu den eher seltenen Salinenstandorten gehören Felsküsten, wenn sie quasinatürliche, flache Wasserbecken bereitstellen. Dazu gehören beispielsweise die bekannten Salinen von Janubio auf der Vulkaninsel Lanzarote.

Das Grundprinzip der Meersalzgewinnung besteht in der schrittweisen Salzanreicherung durch natürliche Verdunstung während des trockenen Sommerhalbjahres. Der Prozess einer sukzessiven Aufkonzentrierung der Sole beginnt mit der Abriegelung eines Seewasserbeckens (Vorhaltebecken). Von dort wird das saubere Meerwasser über verschiedene Kompartimente in die eigentlichen Kristallisationsbecken (port. *talho*) gelenkt. Das Atlantikwasser hat eine Salzkonzentration von ca. 35 g/l. Beim Durchlaufen der verschiedenen Konzentrationsbecken werden Kalziumkarbonat und Kalziumsulfat ausgefällt. Wenn die Sole schließlich in die eigentlichen Kristallisationsbecken gelangt, ist die Salzkonzentration auf 230 bis 270 g/l angestiegen (vgl. Abb. 79). Die Kristallisation von NaCl beginnt bei 25,8 % Salzkonzentration. Beim Handarbeitsverfah-

Abb. 80: *Von Feinschme-
ckern hoch begehrt: die
handgeschöpfte „Salz-
blüte"/Flor de Sal (Tavira,
Südportugal)*

ren ist die Dimension der *talhos* sehr gering. Die
Maße schwanken zwischen 5,0 m × 4,5 m (Ostalgarve) und 14,0 m × 4,0 m (Aveiro/Figueira); die
kleinste Seitenlänge ist jeweils so gewählt, dass das
Salz, das sich in den Kristallisationsbecken am Boden absetzt, mit Handrechen von den randlichen
Dämmen aus herangezogen und geerntet werden
kann. Die Häufigkeit der Salzernte pro Saison war
bzw. ist von den lokalen bzw. regionalen Witterungsbedingungen abhängig. Bei der konventionellen Ernte von Hand sind bis zu fünf bzw. sechs Ernten pro
Sommer durchaus üblich.

Bei der maschinellen Salzernte mithilfe von schwerem Gerät sind die Kristallisationsbecken ungleich
größer. Mit Seitenlängen von mehr als 50 m erreichen sie leicht das Hundertfache und mehr der Flächengröße der traditionellen kleinen Kristallisationsbecken. Moderne, voll mechanisierte Salinen
haben Gesamtflächen von mehr als 100 ha. Die maschinelle Ernte erfolgt meist nur einmal pro Jahr,
und zwar am Ende der Saison. Im Süden der Iberischen Halbinsel ist dies im Regelfall der September, in dem die Niederschlagswahrscheinlichkeit
besonders gering ist und die Verdunstungsraten
dementsprechend hoch sind.

Die meisten der traditionellen, auf Handarbeit
basierenden Salinen waren dem Rationalisierungsdruck aufgrund ihrer geringen Flächengrößen (im
Mittel zwischen 8 und 12 ha) nicht gewachsen und
wurden seit den 1970er-Jahren zunehmend aufgegeben. Die technologische Umstrukturierung der
Meersalzgewinnung von der Handbearbeitung zur
voll mechanisierten industriellen Produktion hat in
den betroffenen Standorten in erheblichem Umfang
Arbeitskräfte freigesetzt, die in den 1970er-Jahren
dank des zunehmenden internationalen Küstentou-
rismus meist leicht im Baugewerbe oder auch im

Tourismus Ersatzarbeitsplätze fanden. Das gilt in
erster Linie für die spanischen Standorte, wo die
traditionellen, kleinbetrieblich strukturierten Salinen so gut wie verschwunden sind. In Portugal erfolgte die Umstellung über einen längeren Zeitraum,
sodass sich die handwerklich arbeitenden kleinen
Salinen dort vereinzelt noch als Relikte bis zum
Ende des 20. Jh. halten konnten. Sie profitieren seit
dem Ende der 1990er-Jahre von Bemühungen, mithilfe der EU-Regionalförderung die traditionelle,
kleinbetriebliche Form der Meersalzgewinnung unter kulturhistorischen Gesichtspunkten wiederzube-
leben. Eine auch ökonomisch tragfähige Perspektive
für solche reaktivierten „Handwerks"-Betriebe besteht in der besonderen geschmacklichen Note, die
das von Hand geerntete Salz durch geringe Beimen-
gungen von Magnesium und Kalium erfährt. Im Unterschied zu handelsüblichem Kochsalz, das dank
der bei der industriellen Verarbeitung eingesetzten
Wasch- und Trocknungsvorgänge einen NaCl-Anteil
von rund 99 % erreicht, bringt das von Hand geerntete naturbelassene Meersalz es nur auf ca. 94 –
96 % NaCl.

Wirtschaftlich besonders lukrativ ist die geson-
derte Erzeugung der sog. „Salzblüte" (frz. *„fleur de
sel"*; port. *„flor de sal"*). Es handelt sich dabei um
sehr kleine Salzkristalle (ca. 0,5 mm groß), die sich
als dünne Schicht auf der Wasseroberfläche der Kristallisationsbecken absetzen und täglich mit Sieben
abgeschöpft werden müssen (Abb. 80). Nach der
Trocknung an der Sonne gelangen sie, in kleinen
Einheiten verpackt, ohne weitere Verarbeitung direkt in den Handel und erzielen dort Preise von
mehr als 10 €/kg. Diese spezielle Form mariner
Speisesalzes wird zunehmend von der gehobenen
Gastronomie bei der Zubereitung von kalten Speisen eingesetzt, wo der Geschmack dieses feinkris-
tallinen Salzes unmittelbar zum Tragen kommt.
Insgesamt erfährt das handgeerntete Meersalz inzwischen eine wachsende Wertschätzung bei anspruchsvollen Konsumenten. Hinsichtlich der absoluten Größenordnung ist der Marktanteil des hand-
geernteten Meersalzes zu vernachlässigen – in Portugal schätzt man seinen Anteil aber bereits auf
7,5 – 9 % der gesamten Meersalzproduktion (Zahlen
für 2000/01; Pitsios 2002, S. 40).

Die Meersalzproduktion hat in den meisten Mittelmeeranrainerstaaten eine lange und reiche Tradition. Der Löwenanteil der modernen, auf industriellen Fertigungsabläufen basierenden Produktion entfällt gegenwärtig auf Frankreich, gefolgt von Italien
und Spanien. Die portugiesische Meersalzproduktion erreicht nur ein Fünftel des Umfangs in Spanien
(vgl. Tab. 36).

Zu den Schwerpunkten der Meersalzgewinnung in
Spanien gehören die Salinen von Sta. Pola und
Torrevieja südlich von Alicante (Costa Blanca). Die
Salinen von Torrevieja produzieren im langjährigen
Mittel ca. ein Viertel der gesamten spanischen Meer-
salzmenge. Sie werden gegenwärtig von der Unter-
nehmensgruppe „Union Sal" bewirtschaftet. Es
handelt sich dabei um das größte Unternehmen zur

Meersalzgewinnung in Spanien, das seinerseits zur französischen Unternehmensgruppe „Salins du Midi et de l'Est" gehört. Die Salins-Gruppe ist der größte europäische Meersalzproduzent mit Salinen in Frankreich, Spanien und Italien. In den Salinen von Torrevieja betreibt das Unternehmen mit nur 170 Beschäftigten (Stand: 2003) eine voll mechanisierte industrielle Produktion, deren größter Teil in den Export geht, wobei modernste Verladetechnik (voll automatisch arbeitende Förderbänder) im Hafen von Torrevieja für eine effiziente Logistik sorgen.

Etwa ein Drittel aller Exporte wird von Norwegen abgenommen, u. a. für die Verarbeitung von Kabeljau zu „Klippfisch". Ansonsten wird Salz als Rohstoff inzwischen überwiegend für die chemische Industrie verwendet, wo es zum wichtigsten Grundstoff für die Chlorchemie und die Herstellung synthetischer Kunststoffe, Klebstoffe sowie Farben (vorzugsweise mit Anwendungen im Bausektor) geworden ist. Größter Einzelabnehmer im Ausland (mit etwa 12 % des aus Torrevieja exportierten Meersalzes) ist die chemische Industrie von Baltimore/USA. Ansonsten findet das spanische Meersalz bei der Freihaltung winterlicher Straßen in Mittel- und Nordeuropa Einsatz. Wichtigster nationaler Abnehmer für das Salz von Torrevieja ist die Autonome Region Galicien: Die chemische und die Konservenindustrie im Nordwesten Spaniens verbrauchen ca. 75 % des in Torrevieja erzeugten und in Spanien verkauften Meersalzes.

Historisch gehen die Salinen von Torrevieja auf ein königliches Regal von 1273 zurück, als Alfonso X.

	Mittlere Jahresproduktion 1990–2000 (in 1000 t)
Frankreich	7218
Italien	3954
Spanien	3386
Portugal	658
Griechenland	173
Türkei	1814
Ägypten	1641
Israel	912

Quelle: Pitsios 2002

Tab. 36: *Meersalzproduktion in ausgewählten Mittelmeeranrainerstaaten und Portugal*

den Bürgern von Orihuela die Salznutzung der Strandseen von Torrevieja gegen Zahlung eines Pachtzinses erlaubte. Bis zum heutigen Tag ist der spanische Staat Eigentümer der Salinen, hat sich aber 1989 als Aktionär aus der Salzproduktion zurückgezogen. Der Pachtvertrag mit der „Union Sal" wurde 1987 abgeschlossen und läuft im Jahre 2019 aus. Das Beispiel der Meersalzerzeugung zeigt damit eindrucksvoll, wie nachhaltig große multinationale Kapitalgesellschaften selbst sehr alte, im Einzelfall archaische mediterrane Gewerbeformen absorbiert haben und inzwischen diese wirtschaftlichen Segmente beherrschen, bei denen der Staat nur noch als Verpächter einen Resteinfluss geltend machen kann (Celdrán Bernabéu & Azorín Molina 2004).

Die Fischereiwirtschaft

Der Fischfang zählt auf der Iberischen Halbinsel ebenfalls zu den traditionellen Wirtschaftsbereichen. Das ist nicht zuletzt auf die doppelte Saumlage zum Mittelmeer einerseits und zum Atlantik andererseits zurückzuführen. Tatsächlich stellt die Fischereiwirtschaft im EU-weiten Vergleich in Spanien und Portugal gemeinsam die meisten Arbeitsplätze. Umso bemerkenswerter ist es, dass sie als Wirtschaftsfaktor eher von nachrangiger Bedeutung ist: Ihr Anteil am BIP beträgt in beiden Ländern weniger als 1 %. Hierbei spielt auch die bekannte Krise der weltweiten Fischereiwirtschaft eine ursächliche Rolle: Verbesserte Fangtechniken haben zu einer Überfischung der wichtigsten Fanggründe geführt, sodass in internationalen Verträgen schon seit Jahrzehnten nationale Fangquoten ausgehandelt werden. Infolgedessen sind die Fangleistungen seit Jahren rückläufig.

Die Bewertung der Fischereiwirtschaft erfordert gewisse Differenzierungen: Bei den Fanggebieten besteht ein grundsätzlicher Unterschied zwischen dem Mittelmeer und dem Atlantik. Entgegen der Vorstellung mitteleuropäischer Touristen ist die Mittelmeerfischerei quantitativ nur von nachrangiger Bedeutung, wenn man die Fangmenge als Maß zu-

grunde legt (vgl. Tab. 37). Der Atlantik ist sehr viel fischreicher als das planktonarme und salzreichere Mittelmeer. Die Relationen werden besonders deutlich, wenn man sich vergegenwärtigt, dass in Spanien weniger als 11 % der gesamten spanischen Fischanlandungen aus dem Mittelmeer stammen, mehr als 60 % hingegen aus dem Atlantik (Zahlen für 2003).

Bei der Atlantikfischerei ist zwischen der Küsten- und der Hochseefischerei zu unterscheiden. Die wirtschaftlich bedeutsamere Hochseefischerei ist inzwischen eine Domäne Spaniens: Das Land hatte früher als Portugal die Notwendigkeit einer umfassenden Modernisierung seiner Hochseefangflotte erkannt. Dazu gehörte der Einsatz größerer Schiffseinheiten mit Kühl- und Gefriereinrichtungen (bis hin zur konsumgerechten Verarbeitung von Gefrierfisch [„schwimmende Fabriken"]).

Die Bedeutung der Fischereihäfen (gemessen an der Größenordnung der Anlandungen) ist regional sehr unausgewogen. Von insgesamt 18 Häfen mit mehr als 5000 t Fischanlandungen/Jahr (ohne Mollusken; Stand: 2003/04) liegen 16 an den Atlantikküsten der Halbinsel. Innerhalb Spaniens hat Galicien einen klaren „Standortvorteil": Das galicische

		1995		2000		2003	
		t	%	t	%	t	%
Spanien	Alle Fanggebiete	1 178 941	100,00	1 069 870	100,00	896 923	100,00
	Atlantik	863 073	73,21	715 921	66,92	557 236	62,13
	Mittelmeer und Schwarzes Meer	149 007	12,64	140 208	13,11	92 180	10,28
	Indischer Ozean	147 583	12,52	148 374	13,87	197 689	22,04
	Sonstige	19 278	1,64	65 367	6,11	50 700	5,65
Portugal	Alle Fanggebiete	263 871	100,00	191 118	100,00	212 851	100,00
	Atlantik	263 423	99,83	189 605	99,21	206 378	96,96
	Mittelmeer und Schwarzes Meer	446	0,17	96	0,05	8	0
	Indischer Ozean	0	0	1417	0,74	6464	3,04
	Sonstige	2	0	0	0	1	0

Quelle: Eurostat (Stand: 23. 04. 2007)

Tab. 37: *Fischfangmengen nach Fanggebieten (in t)*

Abb. 81: *Die portugiesische Nationalspeise bacalhau (Kabeljau) wird – wie hier in Sesimbra – nur noch selten an der Luft zu „Stockfisch" getrocknet. Der überwiegende Teil des in Portugal konsumierten bacalhau wird inzwischen aus Norwegen importiert.*

Vigo ist der bedeutendste Fischereihafen. Gemeinsam mit dem weiter nördlich gelegenen Hafen von La Coruña werden hier mehr Seefische angelandet als in der gesamten deutschen Seefischerei. Vigo ist gleichzeitig ein Schwerpunkt der fischverarbeitenden Industrie. Bei den traditionellen Fischkonserven-, Fischmehl- und Fischölfabriken hat zwischenzeitlich eine grundlegende strukturelle Sanierung stattgefunden: Aus einer Vielzahl von Klein- und Kleinstunternehmen sind einige wenige große Fischkonservenfabriken hervorgegangen. Sie verarbeiten im Wesentlichen Frischfisch. Seit Mitte der 1960er-Jahre spielt die Anlandung von Gefrierfisch, der auf modernen, schwimmenden Fabrikschiffen sofort handelsfertig verarbeitet wird, eine zunehmende Rolle. Auf den Abfällen der Gefrierfischerstellung basieren die Fischmehl- und Fischölfabriken.

Die portugiesische Hochseefischerei hat seit den 1960er-Jahren laufend an wirtschaftlicher Bedeutung verloren (Weber 1997). Eine fast schon emotionale Bedeutung kommt dem Kabeljau zu, der als „Stockfisch" an der Luft getrocknet und mit Salz konserviert für die meisten Portugiesen über Generationen hinweg als Grundnahrungsmittel diente. Die portugiesischen Fischer holten ihn bevorzugt aus den subarktischen Fanggründen vor Neufundland und vor Grönland. Wichtigster Hafen für die Anlandung von Kabeljau war und ist weiterhin Aveiro (wo auch ca. 40 % des portugiesischen Fischs verarbeitet werden). Inzwischen müssen jedoch mehr als 80 % des in Portugal verzehrten Stockfischs aus Skandinavien importiert werden. Die Anlandung von Kabeljau (syn. Dorsch, *Gadus morhua*) durch portugiesische Fischer belief sich 2003 nur noch auf 2 % der gesamten Fangmenge.

Die quantitative Größenstruktur der jeweiligen Fangflotten lässt sich aus den Tonnagewerten ableiten. Dabei wird eine außerordentlich unausgewogene Größenklassenverteilung mit starker Dominanz sehr kleiner Schiffseinheiten deutlich (vgl. Tab. 38):

- In Spanien sind 81,7 % aller Fischereischiffe kleiner als 25 BRT. Die restlichen 18,3 % der Boote repräsentieren aber 92,4 % der Gesamttonnage der spanischen Fischfangflotte.
- In Portugal sind die Betriebsstrukturen nochmals ungünstiger: Nur 5,6 % aller Boote stellen 83,9 % der gesamten Fangkapazität der portugiesischen Fischereiflotte.

Die unausgewogene Größenstruktur beider Fangflotten mit überwiegend sehr kleinen Bootseinheiten erklärt gleichzeitig, dass die Zahl der in der Fischerei Beschäftigten vergleichsweise hoch ist (vgl. Tab. 39 und 40). In der EU-15 stellten Spanien (mit 27,9 %) und Portugal (mit 10,1 %) gemeinsam 38 % der Beschäftigten im Fischereisektor der Gemeinschaft (Stand: 2001). Für die Schaffung betriebswirtschaftlich rentabler und wettbewerbsfähiger Strukturen ist der schrittweise Abbau der Beschäftigtenzahlen ebenso wie der kleinen Bootsklassen unumgänglich. Dieser Prozess hat bereits begonnen: Zwischen 1990 und 2002 hat sich die Zahl der Schiffseinheiten in der spanischen Fischereiflotte um 24,8 %, in der portugiesischen um 34,6 % verringert.

	SPANIEN				PORTUGAL			
	Anzahl Schiffe	%	BRT	%	Anzahl Schiffe	%	BRT	%
Tonnage 0–24,9 GT	11 156	81,5	35 047	7,2	9417	94,6	18 280	16,8
Tonnage 25–99,9 GT	1502	11,0	81 989	16,8	306	3,1	15 425	14,2
Tonnage 100–999,9 GT	973	7,1	255 852	52,5	217	2,2	47 843	44,0
Tonnage ≥ 1000 GT	60	0,4	114 509	23,5	15	0,2	27 149	25,0
Tonnageklassen insgesamt	13 691	100,0	487 397	100,0	9955	100,0	108 697	100,0

Quelle: Eurostat (Stand: 07.10.2005)

Tab. 38: *Fischereiflotte Spaniens und Portugals 2005*

Andererseits ist die kleinbetrieblich strukturierte atlantische Küstenfischerei für Portugal weiterhin von beachtlicher regionalwirtschaftlicher Bedeutung, und zwar insbesondere der Sardinenfang (2003 machten Sardinen noch 31,3 % der gesamten portugiesischen Fangmenge aus; vgl. Tab. 41). Die Sardinen werden traditionell in den kleineren Häfen zwischen Viana do Castelo und Lissabon angelandet und verarbeitet. Schwerpunkte bilden die Standorte Figueira da Foz (an der Mondego-Mündung) und Leixões (als Stadtteil von Matosinhos). Die dringend notwendige Modernisierung der Sardinenfischerei macht aber nur langsam Fortschritte. Als touristisches Markenzeichen erzielen die traditionellen bunten kleinen Boote der Küsten- und Haff-Fischer allerdings weiterhin eine identitätsstiftende Wirkung (Abb. 82).

Im Rahmen der Fischereiwirtschaft verdient die Aquakultur eine besondere Erwähnung. Insbesondere in Spanien ist ihr Produktionsanteil mit knapp 25 % besonders beachtlich. Der Löwenanteil entfällt auf die Miesmuschelzucht, deren wichtigste Standorte im spanischen Galicien liegen. Die Miesmuscheln werden hier überwiegend auf künstlichen Plattformen gezüchtet, die seit 1947 in den geschützten Rías-Buchten verankert sind. Die Muschelzucht ist international konkurrenzfähig und

Abb. 82: *Die Boote der Tangfischer (barcos moliceiros) im Haff von Aveiro fehlen in keinem Reiseführer. Die meist bunt bemalten, hohen und sichelartig gebogenen Vorder- und Achtersteven dienen zur Überwindung der kräftigen Brandung. Die naiven Darstellungen thematisieren Alltagssituationen ebenso wie Wunschträume der Besitzer.*

		1990	1995	2001	2002
SPANIEN	Beschäftigte	87 351	84 877	64 900	55 800
	Schiffe	19 852	18 385	15 436	13 691
PORTUGAL	Beschäftigte	38 700	30 937	23 580	19 777
	Schiffe	15 789	11 746	10 443	9955

Quelle: Eurostat (Stand: 08.11.2005)

Tab. 39: *Der Fischereisektor in Spanien und Portugal*

	1995		2001	
	absolut	%	absolut	%
Spanien	84 877	33,56	55 800	33,49
Portugal	30 937	12,23	22 025	13,22
Griechenland	22 290	8,81	19 879	11,93
Frankreich	20 958	8,29	54 148	32,50
Italien	45 000	17,79	42 137	20,19
United Kingdom	19 921	7,88	12 746	7,65
EU-15	252 884	100,00	166 600	100,00

Quelle: Eurostat (Stand: 08.11.2005)

Tab. 40: *Beschäftigte im Fischereisektor (EU-15 ohne Luxemburg und ohne Irland)*

	2003	
	Spanien	Portugal
Fischereierzeugnisse insgesamt	896 923	212 851
Süßwasserfische	6514	83
Meerestiere	890 409	212 768
Invertebraten	*61 952*	*24 750*
Crustaceen	21 913	4203
Mollusken	40 039	20 547
Seefische	*828 457*	*188 018*
Thunfische u.ä.	329 498	11 121
Dorsche, Schellfische u.ä.	166 395	20 286
davon Dorsche (Kabeljau; Gadus morhua)	*9086*	*4230*
Heringe, Sardinen, Sardellen	78 200	67 147
davon Sardinen (Sardina pilchardus)	*55 815*	*66 623*
Sonstige	254364	89464

Quelle: Eurostat (Stand: 08.11.2005)

Tab. 41: *Fischfangmengen insgesamt (in t)*

	Lebendgewicht in t	Anteil am Gesamt-gewicht in %	Wert in 1000 €	Anteil am Gesamtwert in %
Spanien	294 826*	50,00	82 956	21,71
Frankreich	74 100	12,57	111 837	29,26
Niederlande	67 200	11,40	58 886	15,41
Italien	42 588	7,22	34 480	9,02
Irland	37 315	6,33	27 973	7,32
Vereinigtes Königreich	30 703	5,21	45 214	11,83
Griechenland	28 781	4,88	11 507	3,01
Deutschland	12 474	2,12	8 603	2,25
Schweden	1 435	0,24	638	0,17
Portugal	193	0,03	79	0,02
Summe der 10 größten Produzenten	*589 615*		*382 173*	

* Nach www.webpessa.xunta.es wurden 2005 81,9 % der spanischen Gesamtproduktion in Galicien erzeugt.

Quellen: http://epp.eurostat.ec.europa.eu/extraction/evalight/EVAlight.jsp?A=1&language=de&root=/theme5/fish/fish_aq_q
http://epp.eurostat.ec.europa.eu/extraction/evalight/EVAlight.jsp?A=1&language=de&root=/theme5/fish/fish_aq_v
http://webpesca.xunta.es/pescacms/opencms/WebPesca/Sector/Actividades/acuicultura.html
(Stand: 20.05.2007)

Tab. 42: *Miesmuscheln: europäische Gesamtproduktion 2004*

rentabel. Zurzeit produziert Spanien knapp 75 000 t Miesmuscheln pro Jahr, das entspricht wertmäßig 36 % der europäischen Gesamtproduktion. Auf Galicien alleine entfallen 22 % der EU-Produktion (2002; vgl. Tab. 42). Die hohe räumliche Konzentration der Muschelzucht auf wenige Standorte an der galicischen Küste macht diesen Wirtschaftszweig besonders anfällig gegen Meeresverschmutzung. Der Untergang des Tankers „Prestige" im März 2003 löste deshalb unter den betroffenen galicischen Fischern eine existenzbedrohende Krise aus, weil das auslaufende Öl die galicischen Strände von La Coruña mit einem dichten Ölschlamm überzog. Besonders betroffen war die Fischereigenossenschaft von Malpica de Bergantiños. Glücklicherweise gelang es damals, den Ölteppich von den großen, schwimmenden Miesmuschelplattformen im Inneren der Rías-Buchten fernzuhalten.

Die übrige marine Aquakultur gilt Doraden, dem Thunfisch sowie den Fischarten Lubina und Rodaballo und ist sowohl in Spanien als auch in Portugal von der Größenordnung her (noch) zu vernachlässigen. Wichtigster Standort für die portugiesische Aquakultur ist die Algarve, und zwar vorzugsweise die Ostalgarve mit ihren ausgedehnten Wattmarschen und Strandseen. Hier findet die marine Aquakultur teilweise in ehemaligen Salinenbecken statt. Bei insgesamt geringer wirtschaftlicher Bedeutung erwirtschaften die Miesmuscheln wertmäßig mehr als 70 % der gesamten marinen Aquakultur (2003). Dies unterstreicht erneut den Stellenwert dieser Molluskenzucht auch für Portugal.

Angesichts der immer noch hohen Bedeutung, die die Fischereiwirtschaft auf der Iberischen Halbinsel für den jeweiligen nationalen Arbeitsmarkt hat, ist es umso bemerkenswerter, dass die Außenhandelsbilanz in beiden iberischen Staaten bei Fischereiprodukten negativ ist. 2002 musste Spanien 46,6 % seiner eigenen Fischproduktion zusätzlich importieren, im Falle Portugals übertrafen die Fischimporte sogar die eigene nationale Produktion erheblich: Bezogen auf das Fischfangvolumen wurden in Portugal 125,7 % der nationalen Produktion zusätzlich importiert. Diese Importe belasteten die Handelsbilanz in Spanien mit 2,1 Mrd. €, in Portugal mit 0,68 Mrd. €. Ganz offensichtlich haben sich die jeweiligen nationalen Konsumgewohnheiten noch nicht auf die drastisch verringerten Ressourcen in den nationalen Fanggebieten eingestellt.

Energiewirtschaftliche Ressourcen

Die eigenen energiewirtschaftlichen Ressourcen sind sowohl in Portugal als auch in Spanien als sehr gering einzustufen. Aus einer Selbstversorgungsrate von 23,3 % (Spanien 2004) bzw. 16,5 % (Portugal 2003) resultiert eine außerordentlich hohe Importabhängigkeit.

Fossile Energieträger
Die Kohle als „klassischer" Energieträger ist in beiden Staaten auf dem Rückzug. Seit etwa 1990 bezieht Portugal seine Kohleimporte im Wesentlichen aus den USA. Im neuen Großhafenkomplex von Sines wurde dafür ein eigener Kohleterminal gebaut, der für einen Jahresumschlag von 5 Mio. t ausgelegt ist.

In Spanien wird die Förderung in den Revieren Asturiens nur noch dank hoher nationaler Subventionen aufrechterhalten. Am gesamten Primärenergieverbrauch Spaniens hielt die Kohle 2004 einen Anteil von 14,8 %. Die Kohle wird in überdurchschnittlich hohen Anteilen für die Verstromung eingesetzt (2004: 34,5 % der spanischen Stromerzeugung), um zumindest auf diesem Sektor die Abhängigkeit von Erdölimporten zu mildern.

Abb. 83: *Versorgung der Iberischen Halbinsel mit Erdöl, Naturgas und Atomenergie*

——— Ölpipeline	■ Atomkraftwerk	12,5 Raffinerie
——— Gaspipeline	■ Erdgasspeicher, unterirdisch	10,0 Kapazität in Mio. t/Jahr (2005)
▲ natürliches Erdgasfeld	⬣ Re-Gasifizierung	5,0 / 1,0

Eigener Entwurf. Quelle: Ministerio de Industria Turismo y Comercio 2004 PNAPRI, Mai 2003

Bei Naturgas stehen Portugal überhaupt keine, Spanien nur sehr geringe eigene Vorkommen zur Verfügung:

■ Die Gasfelder von Poseidón im Golf von Cádiz decken nur etwas mehr als 1 % des nationalen Gasverbrauchs. Die restliche Gasversorgung Spaniens ist durch langfristige Importverträge gesichert, u. a. mit Algerien und Nigeria. Die sog. Maghreb-Pipeline hat eine Kapazität von 10 Mrd. m³ und ist seit Ende 1996 in Betrieb (vgl. Abb. 83). Über eine Distanz von 1265 km verbindet sie die algerischen Erdgasfelder bei Hassi R'Mel über Tanger und die Meerenge von Gibraltar mit Cádiz (Zahara de los Atunes) und Córdoba. Bereits vier Jahre vorher konnte Spanien im Norden durch eine Trans-Pyrenäen-Verbindung an das europäische Gasverteilernetz angeschlossen werden und bezieht seither durch diese Pipeline norwegisches Gas. Der norwegische Lieferanteil am spanischen Gasverbrauch liegt bei 10 %; den Löwenanteil liefert Algerien (2003: 57,4 %), gefolgt von Nigeria (2003: 16,9 %). 2004 erreichte der Anteil von

Naturgas bereits 17,4 % am spanischen Primärenergieverbrauch, an der Stromerzeugung ist das Gas mit 19,8 % beteiligt.

■ Portugal ist beim Erdgas komplett vom Import abhängig: 82 % liefert Algerien; die restlichen 18 % kommen aus Nigeria (Zahlen für 2003). Dafür hat Portugal in Setúbal einen Flüssiggasterminal gebaut, das in diesem Zusammenhang geplante Verteilernetzwerk ist bislang jedoch nur unvollkommen ausgebildet. Fertiggestellt ist eine Pipeline, die Setúbal über Leiria mit Nordportugal und weiter mit dem spanischen La Coruña verbindet. Algerisches Erdgas aus der Maghreb-Pipeline erhält Portugal über Spanien.

Eine Schlüsselfunktion unter den modernen Energieträgern kommt weiterhin dem Erdöl zu. Nachdem aber weder Spanien noch Portugal über nennenswerte eigene Vorkommen verfügen, ist die daraus resultierende Abhängigkeit der jeweiligen nationalen Energiewirtschaften erheblich. In Spanien stellt das Erdöl 49,9 % des gesamten Primärenergiebedarfs (Stand: 2004), in Portugal liegt dieser Anteil mit fast 60 % noch deutlich höher (Stand: 2003). Etwa zwei Drittel des importierten Erdöls werden im Hafen von Sines, ein Drittel in Porto angelandet. Rund 50 % der Importe kommen aus dem Persischen Golf. In Spanien hatte man erhebliche Hoffnungen auf eine intensive Off-shore-Exploration gesetzt, nachdem 1983 östlich des Ebro-Deltas Öl gefunden wurde (vgl. Breuer 1987, S. 52). 1987 lieferte dieses Ölfeld immerhin 90 % der gesamten nationalen Erdölproduktion. Inzwischen ist dieser Anteil zurückgegangen, nicht zuletzt wegen insgesamt steigenden Primärenergiebedarfs und wegen des Ausbleibens weiterer erhoffter Erdölfunde.

Atomkraft

Der Einsatz der Atomkraft zur Stromerzeugung spielt nur in Spanien eine Rolle, Portugal besitzt überhaupt keine eigenen Atomkraftwerke. In Spanien sind zur Zeit neun Atomkraftwerke am Netz, nachdem der Reaktorblock Vandellos-1 nach einem Unfall 1990 stillgelegt wurde. Unter dem Eindruck der ersten sog. Erdölkrise in den 1970er-Jahren hatte die Franco-Diktatur noch nachhaltig den Ausbau der Elektrizitätserzeugung auf der Grundlage von Atomkraftwerken gefördert. Der nationale Energieplan von 1975 sah mindestens 35 Reaktorblöcke mit einer Gesamtkapazität von 35 000 MW vor. Nach erheblichen Widerständen aus der spanischen Bevölkerung wurden dann im Energieplan von 1994 alle Neubauten eingestellt und auch sieben bereits fest in Auftrag gegebene AKW-Blöcke abbestellt (darunter die beiden Reaktorblöcke in Lemóniz im spanischen Baskenland, wo es militante Auseinandersetzungen mit Atomkraftgegnern gegeben hatte). Nach dem Regierungswechsel von 2004 plant die sozialistische Regierung, den Ausstieg aus der Stromerzeugung mittels Atomkraft vorzubereiten. 2004 trug die Kernenergie allerdings noch 50,2 % zur gesamten spanischen Stromerzeugung bei.

Regenerative Energien

Sowohl Spanien als auch Portugal haben sehr früh den Ausbau ihrer hydroelektrischen Ressourcen betrieben, sodass heute die Möglichkeiten der Energiegewinnung aus Wasserkraft weitgehend ausgeschöpft sind. Infolge des insgesamt laufend gestiegenen Primärenergiebedarfs ist damit die Bedeutung der nationalen hydroelektrischen Ressourcen relativ zurückgegangen. Wurden in Spanien zum Zeitpunkt des EG-Beitritts noch 27,2 % der Stromerzeugung mit Wasserkraftwerken bestritten, so sank dieser Anteil bis 2004 relativ auf 12,3 %. Die portugiesischen Kraftwerke liegen vornehmlich an den wasserreichen Flüssen im Norden (Lima, Cávado, Douro und Zêzere), damit deckt die Wasserkraft in Portugal noch 5,4 % des gesamten Primärenergieverbrauchs, aber 85,6 % des portugiesischen Stromkonsums (Stand: 2003). Diese Werte dürften sich nochmals erhöhen, wenn das Kraftwerk am neuen Alqueva-Staudamm seine volle Leistung abgeben kann.

Vor diesem Hintergrund gewinnt die Nutzung alternativer, regenerierbarer Energien in beiden iberischen Staaten an Bedeutung. In Spanien erreichte der Beitrag der erneuerbaren Energien 2004 bereits einen Anteil von 8 % (das entsprach gleichzeitig 6,3 % des spanischen Primärenergiebedarfs). Neben der energiepolitischen Zielsetzung werden in diesem Zusammenhang ausdrücklich als weitere Ziele genannt: Verringerung der Abhängigkeit von Energieimporten, Aufbau einer exportfähigen Hochtechnologieindustrie und (!) Förderung der Regionalentwicklung in den Mitgliedsstaaten (zit. n. Espejo Marín 2004, S. 58).

Unter dem Gesichtspunkt der regionalen natürlichen Ressourcen wären besonders hohe Erwartungen in die Solarenergie zu setzen, zumal das Potenzial zur Nutzung der Sonnenenergie am Südsaum der Iberischen Halbinsel im europaweiten Vergleich die höchsten Werte erreicht. Im Mittel verzeichnen die spanischen Mittelmeerküsten zwischen Alicante und Gibraltar selbst im Januar noch sechs Stunden Sonnenscheindauer pro Tag, sodass sich eine direkte Sonneneinstrahlung von ca. 180 Stunden ergibt (Font Tullot 1983, S. 18). Ähnlich hohe Werte erreicht das Innere des Guadalquivir-Beckens am Unterlauf (Niederandalusien) sowie ein schmaler Küstensaum an der portugiesischen Algarve (vgl. Abb. 84). Über 25 Jahre gemittelt errechnet sich für die genannten Küstensäume eine Jahressumme direkter Sonneneinstrahlung von mehr als 3000 Stunden (Díaz Álvarez & Capel Molina 1980, S. 49). Die Umrechnung dieser Klimawerte auf horizontale Flächen ergibt für den Südsaum der Iberischen Halbinsel eine tägliche Globalstrahlung, die im Jahresmittel über 4,8 kWh/m^2 liegt. Diese Werte werden im übrigen Südeuropa nur noch am Südsaum Siziliens sowie in der südlichen Hälfte der Peloponnes-Halbinsel erreicht (Helfer 2003, S. 26).

Europaweit bekannt geworden ist die sog. Solarplattform von Tabernas in der ostandalusischen Provinz Almería (*Plataforma Solar de Almería*, PSA). Es handelt sich um eine Testanlage für solarthermische Kraftwerkskomponenten, die im Rahmen einer europäischen Kooperation betrieben wird, an der auch die deutsche Forschungsanstalt für Luft- und Raumfahrt (DLR) maßgeblich beteiligt ist. Der Standort der Pilotanlage im Campo de Tabernas liegt im extrem semiariden Südosten Spaniens und verbindet höchste Einstrahlungswerte mit maximaler Sonnenscheindauer bei gleichzeitig minimalen Niederschlägen. Die inzwischen mehr als 20 Jahre alte Solarplattform von Almería basiert auf dem Prinzip der solaren Wärmetechnik (Solarthermie), wobei die Sonnenenergie über ein Arbeitsmedium (Luft, Helium, Natrium, geschmolzenes Salz oder sog. Thermoöl, das bis zu 400 °C aufgeheizt werden kann) zum Antrieb von Dampfturbinen und nachgeschalteten Generatoren für die Stromerzeugung nutzbar gemacht wird.

Von diesem Prinzip zu unterscheiden ist die sog. Photovoltaik. Ihre Technologie basiert auf dem von A. E. Becquerel erfundenen photoelektrischen Halbleitereffekt, demzufolge sich an der Grenzschicht zwischen positiv dotiertem und negativ dotiertem

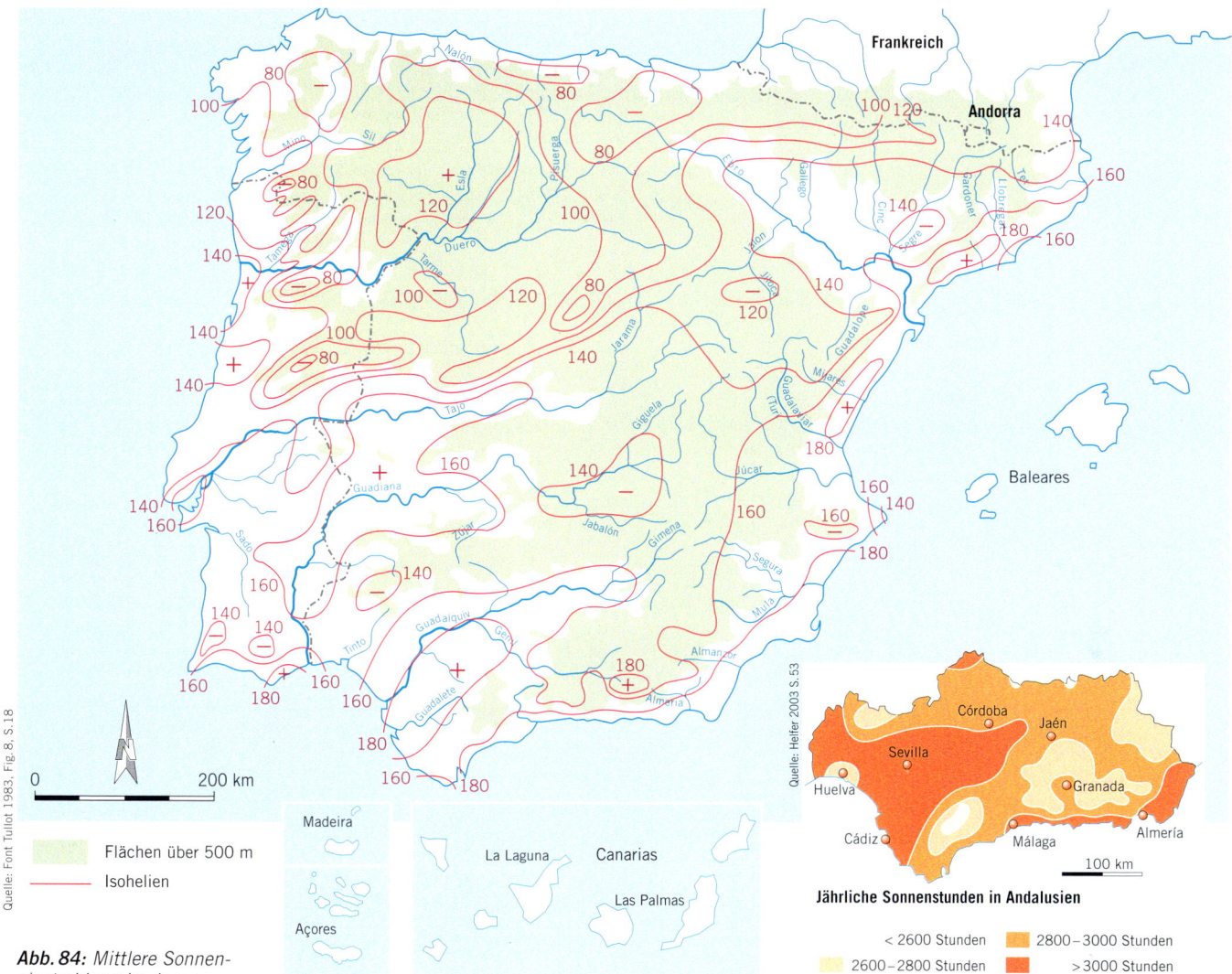

Abb. 84: Mittlere Sonneneinstrahlung im Januar

Silizium bei Lichteinfall eine elektrische Spannung aufbaut. Beide Technologielinien wurden (und werden weiterhin) durch Zuschüsse aus EU-Fördermitteln subventioniert, denn trotz optimaler Einstrahlungswerte sind beide Verfahren zur Nutzung der Sonnenenergie selbst im Süden der Iberischen Halbinsel auch großflächig noch nicht wirtschaftlich rentabel einsetzbar. Für eine dezentrale Elektrizitätsversorgung beispielsweise in ländlichen Räumen, die abwanderungsbedingt inzwischen nur noch dünn besiedelt sind, könnte die Solartechnik aber durchaus eine sinnvolle Alternative sein. Helfer (1997, 2003) ist dieser Frage am Beispiel Andalusiens nachgegangen, und zwar unter Berücksichtigung solarthermischer Kollektoranlagen ebenso wie unter der Nutzung von Photovoltaikanlagen. Der in einem ersten Ansatz durchgeführte europaweite Vergleich ist in jeder Hinsicht überraschend: Solarthermische Anlagen finden sich in Griechenland in jedem fünften Haushalt. Dort kamen im Mittel auf 1000 Einwohner 198 m² Kollektorfläche (Stand: 1995). Das vom Solarenergiepotenzial her

mindestens so begünstigte Spanien bildete hingegen mit nur 3 m² Kollektorfläche pro 1000 Einwohner das Schlusslicht innerhalb Europas und wurde 1995 sogar noch von Portugal übertroffen (18,9 m²/1000 Einw.). Und selbst das im Vergleich zu Südspanien sicherlich nicht sonnenverwöhnte Österreich brachte es immerhin auf eine mittlere Kollektorfläche von 72,4 m² pro 1000 Einwohnern.

Bei den Photovoltaikanlagen entspricht die tatsächliche Verbreitung installierter Anlagen ebenso wenig den Größenordnungen, die sich aus den klimatischen Parametern erwarten ließen. Innerhalb Europas ist z. B. die Schweiz führend mit 775 Watt/1000 Einw., die durch Photovoltaik erzeugt werden. Spanien hingegen bringt es nur auf 167 Watt/1000 Einw. und wird dabei noch von dem sonnenarmen Schweden (mit 186 Watt/1000 Einw.) übertroffen. In Portugal trägt die Photovoltaik weniger als 0,1 % zur Erzeugung elektrischer Energie bei. Sowohl für Spanien als auch für Portugal gilt damit unabhängig von der jeweiligen Solartechnologie, dass beide Staaten die hohe Sonneneinstrahlung, die in den südlichen Landesteilen europaweit hohe Ausnahmewerte erzielt, als ökonomischen Vorteil gegenüber solar benachteiligten europäischen Regionen nicht zu nutzen vermögen.

Helfer (2003) kommt zu dem Schluss, dass die erwartungswidrig niedrige Verbreitung der Solartechnologie in Südspanien in erster Linie auf den sozioökonomischen Entwicklungsrückstand Andalusiens zurückgeführt werden muss. Er sieht hier das von Brown (1981) aus der Diffusionsforschung abgeleitete Modell bestätigt, nach dem die Diffusion von technologischen Innovationen in weniger entwickelten Regionen durch infrastrukturelle Mängel erheblich behindert ist.

Trotz der plausibel durchgeführten, teilweise akribisch detaillierten Analyse im regionalen Betrachtungsmaßstab lässt diese Erklärung Helfers noch Fragen offen. Es ist offenkundig, dass die Substitutionsmöglichkeiten, die sich zumindest für Südspanien (und in gleicher Weise für Südportugal) aus den hohen Insolationswerten ergeben, völlig unzureichend genutzt werden, um die hohe Importabhängigkeit der regionalen Energiewirtschaft zu mindern. Das gilt insbesondere für den dünn besiedelten ländlichen Raum Südspaniens, wo die Installation dezentraler Solaranlagen möglicherweise auch ökonomisch einer zentralen Netzversorgung überlegen wäre. Die angebotenen Erklärungen greifen allerdings bestenfalls im regionalen Analysemaßstab. Innerhalb Südeuropas wird die Plausibilität dieser Deutung durch die ungleich höhere Verbreitung von Thermosolaranlagen in Griechenland ebenso wie in Kroatien eher infrage gestellt.

Unabhängig von offen gebliebenen Fragen ist das Ergebnis der Arbeit von Helfer (2003) desillusionierend: Die regionale Diffusion der verschiedenen Solartechnologien verläuft in anderen (auch ökonomisch und klimatisch vergleichbaren) Regionen Europas deutlich rascher und effizienter.

Die Wirtschaft im Kräftefeld von Politik und Globalisierung

Abb. 85: *Die touristische Verbauung der spanischen Küsten schreitet ungebremst weiter fort: Puerto Rico/Gran Canaria*

Überblick

■ Bei konventioneller Betrachtung muss man Spanien und Portugal einen erfolgreichen Strukturwandel von der Agrar- zur Industriegesellschaft attestieren. Die ökonomische Bewertung von Standortfaktoren erfolgt inzwischen aber kaum mehr aus der Perspektive einer nationalen Ökonomie, sondern nach ihrer Funktion in supranationalen Netzwerken. Die Iberische Halbinsel ist in der Zwischenzeit beispielsweise zum führenden Standort für die europäische Automobilproduktion geworden.

■ Traditionsreiche spanische Zielgebiete des internationalen Badetourismus sehen sich mit konkurrierenden Angeboten nicht nur in der Türkei, sondern auch in der Karibik konfrontiert.

■ Die Produktion von hochwertigen Schnittblumen, Frühgemüse oder subtropischen Früchten ist zwar auf der Iberischen Halbinsel angesiedelt, aufgrund ihrer verbundwirtschaftlichen Organisation aber vielfach außengesteuert.

■ Diese rasante ökonomische Entwicklung war in Spanien ebenso wie in Portugal nur durch die Einbindung in die Europäische Gemeinschaft möglich. Deren Entwicklungsdynamik, die für einzelne Branchen der iberischen Wirtschaft bereits vor dem formalen Beitritt zur EG wirksam wurde, ist heute unter dem Schlagwort der Globalisierung bekannt.

■ Aus der Globalisierung erwächst ein zweigeteilter Arbeitsmarkt: Qualifizierte Produkte und Dienstleistungen können zunehmend nur noch durch eine hoch qualifizierte, elitäre Minderheit auf dem Arbeitsmarkt bereitgestellt werden, die Produktion von Massengütern bzw. -dienstleistungen erfolgt hingegen mehr und mehr durch wenig qualifizierte (Massen-)Arbeitskräfte. Sowohl Spanien als auch Portugal sind von dieser Entwicklung unmittelbar und essenziell betroffen.

Das historisch gewachsene wirtschaftsräumliche Grundmuster

Im Sinne der Fourastié'schen Theorie sind sowohl Spanien als auch Portugal schon seit der Nachkriegszeit auf dem Weg von der Agrar- zur Industriegesellschaft (Breuer 1995b). 1985 war der Anteil des primären Sektors an der Zahl der Erwerbstätigen mit 23,9 % (Portugal) bzw. 16,9 % (Spanien) im Vergleich zum Europa der 12 (8,6 %) noch außerordentlich hoch. In wenigen Jahren fiel diese Quote rasch und kontinuierlich, allerdings hat sich der Strukturwandel im agrarischen Sektor erheblich verlangsamt. In Portugal stagniert er sogar seit der Mitte der 1990er-Jahre. Die Agrarerwerbsquote liegt dabei (2004: 12,1 %) immer noch im zweistelligen Bereich. Innerhalb der „alten" EU-15-Mitgliedsstaaten wird Portugal nur noch von Griechenland (12,3 %) übertroffen. Im Unterschied dazu konnte Spanien seine Agrarerwerbsquote auf 5,7 % reduzieren (zum Vergleich Deutschland 2004: 2,3 %). Damit hat sich dieser Abstand zwischen Portugal und Spanien zu Beginn des 21. Jh. nochmals leicht vergrößert (vgl. Tab. 43).

Im sekundären Wirtschaftssektor ist der Anteil der Erwerbstätigen in beiden Staaten von der Größenordnung her durchaus vergleichbar. Aus der zeitlichen Entwicklung der Zahlenwerte könnte man durchaus auf eine Konsolidierung des produzierenden Gewerbes in beiden Staaten schließen. Tatsächlich spiegeln die Zahlen der Erwerbstätigen im sekundären Wirtschaftssektor den strukturellen Wandel in der Industrie beider iberischer Staaten nicht hinreichend wider.

Die protektionistische Wirtschaftspolitik der Vergangenheit bot den Beschäftigten in der Industrie u. a. eine weitgehende Arbeitsplatzgarantie (die in Spanien erst 1997 per Gesetz aufgehoben wurde) und hinterließ auf diese Weise in wichtigen Industriebranchen unrentable, wenig konkurrenzfähige Produktionsstrukturen mit hohem Arbeitskräftebesatz und geringer Produktivität. Der offene EU-Markt sowie die internationale Konkurrenz zwingen das produzierende Gewerbe zur Rationalisierung bei gleichzeitiger Steigerung der industriellen Produktivität. Der wachsende Ausbau des Sozialversicherungssystems trägt in beiden Ländern gleichzeitig zur Erhöhung der Lohnkosten bei. In diesem Zusammenhang erfährt Portugal ebenso wie Spanien nunmehr verstärkt die Rationalisierungseffekte durch entsprechend hohe Arbeitslosenquoten, die gewissermaßen spiegelbildlich den Modernisierungsprozess im produzierenden Gewerbe dokumentieren.

Weil nennenswerte Bodenschätze für eine frühe Industrialisierung in Portugal nicht zur Verfügung standen, folgt daraus heute eine bezeichnende Selektion innerhalb des Branchenprofils des produzierenden Gewerbes:

- Alle Branchen, die jeweils mehr als 10 % der Beschäftigten bündeln, basieren im weitesten Sinne auf agrarischen Rohstoffen.
- Metallerzeugung und -verarbeitung spielen in diesem Zusammenhang keine herausragende Rolle.
- Auffallend ist die extreme Position der Branchenhauptgruppe Textil, Bekleidung und Leder, die fast ein Drittel aller portugiesischen Beschäftigten repräsentiert.
- Ansonsten werden nur noch in der Nahrungsmittelindustrie Beschäftigtenanteile von mehr als 10 % erreicht (vgl. Abb. 86).

Abb. 86: Beschäftigte im produzierende Gewerbe nach Industriezweigen in Portugal, Spanien und Deutschland 2001 (in %)

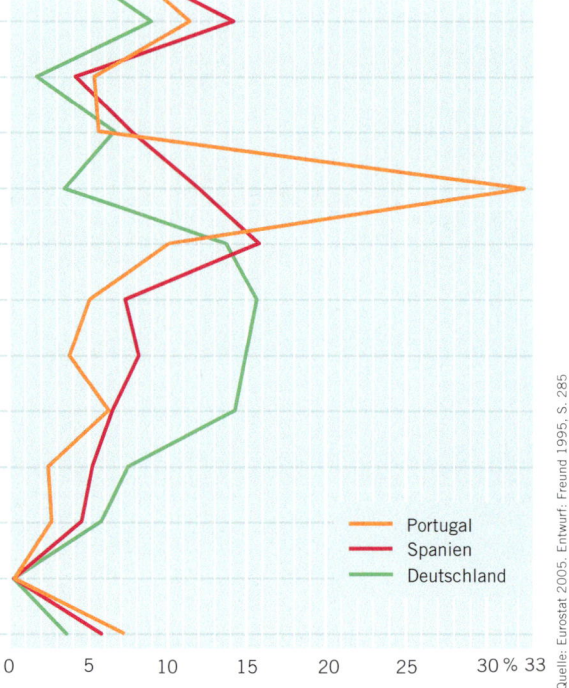

Steine, Erden, Glas, Keramik

Nahrungsmittel, Tabak

Be-/Verarbeitung von Holz

Papier, Verlage, Druck

Textil und Bekleidung, Leder

Erzeugung, Verarbeitung, Herstellung von Metallen und Metallerzeugnissen

Maschinenbau

Fahrzeugbau

Büromaschinen, EDV, Elektrotechnik, Feinmechanik, Optik

Chemische Industrie

Gummi, Kunststoff

Kokerei, Mineralölverarbeitung, Spalt- und Brutstoffe

Möbel, Schmuck, Musikinstrumente, Sportgeräte, Spielwaren; Recycling

0   5   10   15   20   25   30 % 33

— Portugal
— Spanien
— Deutschland

Quelle: Eurostat 2005. Entwurf: Freund 1995, S. 285

Sektoren	Primär			Sekundär			Tertiär		
Jahr	Spanien	Portugal	EU-12 [-25]	Spanien	Portugal	EU-12 [-25]	Spanien	Portugal	EU-12 [-25]
1985	16,9	23,9	8,6	32,1	33,9	33,8	51,0	42,2	57,6
1987	15,1	22,2	8,0	32,3	34,9	32,9	52,6	42,9	59,1
1990	11,8	17,8	6,6	33,4	34,9	32,5	54,8	47,4	60,9
1992	10,1	11,5	5,8	32,7	32,6	32,8	57,2	56,0	61,4
2004	5,7	12,1	[5,1]	29,9	31,2	[25,1]	64,4	56,8	[69,8]

Quellen: Eurostat: Statistische Grundzahlen der Gemeinschaft 1987/94 und http://epp.eurostat.cec.eu.int/extraction/evalight/EVAlight.jsp?A=1&language=de&root=/theme3/lfsi/lfsi_grt_a (Stand 2006)

Tab. 43: Entwicklung der Erwerbsstruktur in Spanien und Portugal nach dem EG-Beitritt (%-Anteile der Erwerbstätigen an den Wirtschaftssektoren)

Im Unterschied dazu ist das Branchenspektrum in Spanien weniger disparitätisch ausgebildet:

■ Die Metallerzeugung und -verarbeitung ist die wichtigste Branchenhauptgruppe, gemessen am Anteil der Beschäftigten. Hierin kommt die anders geartete Wirtschaftsgeschichte Spaniens mit eigener schwerindustrieller Tradition zum Ausdruck.

■ Auch in Spanien kommt den agrarischen Rohstoffen eine besondere Bedeutung zu (die Branchenhauptgruppen Textil, Bekleidung, Leder sowie Nahrungsmittel repräsentieren weit mehr als 10 % der Beschäftigten in Spanien; vgl. Abb. 86).

Portugal

Das wirtschaftsräumliche Standortmuster Portugals ist (in Anlehnung an Freund 1995) auf wenige steuernde Faktoren zurückzuführen (vgl. Abb. 87). Hier ist in erster Linie die atlantische Orientierung des Landes zu nennen, das aufgrund seiner historischen Erfahrung einzig den Seeweg als verlässliche Transportmöglichkeit kannte. Die Folge war eine Stärkung der Hafenstandorte bei gleichzeitiger Vernachlässigung der Verkehrswege zu Lande. Daraus erklärt sich gleichfalls, dass nicht nur das küstenfernere Binnenland nur unvollkommen durch Straßen und Bahnlinien erschlossen ist, sondern in gleicher Weise auch der Straßen- und Bahnanschluss über Spanien an das übrige Europa sträflich vernachlässigt wurde.

Der Gegensatz zwischen Küste und Binnenland wird in Portugal durch einen Nord-Süd-Gegensatz überlagert, der die dualistische Agrarstruktur des Landes widerspiegelt. In den Latifundiengebieten des Südens fand die Industrialisierung keinerlei Ansatzpunkte, die eine innovative Wirtschaftsentwicklung hätten auslösen können. In den bäuerlichen Gebieten Nordportugals löste die Industrialisierung durchaus regionale bzw. lokale unternehmerische Initiativen aus. Das Ergebnis ist noch heute ein breit gestreutes Spektrum kleinbetrieblich organisierten produzierenden Gewerbes (mit weniger als 20 Beschäftigten), das vielfach auf die Verarbeitung von traditionellen Rohstoffen (wie Leder und Textilien) zurückgeht.

Diesem Nord-Süd-Gegensatz entspricht die Bipolarität der beiden Hafenstandorte Lissabon und Porto, die nicht nur alle bedeutenden Gewerbestandorte Portugals in ihren Ballungsräumen bündeln, sondern gleichzeitig aufgrund der einseitigen regionalen Bevölkerungsverteilung innerhalb Portugals auch die nationale Konsumnachfrage. Die dominanten Häfen Lissabon und Porto verstanden sich primär immer als Handels- und nicht als Industriestädte. Die Industrialisierung beider Ballungsräume ist deshalb als sekundäres „Kontaktphänomen" zu interpretieren (Freund 1995, S. 286). In einer jüngeren Phase hat sich zwischen diesen beiden Wirtschaftspolen Porto und Lissabon dann eine Reihe von mittelgroßen Gewerbestandorten herausgebildet, die insgesamt das sog. „Mittelküsten"-Portugal stärken und somit die durch die beiden Zentren Porto und Lissabon vorgegebene regionale Dispari-

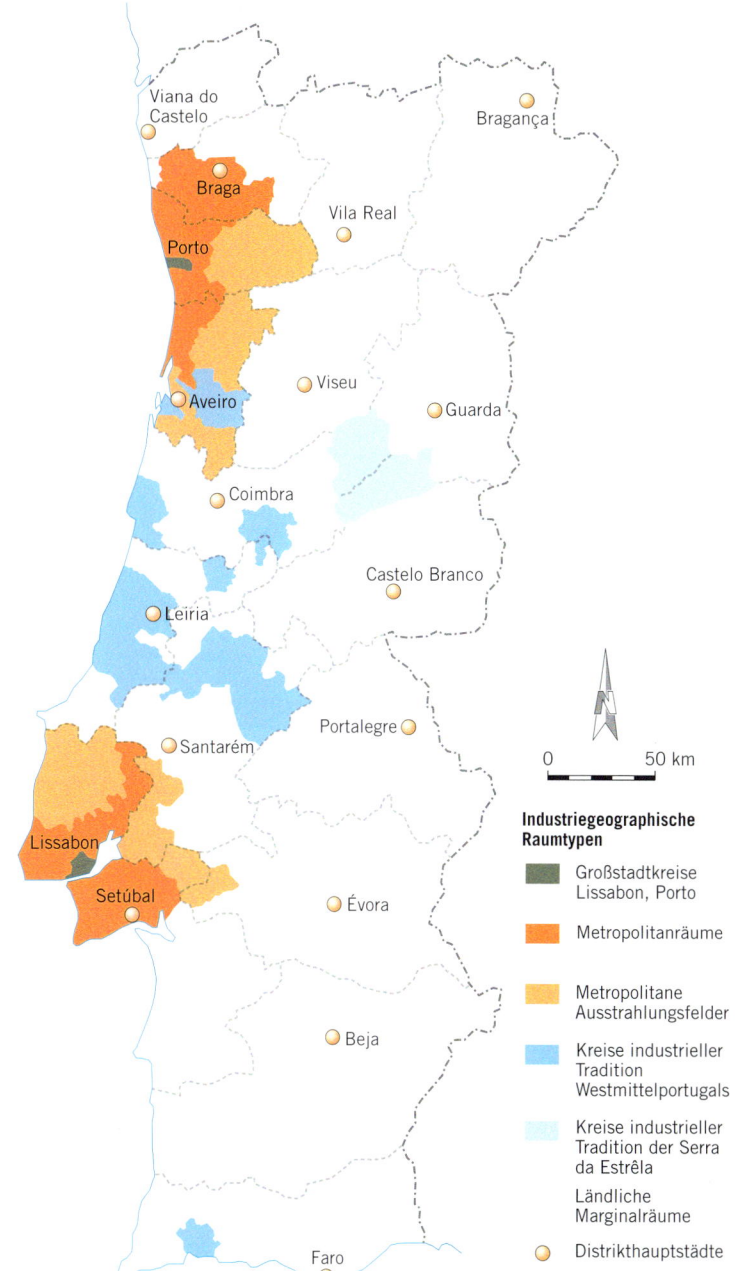

Quelle: Freund 1995, S. 288

Industriegeographische Raumtypen

- ■ Großstadtkreise Lissabon, Porto
- ■ Metropolitanräume
- ■ Metropolitane Ausstrahlungsfelder
- ■ Kreise industrieller Tradition Westmittelportugals
- ■ Kreise industrieller Tradition der Serra da Estrêla
- Ländliche Marginalräume
- ○ Distrikthauptstädte

tät nochmals zugunsten der Küstengebiete modifizieren.

Die Ballungsräume Porto und Lissabon sind dabei aber keineswegs gleichwertig. Die Führungsposition Lissabons stand zu keiner Phase der wirtschaftlichen Entwicklung infrage. Dazu trug wesentlich bei, dass der Großraum Lissabon durch die jeweilige nationale Wirtschaftspolitik immer wieder bevorzugt wurde, zuletzt durch die staatliche Förderung der Schwerindustrie unter dem Salazar-Regime, die auf diese Weise eine Konzentration auf den Süden (Halbinsel von Setúbal) und Osten der Hauptstadtregion erfuhr (z.B. durch die Stahlhütte in Seixal, die Schiffswerft in Almada, Zement- und

Abb. 87: Industriegeographische Raumtypen in Portugal

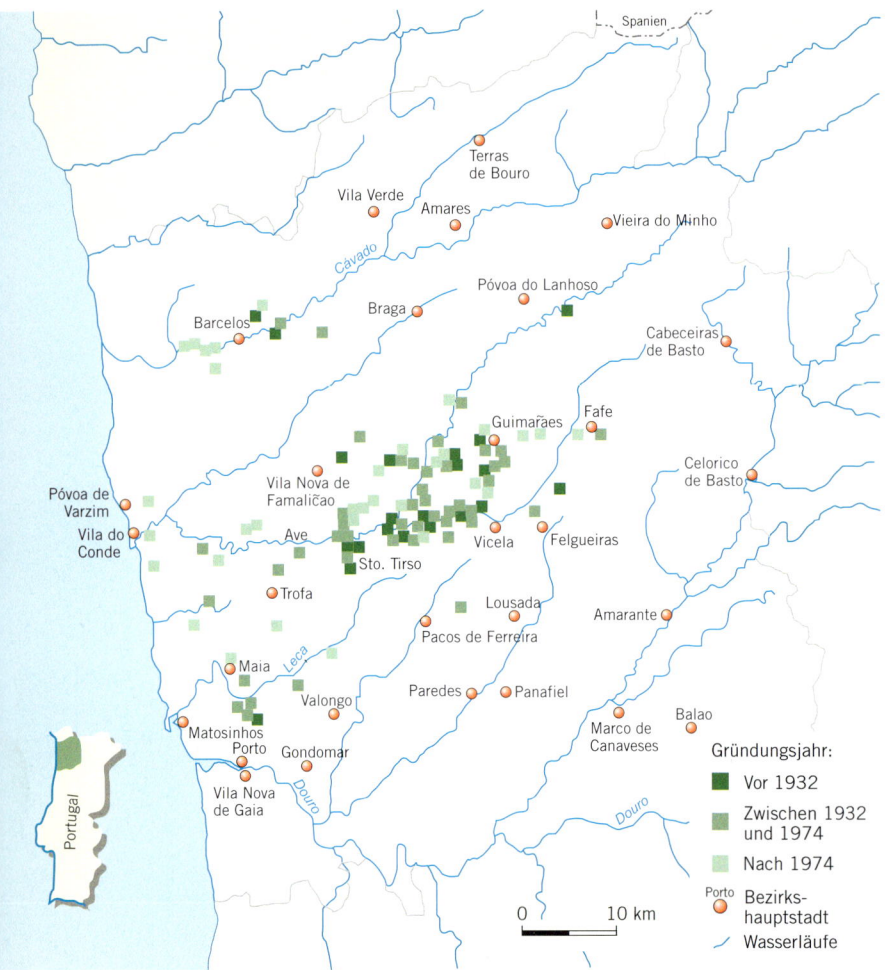

Abb. 88: *Textilfirmen in Nordportugal*

Diese wiederum werden als Glieder einer Produktions-„Filière"-Kette zunehmend in übergeordnete Netzwerke eingebunden und benötigen somit keine zentralen Serviceleistungen aus Porto mehr. Das Ergebnis ist eine Entkoppelung der Entwicklung der Textilindustrie in Nordportugal vom ehemaligen Steuerungszentrum Porto.

Spanien

Das wirtschaftsräumliche Standortmuster Spaniens ist dreipolig angelegt und speist sich aus verschiedenen ursächlichen Komponenten, wobei die Rohstofforientierung nur in einem einzigen Fall zum Tragen kommt: Die küstennahen Eisenerzlager des Baskenlandes wurden hier zum Ansatzpunkt für eine Schwerindustrie, wobei es allerdings eines „Umwegs" über England bedurfte. Die englische Stahlindustrie importierte seit der zweiten Hälfte des 19. Jh. baskisches Eisenerz. Als preiswerte Rückfracht führten die Schiffe englische Kokskohle ins Baskenland. Begünstigt durch den Naturhafen der Ría von Bilbao und getragen von einem besonderen baskischen Unternehmergeist entwickelte sich im unteren Talabschnitt des Río Nervión das erste und einzige Schwerindustriegebiet Spaniens. Die „Altos Hornos de Vizcaya" waren bereits 1902 der große spanische Eisenhüttenkonzern. Der Aufstieg des baskischen Schwerindustriegebietes vollzog sich bemerkenswerterweise unabhängig von den asturischen Kohlevorkommen, die zwar geographisch nahe lagen, aufgrund ihres hohen Fettkohleanteils aber zum Verkoken weniger geeignet waren. Im baskischen Industrierevier entwickelten sich Schwermaschinenbau sowie leistungsfähige Schiffsbauwerften ebenso wie chemische Großbetriebe. Den vorläufigen Höhepunkt der großindustriellen Entwicklung im Baskenland markiert die Inbetriebnahme der Raffinerie von Petronor 1971. Als Folge regionaler Ausstrahlungseffekte konzentrierte sich die baskische Industrie mit zunehmender Diversifizierung auf die baskischen Küstenprovinzen. Die einzige baskische Binnenprovinz (Álava) erfuhr erst sehr viel später einen wirtschaftlichen Entwicklungsschub, als die Ballungsnachteile des Schwerindustriereviers in Form gravierender Umweltbelastungen immer deutlicher wurden.

Zur zweiten Keimzelle der modernen spanischen Wirtschaftsentwicklung wurde Katalonien. Sie basierte nicht auf der Grundstoffindustrie, sondern auf der frühindustriellen Textilverarbeitung (Baumwolle) mithilfe englischer Maschinentechnik und wurde durch den Wasserreichtum der Flüsse auf der Südabdachung der Pyrenäen gefördert, die zunächst für den Antrieb der Webmaschinen sorgten und später für die Elektrizitätserzeugung. Aus dieser Keimzelle heraus entwickelte sich neben dem Maschinenbau auch eine breit gefächerte chemische Industrie, die ihrerseits ihre Ursprünge in der Textilverarbeitung hat (Seifen für die Reinigung der Wolle ebenso wie Färbemittel).

Beiden genannten regionalen Schwerpunkten der industriellen Entwicklung Spaniens gemeinsam ist

Düngemittelfabriken in Vilafranca de Xira bzw. in Barreiro oder die Erdölraffinerie am Cabo Ruivo). Daran hat auch die Ausweisung eines Industriepols bei Sines an der Südküste (Niederalentejo) nichts geändert. Sines hat die in das gleichnamige Entwicklungsprojekt gesetzten Hoffnungen in keiner Weise erfüllt.

Vernetzte Strukturen in der industriellen Fertigung beeinflussen aber auch das historisch gewachsene regionale Standortmuster, wie das Beispiel der Textilindustrie in der Region Porto belegt (Pires da Fonseca 2001). Diese geht auf die Baumwollverarbeitung zurück, die für die Region ebenso wie für die Stadt seit der zweiten Hälfte des 19. Jh. bestimmend wurde. Die wichtigste Funktion der Stadt Porto war dabei die eines Kontroll- und Steuerungszentrums, vornehmlich als Sitz der Firmenverwaltungen, aber auch von Forschungs- und Entwicklungseinrichtungen. Die eigentlichen Fertigungsstätten lagen (und liegen weiterhin) im ländlichen Hinterland in den Flusstälern von Ave, Leça und Cávado (vgl. Abb. 88). Inzwischen hat allerdings kein einziges der 100 größten Textilunternehmen der Region mehr seinen Firmensitz in der Stadt Porto, weil die moderne Kommunikationstechnologie die Nachteile dezentraler Standorte kompensiert.

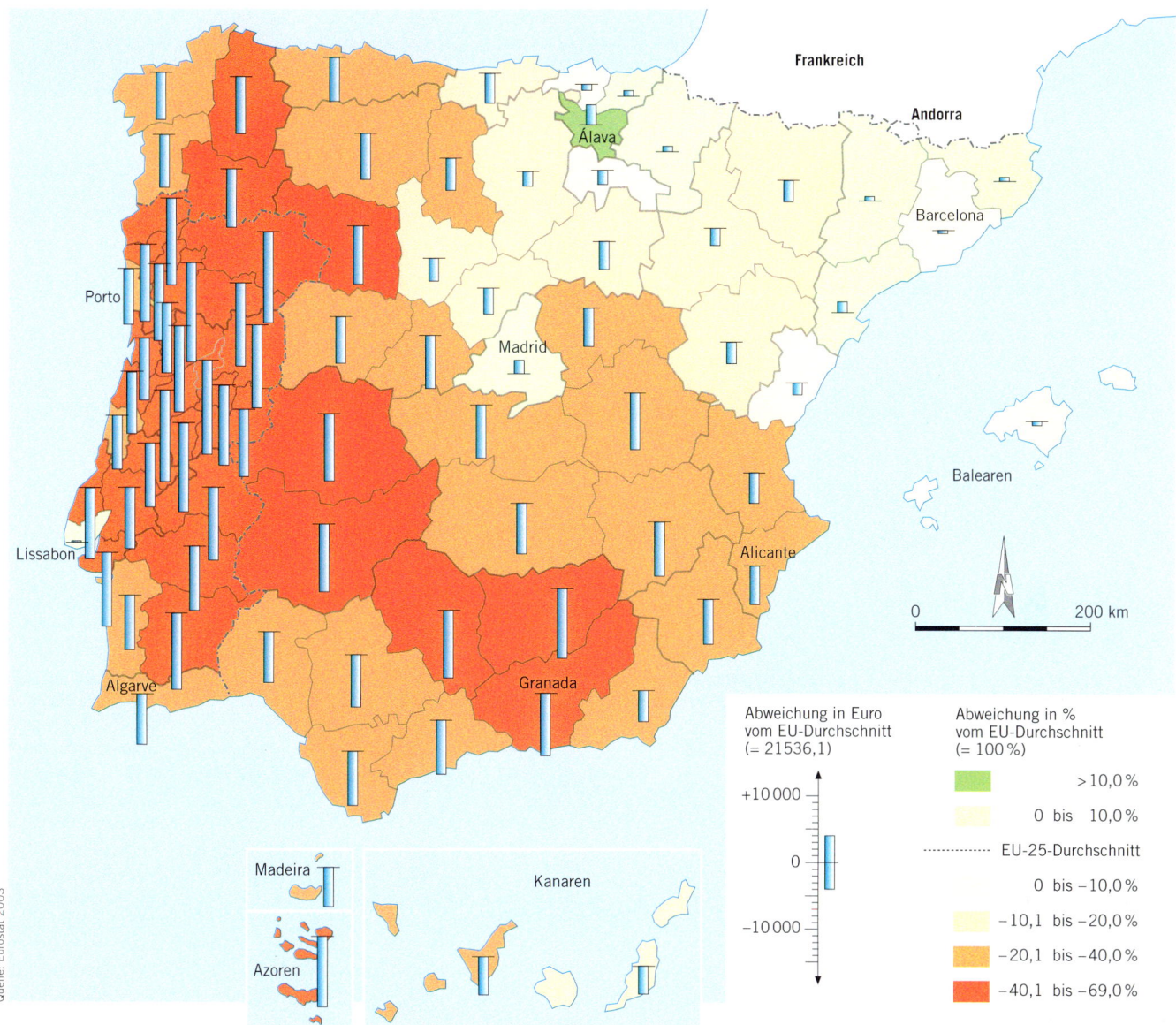

Quelle: Eurostat 2003

Abweichung in Euro
vom EU-Durchschnitt
(= 21536,1)

+10000

0

−10000

Abweichung in %
vom EU-Durchschnitt
(= 100 %)

🟩	> 10,0 %
	0 bis 10,0 %
··········	EU-25-Durchschnitt
	0 bis −10,0 %
	−10,1 bis −20,0 %
	−20,1 bis −40,0 %
	−40,1 bis −69,0 %

die Küstenlage. Zudem werden beide Keimzellen der modernen spanischen Wirtschaftsentwicklung gleichzeitig von sprachlichen Minderheiten getragen, deren Wirtschaftsgeist sich grundsätzlich vom kastilischen Ideal des herrschaftlichen Grundeigentümers unterschied: Im Baskenland ebenso wie in Katalonien verband sich ein selbstbewusstes Bürgertum mit technischer Aufgeschlossenheit und eigenständigem Unternehmensgeist, sämtlich Eigenschaften, die in Kastilien kaum entwickelt waren.

Als drittes regionales Wirtschaftszentrum, das in der modernen Wirtschaftentwicklung Spaniens eine führende Rolle spielt, ist die Hauptstadt Madrid zu nennen (Abb. 89). Der Großraum Madrid bildet in mehrfacher Hinsicht eine Ausnahme im wirtschaftsräumlichen Ordnungsmuster Spaniens. Dazu gehört seine küstenferne Lage im Binnenland ebenso wie das Fehlen jedweder wirtschaftlich verwertbarer Rohstoffe oder sonstiger materieller Ressourcen.

Die Ursache für die wirtschaftliche Führungsrolle von Madrid erwächst alleine aus der Funktion der Stadt als administrativer Mittelpunkt eines zentralistisch organisierten Staates. Diese einzige primäre Funktion von Madrid wurde im 20. Jh. zum Anstoß für ein zuwanderungsbedingtes Wachstum der Hauptstadt in bis dahin nicht gekannten Ausmaßen. Erst dieser Zustrom bescherte der Stadt den bis heute wichtigsten Standortfaktor, der in seinem Arbeitskräfte- und Konsumentenpotenzial liegt. Gleichzeitig profitierte der Standort im geographischen Zentrum der Iberischen Halbinsel trotz seiner Küstenferne von einer guten Erreichbarkeit, die wiederum dem zentral auf Madrid zugeschnittenen Verkehrswegenetz geschuldet ist.

Dieses Alleinstellungsmerkmal des Wirtschaftszentrums Madrid erwies sich gegen Ende des 20. Jh. als entscheidender Vorteil gegenüber den konkurrierenden Wirtschaftszentren im Baskenland bzw. in

Abb. 89: Regionales Bruttoinlandsprodukt zu Marktpreisen 2002

Katalonien. Weder Schwerindustrie noch Großchemie oder andere Grundstoffindustrien hatten großflächig Altlasten hinterlassen – stattdessen war die Branchenstruktur im Großraum Madrid vielfältig differenziert. So erklärt es sich, dass Madrid als einer von drei industriell-gewerblichen regionalen Schwerpunkten in Spanien den Strukturwandel von der „alten" Industrie zu postfordistischen, vernetzten Wirtschaftsstrukturen am besten verkraftet hat.

Das katalonische Industriegebiet um Barcelona musste deutlich größere Anstrengungen zur Sanierung der veralteten, unzeitgemäßen industriellen Infrastrukturanlagen unternehmen. Dies ist inzwischen dank erheblicher Finanzmittel der EU weitgehend gelungen; die Kernstadt Barcelona konnte sich zusätzlich mithilfe strategischer Großprojekte sanieren (vgl. Kapitel „Die Ballungsräume").

Das baskische Industrierevier wurde von der Krise der traditionellen Schwerindustrie mit den bekannten Begleiterscheinungen (Energiekrise, Werftenkrise usw.) am stärksten getroffen. Der durch die weltwirtschaftliche Entwicklung erzwungene Strukturwandel war hier auch zum Beginn des 21. Jh. noch nicht abgeschlossen. Innerhalb Europas ist das baskische Industrierevier unter den vergleichbaren Schwerindus-

triegebieten Englands, Frankreichs und Spaniens das Schlusslicht im Umstrukturierungsprozess. Das größte Problem des Baskenlandes besteht darin, dass bisher kein vollwertiger Ersatz für die verloren gegangene industrielle Funktion in Sicht ist.

Zu den Gewinnern des Strukturwandels gehören u. a. die Verdichtungsräume von Zaragoza, Sevilla – und Valencia. Die Stadt an der Levanteküste versucht gegenwärtig erfolgreich, sich aus dem Schatten des ungeliebten katalonischen Nachbarn zu lösen. Je nach wirtschaftlichem Indikator (wie z. B. der Entwicklung der Erwerbstätigen nach Wirtschaftssektoren; vgl. Breuer 1995b) zeigt Valencia Ansätze, die Nachfolge des Baskenlandes als dritter regionaler Wirtschaftsschwerpunkt innerhalb Spaniens anzutreten. Sollte sich dieser Prozess weiter verstärken, würde sich der regionale Schwerpunkt der spanischen Wirtschaft nochmals stärker zur Mittelmeerküste hin verschieben.

Die regionale Differenzierung des Bruttoinlandsprodukts belegt einerseits die Persistenz dieser geschilderten historisch-ökonomischen Raummuster, andererseits die weiterhin beträchtlichen räumlichen Disparitäten in Portugal ebenso wie in Spanien.

Ausländische Direktinvestitionen

Regionale und branchenspezifische Verteilung

Unter ausländischen Direktinvestitionen wird ein investiver Kapitaltransfer ins Ausland verstanden, der das Ziel verfolgt, komparative Kostenvorteile ausländischer Produktionsstandorte zu nutzen. Damit ist im Regelfall eine mehr oder minder starke Einflussnahme auf das Wirtschaftsgeschehen im Zielland verbunden, die ihrerseits sehr unterschiedlich ausfallen kann, je nach der getätigten Investitionsform (Neugründung, Akquisition, Kapitalerhöhung). Sogenannte Portfolio-Investitionen im Kontext eines spekulativen Kapitaltransfers zählen nicht zu ausländischen Direktinvestitionen im engeren Sinne und bleiben deshalb hier unberücksichtigt. In der Summe bezieht sich die mögliche Einflussnahme ausländischer Direktinvestitionen im Zielland einerseits auf die Zusammensetzung des Branchenspektrums, andererseits auf die Stärkung von Standorten. Ausländische Direktinvestitionen können damit vorhandene regionale Disparitäten verstärken oder abschwächen.

Unter den verschiedenen auslösenden Faktoren für ausländische Direktinvestitionen nehmen die länderspezifischen Rahmenbedingungen einen eigenständigen Stellenwert ein. Dunning (1979, 1981) bezeichnet sie in seinem theoretischen Modell als „locational advantages". Für die Situation der Iberischen Halbinsel als Zielgebiet ausländischer Direktinvestitionen lassen sich für die zweite Hälfte des 20. Jh. diese länderspezifischen Standortbedingungen präzisieren: Hier sind in erster Linie die im westeuropäischen Kontext niedrigen Lohnkosten zu nennen, die Länder wie Portugal und Spanien für

die verarbeitende Industrie besonders attraktiv machten. Freund (1995) spricht in diesem Zusammenhang von der „westeuropäischen Arbeitsteilung" – in den Wirtschaftswissenschaften benutzt man den Begriff des „global sourcing". Im Falle der Iberischen Halbinsel wurde der Faktor günstiger Lohnkosten zusätzlich durch die geringe Streikbereitschaft der iberischen Arbeitnehmer aufgewertet. Zu den weiteren Standortvorteilen zählten in der Vergangenheit beachtliche wirtschaftspolitische Anreize: Sie bestanden in der Regel aus direkten (Fördermittel) und indirekten (Steuervorteile) staatlichen Beihilfen. Portugal war darüber hinaus seit 1960 für westeuropäische Investoren als Produktionsstandort interessant, weil auf diese Art und Weise ein zollfreier Zugang zu den EFTA-Staaten erreicht werden konnte. Für die Investitionsentscheidung ausländischer Kapitaleigner ist schließlich auch die Sicherheit des politischen Umfelds von Bedeutung. In diesem Zusammenhang galten die Diktaturen in Portugal und Spanien als Garanten für ein kalkulierbares Investitionsklima. Vor diesem Hintergrund hatte die „Nelkenrevolution" in Portugal 1974 zunächst einen Einbruch bei den ausländischen Direktinvestitionen zur Folge, wobei das konservativ-kleinbäuerliche Nordportugal bei ausländischen Investoren noch am ehesten als „vertrauenswürdig" galt. Auch bei Investitionen im spanischen Baskenland sind ausländische Investoren erkennbar zurückhaltend (vgl. Harsche 2001).

Investitionen ausländischen Kapitals in die iberische Wirtschaft sind kein neues Phänomen. Die frühe Industrialisierung Spaniens beispielsweise begann in der Mitte des 19. Jh. und basierte in den Anfängen ausschließlich auf ausländischem Kapital. Zwischen 1871 und 1914 gab es alleine in Spanien 74 ausländische bergbautreibende Gesellschaften, von denen die überwiegende Mehrheit in britischer Hand war. Die bekannteste unter ihnen ist gleichzeitig die älteste, nämlich die Río Tinto Company, die 1873 gegründet wurde. Die Montanwirtschaft, die auf diese Art und Weise in Spanien aufgebaut wurde, war ausnahmslos exportorientiert: Die meiste Kohle wurde nach England exportiert. Die frühen britischen Investitionen in die iberische Landwirtschaft (Sherry und Portwein) wurden bereits im Kapitel über den Weinbau angesprochen.

Dagegen gab es aber auch ausländische Investitionen in Sektoren, die sich auf den spanischen Binnenmarkt hin orientierten. Dazu gehörte beispielsweise der Ausbau des Eisenbahnnetzes. Die ersten Eisenbahnen in Spanien waren Stichbahnen, die zwischen den Bergbaugebieten im Landesinnern und den jeweils nächstgelegenen Häfen angelegt wurden. Diese Bahnlinien wurden im Wesentlichen durch französisches (Pereire, Rothschild) bzw. belgisches („Barcelona Traction") Kapital finanziert.

Aus deutscher Sicht erwähnenswert ist das Engagement von Siemens in Portugal: Die offizielle Gründung des Tochterunternehmens erfolgte bereits 1905 mit Standorten in Lissabon und Porto. Siemens zählte damit zu den Pionieren der deutschen Industrie in Portugal.

Ungeachtet einer Vielzahl weiterer Beispiele für frühe ausländische Direktinvestitionen in Spanien ebenso wie in Portugal kommt den ausländischen Direktinvestitionen seit den 1960er-Jahren eine bis heute wirksame, impulsgebende Bedeutung zu. Im Falle Spaniens spricht man für die Phase zwischen 1960 und 1974 sogar vom „spanischen Wirtschaftswunder". Ausgangspunkt war der sog. Stabilisierungsplan aus dem Jahr 1959, der in Spanien erstmals ausländische Kapitalbeteiligungen bis 49 % ermöglichte und auch den Gewinntransfer in die Herkunftsländer der Investoren erlaubte. Betrug der Anteil der Direktinvestitionen an allen ausländischen Investitionen in Spanien 1959 noch 14 %, so stiegen sie bis 1970 auf 26,3 %. Im gleichen Zeitraum erreichte die durchschnittliche Wachstumsrate des Bruttosozialprodukts 7,3 % (Harsche 2001, S. 71 f.). Portugals Diktatur folgte dem spanischen Beispiel zeitversetzt – 1965 wurden auch in Portugal ausländische Unternehmen ohne restriktive Beschränkungen zugelassen.

Das ausländische Kapital, das in den 1960er-Jahren in die spanische bzw. portugiesische Volkswirtschaft floss, war vergleichsweise breit gestreut. Dennoch ist eine gewisse Konzentration auf bestimmte Branchen festzustellen. In Spanien profitierte die chemische und pharmazeutische Industrie mit 26,3 % aller von 1959 bis 1974 getätigten ausländischen Direktinvestitionen am stärksten (Harsche 2001, S. 73); in Portugal war die Elektronik- bzw. Elektrotechnik-Branche der größte Nutznießer,

gefolgt vom Automobilbau. In Spanien erreichte der Metall- und Maschinenbau 16,3 %, die Automobil-(Teile-)Fertigung brachte es auf 9,2 % aller ausländischen Direktinvestitionen. Insgesamt waren die ausländischen Direktinvestitionen zur Zeit der Salazar-Diktatur in Portugal stärker gestreut – u. a. floss skandinavisches, britisches, deutsches, französisches und schweizerisches Kapital auch in traditionelle Branchen wie Textil und Bekleidung.

Das „spanische Wirtschaftswunder" fand 1974 durch die weltwirtschaftliche Rezession als Ergebnis der sog. Ölkrise ein abruptes Ende. Jetzt rächte sich, dass der Boom der spanischen Industrie nach 1960 in erster Linie auf dem Import von Erdöl (als Rohstoff ebenso wie als Energielieferant) basierte. Das galt gleichermaßen für Portugal, dessen wirtschaftliche Leistungsfähigkeit zusätzlich durch die Entlassung der letzten afrikanischen Kolonien in die Unabhängigkeit und die daraus resultierenden Folgen geschwächt war (vgl. Kapitel „Geschichte und Politik").

Den Beitritt zur EG am 1. Januar 1986 mussten beide iberische Staaten sich mit teilweise schmerzlichen Einschnitten „verdienen". Im Wesentlichen ging es um einen sog. „Verschlankungsprozess", d. h. um den Abbau von unproduktiven Arbeitsplätzen. Davon war Spanien mit seinen veralteten Altindustriestandorten ungleich stärker betroffen als Portugal, das dank fehlender industrieller Tradition auch weniger an industriellen Altlasten zu beseitigen hatte. Zwischen 1975 und 1985 gingen in Spanien 774 000 industrielle Arbeitsplätze verloren, davon weit über die Hälfte (587 000) in den metropolitanen Ballungsräumen (Caravaca & Mendez 1994). Sie waren von diesem erzwungenen Modernisierungsprozess der Industrie am stärksten betroffen (Madrid –25,2 % der industriellen Arbeitsplätze, Valencia –29,7 %, Barcelona –31,7 %).

Die nach dem EG-Beitritt folgende Phase der wirtschaftlichen Erholung wurde ganz wesentlich durch ausländische Direktinvestitionen mitbestimmt und gesteuert. In der Zeit von 1988 bis 1999 flossen allein nach Spanien jährlich 192 Mrd. DM (98 Mrd. €) und lösten dort einen erneuten wirtschaftlichen Boom aus (Tab. 44). Nach den Berechnungen von Harsche (2001) erfolgten 29,6 % der von 1987–1996 in Spanien getätigten Direktinvestitionen in Form von Neugründungen; 27,0 % flossen in die Akquisition bis dahin nationaler Unternehmen, 38,6 % dienten der Kapitalerhöhung in bereits bestehenden Zweig- oder Tochterunternehmen. In den zehn Jahren nach dem EG-Beitritt (1987–1996) kamen 84,9 % aller in Spanien getätigten ausländischen Direktinvestitionen aus den EU-Mitgliedsländern. In Portugal bestand ursprünglich die Befürchtung, dass europäische Investoren beim gemeinsamen EG-Beitritt Portugals und Spaniens ihre Investitionen auf Produktionsstandorte in Spanien konzentrieren könnten, doch hat sich diese Befürchtung keineswegs bewahrheitet: Im Vergleich zu Spanien konnte Portugal in den ersten acht Jahren nach dem EG-Beitritt sogar mehr ausländische

Wirtschaftszweig	Investitions-projekte		Gesamtes Investitionsvolumen	
	Anzahl	%	Mrd. Pts	%
Chemische und Pharmazeutische Industrie	1317	16,5	1516,9	19,5
Ernährungsgewerbe	1050	13,2	1272,8	16,3
Herst. von Kraftwagen und Kraftwagenteilen	580	7,3	1040,2	13,4
Glasgewerbe, Keramik, Verarbeitung von Steinen und Erden	349	4,4	837,6	10,8
Papier-, Verlags- und Druckgewerbe	814	10,2	703,9	9,0
Herst. von Geräten der Elektrizitätserzeugung	429	5,4	468,9	6,0
Herst. von Gummi- und Kunststoffwaren	328	4,1	307,8	4,0
Maschinenbau	562	7,0	232,7	3,0
Rundfunk-, Fernseh- und Nachrichtentechnik	269	3,4	229,1	2,9
Herstellung von Metallerzeugnissen	403	5,1	195,5	2,5
Kokerei, Mineralölverarbeitung	20	0,3	175,9	2,3
Baugewerbe	744	9,3	166,9	2,1
Leder-, Textil- und Bekleidungsgewerbe	396	5,0	161,3	2,1
Herst. von Büromaschinen und Datenverarbeitungsgeräten	63	0,8	99,4	1,3
Metallerzeugung und -bearbeitung	112	1,4	88,3	1,1
Sonstiger Fahrzeugbau	90	1,1	87,1	1,1
Energieversorgung	51	0,6	62,3	0,8
Wasserversorgung	77	1,0	42,3	0,5
Medizin-, Mess- und Regelungstechnik	91	1,1	29,7	0,4
Herst. von Möbeln, Schmuck, sonst. Produkten	211	2,6	29,3	0,4
Holzgewerbe	10	0,1	17,7	0,2
Tabakverarbeitung	3	0,0	14,1	0,2
Recycling	6	0,1	5,4	0,1
Summe	*7 975*	*100,0*	*7784,9*	*100,0*

Tab. 44: *Ausländische Direktinvestitionen in Spanien nach Wirtschaftszweigen des verarbeitenden Gewerbes 1988–1996*

Quelle: Harsche 2001, S. 83

Investitionen verbuchen als Spanien (Freund 1995, S. 288).

Pudemat (1997) kann für Portugal belegen, dass 64 % der Investitionssumme und sogar 95 % der Investitionsprojekte zwischen 1987 und 1990 in lohnkostensensible Produktionsbereiche geflossen sind. Der Fall des Eisernen Vorhangs hat diesen komparativen Wettbewerbsvorteil erheblich geschwächt: Schon 1991 bis 1994 erfuhr Portugal einen spürbaren Rückgang der ausländischen Direktinvestitionen zugunsten alternativer Produktionsstandorte in Mittel- und Osteuropa für Produktlinien, wo vornehmlich standardisierte Produktionsabläufe eingesetzt werden können. Besonders betroffen sind davon vertikal integrierte Produktionsketten in den Branchen Textil, Bekleidung, Unterhaltungselektronik sowie bei Kfz-Komponenten. Die offenkundige Instabilität des komparativen Lohnkostenvorteils als Wirtschaftsfaktor in Portugal ebenso wie in Spanien wurde von anderen Autoren gleichermaßen herausgestellt (Breuer 1995b, S. 269; Freund 1995, S. 291) und bestätigt sich zu Beginn des 21. Jh. weiterhin.

Die ausländischen Direktinvestitionen verteilen sich auf bestimmte Branchen:

■ In Spanien profitierte die chemische und pharmazeutische Industrie mit 19,5 % (1988–1996; Harsche 2001, S. 83) am stärksten vom ausländischen Kapital, gefolgt von der Nahrungswirtschaft (16,3 %), dem Automobilbau (13,4 %) und dem Segment Glas/Keramik/Steine/Erden (10,8 %).

■ In Portugal (1980–1992) erreichten die Branchen Glas/Keramik (14,5 %), Nahrungs- und Genussmittel (12,6 %) und Papier (10,1 %) einen Anteil von mehr als 10 % an den ausländischen Direktinvestitionen (Freund 1995). Die traditionsreiche Branche Textil/Bekleidung/Schuhe erwies sich zuletzt hingegen als weniger interessant für ausländische Kapitalanleger in Portugal (Tab. 45).

■ In der Zeit von 1980 bis 1992 nahm der Fahrzeug- und Maschinenbau in Portugal mit 28,6 % aller ausländischen Direktinvestitionen den ersten Rang ein (Freund 1995, S. 288).

Seit Mitte der 1990er-Jahre sind die Investitionen im verarbeitenden Gewerbe (und hier insbesondere im Maschinenbau, in der Chemie und Pharmazie sowie bei Kfz-Komponenten) – bei gleichzeitiger Zunahme im Dienstleistungssektor – rückläufig. Davon profitiert insbesondere das Banken-/Kreditgewerbe. Aus einer Erhebung der deutschen Außenhandelskammer in Portugal geht weiterhin hervor, dass zwischen 2000 und 2002 ca. 200 Mio. € aus Deutschland in Portugal investiert wurden, davon ca. 170 Mio. in die dortige Industrie. Dieses Kapital wurde aber weniger in Neugründungen als vielmehr

Branchenhauptgruppe	Summe 1980–86		Summe 1987–90		Summe 1991–94		Summe 1980–94	
	in Mrd. Escudos	in %	in Mrd. Escudos	in %	in Mrd. Escudos	in %	in Mrd. Escudos	in %
31 – Nahrung	5	9,80	28	10,11	51	13,47	84	11,88
32 – Textil	4	7,61	22	7,89	18	4,90	44	6,27
33 – Holz	1	2,32	5	1,84	13	3,41	19	2,72
34 – Papier	10	18,20	22	7,92	42	11,14	74	10,45
35 – Chemie	10	18,14	66	24,17	94	24,87	170	24,07
36 – TSE*	2	2,92	25	9,28	64	16,89	91	12,84
37 – Metall	4	7,92	2	0,84	7	1,90	14	1,96
38 – Maschinen	18	31,94	102	37,37	84	22,32	204	28,91
39 – Sonstiges	1	1,14	2	0,58	4	1,09	6	0,90
Gesamt	*55*	*100,0*	*274*	*100,0*	*376*	*100,0*	*706*	*100,0*

* Glasgewerbe, Keramik und Verarbeitung von Steinen/Erden

Quelle: Pudemat 1997, S. 137

Tab. 45: *Kumulierte ausländische Direktinvestitionszuflüsse im verarbeitenden Gewerbe Portugals nach Branchenhauptgruppen*

in Ersatz- und Rationalisierungsmaßnahmen eingesetzt (AHK 2003, S. 9).

In der Summe haben die ausländischen Direktinvestitionen das Branchenspektrum in Portugal ebenso wie in Spanien akzentuiert und modifiziert, aber nicht grundsätzlich umgestaltet. Die außerordentliche Dominanz der Branche Textil/Bekleidung/Leder beispielsweise bleibt weiterhin ein besonderes Merkmal der portugiesischen Industrie.

Die regionale Verteilung der ausländischen Direktinvestitionen lässt sich nur mit gewissen Einschränkungen rekonstruieren (Abb. 90). Bei Ortsangaben für ausländische Direktinvestitionen wird der Firmen-(haupt)sitz im Zielland registriert. Er muss nicht notwendigerweise mit der Lage des Betriebs identisch sein. Vielmehr dürfte er vielfach in der regionalen oder gar in der nationalen Hauptstadt liegen. Deshalb ergeben sich extrem hohe Anteile für Lissabon (73,3 % aller ausländischen Direktinvestitionen in Portugal zwischen 1991 und 1994) und für Madrid (42,5 % für Spanien 1987–1996). In Spanien erreichte außer Katalonien (mit 28,4 %) keine einzige Autonome Region Werte von mehr als 10 %. Auf Rang 3 liegt Andalusien weit abgeschlagen mit 6,3 %.

Innerhalb Portugals ist das Bild der regionalen Verteilung ähnlich unausgewogen: Auf den Norden mit dem Ballungsraum Porto entfallen 14,5 %, auf „Mittelküsten"-Portugal nur noch 5,5 %. Der bevölkerungsstarke Norden Portugals wurde insbesondere von deutschen Investoren schon in den 1960er-Jahren bevorzugt:

- 1965 errichtete GRUNDIG in Braga ein Werk für Fernsehgeräte bzw. Unterhaltungselektronik, das 1990 ca. 2400 Beschäftigten Arbeit bot.
- In jenem Jahr folgte Blaupunkt (ein Unternehmen der BOSCH-Gruppe) am gleichen Standort mit einer Fabrik für Autoradios. Seit 1999 werden Blaupunkt-Autoradios fast ausschließlich in Nordportugal gefertigt. 2005 belief sich die Jahresproduktion auf mehr als 4 Mio. Autoradios bei einer Belegschaft von knapp 2000 Beschäftigten.
- In Vila do Conde (nahe Porto) produziert Siemens seit 1996 Speicherchips. Mit der Ausgliederung

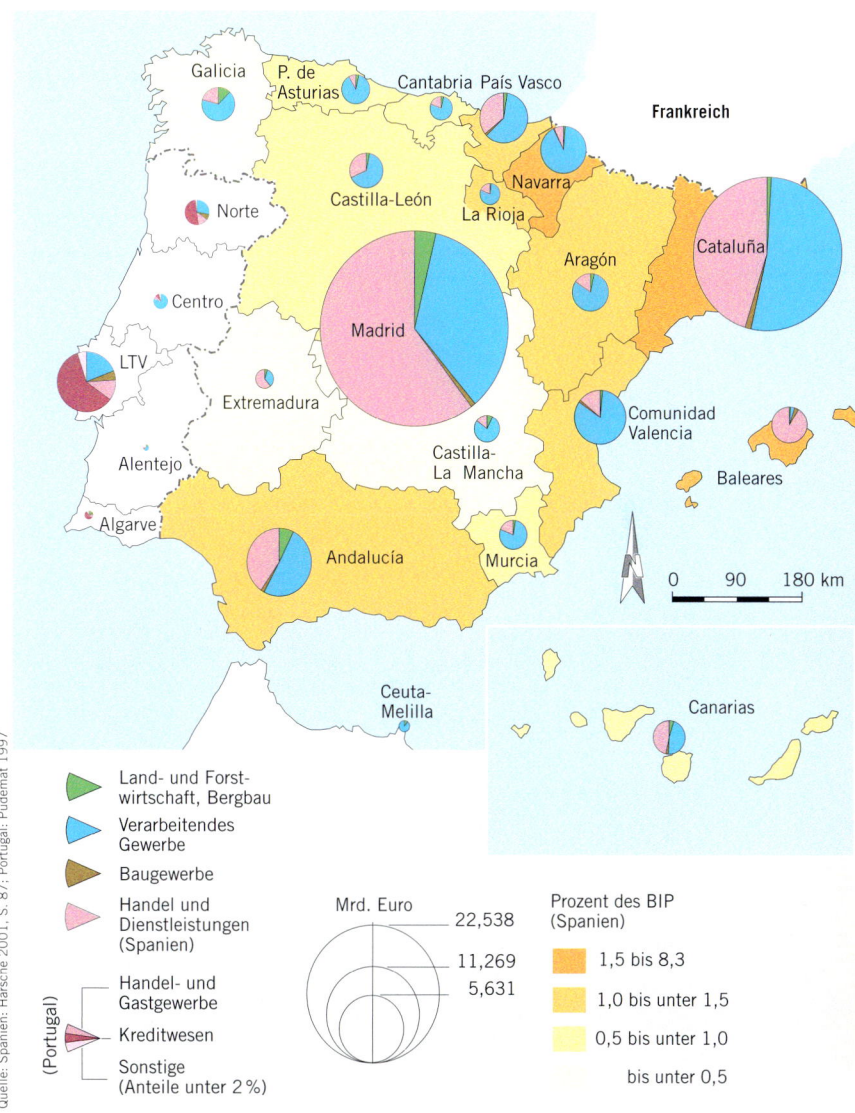

Quelle: Spanien: Harsche 2001, S. 87; Portugal: Pudemat 1997

Abb. 90: *Ausländische Direktinvestitionen in den Autonomen Regionen Spaniens (1988–1996) und NUTS-II-Regionen Portugals (1991–1994)*

des Halbleiterbereichs in das Tochterunternehmen „Infineon Technologies AG" wurde die Fertigungsanlage von 2000 bis 2002 nochmals modernisiert. Bis dahin flossen allein von Siemens ca. 560 Mio. € an den Standort Porto.

Sowohl diese jüngste Entwicklung als auch die von Pudemat (1997) und Harsche (2001) ermittelten Zahlen bestätigen die Einschätzungen von Kulke (1993) und Breuer (1995b), dass die ausländischen Direktinvestitionen die regionalen wirtschaftlichen Disparitäten innerhalb der beiden iberischen Staaten nochmals zusätzlich verschärft haben. Periphere Wirtschaftsstandorte werden damit erneut benachteiligt. Pudemat weist zu Recht darauf hin, dass in Nordportugal durch den Ausbau von Fernverkehrsverbindungen mit Spanien und Westeuropa auch periphere Standorte begünstigt wurden. Gleichzeitig sind es genau diese Standorte, die aufgrund ihrer branchenspezifischen, lohnkostensensiblen und standardisierten Produktionsabläufe am stärksten durch die Konkurrenz von Billiglohnländern in Osteuropa gefährdet sind. Die kumulativen, vor- und nachgelagerten Koppelungseffekte bleiben für die regionale wirtschaftliche Entwicklung darüber hinaus gering, weil gerade bei vertikal integrierten Produktionsketten über 90 % der produzierten Güter exportiert werden, wobei der Zulieferanteil portugiesischer Betriebe nur wenig mehr als 10 % erreicht. Vor diesem Hintergrund sieht Pudemat (1997, S. 223 f.) für die „klassischen" arbeitsintensiven Branchen der Industrie an peripheren Standorten wenig Zukunftschancen. Als Beleg für diese Einschätzung kann der Industriepark von Castelo Branco (in der gleichnamigen Distrikthauptstadt in Zentralportugal nahe der spanischen Grenze) dienen. Auf einer Fläche von 2,6 km^2 mit knapp 100 gewerblichen Parzellen waren dort bis 1993 allein 3135 industrielle Arbeitsplätze geschaffen worden, u. a. auf der Basis von Direktinvestitionen aus Deutschland und der Schweiz (Pudemat 1997, S. 198 ff.). Bis zum Herbst 1998 waren allerdings bereits Leerstände und eine Zunahme von Dienstleistungsbetrieben mit regionaler Ausstrahlung (Autohäuser, Supermärkte u. Ä.) zu beobachten. Ein wesentlicher Standortnachteil bleibt offenkundig die fehlende Autobahnanbindung.

Harsche (2001) schätzt die Situation in Spanien weniger pessimistisch ein, weil er auf die deutlich besser ausgebaute Verkehrsinfrastruktur verweisen kann. Offenkundig liegt mittel- und längerfristig die Zukunft der portugiesischen ebenso wie der spanischen Wirtschaft in technologieintensiven Branchen mit hoch qualifizierten Beschäftigten. Das größte Potenzial für ein solches Szenario haben aber zweifellos die wenigen, durch ausländische Direktinvestitionen nochmals gestärkten wirtschaftlichen Kerngebiete der Iberischen Halbinsel (vgl. Abb. 90). Auf dem weiteren Weg zur hochtechnisierten Informationsgesellschaft hat Portugal zwei zentrale Problemfelder: Die Bildungsabschlüsse (und hier insbesondere der Anteil der Hochschulabsolventen) sind (beispielsweise im Vergleich zu Irland)

bei Weitem zu niedrig. Hinzu kommt, dass die Branchen der portugiesischen Wirtschaft bisher noch allzu wenig Gebrauch von der modernen Informations- und Kommunikationshochtechnologie machen. Dabei spielt offenkundig auch die unterdurchschnittliche Schulbildung vieler portugiesischer Unternehmer eine Rolle.

Eine besondere Facette zur Raumwirksamkeit ausländischer Direktinvestitionen in Spanien steuert Harsche (2001) durch einen akteursorientierten Ansatz bei. Seine Befragung von 100 Tochtergesellschaften deutscher Unternehmer in Spanien erbringt teilweise vermutete, teilweise überraschende Ergebnisse zur Motivation deutscher Kapitalanleger. Zum Einen kann er bestätigen, dass sich die Gewinnerwartung deutscher Unternehmen vornehmlich auf die Nutzung angenommener eigener technologischer Wettbewerbsvorteile in Spanien stützt. Bemerkenswerterweise werden die (vorgeblich günstigen) Lohnkosten im Zielland aber als eher nachrangig eingestuft, insbesondere nach der Öffnung der osteuropäischen Arbeitsmärkte. Zum Anderen wird dem Verbrauchermarkt im Zielland eine zunehmende Aufmerksamkeit zuteil. Wirklich überraschend ist der Befund, dass die Entscheidung für einen konkreten Standort in Spanien auf eher zufälligen Informationen basierte, wobei häufig nicht einmal alternative Standorte ausgelotet wurden. Direkte regionale wirtschaftliche Effekte ergeben sich u. a. in der Fahrzeugbauindustrie, wo die räumliche Nähe zu Zulieferbetrieben ausdrücklich gesucht wird (als eine Folge der *just-in-time*-Produktion). Darüber hinaus bekannten die befragten Industriemanager auch, dass sie durchaus sowohl die konkurrierenden Rivalitäten der spanischen Autonomen Regionen untereinander als auch jene zwischen der Zentralverwaltung in Madrid und den Regionen gezielt für ihre Standortinteressen nutzen.

Entwicklungsphasen und Standortmuster des Automobilbaus in Spanien

In einer außerordentlich faktenreichen Arbeit konnten Lagendijk & van der Knaap (1995a) darlegen, dass die jüngste Industriegeschichte Spaniens in entscheidender Weise durch die Automobilindustrie und hier insbesondere durch die Standortentscheidungen multinationaler Unternehmen geprägt wurde. In Anlehnung an die Ergebnisse dieser Arbeit soll der Automobilbau deshalb im Folgenden als konkretes Beispiel für die Raumwirksamkeit von Entscheidungen multinationaler Wirtschaftsunternehmen auf der Iberischen Halbinsel dienen.

Im Rahmen der Autarkiepolitik des Diktators Franco sah die spanische Staatsholding I.N.I. (Instituto Nacional de Industria) bis ca. 1964 ihre Hauptaufgabe in der Förderung der Großindustrie. Gefördert wurden die Bereiche Schwermetall, Bergbau, Energie, Chemie/Düngemittel und Elektrotechnik. Bezeichnend für Spanien ist dabei, dass die Wirtschaftspolitik sich nicht als regional orientierte Strukturpolitik zugunsten des Abbaus regionaler Disparitäten im Land verstand, sondern stattdessen

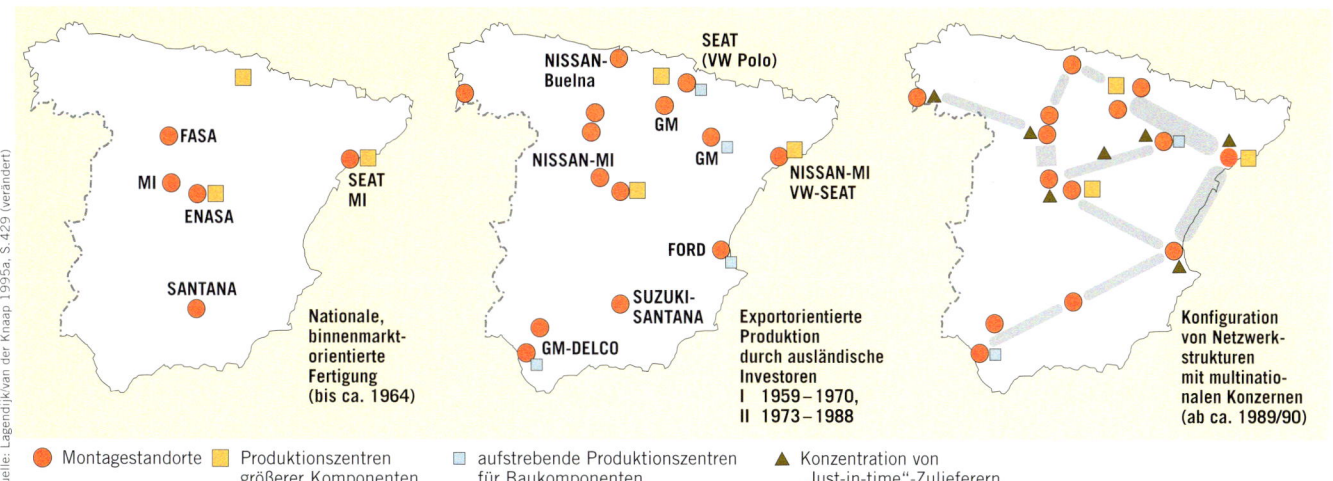

Quelle: Lagendijk/van der Knaap 1995a, S. 429 (verändert)

● Montagestandorte ■ Produktionszentren größerer Komponenten ◻ aufstrebende Produktionszentren für Baukomponenten ▲ Konzentration von „Just-in-time"-Zulieferern

das „klassische" Industriedreieck Madrid – Barcelona – Baskenland begünstigte (das I.N.I. förderte z.B. allein am Standort Barcelona drei große Automobilhersteller [SEAT, ENASA, Motor Ibérica]; vgl. Abb. 91). Darüber hinaus wurden an wenigen dezentralen Standorten (Valladolid und Linares/Jaén) in der Regel ältere Modelle mit veralteter Technologie (aus den USA oder Europa) für den nationalen spanischen Markt in Lizenz produziert (z.B. FASA: Renault-Lizenz 1953; Metalúrgica SANTANA: Land-Rover-Lizenz 1955; BARREIROS: Chrysler-Lkw-Lizenz 1964).

Das Unternehmen SEAT (Sociedad Española de Automóviles de Turismo) wurde 1950 gegründet. Die Anteilseigner I.N.I. sowie sechs spanische Großbanken brachten als Startkapital 600 Mio. Pts. (3,6 Mio. €) ein. Für die Massenmotorisierung in Spanien erwies sich das Modell SEAT 600 als besonders erfolgreich, ein Lizenznachbau des italienischen Fiat 600.

Als 1959 in Spanien erstmals ausländische Kapitalinvestitionen möglich wurden, begann die erste Phase der Internationalisierung der spanischen Industrie unter Franco. Standortpräferenzen für ausländische Investoren waren dabei entweder ein Hafenanschluss nach Übersee und/oder staatliche Subventionen (in Form steuerlicher Vergünstigungen im Zuge der Politik der Importsubstitution). Als Beispiel kann Citroën mit dem Standort Vigo/Galicien dienen (s. Abb. 91). Vigo war nicht nur ein großer Atlantikhafen, sondern damals gleichzeitig Freihandelszone. Die ländliche Unterentwicklung im Hinterland bot billige Arbeitskräfte, die in Krisenzeiten ohne soziale Härten auch wieder entlassen werden konnten, da die Bevölkerung überwiegend ländlicher Herkunft und damit Selbstversorger war.

In der gleichen Phase siedelten sich auch zunehmend ausländische Zulieferer in Spanien an, was sich am Beispiel der Reifenhersteller dokumentieren lässt: Bis 1970 errichtete PIRELLI allein in Katalonien fünf Reifenfabriken, MICHELIN etablierte sich mit vier, FIRESTONE mit weiteren sieben Fertigungsstätten im Baskenland bzw. in Nordspanien.

Erst in der zweiten Phase der Internationalisierung im spanischen Automobilbau gegen Ende und nach der Diktatur (1973–1988) wurden neue Tendenzen bei den industriellen Standortentscheidungen wirksam: Die ausländischen Investitionen waren jetzt ausnahmslos exportorientiert, d.h., sie zielten auf den europäischen, nicht mehr auf den spanischen Verbrauchermarkt. Gegenstand der Investitionen waren Produktionsstätten nach dem neuesten Stand der Technik. Dabei entstanden auch völlig neue Standorte „auf der grünen Wiese" („greenfield-locations").

Zwei herausragende Beispiele dafür bieten FORD und General Motors (GM):
- FORD löste im Vorfeld der Standortentscheidung einen „Provinzkrieg" zwischen Navarra und Valencia aus. Das Unternehmen entschied sich schließlich 1973 für Valencia, weil dort sowohl billige, streikunerfahrene Arbeitskräfte (aus kleinbäuerlicher Landwirtschaft) als auch beste Verkehrsanbindungen zu Land und über See gegeben waren.
- Das Hauptwerk von General Motors (GM/Opel) befindet sich in Figueruelas bei Zaragoza. Einzelne Karosserieteile werden in Logroño gefertigt, größere Komponenten kommen auch aus Cádiz.

Diese Standorte sind das Ergebnis eines Kompromisses zwischen dem spanischen Wirtschaftsministerium und GM: Das spanische Wirtschaftsministerium wollte GM in Cádiz ansiedeln, um dort einen Ausgleich für die krisengeschüttelte Werftindustrie zu schaffen. GM hingegen bevorzugte den ländlichen Norden Spaniens (niedrigeres Lohnniveau, keine Arbeitskämpfe, kein „linkes" politisches Umfeld).

Die Stadt Zaragoza war bereits im Rahmen der staatlichen Regionalplanung 1964–70 als einer von acht sog. „Entwicklungspolen" in Nordspanien gefördert worden (vgl. Breuer 1987, S. 117 ff.). GM konnte deshalb auf bestehende Basisstrukturen aufbauen. Das Werk in Figueruelas nahm 1982 seine Produktion auf. Die Investitionen in Höhe von 1,2 Mrd. US$ (900 Mio. €) schufen ca. 8000 neue

Abb. 91: Standortentwicklung der spanischen Automobilindustrie

Abb. 92: *Die Sociedad Española de Automóviles de Turismo (SEAT) ist seit 1986 ein Tochterunternehmen der deutschen Volkswagen AG (hier im Bild: Werk in Barcelona)*

Arbeitsplätze, für die damals über 80000 (!) Bewerbungen eingingen.

Den beiden Protagonisten FORD und GM folgten weitere Hersteller, darunter VW, das heute in Pamplona (Navarra) das „Polo"-Modell produziert. Damit verbunden verlagerte sich die wirtschaftliche Kontrolle aus den traditionellen nationalen Wirtschaftszentren (das waren vornehmlich Madrid und Barcelona) auf externe Entscheidungsträger in multinationalen Unternehmen. 1976 wurden 49 % der Wertschöpfung durch ausländische Firmen erbracht (vornehmlich Reifen- und Montagefirmen). 1988 waren es bereits 87 %.

Als die veralteten Fertigungsanlagen bei SEAT zu Beginn der 1980er-Jahre grundlegend erneuert werden mussten und FIAT eine entsprechende Kapitalerhöhung nicht mehr mittragen wollte, fand das

I.N.I. im deutschen VW-Konzern einen neuen Kooperationspartner, der 1986 schließlich 51 % der Aktien übernahm. Damit war der Einstieg in eine eigenständige Modellreihe verbunden.

Madrid erlebte in dieser Zeit einen zunehmenden Verlust von industriellen Steuerungsfunktionen. Formaliter verblieben in Madrid z.B. die Firmenzentralen der französischen Unternehmen Peugeot, Citroën und Renault. In Wirklichkeit wurden aber auch hier die Entscheidungen in den Mutterunternehmen in Frankreich getroffen.

Das Ergebnis dieser zweiten Phase der Internationalisierung im spanischen Automobilbau ist offenkundig: Die Großunternehmen geben Standortmuster vor. Gleichzeitig werden die Standorte der Automobilindustrie in Spanien regional immer disperser (vgl. Abb. 91). Mit anderen Worten: Der in Spanien traditionelle politische Zentralismus wird in der spanischen Volkswirtschaft jetzt durch dezentrale Steuerungsmechanismen ersetzt, deren Urheber überwiegend im Ausland beheimatet sind.

Gegen Ende der 1980er-Jahre begann ein weiterer Entwicklungssprung im spanischen Automobilbau, ausgelöst durch einen unter dem Schlagwort *„just-in-time"* inzwischen hinreichend bekannten technologischen Sprung in Kommunikation und Logistik. In der Folge etablierten sich zahlreiche mittelständische Betriebe zur Belieferung der Automobilwerke mit Einzelkomponenten in geographischen „Zwischenräumen" zwischen den bisherigen Produktionsstandorten der Automobilhersteller („follow sourcing"). Dabei entstand vornehmlich in Nordostspanien zwischen Navarra, La Rioja, Zaragoza und Soria eine Reihe von neuen Produktionsstätten auf der „grünen Wiese". Als Alternative zu diesem Konzept siedelten sich manche Zulieferer auch möglichst nahe beim wichtigsten Abnehmerwerk an (so in Pamplona, Madrid, Valladolid, Valencia, Zaragoza). Ein extremes Beispiel für diese Strategie ist der sog. „Industriepark" von FORD in Almusafes (Valencia). Insgesamt erwächst aus diesen Vorgängen ab ca. 1988 ein vernetztes Raummuster für die Standorte der Automobilindustrie in Spanien mit der Ausbildung räumlicher „Achsenzonen" (vgl. Abb. 91).

FORD und die Region Valencia
Das FORD-Werk von Valencia liegt in Almusafes, ca. 25 km südlich der Stadt Valencia inmitten ehemaligen *huerta*-Landes. Das Werk hat unmittelbaren Anschluss an die Küstenautobahn, die Valencia mit Barcelona und über das südfranzösische Autobahnnetz mit Zentraleuropa verbindet. Von den Geländeabtretungen waren 636 kleinbäuerliche Grundeigentümer (*huertanos*) betroffen, die eine Gesamtfläche von 270 ha für das FORD-Werk zur Verfügung stellten. Im Gegenzug schuf FORD in Almusafes bis 1976 ca. 10000 neue Arbeitsplätze.

Die definitive Festlegung des Standortes erfolgte im Juni 1973. Die FORD España S.A. wurde im September desselben Jahres formell gegründet. Am 13. Dezember 1973 war der Aufkauf des Baugeländes abgeschlossen. Diese zeitlichen Fristen sprechen für sich: FORD wurde in Valencia mit offenen Armen empfangen.

FORD startete seine Autoproduktion in Valencia mit dem Kleinwagenmodell „Fiesta", dessen erstes Exemplar 1976 ausgeliefert wurde. Der „Fiesta" war damals das erste Fahrzeug, das an einem einzigen Standort für Kunden in ganz Europa gebaut wurde. Inzwischen läuft in Valencia der FORD-Kleinwagen „Ka" vom Band. Valencia setzte sich dabei im firmeninternen Konkurrenzkampf um die Produktion des neuen Modells gegen so etablierte FORD-Standorte wie Dagenham (Großbritannien) oder Köln bzw. Saarlouis (Deutschland) durch. Die Erklärung dafür ist in der konkurrenzlos effizienten Produktivität des Werkes in Valencia zu suchen: Der in das Werksgelände integrierte sog. „Industriepark" wurde 1995 eröffnet. Er bietet auf einer Fläche von 66 ha Platz für die Ansiedlung von Zulieferbetrieben, die am gleichen Standort produzieren und deren Erzeugnisse auf sehr kurzen Wegen (überwiegend über Bandstraßen) unmittelbar in den laufenden Produktionsprozess der Kraftfahrzeuge eingespeist werden können (vgl. Abb. 93), und zwar in einem Zeittakt, der durch die Erfordernisse der Arbeitsabläufe im Hauptwerk diktiert wird. Auf diese Weise wird die Lagerhaltung nicht auf die Straße verlagert und dennoch die zeitpräzise Belieferung (*just-in-time*-Produktion) sichergestellt.

Dank des FORD-Automobilwerks in Valencia rückt der Fahrzeugbau in der Autonomen Region Valencia an die zweite Stelle der exportierten Güter: 1997 betrug der Exportwert der Fahrzeugherstellung in Valencia ca. 20 % gegenüber einem Wert von 30 % bei exportierten Nahrungsmitteln. Fast drei Viertel des Wertes aller Exporte aus Valencia gehen in die Länder Europas. Auch hieran ist der Fahrzeugbau in entscheidender Weise beteiligt. Man kann also mit Fug und Recht feststellen, dass die Region Valencia zu den Gewinnern der Globalisierung in Spanien gehört.

Das größte Investitionsprojekt Portugals: „AutoEuropa" in Palmela

Im Rahmen der jüngeren ausländischen Direktinvestitionen kam der Automobilindustrie auch in Portugal eine herausragende Bedeutung zu. General Motors eröffnete bereits 1963 sein Opel-Werk in Azambuja (ca. 45 km nördlich von Lissabon), wo gegenwärtig von ca. 1150 Beschäftigten vornehmlich Kleinlieferwagen (Opel „Combo") gefertigt werden, von denen mehr als 90 % exportiert werden (Stand: 2004). Bei dem sog. „AutoEuropa"-Projekt handelt es sich um ein Joint Venture von FORD und Volkswagen für die Produktion von Großraumlimousinen („Vans") nach dem Vorbild des Renault „Espace". Die Fahrzeuge, die seit 1994 in Palmela (auf der Halbinsel Setúbal im Großraum Lissabon) vom Band laufen, sind technisch baugleich, werden aber von den beiden Automobilherstellern unter drei verschiedenen Marken- bzw. Modellbezeichnungen

Abb. 93: FORD-Werk Valencia mit Zulieferbetrieben des Industrieparks

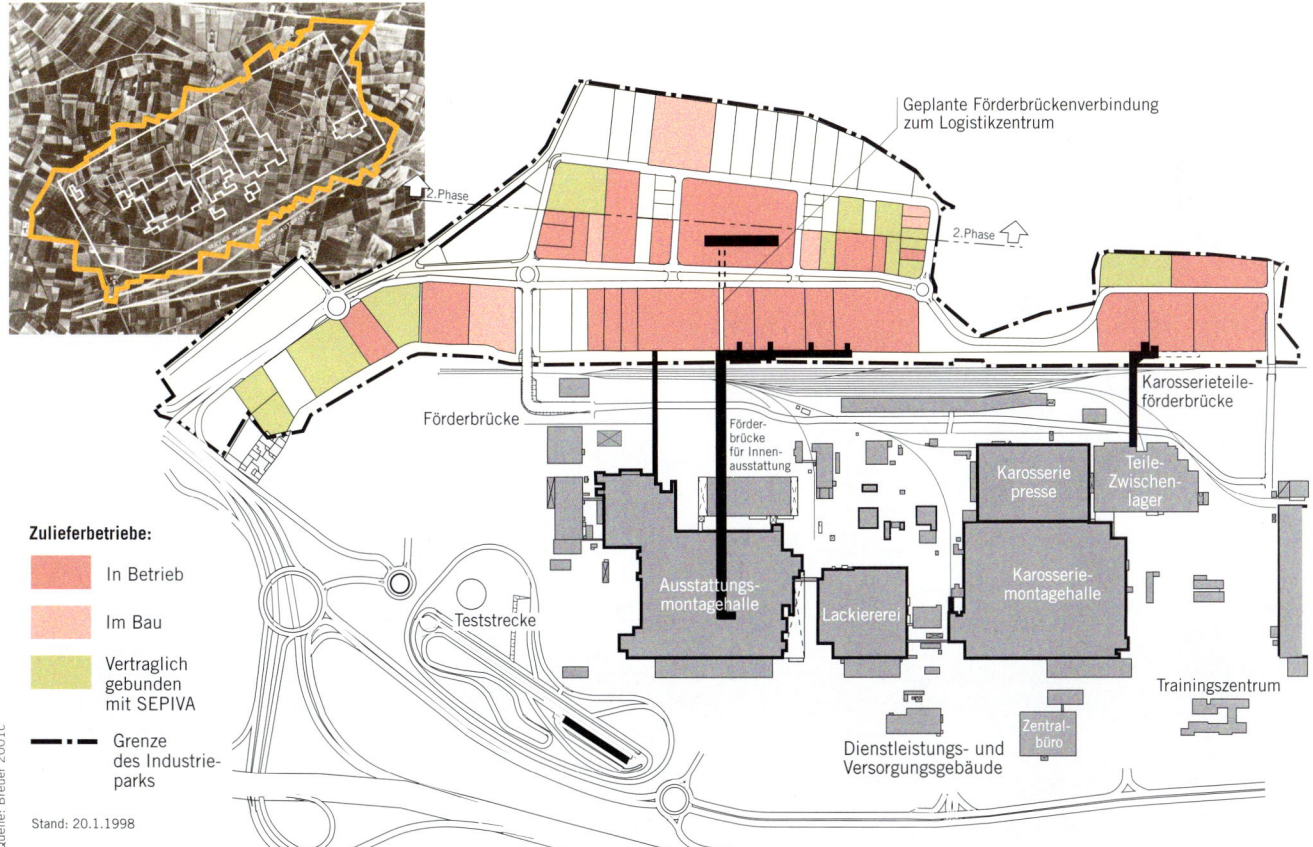

Zulieferbetriebe:

■ In Betrieb

■ Im Bau

■ Vertraglich gebunden mit SEPIVA

— ·— Grenze des Industrieparks

Stand: 20.1.1998

Quelle: Breuer 2001c

(VW „Sharan", FORD „Galaxy", SEAT „Alhambra") auf dem europäischen Markt angeboten.

Die Investitionsentscheidung für das genannte Bauvorhaben in Portugal fiel 1991 und ist auch größenordnungsmäßig innerhalb der Branche beeindruckend: Das angestrebte Gesamtvolumen der Investitionen belief sich auf 4,5 Mrd. DM (2,3 Mrd. €), davon wurden bis 2003 ca. 3,9 Mrd. DM (2,0 Mrd. €) realisiert. Ein Drittel der getätigten Investitionen wurde mit öffentlichen Mitteln finanziert. Allein die Starthilfe belief sich auf 0,89 Mrd. DM (0,45 Mrd. €), von denen 70 % durch die Europäische Union und die verbleibenden 30 % durch den portugiesischen Staat bereitgestellt wurden. Die Europäische Union ebenso wie Portugal finanzierten darüber hinaus die erforderliche Infrastruktur wie z. B. mehrspurige Zufahrtsstraßen, einen kompletten Bahnanschluss sowie ein eigenes Roll-on-/Roll-off-Terminal in Setúbal. Darüber hinaus wurden dem Unternehmen bis zum Jahr 2001 ca. 80 Mio. DM (41 Mio. €) an Steuervergünstigungen eingeräumt (Pudemat 1997, S. 196 f.). 2003 erwirtschaftete „AutoEuropa" allein 4,8 % des gesamten portugiesischen Exportwerts bzw. 1,2 % des portugiesischen BIP.

Der gesamte Produktionskomplex besteht aus dem eigentlichen Automobilwerk (mit dem Presswerk für die Karosserie, der Lackiererei sowie dem Montagetrakt) auf einer Fläche von ca. 20 ha Größe. Im Anschluss daran wurde ein etwa doppelt so großer „Industriepark" ausgewiesen, wo sich nach dem Vorbild des FORD-Standorts in Valencia die Zulieferbetriebe ansiedeln sollten.

Zu den wichtigsten Anreizen, die die Standortentscheidung der beiden großen Automobilhersteller für den Großraum Lissabon bestimmten, gehörten neben niedrigen Lohnkosten und langen Maschinenlaufzeiten insbesondere die üppigen Subventionen der Europäischen Union bzw. des portugiesischen Staates. Die Ankündigung der Investoren und die Erwartungen, die insbesondere die portugiesische Wirtschaftspolitik daran knüpfte, waren in der Tat beachtlich. Das Werk war für eine Jahresproduktion von 180 000 Fahrzeugen projektiert. Dafür wurde ein Bedarf von 5000 Arbeitsplätzen im Werk selbst errechnet. Weitere 7000 bis 10 000 Arbeitsplätze sollten durch das Automobilwerk indirekt generiert, 99 % der produzierten Fahrzeuge von Portugal aus exportiert werden. Damit hätte „AutoEuropa" alleine bereits 20 % des gesamten portugiesischen Exportvolumens (wertmäßig) zu Beginn der 1990er-Jahre erwirtschaftet. Doch die genannten Vorgaben wurden bis 2002 nicht annähernd erreicht. Statt der angestrebten 180 000 Fahrzeuge, die FORD und Volkswagen jährlich alleine verkaufen wollten, konnten 1994 auf dem europäischen Markt nur 160 000 Großraumlimousinen abgesetzt werden, wobei „AutoEuropa" sich diesen Markt mit sechs weiteren konkurrierenden Herstellern teilen musste. Deshalb wurden von „AutoEuropa" bislang auch nur knapp 3000 direkte Arbeitsplätze neu generiert, sodass die Europäische Union ebenso wie der portugiesische Staat in der Zwischenzeit die

Fördermittel gekürzt haben. Teilweise wurde auch die Rückzahlung von öffentlichen Mitteln auf dem Klageweg eingefordert – bisher ist allerdings nicht abzusehen, ob solche Rückforderungen durchgesetzt werden können.

Die inzwischen eingetretene Ernüchterung hat auch die ursprüngliche Produktionsphilosophie der beiden an dem Joint Venture beteiligten Automobilhersteller obsolet werden lassen. Der Standort Palmela ist angesichts nachlassender Nachfrage nicht mehr auf die Produktion von Großraumlimousinen fixiert. Im Sommer 2005 wurden erstmals Bänder für die Produktion anderer Fahrzeugtypen ummontiert: „AutoEuropa" hatte sich innerhalb des Volkswagen-Konzerns den Zuschlag für das Modell „Eos" sichern können, das nunmehr auch in Palmela vom Band läuft.

Vernetzte Automobilproduktion: die iberische „Peripherie" unter Druck

Die Automobilbranche liefert aufschlussreiche neue Erkenntnisse zur Relativierung regionaler Produktionsbedingungen in der postfordistischen, vernetzten industriellen Fertigung. Die zunehmende Auslagerung von Entscheidungen in die Zentralen der transnationalen Konzerne wurde bereits angesprochen. Sie bedeutet für die eigentlichen Produktionsstandorte eine wachsende externe Abhängigkeit. Mit dem Fall des Eisernen Vorhangs und der nahezu zeitgleichen Liberalisierung der Märkte im Rahmen des Globalisierungsprozesses erhält die Iberische Halbinsel nunmehr Konkurrenz durch eine neue „Peripherie" in Osteuropa. Ironischerweise setzt die „neue" osteuropäische Peripherie die „alte" südeuropäische Peripherie mit den gleichen Faktoren unter Druck, die zuvor maßgeblich für den Abfluss ausländischen Kapitals nach Spanien bzw. Portugal verantwortlich waren – nämlich unternehmensfreundliche wirtschaftspolitische Rahmenbedingungen bei niedrigen Lohnkosten. Die daraus resultierenden Probleme sind am Beispiel des Volkswagen-Werks in Pamplona zu verdeutlichen. Das Werk in Navarra war 1965 von SEAT gegründet worden. Nach der Übernahme durch VW wurde dann dort das Modell „Polo" gebaut. Obwohl zu Beginn des 21. Jh. immer noch mehr als die Hälfte der gesamten „Polo"-Produktion in Pamplona vom Band läuft, fertigt VW den „Polo" inzwischen auch in der Slowakischen Republik (sowie außerhalb Europas in Brasilien, China und Südafrika). Das Werk in Bratislava produziert mit ca. 7700 Beschäftigten allerdings auch andere VW-Modelle – im Unterschied zu Pamplona, wo man weiterhin auf den „Polo" und damit auf ein Modell aus dem Kleinwagensegment spezialisiert ist. In eben diesem Segment hat Pamplona aber Konkurrenz im eigenen Konzern ebenso wie im eigenen Land zu fürchten: Der SEAT „Ibiza" wird in Spanien ebenso wie in Bratislava (Slowakei) gefertigt. Gleichzeitig verliert das Kleinwagensegment an Gewicht: 88 % aller Automobile, die Spanien 1989 exportierte, waren Kleinwagen – bis 1999 war dieser Anteil auf 48 % geschrumpft (Fuchs 2006).

In dieser Situation kann die Konzernzentrale nunmehr Druck auf den Standort Pamplona ausüben. Bezeichnenderweise steht dabei eine Schließung des spanischen Werkes nicht zur Debatte, weil der spanische Binnenmarkt für VW inzwischen so bedeutsam geworden ist, dass der mit einer Werkschließung verbundene Imageschaden auch unabsehbare wirtschaftliche Folgeschäden nach sich ziehen dürfte (etwa 10 % aller von VW in Europa gefertigten Fahrzeuge werden in Spanien ausgeliefert). Die Forderungen der Konzernleitung zielen deshalb auf eine Flexibilisierung der Arbeitsbedingungen. Fuchs (2006) vertritt die These, dass eine solche Flexibilisierung de facto auf eine Konvergenz der Arbeits- und Einkommensbedingungen nach un-

ten zielt, d. h. auf eine Anpassung an die Produktionskosten in der neuen osteuropäischen Peripherie. Unabhängig von einer solchen Bewertung wird am Beispiel dieser Fallstudie jedoch deutlich, dass Dunnings „locational advantages" bei global vernetzten Entscheidungsstrukturen zunehmend volatil werden. Fuchs weist ihrerseits darauf hin, dass die beteiligten Gewerkschaften und Betriebsräte inzwischen ebenfalls durch internationale Verflechtungen gebunden sind, d. h., neue, international vernetzte Akteurskonstellationen sind für die Standortkonkurrenz in der Großindustrie wirksamer als regionalspezifische Rahmenbedingungen. Eben diese Erfahrung machen die iberischen Standorte der europäischen Automobilindustrie gegenwärtig.

Sonne und Strand als touristische Ressource

Ein Ergebnis des Strukturwandels von der Industrie- zur Freizeitgesellschaft ist die zunehmende Bedeutung der touristischen Nachfrage. Wurde diese ursprünglich vor allem durch das Bedürfnis nach Erholung (recreation) gespeist, so sind die touristischen Motivationen inzwischen breit aufgefächert und erzeugen nicht minder ausdifferenzierte spezifische Nachfragemuster (vom Abenteuerurlaub bis zum Event-Tourismus). Bemerkenswerterweise hat die Ausdifferenzierung der touristischen Nachfrage keine grundsätzliche Verschiebung der Präferenzen für die Angebotsseite ausgelöst: Sonne bzw. Licht und Wärme sind weiterhin Kernbestandteile touristischer Erwartungshaltung, unabhängig davon, ob es sich um den „klassischen" Erholungsurlaub, den sportlichen Aktivurlaub oder den kulturtouristischen Kurzurlaub handelt. Sicherlich wirken bei diesem Verhalten auch historische Erfahrungen nach, denen zufolge ein Erholungsurlaub meist auch ein Badeurlaub war bzw. weiterhin ist. Die Kombination von Sonne und Strand erwies sich vor allem für die südeuropäischen Länder als wertvolle touristische Ressource zu einem Zeitpunkt, als die dortige Binnennachfrage wirtschaftlich eher unbedeutend war. So ist es zu erklären, dass quantifizierende Aussagen zum spanischen bzw. portugiesischen Tourismus meist auf den Ausländer-(incoming-)Tourismus abheben. Diese Perspektive ist zwischenzeitlich nicht mehr angemessen: Der touristischen Binnennachfrage auf der Iberischen Halbinsel kommt eine regional erhebliche Bedeutung zu, wobei die Wirksamkeit des Motivationsmusters „Sonne und Strand" keinesfalls zu relativieren ist, wie die Saisonalität des inländischen Nachfrageverhaltens belegt. Sonne und Strand bilden damit weiterhin die wichtigsten Komponenten des touristischen Angebots in Spanien ebenso wie in Portugal, unabhängig von nationaler bzw. internationaler Nachfrage und (weitgehend) unabhängig von speziellen Nachfragesegmenten, wenn man den Wintersporttourismus ausklammert.

Um das wirtschaftliche Gewicht des Tourismus aus einer ersten, makroökonomischen Perspektive zu quantifizieren, dienen die internationalen Touristenankünfte als meistgenutzter Indikator. Danach liegt Spanien weltweit (!) hinter Frankreich auf Rang 2 mit einem Marktanteil von 7 % aller Touristenankünfte. Portugal bringt es auf Rang 19 mit 1,5 % aller Touristenankünfte (Stand: 2004; zum Vergleich Deutschland: Rang 9 mit 2,6 %). In absoluten Zahlen empfing Spanien (2004) 53,6 Mio. ausländische Übernachtungsgäste, Portugal (2003) 11,7 Mio. und Deutschland (2004) 20,1 Mio.

Davon zu unterscheiden ist die vielfach angegebene Zahl ausländischer Besucher ohne Übernachtung im grenzüberschreitenden Verkehr (excursionistas). Dabei erreicht Spanien (2004) sogar 85,7 Mio. Besucher, Portugal 27,5 Mio. (vgl. Abb. 94). Diese Werte sind allerdings in Portugal irreführend: 2003 gingen 56,4 % aller Grenzübertritte auf das Konto spanischer Tagesbesucher (in absoluten Zahlen waren das ca. 15,5 Mio. Besucher), weil Spanien das einzige direkte Nachbarland Portugals ist. Auch in umgekehrter Richtung schätzt man, dass die spanische Grenzauskunftsstatistik durch ca. 15 Mio. einreisende portugiesische Tagesbesucher aufgebläht wird.

Die Bedeutung des internationalen Tourismus wird deshalb treffender durch die Übernachtungszahlen ausländischer Gäste wiedergegeben. Von den Hotels gemeldete Übernachtungszahlen gelten im Allgemeinen als besonders zuverlässig und finden aus diesem Grunde vorrangig Eingang in die amtliche Statistik. Hier erreicht Spanien (2005) knapp 195 Mio., Portugal 23,9 Mio. Ausländerübernachtungen in Hotels und vergleichbaren Unterkünften (zum Vergleich: Frankreich 70,4 Mio.; Deutschland 36,6 Mio.; Stand: jeweils 2004). Hochrechnungen zufolge entfallen in Portugal 83 % aller Übernachtungen auf die Kategorie der „hotelartigen" Unterkünfte (Hotel, Apartment, Motel, Pension). In Spanien sind es 89 %, wobei auf die touristischen Apartments ca. 20 % entfallen. Trotz dieser durchaus relevanten Einschränkung bleibt festzuhalten, dass hinsichtlich der absoluten Zahl der auslän-

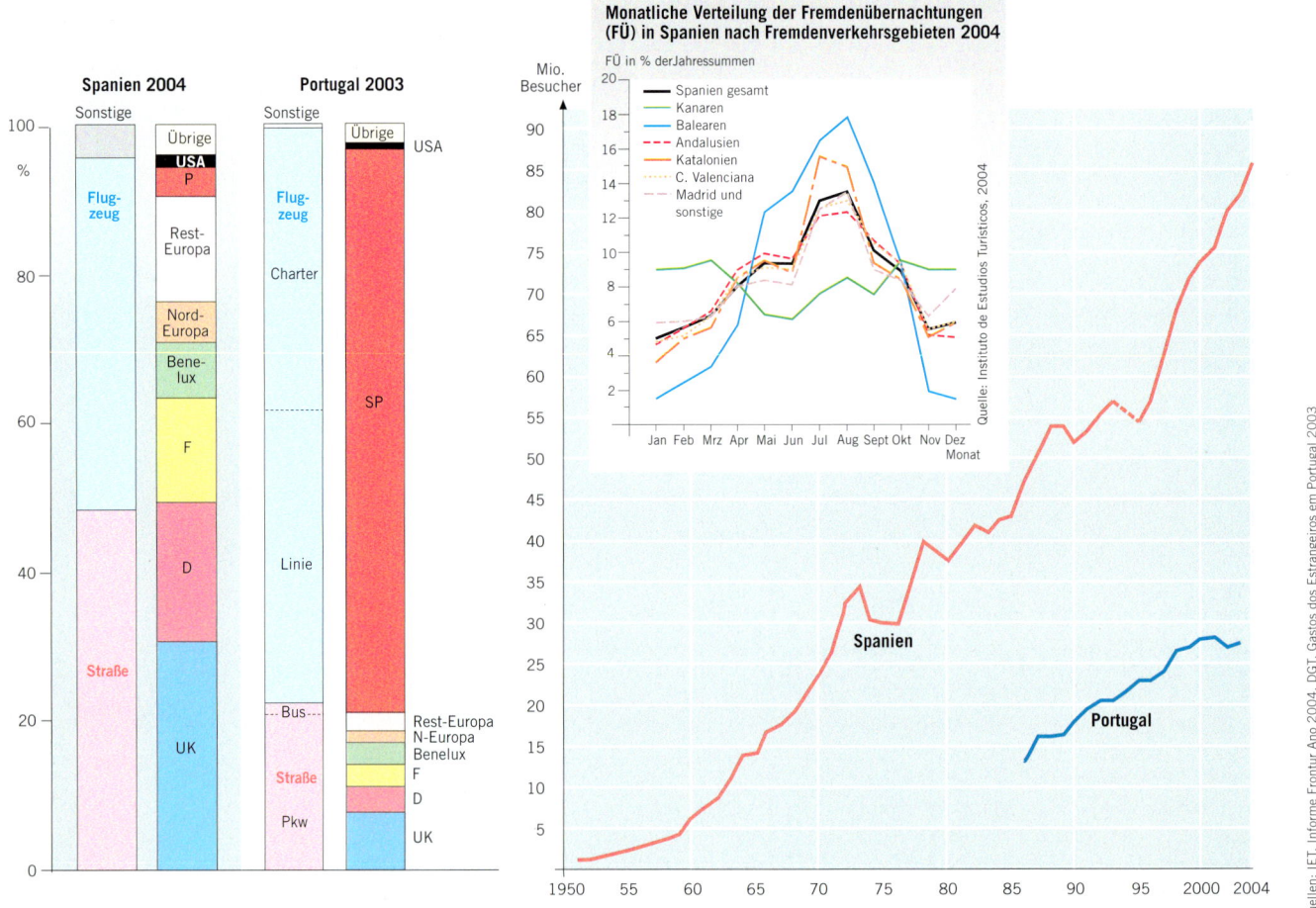

Abb. 94: *Ausländertourismus auf der Iberischen Halbinsel*

dischen Übernachtungsgäste ein erheblicher Abstand zwischen Spanien und Portugal liegt.

Misst man den Tourismus allerdings an den monetären Einnahmen und ihrem relativen Beitrag zum Bruttoinlandsprodukt (BIP), so gleichen sich die Verhältnisse an: 2004 erzielte die portugiesische Tourismuswirtschaft Einnahmen von 6,2 Mrd. €, das entsprach ca. 4,4 % des BIP. Spanien brachte es absolut auf 36,4 Mrd. € Einnahmen, die ca. 4,3 % des BIP ausmachten (zum Vergleich: Österreich 5,2 %; Angaben nach WTO-Tourism Market Trends 2005). Insofern ist die relative wirt

schaftliche Bedeutung des Tourismus auch für Portugal außerordentlich beachtlich, zumal noch erhebliche Wachstumsreserven bestehen. Im Unterschied zu Spanien ist der portugiesische Binnentourismus noch vergleichsweise schwach entwickelt: 2005 entfielen nur 32,7 % aller Hotelübernachtungen in Portugal auf einheimische Gäste, in Spanien waren es immerhin schon 43,3 %. Dabei ist zusätzlich eine gewisse Dunkelziffer einzukalkulieren, weil die Spanier ebenso wie die Portugiesen im Inlandstourismus häufiger private oder nicht registrierte Unterkünfte benutzen.

Wichtigstes Herkunftsland der Übernachtungsgäste im Hoteltourismus ist für Spanien ebenso wie für Portugal Großbritannien mit 18,1 bzw. 20,8 %. Deutschland folgt auf Rang 2 mit 16,6 % (Spanien) bzw. 11,1 % (Portugal; Stand: 2004). Insgesamt zählen Großbritannien, Deutschland, Frankreich und die Niederlande zu den wichtigsten mitteleuropäischen Märkten für den Tourismus auf der Iberischen Halbinsel (vgl. Tab. 46 sowie Abb. 94).

Bei der mittleren Hotelaufenthaltsdauer der Übernachtungsgäste unterscheidet sich Spanien (mit 3,5 Tagen) wiederum von Portugal (mit 2,6 Tagen; Stand: 2004). Die mittlere Aufenthaltsdauer als wichtige Kenngröße für das Übernachtungsgewerbe

	SPANIEN		PORTUGAL	
	Mio.	%	Mio.	%
Übernachtungen (total)	*234,7*	*100,00*	*34,1*	*100,00*
davon Inländer	100,0	42,61	11,1	32,55
Ausländer (total)	134,7	57,39	23,0	67,45
davon aus Großbritannien	42,4	18,07	7,1	20,82
Deutschland	39,0	16,62	3,8	11,14
Benelux	10,6	4,52	2,0	5,87
Frankreich	8,5	3,62	1,1	3,23
Skandinavien	4,7	2,00	1,8	5,28

Quelle: www.ine.es; www.dgturismo.pt; „O Turismo Em 2005" (Stand: 27.03.2006)

Tab. 46: *Übernachtungen in Hotelunterkünften nach Herkunftsländern (2004)*

ist in allen etablierten Destinationen des internationalen Tourismus seit langem rückläufig und dokumentiert damit einen Trend zu kürzeren Urlaubsreisen, wobei gleichzeitig vielfach mehr als eine Urlaubsreise pro Jahr unternommen wird. Darüber hinaus ist die Aufenthaltsdauer als pauschaler Mittelwert wenig aussagekräftig. Bei einer Differenzierung nach Unterkunftskategorien erreichen die touristischen Apartments in Spanien immerhin eine durchschnittliche Aufenthaltsdauer von 8,7 Tagen. Im portugiesischen Hoteltourismus errechnet sich für die Portugiesen eine mittlere Aufenthaltsdauer von 1,9 Tagen und für die Spanier von 2,3 Tagen, britische Gäste hingegen bleiben im Mittel 4,7 und deutsche Gäste 4,4 Tage (Stand: 2004).

Hinsichtlich des genutzten Verkehrsmittels dominiert bei den Übernachtungsgästen eindeutig das Flugzeug, dessen Anteil kontinuierlich auf inzwischen mehr als 70% (Spanien 2004: 72,0%; Portugal 2003: 77,1%) zugenommen hat. Noch 1990 wählten nur 43,7% aller ausländischen Touristen in Portugal zur Anreise das Flugzeug. Bei den Flügen, die bevorzugt von Touristen genutzt werden, handelt es sich traditionell um Charterflüge. Allerdings wird die Unterscheidung zwischen regulärem Linienflug und Bedarfs-Charterflug zunehmend obsolet, nachdem *Low-cost*-Unternehmen (wie z.B. Air Berlin) regelmäßige Flugverbindungen in die wichtigsten südeuropäischen Tourismusdestinationen eingerichtet haben. Auf diese Weise ist der statistische Anteil der Charterfluggäste an der Gesamtzahl der Flugpassagiere z.B. in Palma de Mallorca auf 40%, in Alicante auf 35% gesunken. Die hohen Zuwachsraten bei der Anreise per Flugzeug erklären sich aus den mit zunehmender Auslastung ständig gesunkenen Flugbeförderungskosten. Diese Entwicklung ging zulasten der Einreise per Pkw, sodass der Anteil der Straße bei den Touristenankünften bis 2003 auf ca. ein Fünftel aller Ankünfte gesunken ist (Portugal 19,8%, Spanien 23%; zum Vergleich: 1990 erreichte der Anteil der ausländischen Gäste, die Portugal mit dem Pkw ansteuerten, noch 42,8%). Der Anteil der ausländischen Gäste, die per Bahn oder per Schiff nach Spanien bzw. Portugal einreisen, ist vernachlässigbar gering. In Spanien (2004) erreichen die sonstigen Ankünfte (Schiff, Bahn) nur 3,8% aller touristischen Ankünfte (vgl. Abb. 94).

Aufgrund der nachbarschaftlichen Konstellation ist es leicht nachzuvollziehen, dass vornehmlich spanische bzw. portugiesische Touristen, die ihr Nachbarland wechselseitig besuchen, ebenso wie ein großer Teil der französischen Gäste den privaten Pkw für die Anreise benutzen. Die Touristen aus dem übrigen Europa (insbesondere Briten und Deutsche sowie Niederländer) benutzen in erster Linie das Flugzeug.

Die hier präsentierte makroökonomische Perspektive vermittelt indes nur ein holzschnittartiges Bild. Insbesondere die regionalökonomischen ebenso wie die regionalökologischen Raumansprüche des Tourismus bedürfen einer differenzierteren Betrachtung.

Die touristischen Destinationen: nachfrageorientierte Raummuster

Historische Entwicklung

Aus historischer Perspektive wurde der Erholungsreiseverkehr in Europa durch die Mitglieder der Aristokratie begründet. Auf der Iberischen Halbinsel bildet Sintra in der gleichnamigen Serra westlich von Lissabon ein herausragendes Beispiel. Hier liegt der Stammsitz der Aviz-Dynastie: Seit dem 15. Jh. diente der Ort als Sommersitz der portugiesischen Könige (im heutigen *Palácio Nacional de Sintra*). Die Nutzung einer eigenen Sommerresidenz durch den Hochadel (*villeggiatura*) wurde besonders in Italien kultiviert und verbreitete sich von dort aus im übrigen Europa. Der portugiesische König Luis I. führte erstmals im Jahre 1870 eine „geteilte" *villeggiatura* ein, indem er den heißesten Teil des Sommers im Bergland von Sintra verbrachte und anschließend ab September/Oktober an die Küste nach Cascais übersiedelte, die vor den atlantischen Westwinden geschützt ist. Wie schon zuvor in Sintra folgte die gehobene Aristokratie dem Königshaus und errichtete in Cascais eine Vielzahl von Sommervillen. Bezeichnenderweise zählte das vormalige Fischerdorf zu den ersten Orten, die 1889 mit Lissabon per Eisenbahn verbunden wurden. Im nahen Estoril entstand für die adelige Klientel ein Kasino, sodass der Küstenabschnitt zwischen Cascais und Estoril am Ende des 19. Jh. als mondänes Ziel sowohl für den Sommeraufenthalt der portugiesischen Hocharistokratie als auch für das portugiesische Großbürgertum besonders attraktiv war. Noch heute gilt der inzwischen urbanisierte Küstenraum zwischen Estoril und Cascais als erstklassige Wohnadresse, die durch eine schnelle S-Bahn-Verbindung an Lissabon angebunden ist.

Der erste spanische Sommerbadeort entstand nach vergleichbaren Vorgaben in San Sebastián am Golf von Biscaya, als nämlich das spanische Königshaus gegen Ende des 19. Jh. seinen Sommersitz dorthin verlegte. Die königliche Residenz „Miramar" wurde 1893 fertiggestellt; nach ihr sind heute noch viele Traditionshotels in Spanien benannt. Der Wechsel aus dem sommertrockenen, heißen, staubig-grauen Hochland des Landesinnern an die grüne baskische Küste mit ihren milden Sommertemperaturen war zweifellos die aufwändigste Form eines Sommerfrischeaufenthalts.

Nach königlichem Vorbild übernahmen der mittlere Adel und das gehobene Bürgertum, später auch die bürgerliche Mittelschicht und schließlich selbst die im küstennahen Bergland lebende Landbevölkerung die Gewohnheit, die Sommermonate in kleinen Häuschen an der Küste zu verbringen – lange vor Beginn des internationalen Massentourismus. Dieser sommerliche Badeaufenthalt an der Küste, der traditionelle spanische *veraneo*, wurde aufgrund der ihn tragenden sozialen Schichten naturgemäß zunächst im Umkreis der wohlhabenden großen Küstenstädte wirksam. So erklärt sich z.B. der frühe Sommerfrischen-Badeaufenthalt an der Costa Brava im Einzugsbereich von Barcelona.

Abb. 95: *Traditionelles veraneo-(Sommerfrischen-) Haus zwischen Hochhaus-neubauten an der Strand-promenade von Arenal (Mallorca)*

dustrialisierten Gesellschaften. Entscheidend für die Auslösung und Richtung der Reiseströme ist demzufolge ein Entwicklungsgefälle zwischen Herkunfts- und Zielgebieten. Das lässt sich am Beispiel von Frankreich besonders eindrucksvoll belegen. Anfang der 1950er-Jahre hatte die französische Wirtschaft sich so weit von den Folgen des Krieges erholt, dass dem Verbraucher ein relativer Überhang an Kaufkraft sowohl für die individuelle Motorisierung als auch für erste Urlaubsreisen zur Verfügung stand. Die spanische Mittelmeerküste (weniger die Atlantikküste) bot die erwünschte Sonnensicherheit und lag zudem für viele Franzosen so nahe, dass sie mit dem eigenen Pkw, d. h. für eine mehrköpfige Familie recht kostengünstig zu erreichen war. Hinzu kam das unterschiedliche Preisniveau zwischen beiden Ländern, das die französische Kaufkraft zusätzlich erhöhte. So erklären sich die Anfänge des Massentourismus an der (von Frankreich aus gesehen) grenznahen Costa Brava. Für die ersten französischen Touristen war auch die 1950 noch fehlende infrastrukturelle Erschließung jener Küste kaum ein Hindernis, da es sich entsprechend der noch schwachen Kaufkraft jener Reisenden fast ausschließlich um Camping-Touristen handelte.

Die geschilderten Mechanismen einer frühen touristischen Nachfrage wurden in gleicher Weise – wenngleich mit einer deutlichen zeitlichen Verzögerung – in Portugal wirksam: Noch um die Mitte der 1970er-Jahre waren französische Gäste die zweitstärkste Nutzergruppe (nach den Portugiesen selbst) auf den Campingplätzen in Nord- und „Mittelküsten"-Portugal. Gleichzeitig war hier die Fixierung der Nachfrage auf die Hochsommermonate zwischen Juni und August am stärksten ausgeprägt (Weber 1980, S. 181 f.).

Für die spanische Mittelmeerküste war durch den frühen französischen Camping-Tourismus gleichzeitig die Richtung für eine von Norden nach Süden fortschreitende Erschließung der Levanteküste durch den internationalen Tourismus vorgegeben. In diesem Zusammenhang erhielten auch die bis dahin kaum bekannten Küstenabschnitte werbewirksame Bezeichnungen nach dem Prinzip, „dass Sonne, Licht, Farben und Blüten positive Vorstellungen vermitteln" (Zahn 1973, S. 39). Die Küstennamen sind in aller Regel keine historischen Landschaftsbezeichnungen, sondern neue Wortschöpfungen, eine Modeerscheinung, die in Frankreich ihren Ursprung hat. Schon um die Jahrhundertwende wurde von Literaten die Bezeichnung „Costa Brava" (= Wilde Küste) für den wild zerklüfteten Steilküstenabschnitt zwischen Lloret de Mar und San Feliú de Guíxols geprägt. Inzwischen versteht man darunter die gesamte Küste zwischen Barcelona und der französischen Grenze. In den 1920er-Jahren folgte die „Costa del Sol" (= Sonnenküste) als Bezeichnung des Abschnitts zwischen Gibraltar und dem Cabo de Gata nordöstlich von Almería. Nördlich schließt sich bis zum Cabo de la Nao die „Costa Blanca" (= Weiße Küste) an. Bis zum Ebro-Delta reicht die „Costa del Azahar" (= Orangenblüten-Küs-

Der internationale Erholungsreiseverkehr entstand in Südeuropa später und aus einer völlig anderen Wurzel. Es waren zuerst englische Adelige und wohlhabende Rentiers, später auch Künstler aus dem übrigen Europa, die vorzugsweise die spanische Mittelmeerküste im Winter aufsuchten. Deren Motiv war nicht der Badeaufenthalt, sondern das Überwintern im milden Klima der mediterranen Küstenorte. Hier ist sowohl die Costa Brava als auch die Insel Mallorca zu nennen, die in Spanien nach dem Vorbild der französischen Riviera von ausländischen Wintergästen „entdeckt" wurde (Mayer 1976). In der absoluten Größenordnung blieb diese frühe Form des internationalen Tourismus für die Iberische Halbinsel allerdings unbedeutend.

Der internationale Massentourismus
Der internationale Massentourismus setzt erst nach dem Zweiten Weltkrieg ein. Ritter (1966) erklärt das Phänomen des Massentourismus mit den Fourastié'schen Theorien zur Wirtschaftsentwicklung in in-

te), bis Barcelona schließlich die „Costa Dorada" (= „Vergoldete" Küste).

Entsprechend ihrer zeitversetzten Inanspruchnahme durch den internationalen Badetourismus erhielten die atlantischen Küstenabschnitte der Iberischen Halbinsel erst später ihre „Etiketten" für eine breitenwirksame touristische Vermarktung. Dazu gehört die „Costa de la Luz" (= Küste des Lichts) zwischen Gibraltar und der portugiesischen Grenze. Die Namengebung war dabei nicht immer sehr originell (z. B. „Costa Vasca" für die baskische Küste; „Rías Altas" für den oberen, d. h. nördlichen Abschnitt der galicischen Rías-Küste, und „Rías Bajas" für den südlichen Abschnitt bis zur portugiesischen Grenze). Der Großraum von Lissabon und der nach Süden anschließende Küstenabschnitt heißt schlicht „Costa de Lisboa". Im Einzelfall gibt es auch missverständliche Doppelbezeichnungen: Die Spanier bezeichnen die Küstenabschnitte der Provinzen Oviedo und Santander als „Costa Verde" (= Grüne Küste) unter Anspielung auf das regenreiche atlantische Klima. Die Portugiesen wiederum verstehen unter „Costa Verde" den Küstenabschnitt zwischen der spanisch-portugiesischen Grenze und der Douro-Mündung. Die gesamte Mittelküste Portugals zwischen Espinho und Lissabon wird unter dem Namen der „Costa de Prata" (= Silberküste) vermarktet. Aufgrund ihrer historischen Sonderstellung wird dabei die „Costa de Estoril" gesondert ausgewiesen. Erfreulicherweise hat man für die Algarve auf die Erfindung eines Kunstnamens bisher verzichtet.

Die Prägung touristischer Zielgebiete
Indem der internationale Fremdenverkehr sich nach dem Zweiten Weltkrieg zunächst auf die Massenmotorisierung in Mittel- und Westeuropa stützte, erfolgte die Erschließung der Iberischen Halbinsel sukzessive entlang der Küsten von Norden nach Süden bzw. von Osten nach Westen. Auf diese Art und Weise wurden in der frühen Phase der internationalen touristischen Nachfrage die iberischen Küsten in einer Distanz von ca. 500 km ab der französischen Grenze erschlossen. Dieser Bereich der Iberischen Halbinsel liegt noch in dem von Ritter (1966) angegebenen Radius, innerhalb dessen Touristen aus den west- und mitteleuropäischen Ballungsräumen ein Ferienziel auf der Iberischen Halbinsel mit dem Pkw aufsuchten.

Für die weitere infrastrukturelle Entwicklung des touristischen Angebots an den Küsten der Iberischen Halbinsel ist in der Folge die Entwicklung des Charterflugverkehrs und die Einrichtung von Flughäfen verantwortlich, auf denen moderne Passagierflugzeuge mit Strahltriebwerken landen konnten. Als Beispiele können Valencia und Málaga dienen (Eröffnung jeweils 1962). Der Flughafen von Faro nahm 1965 seinen Betrieb auf, derjenige von Alicante erst 1970. Mit steigender Bedeutung des Flugzeugs als Verkehrsmittel für einreisende ausländische Touristen verliert die Distanz zwischen Herkunfts- und Zielgebiet an Wirksamkeit. Gleichzeitig

entwickeln sich die Flughäfen immer stärker zu steuernden Fixpunkten für die flächenhafte Ausweitung des Tourismus in ihrer Region. Das gilt für Faro und die Algarveküste ebenso wie für Málaga und die Costa del Sol bzw. für Alicante und die Costa Blanca.

Als Reaktion auf die entsprechende Nachfrage und das jeweils benutzte Verkehrsmittel entwickelten sich an den verschiedenen Küstenabschnitten der Iberischen Halbinsel sehr unterschiedliche Strukturmerkmale auf der Angebotsseite (vgl. Abb. 96): Die Konzentration von Campingplätzen im nördlichen Abschnitt der spanischen Mittelmeerküste (Costa Brava) ist das Ergebnis eines aus dem Norden (Frankreich) kommenden individuellen Pkw-Tourismus mit relativ geringer Finanzkraft der Besucher. Gleiches gilt für die Erklärung der Dichte an Campingplätzen an der nordportugiesischen Küste, deren Gäste vorzugsweise aus dem Ballungsraum Porto selbst oder aber aus Südwestfrankreich per Pkw anreisten. Infolge der Distanzempfindlichkeit des individuellen Pkw-Tourismus wird die Dichte der Campingplätze mit zunehmender Entfernung vom Grenzübergang bzw. vom emittierenden Ballungsraum immer geringer. Das ist noch heute an der abnehmenden Campingplatzdichte zwischen der französisch-spanischen Grenze und der Stadt Tarragona nachvollziehbar.

Im Unterschied dazu ist das touristische Angebot an der Costa del Sol, die nur wenig später als die Costa Brava international touristisch erschlossen wurde, auf Flugtouristen orientiert. Die in der Frühphase des Massentourismus noch vergleichsweise hohen Reisekosten für Flugreisen hatten zur Folge, dass zunächst vornehmlich kaufkräftigere Reisende die Costa del Sol aufsuchten. 1970 verfügte allein die Provinz Málaga über zwölf von insgesamt nur 24 an der gesamten spanischen Mittelmeerküste bestehenden Hotels der Luxuskategorie (nach Zahn 1973). Dies gilt analog auch für die Algarve. In der Rangfolge der höchsten Hotelkategorien liegt die Algarve noch vor Lissabon und Porto auf Rang 1 (Weber 1980).

Die Schlüsselfunktion der Flughäfen für den internationalen Tourismus wird besonders bei den Insel-Destinationen deutlich: Palma de Mallorca wurde bereits 1959 für den internationalen Luftreiseverkehr zugänglich. Die daraufhin einsetzende touristische Nachfrage aus Westeuropa löste einen beispiellosen Bauboom auf der Insel aus, deren leicht erreichbare Küstenabschnitte in kürzester Zeit mit bis dahin in Europa nicht gekannten „Bettenburgen" verbaut wurden, wobei sich (gemessen am Bettenangebot) touristische Ballungszentren in der Größenordnung von Großstädten herausbildeten. Eine Erklärung für den damaligen Nachfrageboom liegt auch in der geringen zeitlichen Flugdistanz und den daraus resultierenden günstigen Transportkosten zwischen der Baleareninsel und den bedeutenden Bevölkerungszentren in Westeuropa. Dieser Vorteil ist weiterhin wirksam, wie die ständig steigenden Passagierzahlen des Flughafens von Palma de Mallorca belegen (vgl. Abb. 102). So brachten

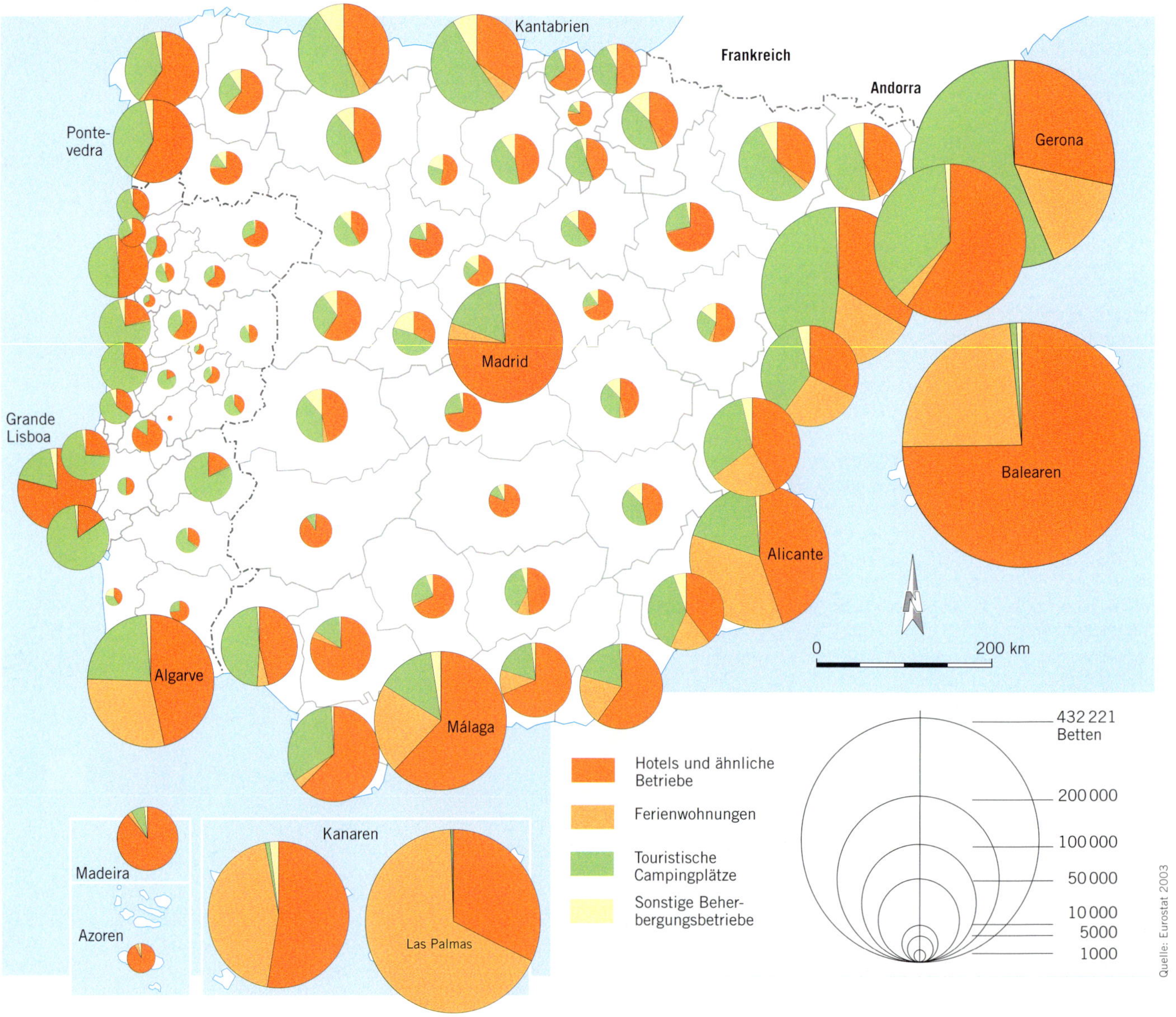

Kantabrien

Frankreich

Andorra

Gerona

Ponte-
vedra

Madrid

Grande
Lisboa

Balearen

Alicante

Algarve

Málaga

N

0   200 km

Hotels und ähnliche
Betriebe

Ferienwohnungen

Touristische
Campingplätze

Sonstige Beher-
bergungsbetriebe

Madeira

Kanaren

Azoren

Las Palmas

432 221
Betten

200 000

100 000

50 000

10 000
5 000
1 000

Quelle: Eurostat 2003

Abb. 96: *Beherbergungs-
kapazitäten 2001*

erst die modernen Verkehrsflugzeuge der Inselbevölkerung mit dem Massentourismus auch den Reichtum.

Die Kanareninsel Teneriffa erlebte ihren entscheidenden touristischen Aufschwung deutlich später,
nämlich 1978 nach der Eröffnung des neuen Flughafens „Reina Sofía" im Südteil der Insel. La Palma partizipiert dank des neuen Flughafens seit
1980 am internationalen Massenflugtourismus. Madeira folgte 1986. Bis dahin konnte der Flughafen
von Funchal nur von speziell ausgebildeten Piloten
angeflogen werden. Inzwischen verfügt Madeira
über ca. ein Viertel aller 5-Sterne-Hotels von Portugal; die Insel alleine bringt es auf 16,5 % aller
Übernachtungen in Portugal, die zu 85,8 % auf ausländische Gäste entfallen (Stand: 2003). Der Ma-
deira-Tourismus ist damit strukturell mit der spanischen Costa del Sol vergleichbar.

Als mit zunehmender Zahl der Charterflugverbin-
dungen auch die Zahl der Flugtouristen stieg, die

trotz geringer Kaufkraft das Flugzeug als Verkehrsmittel für eine Ferienreise nutzten, boten sich Apart-
mentunterkünfte an, um den erhöhten Beförde-
rungskostenanteil innerhalb des Reisebudgets zu
kompensieren. Von dieser Entwicklung waren vornehmlich diejenigen Destinationen betroffen, in denen der Massentourismus per Flugzeug erst gegen
Ende der 1960er-Jahre seinen entscheidenden Impuls durch die Neuanlage moderner Großflughäfen
erhielt. Ein besonders eindrucksvolles Beispiel bieten hier die Kanarischen Inseln, auf denen die Zahl
der Betten in Apartments bzw. Aparthotels zwischen
40 und 65 % des gesamten touristischen Bettenan-
gebots ausmacht (vgl. Abb. 96). Ähnlich erklärt sich
der hohe Apartmentanteil am touristischen Bettenangebot der Algarve. 2003 befanden sich 93 % aller in Portugal als touristische Apartments dekla-
rierten Unterkünfte in der Algarve. Touristen, die in
Apartmenthäusern untergebracht sind, nutzen die
Option der Selbstversorgung als Mittel zur Kosten-

reduzierung. Zu den infrastrukturellen Merkmalen touristischer Destinationen mit hohem Anteil an Apartmentunterkünften gehört deshalb ein nicht minder hoher Besatz mit Supermärkten für die Selbstversorgung der touristischen Gäste.

Die Binnennachfrage

Die wegbereitende Funktion, die dem internationalen Tourismus für die Iberische Halbinsel zukommt, verstellt indes nicht selten den Blick auf die Bedeutung der nationalen touristischen Binnennachfrage, die seit dem Beitritt Spaniens und Portugals zur EG ständig zugenommen hat. 2004 waren die Portugiesen mit 32,6 % an allen Fremdübernachtungen in der Hotellerie beteiligt. In Spanien liegt dieser Wert (mit 42,6 %, siehe Tab. 46) deutlich höher. Eine erste Schätzung für das Jahr 1971 bezifferte damals den Anteil der spanischen Übernachtungen auf 20,4 % an allen Fremdübernachtungen (Stäblein & Stäblein-Fiedler 1973). Seither hat sich der Anteil des spanischen Binnentourismus ständig erhöht. Dies erklärt sich vor dem Hintergrund der jüngeren spanischen wirtschaftlichen Entwicklung mit stetigen Wachstumsraten und einer beständigen Zunahme des verfügbaren Haushaltseinkommens. Bei insgesamt niedrigeren prozentualen Anteilen gelten die gleichen Erklärungsansätze für den portugiesischen Binnentourismus: Schon Weber (1980, S. 190 f.) weist darauf hin, dass der portugiesische Binnentourismus signifikant mit dem Bildungsabschluss (und damit indirekt mit dem mittleren Einkommen) sowie mit der Urbanisierung (Größe der Wohngemeinde) korreliert. Ein grundsätzliches Problem bei der Erfassung des iberischen Binnentourismus liegt in der mutmaßlich hohen Dunkelziffer. Viele portugiesische ebenso wie spanische Touristen übernachten in nicht klassifizierten, einfachen Unterkünften, die sich einer statistischen Erfassung entziehen.

Unter Beachtung dieser notwendigen Einschränkung können einige Besonderheiten der touristischen Binnennachfrage auf der Iberischen Halbinsel mit hinreichender Sicherheit benannt werden: Die traditionellen Urlaubsgebiete der Spanier liegen an der nordspanischen und galicischen Atlantikküste. Dies erklärt sich vor allem aus dem klimatischen und landschaftlichen Reiz jener Küste speziell für diejenigen Spanier, die die grünen Küsten und ihre milden Sommertemperaturen als wohltuenden Gegensatz zu den sommertrocken-heißen steppenhaften Ebenen oder baumlosen Gebirgen im Innern der Iberischen Halbinsel empfinden. Der überwiegende Teil der Touristen aus West- und Mitteleuropa hingegen meidet die nordspanischen Küsten wegen der häufigen sommerlichen Niederschläge und der entsprechenden Klimaunsicherheit, die derjenigen an den eigenen Küsten nicht nachsteht. Infolgedessen sind die nordspanischen Küsten in erster Linie das Ziel spanischer Erholungssuchender. Bei den wenigen Ausländern handelt es sich überwiegend um Franzosen, die statt der eigenen Atlantikküste das preiswertere spanische Äquivalent aufsuchen.

Abb. 97: *Die alten Maisspeicher (hórreos) sind zum Markenzeichen Galiciens als touristische Destination geworden (Combarro, Ría de Pontevedra).*

Regionale Schwerpunkte des nationalen spanischen Fremdenverkehrs bilden die baskischen Küstenprovinzen sowie die Küste von Santander. Die baskischen Küsten waren als leicht erreichbare Nahziele traditionelle Urlaubsgebiete für die einheimische, vorwiegend in der Industrie beschäftigte baskische Bevölkerung. Die Küsten von Santander wurden zum Ende des 19. Jh. durch das spanische Königshaus aufgewertet, das mehrfach den Badeort Santander besuchte, sodass die Stadt für Alfons XIII. auf der Magdalenen-Halbinsel sogar einen eigenen Sommerpalast baute, in der Hoffnung, die Hocharistokratie des Landes in der Folge aus den traditionellen Sommerresidenz-Standorten im Baskenland an die kantabrische Küste „abwerben" zu können. Der seither berühmte Stadtstrand „El Sardinero" vermittelt noch heute ein wenig von dem Charme jener Epoche am Ende des 19. Jh. Zu den Schwerpunkten der touristischen Binnennachfrage zählen darüber hinaus aber vorrangig die galicischen Rías-Küsten.

Die Küsten Nordportugals verdanken ihre hohen Besucherzahlen in erster Linie der räumlichen Nähe des Ballungsraumes Porto. Gleiches gilt auch für den zweiten regionalen Schwerpunkt des portugiesischen Binnentourismus, nämlich „Mittelküsten"-Portugal im Abschnitt zwischen Peniche und Nazaré. Die Küsten von Estoril und Cascais sind gewissermaßen der Hausstrand der Hauptstadt Lissabon. Die räumlichen Präferenzen des iberischen Binnentourismus zielen damit im Wesentlichen auf den nordatlantischen Küstenabschnitt zwischen der französisch-spanischen Grenze und Lissabon.

Insgesamt stellen einheimische Gäste vielfach geringere Ansprüche an die Unterkunft. Da es sich zudem häufig um mehrköpfige Familien mit Kindern, teilweise auch mit Großeltern, handelt, sind Ferienwohnungen sehr beliebt, wobei auch größere Wohneinheiten in Form von Hochhäusern nicht als

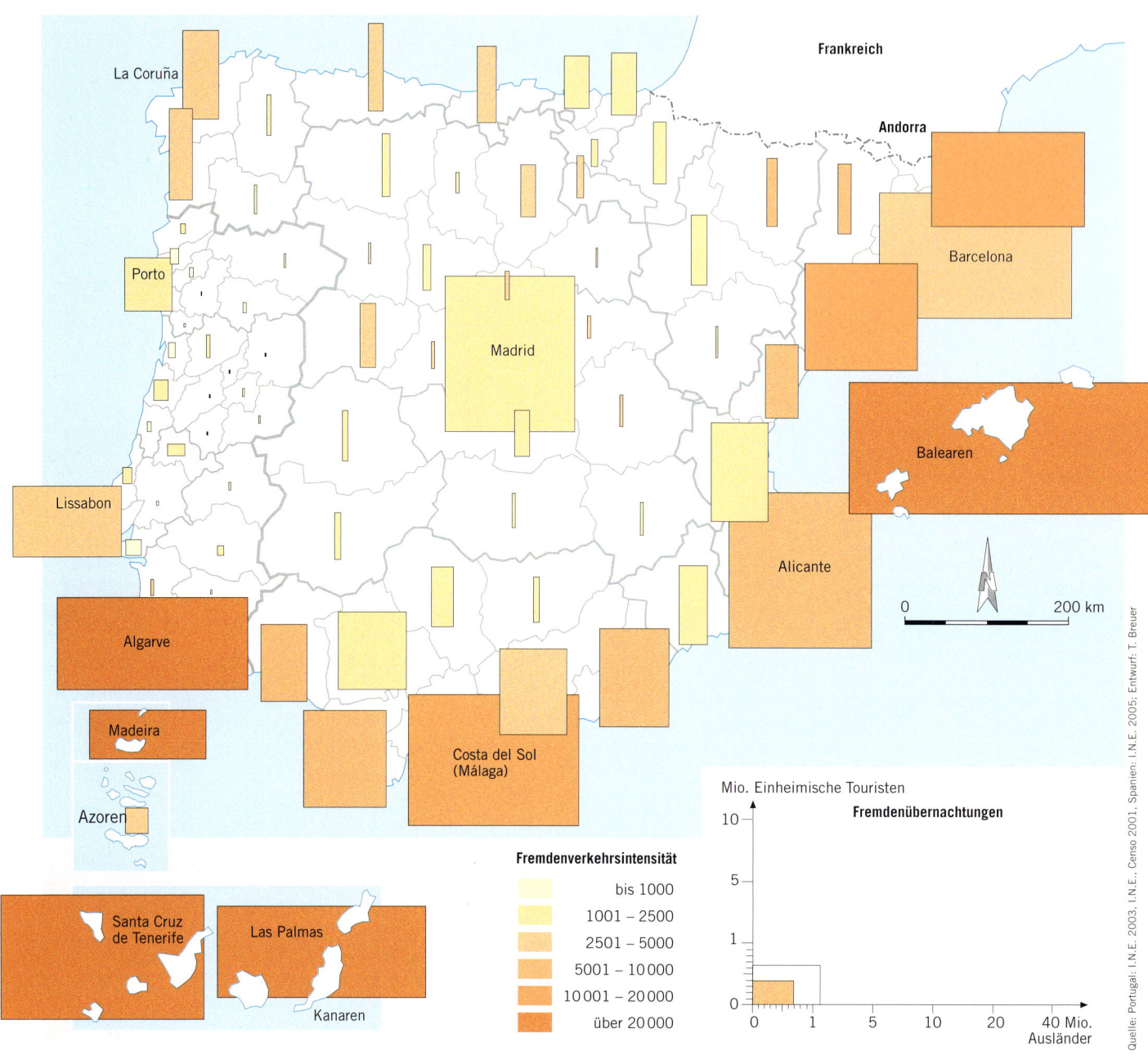

Abb. 98: *Fremdenüber-nachtungen in Hotelbe-trieben 2003/2004*

störend empfunden werden. Infolgedessen sind z. B. in den wichtigen Zielgebieten des spanischen Binnentourismus vielfach fünf- und höherstöckige Geschosswohnbauten in einfacher Bauausführung entstanden, die im Regelfall nicht einmal eine Heizung enthalten. Die einzelnen Etagen (*pisos*) werden nur saisonal als Ferienwohnungen genutzt (in Miete oder in Eigentum). Auch die übrige funktionale Ausstattung der Orte kommt den spezifischen Bedürfnissen der einheimischen Erholungssuchenden entgegen: Zahlreiche Bars, Cafeterias und Restaurants ebenso wie Lebensmittelgeschäfte, Friseursalons und Immobilienbüros dokumentieren den selektiven Versorgungsbedarf der nur saisonal anwesenden einheimischen Touristen. Bis auf wenige Ausnah-

men sind diese gewerblichen Einrichtungen dann auch konsequenterweise nur während der Sommermonate geöffnet.

Ein junges Beispiel für die Umorientierung einer ehemaligen Fischersiedlung mit touristischer Binnennachfrage auf den internationalen Tourismus schildern Volk & Schenk (2001). Isla Cristina (Provinz Huelva) bietet anspruchsvollen Golf-Touristen neben attraktiven Platzverhältnissen immer noch den reizvollen Charme eines gewachsenen Fischerdorfes. Es bleibt abzuwarten, ob der Ort dieses inzwischen seltene Angebotspotenzial auf Dauer erhalten kann.

In den Hochburgen des internationalen Fremdenverkehrs sind Spanier ebenso wie Portugiesen in der

Quelle: Portugal: I.N.E. 2003, I.N.E., Censo 2001, Spanien: I.N.E. 2005; Entwurf: T. Breuer

Minderheit, wie das Verhältnis zwischen Inländer- und Ausländerübernachtungen zeigt (vgl. Abb. 98). Ungeachtet der hier herausgestellten Besonderheiten der nationalen touristischen Binnennachfrage gleichen sich die Nachfragemuster ausländischer und inländischer Touristen zunehmend an, und zwar dahingehend, dass auch die einheimische Bevölkerung mit steigender Kaufkraft hochwertige Ferienapartments ebenso wie großzügige Hotelanlagen in den Kernzonen des internationalen Tourismus nachfragt. Mit zunehmender zeitlicher Dauer dürften sich damit die bislang noch bestehenden Unterschiede im Nachfrageverhalten angleichen. Die Algarve ist bereits gegenwärtig das drittwichtigste Zielgebiet des portugiesischen Binnentourismus.

Zu den problematischen Aspekten der touristischen Nachfragestruktur gehört die ausgeprägte Saisonalität der Nachfrage, die sich weiterhin in einer exponierten sommerlichen Nachfragespitze dokumentiert (vgl. Abb. 94). Die binnenländische Nachfrage verschärft diese Saisonalität nachhaltig. Eine Ausnahme bilden lediglich die atlantischen Inseln mit subtropischem Klima (Kanaren und Madeira), die aufgrund ihrer klimatischen Situation weitgehend frostfreie, milde Winter garantieren (wobei der Slogan vom „ewigen Frühling" sowohl für Madeira als auch für die Kanarischen Inseln eine der Werbung geschuldete Übertreibung darstellt). Die genannten atlantischen Inseln sind deshalb die einzigen touristischen Destinationen mit einer im Jahresverlauf weitgehend ausgeglichenen Nachfrage. In den 1970er-Jahren verzeichneten die Kanareninseln Teneriffa und Gran Canaria sogar ein Maximum der Nachfrage im Winter. Gegenwärtig ist hier ein weiteres Maximum im Sommer hinzugekommen, wobei dieses Sommermaximum in erster Linie ein Ergebnis der gestiegenen spanischen Binnennachfrage ist.

Inzwischen sind nahezu alle verfügbaren Küsten der Iberischen Halbinsel und der zu ihr gehörenden Inseln verbaut. In Extremfällen wurde selbst an unzugänglichen Fels-Steilküsten durch Sprengung Raum für eine touristische Bebauung geschaffen, in extremer Weise im Süden von Gran Canaria im Bereich um Puerto Rico. Größere Küstenabschnitte ohne dauerhafte touristische Infrastruktur gibt es nur noch an der portugiesischen Atlantikküste zwischen Sines und dem Kap São Vicente, wo die historisch überkommen latifundialen Strukturen und (in der Gegenwart) die Ausweisung von Naturschutzgebieten die Ausbildung eines küstenbegleitenden Straßennetzes bisher verhindert haben.

Zu den touristisch wenig erschlossenen Küstenzonen zählen auch die Azoren. Von den Übernachtungszahlen her ist die gesamte Inselgruppe mit dem Alentejo zu vergleichen (2003: ca. 800 000 Übernachtungen), wobei mehr als die Hälfte der Übernachtungsgäste Portugiesen waren. Zwei Drittel aller Übernachtungen entfallen auf die größte der Inseln: São Miguel. Bei tendenziell rasch steigender Nachfrage nimmt der Ausländertourismus allerdings überproportional zu, wobei der hohe Anteil von

Schweden bemerkenswert ist. Ungeachtet der wachsenden Nachfrage dürfte sich der Azoren-Tourismus mittelfristig in Grenzen halten. Das wechselhafte Klima mit ganzjährigem Niederschlag sowie die fehlenden Strände machen die Insel in erster Linie für naturorientierte (Wander-)Urlauber attraktiv.

Das Phänomen der Urbanisationen

Die auf Küstenstandorte fokussierte, zunächst internationale, später nationale touristische Nachfrage blieb nicht ohne Auswirkungen auf die Siedlungsstruktur. In diesem Zusammenhang ist eine für Spanien spezifische Besonderheit anzusprechen: Die sog. „Urbanisationen" (*urbanización*, pl. *urbanizaciones*) sind in Umfang und Bedeutung einzigartig für Spanien. Es handelt sich um geplante Siedlungen, die als geschlossene Komplexe entworfen und vornehmlich zu Erholungszwecken erstellt wurden. Ihre Größe reicht von 10–20 Einfamilienhäusern bis zu ganzen Städten. Im letztgenannten Fall tragen sie nicht unerheblich zu der hohen Zahl von Apartmentbetten bei, die in die touristische Kapazitätsstatistik eingehen. Zahn (1973, S. 175) definiert eine Urbanisation als ein „außerhalb einer Ortschaft liegendes, nach staatlichen Auflagen infrastrukturell erschlossenes und bebautes Gelände zur Nutzung durch den Fremdenverkehr".

Indem diese Definition Urbanisationen auf die Nutzung durch den Tourismus beschränkt, wird sie der heutigen Realität allerdings nicht mehr gerecht. Im Zusammenhang mit der Ausbildung großer urbaner Ballungsräume (Madrid, Barcelona, Valencia usw.) wurden Urbanisationen in periurbaner, landschaftlich reizvoller Lage vielfach als Zweitwohnsitze gebaut und im Einzelfall sogar ganzjährig genutzt. Es gibt sie inzwischen regelhaft im Umland aller großen spanischen Metropolen.

Die Urbanisierung, d. h. in diesem Fall die vollständige infrastrukturelle Erschließung des Baugeländes sowie Verkauf und Bebauung der Parzellen, erfolgt entweder durch Kapitalgesellschaften oder durch vermögende Privatpersonen, seltener durch die Gemeinden. Auslösende Ursache für dieses Prinzip der Baulanderschließung durch private Kapitaleigner war der chronische Kapitalmangel der spanischen Kommunen zu jener Zeit, als die geballte internationale touristische Nachfrage viele bis dahin ländlich geprägte Küstengemeinden überrollte. Die private Erschließung enthob die Gemeinden der Verpflichtung, mit hohen infrastrukturellen Erschließungskosten in Vorlage gehen zu müssen. Inzwischen hat sich das System einer privaten Baulanderschließung in Spanien etabliert und konsolidiert, zumal die Erstellung von „Urbanisationen" im beschriebenen Sinne für die „Urbanisatoren" bzw. Promotoren nicht unerheblichen Profit abwirft. Das Erschließungsprinzip der „Urbanisationen" ist damit maßgeblich für eine Serie von Bau- und Bodenspekulationswellen an den Küsten der Iberischen Halbinsel verantwortlich. An der Costa del Sol stiegen beispielsweise die Bodenpreise zwischen 1960 und 1975 im Einzelfall um bis zu 900 % und ver-

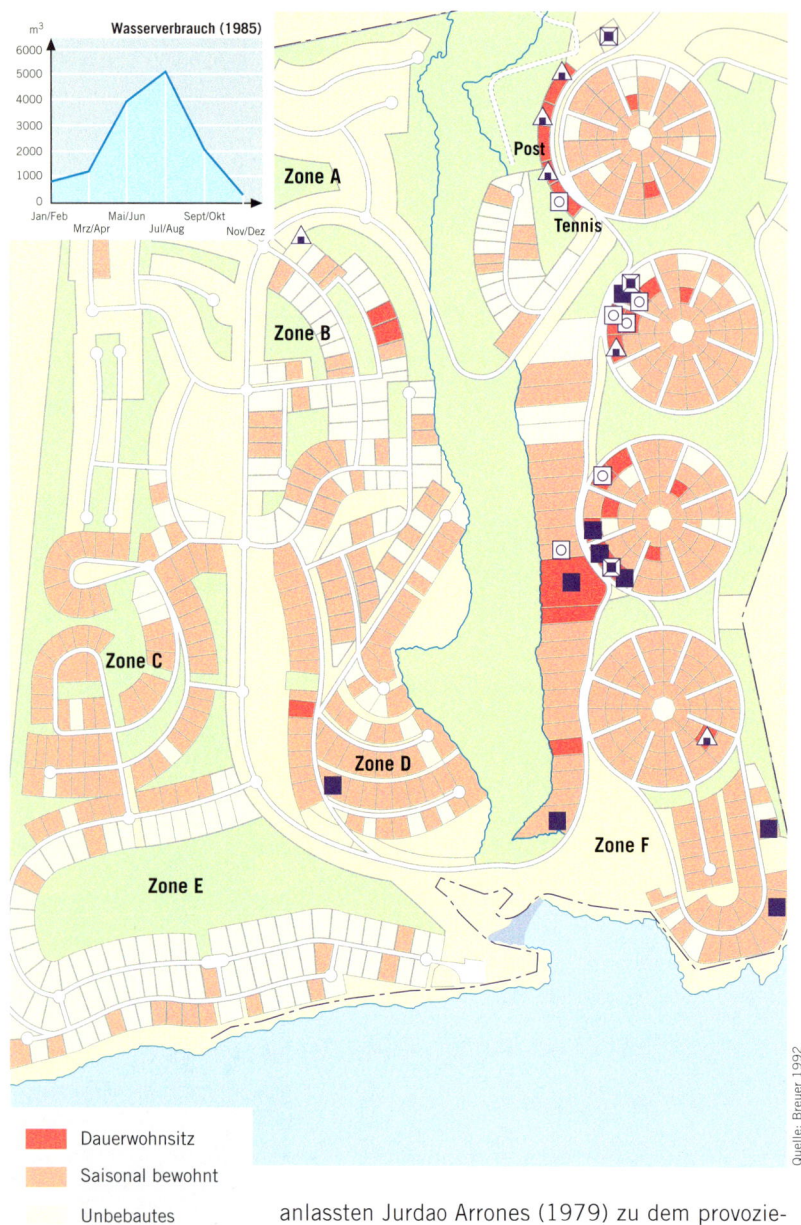

Wasserverbrauch (1985)

Zone A
Zone B
Zone C
Zone D
Zone E
Zone F
Post
Tennis

Quelle: Breuer 1992

- ■ Dauerwohnsitz
- ■ Saisonal bewohnt
- □ Unbebautes Grundstück
- ■ Hotel/Gastronomie
- ◨ Einzelhandel
- ◉ Sonstige Dienstleistungen
- ⚠ Baugewerbe/Handwerk

Kartierung: Sept. 1986

Abb. 99: *Urbanisation „Cala Murada" (Mallorca)*

in Terrassenbauweise) sind ebenfalls üblich. Das architektonische Erscheinungsbild der einzelnen Bauten kann individuell (bei entsprechender Planung und Bebauung) oder uniform (bei geplanter Bebauung mit wenigen genormten Haustypen) sein. Die Grundstücksgrößen für Eigenheimbauten liegen in der Regel zwischen 250 und 1000 m², die Bebauung besteht dann aus ein- bis zweigeschossigen Einfamilienhäusern, wobei mit zunehmender Verknappung des Bodens und einem entsprechenden Anstieg der Bodenpreise Reihen- und Terrassenhauskomplexe zunehmen. Der Bau solcher Urbanisationen hat etwa ab 1960 eine boomartige Entwicklung erlebt. Zu den frühen Urbanisationen vom Typ der Ferienhaussiedlungen gehört Cala Murada auf Mallorca, das schon von Mayer (1976, S. 77) beschrieben wurde (vgl. Abb. 99).

In der Anfangsphase wurden vielfach kleinere Urbanisationen ohne behördliche Genehmigung erstellt, sodass dort – oft heute noch – Mängel in der Wasserver- und -entsorgung, in der Stromversorgung oder bei den Zufahrtsmöglichkeiten an der Tagesordnung sind. Die zum Teil skandalösen Begleitumstände beim Bau und Verkauf von Immobilien in Urbanisationen veranlassten Zahn (1973, S. 273) zu der Formulierung, dass dem Begriff Urbanisation „der Klang von Ferien und Besitz [ebenso] wie von Geschäft und Betrug anhaftet". Beim Ersterwerb von Immobilien in Urbanisationen dominierten ursprünglich Ausländer, vornehmlich Briten, Skandinavier und Deutsche. Die Nationalitätenverteilung innerhalb solcher Urbanisationen kann jedoch sehr uniform sein, je nach dem regionalen Werbeschwerpunkt der verkaufenden Immobilienfirma. Inzwischen sind Urbanisationen dieses Typs an allen Mittelmeerküsten Spaniens sowie auf den Kanaren und den Balearen strukturell bedeutsam. Schwerpunkte bilden die Costa Blanca und die Costa del Sol, ferner die südlichen Küstenabschnitte der Kanareninseln Teneriffa und Gran Canaria (Abb. 100).

Urbanisationen mit Satellitenstadtcharakter sind zahlenmäßig seltener, aufgrund ihrer oft spektakulären Größe aber bekannter. Zu den Fremdenverkehrsstädten dieses Typs gehören beispielsweise La Manga del Menor an der Costa Blanca und Matalascañas an der Costa de la Luz oder Maspalomas im Süden von Gran Canaria, aber auch (nach spanischem „Vorbild") der touristische Großkomplex auf der Halbinsel Tróia südlich der Sado-Mündung an der portugiesischen Atlantikküste. Aufgrund ihres hohen Flächenbedarfs entstehen große Urbanisationen entweder auf kommunalen Ländereien (meist ehemalige Allmendflächen) oder (häufiger) auf privatem Großgrundeigentum. Dadurch wird der Grunderwerb für externe Investoren erheblich erleichtert und beschleunigt. Auf diesen Zusammenhang weist Mayer (1977) schon sehr früh am Beispiel Mallorcas hin. Martín Martín (1999) belegt in ungewöhnlicher Offenheit die teilweise unrühmliche Rolle, die konkrete Großgrundeigentümerfamilien im Süden von Teneriffa bei der Erschließung der Küsten durch Urbanisationen gespielt haben.

anlassten Jurdao Arrones (1979) zu dem provozierenden Titel „Spanien zu verkaufen".

Zahn (1973) unterscheidet zwei Urbanisationstypen:

■ Urbanisationen mit Villen- bis Vorortcharakter sind relativ klein und verfügen über keine eigene Versorgung mit Gütern des täglichen Bedarfs, und

■ Urbanisationen mit Satellitenstadtcharakter sind in ihrer Versorgung unabhängig von gewachsenen Orten.

Der erstgenannte Typus lässt sich im Deutschen noch am ehesten durch den Begriff der Eigenheimsiedlung oder – bei entsprechender Funktion – der Ferienhaussiedlung fassen. Im Regelfall dominieren dort Einfamilienhäuser (von freistehenden sog. „Chalets" über Reihenhäuser bis zu in Terrassen wabenförmig übereinandergeschichteten Bungalow-Wohneinheiten). Kleine Apartmentanlagen (häufig

Allen so definierten „Urbanisationen" ist gemeinsam, dass es sich um Retortensiedlungen handelt, die keine ursächliche Bindung an historisch gewachsene Siedlungskerne aufweisen. Die Bevorzugung von Standorten auf Ödland oder nur extensiv genutzten Flächen ist offenkundig. Dazu zählen viele Küstenräume (z. B. in Form von Felsküsten, verkarsteten marinen Terrassen, vernässten Küstenebenen, Nehrungshaken, Dünenfeldern), die für eine agrarische Nutzung nur bedingt oder überhaupt nicht infrage kamen. Aus eben diesem Grunde eigneten sich solche Standorte in historischer Zeit nicht für die Anlage von Siedlungsplätzen. Eine Ausnahme bildeten lediglich Hafen- bzw. Fischersiedlungen. Die durch den sommerlichen Badetourismus generierte neue Nachfrage hatte für diese Marginalstandorte eine fundamentale Umbewertung zur Folge, d. h., für die touristische Bebauung wurde die Küstenorientierung zum alleinigen Wertmaßstab („Meerblick-Syndrom"). Die Folgen sind inzwischen manifest: Die für den Tourismus nutzbaren Küsten sind häufig linienhaft bebaut. Vielfach haben sich geschlossene Siedlungsbänder von mehr als 100 km Länge ausgebildet. Huber (2003) ist bezüglich der Costa Blanca der Auffassung, dass sich „der gesamte Küstenstreifen [...] unaufhaltsam in eine Stadt der 1000 Urbanisationen" entwickelt (S. 66). Darin eingebettet liegen urbane Kerne, die sich in der Hochsaison zu touristischen Hochburgen in der Dimension von Großstädten aufblähen. Die Namen solcher touristischer „Großstädte" sind als Destinationen des internationalen Tourismus jedem reiserfahrenen Mitteleuropäer geläufig.

Ungewöhnlich ist, dass diese modernen urbanen Zentren vielfach von kleinen dörflichen Siedlungen aus verwaltet werden. So gehört beispielsweise der gesamte touristische Komplex von Maspalomas im Süden von Gran Canaria zur Gemeinde San Bartolomé de Tirajana, die Touristenhochburg Playa de las Américas im Süden von Teneriffa fällt in die Zuständigkeit der Gemeinde Arona und Retortenstädte wie Illetas, Palma Nova, Magaluf, Santa Ponsa oder Paguera auf Mallorca liegen alle auf dem Gemeindegebiet von Calvià. Die Gemeindehauptorte (im administrativen Sinne) liegen jeweils küstenfern im gebirgigen Hinterland, das nach historischer Erfahrung sowohl eine agrarische Wirtschaftsgrundlage als auch Schutz vor Piraten bot. Vielfach haben sie sich ihren ehemals dörflichen Charakter zumindest physiognomisch bewahrt.

Die Entstehung neuer Siedlungsstandorte an der Küste infolge der geschilderten Umbewertung ehemals gemiedener Strandzonen erzwang gleichzeitig eine Neuorientierung der Verkehrswege. Das lässt sich en miniature am Beispiel von Menorca modellhaft ablesen (Abb. 101): Die Verbindungsstraße zwischen den beiden Haupthäfen Mahón im Osten und Ciudadella im Westen bildet das siedlungsstrukturelle Rückgrat der Insel. An dieser Straße liegen auch die Gemeindehauptorte der Insel. Alle touristischen Urbanisationen, die

nach 1960 vornehmlich an der Südküste entstanden sind, werden heute durch Stichstraßen erschlossen, die von der zentralen West-Ost-Verbindung abzweigen. Eine durchgehende, küstenparallele Straße fehlt. Nach dem gleichen Prinzip wurde auch die gesamte Südost- und Ostküste Mallorcas durch touristische Urbanisationen erschlossen.

Urbanisationen mit vornehmlicher Residenzfunktion, d. h. auf dem Reißbrett geplante Eigenheim-Ferienhaus-Siedlungen, sind aber nicht nur zu einer eigenständigen und gleichzeitig eigenwilligen Siedlungsform an den Küsten und auf den Inseln der Iberischen Halbinsel geworden, sondern gleichzeitig zu einer Lebens- bzw. Wohnform, für die sich inzwi-

Abb. 100: Ferienhaussiedlung (urbanización) „Sueño Azul" im Süden Teneriffas

Abb. 101: Menorca: Siedlungsstruktur im Umbruch

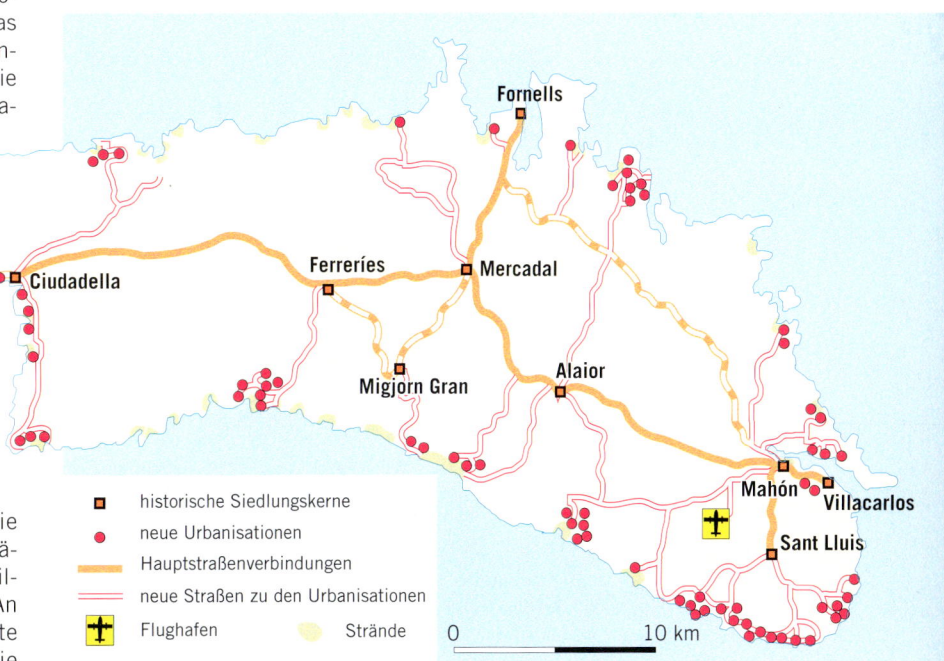

- ◾ historische Siedlungskerne
- ● neue Urbanisationen
- ▬ Hauptstraßenverbindungen
- — neue Straßen zu den Urbanisationen
- ✈ Flughafen   Strände

0   10 km

schen auch die Sozialwissenschaften interessieren. Den Retortenorten ohne jedweden Bezug zu historisch gewachsenen Siedlungsstandorten fehlen charakteristische Referenz- bzw. Orientierungspunkte wie beispielsweise Kirche, Bahnhof oder Schule. Auch ein wahrnehmbares Ortszentrum mit Einkaufsläden ist im Regelfall nicht vorhanden. Der Baustil der Gebäude soll „südliches Ambiente" „spanischen" oder „mediterranen" Stils suggerieren. Doch realiter handelt es sich bei den individuellen Ferienhäusern ebenso wie bei den Urbanisationen insgesamt um geklonte Stereotypen, die sich wie ein Ei dem anderen gleichen. Das gilt sowohl für die Grundrissgestaltung als auch für die Straßenführung, sodass man vielfach innerhalb einer größeren Urbanisation Gefahr läuft, die Orientierung zu verlieren. Urbanisationen „sind geschichts- und gesichtslose Räume – Allerweltsorte ohne Eigenschaften". Ihre Physiognomie spiegelt bestenfalls eine „inszenierte Authentizität" wider (Huber 2003, S. 66).

In Urbanisationen vom Typus der Eigenheim-Ferienhaus-Siedlungen gibt es kaum belebte öffentliche Räume. Das hat verschiedene Ursachen: Zum Einen sind vom baulichen Konzept her vielfach zu wenig Freiflächen vorgesehen, beispielsweise für Grünanlagen und Parks. Waren sie in der Planung enthalten, so wurden sie häufig nicht oder nur provisorisch fertiggestellt, weil die Kosten der Unterhaltung (Bewässerung, Gartenpflege) ungeklärt blieben. Zum real genutzten öffentlichen Raum zählen in erster Linie die Straßen, die dann allerdings häufig nur für Fahrzeuge benutzbar sind. Für einen fußläufigen Personenverkehr mit entsprechender Kommunikationsfunktion sind sie im Regelfall ungeeignet: Bürgersteige fehlen entweder völlig oder sind nicht fertiggestellt. Oft engen nachträglich montierte Masten für die Straßenbeleuchtung die Bürgersteige zusätzlich ein. Für Fußgänger geeignete Absenkungen der hohen Bordsteinkanten sind weitgehend unbekannt. Der vielfach miserable bauliche Zustand der Straßen in Urbanisationen erschwert nicht nur die Mobilität älterer und gehbehinderter Bewohner, sondern unterbindet zusätzlich deren ohnehin geringe Bereitschaft zur nachbarschaftlichen Kommunikation. Ein öffentliches Leben existiert in diesen Urbanisationen nicht; stattdessen wird die Tendenz zur privaten Abschottung fast stereotyp nach außen dokumentiert („Casa Gabi und Guenther", „Villa Schumann", „Finca Robinson"). Ironischerweise widerspricht diese Tendenz zur Privatisierung bzw. Intimisierung des Wohnumfeldes in jeder Hinsicht dem Leitbild des „mediterranen" Lebensgefühls, zu dem die intensive, spontane Kommunikation unter freiem Himmel u. a. m. gehören. Der Widerspruch erklärt sich aus dem (übersteigerten?) Sicherheitsbedürfnis der vielfach älteren Bewohner. Huber erkennt hier Parallelen zu dem Konzept der sog. „Nicht-Orte" des französischen Anthropologen Marc Augé (1994 in deutscher Sprache erschienen), der solche Nicht-Orte als Transiträume definiert. Demzufolge sind Hotelketten-Unterkünfte ebenso wie Durchgangswohnheime, Feriendörfer oder Flüchtlingslager gleicher-maßen Nicht-Orte. Huber (2003, S. 76) schreibt: „Es ist offensichtlich, dass den Urbanisationen wesentliche Merkmale der hier beschriebenen Nicht-Orte fehlen, und dennoch können sie ebenfalls als Nicht-Orte bezeichnet werden. Bei den Urbanisationen handelt es sich um postmoderne Landschaften. Es sind ageographische Orte. Sie haben keine lokalen Referenzen und definieren sich intern. Das heißt, es sind Orte, die an verschiedenen Orten in gleicher Weise auftreten können. Ihre Merkmale sind ubiquitär, das Spezifische des Ortes verliert sich."

Akteure und Vermarktungsstrategien im internationalen Massentourismus

Für die Entwicklung des internationalen Tourismus auf der Iberischen Halbinsel war das Konzept der sog. „Pauschalreise" von zentraler Bedeutung. Die Pauschalreise ihrerseits machte Massentourismus erst möglich, weil die Reise als konfektioniertes Massenprodukt konzipiert, d. h. als touristisches Angebotspaket vermarktet wird. Hauptbestandteile des touristischen Pakets sind die Beförderung, die Unterbringung und die Verpflegung der Touristen im Zielgebiet. Aus den genannten Leistungen leiten sich die wichtigsten Akteure auf der Dienstleistungsseite ab: die (Charter-)Flugunternehmen, die Hotellerie und die Gastronomie. Sie sind ihrerseits von den Reiseveranstaltern abhängig, denen die Aufgabe zukommt, ausreichende Flugkapazitäten für den Transport sowie Hotelkapazitäten und Serviceleistungen in den Zielgebieten bereitzustellen. In diesem Zusammenhang haben sich im Sinne horizontaler und vertikaler Integration komplexe Verbundstrukturen herausgebildet, in denen Fluggesellschaften, Hotel- und Restaurantketten, Speditionsunternehmen und dergleichen miteinander verflochten sind. Das pauschale Angebot impliziert wiederum, dass individuelle Wünsche des Kunden nur in sehr begrenztem Ausmaß berücksichtigt werden können. Erkauft wird diese Einschränkung der individuellen Wahlmöglichkeiten durch das Angebot von weiteren Zusatzleistungen innerhalb des Pauschalpreises, beispielsweise der Flughafentransfer am Zielort oder Kinderbetreuungs- bzw. Animationsprogramme in der gebuchten Unterkunft.

Das Gewicht und die wechselseitige Verzahnung der Reiseveranstalter, Fluggesellschaften, Hotelketten, Restaurantketten, Autovermieter usw. unterliegen einer hochgradigen zeitlichen Dynamik, in deren Verlauf sich auch die Gewichte zwischen nationalen und ausländischen Kapitalinvestitionen sehr rasch verändern. Dessen ungeachtet unterliegt die funktionale Bedeutung des Transports im Tourismusgewerbe nur geringen Schwankungen, weil ein touristisches Angebot im Regelfall nur am Ort seiner Generierung „konsumiert" werden kann. Deshalb kommt den sog. „Billigfliegern", die durch niedrige Reisekosten eine massenhafte Nachfrage erst ermöglichen, im Massentourismus eine Schlüsselfunktion zu.

Auf der Angebotsseite werden bei den betriebswirtschaftlichen Rentabilitätsüberlegungen die „eco-

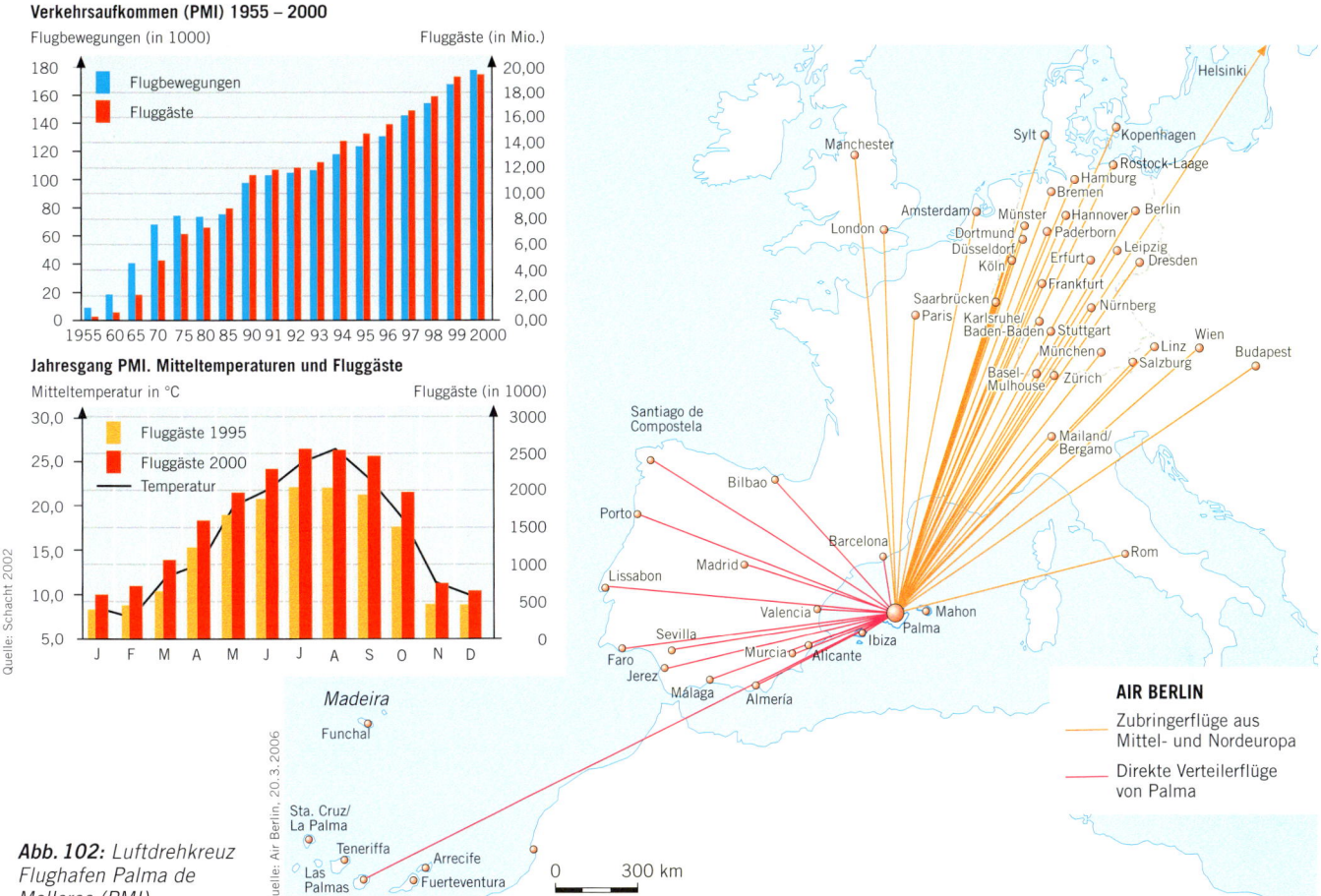

Verkehrsaufkommen (PMI) 1955 – 2000

Jahresgang PMI. Mitteltemperaturen und Fluggäste

Quelle: Schacht 2002

Quelle: Air Berlin, 20.3.2006

AIR BERLIN
Zubringerflüge aus Mittel- und Nordeuropa
Direkte Verteilerflüge von Palma

Abb. 102: Luftdrehkreuz Flughafen Palma de Mallorca (PMI)

nomies of scale" wirksam, d. h., aus Gründen der Kostenoptimierung müssen möglichst große Verkaufs- bzw. Beförderungs- bzw. Übernachtungsangebote gebündelt werden. Die Konsequenz ist, dass bei den einzelnen Bestandteilen des Pauschalreiseangebots auf transnationaler Ebene seit rund 35 Jahren ein Konzentrationsprozess abläuft, der sich zur Gegenwart hin laufend beschleunigt hat. Der europäische Reisemarkt ist inzwischen durch oligopolistische Strukturen mit einigen wenigen, transnational operierenden Reisekonzernen geprägt. Zu den Großen der Branche zählt der deutsche Reisekonzern TUI (Touristik Union International; hervorgegangen aus Dr. Tigges-Fahrten, die wiederum bezeichnenderweise mit Mallorca-Reisen ihren wirtschaftlichen Aufstieg begründeten), der im Geschäftsjahr 1991/92 ca. 3,97 Mio. Reisen verkaufte, davon allein 1,2 Mio. mit dem Ziel Spanien. Die TUI verfügt allein auf den Kanaren über mehr als 6000 konzerneigene Hotelzimmer. Auf Mallorca können alle Kunden von konzerneigenen Zielgebietsagenturen betreut werden. Bis heute bildet Spanien unangefochten die bei Weitem wichtigste touristische Destination für den Konzern (vgl. Vorlaufer 1993, S. 272).

Auch die Charterflugunternehmen sind ihrerseits nicht untätig geblieben. Dank ihrer Aktivitäten ist die zeitliche Distanz zwischen den touristischen Herkunftsgebieten und der Iberischen Halbinsel zum Ende des 20. Jh. zunehmend geschrumpft. Gleichzeitig sind die Flüge preiswerter geworden. Auch der Zeittakt der Flugverbindungen zwischen den iberischen Destinationen und Mitteleuropa ist außerordentlich kundenfreundlich. Im Herbst 1998 hat „Air Berlin" als erste deutsche Fluggesellschaft einen Winterflugplan mit täglicher Flugverbindung zwischen Berlin und den Balearen eingerichtet („Mallorca-Shuttle"). Süddeutschland z. B. wurde über den Flughafen Nürnberg an allen Wochentagen angebunden. Damit die Flüge hinreichend ausgelastet sind, können Transitpassagiere ohne zeitliche Verzögerung von Palma aus zu touristischen Zielen in Festlandspanien oder Portugal weiterreisen. Das Charterflugunternehmen Hapag-Lloyd zog umgehend nach und etablierte seinerseits zunächst probeweise das sog. „Winter-Drehkreuz" Palma de Mallorca. Seither ist der Flughafen Mallorcas zu einer Drehscheibe im internationalen Charterflugverkehr geworden. Von hier aus werden inzwischen nicht nur alle wichtigen touristischen Destinationen auf der Iberischen Halbinsel und auf den atlantischen Inseln angeflogen, sondern auch Metropolen wie beispielsweise Porto in Nordportugal (vgl. Abb. 102).

Der 1997 erweiterte und durch ein neues Terminal modernisierte Flughafen von Palma de Mallorca

Abb. 103: Die Skyline von Benidorm (Prov. Alicante) gilt als Markenzeichen für Ziele des Massentouris-mus.

urlaub eine zentrale Funktion zu. Maßgebend für die Zielgruppen in den bevölkerungsreichen Industrieländern Europas waren (und sind weiterhin) die warmen Jahreszeiten sowie der darauf abgestimmte Rhythmus der Schul- bzw. Werksferien. Die Pauschalangebote der Reiseveranstalter orientierten sich ausschließlich an den Bedürfnissen ihrer Zielgruppe nach Sonne und Strand und damit an den klimatischen Rahmenbedingungen. Das gilt im Grundsatz auch noch für die Gegenwart, wie ein einfacher Blick in die einschlägigen Reisekataloge belegt. In den Winterkatalogen setzt das Angebot an festländischen Küstenstandorten auf der Iberischen Halbinsel erst auf der geographischen Breite von Alicante ein; selbst das Mallorca-Angebot ist in dieser Jahreszeit stark eingeschränkt. Im Winter zeigt sich die strikte Orientierung des massentouristischen Angebots auf die thermisch begünstigten Küstenabschnitte der Iberischen Halbinsel zwischen der Algarve im Westen und Alicante im Osten besonders deutlich. Der Winter ist gleichzeitig Hochsaison auf den atlantischen Inseln von Madeira bis zu den Kanaren.

Für das festländische Iberien hat die ausgeprägte Saisonalität der touristischen Nachfrage sich auch noch am Ende des 20. Jh. unverändert erhalten. Der Zusammenhang von Monatsmitteltemperaturen und Gästeankünften lässt sich am Beispiel des Flughafens von Palma de Mallorca eindrucksvoll belegen (Abb. 102). Bemerkenswerterweise hat daran auch die Verdoppelung der Flugbewegungen ebenso wie die der Fluggäste in wenig mehr als zehn Jahren nichts geändert.

Rückblickend zeigt sich, dass die spektakuläre Entwicklung des Massentourismus in spanischen Zielgebieten sowie in einer Kernzone der Algarve (um den Flughafen Faro) besonders stark auf ausländischen Konsumenten mit mittlerer und schwacher Kaufkraft gründete, die sich nahezu ausschließlich an den Angebotsmerkmalen „Sonne und Strand" orientierten und darüber hinaus nur wenige individuelle Bedürfnisse artikulierten. Dem entsprach in den Zielgebieten häufig ein zweit- und drittklassiges Hotelangebot mit Essensabfertigung im „Schichtbetrieb" und wahren „Bettenburgen" in Hochhäusern von zwölf und mehr Stockwerken. Entsprechende Auswüchse des Massen- und Pauschaltourismus finden sich heute an der Algarve ebenso wie in allen viel frequentierten spanischen Tourismusdestinationen. Dazu zählen Standorte wie Torremolinos (Costa del Sol), Benidorm (Costa Blanca; Abb. 103), Lloret de Mar (Costa Brava) oder Magaluf und Illetas (auf Mallorca) ebenso wie Vilamura (Algarve) oder Tróia auf der gleichnamigen Halbinsel südlich von Lissabon.

förderte aktiv die beschriebene Entwicklung: Er umwarb die Charterfluggesellschaften mit einem besonders kostengünstigen Wartungsangebot für ihre Maschinen. Diese Wartung erfolgt während der nächtlichen Ruhepause des Flugbetriebs. Je mehr Maschinen auf Mallorca gewartet werden, umso mehr höchstqualifizierte technische Arbeitsplätze werden dort benötigt. Dies mag deutlich machen, dass das Leben mit dem internationalen Tourismus trotz zweifellos vorhandener Schattenseiten von den Mallorquinern aber doch offenkundig überwiegend als Chance zu dauerhaftem wirtschaftlichem Wohlstand genutzt wird.

Die vor allem von spanischer Seite schon sehr früh geäußerte Kritik einer einseitigen Ausbeutung spanischer Ressourcen durch ausländische Touristikunternehmen (Gaviria et al. 1974) trifft inzwischen nicht mehr zu. Im Zuge der Globalisierung haben multinational agierende spanische Kapitalunternehmen wesentlichen Anteil an der touristischen Wertschöpfung. Bereits 1998 rangierte die spanische Hotelkette „Sol Melía" unter den 20 größten Hotelketten der Welt auf Rang 13 (Freyer 2001, S. 123). 2004 gelang es mehreren spanischen Investoren (darunter die mallorquinische Hotelier-Dynastie Riu sowie die *Caja de Ahorros del Mediterráneo*), nennenswerte Aktienanteile an der TUI zu erwerben.

Die Vermarktung einer Urlaubsreise als konfektioniertes Massenprodukt war nur in einer arbeitsteiligen Industriegesellschaft mit klarer Trennung von Arbeit und Freizeit möglich. Dabei kam dem Jahres-

Im Praxistest: das Modell vom Lebenszyklus touristischer Destinationen

Die einseitige Ausrichtung auf den sommerlichen Badetourismus, der daraus resultierende einseitige Verbrauch der natürlichen Ressourcen „Sonne und Strand" sowie ein Massenangebot, das sich an mittlerer und niedriger Kaufkraft orientierte und über-

„Produkt"	Europäischer Markt		Spanien		Marktanteil Spaniens am jeweiligen „Produkt"
	Reisen gesamt (in 1000)	Anteil des „Produktes" in %	Reisen gesamt (in 1000)	Anteil des „Produktes" in %	
„Sol y Playa"	57 474	31,3	18 563	67,8	32,3
Natur	25 599	13,9	1663	6,1	6,5
Kultur	57 001	31,0	3955	14,4	6,9
Andere	39 166	21,3	2701	9,9	6,9
Nicht zuzuordnen	4592	2,5	502	1,8	10,9
Gesamt	*183 832*	*100,0*	*27 384*	*100,0*	*14,9*

Quelle: Müller 2001, S. 75

Tab. 47: *Touristische Nachfrage nach Reiseintention und jeweilige Marktanteile Spaniens*

wiegend durch transnationale Touristikunternehmen vermarktet wurde, hatten gegen Ende der 1980er-Jahre für die spanischen Fremdenverkehrsorte einen Imageverlust zur Folge, der mit einer Verminderung der Servicequalität einherging. Vereinzelt reagierte man darauf, indem man in den bisher wichtigsten Herkunftsländern auch wirtschaftlich schwächere Konsumentenschichten umwarb. In Magaluf (Mallorca) versuchte man beispielsweise, die ästhetisch und qualitativ wenig ansprechenden Großhotels mittels attraktiver Angebote für kaufkraftschwache britische Unterschichten auszulasten. Der Effekt war verheerend: Alkoholische Exzesse und Vandalismus der jungen Gäste verschreckten bürgerliche Familien mit Kindern und beschleunigten den sich anbahnenden Prozess des Niedergangs rapide.

In Benidorm war der Anteil der Deutschen an den Hotelübernachtungen 1998 auf weniger als 1 % geschrumpft. Um einzelne Hotels vor der drohenden Schließung zu bewahren, offerierte die staatliche spanische Sozialversicherung allein in Benidorm 80 000 spanischen Sozialhilfeempfängern einen dreiwöchigen Erholungsurlaub in diesen Hotels. Die deutsche Wochenzeitschrift „DIE ZEIT" sprach seinerzeit von der „Sozialstation des europäischen Pauschaltourismus"; an anderer Stelle war von dem „verrufenen Klein-Manhattan" die Rede (Zeit Nr. 48 v. 19.11.1998). Benidorm war kein Einzelfall. Der beschriebene staatlich subventionierte Sozialtourismus kam beispielsweise auch großen Hotelanlagen in Torremolinos zugute. Die Krise, die viele Hochburgen des Pauschaltourismus vornehmlich in Spanien erfasste, wurde u.a. am Anfang der 1990er-Jahre durch konkurrierende Ziele an den türkischen Mittelmeerküsten wie auch durch exotische Destinationen in der Karibik verschärft. Die neuen Zielgebiete umwarben ihrerseits das europäische Konsumentenpotenzial und kopierten dabei das „Mallorca-Modell" mit dem traditionellen Standardangebot „Sonne, Strand und Pauschalreise", wobei sie die spanischen Destinationen preislich deutlich unterbieten konnten (Salvà Tomàs 1998b). Nun rächte es sich, dass man im spanischen Fremdenverkehrsgewerbe keine nachhaltig tragfähigen Alternativen zur einseitigen Motivationsstruktur der touristischen Nachfrage zu bieten hatte (vgl. Tab. 47).

Der bisher beschriebene Prozess ist aus wissenschaftstheoretischer Sicht nicht überraschend. Aus den Wirtschaftswissenschaften ist hinlänglich bekannt, dass Verbrauchsgüter einem Lebenszyklus unterliegen. Begriffe wie Produktinnovationen oder Markteinführung sind jedem Konsumenten ebenso vertraut wie Moden, die kommen und gehen. Das gilt ebenso im Tourismus, denn auch die Tourismuswirtschaft vermarktet ein konfektioniertes Produkt, wie am Beispiel der Pauschalreise dargelegt werden konnte. 1980 hat Butler ein Konzept veröffentlicht, in dem er das Lebenszyklusmodell eines Verbrauchsgutes auch auf Fremdenverkehrsgebiete bzw. -orte anwendet. Daraus erwachsen allerdings sehr spezifische Konsequenzen: Fremdenverkehrsorte sind im Unterschied zu beweglichem Konsumgut ortsfest und damit nicht einfach zu „entsorgen", wenn eine veränderte Nachfrage sich von ihnen abwendet. Andererseits ist offenkundig, dass touristische Destinationen der wichtigste Bestandteil des touristischen Angebots sind und damit auch den Gesetzmäßigkeiten einer sich verändernden Nachfrage unterliegen. Der Zeitpunkt einer einsetzenden rückläufigen Nachfrage markiert dann für touristische Destinationen den Beginn einer Phase, in der sich das weitere Schicksal des Touristenortes entscheidet. Die Alternative zum drohenden Niedergang („decline") ist die Erneuerung („rejuvenation"); das entsprechende Schlagwort im Spanischen lautet *revitalización* (Revitalisierung; Abb. 104).

Als Indikatoren sind Touristenankünfte, Übernachtungs- oder Passagierzahlen der Charterfluggesellschaften ebenso geeignet wie die zeitliche Entwick-

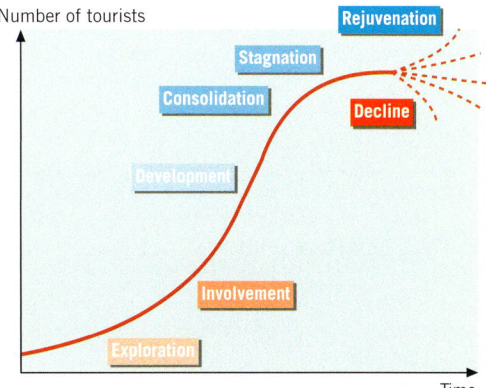

Abb. 104: *Der Lebenszyklus von Fremdenverkehrsorten nach Butler (1980)*

Phase	Zeit	Charakterisierung, Begründungszusammenhänge
Erkundung	18. Jh. bis Ende 19. Jh.	Einzelreisende besuchen verstärkt die berühmten maurischen Bauwerke in Granada, Sevilla, Córdoba und Málaga, darunter viele Künstler. Forschungsreisende interessieren sich für Land und Leute. Der Süden Spaniens ist nur schwer und kostspielig erreichbar (Zugang am besten mit dem Schiff). Unterkünfte gibt es nur in den größeren Städten, die Gasthäuser auf dem Land bieten wenig komfortable Schlafplätze an.
Erschließung	etwa 1880 bis 1959	Gäste mit gehobenen Ansprüchen, überwiegend Briten, kommen zum Winteraufenthalt ab etwa 1880 nach Málaga. Häuser werden angemietet oder gekauft. Bald auch Einmietung oder Ankauf von Häusern an der übrigen Küste der Provinz Málaga. 1926 entsteht das erste Luxushotel Miramar in Málaga. Die Verkehrsverhältnisse sind nach wie vor schlecht. Die Nationalstraße N 340 ist noch im Jahr 1929 in einem „jämmerlichen Zustand" (Niemeier 1973). Die Erschließung wird durch den Bürgerkrieg 1936–1939 unterbrochen. Danach entstehen an der Küste kleine Hotels (Familienbetriebe), daneben gibt es Gasthäuser, die Übernachtungsgäste aufnehmen. Die touristische Überformung ist gering.
Entwicklung	1959 bis etwa 1980	1959 bringt das so genannte Stabilisierungsgesetz die wirtschaftliche Öffnung der Grenzen Franco-Spaniens. Für den Tourismus bedeutet dies durch Visa-Abschaffung, Devisen- und Zollerleichterungen, den Aufbau einer staatlich unterstützten Tourismus-Infrastruktur usw. eine entscheidende Wende zur boomartigen Entwicklung. Der Flughafen wird zur zivilen Nutzung freigegeben und umgebaut. 1959 landet das erste internationale Flugzeug, wenige Jahre später beginnt der Charterflugverkehr aus vielen Ländern Europas. Damit ist der Start zum Massentourismus gegeben. Besonders das dem Flugplatz nahe gelegene Torremolinos entwickelt sich äußerst schnell. 1959 entsteht in Torremolinos das erste Luxushotel. Die Entwicklung durch auswärtige Hotelketten und Bauherren tritt sofort nach 1959 massiv auf, begleitet von extremer Grundstücks- und Bauspekulation (Jurdao Arrones 1979). Eine Abschwächung der Entwicklung gibt es nur 1974–1976 durch die drastische Erhöhung der Ölpreise durch die OPEC.
Konsolidierung	1980 bis 1988	Weiterhin Wachstum von Angebot und Nachfrage, aber Mängel der schnellen Entwicklung und Konkurrenzziele machen sich bemerkbar.
Stagnation	1988 bis 1993	Jahre mit abnehmenden Touristenzahlen signalisieren interne und externe Probleme. Die Reiseveranstalter bringen weniger und finanzschwächere Gäste, vor allem in Torremolinos. Konkurrenzziele mit ganzjähriger Saison werden immer stärker. Hoher Leerstand an Ladengeschäften.
Erneuerung?	1993 bis heute	Wieder steigende Gästezahlen, aber der Anteil finanzschwacher Gäste erhöht sich weiter. Preisdruck durch Reiseveranstalter. Neu: Große Anstrengungen der öffentlichen Hand, dem Niedergang zu begegnen.

Tab. 48: Lebenszyklusmodell Costa del Sol (Torremolinos)

Entnommen aus: Kulinat 1998, S. 44

lung der Einwohnerzahlen bzw. Wanderungsbilanzen in den touristischen Zielgebieten. Kulinat (1998) verweist darüber hinaus am Beispiel der Costa del Sol auf hohe Leerstände bei Ladengeschäften in den Zentren der großen internationalen Badeorte. In den 1990er-Jahren war davon die gesamte Costa del Sol betroffen, wobei Torremolinos mit einer Leerstandsquote von 50,1 % besonders negativ herausstach. Die beobachteten Leerstände traten in Gebäuden auf, die in der Mehrzahl schon in den 1970er-Jahren erbaut wurden, und sind deshalb nicht mit einem vorübergehenden spekulativen Überangebot in Phasen des Baubooms zu verwechseln, sondern dienen als echte Krisenanzeichen. In der Summe kann Kulinat für die Costa del Sol auch die einzelnen Lebenszyklusphasen konkretisieren (Tab. 48).

Als Beleg für die praktische Wirksamkeit des Lebenszykluskonzeptes können ebenfalls die wechselnden „Images" bestimmter touristischer Destinationen dienen: Die Auswüchse des Massentourismus brachten Mallorca bereits in der zweiten Hälfte der 1980er-Jahre den zweifelhaften Ruf einer „Putzfraueninsel" ein. In Fachkreisen der Tourismuswirtschaft kennt man seither den Begriff der „Balearisierung".

Indem das klassische touristische Angebotsmodell mit dem Kernbestandteil der Pauschalreise in den 1990er-Jahren immer weniger Nachfrage erfuhr, begriff die spanische Tourismusindustrie erstmals die offenkundig veränderten Freizeit- und Erholungsbedürfnisse als Ausdruck des neuen Nachfrageverhaltens einer postfordistischen Freizeitgesellschaft (Salvà Tomàs 1998b). Dazu gehören eine zunehmend individualisierte Nachfrage, beispielsweise als Ausdruck steigenden Bedürfnisses nach Aktivität und Selbstverwirklichung im Urlaub, sowie ein wachsender Qualitätsanspruch. Um einem „Niedergang" der touristischen Destination im Sinne des Butler'schen Modells entgegenzuwirken und stattdessen eine „Revitalisierung" touristischer Destinationen erfolgreich einzuleiten, ist das touristische Angebot nachhaltig zu modifizieren. Dazu zählt eine neue Flexibilität des Angebots, die zum Einen auf die Zeitdauer und die zunehmende Stückelung der individuell verfügbaren Freizeit auf Konsumentenseite reagieren soll, zum Anderen den individuellen Versorgungsbedarf ebenso wie die unterschiedliche Nachfrage nach kulturellen oder sportlichen Zusatzangeboten berücksichtigen muss. In der Konsequenz muss das bestehende Angebot segmentiert werden, indem neue Zielgruppen mit entsprechend differenziertem Nachfrageverhalten angesprochen werden. Die Bandbreite reicht hier vom jugendlichen Surfer bis zum naturkundlich interessierten Vogelfreund, vom Kongresstourismus bis zum Kultur-„Event" mit internationaler Besetzung usw. Für Spanien bedeuten die Zielvorgaben, in erster Linie Alternativen zum bisherigen Standardprodukt „Strandurlaub" zu entwickeln (vgl. hierzu auch Tab. 47). Gleichzeitig propagiert man auf spanischer Seite den Begriff des sog. „Qualitätsurlaubs". Dazu gehört ein qualifiziertes und laufend überwachtes Dienstleistungsangebot mit professioneller Ausbildung ebenso wie ein schonender Umgang mit den natürlichen Ressourcen (etwa beim Wasserverbrauch und bei der Entsorgung). Der so definierte, neue „Qualitätsurlaub" schließt Billigangebote aus.

Die konkrete Umsetzung dieser Zielvorgaben ist bei Weitem noch nicht abgeschlossen. Das liegt zum Einen an der Vielzahl der betroffenen Akteure und ihren unterschiedlichen Interessen (von der Zentralregierung in Madrid über die Autonomen Regionen bis hin zu den Kommunen; von den Interessenvertretungen der Hoteliers und der Gastronomie bis hin zu den Transportunternehmen). Die vielfach pauschal formulierten und dezentral anzuwendenden Revitalisierungsprogramme sind immer dann besonders schwierig umzusetzen, wenn es sich um kostenträchtige Rückbaumaßnahmen bei der sog. touristischen Suprastruktur (wie Hotel- und Apartmentbauten) handelt.

Dem Tourismusminister der neu geschaffenen Autonomen Region der Balearen, Jaime Cladera, verdanken die Balearen die „zweite touristische Revolution". Sie begann 1984 mit einem Erlass, dem später das „Gesetz zur Regelung der Hotel- und sonstigen touristischen Unterkünfte" folgte. Die bald in ganz Spanien bekannte „Lex Cladera" schrieb bei Hotelneubauten und -erweiterungen pro Touristenbett eine Mindestgrundfläche von 30 m² vor, die später auf 60 m² und dann nochmals auf 120 m² erweitert wurde. Gleichzeitig wurden den Hotelunterkünften zusätzliche Vorgaben für die Ausweisung von Grünzonen, Sportbereichen, Freibädern usw. gemacht. 1990 folgte ein „Plan zur Modernisierung der Hotels und Apartmentanlagen", der allen vor 1984 gebauten einschlägigen Bauten eine Modernisierung ihrer technischen Einrichtung vorschrieb. Andernfalls drohte der Entzug der Hotelkonzession.

Schon 1988 war durch die spanische Zentralregierung in Madrid ein „Gesetz für und zur Reglementierung der Küsten" verabschiedet worden, das für die Bebauung einen Mindestabstand von 100 m bis zur Uferlinie vorschrieb. Gleichzeitig wurde festgelegt, dass durch die lokalen Behörden Strandzugänge für Fußgänger im Abstand von 200 m und für Kraftfahrzeuge von 500 m garantiert werden mussten. Das Gesetz verpflichtete Kommunen ebenso wie private Grundeigentümer zur Schaffung von Uferpromenaden, Fußgängerzonen, innerstädtischen Plätzen, Grünzonen u.a.m. Allein zwischen 1990 und 1993 wurden auf den Balearen durch die öffentliche Hand ca. 200 Mio. DM (100 Mio. €) für diese Zielsetzung investiert.

Allerdings sind die massiven Bausünden der Vergangenheit (in Spanien konnte bis Mitte der 1980er-Jahre von einer wirklichen Raumordnungspolitik keine Rede sein) nur schwer oder überhaupt nicht rückgängig zu machen. Insbesondere spanische Strände sind des Öfteren bis zur Uferlinie bebaut worden, sodass eine durchgehende Küstenpromenade vielfach nicht realisiert werden kann (Beispiele dafür finden sich in den Touristenhochburgen auf dem spanischen Festland ebenso wie auf den Balearen und den Kanaren). Nur sehr vereinzelt wurden kleinere Bauten wie Strandrestaurants oder -kioske an der Uferlinie zwangsabgerissen, sofern sie nachweislich illegal errichtet worden waren. Zu den wenigen spektakulären bisher realisierten Einzelmaßnahmen des Rückbaus touristischer Bausubstanz gehört die Sprengung des „Hotel Playa" im April 1995 in Palma Nova (Mallorca). Das technisch veraltete Hotel war 1961, als es für die Gemeinde Calvià noch keine verbindlichen Bebauungspläne gab, in vorderster Strandlinie errichtet worden. Die Gemeinde ließ sich damals den Aufkauf umgerechnet 1,2 Mio. € kosten. Die Sprengung verfolgte das Ziel, in Ausführung des eigenen „Plans zur Verbesserung der Infrastruktur der touristischen Zonen" Platz für die Anlage einer Strandpromenade mit entsprechenden Freiflächen zu schaffen. In der Zwischenzeit sind weitere Hotelbauten per Zwangsabriss beseitigt worden. Bezeichnenderweise erfolgten sie nur in den besonders wohlhabenden Gemeinden (Calvià zählt zu den reichsten Gemeinden Spaniens mit dem höchsten Steueraufkommen). In Benidorm hingegen sind vergleichbare Abrissmaßnahmen bisher nur eingefordert, aber noch nicht umgesetzt worden. Stattdessen glaubte man dort, mit dem Bau von Spaniens höchstem Hotel (168 m) ein neues, zukunftsträchtiges Signal setzen zu können. Der äußerlich erkennbare ungebrochene Bauboom täuscht darüber hinweg, dass es sich bei den meisten Neubauten in Benidorm (wie auch in Torremolinos) um Apartmentgebäude mit sehr niedrigen baulichen Standards handelt, die (noch) die spanische Binnennachfrage bedienen. Sie kaschieren damit die tatsächlichen Strukturprobleme der in die Jahre gekommenen internationalen Tourismuszentren an den Küsten der Iberischen Halbinsel nur notdürftig.

Eine ähnliche Situation gilt für die touristische Retortenstation Tróia auf der Nehrungsspitze an der Sado-Mündung südöstlich von Lissabon, wo Apartmenthochhäuser, die in den 1970er-Jahren von spanischen und portugiesischen Spekulanten errichtet worden waren, abgerissen werden sollen (Müller 2001, S. 82). Ungeachtet jeweils unterschiedlicher Konstellationen der lokalen Interessengruppen ist jedoch zu beobachten, dass die spanischen Behörden den Druck auf die jeweiligen Eigentümer erhöhen, um den neuen Planungsvorgaben zur Verbesserung des touristischen Angebots zum Durchbruch zu verhelfen. Damit verbunden sind strenge Bauvorschriften und Umweltschutzauflagen, die für größere Hotelbauten beispielsweise eigene Abwasserkläranlagen vorschreiben. Die Reiseveranstalter wiederum reagieren auf das wachsende Umweltbewusstsein der Touristen durch eigene Umweltschutzbeauftragte für ihre Vertragshotels. Je nach Anbieter fließen solche Merkmale sogar als Werbeargumente in die Katalogangebote der Reiseveranstalter ein.

Der Qualitätstourismus soll vornehmlich einkommensstarke Nachfragegruppen ansprechen. Dazu gehört u. a. die Förderung des nautischen Tourismus. Allein auf Mallorca sollen die bereits bestehenden 41 Yachthäfen nochmals um weitere 14 000 Liegeplätze erweitert werden. Bereits 1995 erbrachte das Segment des nautischen Tourismus auf Mallorca Deviseneinnahmen von umgerechnet 250 Mio. €. Von der Erweiterung der Kapazitäten verspricht man sich eine erhebliche Steigerung der Einnahmen aus den Liegegebühren, den Wartungskosten für die Sportboote und aus dem Verkauf von Schiffsbedarf bei gleichzeitiger Vermeidung unerwünscht hoher, neuer Besucherzahlen.

Im gleichen Kontext erfolgt die bewusste Förderung des Golf-Tourismus. Golfer gelten als besonders einkommensstarke und gleichzeitig ausgabefreudige Nachfragegruppe. Die Zahl der Golfplätze hat seit den 1990er-Jahren des 20. Jh. sprunghaft zugenommen. Allein auf den Balearen ist ein Ausbau auf 20 Golfplätze vorgesehen. Zu den erstklassigen Golf-Destinationen zählen die Südküste der Iberischen Halbinsel (Algarve, Costa del Sol) ebenso wie die Kanarischen Inseln, die dank ihrer klimatischen Sonderstellung Golfern auch im Winter beste Bedingungen bieten können. Golfplätze werden aber auch in international weniger nachgefragten Küstenabschnitten der Iberischen Halbinsel neu eingerichtet, beispielsweise in „Mittelküsten"-Portugal im Bereich um Óbidos. Ein Ende des entsprechenden Baubooms ist nicht in Sicht.

Unabhängig von der Frage der wirtschaftlichen Rentabilität ist die Anlage von Golfplätzen unter semiariden Klimabedingungen sowohl auf der Iberischen Halbinsel wie auch auf den Inseln aus ökologischer Perspektive heftig umstritten. Kritisiert wird vor allem der extrem hohe Wasserbedarf der Golfplätze. Vielfach wird dieser Kritik bereits dahingehend begegnet, dass Golfplätze in geringer Distanz zu touristischen Kern- und Ballungsräumen

mit geklärtem Abwasser bewässert werden, sofern entsprechende Abwassermengen bereitstehen und über Leitungssysteme verfügbar gemacht werden können. Darüber hinaus werden Golfplätze aber auch aus regional- bzw. raumplanerischer Sicht kritisiert. Die Genehmigung zur Einrichtung eines Golfplatzes schließt in Spanien z. B. den Bau einer Hotelanlage mit ein. Kritiker argwöhnen, dass durch die Genehmigung von Golfplätzen im küstennahen Hinterland die einschlägigen Bebauungsvorschriften unterlaufen werden, die eine Zersiedelung des ländlichen Raumes durch touristische Baumaßnahmen untersagen.

In der Konsequenz einer angestrebten Flexibilisierung des touristischen Angebots dürften die Komponenten Sonne und Strand trotz aller bisher erfolgten Bemühungen weiterhin die Kernbestandteile des touristischen Angebots an den Küstensäumen und auf den Inseln der beiden iberischen Staaten bleiben. Gleichzeitig ist zu erwarten, dass die einzelnen Destinationen auf der Iberischen Halbinsel zunehmend in Konkurrenz zueinander treten werden.

Zu Beginn des 21. Jh. haben die höherwertigen Hotelunterkünfte in Spanien zugenommen; gleichzeitig war die spanische Tourismusindustrie aber auch gezwungen, All-inclusive-Angebote in ihr Programm aufzunehmen. All-inclusive-Pauschalreisen sind in weniger entwickelten Zielländern (beispielsweise in der Karibik) aus logistischen Gründen sinnvoll oder für den internationalen Tourismus sogar erforderlich. Wenn sie inzwischen sogar auf den Kanarischen Inseln angeboten werden, erfüllen sie allerdings eher eine preisdrückende Funktion. Andererseits profitieren Spanien und Portugal im Zuge der Globalisierung der Tourismuswirtschaft von politischen Unruhen und Terroranschlägen in konkurrierenden internationalen Tourismusdestinationen.

Residenztourismus als Lebensstil

Das Phänomen, das hier angesprochen wird, birgt nicht nur die Gefahr sprachlicher Missverständnisse, sondern gleichzeitig auch die Schwierigkeit einer quantitativen Erfassung. Der Begriff des Residenztourismus enthält einen intrinsischen Widerspruch: Tourismus ist als der vorübergehende Aufenthalt an einem Standort außerhalb des Wohnortes definiert; dieser vorübergehende Aufenthalt soll darüber hinaus primär eine Freizeit- und Erholungsfunktion haben. Damit schließen sich Tourismus und Residenz, d. h. eine eigene Wohnung aus. Eine vordergründige Lösung des Dilemmas bietet die amtliche Einwohnermeldestatistik, in der zwischen Hauptwohnsitz und Zweitwohnsitz unterschieden wird. Zweitwohnsitze sind aber nicht zwingend freizeitfunktional, sondern vielfach ursächlich mit Erwerbstätigkeit verknüpft. In diesem Fall sind sie strikt vom Tourismus zu trennen. Ähnlich problematisch ist die quantitative Erfassung und Dokumentation des Residenztourismus bzw. der Zweitwohnsitze. Nach dem Schengener Abkommen, das Spanien und Portugal seit März 1995 erfüllen, werden Touristen beim

Grenzübertritt nicht mehr registriert. Bei den Einwohnermeldeämtern bzw. bei amtlichen Wohnungszählungen lässt die Meldemoral der Nutzer von Zweitwohnsitzen sehr zu wünschen übrig, sodass hier von einer sehr hohen Dunkelziffer auszugehen ist. Aus den genannten Gründen ist die Dimension des Phänomens des Residenztourismus nur bedingt mit hinreichender Genauigkeit zu belegen.

Der freizeitfunktionale Zweitwohnsitz

Sieht man von historischen Vorformen ab, so beginnt das Phänomen des freizeitfunktionalen Zweitwohnsitzes als Ergebnis verstärkter internationaler Nachfrage in Südeuropa erst nach dem Zweiten Weltkrieg. In Spanien richtete sie sich in den 1960er-Jahren zuerst auf die Kanarischen Inseln und stützte sich dort auf die bereits genannten „Urbanisationen" (Riedel 1971). Wenig später erfasste die Nachfrage auch die Costa del Sol, wo sich die Küsten der Provinz Málaga zu einem frühen Schwerpunkt des Zweitwohnungswesens entwickelten. Daran war der europäische „Jet-Set" maßgeblich beteiligt: Vertreter der europäischen Finanzaristokratie ebenso wie international bekannte Filmschauspieler und Kulturschaffende machten Marbella zu einem neuen Treffpunkt der Schönen und Reichen. Zeitversetzt erreichte die internationale Nachfrage nach Zweitwohnsitzen dann die Balearen (insbesondere die Hauptinsel Mallorca) und die Costa Blanca zwischen Dénia und Torrevieja, in Portugal die Algarve zwischen Faro und Portimão.

War die Nachfrage zunächst auf eine schmale, elitäre Oberschicht aus West- und Mitteleuropa beschränkt, so verlagerte sie sich mit zunehmender Wirtschaftsentwicklung nach dem Zweiten Weltkrieg stärker auf bürgerliche Mittelschichten aus dem europäischen Ausland. Mit wachsender Binnenkaufkraft wurden Zweitwohnsitze aber auch für eine wohlhabende Mittelschicht in Spanien (weniger in Portugal) interessant. In diesem Zusammenhang ist daran zu erinnern, dass ein solches Verhalten in Spanien z. B. unmittelbar an die autochthone Tradition des *veraneo* als Sommerfrischenaufenthalt anknüpfen konnte. Der spanischen Lebensgewohnheit folgend wurden in erster Linie Ferien- und Apartmentwohnungen in mehrstöckigen Hochhausbauten mit einfachen baulichen Standards bevorzugt, sofern eine hinreichende Nähe zum Strand bzw. zur Strandpromenade gegeben war. Zur Gegenwart hin ist zu beobachten, dass mit wachsender Kaufkraft die einheimische Bevölkerung bei Zweitwohnsitzen mitteleuropäische Präferenzen übernimmt. Die Nachfrage nach individuellem Immobilieneigentum in Urbanisationen mit Ferienhauscharakter ist deshalb keineswegs mehr nur auf ausländische Interessenten beschränkt.

Nach dem Vorbild der freizeitfunktionalen Zweitwohnsitze an den Küsten sind inzwischen auch im Landesinnern bestimmte Bereiche als Zweitwohnsitze für die einheimische Bevölkerung interessant geworden. Es handelt sich dabei um landschaftlich attraktive Standorte im Umkreis der großen Bal-lungsräume der Iberischen Halbinsel, die sich für eine Nah- und Wochenenderholung eignen, also beispielsweise im Gebirge, an Stauseen o.Ä., die mit dem Pkw in zeitlichen Distanzen von bis zu zwei Stunden leicht zu erreichen sind.

Der Alterswohnsitz

Eine weitere Variante von Freizeitwohnsitzen speist sich aus der Nachfrage nach Alterswohnsitzen, die auch gegenwärtig noch vornehmlich aus dem europäischen Ausland kommt (Großbritannien, Deutschland, Skandinavien, Benelux). Dieses Phänomen wird in der einschlägigen Fachliteratur vielfach unter dem Gesichtspunkt der Altersmigration betrachtet (King et al. 1998). Bevorzugte Zielgebiete sind die mediterranen Küsten Spaniens sowie die Atlantikküsten Portugals und Andalusiens, ferner die Balearen und die Kanarischen Inseln (Breuer 2003; Friedrich & Kaiser 2001). Die Motivationsstrukturen für die Wahl eines Alterswohnsitzes in Südeuropa sind in ihren Grundzügen jeweils gleich und hinlänglich bekannt: An erster Stelle wird üblicherweise das Klima genannt. Bei näherer Differenzierung sind dann Wärme und Licht gemeint, im Regelfall jeweils in Verbindung mit einer gesundheitlichen Zielsetzung. Der Aspekt der Gesundheitsvorsorge wiederum ist häufig mit sportlichen Aktivitäten, beispielsweise Schwimmen und Golfen, verknüpft.

Der Umfang von Alterswohnsitzen europäischer Ausländer in Spanien und Portugal ist nicht mit hinreichender Genauigkeit zu quantifizieren; es fehlen zentrale Eigentumskataster. Darüber hinaus wird ein Teil der Altersruhesitze auch gemietet. Auch die Ableitung von quantitativen Informationen über die demographischen Daten enthält hohe Unsicherheiten, wie das Beispiel der Kanarischen Inseln belegen mag: In der Autonomen Region der Kanaren wurden bei der amtlichen Volkszählung von 2001 6540 Deutsche (Wohnbevölkerung) in der Altersgruppe von 55 und mehr Jahren registriert. Das Deutsche Konsulat in Las Palmas schätzt die tatsächliche Zahl deutscher Residenten mit eigener Wohnung auf den Kanaren in dieser Altersgruppe auf ca. 60 000, das wäre fast das Zehnfache der amtlich gemeldeten deutschen Senioren (zum Vergleich: In ganz Spanien waren 2001 insgesamt 77 732 Deutsche [aller Altersstufen] als Wohnbevölkerung registriert).

Zwischen 80 und 90 % der jeweiligen ausländischen Nationalitäten konzentrieren sich an den Küstenabschnitten von Andalusien, Valencia, Katalonien sowie auf den beiden Inselgruppen der Kanaren und Balearen (Abb. 101). Gewisse nationale Präferenzen sind dabei unübersehbar: Die Briten konzentrieren sich vorzugsweise in den Provinzen Málaga (Andalusien) und Alicante (Autonome Region Valencia). In den beiden Provinzen leben vermutlich mehr als die Hälfte aller britischen Rentner-Residenten in Spanien (vgl. Abb. 98). Die Deutschen sind auf den Kanarischen Inseln dominant vertreten (Breuer 2001a). An der Costa Blanca (Provinz Alicante) sowie in Andalusien stellen sie nach

B1	Irish Rover Bar
B2	Kitty O'Shea's Bar
B3	Irish Moonlighters Bar
B4	Admiral Bar
AB	Ann's Bookshop
IS	Versicherungen
H	Hotels
A	Apartments

Einzelhandelsgeschäfte:

▲ Spanische

● Britische

■ Irische

★ Andere Nationalitäten

— Gemeindegrenze

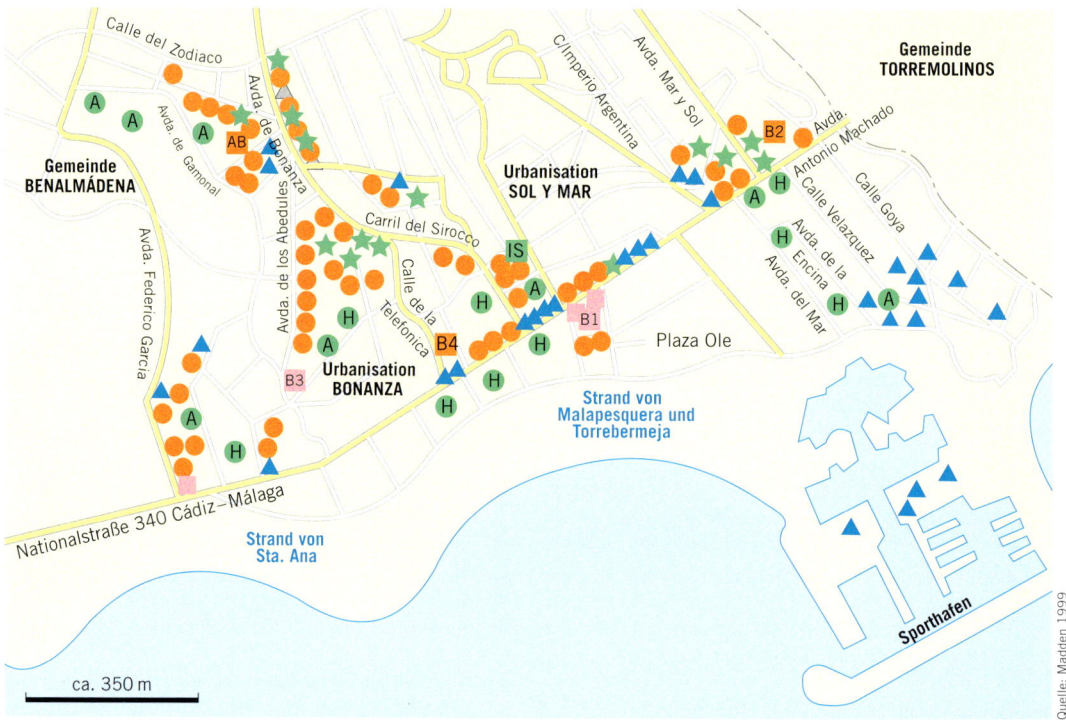

Quelle: Madden 1999

Abb. 105: *Touristische Infrastruktur in Benalmádena Costa*

den Briten die zweitstärkste Gruppe. Auf den Balearen sind Briten und Deutsche annähernd gleich stark vertreten (Kaiser & Friedrich 2002).

Als wichtiger Standortfaktor für Altersruhesitze erweist sich eine internationale touristische Infrastruktur, denn damit können auch nationalitätsspezifische Bedürfnisse der Senioren leichter befriedigt werden. Dazu gehört ein gewisses Mindestmaß an Einrichtungen wie Restaurants, Arzt- und Anwaltspraxen, Handwerksbetriebe u. Ä., die durch Landsleute der Altersmigranten betrieben werden und auf diese Weise das Problem der Sprachbarriere mildern (vgl. Abb. 105). So erklärt sich die Führungsrolle von Spanien (mit lokal teilweise „rein" britischer oder deutscher Infrastruktur) ebenso wie der zur Zeit noch bestehende Entwicklungsrückstand von Griechenland als Zielland der Altersmigration.

Da Portugal kein Melderegister für die Wohnbevölkerung führt, ist die Abschätzung des Ausländeranteils besonders unsicher. Vermutlich müssen die Zensusdaten von 2001 mit dem Faktor 3,5 – 4 (!) multipliziert werden. Die bei Weitem wichtigste Gruppe ausländischer Residenten bilden wiederum die Briten, die an der Algarve mehr als 35 % aller Ausländer stellen. Aus der Stichprobe von Williams et al. (1997) lässt sich schließen, dass mehr als die Hälfte aller britischen Rentner in Portugal in den südportugiesischen Gemeinden Loulé, Faro und Lagos wohnt. Die Dauerbewohner bevorzugen dabei offenkundig das ländliche Hinterland der Küste; die saisonal anwesenden Rentner wohnen vorzugsweise in touristischen Plansiedlungen (port. *urbanizações*) an den Küsten.

Mindestens ebenso vage ist die Kenntnis über die tatsächliche Nutzung von Altersruhesitzen in spa-

nischen bzw. portugiesischen Zielgebieten. In der bisherigen wissenschaftlichen Forschung ist vielfach von „Altersmigration" die Rede. Der Begriff impliziert einen dauerhaften Wohnungswechsel in dem Sinne, dass man sich für einen permanenten Alterswohnsitz unter südlicher Sonne entscheidet. Die Besonderheit der Altersmigration wurde vor allem darin gesehen, dass ihre grundlegende Motivation nicht in einem ökonomischen Kontext gesucht werden muss, sonder eher aus einem psychologisch-sozialen Hintergrund erklärt werden kann. Die europäische ebenso wie die US-amerikanische Altersmigration wurde insofern als annehmlichkeitsorientiert („amenity-seeking") charakterisiert und als Strategie zur Bewältigung des Übergangs vom Erwerbsleben zum Ruhestand (*disengagement*-Theorie) interpretiert.

Nachdem inzwischen eine Reihe verschiedener Fallstudien in unterschiedlichen Zielgebieten der sog. „Altersmigration" durchgeführt wurde, lässt sich erkennen, dass (bei im Detail zum Teil erheblichen regionalen Unterschieden) ein Großteil der Altersruhesitze in Wirklichkeit als Zweitwohnsitz genutzt wird. Das Nutzungsmuster dieser saisonal genutzten Alterswohnsitze koinzidiert sehr stringent mit dem jeweiligen Witterungsablauf. Auf den Kanaren beispielsweise erachten die Altersresidenten die frostfreien, milden Winter mit mittleren Temperaturwerten nicht unter 15 °C in den meernahen Küstenzonen als besonders attraktiv. Aus den mittleren klimatischen Bedingungen der Kanarischen Inseln folgt konsequenterweise eine bipolare Saisonalität der Alterswohnsitz-Nutzung mit einem Maximum der Präsenz in den Winter- und einem Minimum in den Sommermonaten. In der von Breuer

(2003) erhobenen Stichprobe waren im Februar und März mehr als 93 % aller befragten deutschen Residenten im Rentenalter in ihren Wohnungen auf den Kanaren anzutreffen, im Juli fanden sich gerade noch 30 %. 50,5 % der deutschen Befragten nutzten ihre Wohnung auf den Kanarischen Inseln zwischen drei und sechs Monaten pro Jahr, und zwar vorzugsweise während der jeweiligen Wintermonate. Nur 30,6 % der Probanden hielten sich länger als zehn Monate in ihrer Wohnung auf den Kanarischen Inseln auf und können demzufolge als „Dauerresidenten" angesehen werden (Breuer 2005c).

In anderen bevorzugten Alterswohnsitz-Destinationen auf der Iberischen Halbinsel bzw. den Inseln ist diese dualistische Struktur der Nutzung von Alterswohnsitzen weniger stark ausgeprägt: Auf Mallorca werden nur 32 % der Alterswohnsitze sechs und weniger Monate im Jahr genutzt, an der Costa del Sol sind es (in verschiedenen Stichproben) zwischen 10,6 und 19,0 %, an der Algarve sogar nur etwas mehr als 8 % (Casado-Díaz et al. 2004, S. 364).

In Abhängigkeit von der jeweiligen mittleren Nutzungsdauer haben Altersresidenten auch sehr unterschiedliche Wohnbedürfnisse (Breuer 2005c). Dauerresidenten beispielsweise, die ihren Alterswohnsitz (nahezu) ganzjährig nutzen, bevorzugen eindeutig separate Wohneinheiten, wobei die Bandbreite von der individuellen Villa über Reihenhäuser bis zu Terrassenbungalows reicht (Abb. 106). Im Unterschied dazu leben 70 % aller befragten saisonalen Altersresidenten in Ferienwohnungen bzw. -apartments. Die auf den Kanaren befragten deutschen Dauerresidenten verfügten über etwas mehr als 100 m² Wohnfläche, saisonal genutzte Alterswohnsitze erreichten hingegen im Mittel nur 66 m².

Die saisonale Nutzung von Altersruhesitzen hat ausschließlich konsumptiven Charakter. Die entsprechenden Präferenzen und Verhaltensweisen können deshalb als touristisch interpretiert werden. Wie der normale Tourist für eine kurze Zeit des Jahres einen komplementären Lebensraum zu seinem Arbeitsalltag sucht, so versuchen Rentner, die nicht mehr den Zwängen der Arbeitswelt unterliegen, durch die Nutzung von komplementären Naturräumen denjenigen Jahreszeiten auszuweichen, die für ihr gesundheitliches Wohlbefinden abträglich sind. Sie versuchen somit sehr bewusst, „das Beste aus zwei Welten" (Rodríguez 2000) miteinander zu verbinden. Die Mehrzahl der Rentner, die ihren Alterswohnsitz nur saisonal nutzen, ist dabei zwar an Kontakten mit der einheimischen Bevölkerung interessiert; in der Realität beschränken sich die sozialen Kontakte aber auf den Umgang mit Landsleuten. Damit erübrigt sich beispielsweise der Aspekt der sozialen Integration im Zielland.

Der Anteil der Altersresidenten, die im Zielland verbleiben und dort auch sterben, ist (noch) gering, weil die Mehrzahl von ihnen am Lebensende ins Heimatland zurückkehrt, wenn stärkere Behinderungen, Krankheiten oder Pflegebedürftigkeit auftreten. Benutzer von saisonalen Alterswohnsitzen sind hierbei im Vorteil. Probleme ergeben sich bei ausländischen Ruheständlern, die dauerhaft in der selbst gewählten neuen Heimat verbleiben wollen, dort aber in wirtschaftliche Not geraten und sozialer Fürsorge bedürfen. Sie werden für die jeweils zuständigen Konsulate zur neuen und bisher unbekannten Herausforderung; ihre relative Anzahl ist aber bislang noch vernachlässigbar gering (Breuer 2004).

Die saisonale Nutzung von Zweitwohnsitzen ist im Regelfall kein Abschnitt in einem Kontinuum, das mit dem kurzzeitigen touristischen Ferienaufenthalt beginnt und mit dem permanenten Alterswohnsitz endet, sondern stellt für viele Ruheständler einen als optimal empfundenen Zustand dar. Dieser ist seinerseits Ausdruck eines „peripathetischen" Lebensstils (Williams & Hall 2000). Die Zweitwohnsitze ausländischer Alterskonsumenten wurden von den Tourismusverantwortlichen in Spanien als sog. „Florida-Modell" begrüßt und als ein Element des „Qualitätstourismus" z. B. auf Mallorca ausdrücklich gefördert (Salvà Tomàs 1998b). Grundlage für diese Einschätzung war die Erfahrung, dass die Mehrzahl der ausländischen Altersresidenten die lokale Wirtschaft stimulierte und gleichzeitig das Steueraufkommen der Kommunen erhöhte, weil zusätzlich zur Grundsteuer bei Ferienimmobilien pro Jahr noch Einkommens- und Vermögensabgaben in Höhe von 0,2–0,5 % des Katasterwertes an die Gemeinde abzuführen sind (*Impuesto de Bienes Inmeubles*, *IBI*). Die meisten Gemeinden an der Costa Blanca z. B. finanzieren sich aus diesen Abgaben, die im Übrigen auch von einheimischen Eigentümern erhoben werden.

Inzwischen wird das Florida-Modell nicht mehr uneingeschränkt positiv bewertet. Nach Abschluss der Bauphase sind die Beschäftigungseffekte auf

Abb. 106: Höherwertige Apartmentanlagen werden zunehmend zum Merkmal des Zweitwohnungstourismus (Los Gigantes, Teneriffa-Süd)

die lokale Wirtschaft nur noch gering und kommen sektoral in erster Linie dem Einzelhandel zugute. Hinzu kommen sehr alte Kolonisierungsängste, die schon in den 1970er-Jahren artikuliert wurden (Jurdao Arrones 1979), innerhalb der EU aber nun durch die Rechte der zugezogenen Neubürger neue Nahrung erhalten (Jurdao Arrones & Sánchez 1990). Bei formaler Anmeldung als „Residenten" erhalten Ausländer bei Kommunalwahlen das aktive und passive Wahlrecht. Die Vorstellung einer „Machtübernahme" durch Ausländer in spanischen Gemeinden ist somit kein bloßes Hirngespinst, sondern durchaus realistisch. Entsprechende kommunalpolitische „Machtkämpfe" sind von Mallorca bekannt geworden. Aber auch außerhalb der Balearen gibt es spanische Gemeinden, in denen die ausländische Wohnbevölkerung die absolute Mehrheit bildet. Dazu zählen z. B. La Nucía, Alfaz del Pí und Teulada/Moraira an der Costa Blanca schon seit 1996 (Huber 2003, S. 126). In Alfaz del Pí bei Benidorm findet sich die größte norwegische Kolonie außerhalb Norwegens. Im Fischerdorf Moraira (Costa Blanca) wurden bei Kommunalwahlen 1999 erstmals ausländische EU-Bürger in den Gemeinderat gewählt, die seither die konservative Volkspartei (PP) ebenso wie die Sozialisten (PSOE) als vormalige Mehrheit abgelöst haben. Das Finanzdezernat wurde von einer Französin übernommen, ein Deutscher erhielt das Tourismusdezernat und eine Engländerin wurde Stadträtin mit dem Schwerpunkt soziale Aufgaben (Süddeutsche Zeitung, 15.02.2000).

Die Relativierung des Arbeitsortes in der Informationsgesellschaft

Seit der zweiten Hälfte der 1990er-Jahre beobachten spanische Fachleute einen neuen Trend, nämlich den Zweitwohnungstourismus europäischer Führungseliten aus Wirtschaft und Kultur. Es handelt sich noch um eine relative Minderheit von Ausländern, die von ihrem meist komfortablen Zweitwohnsitz in Spanien aus ihre Unternehmen mit den modernen Mitteln der Telekommunikation leiten und teilweise wöchentlich (oder häufiger) zwischen ihren angestammten Tätigkeitsorten und dem Zweitwohnsitz in Spanien auf dem Luftweg pendeln. Salvà Tomàs (1998a) und Rodríguez et al. (2001) interpretieren dieses Verhalten als ein neues „Kalifornien-Modell", das ergänzend neben das bisherige „Florida-Modell" treten könnte.

Auch in Spanien wächst eine Bildungs- und Einkommenselite heran, die ihrerseits die neuen Möglichkeiten der modernen Telekommunikation zu nutzen weiß. Es hat den Anschein, dass freizeitfunktionale Zweitwohnsitze im periurbanen Umland der großen Agglomerationen von Madrid und Barcelona (z. B.) inzwischen ebenfalls als Ausdruck eines eigenständigen Lebensstils interpretiert werden müssen.

Residenztourismus in Zahlen

Der Residenztourismus ist vor allem in Spanien seit etwa 1990 zu einem Massenphänomen geworden, und zwar in erster Linie durch eine boomartig steigen-

de Binnennachfrage, die der internationalen Nachfrage zeitversetzt folgte. Das Angebot an Zweitwohnsitzen ist damit gleichzeitig zu einer neuen Tourismusvariante geworden, die sich deutlich vom klassischen (Hotel-)Urlaubstourismus unterscheidet und nach Einschätzung einheimischer Experten inzwischen eine eigenständige „Säule" im wirtschaftlichen Wachstum der spanischen Küsten und Inseln darstellt (Vera Rebollo 2005). Man schätzt, dass zwischen 14 und 19 % aller spanischen Haushalte über einen Zweitwohnsitz verfügen. Einschlägige Markterhebungen in Spanien beziffern die absolute Größenordnung der Zweitwohnsitze auf mehr als 3,6 Mio. Regionale Schwerpunkte bilden (nach den Volkszählungsdaten von 2001) die Küsten der Autonomen Regionen Valencia (mit 2,6 Mio. Zweitwohnungsbetten), Katalonien (1,9 Mio.) und Andalusien (1,7 Mio.). Die Inseln sind hier weniger stark vertreten, was wiederum die Bedeutung der Binnennachfrage für den Zweitwohnungsmarkt in Spanien belegt.

Die Zahlenangaben aus der amtlichen Statistik sind nicht unproblematisch: Vielfach werden Zweitwohnungen von den Eigentümern aus fiskalischen Gründen nicht gemeldet. Aus diesem Grund ist der Anteil der Wohnungen, die bei der Volkszählung (Zensus) leer angetroffen und als solche in der Statistik vermerkt werden, in den Großstädten ebenso wie in den Feriengebieten recht hoch (vgl. Abb. 107). Aus den veröffentlichten Verkaufszahlen der spanischen Immobilienwirtschaft folgt, dass im Jahr 2004 allein in der Autonomen Region Valencia 47 000 neue Freizeit-Wohneinheiten verkauft wurden – das bedeutet ca. 4000 verkaufte Wohnungen pro Monat oder mehr als 30 Wohnungskäufe pro Tag! 2002 wurden in der Autonomen Region Valencia Baugenehmigungen für ca. 79 600 neue Ferien-Immobilien erteilt, davon mehr als 42 000 in der Provinz Alicante. In drei Gemeinden am Unterlauf des Río Segura (Rojales, Torrevieja und Orihuela) wurden 1992 – 2000 mehr Neubauten genehmigt als der gesamte Wohnungsbestand umfasste, den die amtliche Wohnungszählung von 1991 für diese Gemeinden ausgewiesen hatte (alle Zahlenangaben nach Vera Rebollo 2005). Inzwischen sind mehr als 80 % der Küste von Alicante bebaut. Die Gemeinde Torrevieja, deren Einwohnerzahl von 15 970 (1980) auf 23 192 im Jahr 1990 angestiegen war, verfügt laut Ausweis des Einwohnermelderegisters 2005 über mehr als 100 000 Einwohner. Sie dürfte damit die am schnellsten gewachsene Kommune Spaniens sein und hat inzwischen so gut wie keine bebaubaren Freiflächen mehr anzubieten (vgl. auch Gonzálvez Pérez et al. 2005).

Die spektakulärsten baulichen Neuerschließungen haben sich, von Alicante nach Süden ausbreitend, inzwischen in die Provinz Murcia verlagert. Diese jüngste „Erschließung" bisher touristisch nicht oder nur punktuell beanspruchter Küstenräume in Spanien basiert auf einer nahezu einseitigen Promotion von Zweitwohnungen durch die Immobilienwirtschaft in Verbindung mit dem Bau von Golfplätzen, worin gleichzeitig neue, veränderte Nachfragestrukturen

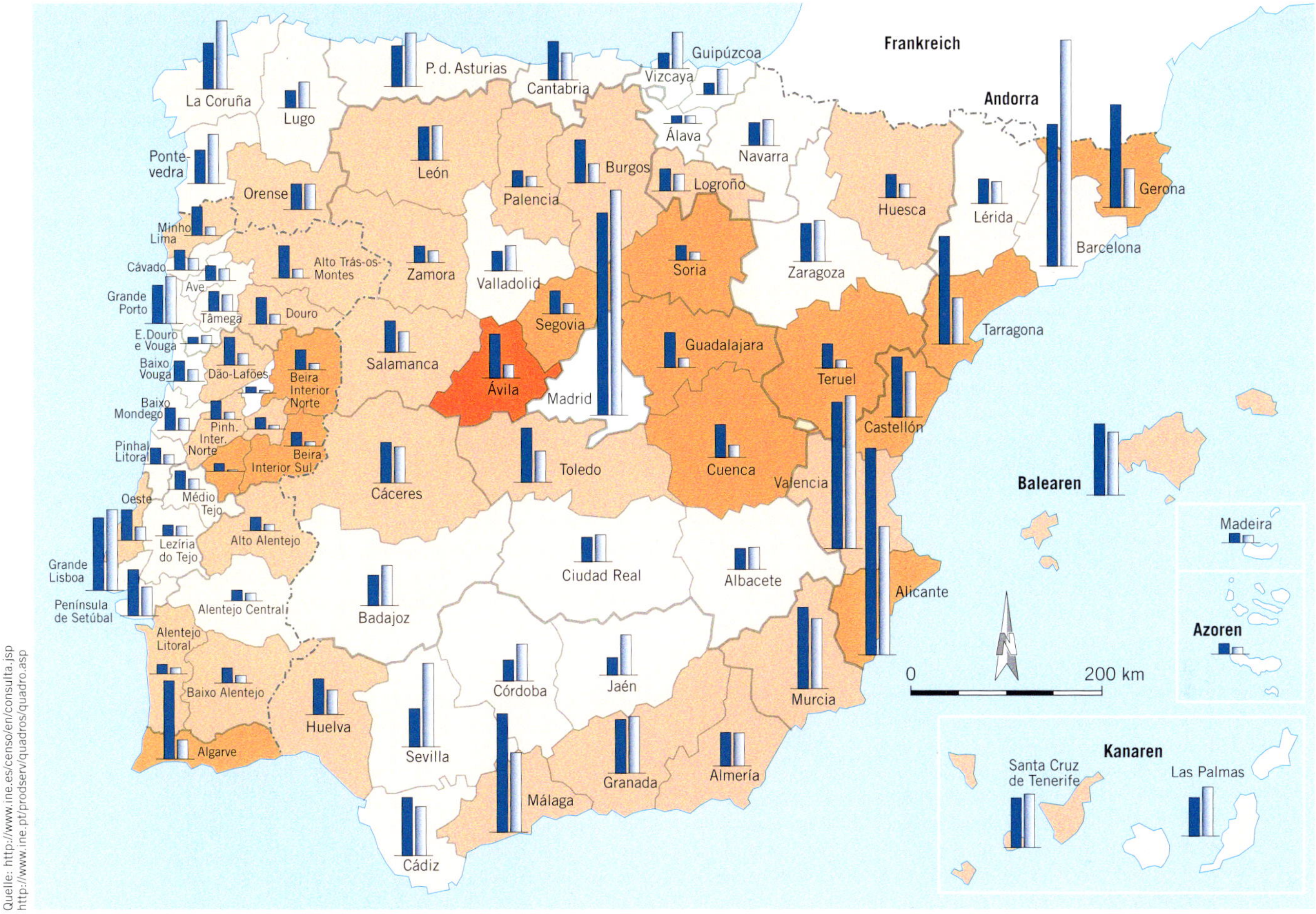

Quelle: http://www.ine.es/censo/en/consulta.jsp http://www.ine.pt/prodserv/quadros/quadro.asp

sichtbar werden. Allein in der Autonomen Region Valencia waren 2005 kurz- und mittelfristig mehr als 30 neue Golfplätze mit mehr als 250 000 Ferienwohneinheiten im fortgeschrittenen Planungsstadium (mit Projekten in „Plana de Uriel", „Vall d'Ayora", „Canal de Navarrés", „Vall de Cofrentes", „Hoya de Bunyol" und „Campo de Túria"). Die größte Golf-Destination in der Provinz Alicante ist die Gemeinde Orihuela mit allein drei 18-Loch-Plätzen (Stand: 2005). Diese Größenordnung soll nunmehr übertroffen werden von neuen Golfsport-Zentren in der Provinz Murcia. In der Summe sind in der Provinz Murcia bisher 80 000 Ferienwohneinheiten geplant für mehr als 200 000 potenzielle Residenten. Zu den multinationalen Promotoren gehört u. a. das Unternehmen Polaris World Golf Resorts, das zwischen 2000 und 2005 bereits fünf große Golf-Resorts fertiggestellt hat („Mossa Trajectum", „La Torre Golf", „La Roda", „El Valle" und „Mar Menor"). Die neue Golf-Stadt von Condado de Alhama (in der gleichnamigen Gemeinde) soll mit 19 000 Wohneinheiten zur größten neuen Retortensiedlung ex novo werden.

Zwischenbilanz
Ohne hier der Versuchung einer (möglicherweise voreiligen) Bewertung dieser von „Megalomanie" (Vera Rebollo 2005) geprägten Planungsvorhaben zu erliegen, ist doch festzuhalten, dass der Residenztourismus weit mehr als eine zusätzliche Angebotsvariante im spanischen Tourismus darstellt. Offenkundig steht er für ein völlig neues Angebotskonzept. Es basiert auf einem weiteren Ausbau der Flughäfen und Flugverbindungen ebenso wie auf einem neuen Lebensstil, der als Ergebnis einer veränderten Organisation des Arbeits- und Erwerbslebens dank moderner Telekommunikation häufigere und gleichzeitig kürzere Freizeit- und Erholungsaufenthalte möglich macht. Zielgruppe sind sowohl die kaufkräftige, (aus)gebildete einheimische Mittelschicht wie Interessenten aus hoch entwickelten Dienstleistungsgesellschaften der Staaten Europas. Das neue Konzept beansprucht aber gleichzeitig letzte, noch verbliebene räumliche Ressourcen an der Küste und auf den Inseln, wobei insbesondere der Flächenbedarf genannt werden muss, ganz zu schweigen vom Bedarf an Frischwasser, von der Produktion flüssiger und fester Abfälle usw. (vgl. auch Gili i Fernández 2003). Gleichzeitig werden Bemühungen um eine Sanierung der in die Jahre gekommenen touristischen Infrastruktur in den klassischen Destinationen des internationalen Tourismus (im Sinne des Produktlebenszyklus von Butler 1980) konterkariert, nicht selten in ein und derselben Kommune (wie z. B. in Benidorm).

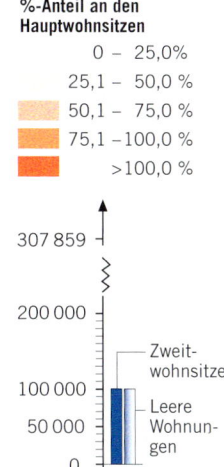

%-Anteil an den Hauptwohnsitzen

- 0 – 25,0 %
- 25,1 – 50,0 %
- 50,1 – 75,0 %
- 75,1 – 100,0 %
- >100,0 %

307 859
200 000
100 000
50 000
0

Zweitwohnsitze
Leere Wohnungen

Abb. 107: Zweitwohnsitze und leerstehende Wohnungen 2001

Quelle: Vera Rebollo 2005; nach unver-öff. Daten von EXCELTUR und der Agencia Valencia del Turismo

Berechnung für die Autonome Region Valencia 2003	Hotel	Zweitwohnsitz
Brutto-Wertschöpfung pro Platz (€)	6400	895
Reiseausgaben pro Tag und Gast (€)	87	34
Ausgaben am Zielort pro Tag und Gast (€)	60	31
Arbeitsplätze pro 1000 Gastplätze	93	13

Tab. 49: *Eckdaten zur wirtschaftlichen Rentabilität im Hotel- bzw. Residenztourismus*

Die Kommunen sind an dieser Entwicklung keineswegs unbeteiligt, sondern betreiben im Gegenteil die weitere Baulanderschließung aus spekulativen ebenso wie aus fiskalischen Gründen. Es ist aber bekannt, dass mittel- und langfristig sowohl die ökonomische als auch die soziale Bilanz des Residenztourismus eher mäßig ausfallen, wenn die eigentliche Bauphase abgeschlossen ist (vgl. Tab. 49).

Bei den genannten Zahlen bleibt die zu erwartende hohe Dunkelziffer unberücksichtigt, die für privat finanzierte Zweitwohnsitze anzusetzen ist. Nach den bisherigen Erfahrungen vermietet ein hoher Prozentsatz der privaten Zweitwohnsitz-Eigentümer seine Ferienimmobilie informell an Freunde und Bekannte, ohne diese Einnahmen beim Finanzamt zu deklarieren. Der Leidtragende ist der Staat, da es sich hier um Einkommen handelt, die regulär zu versteuern wären. Darüber hinaus sollten die konkreten Erfahrungen in Torrevieja den Planern eine Warnung sein. Die Stadt ist inzwischen in ganz Spanien durch Schlagzeilen über Kleinkriminalität (insbesondere Einbruchsdiebstähle), aber auch über Probleme der sozialen bzw. medizinischen Versorgung und Probleme der Entsorgung in Hochsaisonzeiten bekannt.

Abb. 108: *Das Guggenheim-Museum in Bilbao erweist sich durch seine extravagante Architektur als einzigartiger Touristenmagnet.*

Tourismus abseits der Küsten

Städtetourismus

Außerhalb der touristischen Küstenregionen erreichen nur noch die jeweiligen nationalen Hauptstädte hohe Übernachtungszahlen (Madrid 11,3 Mio. [2004], Lissabon 3,9 Mio. [2003]). Der überwiegende Teil dieser Übernachtungen entfällt auf Geschäftsreisen. Der Anteil, den der eigentliche Städtetourismus ausmacht, ist nicht verlässlich abzuschätzen.

Vom internationalen Kulturtourismus profitieren darüber hinaus die Provinzstädte, die von den Hauptstädten aus innerhalb einer zeitlichen Distanz von etwa zwei Stunden leicht zu erreichen sind. Dazu zählen von Madrid aus beispielsweise Toledo, Segovia oder Salamanca, von Lissabon aus ist vornehmlich Coimbra ein beliebtes Ziel im Landesinnern. Die andalusischen Städte Granada, Córdoba und Sevilla sind weit über die Landesgrenzen hinaus für ihre Baudenkmäler aus der maurischen Kulturepoche bekannt. Sie profitierten deshalb schon früh von einem Ausflugstourismus, der Pauschaltouristen von den Stränden im Rahmen organisierter Busreisen mit dem kulturellen Reichtum Andalusiens bekannt machen soll. Dieser „klassische" Kulturtourismus, der sich in Spanien auf wenige, meist international bekannte Baudenkmäler konzentrierte, ist an den jeweiligen Zielorten entweder nur mit einer einzigen Übernachtung verbunden oder wirkt sich dort nur in Form von Tagesgästen aus. Dennoch bildet er eine stabile wirtschaftliche Säule für einen Tourismus auf der Iberischen Halbinsel abseits der Küsten. Nachdem in den 1990er-Jahren das Bewusstsein für das eigene Kulturerbe auch in der spanischen und portugiesischen Bevölkerung gewachsen ist und darüber hinaus regionale EU-Fördermittel für die konservierende Erneuerung historischer Altstädte zur Verfügung stehen, sind einzelne Städte im Landesinnern der Iberischen Halbinsel zu neuen Zielen des Kulturtourismus geworden. Dazu gehören in Spanien z.B. Cáceres und Cuenca, in Portugal die Stadt Évora, die inzwischen mit dem UNESCO-Titel „Kulturerbe der Menschheit" ausgezeichnet wurden.

Im Kontext solcher städtetouristischen Ziele bildet Bilbao eine einzigartige Ausnahme. Das von dem US-amerikanischen Architekten Frank O. Gehry entworfene Guggenheim-Museum erweist sich seit seiner Eröffnung im Oktober 1997 als wahrer Magnet für ein internationales Besucherpublikum, das sogar aus Japan und den USA nach Nordspanien anreist und vornehmlich den oberen Einkommensschichten angehört (Plaza 2000). Bereits im ersten Jahr nach der Eröffnung überschritt die Zahl der Museumsbesucher die Marke von 1,3 Mio. und stieg in der Folge bis auf 3 Mio. pro Jahr an. Einen Einbruch erlitt diese Entwicklung durch die Terroranschläge des 11. September 2001, in deren Folge insbesondere US-Touristen ausblieben. Inzwischen hat sich die Zahl der jährlichen Besucher des Guggenheim-Museums bei mittleren Werten zwischen

0,9 und 1 Mio. eingependelt. Bilbao besitzt damit vermutlich weltweit das einzige Museum, dessen Attraktivität sich weniger durch seine Exponate als vielmehr durch seine Gebäudearchitektur erklärt (Abb. 108).

Wallfahrtsorte

Innerhalb der städtetouristischen Ziele auf der Iberischen Halbinsel verdienen zwei international bekannte Wallfahrtsorte besondere Erwähnung:

- Das portugiesische Fátima geht auf eine Marienerscheinung von 1917 zurück und ist dementsprechend ein sehr junger Wallfahrtsort.
- Santiago de Compostela im spanischen Galicien hingegen war schon im Mittelalter hinter Jerusalem und Rom der bedeutendste Wallfahrtsort der damaligen christlichen Welt.

Fátima bezieht seine ungebrochene Attraktivität für Pilger aus Westeuropa aus Weissagungen, die viele Gläubige durch die jüngste geschichtliche Entwicklung Mitteleuropas im Niedergang des Kommunismus bestätigt sehen. An dem Ort der mutmaßlichen Marienerscheinung (*Cova da Iria*), die auf freiem Feld in der Nähe des Dorfes Aljustrel erfolgte, steht heute eine eigens für die Pilger errichtete Basilika. Sie überragt einen rechteckigen Platz, der mehr als 100 000 Pilger aufnehmen kann. Der Pilgerstrom aus Portugal und dem europäischen Ausland ist bislang ungebrochen, zuletzt stimuliert durch mehrfache Besuche von Papst Johannes Paul II. Die jährlichen Pilgerzahlen liegen knapp unter 4 Mio. pro Jahr (zum Vergleich: Ende der 1990er-Jahre erreichte das südfranzösische Lourdes fast 9 Mio.). Der Pilgerzustrom konzentriert sich in Fátima auf die Monate Mai bis Oktober, mit einer absoluten Spitze im Mai (am 13. Mai 1917 war die erste Marienerscheinung).

Fátima gilt unter den internationalen christlichen Wallfahrtsorten in West- bzw. Mitteleuropa als am wenigsten institutionalisiert. Der Ort in Mittelportugal konnte sich deshalb – dank seiner kulturellen Verwurzelung mit der Umgebung – eine gewisse Ursprünglichkeit erhalten. Etwa zwei Drittel der Pilger stammen aus Portugal selbst. Unter den ausländischen Pilgern ist die Gruppe der Italiener nächst den Portugiesen am stärksten, gefolgt von den Franzosen und Spaniern. Einer älteren Untersuchung des organisierten Pilger-Tourismus nach Fátima zufolge (Rinschede 1988, S. 70ff.) kommen die portugiesischen Pilger in erster Linie aus dem Nordwesten des Landes. Südlich einer Linie Setúbal–Portalegre findet Fátima so gut wie keinen Anklang mehr. In der kritischen Distanz der Portugiesen zur katholischen Religion vorzugsweise in den Latifundien-Gebieten des Alentejo sowie in der Algarve spiegelt sich der bekannte Nord-Süd-Gegensatz innerhalb Portugals erneut wider.

Santiago de Compostela ist heute der Verwaltungshauptsitz der Autonomen Region Galicien. Die moderne Stadt wird neben ihrer Funktion als Universitätsstadt vor allem durch den Pilger-Tourismus geprägt. Bei einer Bevölkerung von ca. 95 000 Ein-

wohnern in der Kernstadt dominiert der Dienstleistungssektor in der Erwerbsstruktur. Im Zentrum der von einem mittelalterlichen Mauerring umschlossenen Altstadt steht die Kathedrale mit der großen „Praza do Obradoiro", die von imposanten Baudenkmälern gesäumt wird, die ihrerseits symbolhaft die wichtigsten Akteure im politischen Machtspektrum Galiciens vertreten. Dazu gehört der Sitz der Autonomen Regierung, das Rathaus als Repräsentanz der städtischen Macht, die Universitätsverwaltung mit dem Sitz des Rektors und natürlich die kirchliche Macht, vertreten durch den Erzbischof von Santiago. Rund 38 % der bebauten Flächen in der Altstadt von Santiago de Compostela sind kirchliches Eigentum. Das ehemalige Pilgerhospiz „Hospital Real", das auf eine Gründung durch die katholischen Könige Ferdinand von Kastilien und Isabella von Aragón zurückgeht, ist heute ein luxuriöses 5-Sterne-Hotel („Hostal de los Reyes Católicos") und gleichzeitig der wohl bekannteste *„Parador"* in der Kette der gleichnamigen (ehemals staatlichen) Hotels.

Die Stadt profitiert in der Gegenwart von einer höchst erfolgreichen touristischen Kampagne zur Wiederbelebung des sog. Jakobsweges. Auslösend für den Erfolg war der Europarat, der die historische Pilgerroute 1987 zur „Ersten Europäischen Kulturstraße" erklärte (Kanz 1995). Das Konzept trug in der Folgezeit dank des effizienten Einsatzes von EU-Regionalfördermitteln so nachhaltig Früchte, dass die ehemalige mittelalterliche Pilgerstraße inzwischen zu einem neuen und wichtigen Faktor in der Wirtschaftsentwicklung für ganz Nordwestspanien geworden ist.

Der Jakobsweg (span. *Camino de Santiago*, franz. *Chemin de St.-Jacques*) ist realiter ein Wegenetz, das sich in den Herkunftsgebieten nördlich der Pyrenäen mit zunehmender Distanz von Santiago immer stärker verästelt. Auch in Nordspanien gibt es mehrere Trassen des mittelalterlichen Pilgerweges, die vielfach römischen Verkehrslinien folgen. Entsprechend variiert die Länge des Jakobsweges auf spanischem Territorium zwischen 700 und 800 km. Über die kulturhistorische Bedeutung der wohl bekanntesten europäischen Pilgerstraße gibt es eine reichhaltige Literatur. Die wirtschaftliche Wiederbelebung des Jakobweges setzte 1985 mit der Erklärung von Santiago de Compostela zum Weltkulturerbe ein. In der Folge propagierte man das sog. „Heilige Jahr", das immer dann gefeiert wird, wenn der Gedenktag des Heiligen (25. Juli) auf einen Sonntag fällt. Gleichzeitig wurden touristische Routen für Wanderer ebenso wie für Radfahrer ausgewiesen und infrastrukturell ausgestattet (u. a. mit Unterkünften und Versorgungseinrichtungen etwa für Radwanderer). Die modernen Pilger können sich bei entsprechendem Nachweis einer Fußwanderung von mindestens 100 km (ersatzweise 200 km per Rad oder Pferd) offiziell als Jakobspilger registrieren lassen.

Das Marketingkonzept des Heiligen Jahres hatte bei seiner ersten Umsetzung („Xacobeo 93") einen

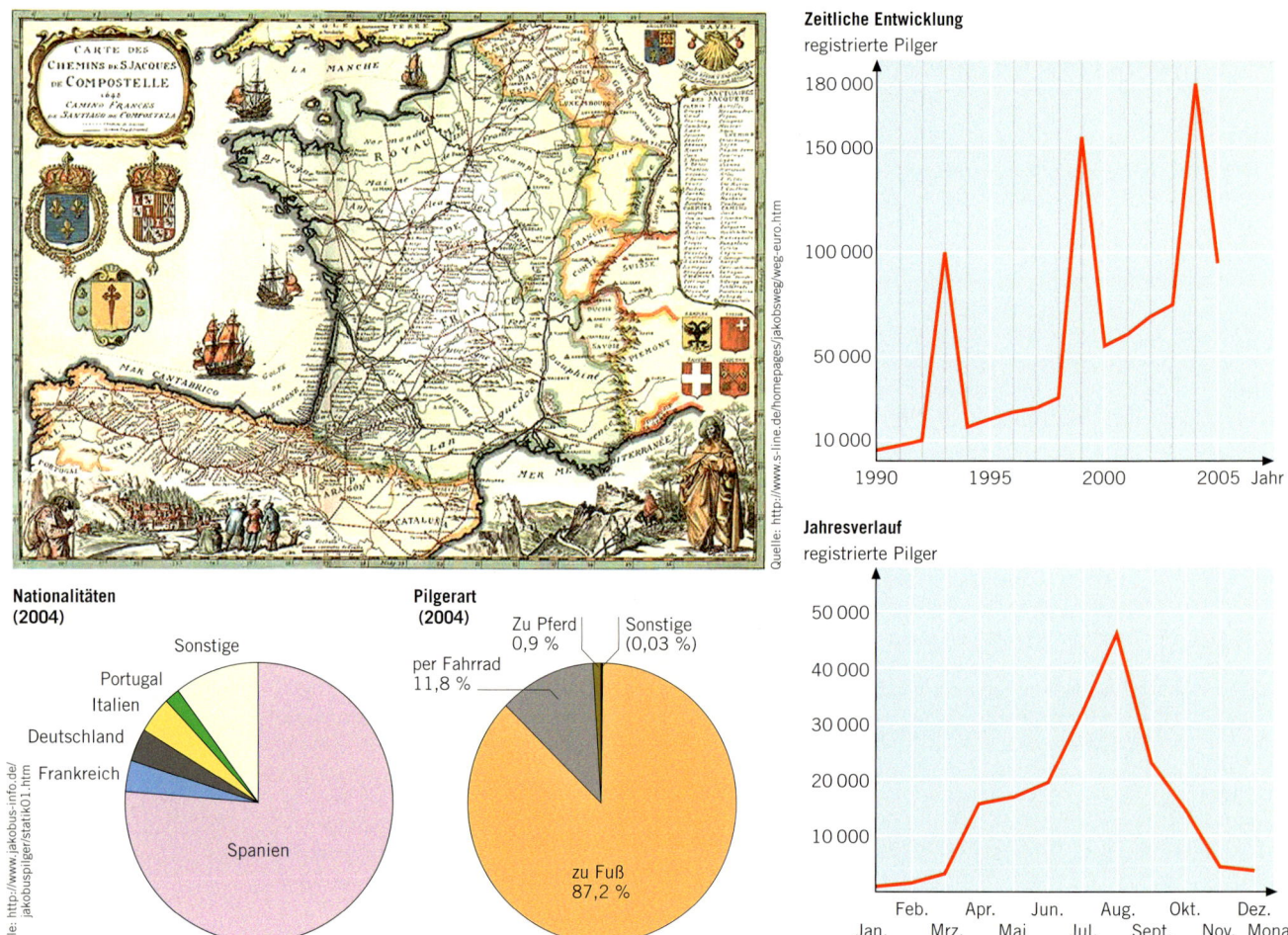

Quelle: http://www.s-line.de/homepages/jakobsweg/weg-euro.htm

Quelle: http://www.jakobus-info.de/jakobuspilger/statik01.htm

Abb. 109: *Pilgertourismus über den Jakobsweg*

durchschlagenden Erfolg, der seither mehrfach wiederholt werden konnte (1999 und 2004). Auf diese Weise konnten die Touristenankünfte in der Region Galicien um 50 % auf eine Größenordnung von ca. 3–4 Mio. Besucher pro „Normaljahr" gesteigert werden. Im Heiligen Jahr 1999 kamen sogar 6 Mio. Touristen nach Santiago de Compostela.

Wenngleich die Besucher, die sich selbst aufgrund der o. g. Kriterien als Pilger registrieren lassen, weniger als 10 % der Gesamtheit aller Touristen ausmachen, so ist ihre Entwicklung dennoch aufschlussreich: Seit 1990 ist die Zahl der offiziell als solche registrierten Pilger in Normaljahren von knapp 5000 auf nunmehr über 90 000 angestiegen. Im Heiligen Jahr 2004 wurden sogar 180 000 erreicht (s. Abb. 109).

Eine beachtliche Gruppe unter den Pilgern stellen junge Menschen mit hohen Bildungsabschlüssen dar (Oberschüler, Studenten), die gleichzeitig nur über ein begrenztes Reisebudget verfügen. Hervorzuheben ist auch der Anteil der Senioren im Rentenalter. Darüber hinaus bieten immer mehr Reiseveranstalter organisierte Gruppenwanderungen über den Jakobsweg an. Von den registrierten Jakobspilgern kommen ca. drei Viertel aus Spanien; es fol-

gen Italien, Deutschland, Frankreich und (Süd-) Amerika mit Anteilen von je 3–4 %. Inzwischen profitieren selbst Kleinstädte am Jakobsweg (wie z. B. Astorga mit ca. 12 000 Einwohnern) von dem neuen Touristen-„Strom", der Santiago de Compostela zum Ziel hat. Astorga z. B. war bisher in der Vermarktung seiner römischen Kulturtradition ebenso wie der regionalen Küche seines ländlichen Umfeldes recht erfolgreich (Lois González & Somoza Medina 2003). Der „Camino de Santiago" ist damit ein besonders herausragendes Beispiel für eine touristische Route, die nicht als Marketingkonstrukt entwickelt wurde, sondern an eine sehr alte Kulturtradition anknüpft.

Thermalbäder

Portugal besitzt eine weitere, sehr spezifische touristische Tradition in den Thermalbädern, die vorzugsweise in der Nordhälfte des Landes vorkommen. Sie sind an tektonische Störungslinien gebunden, die in nordnordwest-südsüdöstlicher Richtung verlaufen und sowohl im paläozoischen kristallinen Grundgebirge als auch in mesozoischen Sedimentgesteinen vorkommen (Abb. 110). Europaweit verfügt Portugal, bezogen auf seine Landoberfläche und Bevölkerung, über die höchste Dichte an Thermalquellen.

Die Mehrzahl der großen Thermen erreicht Temperaturen zwischen 25 und 35 °C, in Einzelfällen werden sogar Temperaturen über 35 °C registriert.

Die Bädertradition wurzelt in der römischen Badekultur. Vom lateinischen *calidus* (= heiß-warm) leitet sich das portugiesische *caldas* ab, das bei Thermalorten vielfach dem Ortsnamen vorangestellt wird (z. B. Caldas de Rainha, Caldas das Taipas, Caldas de Vizela). Mit dem Niedergang des Römischen Reiches ging diese Bädertradition verloren. Eine Wiederbelebung erfuhr die Badekultur erst im 17. Jh., wobei balneologische Aspekte in den Vordergrund traten. Die große Anzahl der Thermalquellen in Portugal erklärt allerdings, dass nur wenige Thermalorte, die von der Aristokratie für den Sommerfrischenaufenthalt genutzt wurden, aus dem Badebetrieb verstärkte Entwicklungsimpulse beziehen konnten. Ein bekanntes Beispiel ist Luso, wo König Carlos I. im 19. Jh. das säkularisierte Kloster von Buçaco zum Sommersitz erkor. Als Markenname für das von dort stammende Mineralwasser ist Luso heute in ganz Portugal bekannt.

Nach der „Nelkenrevolution" von 1974 erörterte man im demokratischen Portugal erstmals die Möglichkeit, die größeren Thermalquellen zum Ansatzpunkt für eine Regionalentwicklung mithilfe des Kurtourismus zu machen. Die Zielvorstellung bestand darin, die portugiesischen Thermalbäder durch eine umfassende Modernisierung als Gegengewicht zum küstenorientierten Tourismus aufzubauen. Das ist bisher nur sehr bedingt gelungen. Moderne, touristisch orientierte Wellnessangebote sind noch wenig verbreitet. Eine lokale empirische Studie im Bereich des oberen Tâmega-Tals (mit den Badeorten Vidago, Pedras Salgadas und Chaves) ergab, dass die Klientel der Badeorte sich vornehmlich aus der Schicht des unteren und mittleren Bürgertums rekrutiert (39 % Hausfrauen, 30 % Angestellte, 20 % Rentner, 7 % Arbeiter, 1,5 % Beamte, 2,5 % Sonstige; Konitzky 1992), die vorzugsweise in preiswerten Privatunterkünften und Pensionen logieren. Hinzu kommt eine ausgeprägte Saisonalität mit Bevorzugung der Ferienmonate Juli, August und September. Für ausländische Gäste sind die Thermalbäder bisher nicht sonderlich attraktiv. Die effiziente Nutzung der traditionsreichen Badeorte im Inneren Portugals als „endogene Potenzialfaktoren" zur Regionalentwicklung bleibt vorerst eine Vision (Konitzky 1992).

Ländlicher Tourismus
Eine weitere Variante, Alternativen zum küstenorientierten Massentourismus zu entwickeln, sieht Portugal in der Förderung des sog. „ländlichen Tourismus" (*Turismo no Espaço Rural*, TER). Dieses Segment kann bisher nur ca. 1 % aller Übernachtungen in Portugal für sich verbuchen. Cavaco (1995b) unterscheidet drei Formen des ländlichen Tourismus nach der Unterkunftsart: Privatzimmervermietung, Bauernhäuser und ländliche Herrenhäuser. 80 % der TER-Unterkünfte liegen in Räumen, die bisher als touristische Zielgebiete nur wenig oder überhaupt nicht ausgewiesen sind (der Nordosten des Landes, das Landesinnere Mittelportugals, das Alentejo und die Azoren). Zielvorgabe ist auch hier, die bestehenden regionalen Disparitäten hinsichtlich der wirtschaftlichen Entwicklung aufzubrechen. Lokale Initiativen nutzen im Einzelfall auch EU-Förderungsmöglichkeiten im Rahmen des LEADER-Programms, also der „Liaison entre Actions de Développement de l'Economie Rural" (Gemeinschaftsinitiative für die ländliche Entwicklung). Die Bandbreite der Optionen ist dabei weit gespannt. Sie reicht vom Angebot des Jagdtourismus über eine Revitalisierung alter Thermalbadeorte bis zur Restaurierung ehemaliger Herrenhäuser in den Latifundiengebieten des Landes für den anspruchsvollen Individualtouristen. Der ländliche Tourismus dürfte allerdings bei allem nachvollziehbaren Optimismus immer ein Nischenangebot bleiben.

Wintersporttourismus
Eine besondere Variante des binnenländischen Inlandstourismus stellt in Spanien der Wintersport dar. Er ist im Zuge der erfolgreichen wirtschaftlichen Entwicklung Spaniens zu einem Massenphänomen geworden. Die Skigebiete von Navacerrada, Valdesquí/Valcotos und La Pinilla in der Sierra de Guadarrama sind von der Millionenmetropole Madrid

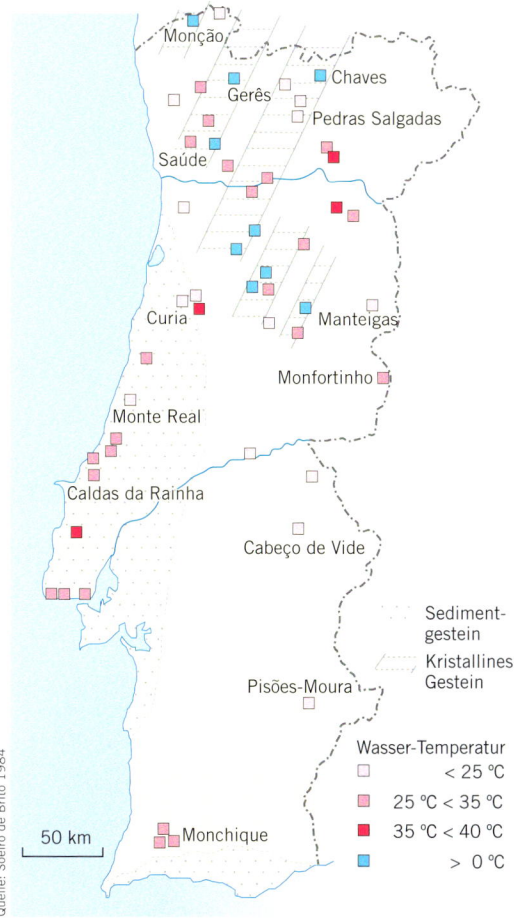

Abb. 110: *Bedeutende Thermalquellen in Portugal*

aus rasch zu erreichen (in 75–115 km Distanz) und deshalb besonders nachfrageelastisch. Sie bieten den Madrileños ausgedehnte Pisten in Höhenlagen zwischen 1500 und 2270 m.

Für den Ballungsraum Barcelona liegen die Hochtäler der Pyrenäen als Wintersportziele vergleichsweise günstig. Zu den bekanntesten Zentren des Skitourismus dort gehört das Vall d'Aran, das als einziges Pyrenäen-Tal Kataloniens nach Norden und damit zum Atlantik hin entwässert (im Aran-Tal entspringt die Garonne). Das Tal ist über den Tunel de Vielha leicht zu erreichen und erschließt in Höhen zwischen 1800 und 2500 m ein ca. 40 km² großes Skigebiet. Der größte Ort des Hochtals, Baqueira Beret, zählt u. a. das spanische Königshaus zu seinen Stammgästen.

Die andalusische Sierra Nevada verdankt dem Schnee sogar ihren Namen. Sie bildet die höchste Aufwölbung innerhalb der sog. Penibetischen Kordillere. Der etwa 5 km lange Hauptkamm erreicht Gipfelhöhen über 3000 m. Unter ihnen ist der Mulhacén mit 3478 m der höchste Berg des iberischen Festlandes. Der Schnee wird erst seit 1964 gewinnbringend vermarktet. Damals begann die Erschließung des südlichsten Skigebiets Europas. Es nennt sich „Sol y Nieve" (Sonne und Schnee); hier werden im langjährigen Mittel 255,5 Sonnentage pro Jahr erreicht. Die Hänge auf der Nordwestabdachung des Pico Veleta (3398 m) gelten von November bis März als schneesicher. Die Skistation Pradollano wurde als Retortenstation in 2200 m Höhe in einer ehemaligen Hochweideregion angelegt. Von

hier aus befördert eine Großkabinenbahn die Gäste zur Bergstation Borreguiles (2665 m), wo weitere Aufstiegshilfen ein Skigelände von 25 km² Größe erschließen, das gleichzeitig ein phantastisches Panorama bietet, welches bei guter Sicht die Küsten Nordafrikas erkennen lässt. Dank gut ausgebauter Straßenverbindungen sind die zerklüfteten Steilküsten der Costa del Sol mit ihren kleinen Badebuchten in weniger als zwei Stunden erreichbar. Die hoch gelegene Bergregion ist seit 1999 als UNESCO-Biosphärenreservat geschützt. Für den Naturschutz werden u. a. Teile der Einnahmen aus dem Skitourismus verwendet. Unmittelbarer Ausdruck der Schutzmaßnahmen ist eine 3000 Stellplätze große Tiefgarage, die den Retortenort inzwischen zur autofreien Zone macht.

International bekannt wurde dieses andalusische Skigebiet, nachdem es als Austragungsort der alpinen Skiweltmeisterschaften 1995 ausgewählt wurde. Für die spanische Tourismusindustrie bedeutete es einen umso empfindlicheren Rückschlag, dass ausgerechnet diese ersten Skiweltmeisterschaften auf spanischem Boden damals wegen Schneemangels ausfallen mussten. Im Rahmen einer Dürreanomalie fiel im gesamten Winter 1994/95 im höchstgelegenen Skigebiet Spaniens so gut wie kein Schnee, ein bis dahin nicht gekanntes Phänomen. Die wirtschaftlichen Verluste der Region beliefen sich seinerzeit auf ca. 60 Mio. DM (31 Mio. €). Im Übrigen konnten die alpinen Skiweltmeisterschaften ein Jahr später (1996) dann doch in der Sierra Nevada ausgetragen werden.

Die moderne Landwirtschaft als Produktionsfaktor

Als eigenständiges System einer primären Produktion von pflanzlichen und tierischen Lebensmitteln hat die Landwirtschaft in den hoch entwickelten Industrieländern ausgedient. Das gilt insbesondere für die Erzeugung höchstwertiger Nahrungs- und Genussmittel. Auf der Iberischen Halbinsel sind die Anfänge dieser Entwicklung mit Beispielen des Vertragsanbaus zu belegen, bei dem landwirtschaftliche Betriebe vorzugsweise agroindustriell verwertbare Rohstoffe unter vertraglichen Bedingungen für verarbeitende Unternehmen der Nahrungswirtschaft produzieren. Der raumwirksame Steuerungseffekt der Industrie beim Vertragsanbau wurde für Spanien am Beispiel des Hopfen- und Sonnenblumenanbaus von Breuer (1985) analysiert. Die landwirtschaftliche Primärproduktion wird auf diese Weise in Produktionsabläufe der Nahrungsmittelindustrie eingebunden, der somit eine Steuerungsfunktion zufällt, und zwar zulasten einer zunehmend „entmündigten" Landwirtschaft im engeren Sinne. Die betriebswirtschaftlich begründeten Vorgaben der Nahrungsmittelindustrie führen nämlich indirekt zu einer Selektion landwirtschaftlicher Produktionsstandorte, weil ungünstige naturräumliche Rahmenbedingungen sich Kosten verursachend, günstige natürliche

Standortfaktoren sich hingegen Kosten einsparend auswirken.

Optimierte Anbautechniken und Produktionsverbünde
Bei den optimierten Anbautechniken unter südeuropäisch-semiariden Klimabedingungen sind beispielsweise die sog. „eingesandeten Kulturen" (span. *cultivos enarenados*) zu nennen, die in der agrargeographischen Fachliteratur mehrfach beschrieben wurden (Breuer 1982, S. 158 ff.; Breuer 1986b; Drescher 1988; Tyrakowski 1985, 1995 u. a. m.). Im Kern ging (und geht) es dabei um ein zeitliches Vorziehen der Reife bzw. des Erntezeitpunktes bei Frühgemüse, für das im ausgehenden Winter auf den Märkten West- und Mitteleuropas Höchstpreise erzielt werden können. Die Wachstumsbeschleunigung basiert bei den *cultivos enarenados* auf einer Sandschicht, die dem eigentlichen Unterboden aufliegt. Sie erhöht – bei den gegebenen Insolationsverhältnissen an der südandalusischen Küste (vgl. Abb. 84) – durch Wärmeabsorption die Bodentemperatur, vermeidet aber dank ihrer Grobkörnigkeit einen unerwünschten kapillaren Verdunstungssog und damit Feuchtigkeitsverlust in einer semiariden

Abb. 111: *Der Küstenhof von Almería (Campo de Dalías). Die Aufnahme (1987) des Landsat-Satelliten zeigt noch aus 705 km Höhe die plastikbespannten Gewächshausflächen, unter denen Blumen und Frühgemüse für den europäischen Markt heranwachsen. Quelle: Global Land Cover Facility (http://glcf.umiacs.umd.edu; Freigabe GLCF #40022 v. 02.05.2007)*

Umgebung. In einer weiteren Intensivierungsstufe werden die so präparierten Flächen mit Plastikplanen, die man über einfache Holzgestelle zieht, eingedeckt. So entstanden an der südspanischen Mittelmeerküste mit einfachen Mitteln Gewächshäuser, die den konkurrierenden niederländischen Glashäusern nicht nur in ihrer Wirksamkeit, sondern auch kostenmäßig weit überlegen sind, weil sie durch die Sonne kostenlos aufgeheizt werden. So erklärt sich, dass inzwischen weite Strecken der südexponierten Mittelmeerküsten in Südspanien im Winterhalbjahr unter solchen Plastikgewächshäusern (*invernaderos*) verhüllt werden. Ein viel genanntes Beispiel ist die Küstenebene des Campo de Dalías in der andalusischen Provinz Almería, die dank ihres flächenhaften Besatzes mit Gewächshäusern in den meist wolkenfreien Satellitenaufnahmen sogar aus dem Weltraum eindrucksvoll zu sehen ist (Abb. 111). Die technischen Varianten zur Optimierung der Wachstumsbeschleunigung sind vielfältig. Weit verbreitet ist z. B. die Abdeckung des Bodens durch (meist schwarze) Plastikplanen (Abb. 112), wie sie inzwischen auch hierzulande beim Spargel- und Erdbeeranbau zum Einsatz kommen. Ebenfalls üblich ist beispielsweise auch die Anzucht von Gemüsesetzlingen unter flachen Plastiktunneln.

Analog zur Vielfalt der Anbautechniken ist die Liste der lokalen Bezeichnungen für die verschiedenen Anbauverfahren verwirrend groß: Frühgemüseanbau (*horticultura temprana/extratemprana*), „Unter Plastik"-Kulturen (*cultivos bajo plástico*), Treibhauskulturen (*cultivos forzados*) u. v. a. m. Die meisten dieser Begriffe beziehen sich auf die Anbautechnik, wobei die Funktion der Wachstumsbeschleunigung bei gleichzeitiger Standardisierung sowohl des Produktionsablaufs als auch des marktfähigen Endprodukts im Vordergrund steht. Morales Gil (1997) schlägt deshalb den Begriff „*horticultura de ciclo manipulado*" vor, sinngemäß also „Gartenbau mit kontrolliertem Wachstumszyklus". Dieser Begriff deckt die gesamte Bandbreite des Gartenbaus ab, der seine Erzeugnisse in Südeuropa (und hier insbesondere in Spanien) nach industriell-betriebswirtschaftlichen Maximen hoch effizient produziert und transnational vermarktet. Voth (2002) spricht in diesem Zusammenhang von der „neuen Landwirtschaft" Spaniens. Sie umfasst den Anbau von Frühgemüse ebenso wie den von (sub)tropischen Obstarten und Schnittblumen an den Mittelmeerküsten von Ali-

cante, Murcia und Almería sowie an der gesamten andalusischen Costa del Sol (vgl. Abb. 114).

Ein weiteres Merkmal der modernen Hochleistungslandwirtschaft als Bestandteil einer umfassenden Nahrungswirtschaft ist die Ausbildung von verschiedenen Produktionssystemen und -ketten. Dies erfolgte zuerst in den USA. Windhorst (1989) prägte dafür den Begriff des „räumlichen Verbundsystems" zwischen landwirtschaftlichen Unternehmen auf der einen und vor- bzw. nachgelagerten Zuliefer-/Verarbeitungsbetrieben außerhalb der Landwirtschaft auf der anderen Seite. Unter Einbeziehung einer wirtschaftspolitischen Steuerungs-

Abb. 112: *Im thermisch begünstigten Südosten Spaniens ermöglichen ausgeklügelte Anbautechniken die winterliche Erzeugung von Freilandgemüse (Campo de Cartagena, Prov. Murcia).*

komponente erwächst daraus auf nationalökonomischer Ebene Bowlers (1992) „food supply system". Lenz (2005) hat diese theoretischen Konzepte aufgegriffen. Unter Beschränkung auf die Produktion und Distribution landwirtschaftlicher Erzeugnisse betont sie technologisch bedingte ökonomische Sachzwänge in der vertikalen Abfolge des Produktionsprozesses. Das Ergebnis sind Produktionsketten, bei denen den einzelnen Betrieben als Kettengliedern eine spezifische Standortfunktion zukommt. In der Konsequenz generiert die Aufzucht und Vermarktung eines bestimmten landwirtschaftlichen Produkts dann „verkettete Orte" (Lenz 2005).

Es gibt somit drei Varianten einer neuen Funktionszuweisung für die landwirtschaftliche Produktion:

- den Vertragsanbau,
- räumliche Verbundsysteme (Windhorst 1989),
- Produktionsketten (Lenz 2005).

Allen gemeinsam ist, dass die Landwirtschaft nunmehr in externe, häufig transnationale Abhängigkeitsbeziehungen eingebunden wird. Damit ist aber auch eine zunehmende Fremdbestimmung im Rahmen einer globalisierten Produktion von Nahrungs- und Genussmitteln verbunden. Bei der Erzeugung und Vermarktung von Wein und Oliven(öl) auf der Iberischen Halbinsel wurden diese Zusammenhänge

bereits kurz angesprochen. Im gewerblichen Gartenbau (Obst, Gemüse, Schnittblumen) ist die Ausbildung räumlicher Verbundsysteme bisher am weitesten fortgeschritten, hat aber auch bei Grundnahrungsmitteln Fuß gefasst, wie etwa beim Reisanbau.

Reisanbau

Auf der Iberischen Halbinsel ist der Reisanbau im Wesentlichen auf verlandete Haffseen (wie im Falle des Haffs von Aveiro oder der Albufeira von Valencia) oder aber auf Flussmündungsgebiete (Ebro, Guadalquivir, Sado) beschränkt, also auf ebene, leicht unter Wasser zu setzende Alluvialflächen. Diese Standorte erklären sich insbesondere durch den extrem hohen Wasserbedarf der Reiskultur bei gleichzeitig mäßiger Salztoleranz der Reispflanze (*Oryza sativa* L. verkraftet bis zu 1 g Salz/l). Der gesamte in Europa produzierte Reis entspricht nur ca. 0,5 % der Weltproduktion und ist unter diesem Gesichtspunkt zu vernachlässigen. Dessen ungeachtet nimmt der Reisanbau in der nationalen Agrarproduktion von Italien (1,37 Mio. t), Spanien (0,77 Mio. t), Griechenland (0,17 Mio. t), Portugal (0,15 Mio. t) und Frankreich (0,11 Mio. t; sämtliche Zahlenangaben: jeweils Durchschnitt 1995–2004; Eurostat) mehr als nur eine Nischenposition ein, zumal die vom Reisanbau beanspruchten Flächen durch andere Kulturpflanzen nicht nutzbar sind. Darüber hinaus erreicht die Reisproduktion in Portugal einen Selbstversorgungsgrad von immerhin ca. 50 % (Spanien ca. 155 %!). Im Rahmen des (regulierten) EU-Agrarmarktes wurde Spanien allein knapp ein Viertel der gesamten europäischen Reisanbaufläche zugestanden.

Rund ein Drittel der in Spanien produzierten Reismenge wird in den Flussmarschen (*marismas*) des Guadalquivir angebaut (vgl. Abb. 113). Morphogenetisch handelt es sich dabei um einen ehemaligen Haffsee (*lacus ligustinus*), der in historischer Zeit von den Sedimenten des Río Guadalquivir aufgefüllt wurde. Die alluviale Fläche wird heute durch zahlreiche mäandrierende Flussarme zerschnitten. Ein großer Bereich dieses Feuchtgebietes steht im Übrigen als Nationalpark *Coto de Doñana* unter strengem Naturschutz und ist auch außerhalb Spaniens bei ornithologisch Interessierten bekannt.

Die Erschließung des siedlungsfeindlichen Marschengebietes geht bis in die 1920er-Jahre zurück und erfuhr eine wechselvolle Geschichte, die als staatlich initiiertes Kolonisationsprojekt für landlose Siedler (im Rahmen des Konzeptes der „inneren Kolonisation") ihre vorläufige Schlussphase fand (Bahr 1972). Dies ist für die aktuelle, agroindustriell gesteuerte Entwicklung des Reisanbaus in den *marismas* von Belang, weil sich somit historisch gewachsene, traditionelle agrarische Besitzstrukturen gar nicht erst ausbilden konnten. Bedeutsam ist weiterhin die Herkunft der wichtigsten Akteure, denen das andalusische Reisanbaugebiet seine innovative Dynamik verdankt. Sie stammen mehrheitlich als *valencianos* aus dem ältesten Reisanbaugebiet an der Levanteküste der Iberischen Halbinsel.

Abb. 113: *Reisanbau in* den *marismas am unteren Guadalquivir*

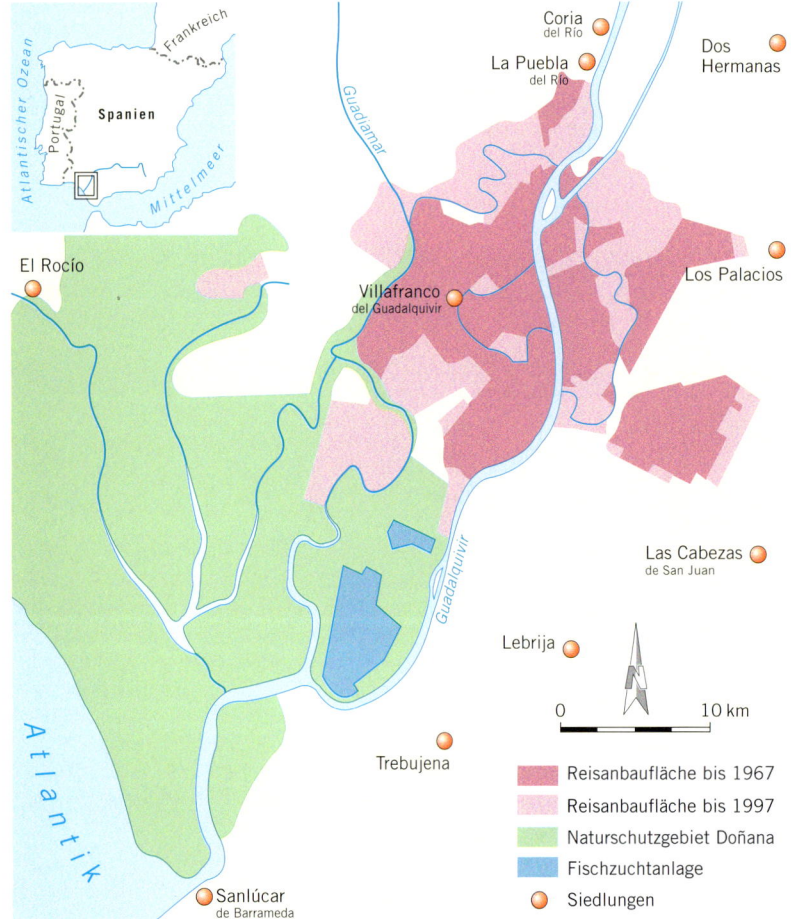

Quelle: Voth 1998, S. 35

Reisanbaufläche bis 1967
Reisanbaufläche bis 1997
Naturschutzgebiet Doñana
Fischzuchtanlage
Siedlungen

Obwohl es sich bei der großen Mehrzahl der Reisbaubetriebe sowohl in Portugal als auch in Spanien um Kleinbetriebe handelt, spielen die Großbetriebe eine dominante Rolle: Betriebe von 100 ha und größer erreichen in Portugal zwar nur 9,9 % der Gesamtzahl der Reisbaubetriebe, sie bewirtschaften aber 44,6 % der Anbaufläche; in Spanien bearbeiten 4,3 % der Betriebe 36,4 % der Fläche (Zahlenangaben jeweils aus dem Agrarzensus von 1999). Die strukturellen Vorteile der Großbetriebe basieren auf ihren komparativen Wettbewerbsvorteilen hinsichtlich Kapitaleinsatz und Mechanisierung (Voth 1998). Als in den 1960er-Jahren Mähdrescher mit Raupenfahrwerken für die Reisernte entwickelt wurden, konnten die Großbetriebe diese Kapitalinvestition als Erste schultern. Analog erklärt sich die Übernahme der Direktsaatmethode vom Flugzeug aus, die am Ende der 1960er-Jahre in den *marismas* üblich wurde, wobei gleichzeitig auch neu entwickelte selektive Herbizide aus dem Flugzeug versprüht wurden. Es folgten die mechanisierte Erntetrocknung und schließlich in den 1980er-Jahren das lasergesteuerte Nivellement der einzustauenden Reis-Großparzellen. Von den Vorteilen der Mechanisierung konnten die bäuerlichen Kleinbetriebe (vielfach ehemalige Kolonisten) ebenso wenig profitieren wie die Schicht der Landarbeiter, deren Arbeitskraft mit zunehmender Mechanisierung entbehrlich wurde. Somit erwuchs (und erwächst) aus dem betriebsstrukturellen Wandel im iberischen Reisbau eine zunehmende agrarsoziale Disproportionalität, die nur in sehr begrenztem Umfang durch den Zusammenschluss der Reisbauern zu Produktionsgenossenschaften aufgefangen wird. In den *marismas* z. B. gab es 1998 noch sieben Reiserzeuger-Genossenschaften; sie vereinen 55 % aller Reisbaubetriebe unter ihren Mitgliedern, erreichen in der Summe aber weniger als die Hälfte der Anbauflächen (Voth 1998, S. 41). Die Genossenschaften sind in erster Linie ein Sammelbecken der Kleinbetriebe.

Der Verschiebung beim landwirtschaftlichen Betriebsgrößenspektrum entspricht in den *marismas* ein Konsolidierungsprozess auf Seiten der weiterverarbeitenden Industrie. Von ehemals 27 modernen Reismühlen (Bahr 1972) sind bis 1997 nur noch sieben verblieben, die bis auf eine Ausnahme zu einem einzigen Konzern gehören: zu HERBA mit Stammsitz an der Levanteküste. Dieses heute in Sevilla ansässige Unternehmen steuert die Reisbauwirtschaft der *marismas* inzwischen unangefochten. Es setzte die Sortenumstellung vom traditionellen Rundkornreis (*Oryza japonica* sspec.) zugunsten von Langkornreis (*Oryza indica* sspec.) durch, weil dieser von europäischen Konsumenten bevorzugt wird. Im weiteren Verlauf errichtete das Unternehmen bei Sevilla eine Anlage für die Aufbereitung von sog. „parboiled" Reis. Darüber hinaus wird der Reis in den Verpackungsanlagen auch direkt in Kochbeutel-Einheiten konfektioniert. Als Maßnahme zur rückwärtsgewandten vertikalen Integration kaufte das Unternehmen bisher bereits mehr als 4500 ha für den Reisanbau geeignete Flächen auf und verpach-

tete diese an Reisbauern, um auf diese Weise seine Belieferung mit Rohstoffen abzusichern. Außerdem gehört die Belieferung der Reisbauern mit Saatgut und sonstigen Betriebsmitteln zum operativen Geschäft des Industrieunternehmens am Standort Sevilla. Im Rahmen einer weiteren Produktdiversifizierungsstrategie betreibt der Mühlenkonzern HERBA über ein akquiriertes Tochterunternehmen auf Teilflächen des Reislandes eine Fischzuchtanlage. Dort werden in Wasserbecken mit einer Gesamtfläche von ca. 3200 ha sowohl Fische als auch Krebse, die aus Nordamerika eingeführt werden, gezüchtet. Die Produkte dieser Aquakultur werden von dem nämlichen Tochterunternehmen verarbeitet, verpackt und vermarktet. Ohne die zweifellos problematischen Begleiterscheinungen einer agroindustriellen Güterproduktion an dieser Stelle zu vertiefen, kann doch festgehalten werden, dass die Reiswirtschaft in den *marismas* als gutes Beispiel für ein modernes Agrarverbundsystem dienen kann (vgl. auch Voth 1998, S. 36).

Gartenbau

Beim Gartenbau ist die Ausbildung vernetzter Strukturen ungleich weiter fortgeschritten. Die wechselseitigen Produktions- und Absatzbeziehungen überschreiten dabei im Regelfall die nationalen Grenzen, d. h., die Landwirtschaft sieht sich in supranationale Netzwerke eingebunden. Basis für die Vorreiterrolle des südspanischen Gartenbaus ist in erster Linie die außergewöhnlich hohe Sonneneinstrahlung, die pro Jahr bis zu 3000 Stunden erreicht (vgl. Tab. 50). Diese Größenordnung entspricht ca. 70 % an wolkenfreien Tagen im Jahresverlauf. Ökonomisch wirksam ist aber vor allem das Ausmaß der Sonneneinstrahlung im Winter. Dabei zeigt sich eine klare Bevorzugung der südostspanischen Mittelmeerküste auch und gerade im Vergleich mit anderen Küstenstandorten in Südeuropa. Gleichzeitig wird die relative thermische Benachteiligung der südexponierten Atlantikküsten (vgl. Station Huelva in Tab. 4–9) im Vergleich zu den mediterranen Küstenstationen der Iberischen Halbinsel erkennbar. Diese Verhältnisse machen deutlich, weshalb die westexponierte portugiesische Atlantikküste für den winterlichen Gartenbau weniger geeignet ist. Gleichzeitig erklären sie die beeindruckende Zunahme der Gemüseproduktion in der Provinz Almería (Abb. 114).

Station	Januar	November–April	Jahr
Huelva	139	1006	2818
Almería	189	1220	3052
Murcia [Station S. Javier]	188	1016	2963
Alicante	183	1199	2975
Athen	149	947	2655
Palermo (Italien)	139	976	2692
Marseille (Frankreich)	134	1024	2764
zum Vergleich: De Bilt (Niederlande)	56	507	1527

Quelle: Morales Gil 1997, S. 20

Tab. 50: *Mittlere Sonneneinstrahlung im Januar (in Stunden)*

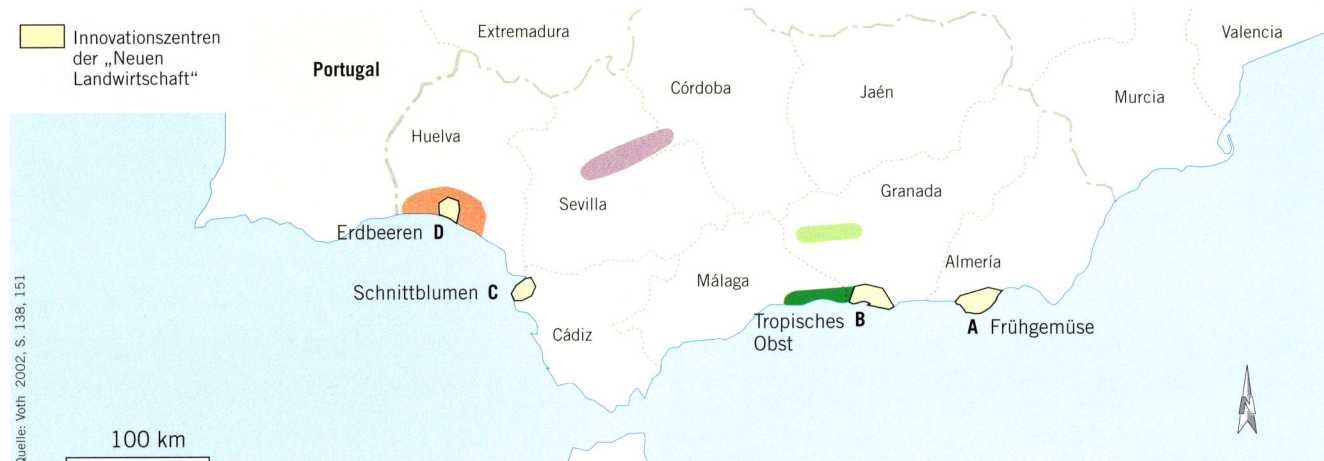

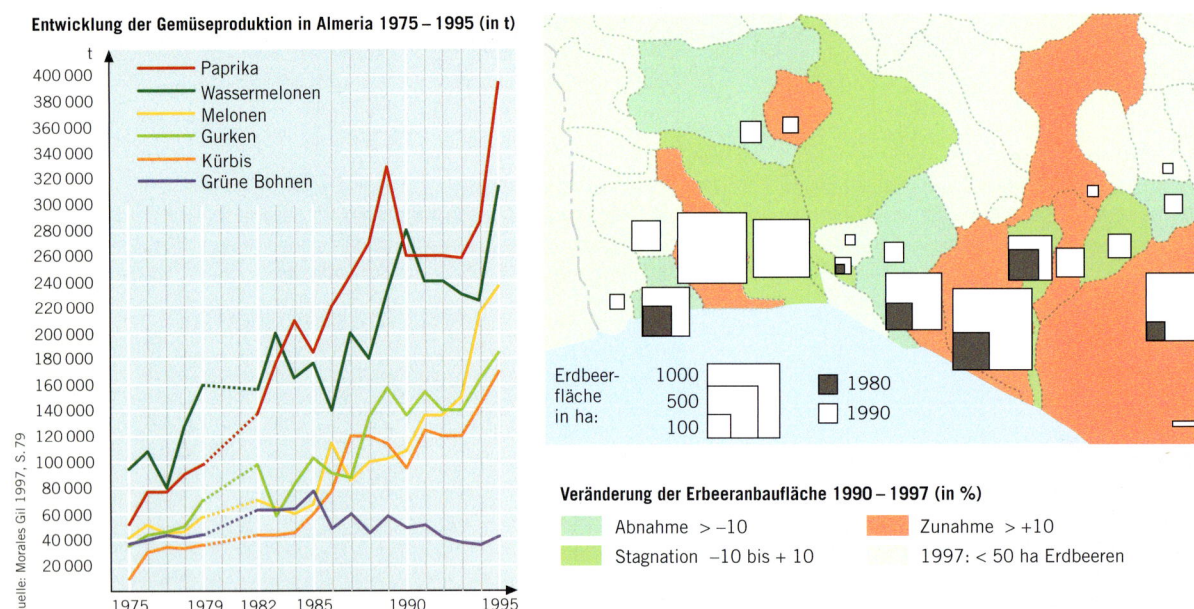

Abb. 114: Die „Neue Landwirtschaft" in Andalusien

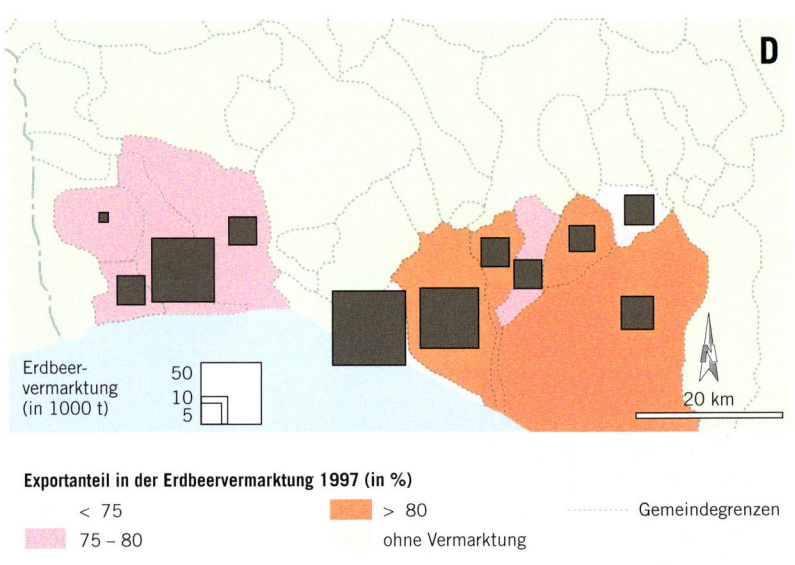

Monat	Alicante (Spanien) / 38° N	Delft (Niederlande) / 52° N
Dezember	9,42	8,07
Januar	9,30	7,51
Februar	10,18	9,08

Quelle: Morales Gil 1997, S. 22

Tab. 51: *Mittlere winterliche Tageslängen (theoretische Berechnung in Stunden)*

Der höheren Sonneneinstrahlung entsprechen ein höheres energetisches Potenzial ebenso wie größere Tageslängen (Tab. 51), was vor allem für tageslängensensible Kulturpflanzen (das sind insbesondere bestimmte Schnittblumen) bedeutsam sein kann. Von zentraler Bedeutung ist letztlich die thermische Bevorzugung der südostspanischen Küsten, für die sich in den Wintermonaten Mittelwerte zwischen 12 und 13 °C errechnen. Das bedeutet, dass sie ganzjährig nahezu frostfrei sind. Im Einzelfall wirkt das Relief im lokalen Rahmen als zusätzlicher Gunstfaktor, beispielsweise als Barriere für eine schädliche bodennahe Kaltluftzufuhr. Nur außergewöhnliche, singuläre Witterungsereignisse sind dafür verantwortlich, dass maximal bis zu drei Frosttage pro Jahr auftreten. Der überwiegende Teil der Kulturpflanzen benötigt von November bis April Durchschnittstemperaturen über 5 °C. Bei einigen wenigen Kulturpflanzen wird in den beiden kühlsten Wintermonaten an Standorten mit kalten Nord-(Ost-)Winden von Fall zu Fall sogar eine künstliche Wärmezufuhr erforderlich, wenn mittlere Tagesmaxima von 14 °C nicht mehr erreicht werden. Das gilt beispielsweise für Rosen, Paprika und Melonen.

Niederschlagsdefizite (vornehmlich in den Wintermonaten) können leichter kompensiert werden. Bis auf wenige Ausnahmen sind alle in den südspanischen Gartenbaugebieten kultivierten Pflanzen auf eine zusätzliche Bewässerung angewiesen, wobei die jeweiligen Kulturen je nach Phase des Wachstumszyklus präzise kontrollierte Wassergaben erhalten. Im Mittel liegt der Wasserbedarf trotz wassersparender moderner Techniken (wie z. B. der Tröpfchenbewässerung; *trickle irrigation*) und rechnergestützter Dosierung der Wassergaben zwischen 5000 und 8000 m³/ha. Damit tritt die expandierende „neue Landwirtschaft" in Südspanien in eine Nutzungskonkurrenz mit dem Wasserbedarf der Siedlungen, der Industrie und des Tourismus. Die kontroversen Auseinandersetzungen um die Nutzung des Wassers aus der Tajo-Überleitung wurden bereits angesprochen (vgl. Kapitel „Naturraum, Wirtschaft und Umwelt").

Der traditionelle *huerta*-Gartenbau wurde in der deutschsprachigen agrargeographischen Fachliteratur vielfach thematisiert (etwa bei Teschendorff 1978; Geiger 1987 u. 1993; Tyrakowski 1995), wobei die kleinbetriebliche Struktur in den traditionellen *huerta*-Gebieten durch den frühen Zwang zur Intensivierung ein hohes Maß an Fachkompetenz entstehen ließ. Nicht wenige spanische Gastarbeiter nutzten im Ausland (vor allem in den Niederlanden

und in Frankreich) die Gelegenheit, sich einschlägig weiterzuqualifizieren. Sie brachten bei ihrer Rückkehr nicht nur ihr erspartes Kapital sowie eine verbesserte Ausbildung mit, sondern auch eine neue Aufgeschlossenheit gegenüber technischen Innovationen. Leitende Angestellte ebenso wie Techniker aus dem spanischen Erwerbsgartenbau sind inzwischen bestens mit den Produktionsbedingungen ihrer Konkurrenten in Israel, Kalifornien oder den Niederlanden vertraut.

Als Schlüsselelement in der rasch fortschreitenden wirtschaftlichen Entwicklung des Intensivgartenbaus erweist sich der ungewöhnlich hohe Kapitalbedarf. Das Kapital fließt in erster Linie in Lohnaufwendungen (die mehr als 60 % der gesamten Betriebskosten ausmachen; nach Morales Gil 1997, S. 40); es folgen die Bewässerungs- und Klimatisierungstechnologie. Inzwischen sind auch die Kosten für Grunderwerb bzw. Landpacht erheblich gestiegen. Der technische Aufwand wird laufend weiter getrieben. Bei der Aufzucht von Setzlingen beispielsweise ist der natürliche Boden schon seit langem durch ein künstliches Substrat ersetzt worden. Darüber hinaus werden alle verfügbaren Fortschritte in der Pflanzengenetik genutzt. In diesem Segment ist Spanien weitgehend von den großen internationalen Saatguterzeugern in den Niederlanden, Frankreich und den USA abhängig, wenngleich spanische Unternehmen etwa bei Neuzüchtungen von Erdbeeren und Rosen recht erfolgreich sind. Die Energiekosten sind im europaweiten Vergleich eher gering.

Die Abnehmermärkte für den spanischen Intensivgartenbau liegen ausschließlich in Europa. Die Verteilung erfolgt über die großen Metropolen (wie Paris, London, Brüssel, Amsterdam, Frankfurt, Berlin, Mailand, Marseille usw.) auf die jeweiligen nationalen Märkte. Vom Grundsatz her gibt es drei verschiedene Vertriebswege:

- Der traditionelle Direktverkauf vom Produzenten an einheimische Zwischenhändler, die wiederum internationale Großhändler beliefern, ist inzwischen vergleichsweise unbedeutend.
- Vor allem der klein- und kleinstbetrieblich strukturierte Gartenbau organisiert sich in Erzeugergenossenschaften, die zunehmend die Vermarktung ihrer Produkte selbst in die Hand nehmen, um Preisvorteile aus den *economics of scale* nutzen zu können.
- Inzwischen erfolgt der überwiegende Teil der Vermarktung allerdings durch vertikal integrierte, transnationale Großunternehmen, die den gesamten Produktionsprozess von der Aussaat über die Konfektionierung bis hin zur Vermarktung beherrschen und erhebliche Produktionsmengen direkt an die großen europäischen Einzelhandelsketten liefern können.

Die Autobahn A7, die entlang der spanischen Levanteküste von Adra (Provinz Almería) bis La Junquera (Provinz Gerona) durchgängig fertiggestellt ist, bildet gewissermaßen die zentrale „Nervenbahn" für die Verbindung zwischen Erzeugergebieten und Absatzmärkten. Die A7 findet an der spanisch-franzö-

Obst-/ Gemüsesorte	COEXPHAL	% von Almería	% von Spanien	Provinz Almería insgesamt	% von Spanien	Spanien insgesamt
Auberginen	11 471 406	33,58	29,02	34 163 540	86,41	39 536 022
Kürbisse	8 677 299	12,01	8,29	72 229 919	69,04	104 616 190
Erbsen	384 445	29,36	13,23	1 309 553	45,08	2 905 004
Grüne Bohnen	2 592 580	13,99	8,86	18 528 263	63,30	29 272 012
Kopfsalat	31 407 735	98,94	10,35	31 742 645	10,46	303 330 741
Gurken	71 307 431	33,69	25,19	211 641 284	74,76	283 106 510
Paprika	71 676 215	30,15	21,99	237 760 262	72,94	325 936 220
Tomaten	92 762 224	46,09	11,79	201 251 848	25,59	786 531 362
Zwischensumme Gemüse	*290 279 335*	*35,90*	*15,48*	*808 627 314*	*43,12*	*1 875 261 061*
Pflaumen	272 432	72,75	1,00	374 482	1,37	27 339 562
Melonen	31 000 010	33,51	9,30	92 512 064	27,76	333 254 624
Wassermelonen	36 111 964	26,60	13,08	135 750 391	49,18	276 034 479
Tafeltrauben	1 900 056	64,18	1,80	2 960 438	2,8	105 438 610
Zwischensumme Obst	*69 284 462*	*29,92*	*9,34*	*231 597 375*	*31,21*	*742 067 275*
Gemüse und Obst TOTAL	*359 563 797*	*34,57*	*13,74*	*1 040 224 689*	*39,74*	*2 617 328 336*

Quelle: Morales Gil 1997, S. 82

Tab. 52: *Obst- und Gemüseexporte der Absatzgenossenschaft COEXPHAL in der Provinz Almería (Spanien); 2. Jahreshälfte 1995 und 1.Jahreshälfte 1996 (Angaben in kg)*

sischen Grenze nahtlos Anschluss an das französische Autobahnnetz. Auf diese Art und Weise erreichen Produkte aus dem Campo de Dalías (Provinz Almería) innerhalb von 36 Stunden den Großmarkt von Paris, London wird (durch den Kanaltunnel) in 40 Stunden erreicht. Der spanische Lkw-Fuhrpark reicht für die inzwischen transportierten Mengen an Frischobst und Gemüse seit langem nicht mehr aus. Lkw-Speditionen aus den Niederlanden, aus Deutschland, Frankreich und aus Polen sind inzwischen integrierter Bestandteil der Absatzorganisation im spanischen Intensivgartenbau. Die größte Sorge der spanischen Gemüsebauern besteht in den immer wieder auftretenden Straßenblockaden der Konkurrenz innerhalb Europas – insbesondere in Frankreich, aber auch in Italien. Auf dem Luftweg werden vor allem Produkte mit hoher Wertschöpfung von den Flughäfen in Alicante, Almería und Sevilla aus in die Abnehmerländer gebracht. Das gilt z.B. für Schnittblumen, Früherdbeeren, Spargel oder auch für frühe Feigen.

1995 belief sich die Gesamtfläche an Frühgemüsekulturen (*hortalizas extratempranas* = Freiluft- und Gewächshauskulturen) auf ca. 225 000 ha. Zwei Drittel dieser Fläche entfallen auf die Autonomen Regionen Andalusien, Murcia und Valencia. Ein Drittel konzentriert sich auf Regionen aus denen beispielsweise 1996 80 % aller in Spanien erzeugten Tomaten kamen. Aus der Provinz Almería stammten im Wirtschaftsjahr 1995/96 ca. 86 % aller spanischen Auberginen-Exporte, 75 % aller Gurken- und 73 % aller Paprika-Exporte (vgl. Tab. 52).

Geographisch konzentrieren sich mehr als 40 % des spanischen Frühgemüseanbaus auf den Küstenabschnitt zwischen den Kaps von San Antonio (nahe Jávea, Provinz Alicante) und Sacratif (nahe Motril, Provinz Granada). Wichtige Standorte sind die Küstenhöfe des Campo de Dalías, des Campo de Cartagena sowie der *huerta* von Valencia, die Unterläufe

des Río Segura, Vinalopó oder Almanzora, um nur einige Lokalitäten zu nennen.

Beispiel: Erdbeeren für Europa
Betrachtet man vorrangig einzelne Produkte, so ist das Beispiel der Erdbeeren besonders aufschlussreich. 85 % der gesamten Erdbeer-Anbaufläche in Spanien liegen in der Provinz Huelva (Abb. 114). Die Erdbeeren werden deshalb in Anspielung auf den historischen Goldbergbau der Provinz auch als das „rote Gold" Huelvas bezeichnet. Im Jahr 2000 erreichte die Erdbeer-Anbaufläche in der Provinz Huelva knapp 10 000 ha. Mit fast 450 000 t (Stand: 2000) ist Spanien weltweit der zweitgrößte Produzent von Frischerdbeeren hinter den USA. 45 % aller spanischen Erdbeerexporte nimmt allein der deutsche Markt auf. Die spektakuläre Entwicklung, die Huelva seit der Mitte der 1970er-Jahre zur Region mit der „weltweit höchsten räumlichen Konzentration des Erdbeeranbaus" (Voth 2002, S. 148) werden ließ, ist in erster Linie exportgesteuert.

Die in Huelva angebauten Erdbeerpflanzen stammen aus Kalifornien. Sie erreichen jeweils im März per Kühlschiff den Hafen Valencia. Von dort werden sie per Lkw in die Hochlagen Altkastiliens transportiert, wo in den Provinzen Segovia und Ávila insgesamt ca. 50 Landwirtschaftsbetriebe in einer Höhenlage um 800 m auf einer Gesamtfläche von ca. 1000 ha die Vermehrung der Erdbeersetzlinge im Sommerhalbjahr übernehmen (vgl. Abb. 115). Die Höhenlage gewährleistet eine gewisse Zahl an Kältestunden, die zur Vermehrung der jungen Erdbeerpflanzen erforderlich sind. Etwa ein Drittel der Vermehrungsbetriebe sind Eigenbetriebe bzw. Tochterunternehmen der andalusischen Großproduzenten, die wiederum von ihren kalifornischen Lizenzgebern abhängig sind.

Im Herbst werden die Jungpflanzen von Altkastilien nach Andalusien gebracht und in Huelva auf parallelen kleinen Dämmen, die mit perforierter schwarzer Folie abgedeckt sind, in Folienlöchern eingepflanzt. Darüber wölben sich zusätzliche mit transparenter Folie bespannte Mikrotunnel, die je nach Witterung oder Arbeitsgang leicht geöffnet und wieder geschlossen werden können. Die Ernte der ersten Früchte beginnt bereits im Januar und zieht sich bis in den Frühsommer. Dann müssen allerdings die Mikrotunnel entfernt werden, um Pflanzen und Früchte nicht durch allzu starke Hitze zu gefährden.

Das Betriebsgrößenspektrum der Erdbeer-Anbaubetriebe in Huelva reicht von Kleinstbetrieben mit 1 ha bis zu Großbetrieben mit mehr als 150 ha Fläche. Die Großbetriebe liegen in Streulage inmitten umgebender kleinbetrieblicher Flächen. Älteren Stichprobenerhebungen zufolge handelt es sich bei ca. 80 % aller Anbaubetriebe um kleine bis mittlere Familienbetriebe, die gemeinsam knapp die Hälfte der Anbaufläche bearbeiten und zur regionalen Gesamtproduktion an frischen Erdbeeren etwa 50 % beitragen (zit. n. Voth 2002, S. 161). Positiv für das agrarsoziale Umfeld Andalusiens wirkt sich der hohe Arbeitskräftebedarf bei den Erdbeerkulturen aus. Mehr als 50 000 Saisonarbeiter aus den umgebenden andalusischen Provinzen ebenso wie aus Marokko kommen regelmäßig zum Einsatz. Die Problematik der Beschäftigung von (teilweise illegalen) Migranten aus Nordafrika und die daraus erwachsenen (teilweise militanten) Konflikte wurden bereits im Kapitel „Bevölkerungsstruktur und -dynamik" angesprochen.

Die Vermarktung der andalusischen Erdbeerproduktion erfolgt zunehmend durch einige wenige Großproduzenten, die im Rahmen einer vorwärtsgerichteten Integrationsmaßnahme die (grenzüberschreitende) Vermarktung ihrer frischen Erdbeeren selbst in die Hand nehmen. Insgesamt ist eine Tendenz zu erkennen, die Vermarktungskette zu verkürzen. Damit ist eine noch effizientere Qualitätskontrolle vom landwirtschaftlichen Erzeuger bis zum Einzelhandel verbunden. Die so erreichten einheitlichen Qualitätsstandards ermöglichen eine Vermarktung der frischen Erdbeeren unter einem Markennamen, der mittel- und langfristig eine feste Kundenbindung erreichen soll. Andererseits beklagen die Produzenten (ebenso wie die Vermarktungsbetriebe) bei diesem System der „verkürzten Kette" häufig die allzu starke Verhandlungsposition der Lebensmittelkonzerne, die ihre Anforderungen hinsichtlich Lieferterminen, Kontinuität der Belieferung sowie Quantität und Qualität der angelieferten Ware laufend verschärfen.

Der Transport der frischen Erdbeeren erfolgt ausschließlich per Lkw. Nur auf diese Weise – und dank neuer, leistungsfähiger Fernstraßen in Spanien – kann die erforderliche Flexibilität zur Belieferung der Märkte in Zentral- und Westeuropa erhalten bleiben. Alle Erdbeertransporte passieren Frankreich, wodurch sich in Perpignan ein wichtiger Verteilermarkt etablieren konnte (vgl. Abb. 115). Inzwischen gehen die meisten Sendungen entweder unmittelbar in nationale Verteilerzentren (wie z. B. Köln,

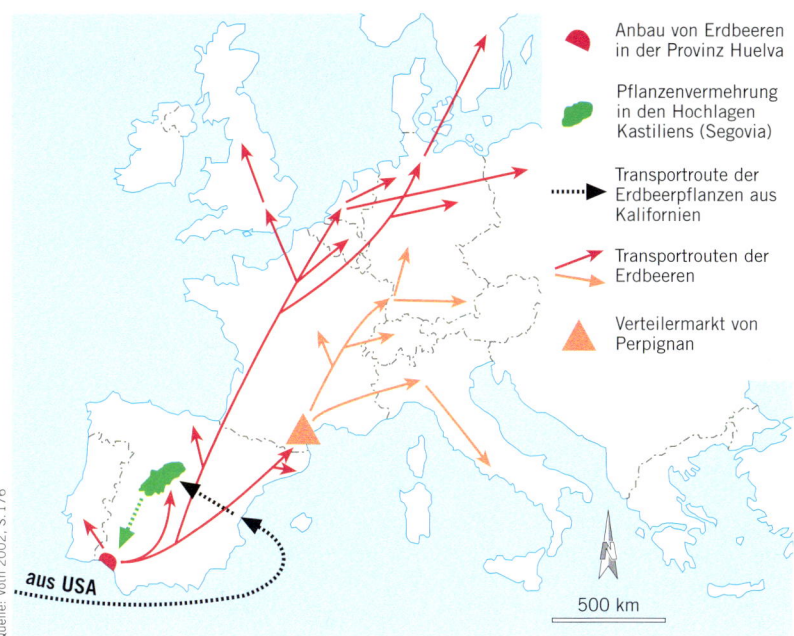

Quelle: Voth 2002, S. 176

Legende:
- Anbau von Erdbeeren in der Provinz Huelva
- Pflanzenvermehrung in den Hochlagen Kastiliens (Segovia)
- Transportroute der Erdbeerpflanzen aus Kalifornien
- Transportrouten der Erdbeeren
- Verteilermarkt von Perpignan

500 km

aus USA

Abb. 115: Erdbeertransportrouten in Europa

Rotterdam, London) oder aber direkt in die Zentrallager der großen Supermarktketten. Ein moderner Kühllastwagen fasst zwischen 12 und 17 t an frischen Erdbeeren und erreicht von Huelva aus innerhalb von 2–3 Tagen jeden Zielmarkt in Mittel- bzw. Westeuropa.

Insgesamt zeigt das Beispiel des in agroindustrielle Produktionsabläufe eingebundenen Erdbeeranbaus und der hier wirksamen Netzwerkbeziehungen eine extreme Dynamik. Dabei verändern sich nicht nur die Organisationsstrukturen der Vermarktung im Ganzen oder der Transportlogistik im Detail. Vielmehr unterliegen auch die eigentlichen Anbaugebiete einem ständigen, sich stetig beschleunigenden Innovationsdruck. Die spanischen Erdbeerproduzenten sind zurzeit noch vollständig von kalifornischen Varietäten abhängig. Dabei handelt es sich um große, optisch einwandfreie Früchte mit hoher Haltbarkeitsdauer. Allerdings werden diese Vorzüge durch eine verminderte Geschmacksintensität erkauft, sodass die Restproduktion dieser Erdbeeren nach dem Ende der Exportsaison für eine Weiterverarbeitung (beispielsweise zu Konfitüre) kaum oder gar nicht geeignet ist (Voth 2002, S. 179). Im Vorgriff auf ein mögliches Ende des Erdbeerbooms versucht man in Huelva den Anbau von Himbeeren oder experimentiert mit neuen, teilweise exotischen Fruchtkreationen wie etwa mit Sharoni (Voth 2002, S. 158), einer aus Israel stammenden neuen Kaki-Züchtung, aber auch mit Zierpflanzen.

Schnittblumenanbau

In der Tat ist es für eine agroindustriell konzipierte, in Verbundsystemen organisierte landwirtschaftliche Primärproduktion nachrangig, mit welchen Produkten eine Marktnachfrage befriedigt werden soll. Von der Art des Produktes ebenso wie von der Struktur der Absatzmärkte ist es abhängig, welche Stand-

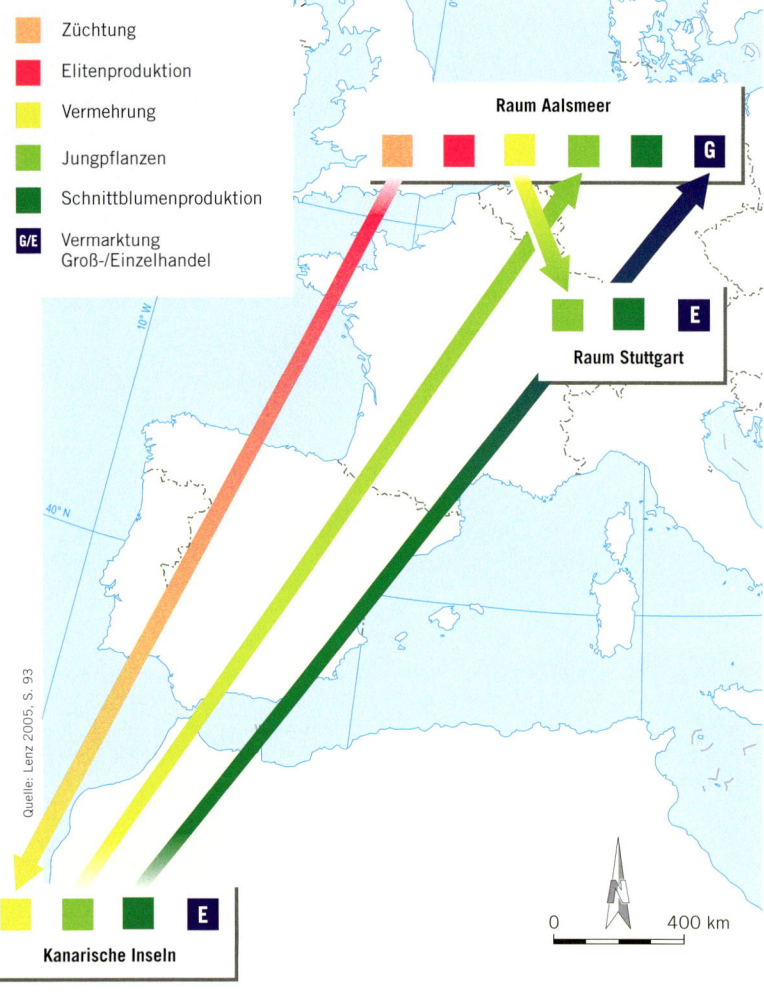

Züchtung

Elitenproduktion

Vermehrung

Jungpflanzen

Schnittblumenproduktion

G/E Vermarktung Groß-/Einzelhandel

Raum Aalsmeer

Raum Stuttgart

Kanarische Inseln

Quelle: Lenz 2005, S. 93

0   400 km

Abb. 116: *Räumliche Verknüpfung in einer Schnitt-chrysanthemen-Filière*

orte in einer „Filière" miteinander verkettet werden. Das gilt auch für Schnittblumen. Innerhalb Spaniens ist hier die Provinz Cádiz führend (mit 560 ha oder 33 % der gewerblichen spanischen Schnittblumenfläche), gefolgt von Murcia mit ca. 420 ha und Teneriffa mit 325 ha. Die Konfiguration von „Filièren" ist dabei im Detail von Blumensorte zu Blumensorte unterschiedlich. Hier soll (in Anlehnung an Lenz 2005, S. 88 ff.) eine Chrysanthemen-Filière vorgestellt werden (vgl. Abb. 116).

Die eigentliche Züchtung der Chrysanthemen erfolgt in Labors und angegliederten Gärtnereien in den Niederlanden im Raum Aalsmeer, die ihrerseits zu großen internationalen Saatgutproduzenten gehören. Die Züchtungen werden anschließend auf die Kanarischen Inseln (v. a. Teneriffa) gebracht, wo die Pflanzen verschiedene Stufen der Aufzucht von der Stecklingsproduktion über die Jungpflanzenerzeugung bis zur fertigen Schnittblume durchlaufen. Am Ende der Kette steht die Vermarktung der Chrysanthemen – beispielsweise im Großraum Stuttgart –, wobei im Einzelfall der Großmarkt im niederländischen Aalsmeer nochmals als Zwischenstation fungieren kann. Bezeichnenderweise erfolgen z. B. die Züchtung und die Elitenproduktion trotz kostenträchtiger Rahmenbedingungen in den Niederlanden selbst (vgl. Abb. 116). Die eigentliche Mengenproduktion wird in Südländer mit einem niedrigeren Lohnkostenniveau verlagert, wo die Rentabilität der Produktion zusätzlich durch Großbetriebe gesichert wird, die ihrerseits im Regelfall zu großen Agrarunternehmen oder -konzernen gehören (vgl. auch Tab. 53).

	Züchtung (und Eliteproduktion)	Produktion von unbewurzelten Stecklingen	Produktion von bewurzelten Stecklingen und Jungpflanzenproduktion	Schnittblumen-produktion
Betriebs-/ Unternehmens-größe	[Züchtungs-abteilung]	groß	groß	klein mittel groß
Anteil qualifizierter Arbeitskräfte	hoch (> 20 %)	niedrig (10–20 %)	niedrig (10–20 %)	standortspezifisch: Kanarische Inseln ca. 10 %, Raum Stuttgart ca. 25 %
Horizontale Spezialisierung	hoch	hoch	hoch	hoch mittel gering
Regionale Märkte/ Vermarktung	Vermarktung auf internationalen Märkten	Vermarktung auf zahlreichen europäischen Märkten	Vermarktung auf zahlreichen europäischen Märkten	Vermarktung auf mitteleuropäischen bzw. lokalen Märkten
Rahmen-bedingungen der Betriebsstandorte	volkswirtschaftlich hoch entwickeltes Umfeld mitteleuropäische Klimabedingungen	volkswirtschaftlich hoch, mittel oder gering entwickeltes Umfeld mitteleuropäische, subtropische [und tropische] Klimabedingungen	volkswirtschaftlich hoch, mittel oder gering entwickeltes Umfeld mitteleuropäische, subtropische [und tropische] Klimabedingungen	volkswirtschaftlich hoch, mittel oder gering entwickeltes Umfeld mitteleuropäische, subtropische [und tropische] Klimabedingungen

Tab. 53: *Merkmale und Tendenzen in Filièren zur Produktion von Schnittchrysanthemen*

Quelle: Lenz 2005, S. 94

Nutzungskonflikte zwischen Ökonomie und Ökologie

„Das Mittelmeer ist eine der größten Kloaken der Welt." Die Aussage von Brückner (1999, S. 10) stützt sich auf eine umfassende Studie der UN-Umweltorganisation UNEP. Die Tatsache als solche ist nicht überraschend: Der Konzentrationsprozess der Bevölkerung und ihrer wirtschaftlichen Aktivitäten an den Küsten hat sich in der zweiten Hälfte des 20. Jh. laufend beschleunigt. Zu den größten Schadstoffeinleitern gehört die Industrie, gefolgt von der Landwirtschaft und dem Tourismus. Insbesondere am östlichen Abschnitt der Algaveküste sowie an vielen Abschnitten der spanischen Mittelmeerküsten sind die Grenzen der ökologischen Belastbarkeit inzwischen überschritten, sodass irreversible Veränderungen zu konstatieren sind.

Ökologische Belastung durch den Tourismus

Der küstenorientierte Tourismus (sei es als Massen-Ferientourismus oder als Residenztourismus) hat den Verlust natürlicher Habitate für zahlreiche Wasser- und Zugvogelarten zur Folge: „Ein Windsurfer reicht aus, um 89% der Wasservögel aus einem Wassergebiet von 60 ha zu vertreiben" (Brückner 1999, S. 9). Deshalb wurden vornehmlich Strandseen (*albufeiras*) und Salzmarschen (*marismas*) unter besonderen Schutz gestellt.

Mit dem Verlust der Habitatfunktion geht auch der Verlust der Erholungsfunktion im unmittelbaren Küstenbereich einher. Das konnte Schmitt (1999) durch eine Untersuchung dreier Küstenökosysteme auf Mallorca (Sandstrand und Dünen, Felsküsten, küstennahe Feuchtgebiete) eindrucksvoll belegen. In seiner Bilanzierung des insularen Biotopgefüges vergleicht er den Ist-Zustand der Vegetation zu Beginn der ersten touristischen Boomphase auf der Insel (1968) mit der Situation zu Beginn der 1990er- Jahre. Mittels methodisch aufwändiger, differenzierter Geländeerhe-

bungen gelingen ihm belastbare Flächenbilanzierungen der Veränderungen im jeweiligen Biotoptypengefüge mit höchst negativem Resultat, und zwar sowohl im insularen als auch im lokalen Betrachtungsmaßstab (vgl. Abb. 117). Darauf aufbauend erarbeitet er einen konkreten Raumordnungsvorschlag für die „Entflechtung von Tourismus und Naturschutz auf Mallorca". Die gleichnamige Karte

Flächenbilanz von Biotoptypgruppen am *Puig de Sa Morisca* bei Santa Ponça

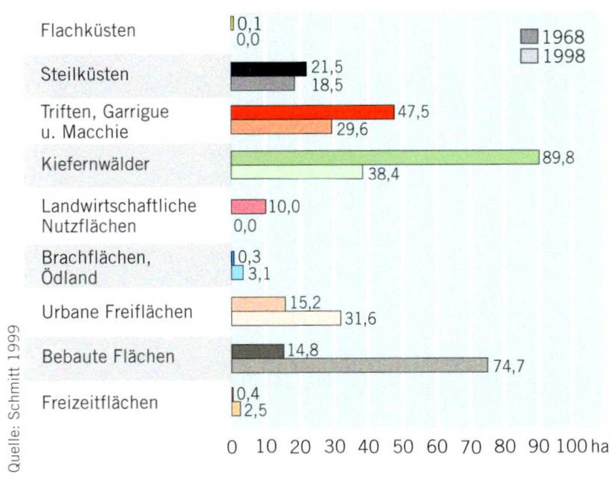

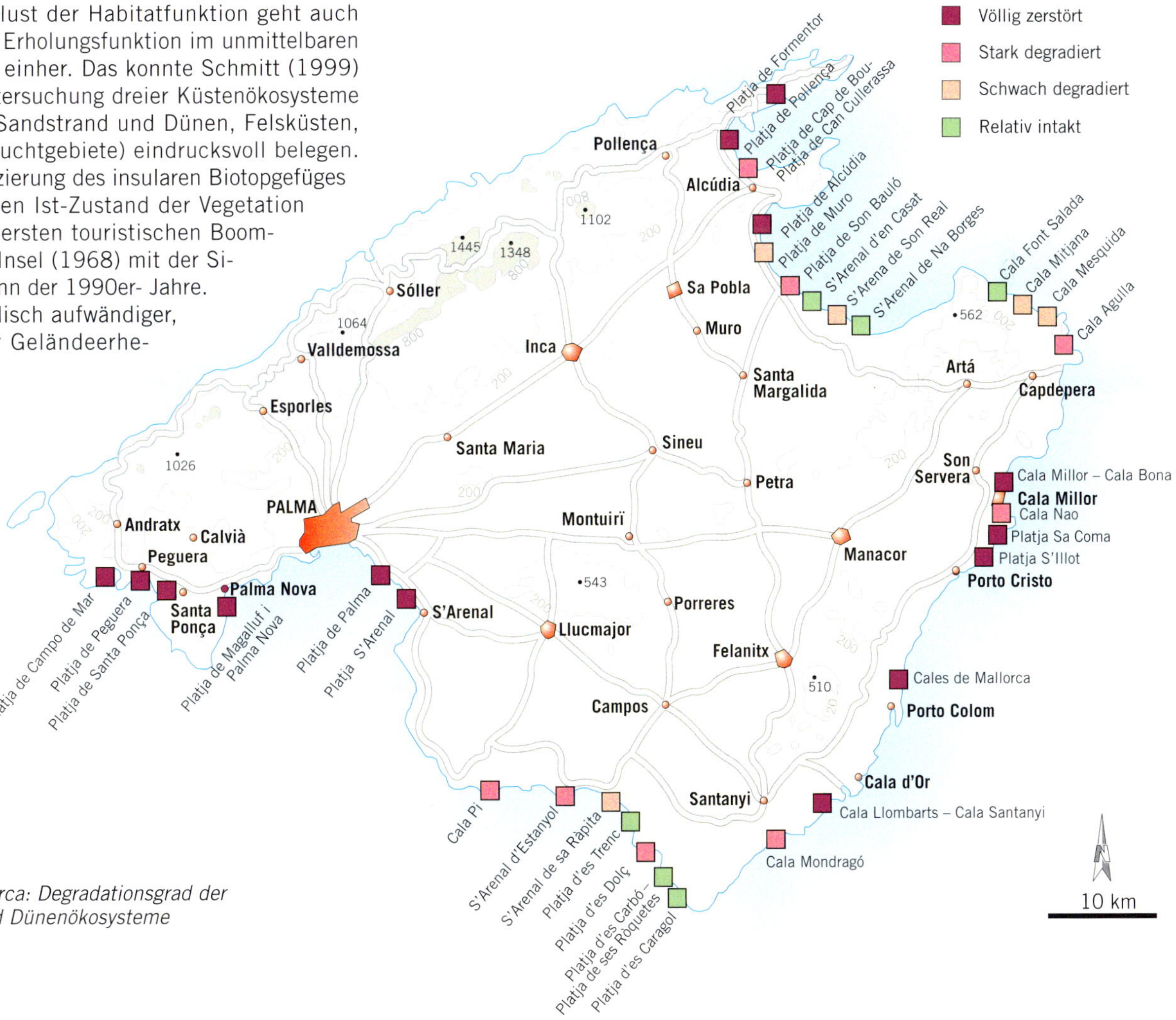

Abb. 117: *Mallorca: Degradationsgrad der Sandstrand- und Dünenökosysteme*

(Schmitt 1999, S. 254) ist gleichwohl ohne praktische Folgen geblieben, weil die politisch Verantwortlichen trotz aller gegenteiliger Lippenbekenntnisse weiterhin ökonomischen Wachstumsideologien anhängen. Der im Jahr 2000 verhängte Baustopp z. B. hatte eher gegenteilige Folgen: Die zuvor noch rasch erteilten Baugenehmigungen ließen in den vier Folgejahren die Zahl der im Hochbau Beschäftigten um ca. 20 % ansteigen. Das Baumoratorium ebenso wie die zeitweise eingeführte Ökosteuer für Touristen wurde bis 2004 wieder außer Kraft gesetzt. Schmitt & Blàzquez i Salom (2003, S. 520) kommen deshalb zu der ernüchternden Einschätzung, dass die sog. dritte touristische Boomphase für Mallorca vermutlich „den Zenit der touristischen Entwicklung markiert". Mit dem fortschreitenden Landschaftsverbrauch zugunsten des Massenurlaubs- ebenso wie des Residenztourismus geht ein Verlust von wertvollen Biotoptypen einher. Ihre Prognose ist düster: „… mit ihrer landschaftlichen Attraktivität … verliert die Insel … unwiderruflich auch ihr wirtschaftliches Potenzial" (S. 521). Vor diesem Hintergrund wirken die gut begründeten Empfehlungen, die Schürgers (2005) auf der Grundlage substanzieller Analysen für die Buchten von Alcudia/Pollensa und für die Gemeinde Calvià auf Mallorca formuliert, fast schon naiv und wirklichkeitsfremd.

Ökologische Belastung durch die Landwirtschaft

Auch die ökonomische Effizienz der „neuen Landwirtschaft" muss vielfach durch problematische Eingriffe in das Ökosystem erkauft werden. Ein eigenständiges Problemfeld ist die Kontamination der Süßwasser-Ressourcen. Auslösend sind hier die Ansprüche der Bewässerungslandwirtschaft. Im lokalen Maßstab wurde die flächenhafte Absenkung des Grundwasserspiegels durch permanente Überprüfung vielfach dokumentiert (vgl. die Ausführungen im Kapitel „Naturraum, Wirtschaft und Umwelt"). Vor allem in den schmalen Küstenhöfen der Levanteküste führt dies zum Trockenfallen von Brunnen und zur zunehmenden Versalzung des Grundwassers durch die Intrusion von Meerwasser in den Grundwasserkörper. Infolge der flächenhaften Verbauung mancher Küstenebenen mithilfe von Gewächshäusern wird der natürliche Wasserhaushalt nachhaltig gestört. Die Folge sind katastrophale Erosionsschäden bei singulären Starkregenereignissen, vornehmlich in den betroffenen Gebieten der Intensiv-Landwirtschaft mit Treibhauskulturen. Im traditionellen kleinbäuerlichen *huerta*-Gartenbau wurden mehr als 14 000 m³ Wasser pro Hektar verbraucht. In den 1990er-Jahren hatte sich der Wasserbedarf in der „neuen Landwirtschaft" auf ca. 7000 m³/ha verringert. Inzwischen kommt die moderne Intensiv-Landwirtschaft dank des Einsatzes von Hochtechnologie mit exakter rechnergestützter Dosierung der Wassergaben auf einen Wasserbedarf zwischen 4000 und 5000 m³/ha Gartenbaufläche. Bei ständiger Erweiterung der Anbauflächen schreitet die Übernutzung der hydrologischen Ressourcen dennoch weiter fort.

Ein besonderes Problem, das bislang in der einschlägigen Fachliteratur noch nicht sehr intensiv bearbeitet worden ist, besteht in der Kontamination der Böden, beispielsweise durch die Anreicherung mit Schwermetallen, mit Nitrat sowie mit Humussäuren. Besonders problematisch ist der Einsatz von Methylbromid in den Gewächshäusern. Die Chemikalie wird gegen Nematoden- und Pilzbefall eingesetzt, darüber hinaus ist sie gegen kleine Insekten ebenso wie gegen unerwünschte Unkrautsamen wirksam. Besonders problematisch ist, dass Bromid von den behandelten Pflanzen absorbiert wird und auf diese Art und Weise beispielsweise auch in Früchte und damit in die Nahrungskette gelangt. Aus diesem Grunde ist der Einsatz von Methylbromid im Pflanzenbau ab 2010 in der EU verboten. Ein Ersatz wäre jetzt bereits möglich, wird aber aus Kostengründen noch bis zu diesem Termin hinausgezögert.

Der hoch technisierte Intensiv-Gartenbau an den wintermilden Küsten Südostspaniens bedient sich in zunehmendem Maße nicht mehr des natürlichen Bodens, sondern künstlicher Substrate. Am wenigsten problematisch ist in diesem Zusammenhang der Sand, der vergleichsweise einfach zu entsorgen ist. Das gilt aber nicht für Steinwolle, Kunststoffschwämme, vulkanische Lapilli, Blähtonkugeln u. a. m., die inzwischen nicht mehr nur für die Aufzucht von Setzlingen, sondern auch in der Massenproduktion Anwendung finden.

Daraus resultiert ein erheblicher Müllanfall in Form von Plastikplanen, Metallverstrebungen, Drähten, verbrauchtem Substrat usw. In Einzelfällen wird dieser Müll illegal auf aufgelassenen Parzellen entsorgt, sodass sich nicht selten in unmittelbarer Nähe der hoch technisierten Pflanzenaufzuchtbetriebe kontrastreiche Bilder ergeben – von wilden Müllkippen bis zu einer in Plastikplanen „verpackten" Landschaft à la Christo.

Ökologische Belastung durch den Bergbau

Die ökologischen Schäden, die der Bergbau in der Vergangenheit auf der Iberischen Halbinsel angerichtet hat, wurden am Beispiel des Minen-Distriktes von Cartagena bereits angesprochen. Nach der weitgehenden Einstellung des Bergbaus verbleibt in Spanien ebenso wie in Portugal als wichtige landesplanerische Aufgabe nunmehr die Rekultivierung bzw. – sofern überhaupt möglich – die Renaturierung der Bergbaufolgelandschaften.

Angesichts dieser Erfahrungen ist es kaum entschuldbar, wenn durch Unfälle im aktuellen Restbergbau immer noch katastrophale Umweltschäden verursacht werden. So hat der Pyritbergbau in den andalusischen Provinzen Huelva (mit den berühmten Minen von Río Tinto) und Sevilla durch den Dammbruch eines Klärbeckens bei Aznalcóllar einen unbeabsichtigten Bekanntheitsgrad erreicht: Am 25. April 1998 entwichen 2 Mio. m³ an hochgiftigem Klärschlamm und weitere 4 Mio. m³ an kontaminiertem Wasser aus einem Flotationsbecken über die Flüsse Agrio und Guadiamar und lösten im nahe gelegenen Nationalpark *Coto de Doñana* eine ökologische Katastrophe aus. Die Kontamination betraf den o. g. Talzug auf einer Länge von 62 km (zwischen der Mine und dem Ort Entremuros an der Grenze zum Nationalpark von Doñana) und einer mittleren Breite von 500 m, insgesamt eine Fläche von 4634 ha in der Provinz Sevilla (Pacheco et al. 1999). Die abgelagerte Sedimentschicht erreichte in der Nähe des Rückhaltebeckens mehr als 1,5 m Mächtigkeit und nahm bis zum Eintritt in die Marschenzone (*marismas*) auf Zentimeterstärke ab. Noch schlimmere Ausmaße der Katastrophe wurden nur deshalb vermieden, weil die Reste der Talsperre fast 20 Mio. m^3 Klärschlamm zurückhalten konnten. Personen kamen nicht zu Schaden. Stattdessen wurde die aquatische Fauna des Talzugs völlig vernichtet, und zwar weniger durch Vergiftung als vielmehr durch Ersticken (der Unfall eliminierte den gelösten Sauerstoff; hinzu kamen die vermehrten Feinpartikel). In wirtschaftlicher Hinsicht war auch die Landwirtschaft von der Katastrophe betroffen: Ernte, Jagd und Fischfang in irgendeiner Form wurden verboten.

In einer ersten Phase von Sofortmaßnahmen wurden 7 Mio. m^3 an kontaminiertem Material (Sediment und kontaminierte Vegetation) abgetragen und in einem aufgelassenen Tagebau über einer abdichtenden Sperrschicht deponiert. In einer zweiten Phase folgte der Abtrag von weiteren 0,5 Mio. m^3. In der Folge wurde zum Schutz der Bevölkerung ein aufwändiges System von Kontrollstationen zur Messung von Luft- und Wasserwerten sowie Bodenwerten eingerichtet. Zudem benutzt die biologische Station des Nationalparks von Doñana seitdem regelmäßige Blutkontrollen der Wasservögel als Indikation für die Umweltbelastung. Als besorgniserregend gilt die Akkumulation von Zink im Körper, sodass insbesondere der Reisanbau in den *marismas* problematisch ist, vornehmlich in Trockenzeiten mit geringer Wasserführung. Bei steigenden Mangan- und Zinkwerten im Boden werden dem Fließwasser z. B. neutralisierende Komponenten (Kalk-, Eisen- und organische Verbindungen) beigegeben (Serrano Martínez 2000).

In Spanien hat der Unfall von Aznalcóllar zweifellos die Sensibilität für die ökologischen Risiken des Bergbaus geweckt, sodass schärfere Sicherheitsbestimmungen und ökologische Grenzwerte durchgesetzt werden konnten. Darüber hinaus wurde Aznalcóllar zum Auslöser für innovative ökologische Strategien: Im konkreten Fall hat man den Ehrgeiz, aus dem betroffenen Talabschnitt einen „grünen Korridor" (*corredor verde*) zu machen, der als Musterbeispiel für die ökologische Erneuerung kontaminierter Bergbaugebiete dienen soll. Auf die Umsetzung der Pläne darf man gespannt sein.

Die Ballungsräume

Abb. 118: *Die schachbrettartige Grundrissstruktur der* ensanche *(Stadterweiterung des 19. Jh.) wird beim Blick vom Tibidabo in Barcelona sichtbar.*

Überblick

■ Die historische Stadtentwicklung der Iberischen Halbinsel zeichnet sich durch ein Alleinstellungsmerkmal aus: Im Unterschied zum größten Teil des übrigen Europa wurde das Städtewesen hier zusätzlich zur römisch-christlichen Kulturtradition durch eine islamisch-maurische Epoche geprägt, die im Süden rund 700 Jahre andauerte. Viele Altstadtkerne repräsentieren deshalb kulturgenetisch unterschiedliche Stadttypen.

■ Die Industrialisierung des 19. Jh. hat in der städtebaulichen Entwicklung im Vergleich zu West- und Mitteleuropa nur vereinzelt Spuren hinterlassen. Regelhafte Stadterweiterungen erfuhren wenige Großstädte, die zumindest teilweise am damaligen wirtschaftlichen Aufschwung teilhaben konnten.

■ Erst die zweite Hälfte des 20. Jh. brachte eine Wirtschaftsdynamik, die zunächst eine Landflucht und Arbeits(e)migration auslöste und vorzugsweise städtischen Zentren zugute kam. In Portugal profitierten davon zwei überregionale Wachstumspole, nämlich Lissabon und Porto. In Spanien erfuhren die Küstenbereiche geradezu eine Metropolisierungswelle.

■ Die metropolitanen Verdichtungsräume überwuchern inzwischen das hierarchisch gestaffelte System der Verwaltungsbezirke, sodass übergreifende Raumplanungseinheiten in Form der *áreas metropolitanas* erforderlich wurden. Dabei werden zahlreiche städtebauliche Großprojekte in *public-private partnership* realisiert.

■ Der Vergleich zwischen den Hauptstädten Madrid und Lissabon zeigt, dass bislang einzig Madrid Merkmale für die potenzielle Entwicklung zu einer postmodernen Metropole von Weltrang aufweist.

■ Durch erhebliche Anstrengungen konnten einige iberische Metropolen sog. strategische Großprojekte in die Regionalplanung einbinden: Veranstaltungen wie Olympische Spiele oder Weltausstellungen ziehen nicht nur weltweite Aufmerksamkeit auf die Veranstaltungsorte, sondern stimulieren auch die lokale und regionale Wirtschaft.

Kulturgenetische Stadttypen und historische Stadtentwicklung

Die Typisierung von Städten nach kulturgenetischen Merkmalen leitet sich aus dem Konzept der Kulturerdteile im Sinne von Kolb (1962) ab. Demzufolge werden Kulturerdteile (als Großräume der Erde) durch die Wechselwirkung zwischen gegebenen naturräumlichen Rahmenbedingungen und historisch gewachsenen Gesellschafts- und Wirtschaftsordnungen geprägt, mithin durch unterschiedliche kulturelle Merkmale. Weil diese wiederum einem permanenten Entwicklungsprozess unterliegen, ist die Abgrenzung eines Kulturerdteils (im Unterschied zum physiogeographisch definierten Erdteil) fließend und zeitlich variabel.

Portugal und Spanien gehören aus zeitgenössischer Sichtweise gemeinsam zum europäisch-mediterranen Kulturraum. Aus historischer Perspektive war dem nicht immer so. In der jahrhundertelangen maurischen Herrschaftsphase waren große Teilbereiche der Iberischen Halbinsel zum islamisch-orientalischen Kulturerdteil zu rechnen. Die maurische Kulturepoche hat persistente Spuren (de Vries-Reilingh 1968) hinterlassen, die im Grund- und Aufriss einiger Städte noch heute aufscheinen. Darüber hinaus gibt es auch bei denjenigen Städten, die ihre prämaurischen Strukturen konservieren konnten oder im Rahmen der christlichen Reconquista seit dem Mittelalter eine grundlegende Neugestaltung erfuhren, eine Reihe von regionsspezifischen Merkmalen, die zumindest die Unterscheidung von regionalen Stadttypen nahelegen, wie sie von Sabelberg (1984, 1989) für Italien vorgestellt wurden.

Statt eines eigenständigen Typus der iberischen Stadt gibt es folgerichtig eine Reihe von regionsspezifischen Ausprägungen, wobei auch grundlegende Unterschiede zwischen portugiesischen und spanischen Städten zutage treten. Erinnert sei z.B. an den Unterschied zwischen spanischen und portugiesischen Altstadtkernen: Für die spanische *plaza mayor* und ihre formal-funktionale Ausgestaltung gibt es im portugiesischen Bereich keine direkte Entsprechung. Die einschlägigen Reiseführer legen ein beredtes Zeugnis davon ab, dass regionsspezifische Unterschiede sich darüber hinaus in der tradierten Bauweise und in den verwendeten Baumaterialien der Altstädte niederschlagen (vgl. z.B. die Verwendung der glasierten Kacheln [*azulejos*] in Portugal und in Andalusien).

Maurische Elemente in spanischen Städten

Dank der grundlegenden Arbeiten von Kress (1968, 1996) wissen wir, dass den städtebaulichen Strukturen von *al-andalus* – so nannten die Mauren das heutige Andalusien – seit dem 10. Jh. ein vornehmlich religiös fundiertes Gesetzes- und Regelwerk zugrunde liegt, in dem Bau- und Nutzungsweisen teilweise detailliert geregelt waren:

- Auf einer Makroebene waren bestimmte funktionale Bestandteile einer Stadt festgelegt. Dazu zählten z.B. die Kernstadt (*medina*), die Stadtmauer (*sur*), die Freitagsmoschee (*masdjid al-dja-*

mi) mit dem Minarett (*al-minar*), die Stadtburg (*al-qasr*), der Gewerbe- und Handelsmarkt (*suq*, span. *zoco*), Speicherherbergen (*funduq*, *wekala*), öffentliche Bäder (*al-hammam*) und viele weitere Einrichtungen, die heute als charakteristische Merkmale der traditionellen islamisch-orientalischen Stadt bekannt sind.

- Auf der Mikroebene waren bauliche Details für das Zusammenleben geregelt, bis hin zur Mindestbreite von Sackgassen, der Mindesthöhe von straßenüberwölbenden Bögen und dergleichen mehr (Kress 1996, S. 218 ff.). Im Regelfall sind diese Manifestationen einer maurisch-urbanen Kultur auf der Iberischen Halbinsel nur noch als Relikte erhalten (vgl. Kapitel „Geschichte und Politik"). Als persistente Strukturen der islamisch-orientalischen Stadt sind sie vorzugsweise in den spanischen Ostküstenprovinzen sowie in Andalusien zu finden, wo die maurische Kulturepoche am spätesten endete.

Der kastilische Stadttyp

Das formale Pendant zur spanisch-islamischen Stadt wäre die „kastilische Stadt" mit mittelalterlich-christlichen Wurzeln. Der Begriff ist allerdings in dieser Form bislang wenig gebräuchlich. Wichtigstes formales Kernelement der mittelalterlichen spanischen Stadt ist die zentrale (meist rechteckige) Platzanlage (*plaza mayor*), gesäumt von Arkadengängen, unter denen die Einzelhandelsfunktion des mittelalterlichen Marktplatzes teilweise bis in die Gegenwart überdauern konnte. Die hochrangige funktionale Bedeutung der *plaza mayor* wird im Regelfall durch ein mehr oder weniger repräsentatives Verwaltungsgebäude auf der einen und eine Kirche oder Klosteranlage auf der anderen Seite unterstrichen, die ihrerseits die Präsenz der weltlichen und geistlichen Macht dokumentierten. Die so ausgestaltete *plaza mayor* war bekanntlich auch das Kernstück der berühmten Bauanweisung Philipps II. aus dem Jahre 1573 für planmäßige Städtegründungen der spanischen Kolonialmacht in der Neuen Welt.

In dem Bemühen, aus der empirischen Analyse der Städte in der Autonomen Region Kastilien-León ein Strukturmodell der „kastilischen Stadt" als Untertyp der mediterranen Stadt abzuleiten, erarbeitet Meyer (2001b) eine Reihe von weiteren Merkmalen. Demzufolge ist die bauliche Struktur der altkastilischen Städte ausnahmslos auf die Reconquista zurückzuführen, selbst in den Fällen, wo die historischen Wurzeln der Städte wesentlich älter sind. Wichtigstes Element der kastilischen Stadtanlage ist ein burgartig befestigter Kern, im Regelfall in Spornlage über einem Flusstal gelegen. Dieser Kern wurde im Hochmittelalter gegebenenfalls nochmals erweitert und mit einem zweiten Mauerring umgeben, sodass sich im Regelfall eine vergleichsweise große Altstadtfläche ergibt.

Die weitere räumliche Entwicklung der Städte Altkastiliens war nachhaltig durch den Umzug des

Hofes nach Madrid und das anschließende wirtschaftliche Erstarken der Küstenstandorte beeinflusst. Als Ergebnis des königlichen Umzugs stagnierten die Städte Altkastiliens oder erfuhren sogar einen wirtschaftlichen Niedergang, sodass ihnen bis zum Ende des 19. Jh. die Fläche der mittelalterlichen Ummauerung genügte. Erst danach erfolgte ein weiterer Ausbauschub, entweder planmäßig in Form der sog. e*nsanches* („Erweiterungen") oder aber ungeregelt in Form der *núcleos de extrarradio* (das sind außerhalb der geschlossenen Bebauung gelegene, ohne amtliche Genehmigung in Eigenbauregie erstellte Wohnbauviertel mit nur rudimentärer Infrastruktur, die vielfach erst später konsolidiert werden konnten), in denen sich bevorzugt die städtische Unterschicht niederließ.

Zu den funktionalen Merkmalen der altkastilischen Städte gehört, dass die mittelalterliche Burg völlig entwertet wurde – im Unterschied zu zahlreichen anderen bekannten Beispielen etwa aus Italien und Griechenland. Wenn dieser befestigte Kern heute überhaupt noch als persistente bauliche Struktur erhalten ist, ist er für das funktionale Gefüge der Stadt bedeutungslos. Andererseits ist bemerkenswert, dass sich zentrale Funktionen der kastilischen Städte weiterhin im Altstadtkern um die *plaza mayor* halten konnten, wobei hier vor allem die öffentliche Verwaltung etwa der Provinzhauptstädte konzentriert ist. Auch der Einzelhandel konnte trotz moderner Erscheinungsformen in den städtischen Außenbezirken (noch) einen beachtlichen Konzentrationsgrad in der Altstadt bewahren.

Auch in den sozioökonomischen räumlichen Verteilungsmustern zeigen die Städte Altkastiliens konservativ-beharrende Tendenzen: Dazu gehört ein stabiles Kern-Rand-Gefälle. Die Altstadt bleibt nicht nur funktionales Zentrum, sondern ist gleichzeitig auch weiterhin das zentrale Wohnviertel der Oberschicht. Eine City-Bildung mit einer Verdrängung der Wohnbevölkerung gibt es im Regelfall nicht. Die Viertel der Unterschicht gruppieren sich vorzugsweise um die randlich gelegenen Industrie- bzw. Gewerbestandorte.

Zudem gehört zu den Merkmalen der Städte Altkastiliens, dass sie entweder überhaupt keine oder nur eine sehr späte Industrialisierung (im 20. Jh.) erfahren haben. Sie unterscheiden sich damit deutlich vom Baskenland, Asturien oder Kantabrien wie auch von den Städten an der Mittelmeerküste. Dank der kompakten Siedlungsweise sind die Städte Altkastiliens aber deutlich einwohnerstärker als beispielsweise in Galicien, das durch seine kleinteilige ländliche Siedlungsstruktur charakterisiert ist.

In der Summe zeigt die differenzierte empirische Analyse von Meyer (2001b), wie problematisch eine typenhafte Ausweisung regionsspezifischer Merkmale dann wird, wenn neben formal-physiognomischen Charakteristika auch funktional-prozesshafte Größen benannt werden sollen. Viele Ergebnisse dieser Arbeit lassen sich sicherlich auch als zeitlich verzögerte, d. h. rückständige Phase einer in anderen spanischen Regionen bereits weiter fortge-schrittenen Stadtentwicklung interpretieren. Für eine solche Sichtweise spricht, dass Indikatoren für moderne Stadtentwicklungen (wie beispielsweise eine Restaurierung und bauliche Aufwertung der historischen Altstädte oder die Ausbildung moderner Einfamilienhaus-Komplexe am Stadtrand) inzwischen auch in Altkastilien zu beobachten sind.

Die portugiesische *vila*

Einen eigenständigen regionalen Städtetypus stellt die portugiesische *vila* dar, obgleich sie von der Einwohnerzahl her keineswegs immer den Größenkriterien für eine Stadt entspricht. Mit *vila* werden Orte bezeichnet, denen als Verwaltungssitze der *concelhos* (Landkreise) gleichzeitig die Verwaltung der ihnen zugeordneten Gemeinden (*freguesias*) obliegt (zur Problematik der Vergleichbarkeit zwischen der portugiesischen und der deutschen Nomenklatur vgl. Kapitel „Geschichte und Politik"). Die *vila* ist somit durch ihre zentrale Funktion definiert. Zu ihrer funktionalen Ausstattung gehören im Regelfall die Einrichtungen der öffentlichen *concelho*-Verwaltung (Standesamt, Grundbuchamt, Finanzamt, Gericht, Notariatsarchiv), ferner die Gemeindekammer, von der aus die Gemeinden des *concelho* verwaltet werden, sowie die Gemeindekasse, Schulen (der Grund- und Mittelstufe), die Post und eine Markthalle, Gebäude von (Erzeuger-)Genossenschaften, Vereinen und dergleichen. Wenn die *vilas* die Größe von Kleinstädten erreichen, bildet sich die *rua direita* aus, eine im traditionellen Sinne zentrale Einkaufsstraße. Hinzu kommen einige wenige private Repräsentativbauten der wichtigsten Grundeigentümer. Die *vilas* sind besonders häufig in der kleinräumig strukturierten Siedlungslandschaft Nordportugals sowie in Galicien vertreten, aber als zentrale Orte auch im Alentejo präsent. Eine begriffliche Vermischung mit der in Südportugal sehr verbreiteten „Agrostadt", die aus soziologischer Forschungsperspektive sinnvoll sein mag (Fernández de Rota 1989), ist unter stadtgeographischen Gesichtspunkten zu vermeiden, weil eben die zentralen Funktionen der *vila* den geographischen Merkmalen der Agrostadt entgegenstehen.

Als generelles Merkmal portugiesischer Städte gilt ihre unausgewogene Hierarchie, in der vorzugsweise Mittelstädte fehlen. Bei insgesamt niedrigem Aufriss ist der Flächenbedarf portugiesischer Städte vergleichsweise größer als etwa in Spanien. Zahlreiche portugiesische Binnenstädte sind auch heute noch (wiederum im Unterschied zu Spanien) ohne jegliche Industrie. Der Einzelhandel ist stark dezentralisiert und die Oberschichtwohnviertel sind vielfach zentrumsfern peripher gelegen, sodass insgesamt der sozialräumliche Gradient zu einem peripher-zentralen Gefälle neigt (Meyer 2001b, S. 202).

Agrostädte

Agrostädte (oder „Stadtdörfer" n. Niemeier 1935) finden sich als weiterer regionaler Stadttypus auf der Iberischen Halbinsel vorzugsweise südlich des Hauptscheidegebirges. Sie erreichten vor Beginn der Landflucht in der zweiten Hälfte des 20. Jh. eine Größe von bis zu 30 000 Einwohnern, erfüllten dabei aber weder städtische noch höherrangige zentrale Funktionen, sondern dienten ursprünglich in erster Linie als Wohnstandorte für eine überwiegend landlose agrare Erwerbsbevölkerung, die ihren Lebensunterhalt auf nahe gelegenen Latifundien fand. Diese Agrostädte sind deshalb im Regelfall mit Zonen des traditionellen Latifundiums verknüpft (Drain 1989) und im gesamten europäischen Mittelmeerraum vertreten. Aus geographischer Perspektive ist die Agrostadt das siedlungsstrukturelle Ergebnis einer feudal organisierten Latifundienwirtschaft, die ihrerseits zum Ausgangspunkt für einen agrarstrukturellen Dualismus und daraus erwachsende agrarsoziale Konflikte wird.

Agrostädte sind Gegenstand sowohl geographischen als auch soziologischen Forschungsinteresses. Die sozialwissenschaftliche Perspektive konzentriert sich auf die sozialen Beziehungen, die aus der dualistischen Struktur der ungleichen Landbesitzverteilung ebenso wie aus dem daraus erwachsenden Gegensatz zwischen ruralem und urbanem Lebensstil resultieren. Dazu gehören der Absentismus der Eigentümer ebenso wie die sozialen Spannungen zwischen den landlosen agrarischen Unterschichten und einer schmalen urbanen Mittelschicht (López-Casero 1989a).

Agrostädte finden sich vorzugsweise im portugiesischen Alentejo, in Andalusien sowie in den spanischen Mancha-Provinzen. Besonders eindrucksvolle Beispiele liegen in der sog. *campiña* Niederandalusiens. Damit werden die großen Ebenheiten des Guadalquivir-Beckens bezeichnet. Die acht größten Gemeinden der spanischen Provinz Sevilla gehören sämtlich zum Typ der Agrostädte. Ihre Gemeindefläche reicht von 377 bis 974 km² bei Einwohnerzahlen zwischen 15 000 und 28 000 Einwohnern im Hauptort (vgl. Tab. 54).

Innerhalb ihrer großen Gemarkungen durchliefen die Agrostädte der südlichen Iberischen Halbinsel in der zweiten Hälfte des 20. Jh. durchaus unterschiedliche Entwicklungen. Das gilt beispielsweise für die Entwicklungen von Siedlungen außerhalb des Hauptortes oder die Ausstattung der Hauptorte mit elementaren zentralen Dienstleistungen (wie z. B. einer Primarschule). Unabhängig von der Siedlungsstruktur blieb jedoch die ungleiche Bodenbesitzverteilung ebenso wie der Dualismus zwischen der städtischen Mittelschicht (*gente del pueblo*) und der Unterschicht der Landarbeiter und Tagelöhner (*gente del campo*) bis in die Mitte der 1970er-Jahre erhalten.

Die Bevölkerungsentwicklung verlief im 20. Jh. durchaus differenziert. Der Alentejo erfuhr eine starke Abwanderung der ländlichen Unterschichten in den Ballungsraum Lissabon. Gleichzeitig erfolgte durch gezielte Anwerbemaßnahmen der Großgrundeigentümer aber auch eine Zuwanderung aus den Beiras, sodass im Alentejo stellenweise sogar neue Siedlungen entstanden: die sog. *foro*-Dörfer (*foro* = Erbpachtvertrag). Diese Ortsneugründungen inmit-

ten der Latifundiengebiete Südportugals sind noch heute an dem Namenszusatz erkennbar wie z. B. in „Foros de Vale de Figueira" und „Foros do Baldio" (vgl. Nebenkarte in Abb. 26).

In Andalusien erfuhren die Agrostädte in der ersten Hälfte des 20. Jh. dank eines erheblichen vegetativen Wachstums der Bevölkerung vor allem eine Stärkung der bestehenden Hauptorte. Écija zum Beispiel wuchs von 24 000 Einwohnern im Jahr 1910 auf rund 50 000 Einwohner 1960 (Zahlen aus Drain 1989, S. 185). In den 1960er-Jahren setzte dann die Gastarbeiterwanderung nach Europa ebenso wie die saisonale Landarbeiterwanderung (z. B. nach Frankreich zur Weinlese) ein. Als Folge der Migrationserfahrung der rückkehrenden Migranten wuchs nun in den Agrostädten eine Nachfrage nach elementaren zentralen Dienstleistungen wie Schulen, Stationen zur ärztlichen Versorgung und dergleichen. Gleichzeitig veränderte sich das Spektrum der Erwerbsbevölkerung nachhaltig, sodass die Agrostädte schrittweise ihre dominante Funktion als Wohnstandorte für landwirtschaftliche Arbeitskräfte verloren. López-Casero (1989b) hat dies für die Agrostadt Campo de Criptana in der Mancha-Provinz Ciudad Real belegt (vgl. Tab. 55).

Im portugiesischen Alentejo war die Abwanderung etwa ab 1970 so stark, dass große Teile der bislang

Quelle: Drain 1989, S. 171 (aktualisiert nach I.N.E.-Zensusdaten)

Agrostadt	Fläche in km²	Bevölkerung*				
		1857	1900	1970 insgesamt	1970 Hauptort	2001
Écija	974	28	24	36	27	37
Carmona	924	18	17	24	22	26
Utrera	681	14	15	35	28	45
Osuna	590	17	18	21	17	17
Constantina	480	8	9	10	10	7
Morón d.l.F.	430	15	14	29	25	28
Lebrija	402	10	11	21	15	24
Marchena	377	13	12	20	16	18

* in 1000

Tab. 54: Die acht größten Gemeindegebiete der Provinz Sevilla

Quelle: López-Casero 1989b, S. 243

Berufskreis	Anzahl (Personen) 1950	Anzahl (Personen) 1975	% der Bevölkerung 1950	% der Bevölkerung 1975
Freie Berufe	25	27	0,5	0,6
Gewerbliche Unternehmer	150	140	2,7	3,4
Agrarunternehmer	293	67	5,4	1,6
Beamte und Angestellte	192	447	3,5	10,9
Selbstständige (Gewerbe)	250	300	4,6	7,3
Selbstständige (Landw.)	586	434	10,8	10,5
Facharbeiter (Gewerbe)	445	960	8,2	23,4
Fachkräfte (Landw.)	200	260	3,7	6,3
Sonst. Dienstleistungspersonal	263	160	4,8	3,9
Andere Arbeiter (Gewerbe)	85	160	1,6	3,9
Landarbeiter	2500	754	45,9	18,3
Nicht klassifizierbar	459	400	8,4	9,7
Insgesamt	*5448*	*4109*	*100,0*	*100,0*

Tab. 55: Campo de Criptana: Soziale Schichtung im Zeitvergleich 1950/1975

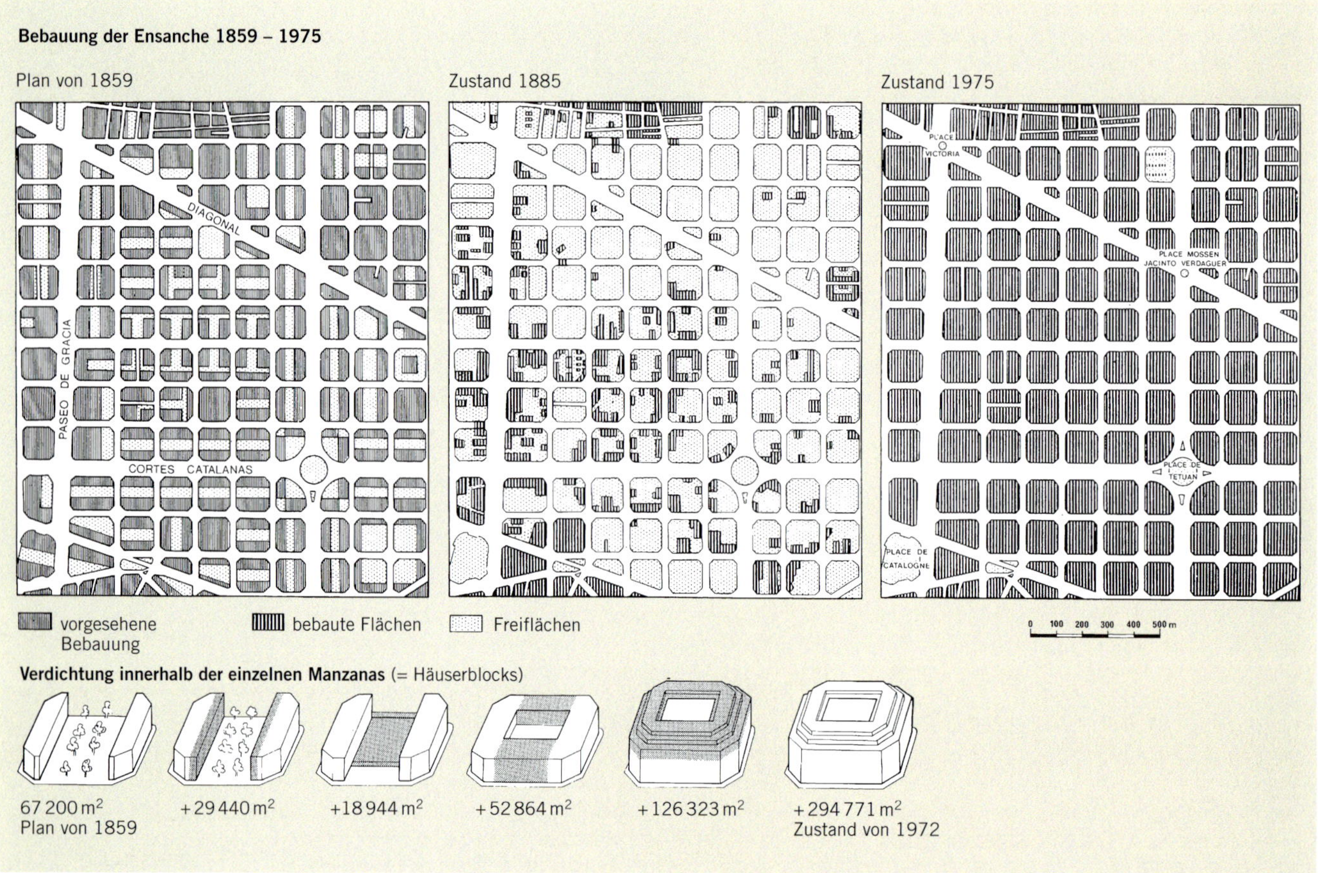
Bebauung der Ensanche 1859 – 1975
Plan von 1859
Zustand 1885
Zustand 1975
DIAGONAL
PASEO DE GRACIA
CORTES CATALANAS
PLACE VICTORIA
PLACE MOSSEN JACINTO VERDAGUER
PLACE DE TETUAN
PLACE DE CATALOGNE
vorgesehene Bebauung
bebaute Flächen
Freiflächen
0 100 200 300 400 500 m
Verdichtung innerhalb der einzelnen Manzanas (= Häuserblocks)
67 200 m²
Plan von 1859
+ 29 440 m²
+ 18 944 m²
+ 52 864 m²
+ 126 323 m²
+ 294 771 m²
Zustand von 1972
Quelle: Ferras 1976

Abb. 119: Bebauungsplan von Cerdá für die ensanche *von Barcelona (aus Bähr & Gans 1986)*

ackerbaulich genutzten Gemarkungen der Agrostädte nicht mehr bestellt werden konnten. Dieses Verhalten bereitete in Südportugal den Boden für die revolutionäre Agrarreform von 1975, in deren Gefolge zunächst zahlreiche landwirtschaftliche Produktionsgenossenschaften auf den Flächen von Latifundien eingerichtet wurden, häufig im Zuge illegaler Landbesetzungen. Ein Beispiel für die Verbreitung genossenschaftlich bewirtschafteter Flächen in der Gemarkung des *concelho* Montemor-o-Novo im Distrikt Évora verdanken wir Drain (1989; vgl. Abb. 26).

Als Ausdruck eines feudal orientierten agrarsozialen Systems haben die Agrostädte inzwischen ihre Funktion verloren. Nach der zwischenzeitlich erfolgten Mechanisierung und Modernisierung der Großbetriebe in Andalusien wie auch im Alentejo verlieren die meerfern gelegenen Agrostädte laufend an Bevölkerung und agrarfunktionaler Bedeutung (López Ontiveros 1994). Als historisches Erbe blieb in den traditionellen Latifundiengebieten der südlichen Iberischen Halbinsel ein unausgewogenes und unvollständiges Städtenetz zurück. In einigen Fällen ist es gelungen, den ökonomischen Niedergang mithilfe des Tourismus zu stoppen. Andalusien vermarktet z. B. eine Reihe seiner Agrostädte an der Südabdachung der Sierra Morena im Hinterland der Costa del Sol mithilfe themenorientierter Routen für den Ausflugstourismus („Route der Weißen Dörfer") recht erfolgreich.

Stadterweiterungen des 19. Jahrhunderts

Über regionsspezifische Charakteristika hinaus zeigen die früh industrialisierten Städte Spaniens, die in der zweiten Hälfte des 19. Jh. einen ersten Wachstumsschub erfuhren, deutliche formale Parallelen bei der damaligen Stadterweiterung. Als „Vorlage" diente der Plan von Ildefonso Cerdá für die Stadterweiterung Barcelonas aus dem Jahr 1859. Charakteristisches Merkmal ist der streng schachbrettartige Straßengrundriss, wobei die einzelnen Baublöcke an den Ecken der Straßenkreuzungen gebrochen wurden, um dort platzartige Freiflächen zu schaffen. Diese Stadterweiterungen des 19. Jh. sind als *ensanche* (katalan. *eixample*) an den geschilderten Grundrissmerkmalen leicht zu identifizieren (vgl. Abb. 118). Sie schließen sich als Wachstumsring im Regelfall unmittelbar an die mittelalterliche Altstadt an. In Barcelona wurden Teile der *ensanche* in der ersten Hälfte des 20. Jh. zum Ziel für eine erste Verlagerung des Hauptgeschäftszentrums, als dieses in der Altstadt keine weiteren Expansionsmöglichkeiten mehr fand. In diesem Zusammenhang erfuhren auch die Baublöcke sukzessive eine Aufstockung (vgl. Abb. 119; Bähr & Gans 1986). Mit der Zunahme des motorisierten Individualverkehrs seit den 1950er-Jahren erwies sich der strikte Schachbrettgrundriss als erhebliches Verkehrshindernis. Die Lösung bestand (und besteht teilweise noch heute) in der Ausweisung von ausgedehnten Einbahnstraßensystemen; vielfach wurden auch diagonale Straßendurchbrüche erforderlich (etwa die sog. „Diagonal" in Barcelona). Große *ensanches* weisen neben Barcelona noch Madrid, Valencia und Bilbao auf.

In Einzelfällen wurden kleinere *ensanches* im ausgehenden 19. Jh. auch in spanischen Provinzhauptstädten ausgewiesen, obwohl dort keine nennenswerte Industrialisierung als auslösendes Element wirksam war. Die *ensanche* der Stadt León (auf der Nordmeseta) entstand beispielsweise aus rein spekulativen Beweggründen (Cortizo 1984).

In den portugiesischen Metropolen Lissabon und Porto fehlt ein Äquivalent zu den spanischen *en-sanches*, weil hier eine frühe Industrialisierungswelle und damit ein entsprechender Wachstumsimpuls ausblieb. Die Unterstadt von Lissabon, die *Baixa*, ist mit den spanischen *ensanches* nur in formaler Hinsicht vergleichbar: Sie ist das Ergebnis absolutistischer Stadtplanung, nachdem das Erdbeben von 1755 weite Teile der Stadt zerstört hatte. Auch der Grundriss des Stadtkerns von Setúbal ist auf ein Erdbeben zurückzuführen, in dessen Folge die Stadt 1858 von einem Brand heimgesucht und anschließend regelhaft wieder aufgebaut wurde.

Verstädterung und Suburbanisierung im 20. Jahrhundert

Die Stadtentwicklung verlief im 20. Jh. in beiden iberischen Staaten unterschiedlich. Freund (1979, S. 42) hebt u. a. den Gegensatz zwischen „kleinstädtischer Stagnation" in Portugal und „dynamischer Vergroßstädterung" in Spanien hervor. Er verkürzt damit die Unterschiede in der Stadtentwicklung beider Länder auf zwei herausragende Ergebnisse. Ursächlich für die divergierende Stadtentwicklung des 20. Jh. in Portugal und Spanien sind die jeweils unterschiedlichen historisch-politischen Konstellationen.

Spanien
Für die Geschichte des spanischen Städtebaus im 20. Jh. stellt der Bürgerkrieg zwischen 1936 und 1939 ein einschneidendes Ereignis dar (de Terán 1999). Er bedeutete für große Teile der an ruralen Wertvorstellungen orientierten spanischen Bevölkerung eine Entwurzelung und bescherte den Städten eine erste Zuzugswelle. Der beginnende binnenwirtschaftliche Aufschwung am Ende der 1950er-Jahre löste die ungleich stärkere Binnenwanderungswelle aus, in deren Gefolge in den großen Metropolen wie Barcelona und Madrid sogar randstädtische Elendsviertel entstanden und Maßnahmen zur raschen Schaffung von preiswertem Wohnraum erzwangen.

Die Binnenwanderungswelle erfuhr ihre stärkste Ausprägung zwischen 1960 und 1980 und war ihrerseits das Ergebnis eines einschneidenden Strukturwandels in der spanischen Gesellschaft, bei der innerhalb von nur drei Jahrzehnten der Anteil der agraren Erwerbsbevölkerung von über 50 % auf weniger als 20 % absank; gleichzeitig schnellte die Größenordnung des tertiären Sektors von 23 % auf fast 50 % hoch. Bis 1980 vollzog sich damit der Wechsel von der Agrar- zur Industriegesellschaft. Bei zunächst noch hohen Geburtenüberschüssen resultierte daraus in den Städten als den Zielpunkten der Binnenwanderung ein erheblicher Bedarf an Wohnraum. Vor diesem Hintergrund erklärt sich, dass Spanien 1975 mit 10,5 fertiggestellten Wohnungen pro 1000 Einwohner (das waren damals absolut 375 000 Neubauwohnungen) führend in Europa war (zum Vergleich: [West-] Deutschland 7,1 Wohnungen/1000 Einw., Italien 4 Wohnungen/1000 Einw.; zit. nach Gormsen & Klein 1986, S. 48).

Die genannten Rekordwerte waren vielfach nur durch eine hoch verdichtete Bauweise in Form von Großwohnanlagen möglich. Davon waren Spaniens Mittelstädte überproportional betroffen. In dem Jahrzehnt von 1971 bis 1980 erreichten neu erstellte Wohnungen in fünf- und mehrstöckigen Gebäuden in den Großstädten über 100 000 Einwohner „nur" 25,7 % aller neuen Wohnungen; in den Mittelstädten zwischen 10 000 und 50 000 Einwohnern waren es aber mehr als 43 % (Gormsen & Klein 1986, S. 49). Die Folgen dieser städtebaulichen Entwicklung in Spanien wurden damit auch physiognomisch unmittelbar sichtbar: Die Hochhausbebauung erfolgte nicht nur am Stadtrand in Sozialwohnungen, sondern wurde ebenso zum Kennzeichen suburbanisierter Vororte, die mit den mehrstöckigen Großwohnanlagen in Randlage als „Stadtkante" übergangslos in das ländliche Umland hineinwuchsen und als solche Eingang in das Aufrissmodell der spanischen Stadt von Gormsen et al. (1988) gefunden haben (Abb. 120). Gleichzeitig fasste die Hochhausbebauung in Zonen der *ensanche* Fuß und konnte sogar randlich in die Altstadtbereiche eindringen.

Das eigentlich überraschende Element in dieser Phase der spanischen Stadtentwicklung liegt aber zweifellos darin, dass die sozialräumliche Struktur der spanischen Innenstädte durch die geschilderte bauliche Entwicklung nur unwesentlich beeinflusst wurde: Erstaunlicherweise verließ die Oberschicht-Wohnbevölkerung ihre angestammten Bereiche in Zentrumsnähe nicht, sondern bezog trotz hoher Bodenpreise Geschosswohnungen am Rande der Altstadt oder in den *ensanches* (vgl. wiederum das Strukturmodell, Abb. 120, von Gormsen et al. für die Phase der Metropolisierung). Eine Erklärung für dieses außergewöhnliche Phänomen bleibt eher spekulativ; Gormsen & Klein (1986, S. 56) sprechen von „Hypothesen". Ökonomisch kann die Bevorzugung von Geschosswohnungen in zentrumsnahen Bereichen nicht erklärt werden, denn auch die frühen Zweitwohnsitze der spanischen Oberschicht wurden bevorzugt in hoch verdichteten La-

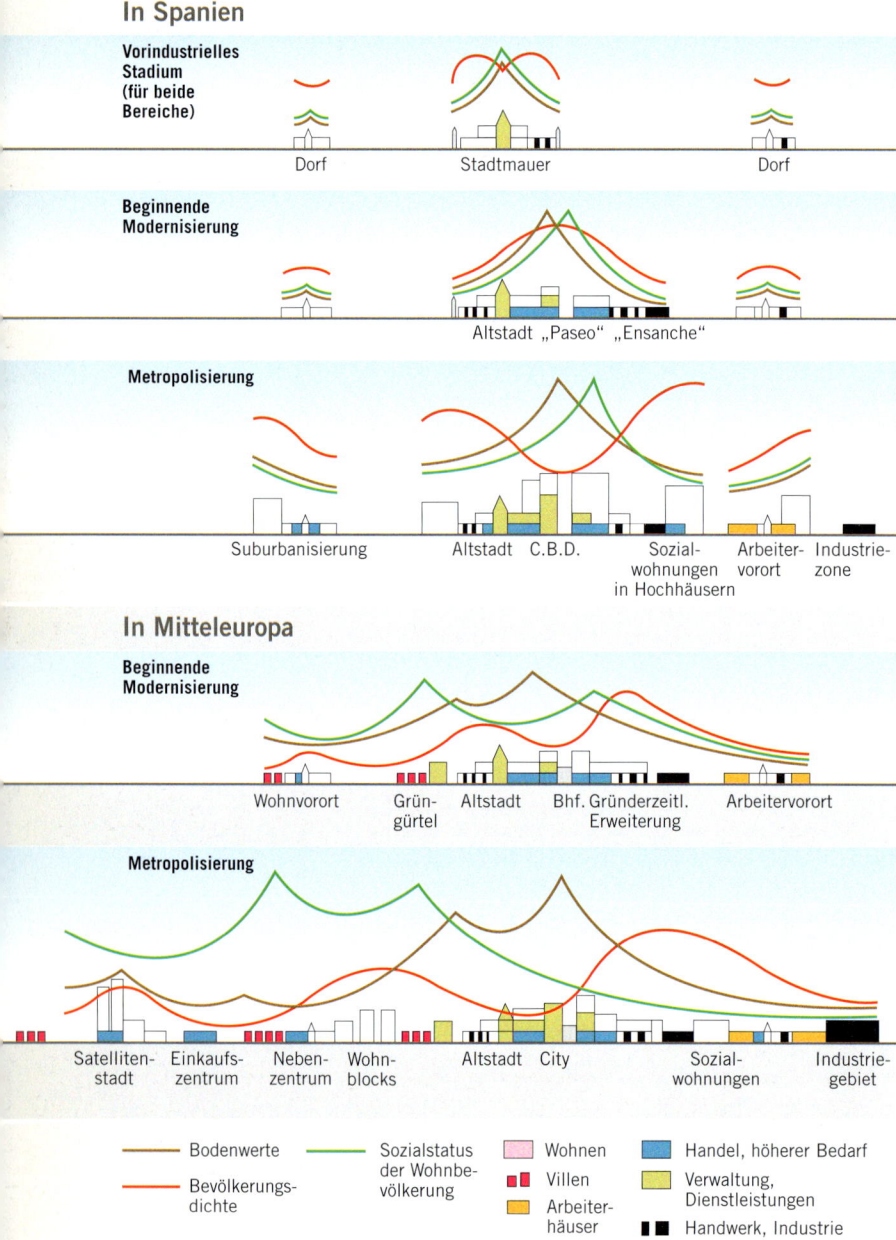

In Spanien

Vorindustrielles Stadium (für beide Bereiche)

Dorf   Stadtmauer   Dorf

Beginnende Modernisierung

Altstadt "Paseo" "Ensanche"

Metropolisierung

Suburbanisierung   Altstadt   C.B.D.   Sozial-wohnungen in Hochhäusern   Arbeiter-vorort   Industrie-zone

In Mitteleuropa

Beginnende Modernisierung

Wohnvorort   Grün-gürtel   Altstadt   Bhf. Gründerzeitl. Erweiterung   Arbeitervorort

Metropolisierung

Satelliten-stadt   Einkaufs-zentrum   Neben-zentrum   Wohn-blocks   Altstadt   City   Sozial-wohnungen   Industrie-gebiet

—— Bodenwerte	—— Sozialstatus der Wohnbevölkerung
—— Bevölkerungsdichte	

Wohnen — Handel, höherer Bedarf — Villen — Verwaltung, Dienstleistungen — Arbeiterhäuser — Handwerk, Industrie

Quelle: Gormsen 1984

Abb. 120: Aufrissmodell der spanischen Stadt

gen der Küstenbadeorte (in Form von Etagenwohnungen = *pisos*) erworben. Möglicherweise ist ein spezieller urbaner Lebensstil ausschlaggebend, der den öffentlichen Raum (Straßen und Plätze) als Kommunikationsraum bevorzugt. Äußerer Ausdruck dieser Besonderheit urbanen spanischen Lebens ist das abendliche Flanieren (*paseo*) auf den *avenidas* oder (beispielsweise) der *plaza mayor*.

Dem weiterhin hohen sozialen Status innenstadt-naher Wohnlagen entspricht ein besonders starkes soziales Gefälle hin zu den Randbezirken der Stadt. Die Großwohnsiedlungen der Arbeiterschicht wurden im Regelfall ohne entwickeltes Wohnumfeld auf freiem Baugrund am Stadtrand bzw. am Rand von Vororten errichtet. Auf zwischengeschalteten Freiflä-

chen sammelten sich im Einzelfall nicht selten Bauschutt und wilder Müll an (*espacios perdidos* = „nutzlose Flächen"). Mit ihrer Anonymität und Trostlosigkeit waren und sind die peripher gelegenen Wohnviertel der Arbeiter- und Mittelschicht besonders anfällig für soziale Marginalisierung und in der Folge auch für eine Degradierung der Bausubstanz (vgl. West 2003). Nicht selten entstanden in „Nischen"-Bereichen (wie z. B. in toten Winkeln zwischen Bahnlinien und Autoschnellstraßen) semilegale, meist in Eigenbauweise erstellte Hüttenviertel.

Die geschilderte Entwicklung konnte in den 1980er-Jahren dank einer liberalen Baupolitik, die kaum oder überhaupt nicht durch eine moderne Stadtplanung kontrolliert wurde, relativ ungestört ablaufen. Das erklärt sich einerseits aus der Schnelligkeit des spontan ablaufenden städtischen Wachstumsprozesses, andererseits aus den vergleichsweise schwachen Instrumenten, die der Stadtplanung in Spanien zu jener Zeit zur Verfügung standen (vgl. Gormsen & Klein 1986, Gormsen et al. 1988).

Portugal

Die städtische Entwicklung in Portugal unterschied sich in der zweiten Hälfte des 20. Jh. teilweise erheblich von derjenigen des spanischen Nachbarn. In den einzigen beiden Großstädten des Landes hatte die Oberschicht schon zu Beginn des 20. Jh. der Altstadt den Rücken gekehrt und war in Villenviertel am Stadtrand gezogen. Damit konnten die Mittel- und (später auch) die Unterschicht in die Altstädte nachrücken. Diese Wohnbevölkerung erwies sich in der Folge als Hindernis sowohl für eine funktionale Stärkung der Altstädte als auch für die Ausbildung eines altstadtnahen hochrangigen Stadtzentrums. Im Ergebnis konzentrierten sich in den 1960er-Jahren in der *Ribeira* von Porto (Abb. 121) vorzugsweise hafenorientierte Funktionen, in der *Alfama* Lissabons waren statt hoch- und höchstrangiger Funktionen eher lokale Tertiärfunktionen verortet. Die Altstadt Lissabons wurde nach 1974 zusätzlich zum bevorzugten Ziel von *retornados*, die vor allem die Oberstadt (*Bairro Alto*) prägten. Insgesamt wurden auf diese Weise die Dezentralisierungstendenzen höherrangiger städtischer Funktionen in beiden städtischen Metropolen Portugals beschleunigt.

In den wenigen vorhandenen Mittelstädten Portugals blieben die zentralen Funktionen in den Stadtzentren zwar in stärkerem Umfang erhalten, allerdings litt die Bausubstanz der Innenstädte besonders stark unter dem Verfall, der einerseits durch den unter Salazar verfügten (und erst 1986 aufgehobenen) Mietstopp begründet war, andererseits durch die Praxis der Untervermietung. Beides bot keine Anreize für private bauliche Investitionen in den Altstädten. Nachdem die Re-Migration von Gastarbeitern ebenso wie von *retornados* vorzugsweise auf die beiden Ballungsräume des Landes gerichtet war, entfiel sie als Entwicklungsimpuls für die historischen Zentren der Mittelstädte weitgehend.

Im Portugal des 20. Jh. hat eine Verstädterung und Suburbanisierung sensu strictu nur in den beiden großstädtischen Ballungsräumen von Lissabon und Porto stattgefunden. Für die große Zahl der Mittel- und Kleinstädte war das 20. Jh. stattdessen eine Phase der Stagnation, in vielen Fällen auch des Verfalls. Diese Tendenz konnte erst am Ende des 20. Jh. in einer Reihe von – meist küstenorientiert gelegenen und touristisch in Wert zu setzenden – Städten umgekehrt werden, und zwar im Rahmen städtebaulicher Fördermaßnahmen unter dem Gesichtspunkt der erhaltenden Stadterneuerung. Besonders bemerkenswert erscheint rückblickend auch, dass die portugiesischen Großstädte sich im Unterschied zu den spanischen Nachbarn eher im Sinne der mitteleuropäischen Stadtentwicklung verhielten: Dazu gehören die Verlagerung der Oberschicht-Wohnviertel vom Stadtzentrum an den Stadtrand und die damit verbundene Umkehr des traditionellen Kern-Rand-Gefälles bei der städtischen Sozialstruktur.

Das iberische Städtesystem

Auf die extrem disparitätische räumliche Bevölkerungsverteilung wurde bereits einleitend im Kapitel „Bevölkerungsstruktur und -dynamik" verwiesen. Verdeutlichen lässt sich dieser Befund auch durch die Verteilung der Großstädte auf der Iberischen Halbinsel, die sich vorzugsweise an Standorten in Küstennähe finden lassen. Aus der unausgewogenen räumlichen Verteilung der großen städtischen Zentren erwächst eine entsprechend unausgewogene Hierarchie des Städtesystems, die sich strukturell darstellen lässt: Wo sich nach der theoretischen Rang-Größen-Regel eine Gleichverteilung in Form einer Geraden mit negativer Steigung ergeben müsste, zeigt die graphische Darstellung im logarithmierten Verteilungsdiagramm eine Verlaufskurve, die in beiden Ländern nach zwei Spitzenwerten (Madrid und Barcelona einerseits bzw. Lissabon und die Doppelstadt Porto/Vila Nova de Gaia andererseits) sehr steil abfällt, d. h., die beiden ranggrößten Städte repräsentieren jeweils eine wasserkopfartige Größenstruktur in Relation zu den restlichen Städten des Landes.

Der strukturell unausgewogenen Hierarchie entspricht ein ebenso unausgewogenes regionales Hierarchiemuster (vgl. García Bellido 1995; López Trigal 1995):

- Den obersten Rang nehmen die Metropolen Madrid, Barcelona und Lissabon ein. Dabei sind die beiden spanischen Agglomerationsräume den großen europäischen Hauptstadtregionen wie Paris, London, Amsterdam oder Berlin durchaus ebenbürtig, während Lissabon weiterhin unter gewissen Einschränkungen in der Vernetzung mit dem spanischen Nachbarland sowie dem übrigen Westeuropa leidet.
- Die rangmäßig folgenden Großstädte sind nur noch von national-regionaler Bedeutung (in Portugal trifft das einzig für Porto/Vila Nova de Gaia zu).
- Ihnen folgen in einer nachrangigen dritten Stufe auf spanischer Seite städtische Zentren von rein regionaler Bedeutung, die bis auf eine einzige

Abb. 121: Das ehemalige Fischer- und Hafenviertel von Porto am Douro-Ufer (Ribeira) ist sanierungsbedürftig.

Ausnahme (Valladolid) sämtlich an der Küste liegen (Pontevedra, La Coruña und Oviedo am Atlantik, Palma de Mallorca, Alicante und Murcia am Mittelmeer).

Verbunden werden diese drei hierarchischen Ebenen jeweils durch überregionale Verkehrsachsen. Zu den Hauptachsen zählen beispielsweise die Verbindung vom Baskenland durch das Ebro-Tal über Zaragoza nach Barcelona, die Achse entlang der Mittelmeerküste von Barcelona über Valencia, Alicante, Murcia nach Granada und Sevilla – und schließlich die transversale Achse, die Sevilla und Málaga im Süden der Iberischen Halbinsel mit Madrid und Zaragoza bzw. Barcelona verbindet. In Portugal „funktioniert" bislang nur die Achse zwischen Lissabon und Porto ohne Einschränkungen (Abb. 122).

Es ist offenkundig, dass diese unausgewogene Raumstruktur des iberischen Städtesystems in Form eines nur unvollständig ausgebildeten zentral-peripheren Systems eine Reihe von funktionellen Unzulänglichkeiten zur Folge hat. Die daraus erwachsenden raumstrukturellen Defizite sollen u. a. durch die Inanspruchnahme der Strukturfonds der Europäischen Union abgebaut werden, um Nachteile im Hinblick auf die Einbeziehung der iberischen Wirtschaftszentren in das Beziehungsgeflecht Gesamteuropas zu mildern.

Die metropolitanen Verdichtungsräume

Seit der zweiten Hälfte des 19. Jh. können im Grundsatz zwei komplementäre Ursachenkomplexe für das individuelle Wachstum von Städten verantwortlich gemacht werden:

- Nach dem klassischen Modell der Verstädterung in Industrieländern basiert die Bevölkerungszunahme auf dem industriell-gewerblichen Wachstum der Stadt, das wiederum die notwendigen

Abb. 122: Die Hierarchie des Städtenetzes

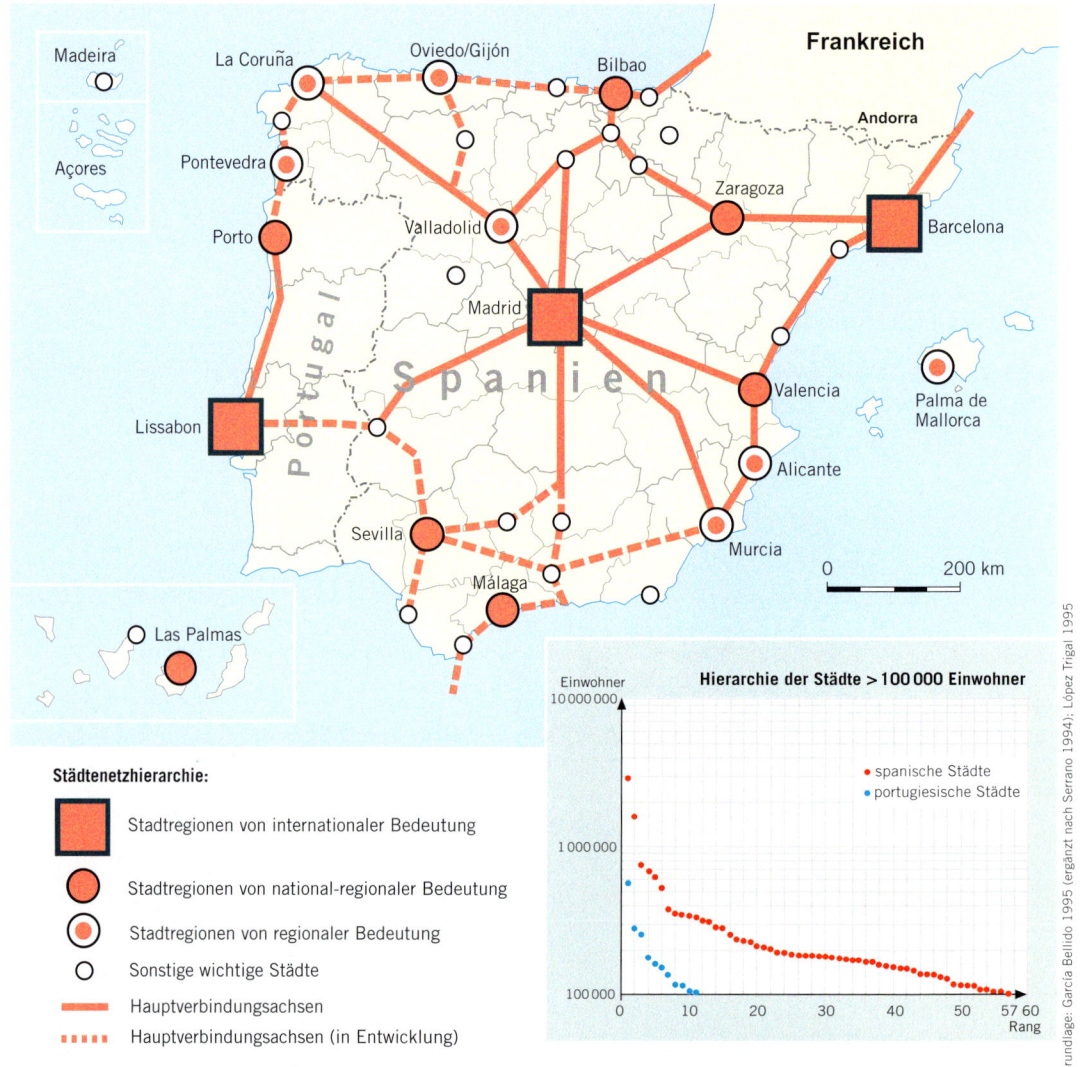

Städtenetzhierarchie:

■ Stadtregionen von internationaler Bedeutung

● Stadtregionen von national-regionaler Bedeutung

◉ Stadtregionen von regionaler Bedeutung

○ Sonstige wichtige Städte

━━ Hauptverbindungsachsen

▪▪▪▪ Hauptverbindungsachsen (in Entwicklung)

Grundlage: Garcia Bellido 1995 (ergänzt nach Serrano 1994); López Trigal 1995

Arbeitsplätze für die städtische Bevölkerung zur Verfügung stellt. Als Beispiel für diesen Typus kann in Spanien Barcelona dienen.

■ Andererseits ist ein städtisches Wachstum, das auf Zuwanderung aus dem ländlichen Umland basiert, auch ohne vorangegangene Industrialisierung möglich. Belege für eine solche Entwicklung liefern vor allem die Entwicklungsländer. Eine im Kern vergleichbare Situation findet sich in vielen spanischen Provinzhauptstädten im Landesinneren. Großstädtische Beispiele dafür sind etwa Granada oder Sevilla.

Die beiden Hauptstädte Madrid und Lissabon hingegen sind konkrete Beispiele für ein außerordentlich starkes städtisches Wachstum, das sich aus beiden Ursachenkomplexen speist.

Räumliche Muster des Flächenwachstums

In den Städten mit dem stärksten Migrationssog überschritt das urbane Wachstum schon früh die administrativen Stadtgrenzen und „überrollte" dabei vielfach auch benachbarte Klein- und Mittel-

städte. Dafür bietet Barcelona als Industriestadt ein besonders gutes Beispiel, wobei hier das Flächenwachstum durch das kleingekammerte Relief des katalonischen Küstengebirges zusätzlich gelenkt wurde. Der Kern der Stadt liegt in einer relativ schmalen Küstenebene zwischen der Mündung des Llobregat im Süden und derjenigen des Besós im Norden. Die Küstenebene „El Maresme" wird landeinwärts durch die katalonische Küstengebirgskette begrenzt, zu der auch der „Hausberg" von Barcelona gehört, der Tibidabo. Dem Küstengebirge folgt wiederum landeinwärts ein küstenparallel verlaufender tektonischer Grabenbruch, das sog. Katalonische Längstal, das sich in mehrere Becken aufteilt (Campo de Tarragona, Penedés, Vallés, Selva). Die Becken werden ihrerseits von kleineren Flüssen (Gayà, Voix, Llobregat, Besós und Tordera) gegliedert, die tektonischen Querbrüchen folgen.

Diese Reliefstrukturen haben den räumlichen Ausbreitungsprozess des städtischen Ballungsraumes Barcelona ebenso beeinflusst wie die Existenz größerer selbstständiger Städte in unmittelbarer Nachbarschaft Barcelonas. Dazu gehören beispielsweise Badalona und Mataró in der Maresme, Tarrasa und Sabadell im Vallés. Auf diese Weise gestaltete sich das Flächenwachstum des Verdichtungsraums Barcelona nicht in Form konzentrischer Ringe, sondern entsprach eher einer Fließbewegung, die einerseits durch das vorgegebene Relief, andererseits durch die Anziehungskraft von Nachbarstädten behindert bzw. beschleunigt wurde.

Im Süden der Küstenebene erwies sich das Delta des Llobregat als problematischer Baugrund, sodass sich die bauliche Entwicklung stattdessen durch das obere Llobregat-Tal ins Vallés „ergoss". Hier setzte im 20. Jh. die eigentliche industrielle Expansion ein. Wichtige Wachstumskerne bildeten dabei die alten Zentren der Wollindustrie in Sabadell und Tarrasa. Das untere Llobregat-Tal wurde auf diese Weise zu einer einzigen Industriegasse.

Vergleichbare restriktiv wirksame Reliefvorgaben fehlten z. B. in Madrid weitgehend. Die auf der Meseta-Hochfläche südlich des Kastilischen Scheidegebirges gelegene Stadt konnte sich nahezu modellhaft in konzentrischen Wachstumsringen ausbreiten, wobei die Wachstumsspitzen sich häufig an alte dörfliche Siedlungskerne anlehnten. Als Leitlinien der Expansion dienten die radial angeordneten Ausfallstraßen, die noch heute im Uhrzeigersinn mit römischen Ziffern bezeichnet werden. Im Ergebnis erfuhr der Verdichtungsraum zeitweise einen sternförmigen Grundriss. Das extensive Wachstum überschritt dabei die Grenzen der Kernstadt schon früh. Im südwestlichen Sektor zwischen den Nationalstraßen IV und V entstanden in Anlehnung an ehemals alte Dorfkerne Retortenstädte, die physiognomisch durch ausgedehnte, uniforme Hochhauskomplexe geprägt sind. Dazu gehören selbstständige (Groß-)Städte wie Alcorcón, Móstoles, Leganés, Getafe und Parla. Der Süden des Verdichtungsraumes von Madrid ist auf diese Art und Weise besonders stark von Großwohnsiedlungen dominiert. Im Nordosten entwickelte sich entlang der Nationalstraße II der sog. „Korridor von Henares", der von Coslada über San Fernando de Henares und Torrejón de Ardoz bis nach Alcalá de Henares reicht. Die Formierung dieser genannten Achse geht zurück auf den ersten Entwicklungsschub am Ende der 1950er-Jahre, als wichtige Rohstoffe für die damalige Altindustrie über die Bahnlinie durch das Henares-Tal nach Madrid transportiert wurden (vgl. Abb. 123).

Die Formierung von Metropolitanregionen (áreas metropolitanas)

Das Ergebnis des exzessiven städtischen Flächenwachstums der großen iberischen Metropolen war in

Abb. 123: Metropolitanregion Madrid: Siedlungsstruktur und Wachstumsstandorte in der Peripherie (2000)

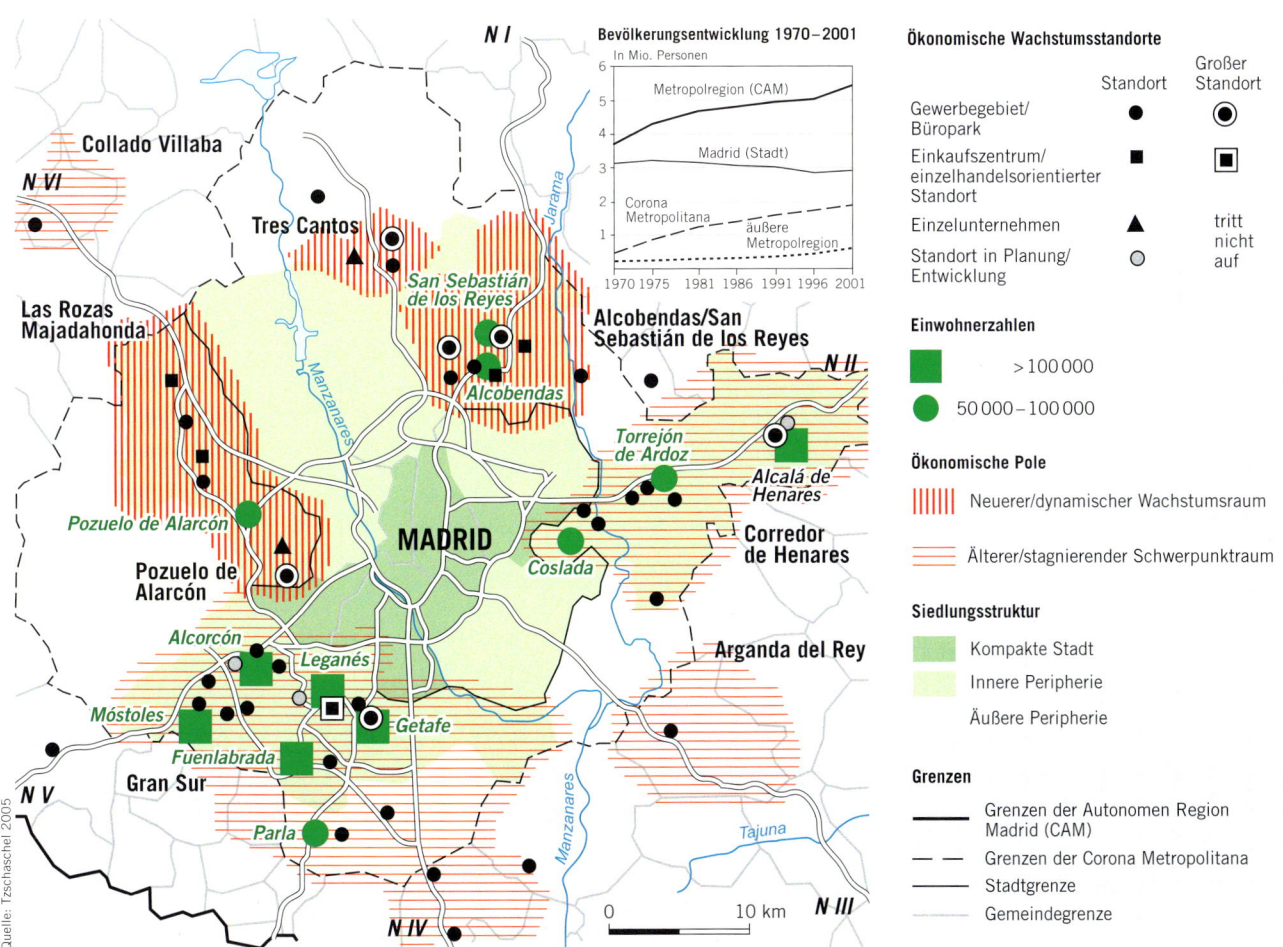

Kernstadt	Einwohnerzahl (2001)	Zahl der zugehörigen Randgemeinden	Fläche in km²
Madrid	5 793 909	608	27 559
Barcelona	4 539 749	227	4796
Lissabon	2 661 850	207	2963
Valencia	1 746 928	152	6347
Porto[1]	1 552 000	13[2]	1574
Sevilla	1 424 843	60	6842
Bilbao	1 106 024	104	2675
Zaragoza	771 854	267	15 084

[1] Zahlen gültig für die Grande Área Metropolitana de Porto (GAMP)
[2] Zahl der concelhos
Zusammengestellt nach: Roca Cladera, J. et al. 2001.
www.amp.pt (I.N.E. Censo 2001)

Tab. 56: *Metropolitane Verdichtungsräume* (Áreas Metropolitanas) *auf der Iberischen Halbinsel*

der zweiten Hälfte des 20. Jh. unabhängig von den beiden eingangs genannten ursächlichen Varianten jeweils gleich: Die zunehmende Bevölkerungsballung bei gleichzeitig einsetzender individueller Motorisierung machte eine übergeordnete Planungsebene schon aus Gründen der Raumordnung zwingend erforderlich. Daraus erwuchs das Konzept der *área metropolitana*.

Auf der Iberischen Halbinsel gibt es inzwischen eine Reihe dergestalt definierter metropolitaner Verdichtungsräume (vgl. Tab. 56). Sie sind gegenwärtig die wichtigsten Wirtschafts- und Verbraucherzentren der Iberischen Halbinsel. Ihr Wachstum hat sich zwar zur Jahrtausendwende verringert, ist jedoch noch keineswegs zum Stillstand gekommen. Im Gegenzug verlieren die Kernstädte Einwohner an den eigenen Verdichtungsraum, wo sich zunehmend dezentrale Strukturen ausbilden. Für die Kernstädte eröffnet diese Entwicklung wiederum die Chance zur Modernisierung ihrer überalterten Infrastrukturen.

Im Falle von Madrid wurden bereits 1963 22 Gemeinden im Umland formal zur „*Área Metropolitana de Madrid*" erklärt. Das entsprechende Gesetz beendete die bis dahin übliche Praxis der Eingemeindungen und beließ den Nachbargemeinden eine weitgehende Autonomie, von der allerdings der gesamte Bereich der Planung ausgenommen wurde. Die Aufstellung von Flächennutzungs- und Bebau-

ungsplänen muss seither innerhalb der *área metropolitana* abgestimmt werden, wobei der Kernstadt ein sektoral und funktional steuernder Einfluss eingeräumt wird.

Dieser Gesichtspunkt war insbesondere für die Lösung der durch die Massenmotorisierung bedingten Verkehrsprobleme in der Metropolitanregion Lissabon (AML = *Área Metropolitana de Lisboa*) bedeutsam (vgl. Abb. 127; seit Juli 2004 dient die nunmehr in *Grande Área Metropolitana de Lisboa* umbenannte Metropolitanregion auch als Referenzeinheit für die Regionalstatistik der EU). Zur AML gehören 18 administrativ selbstständige Städte, darunter mit Lissabon und Setúbal zwei bedeutende Häfen. Zur Entlastung der Kernstadt Lissabon vom Durchgangsverkehr wurden eine innere (*Circular Regional Interna de Lisboa*, CRIL) und eine äußere (*Circular Regional Externa de Lisboa*, CREL) ringförmige Autobahnumgehung gebaut. Die gleiche Funktion erfüllt die 1998 fertiggestellte Brücke *Vasco da Gama* über das Strohmeer hinüber zur Halbinsel von Setúbal. Mit einer Länge von 18 km zählt sie zu den längsten Brücken Europas. Die Aufnahmekapazität der „alten", seit 1966 bestehenden Hängebrücke des 25. April ist inzwischen weitgehend ausgeschöpft, nachdem 1999 bereits eine fünfte Fahrbahn sowie eine zusätzliche Fahrbahnebene für den schienengebundenen Verkehr über den Tejo eingerichtet worden waren. Gleichzeitig bietet die neue Brücke dem Industriegebiet um Setúbal auch eine direkte Autobahnanbindung. Schon ein Jahr nach der Eröffnung passierten täglich bis zu 135 000 Fahrzeuge in jeweils einer Fahrtrichtung die Brücke. Gleichzeitig nimmt damit aber auch der Urbanisierungsdruck auf das Gegenufer von Lissabon zu. Gaspar et al. (1999, S. 553) verweisen warnend auf die erkennbare Gefährdung der naturnah gebliebenen Flächen innerhalb der AML (vor allem in den Ästuar-Bereichen von Tejo und Sado, aber auch in den Naturparks der Serra da Arrábida bzw. von Sintra-Cascais), wo bisher bereits fünf Gebiete als schutzwürdig klassifiziert wurden, aber mehr als 10 000 ha Wald noch ungeschützt sind.

Das Beispiel der Metropolitanregion Madrid

Die ehemalige Provinz Madrid erhielt den Rang einer eigenständigen Autonomen Region (Comunidad Autónoma de Madrid, CAM). Metropolitanregion und CAM sind identisch. Tzschaschel (2005) unterscheidet das Umland der Kernstadt nach „innerer" und „äußerer" Peripherie. Die Kernstadt wird nach der Definition der „kompakten Stadt" abgegrenzt (Wohndichte ≥ 5000 Einw./km²; Held 1998 verwendet den Begriff ebenfalls, definiert ihn aber sozialwissenschaftlich-qualitativ) und ist damit als Raumkategorie nicht deckungsgleich mit der Fläche der Stadt Madrid als Verwaltungseinheit (vgl. Abb. 123 sowie Tab. 57).

Die so definierte metropolitane Peripherie von Madrid ist ausgesprochen wachstumsorientiert: Bis Anfang der 1990er-Jahre entfielen ca. 50 % aller ausländischen Investitionen auf die CAM, wobei wiede-

Raumkategorie	Einwohner in 1000 Personen	Fläche km²	Bevölkerungsdichte Einwohner/km²
1 – kompakte Stadt	2426	162	14 883
2 – innere Peripherie	2046	1200	1705
3 – äußere Peripherie	500	6667	75
1 + 2 + 3 – Stadt-Umland-Region	4972	8029	619
1 + 2 – morphologische Stadt	4472	1362	3283
2 + 3 – Peripherie	2546	7867	324
innere Stadt (Madrid)*	3010	607	4559

*Entspricht der administrativen Einheit „Municipio de Madrid"

Tab. 57: *Metropolitanregion Madrid: Raumkategorien*

Entnommen aus: Tzschaschel 2005, S. 68

rum die Peripherie besonders profitierte; mehr als 40 % der nationalen Investitionen flossen speziell in die Bereiche „Forschung und Entwicklung" innerhalb der CAM (Caravaca & Méndez 1994). Die zunehmende intraregionale funktionale Ausdifferenzierung wird durch die Berechnung von Lokalisationskoeffizienten belegt. Daraus folgt für die Kernstadt einerseits und ihre metropolitane Peripherie andererseits eine dualistische Grundstruktur: Die Kernstadt ist herausragender Standort für finanz- und unternehmensbezogene Dienstleistungen und damit als wirtschaftliche Schaltzentrale ausgewiesen, während das verarbeitende Gewerbe ebenso wie der Handel die Peripherie bevorzugt (vgl. Tab. 58).

Zu den Stärken der Peripherie gehört u. a. ihre Standorteignung für die Logistik. In diesem Kontext ist eine Reihe wirtschaftlich sehr erfolgreicher Großprojekte zu nennen, beispielsweise der Ausbau des Flughafens Madrid-Barajas, der erst möglich wurde, nachdem die USA Anfang der 1990er-Jahre ihren ehemaligen Militärflughafen von Torrejón de Ardoz, den damals größten US-amerikanischen Luftwaffenstützpunkt in Südeuropa, aufgegeben hatten. Als logistisches Vorzeigeprojekt gilt auch der sog. „Trockenhafen" von Coslada (*Puerto Seco*) mit angegliedertem Umschlagszentrum für Luftfracht im nahen San Fernando (*Ciudad Aeroportuaria*). Er entwickelt sich derzeit zum wichtigsten logistischen Frachtknotenpunkt der Metropolitanregion.

Innerhalb der metropolitanen Peripherie von Madrid hat sich gegen Ende des 20. Jh. eine zunehmend dualistische Raumstruktur herausgebildet: Zu den eher stagnierenden wirtschaftlichen „Polen" rechnet Tzschaschel (2005) vor allem die im „großen Süden" zusammengefassten alten industriellen Kerne um die Satellitenstädte Móstoles, Alcorcón, Fuenlabrada, Leganés und Getafe. Unter dem programmatischen Namen „*Gran Sur*" wurden hier zwischenzeitlich wichtige infrastrukturelle Defizite (insbesondere bei der Verkehrsanbindung, aber auch bei der Gesundheitsversorgung) behoben. Der Entwicklungspark „*Arroyo Culebro*" soll entlang des Schnellstraßenringes M-50 nicht nur weitere 5000 Wohneinheiten, sondern auch 1000 ha für neue Industrie- und Gewerbeflächen und weitere 1000 ha allein für Grünflächen erhalten (Tzschaschel 2005, S. 76). Dennoch gelten die Satellitenstädte des „*Gran Sur*" weiterhin eher als statusniedrig; dem entspricht ein hoher Anteil an Arbeitern und einfachen Angestellten.

Im Unterschied dazu bevorzugt eine neue obere Mittelschicht die ihrerseits als „dynamisch" eingeschätzten neuen Wohnstandorte der nördlichen Peripherie der metropolitanen Region (vgl. Abb. 123). Die Wertschätzung dieser Zone als Wohngebiet resultiert nicht nur aus der Gebirgsrandlage an der Südabdachung der Sierra de Guadarrama mit mehreren Landschaftsschutzgebieten, sondern auch aus einer speziellen Branchenstruktur: Das herausragende Beispiel ist vielleicht die Plansiedlung „*Tres Cantos*", die 2005 37 000 Einwohnern gleichzeitig 12 600 Arbeitsplätze bot. Hier haben sich vor allem

Branchen	Innere Stadt	Äußere Stadtregion (metropolitane Peripherie)	
	Madrid	Corona metropolitana	Außenzone der CAM
Industrie	–	++	++
Bauwesen	o	o	+
Handel	o	+	o
Tourismus	o	o	o
Transport und Kommunikation	o	o	– –
Finanzdienstleistungen	+	– –	– –
unternehmensbezogene Dienstleistungen	+	–	– –
Bildung	o	o	o

Lokalisationskoeffizient (LQ)
Regionsdurchschnitt LQ = 100
++ sehr starke Konzentration (LQ > 140)
+ starke Konzentration (120 < LQ < 140)

o keine starke Konzentration (80 < LQ < 120)
– starkes Defizit (50 < LQ < 80)
– – sehr starkes Defizit (LQ < 50)

Entnommen aus: Tzschaschel 2005, S. 71 (korrigiert)

Tab. 58: *Metropolregion Madrid: Wirtschaftsräumliche Differenzierung 1998*

Unternehmen der Telekommunikationsbranche angesiedelt, davon allein 76 einschlägig bekannte Firmen im größten Hightech-Gewerbepark Spaniens mit 21 ha Größe (Tzschaschel 2005, S. 78). Entlang der Ausfallachse nach Nordwesten (Galicien) konzentrieren sich ebenfalls überdurchschnittlich viele Unternehmen der „New Economy", wobei der Mediensektor besonders stark vertreten ist. Die spanische TV-Gesellschaft RTVE hat ihren Sitz (in Prado del Rey) ebenso in der Gemeinde Pozuelo de Alarcón wie der als „Medienstadt" (*Ciudad de la Imagen*) bekannt gewordene Bürogewerbepark.

Die angesprochene zunehmende soziale Ausdifferenzierung und Segregation der Wohnbevölkerung äußert sich auch in neuen Bebauungstypen: Während in den südlichen peripheren Stadtteilen weiterhin Geschosswohnungsbau mit Eigentumswohnungen (86 % Eigentumsquote!) dominiert, bevorzugt die neue (und meist junge) obere Mittelschicht Neubausiedlungen im Reihenhausstil. Dazu kommen Freizeiteinrichtungen wie Reitställe, Golfplätze und dergleichen, die die gehobenen Ansprüche an die neue Wohnumgebung deutlich machen.

Die neuen Akteure: public-private partnership

Tzschaschel (2005) stellt bei einer Analyse der Peripherie von Madrid unter dem Gesichtspunkt des Vergleichs mit anderen europäischen metropolitanen Peripherien (vgl. Burdack et al. 2005) insbesondere die Schnelligkeit der Planung und ihre anschließende unproblematische Umsetzung als Besonderheit heraus. Die Erklärung dafür, dass im Falle von Madrid die Raumplanung weder durch Kompetenzgerangel zwischen den verschiedenen beteiligten Planungsebenen (Kommune, Stadtregion, Autonome Region) noch durch Einsprüche von Interessenverbänden (z. B. Naturschutz) nennenswert beeinträchtigt werden, sieht Tzschaschel vornehmlich im Konzept einer gut funktionierenden *public-private partnership*. Sie kann zeigen, dass die Planung der Stadtregion in der frühen Boomphase nach dem *top-down*-Prinzip vornehmlich den großen Arbeiterwohnstädten im Süden des Umlandes zugute kam, wobei die Regionalplanung sich sehr stark von sozialdemokratischen Leitbildern inspirieren ließ (vgl. auch Heitkamp 1997). An die Stelle dieser durchaus erfolgreichen Planungsstrategie ist inzwischen eine Form der dezentralen *regional governance* getreten, die ihrerseits nun keineswegs das *bottom-up*-Prinzip favorisiert, sondern auf flexibel ausgehandelte, individuelle Problemlösungen zwischen den wichtigsten Akteuren der *public-private partnership* setzt. Äußerer Ausdruck der neuen Strategie sind die zahlreichen Zweckverbände (Konsortien), vielfach in der juristischen Form von Planungs- und Erschließungsgesellschaften, die dabei jeweils für die einzelnen Großprojekte von öffentlichen und privaten Trägern gebildet werden. Die damit einhergehende zunehmende Einflussnahme privatwirtschaftlicher Interessen im Rahmen der Um- und Neugestaltung metropolitaner Ballungsräume ist auf der Iberischen Halbinsel sowohl bei Revitalisierungs- als auch bei den sog. „strategischen" Großprojekten vielfach nachweisbar (vgl. nachfolgend die entsprechenden Absätze).

Die Stadt Madrid: vom nationalen Machtzentrum zur europäischen Metropole

In dem viel zitierten Gegensatz zwischen zentralen Passivräumen und peripheren Gunstgebieten bildet Madrid eine einzigartige Ausnahme. Fernab von der Küste und ohne nennenswerte eigene Rohstoffvorkommen konzentrieren sich im metropolitanen Verdichtungsraum (*Área Metropolitana de Madrid*) ca. 14 % der gesamten spanischen Bevölkerung. So ungewöhnlich wie die geographische Lage des Verdichtungsraums waren die Umstände der Stadtentstehung und die Ursachen ihres Wachstums in der jüngeren Vergangenheit. Die Hauptstadtfunktion verdankt Madrid einem herrscherlichen Willkürakt. Er gab den Anstoß für die Entwicklung vom Landstädtchen zu einer Verwaltungsmetropole. Wirtschaftlich war die Stadt vollständig von der Prosperität der peripheren Gunsträume abhängig. Bezogen auf diese Situation wurde das Wort von der „Künstlichkeit" der Existenz Madrids geprägt. Die Eigendynamik der Stadtentwicklung setzte erst im 20. Jh. ein.

Aus historischer Perspektive ist es erstaunlich, dass die Residenzstadt in mehr als 300 Jahren nicht einmal die Kraft schöpfte, sich auch zu einem kulturellen Zentrum zu entwickeln: Die älteste Universität der Stadt (Universidad Complutense) ist noch sehr jung. Sie entstand erst 1836 als Ableger der ungleich traditionsreicheren, bereits 1499 gegründeten Universität des benachbarten Alcalá de Henares, die ihrerseits aber auch nie den führenden Rang etwa der Universität von Salamanca erreichte. Eine repräsentative Bleibe fand die Universidad Complutense erst in der Mitte des 20 Jh. in der Ciudad Universitaria, wo ihr Ruf sich u.a. auf hoch-

klassige naturwissenschaftliche und technische Institute für die Ingenieursausbildung stützt.

Die Industrie wiederum, die das demographische ebenso wie das wirtschaftliche Wachstum in der Vergangenheit wesentlich forciert hat, war nicht Ursache, sondern Folge des explosiven Bevölkerungswachstums der Stadt. Auf Grundlage der im 19. Jh. geschaffenen Bahnverbindungen zu den traditionellen industriellen Schwerpunkten des Landes an der Küste bestand der Anreiz zur Industrieansiedlung im Großraum Madrid vor allem in dem gewaltigen Potenzial an Arbeitskräften (und gleichzeitigen Konsumenten), die im Zuge der Landflucht in den 1960er- und 1970er-Jahren in die Stadt gedrängt waren. Der dadurch ausgelöste spontane Zuzug von zahlreichen verarbeitenden Industrieunternehmen äußert sich noch heute in einer hochgradigen Diversifizierung der einzelnen Industriebranchen. Die heutigen hochrangigen tertiären Funktionen wie Forschung und Entwicklung, Bankenwesen, Unternehmensführung und Verkehr resultieren letztlich aus diesen Leitfunktionen.

Die Ableitung des Namens „Madrid" ist umstritten, sehr wahrscheinlich ist er jedoch maurischer Herkunft. Die erste Erwähnung einer Siedlung „Magerit" datiert von 931. Der Ort war damals eine muselmanische Grenzbefestigung am linken Ufer des Manzanares. Obwohl dieses Flüsschen, das zum Einzugsgebiet des Tajo gehört, aufgrund seiner geringen Wasserführung als Verkehrsweg nie eine Bedeutung hatte, war es doch ausschlaggebend für die Standortwahl der späteren Stadt: In den pluvialen Perioden des Quartärs hatte sich der Fluss mit mehreren Terrassen tief in das lockere miozäne Sedimentmaterial des Untergrunds eingeschnitten, und zwar asymmetrisch, wobei am östlichen Ufer ein Steilhang mit einem Höhenunterschied von 160 m zwischen Talrand und heutigem Flussbett entstand. Auf dieser Steilkante oberhalb des Flusses war das erste muselmanische Fort (*alcázar*) gelegen. Die Hangkante ist wiederum durch randlich abkommende Bäche (*arroyos*) in zahlreiche Sporne bzw. in isolierte Kuppen (*cerros*; z.B. Cerro Almodóvar 726 m) zerlegt worden. Daher besitzt das Stadtgebiet ein differenziertes Relief, dessen Irregularität für die bauliche Entwicklung der Altstadt nicht eben förderlich war. Die zum Teil beachtlichen Höhenunterschiede im heutigen Stadtgebiet (Fuencarral 736 m; Observatorio Astronómico 655 m) sind auch für Unterschiede im Stadtklima verantwortlich.

Die Geschichte des heutigen Madrid beginnt erst 1561. Damals erhob Philipp II. die kleine Ackerbürgerstadt (mit einer geschätzten Größe von 15000–20000 Einwohnern) de facto zur Residenz- und Hauptstadt, indem er mit seinem Hofstaat von Toledo nach Madrid überwechselte, wo er zunächst den *alcázar* bezog. Über die Beweggründe des Herrschers spekulieren die Historiker noch heute, zumal Madrid keineswegs offiziell zur Hauptstadt des Königreichs erklärt wurde (dieser Titel verblieb vielmehr bei Toledo). Es spricht vieles für die Vermutung, dass der alternde Monarch lediglich näher beim Bauvorhaben des Escorial wohnen wollte und Madrid nur als vorübergehende Residenz betrachtete.

Sein Nachfolger Philipp III. zog dann auch 1601 sogleich mit seinem Gefolge nach Valladolid, ließ sich aber fünf Jahre später gegen Zahlung einer ansehnlichen Geldsumme durch die Stadtväter von Madrid zur Rückkehr bewegen. Damit war Madrid endgültig die Hauptstadt nicht nur Kastiliens, sondern gleichzeitig auch des gesamten späteren Weltreichs geworden. Aus diesem Grunde kann die Hauptstadtfunktion als Wachstumsimpuls für Madrid nicht hoch genug bewertet werden.

Dank der Residenzfunktion erlebte die Stadt bis etwa 1635 eine erste größere Expansionsphase. Bezeichnenderweise erfolgte aber neben der mittelalterlichen Bürgerstadt keine Neuanlage – vielleicht wegen des Fehlens eines formalen Gründungsaktes als Residenz. Stattdessen wurde die Altstadt nur geringfügig für höfische Bedürfnisse umgestaltet: An der Stelle des maurischen *alcázar* entstand das königliche Schloss (*Palacio Real*), die heutige Calle Mayor wurde verlängert, um für die Aufzüge der Equipagen des Adels einen repräsentativen Hintergrund abzugeben. 1719 erfolgte die Fertigstellung der *plaza mayor*, die den höfischen Festen den erforderlichen Rahmen verlieh. Insgesamt erhielt die Stadt in dieser Zeit keine repräsentativen Monumentalbauten. Es gab nicht einmal eine zentrale Kathedrale. Stattdessen fand sich eine Vielzahl von Ordenskirchen, weil die verschiedenen geistlichen Orden in der Residenz präsent sein wollten.

Die noch aus dem Mittelalter stammende Mauer behinderte die bauliche Umgestaltung der jungen Residenzstadt und wurde abgetragen. Unter Philipp IV. wurde sie 1625 – 1635 durch eine neue Mauer ersetzt, die das Stadtgebiet auf ca. 4 km² ausdehnte (ohne den gleichzeitig angelegten Retiro-Park, der allein bereits 3,87 km² groß und ein Geschenk des Grafen von Olivares an den König war). Die Mauer Philipps IV. erfüllte in erster Linie Zollfunktionen und wurde bis zur Mitte des 19. Jh. durch die bauliche Entwicklung Madrids nicht überschritten. Ihr ehemaliger Verlauf dient heute zur Abgrenzung des historischen Stadtzentrums (*centro*; vgl. Abb. 124).

Innerhalb der Mauer Philipps IV. wurde die Bebauung bemerkenswerterweise nicht planmäßig gelenkt wie etwa in den spanischen Kolonialstädten der Neuen Welt, deren gemeinsames Kennzeichen ja gerade das regelhafte Schachbrettmuster ist. Vielmehr wuchs die Stadt spontan entlang der damaligen Ausfallstraßen (sie entsprechen den heutigen Straßen von Fuencarral, Hortaleza, Alcalá, Atocha und Toledo). Weil Philipp IV. in den Buen-Retiro-Palast jenseits des Prado, der städtischen Festwiese, gezogen war, verlagerte sich das städtische Leben der Oberschicht insgesamt nach Osten, indem sich die Adeligen entlang der entsprechenden Zufahrtsstraßen (Alcalá, Prado) niederließen.

Unter dem Bourbonen Karl III. wurden in der zweiten Hälfte des 18. Jh. die großen Promenaden (*paseos*) angelegt (z. B. *de las Delicias, de la Florida,*

del Prado) und die Brücken über den Manzanares erneuert. Damals entstanden neben dem ehemaligen Königspalast auch das Prado-Museum, das Observatorium und der Brunnen der Kybele, um nur die wichtigsten Bauwerke aufzuführen.

Für das funktionale Strukturmuster des Stadtzentrums erwies sich die napoleonische Ära als Zäsur. Im Rahmen der Säkularisierung (im Spanischen als *desamortización* bekannt) fiel der Kirchenbesitz, der immerhin auf ca. 12 % des städtischen Grundes beziffert werden konnte, durch Verkauf überwiegend an das wohlhabende Bürgertum. Im Zuge der geänderten Eigentumsverhältnisse wurde die alte Bausubstanz durch mehrstöckige repräsentative Geschäfts- und Handelshäuser ersetzt. Von 65 Klöstern entgingen nur 20 der Auflösung. Sofern die übrigen nicht der Spitzhacke zum Opfer fielen, wurden sie häufig in Kasernen oder Krankenhäuser umgewandelt.

Lebenszentrum des bürgerlichen Madrid wurde die *Puerta del Sol*. An diesem Verkehrsknotenpunkt, von dem aus noch heute alle Straßendistanzen ins übrige Land gemessen werden (Abb. 125), konzentrierte sich das Geschäftsleben im 19. Jh. Gleichzeitig fanden hier aber auch Intellektuelle und Schöngeister in zahlreichen Cafés Gelegenheit, das kulturelle Leben der Stadt mitzuprägen.

Als sich zu Beginn des 20. Jh. die verwinkelten und engen Straßenzüge des Stadtzentrums zum Hindernis für die wirtschaftliche Entwicklung der Innenstadt entwickelten, entschloss man sich zu einem großen diagonalen Straßendurchbruch, der sog. *Gran Vía* (*Avda. de José Antonio*), die zwischen 1917 und 1930 in drei Etappen fertiggestellt wurde. Als Stilausdruck der neuen Zeit entstand gleichzeitig das erste Hochhaus der Stadt, die sog. „*Telefónica*", benannt nach dem Sitz der spanischen Telefongesellschaft. In der Folgezeit entwickelte sich die *Gran Vía* sehr rasch zu einer Hauptgeschäftsstraße mit zahlreichen Kinos, Restaurants, Hotels und Geschäften für den gehobenen Bedarf. Die funktionale Verbindung zur *Puerta del Sol* schufen große Kaufhausbauten (die heutige *Calle Preciados* als Fußgängerzone mit verschiedenen Dependancen des Kaufhauskonzerns „*El Corte Inglés*").

In die gleiche Zeit fällt auch die Hochhausbebauung entlang der *Calle de Alcalá*. An dieser Straße, die von der *Puerta del Sol* ihren Ausgang nach Nordosten nimmt, formierte sich um die Jahrhundertwende ein gewichtiges Bankenzentrum. Damals wurde in Spanien eine Reihe privater Banken gegründet, als mit dem Verlust der letzten spanischen Überseekolonien auch das dort investierte private Kapital nach Spanien zurückfloss. Die 1901 gegründete „Banco Hispano-Americano" bringt diesen Zusammenhang noch in ihrem Namen zum Ausdruck. Bausubstanz und Straßenführung haben im historisch ältesten Teil der Stadt eine City-Bildung im geographischen Sinne verhindert. Stattdessen konnten sich funktional unterschiedliche Zellen ausbilden. Dazu gehört der Straßendurchbruch der *Gran Vía* mit einer Konzentration höherrangiger zen-

nach El Pardo

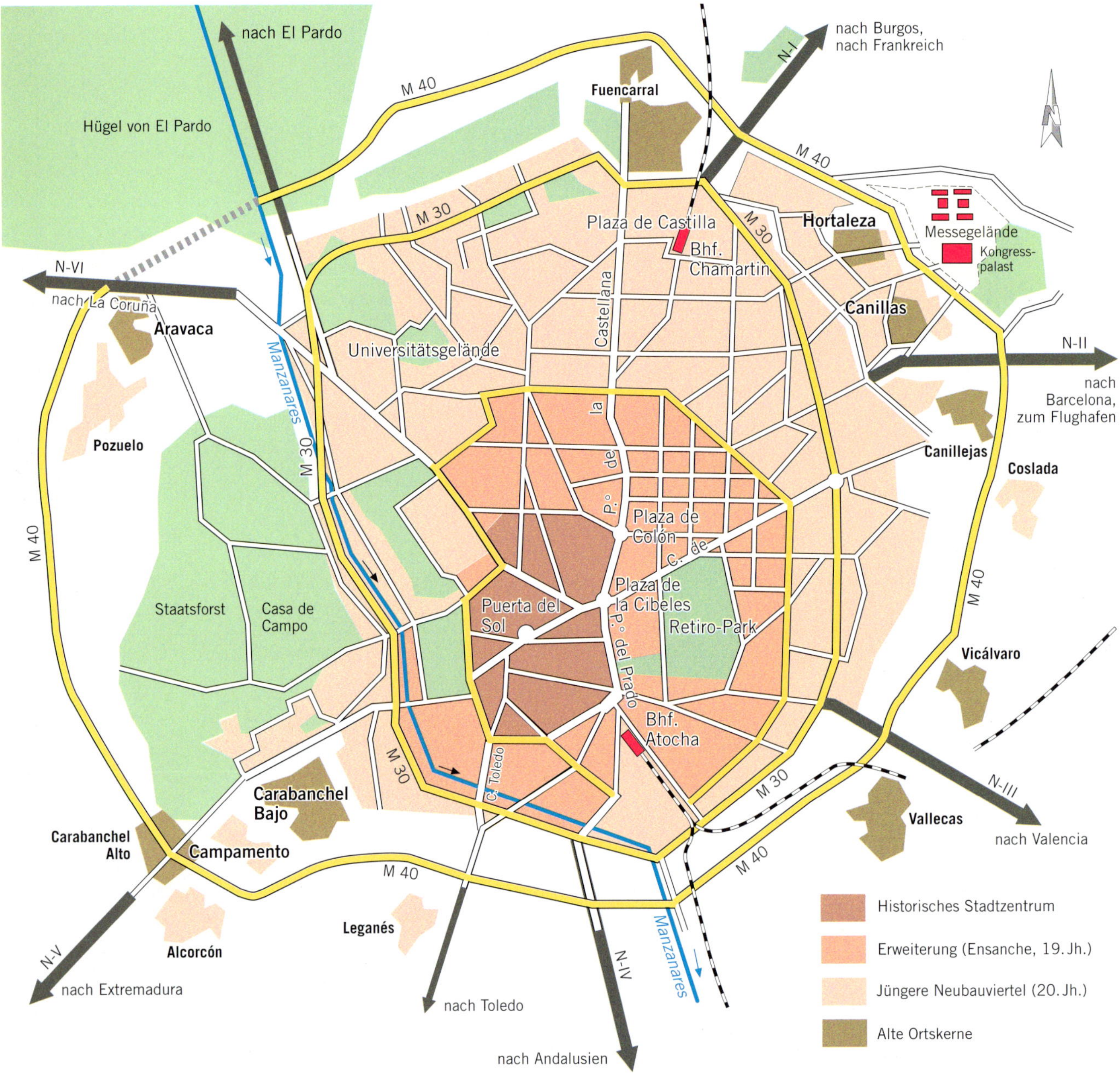

Hügel von El Pardo

M 40

nach Burgos, nach Frankreich

N-1

Fuencarral

M 40

M 30

Plaza de Castilla

Bhf. Chamartin

Hortaleza

Messegelände

Kongress-palast

N-VI

nach La Coruña

Aravaca

Universitätsgelände

Castellana

Canillas

N-II

nach Barcelona, zum Flughafen

Pozuelo

Manzanares

M 30

P.º de la

Canillejas

Coslada

Staatsforst

Casa de Campo

Plaza de Colón

C.ª de

Puerta del Sol

Plaza de la Cibeles

P.º del Prado

Retiro-Park

M 40

Vicálvaro

Bhf. Atocha

N-III

Carabanchel Bajo

M 30

C. Toledo

M 30

Vallecas

nach Valencia

Carabanchel Alto

Campamento

M 40

Leganés

Manzanares

Alcorcón

N-IV

N-V

nach Extremadura

nach Toledo

nach Andalusien

Historisches Stadtzentrum

Erweiterung (Ensanche, 19. Jh.)

Jüngere Neubauviertel (20. Jh.)

Alte Ortskerne

Entwurf: T. Breuer (n. Vorlagen des Patronato Municipal de Turismo, Madrid)

Abb. 124: *Madrid: Grund-zügе der Stadtentwicklung*

traler Funktionen des tertiären Sektors ebenso wie das Bankenviertel an der *Calle de Alcalá* zwischen der *Puerta del Sol* und der *Plaza de Independencia*. In der Zwischenzeit haben sich mehrere Groß-banken aus dem ehemaligen Bankenviertel an der *Alcalá* verlagert, weil ihnen dort eine weitere bau-liche Expansion versagt war.

Das historische Zentrum (*distrito centro*) von Ma-drid ist heute in sechs Verwaltungsbezirke aufge-teilt. Dieser gesamte Altstadtbereich galt bisher als relativ homogen. Zu seinen Merkmalen gehörten eine degradierte Bausubstanz bei den Wohnbauten sowie ein niedriger Sozialstatus der Wohnbevölke-rung bei gleichzeitig konsolidierten urbanen Struk-turen. Als Kriterien für diese Charakterisierung die-

nen der Bildungsgrad, der Haushalts- und Perso-nenstand der Wohnbevölkerung ebenso wie die Wohnungsgröße, die Zahl der Räume pro Wohnung sowie die sanitäre Ausstattung, also Variablen, die der amtlichen Volks- und Wohnungszählung zu ent-nehmen sind.

Aus einer Clusteranalyse (Rojo Pérez et al. 2004) folgt, dass das historische Zentrum intern durchaus differenziert ist. Dabei lassen sich tendenziell zwei gegensätzliche Raumtypen erkennen: Der Süden (mit dem Stadtviertel *Embajadores* sowie dem Süd-osten des Viertels *Palacio*) und – in abgeschwächter Form – der Norden mit Teilen des Universitätsvier-tels sind durch hohe Bevölkerungsanteile mit nied-rigem Bildungsstand charakterisiert. Kennzeichen dieser Bevölkerungsgruppe ist ein geringer Anteil an Erwerbsbevölkerung bei gleichzeitig hohem Arbeitslosenanteil; die Wohnbevölkerung lebt in relativ kleinen Wohnungen, die vielfach nicht über ein Bad bzw. eine Dusche verfügen.

Im Unterschied dazu sind die zentralen Stadtviertel *Sol*, *Palacio* und *Cortes* demographisch deutlich günstiger strukturiert: Dazu gehören ein höherer Anteil von Bevölkerung mit mittleren und oberen Bildungsabschlüssen sowie ein höherer Anteil von Erwerbstätigen, die in großen und besser ausgestatteten Wohnungen leben. Die Faktorenanalyse zeigt erwartungsgemäß, dass Wohnungsausstattung und -qualität einen deutlich höheren Erklärungswert für die räumliche Gruppierung der Wohnbevölkerung haben als die sozialen Rangmerkmale. Mit anderen Worten, der soziale Status der Wohnbevölkerung ist vielfach zu erklären durch die Bausubstanz und deren Modernisierungsgrad.

Nach den Befunden von Vázquez Varela (1999) zeichnet sich in den besseren Wohnvierteln des Zentrums eine Tendenz zur Tertiärisierung ab. Das gilt vornehmlich in den Stadtvierteln *Sol* und *Cortes* und erklärt sich aus einem latenten Spekulationsdruck: Die Bereiche zwischen der *Puerta del Sol* und der *Gran Vía* wurden durch Fußgängerzonen und aufwändig sanierte Baublöcke, die jetzt als Großkaufhäuser oder als Hotels genutzt werden, aufgewertet. Die westliche Seite des *Paseo del Prado* zwischen dem modernisierten Atocha-Bahnhof und der *Plaza de la Cibeles* profitiert ebenfalls von der städtebaulichen Aufwertung durch den Aufbau einer „Museumsmeile": Hier liegen in einer Luftliniendistanz von wenigen hundert Metern Museen von internationalem Rang (Anthropologisches Nationalmuseum, Nationales Kunstmuseum „Reina Sofía", Prado-Museum, Nationalmuseum für dekorative Kunst, Museum „Thyssen-Bornemisza").

Einen Sonderfall stellt das Stadtquartier (*barrio*) *Lavapiés* im Stadtteil *Embajadores* dar (Cebrián de Miguel & Bodega Fernández 2002). Es handelt sich um das ehemalige Judenviertel; der Name lässt sich (möglicherweise) aus dem hebräischen „*aba-puëst*" (= Wohnort der Juden) ableiten. Die Bausubstanz des Viertels ist stark degradiert. Deshalb erfuhr das Viertel in den 1990er-Jahren verstärkten Zuzug von nichteuropäischen Immigranten aus den Maghreb-Ländern (die Marokkaner stellen die stärkste Bevölkerungsgruppe), aus Asien (insbesondere aus China, Bangladesch und Pakistan) sowie aus Iberoamerika. Das gesamte Viertel ist auf diese Weise zu einem bunten Schmelztiegel verschiedenster Rassen geworden und bildet eine ethnische Enklave innerhalb der Altstadt von Madrid.

Ökonomisches Kennzeichen des Viertels ist die Ausbildung spezifischer Einzelhandelsstrukturen, vornehmlich in Form von selbstständigen Ein-Personen-Unternehmen, die durch ihre jeweiligen Familienmitglieder unterstützt werden. Das Warenangebot ist vielfach (aber nicht ausschließlich) auf die Nachfrage der ethnischen Minderheiten im Stadtviertel abgestimmt. Die theoretischen Ansätze zur

Abb. 125: Symbol des Zentralismus in Spanien: der Straßenkilometer „Null" an der Puerta del Sol in Madrid

Erklärung solcher Einzelhandelsformen sind vielfältig und reichen von der Diskriminierung auf dem formalen Arbeitsmarkt über gemeinsame Kulturwerte der Immigranten bis zu transnationalen Netzwerken. Diesbezüglich bietet *Lavapiés* sicherlich ein ausgezeichnetes Forschungsobjekt für zukünftige empirische fachwissenschaftliche Untersuchungen. Cebrián de Miguel & Bodega Fernández (2002) konnten 415 Einzelhandelseinrichtungen registrieren, die auch von der einheimischen spanischen Altstadtbevölkerung genutzt werden, nachdem infolge der Krise des traditionellen Einzelhandels zahlreiche kleinere Läden des Viertels schließen mussten. Der bescheidene wirtschaftliche Erfolg des (teilweise informellen) Einzelhandelsgewerbes durch ethnische Minderheiten erklärt sich einerseits durch die Nutzung der so entstandenen Angebotslücke, andererseits durch den direkten räumlichen Kontakt zum traditionellen Flohmarkt (*rastro*), der auch über die Grenzen von Madrid hinaus sehr bekannt ist. Das Ergebnis ist eine ungewöhnliche urbane Revitalisierung dieses Altstadtviertels, die vornehmlich durch asiatische und maghrebinische Kleinhändler getragen wird und ihre ökonomische Stabilität u. a. der beständigen Nachfrage durch Immigranten der gleichen ethnischen Minderheiten verdankt. Die Besonderheit des Viertels liegt auch darin, dass sich hier kein ethnisches Ghetto ausgebildet hat, sondern eine dynamische und offene kosmopolitische Gesellschaft, die das urbane Leben der Altstadt von Madrid zweifellos bereichert.

Zentrales demographisches Problem der Altstadt von Madrid ist und bleibt die Überalterung. Allein zwischen 1955 und 1991 verlor die Altstadt in nur 35 Jahren ca. 60 % ihrer Ausgangsbevölkerung. Dieser spezielle Prozess scheint mit der Wende zum 21. Jh. zum Stillstand zu kommen, doch der generelle Trend zur Überalterung der Altstadt hält weiterhin an – verbunden mit der bereits erwähnten

Tertiärisierung. Aufgrund der unterschiedlichen Lebenserwartung von Männern und Frauen schreitet die Feminisierung unter der alternden Bevölkerung fort. Damit ist vielfach ein Leben an der Armutsgrenze verbunden. Vázquez Varela (1999, S. 686) weist warnend darauf hin, dass in bestimmten Altstadtvierteln in Kürze eine erhöhte Nachfrage nach geriatrischen Leistungen durch die staatliche Sozialversicherung zu erwarten ist. Das gilt vor allem für die Viertel mit degradierter Bausubstanz und einem erhöhten Anteil sozial schwacher Wohnbevölkerung. In der gesamten Altstadt ist der Anteil an Eigentumswohnungen mit 52,3 % für spanische Verhältnisse außerordentlich niedrig (zum Vergleich: In der gesamten Stadt Madrid beträgt er im Mittel 73 %). Die Bausubstanz der Altstadt datiert im Mittel aus dem Baujahr 1905 (Rojo Pérez et al. 2004, S. 677).

1860 trat an die Stelle der Mauer Philipps IV. das heutige Ringstraßensystem der *bulevares* (im Norden), der *paseos* (im Osten) und der *rondas* (im Süden). Jenseits dieses Rings beginnt die *ensanche,* d. h. die neuzeitliche Erweiterung des Stadtgebietes. Im Grundriss legt sich die *ensanche* als Ring um das historische Zentrum herum, wird allerdings im Westen unterbrochen, weil das Manzanares-Tal noch nicht überschritten wurde. Wies die erste offizielle Zählung von 1857 für Madrid noch 281 170 Einwohner aus, so war deren Zahl bis 1900 auf 528 984 angestiegen (Breuer 1987, S. 130). Die Ursachen für das rasche Bevölkerungswachstum am Ende des 19. Jh. sehen die meisten Autoren im Ausbau der Verkehrslinien, vor allem des Eisenbahnnetzes. Das Schienennetz des Landes war ebenfalls strahlenförmig auf Madrid ausgerichtet, wo es in drei großen Kopfbahnhöfen gebündelt wurde. 1858 ging die Linie Madrid–Alicante in Betrieb, ein Jahr später die Strecke Madrid–Sevilla. Beide mündeten in den *Atocha*-Bahnhof im Süden der Stadt. Der (damalige) Nordbahnhof *Príncipe Pío* wurde zur Endstation mehrerer Bahnlinien aus den nördlichen Landesteilen. Dazu gehörten die 1864 fertiggestellte Verbindung nach Frankreich über Valladolid, Burgos und Irún sowie ab 1880 die Verbindung nach Galicien mit dem Anschluss von Vigo und La Coruña. Erst der Bahnanschluss ermöglichte die Ansiedlung verarbeitender Industrie in der Stadt. Dies belegt das funktionale Raummuster noch heute: Während die *ensanche* im Allgemeinen systematisch bebaut wurde, verhinderten die Bahnhöfe *Atocha* und *Delicias* im Süden die Entstehung ausgedehnter Wohnviertel. Vielmehr konnten sich dort zentrumsnahe innerstädtische Industriegebiete entwickeln. Auch in den angrenzenden Vierteln von *Delicias* und *Legazpí* entstand ein ungeregeltes Nebeneinander von Wohnbebauung und industriellen Fertigungsstätten bei entsprechend heterogener Bausubstanz.

Die eigentlich typischen *ensanche*-Viertel liegen jenseits der Boulevards im Norden und Nordosten. Sie sind im Grundriss meist durch ein strenges Schachbrettmuster geprägt, so z. B. östlich der Straßenachse der *Castellana*, wo der Herzog von Salamanca das nach ihm benannte Stadtviertel bebaute.

Die Außenzonen der Stadt, die sich an die *ensanche* anschlossen, wurden im ausgehenden 19. Jh. als „Peripherie" bezeichnet. Ein 1892 von Soria vorgelegter Plan sah hier eine Landhausbebauung vor, die sich ringförmig um die *ensanche* legen sollte. Von diesem Projekt wurde aber nur ein 5 km langer Straßenzug im Nordosten, die sog. *Ciudad Lineal,* realisiert. Ansonsten verlief die städtische Bebauung dieser Peripherie völlig ungeregelt. Wo sich die radial angeordneten Ausfallstraßen mit den die *ensanche* nach außen begrenzenden Ringstraßen kreuzen, entwickelten sich Arbeitervorstädte. In diesem Zusammenhang wurde auch erstmals das rechte Ufer des Manzanares im Südwesten der Stadt bebaut. Beispiele für solche ehemaligen Vorstädte sind etwa *Cuatro Caminos* an der Route nach Frankreich, *Puente de Vallecas* an der Straße nach Valencia, *Ventas, Prosperidad* usw. Inzwischen sind alle diese ehemaligen Vorstädte in die städtische Bebauung integriert.

Als die spanische Wirtschaft nach dem Abschluss des Bürgerkrieges und dem Ende des Zweiten Weltkrieges in den 1950er-Jahren wieder Fuß fasste, wurde Madrid von einem ungeregelten, massiven Zuwandererstrom von bis dahin nicht gekannten Ausmaßen überrollt. Damals entstanden vorübergehend sogar Blechhütten-Viertel (*chabolas*), die man in Europa sonst nur aus Ländern der Dritten Welt kannte. Diese Wohnsiedlungen sind inzwischen verschwunden und haben mehrstöckigen Großwohnanlagen Platz gemacht. Innerhalb der Peripherie des Stadtgebietes hat die ungeordnete bauliche Expansion in der Mitte der 1920er-Jahre so gut wie keine Freiräume gelassen, sodass größere Grün- oder Parkanlagen hier fehlen.

In der Gegenwart hat sich das politische und wirtschaftliche Aktivitätszentrum Madrids in den nordöstlichen Sektor der *ensanche* verlagert. Dabei ist die Verlängerung des *Paseo del Prado* nach Norden, die *Castellana,* zum neuen Lebensnerv der modernen Stadt geworden. Den Anstoß dazu lieferte die Stadtplanung unter der Diktatur General Francos, die den neuen *Paseo de la Castellana* als repräsentative Bühne für Aufmärsche und Großkundgebungen plante. In diesem Zusammenhang wurde auch ein Teil der Ministerien aus dem engen Zentrum ausgelagert und in einem repräsentativen Gebäudekomplex an der *Castellana* neu angesiedelt (die sog. „*Nuevos Ministerios*"). Inzwischen liegen an dieser fast schnurgeraden Ausfallstraße nicht nur zahlreiche Ministerien und zentrale Behörden (darunter das Nationale Statistische Amt Spaniens nahe der *Plaza de Castilla*), sondern auch viele ausländische Botschaften, die konsequenterweise die Nähe der Regierungsstellen suchen. Damit ist die Straßenachse *Prado–Castellana* zum Rückgrat des politischen Madrid geworden. Gleichzeitig haben sich dort immer mehr Großbanken, Versicherungen und Luxushotels von internationalem Rang angesiedelt.

Diese Entwicklung wurde durch die Sanierung von innerstädtischen Gewerbe- und Industriebrachen erleichtert. Die gesetzlichen Grundlagen für deren städtebauliche Überplanung schufen der *„Plan General"* von 1963 und die *„Ordenanzas"* von 1972 (Pardo Abad & Olivera Poll 1992). Anlass für die Aufgabe unrentabler Gewerbestandorte oder das Brachfallen von Altindustrieflächen im Stadtgebiet war der starke, nicht selten spekulative Nachfragedruck auf den innerstädtischen Bodenmarkt. Die schrittweise Überbauung der Industriebrachen begann im historischen Kern bereits in den 1960er-Jahren und erfasste zwischen 1975 und 1990 sowohl die *ensanche* als auch die Peripherie des Stadtgebietes, wo zahlreiche Industriebetriebe ihre angestammten Standorte zugunsten von funktionalen Neubauten aufgegeben hatten, vorzugsweise im Süden außerhalb der Grenzen der Kernstadt. Schließlich trug auch die wirtschaftliche Rezession der 1970er-Jahre („Ölkrise") zur Entstehung von Industriebrachen im Stadtgebiet bei. Zu den größten Baumaßnahmen auf ehemaligen innerstädtischen Industriebrachen gehört gegenwärtig zweifellos das Projekt des *„Pasillo Verde Ferroviario"*. Auf einem ehemaligen Industrieareal aus dem 19. Jh. am linken Ufer des Manzanares ist ein völlig neues Wohnviertel entstanden. Voraussetzung dafür war der Neubau einer S-Bahn-Linie („*Cercanía*") zwischen den Bahnhöfen *Príncipe Pío* und *Méndez Álvaro*. Zu diesem Zweck gründeten die Stadt Madrid und die nationale Eisenbahngesellschaft RENFE eigens einen Zweckverband (*public-private partnership*).

Wenngleich die Überbauung innerstädtischer Gewerbe- und Industriebrachen auf ca. 80 % der betroffenen Flächen neue Wohnungen schuf (Pardo Abad & Olivera Poll 1992, S. 200), stärkte sie gleichzeitig an der Achse *Castellana–Paseo del Prado* deren Stellung als Standort höchstrangiger zentraler Dienstleistungen. Ein bekanntes Beispiel bildet der Baublock, der sich nördlich an die *„Nuevos Ministerios"* anschließt. Hier sind um die *Plaza de Picasso* moderne Bürohochhäuser ebenso wie Einkaufszentren und innerstädtische Grünanlagen entstanden.

Zur funktionalen Aufwertung der neuen Leitachse der *Castellana* gehört auch die Modernisierung des Bahnhofs von *Chamartín* am nördlichen Stadtrand, der im Schnittpunkt der Autobahnumgehung M-30 mit der *Castellana* (vgl. Abb. 124) fast vollständig unter die Erde verlegt wurde und über fünf unterirdische S-Bahn-Linien mit dem Atocha-Bahnhof im Süden verbunden werden konnte. Dieser erfuhr durch die Anbindung der S-Bahn-Gleise ebenso wie durch die neue Hochgeschwindigkeitsstrasse des AVE, der Madrid seit 1992 mit dem 471 km entfernten Sevilla verbindet, eine völlige bauliche Umgestaltung. Die alte Bahnhofshalle aus der Zeit der Jahrhundertwende, ein architektonisches Kleinod im Jugendstil, beherbergt jetzt einen tropischen Garten und lädt wartende Reisende zum Verweilen in exotischem Ambiente ein (Abb. 126).

Im Umfeld der Station von *Chamartín* sind oberirdisch 10 000 neue Wohneinheiten sowie Grünanla-

Abb. 126: *Die Jugendstil-Halle des Atocha-Bahnhofs in Madrid präsentiert sich Reisenden heute als tropischer Garten.*

gen entstanden bzw. noch vorgesehen. Bisher spektakulärster Ausdruck der planerischen Gestaltung einer höchstrangigen funktionalen Achse für Madrid entlang der *Castellana* ist die *Puerta de Europa* als derzeitig nördlichster Fixpunkt der *Castellana* an der *Plaza de Castilla*. Das „Europa-Tor" besteht aus zwei um 15 Grad gegeneinander geneigten Hochhaustürmen, die zumindest optisch die Gesetze der Schwerkraft zu überwinden scheinen. Die beiden Türme repräsentieren den wirtschaftlichen Aufstiegswillen Madrids ebenso wie die Risiken spektakulären Wachstums; sie sind damit zweifellos auch sichtbarer Ausdruck des neuen Selbstwertgefühls einer ganzen Nation. Das in Presseverlautbarungen als „Emblem des modernen Madrid" bezeichnete Bauwerk steht gleichzeitig als Mahnmal für den bisher größten Finanzskandal Spaniens. Im August 1990 hatte der Bau der gigantischen schwarz verglasten Türme aus Beton, Stahl und Aluminium begonnen, finanziert durch das Kuwait Investment Office (KIO) in London. Das Bauvorhaben war dabei nur ein Beispiel für das wirtschaftliche Engagement, bei dem die Kuwaitis insgesamt zweistellige Milliardenbeträge (in DM) in die spanische Wirtschaft investierten. Ende 1992 musste das für den Bau der beiden Hochhaustürme gebildete Firmenimperium Konkurs anmelden, nachdem Verluste von mehr als 6 Mrd. DM (3 Mrd. €) eingetreten waren. Nach dreimaligem Versteigerungsversuch übernahmen schließlich die Gläubigerbanken die Bauruine zu einem Viertel des ursprünglich geforderten Preises, um die Baufertigstellung zu gewährleisten. Im Herbst 1995 waren die Türme endlich bezugsfertig, aber fünf Monate später war noch keines der 54 Stockwerke vermietet, weil zu diesem Zeitpunkt in Madrid bereits 660 000 m² an Bürofläche leer standen. Inzwischen ist der größte Teil der Türme bezogen und wird genutzt. Im Volksmund werden sie weiterhin als „*Torres KIO*" (KIO-Türme) bezeichnet.

Nichtsdestoweniger stehen Pläne für eine Verlängerung der *Castellana* um 3,5 km nach Norden bis Fuencarral unmittelbar vor ihrer Verwirklichung. Sie markieren den vorläufigen Schlusspunkt einer stadtgeographisch bemerkenswerten Funktionalentwicklung: Seit dem 17. Jh. war die *Plaza Mayor* das wirtschaftliche Zentrum der Stadt. Im 19. Jh. verlagerte es sich an die *Puerta del Sol*. Von hier aus wechselte es in der ersten Hälfte des 20. Jh. auf die *Gran Vía*. Indem sich zum Ende des 20. Jh. der *Paseo de Castellana* als neue Leitlinie für höchstrangige zentrale Funktionen etablieren konnte, setzt sich die Verlagerung des funktionalen städtischen Zentrums vom historischen Stadtkern nach Nordosten kontinuierlich fort.

Das exzessive Wachstum bescherte der Stadt in der zweiten Hälfte des 20. Jh. erhebliche Verkehrsprobleme. Anfang der 1980er-Jahre drohte dem Individualverkehr der endgültige Kollaps. Weit über 1 Mio. Kraftfahrzeuge konzentrierten sich während weniger Tagesstunden auf einige Haupteinfallsstra-ben zwischen den Außenbezirken und der Kernstadt. Dank der wirtschaftlich prosperierenden Entwicklung von Madrid, die durch den Beitritt Spaniens zur Europäischen Gemeinschaft zusätzlich beschleunigt wurde, verfügt die Stadt heute über ein gut funktionierendes Ringstraßensystem. Die mehrspurigen Schnellstraßen staffeln sich in mehreren konzentrischen Ringen vom Zentrum in die Außenbezirke (M-30, M-40 usw.; vgl. Abb. 124). Zu Stoßzeiten werden (nach US-amerikanischem Vorbild) die Fahrspuren der Ausfallstraßen je nach Bedarf für die Fahrtrichtung umgewidmet. Nachdem inzwischen auch leistungsfähige S-Bahn-Linien die Kernstadt mit den Satellitenstädten in der metropolitanen Stadtregion verbinden, ist die ehemals chaotische Verkehrssituation in der Stadtregion nunmehr weitgehend entzerrt.

Lissabon: Tor zum Atlantik

Lissabon erlebte nach dem Ende des Salazar-Regimes zunächst einen wirtschaftlichen Niedergang. Er wurde durch die weltweite Ölkrise ausgelöst und durch den unerwarteten Zuzug der *retornados*, die nach der überstürzten Aufgabe der letzten afrikanischen Kolonien von der portugiesischen Wirtschaft nicht zeitnah absorbiert werden konnten (vgl. Kapitel „Bevölkerungsstruktur und -dynamik"), verstärkt. Die weltweite Wirtschaftsrezession traf in erster Linie die petrochemische Industrie und die Stahlerzeugung. In der Folge geriet auch die gesamte Werftenindustrie in die Krise, wovon der Ballungsraum Lissabon besonders betroffen war.

Am östlichen Stadtrand hatte sich unmittelbar am rechten Tejo-Ufer zwischen 1942 und 1960 die größte geschlossene Industriezone innerhalb des Stadtgebiets von Lissabon herausgebildet. Hier reichte das schmale, hafenorientierte Industrieband von Xabregas im Süden bis nach Marvila im Norden. Im Anschluss an die eigentlichen Industrieflächen waren rückwärtig Wohnviertel entstanden, teilweise in Form geplanter Wohnungsbau-Großprojekte. Zu nennen sind z. B. Olivais-Norte für 10 000 Einwohner, Olivais-Sul für 35 000 Einwohner und zuletzt (1980) Chelas für 55 000 Einwohner (Weber 1980, S. 267 f.). Außerhalb der Stadt erfuhr das Gegenufer (*outra banda*) jenseits des Strohmeeres auf der Halbinsel von Setúbal eine vergleichbare Entwicklung: Almada wurde bereits 1966 durch eine mehrspurige Hängebrücke von 2,3 km Länge an Lissabon angeschlossen. Die *Ponte 25 de Abril* beschleunigte sowohl die gewerblich-industrielle Aufsiedelung als auch die Urbanisierung des südlichen Tejo-Ufers nachhaltig. Nutznießer war neben Almada als Standort der Großwerft „LISNAVE" noch Barreiro als Sitz des damals größten portugiesischen Industrieunternehmens (CUF: *Companhia União Fabril*); Seixal wurde durch die Eisenhütte „Siderurgia Nacional" geprägt (Abb. 127).

Die aufgelisteten, ehemals „strategisch" bedeutsamen Branchen der Großindustrie waren von der Energieverknappung der 1970er-Jahre besonders stark betroffen. Als Nutznießer der Entwicklung er-

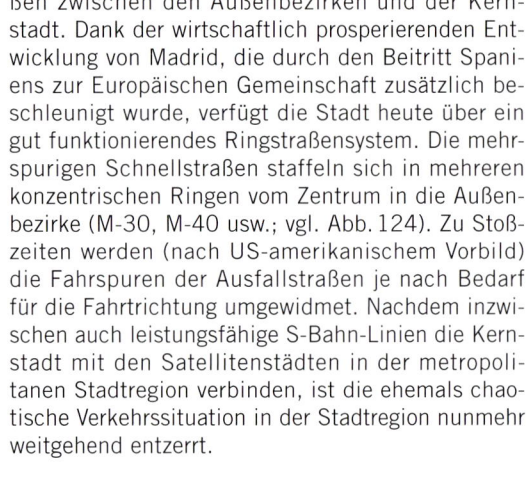

Abb. 127: Großraum (Grande Área Metropolitana de Lisboa) und funktionale Zonierung des Stadtgebiets von Lissabon

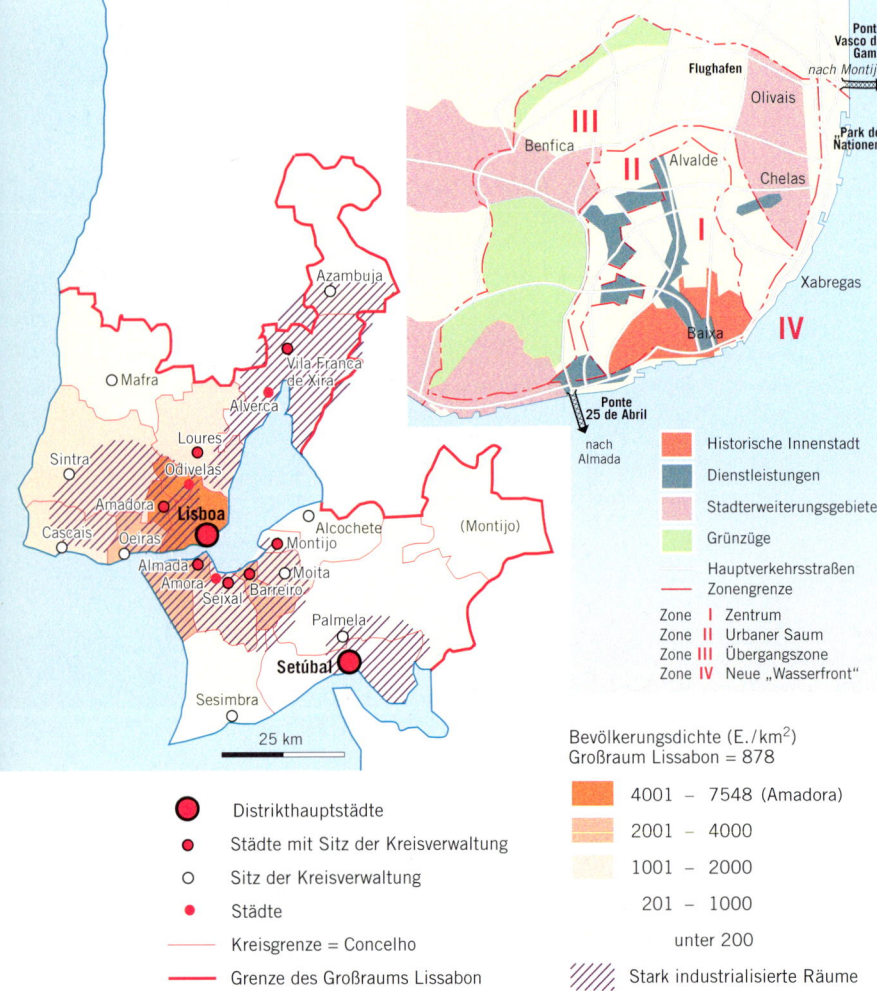

Historische Innenstadt

Dienstleistungen

Stadterweiterungsgebiete

Grünzüge

Hauptverkehrsstraßen

Zonengrenze

Zone I	Zentrum
Zone II	Urbaner Saum
Zone III	Übergangszone
Zone IV	Neue „Wasserfront"

Bevölkerungsdichte (E./km²)
Großraum Lissabon = 878

4001 – 7548 (Amadora)

2001 – 4000

1001 – 2000

201 – 1000

unter 200

Distrikthauptstädte

Städte mit Sitz der Kreisverwaltung

Sitz der Kreisverwaltung

Städte

Kreisgrenze = Concelho

Grenze des Großraums Lissabon

Stark industrialisierte Räume

Quellen: Pudemat 1997, modifiziert; Weber 1980, S. 258, 270

Datenquelle: INE, Zensusdaten 2001; Entwurf: Pudemat 1997, S. 171

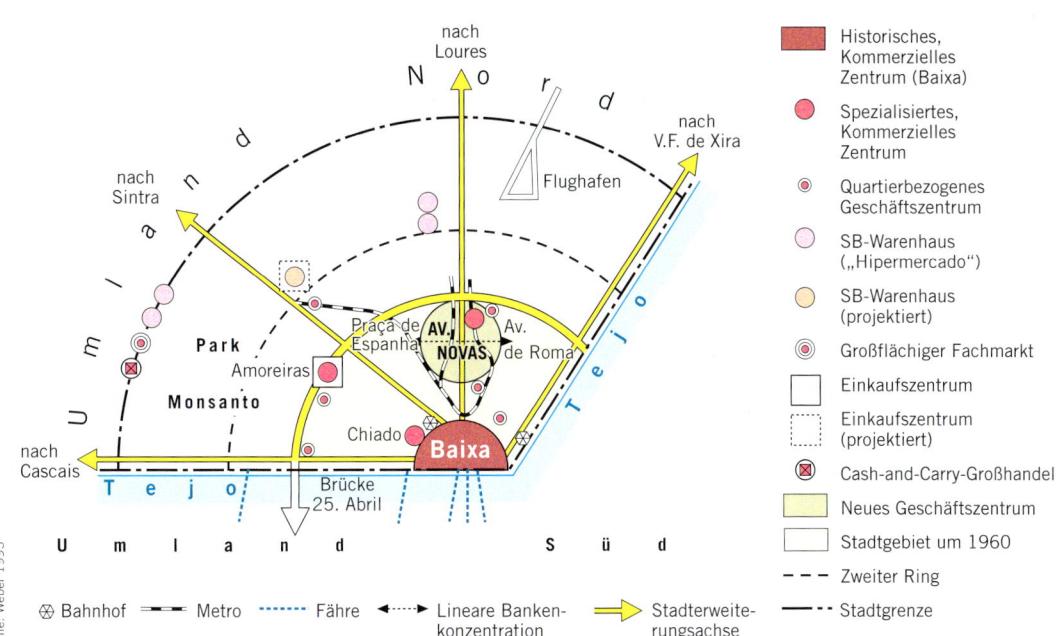

Quelle: Weber 1995

Abb. 128: Lissabon: kommerzielles Strukturschema

wiesen sich damals die kleinen und mittelständischen Betriebe im Ballungsraum von Porto, die sich bei insgesamt sehr viel breiterer Diversifizierung der industriellen Produktpalette (Textil, Bekleidung, Schuhe, Holz, Kork, Elektro, Kleinmaschinen) auch im Export behaupten konnten. Im Gegenzug entstanden an den Lissaboner Standorten der Großchemie und Schwerindustrie im Gefolge von Betriebsaufgaben ausgedehnte Brachflächen, für die sich keine gewerbliche Folgenutzung fand.

Als wesentlicher Impuls für eine wirtschaftliche Neuorientierung Lissabons erwies sich der EG-Beitritt des Landes 1986. Infolge der seit 1974 ungebremsten Zuwanderung und des daraus resultierenden urbanen Wachstums erreicht das Einzugsgebiet von Lissabon inzwischen eine Fläche von ca. 3000 km² mit ca. 2,6 Mio. Konsumenten. Damit markiert die Stadt den größten Ballungsraum an der Westküste Europas. Zusätzlich besinnt sich Lissabon auf seinen Standortvorteil als „Gateway" nach Südwesteuropa mit einer auf die Hauptstadt ausgerichteten Infrastruktur (Hafen, Flughafen, Fernstraßenanbindung, Telekommunikation). Die Stadterneuerung setzt seither konsequent auf den Ausbau des tertiären Wirtschaftssektors mit Handel und Dienstleistungen, wobei nunmehr ein polyzentrisches Konzept verfolgt wird.

Die Planung folgt dabei wiederum einer spontanen Dynamik innerstädtischer Funktionsverlagerung, die schon in den 1970er-Jahren von Gaspar (1976) analysiert wurde: Zu Beginn des 20. Jh. waren die funktional höchstrangigen städtischen Funktionen auf die sog. „Unterstadt" konzentriert, die nach dem verheerenden Erdbeben von 1755 unter dem Marquês de Pombal nach absolutistischen Vorstellungen im Schachbrettgrundriss neu aufgebaut worden war (*Baixa Pombalina*, vgl. Abb. 128). Im letzten Drittel des 19. Jh. entwickelte sich im Zuge der Erweiterung der *Baixa* nach Norden eine zusätzliche Differenzierung zwischen der höchstrangigen *Baixa rica* („reiche Unterstadt") im Westen und der *Baixa pobre* („arme Unterstadt") im Osten. Den Unterschieden im Güterangebot entsprach wiederum die Ausstattung der Wohnungen ebendort. Die westliche Unterstadt blieb zusammen mit dem nur wenige Straßenzüge umfassenden Quartier des *Chiado* bis in die 1950er-Jahre das zentrale Geschäfts- und Verwaltungsviertel Lissabons („City") mit höchstrangigen Bürostandorten. Die politischen Funktionen gruppierten sich vorzugsweise um die *Praça do Comércio*.

Diese monozentrische funktionale Struktur hatte sich bis 1970 weitgehend aufgelöst. Nach Weber (1995, S. 277) sind „alle cityspezifischen Funktionen abgewandert" und haben damit für die *Baixa* den Verlust der City-Funktion besiegelt. Durch die Anlage großzügiger Straßenachsen und Ringstraßensysteme (*Avenidas Novas*) wurden auch vordem dezentrale Standorte leicht erreichbar. Das Ergebnis ist nicht nur eine Dezentralisierung der höchstrangigen tertiären Funktionen (vornehmlich vom alten Zentrum nach Norden ausgehend, über die *Avenida da Liberdade* bzw. die *Avenida Almirante Reis* hinaus Richtung Flughafen), sondern auch eine disperse Verteilung der zentralen politischen Funktionen. Inzwischen hat sich der ehemalige funktionale City-Kern aufgelöst.

Damit korrespondiert die Entstehung von dezentralen Einkaufszentren innerhalb der Stadtgrenzen ebenso wie entlang der Ausfallstraßen. Der Einzelhandel reagiert dabei indirekt auf die Vorgaben des Wohnungsbaus: Als die Stadtverwaltung von Lissabon schon in den 1940er-Jahren den Mietwohnungsmarkt durch Festschreibung von Mieten zu

Abb. 129: Gewisse Bereiche der Vorstadt Amadora zählen auch noch im 21. Jh. zu den marginalisierten Vierteln im Großraum Lissabon.

bereich des Einkaufszentrums ist dabei vergleichsweise eng, reicht aber bis in das traditionelle Einzelhandelszentrum der *Baixa*. Weber (1995, S. 283) bezeichnet *Amoreiras* deshalb als „cityergänzendes Innenstadtrand-Einkaufszentrum".

Die Dispersion des Einzelhandels in Form von großflächigen Einkaufszentren an der Peripherie des metropolitanen Ballungsraumes ist seither weiter fortgeschritten: 1997 eröffnete das *Centro Comercial Colombo* (CCC) in unmittelbarer Nähe des Fußballstadions von Benfica Lissabon, also in sehr verkehrsgünstiger Lage im Nordwesten der Millionenstadt mit Anbindung an das Schnellstraßen- und Nahverkehrsnetz. Es bietet Stellplätze für 6800 Kunden-Pkw, die in mehr als 400 Einzelhandelsgeschäften und ca. 50 Gastronomiebetrieben ihre Auswahl treffen können. Als vorläufig letztes Einzelhandelszentrum etablierte sich 1999 das etwas kleinere *Centro Comercial Vasco da Gama* auf dem Gelände der EXPO 98 mit ca. 170 Einzelhandelseinrichtungen, einem Großkino usw. Vor diesem Hintergrund wirkt die (ebenfalls aus Anlass der EXPO 98 durchgeführte) Neugestaltung der *Praça do Comércio* als eher rührende Maßnahme der Stadtplanung, um der zunehmenden Entwertung der *Baixa* als traditionellem Einzelhandelsstandort entgegenzuwirken.

Für die jüngere, planmäßige Stadtentwicklung Lissabons sind die Regionalfördermittel der Europäischen Gemeinschaft (bzw. später der EU) von erheblicher Bedeutung. Im Gefolge der Brandkatastrophe von 1988, bei der mehrere historische Baublöcke in der westlichen *Baixa* (im *Chiado*-Viertel) auf einer Fläche von 2 ha Größe zerstört wurden, konnten nicht unerhebliche europäische Finanzhilfen für den Wiederaufbau eingesetzt werden. Wenngleich dieser Wiederaufbau den Verlust der City-Funktion des *Chiado* nicht aufhalten, geschweige denn umkehren konnte (Weber 1995), so hat die Unterstützung durch die EU doch wesentlich zur Modernisierung des innerstädtischen Verkehrssystems beigetragen (u. a. wurde die neue Metro-Linie zwischen *Campo Grande* und dem Kopfbahnhof *Cais do Sodré* mit einer eigenen Station *Baixa-Chiado* unmittelbar in die Altstadt geführt). Rückblickend hat der Brand des *Chiado* die Aufmerksamkeit der europäischen Öffentlichkeit erstmals auf Lissabon und die Probleme seiner Altstadtsanierung gelenkt.

regulieren suchte, wurde der Mietwohnungsbau für private Investoren unrentabel. Gleichzeitig unterblieben notwendige Bauerhaltungsmaßnahmen bei der bestehenden Bausubstanz. Die Folge war einerseits eine massive illegale Bautätigkeit auf Marginalstandorten, die z. B. wegen Überflutungs- oder Rutschungsgefahr zur Bebauung nicht zugelassen worden waren, andererseits ein Ausweichen des privaten Wohnungsbaus auf die Nachbargemeinden der Stadt. Gleichzeitig verloren die Innenstadtbereiche mit der schlechtesten Bausubstanz laufend an Wohnbevölkerung (Gaspar et al. 1999).

Als wegbereitend für die Neuorientierung des innerstädtischen Einzelhandels auf einen erlebnisorientierten städtischen Konsumenten darf das Einkaufszentrum von *Amoreiras* gelten. Es wurde 1985 mit einer gewerblichen Fläche von 86 000 m² (inkl. Großkinos, Gastronomie und Gesundheitszentrum) in Innenstadt-Randlage eröffnet. Der farbig gestaltete postmoderne Baukörper mit drei extravagant gestalteten zwölfstöckigen Hochhauselementen, in deren unteren Stockwerken das Einkaufszentrum untergebracht ist, war zwar architektonisch heftig umstritten, in wirtschaftlicher Hinsicht aber sehr erfolgreich: Bereits nach fünf Jahren konnte das Einkaufszentrum 13–15 % des Einzelhandelsumsatzes von ganz Lissabon auf sich vereinigen. Der Einzugs-

Stadtsanierung und Stadtentwicklung durch strategische Großprojekte

Die großen städtischen Zentren haben große Anstrengungen unternommen, den in der zweiten Hälfte des 20. Jh. erzielten Wanderungsgewinnen durch geeignete städtebauliche Maßnahmen zu begegnen (beispielsweise durch sozialen Wohnungsbau, durch den Auf- und Ausbau eines leistungsfähigen ÖPNV-Netzes, durch die Zielkoordinierung einer Straßenverkehrsplanung u.a.m.). Bis in die 1980er-Jahre hinein handelte es sich allerdings in der Mehrzahl der Fälle um eine Stadtplanung, die bestenfalls auf spontane Entwicklungen zu reagieren versuchte, wobei das dafür erforderliche rechtliche Instrumentarium (Flächennutzungs- und Bebauungspläne) vielfach erst neu geschaffen oder grundlegend überarbeitet werden musste. Die neuen demokratischen Verfassungen in beiden Staaten und die Stärkung der Autonomen Regionen in Spanien trugen das Ihrige dazu bei, auch ein Bewusstsein für lokale Eigenverantwortung und für kommunale Selbstverwaltung (im Sinne einer modernen *local governance*) wachsen zu lassen. Von Einzelfällen abgesehen, ließ sich eine vorausschauende Stadtplanung, die ihre Pläne auch effizient durchzusetzen vermochte, erst mit der Vollendung des Übergangs zu demokratischen Verhältnissen (*transición democrática*) realisieren.

Eine besondere Variante der nachholenden Stadtsanierung bediente sich zusätzlich sog. strategischer Großprojekte (Thiel 2000) – wiederum unter Einbindung von privaten Investoren (*public-private partnership*). Den Anfang machte Barcelona mit den Olympischen Spielen 1992. Im gleichen Jahr richtete Sevilla die Internationale Weltausstellung aus, 1998 zog Lissabon nach. Die Fußball-Europameisterschaft kam 2004 in Portugal allen austragenden Spielstätten zugute. Das Konzept hat sich offenkundig bewährt: Valencia war im Jahre 2007 Zielhafen für den populärsten Segelwettbewerb der Welt, den America's Cup, nachdem man sich gegen schwergewichtige Mitbewerber wie Marseille, Lissabon (!) und Genua durchsetzen konnte. Mit einem eigenen Investitionsvolumen von 0,5 Mrd. € hoffte man in der drittgrößten Stadt Spaniens auf einen wirtschaftlichen Gewinn in der Größenordnung von 1,5 Mrd. €. In diesem Zusammenhang profiliert sich Valencia als Zentrum des Segelsports in Südeuropa. Das Hafengebiet wurde als gigantisches Amphitheater für eine Reihe von jeweils eigenständigen Segelbasen völlig umgestaltet. Gleichzeitig entstand im ehemaligen Flussbett des Río Turia, der bereits 1957 nach einer Flutkatastrophe in ein künstliches Bett umgeleitet worden war, eine Kunst- und Wissenschaftsmeile mit – so hoffte man – aufsehenerregenden futuristischen Bauten. Das sportliche Großereignis ist über den Aspekt der Stadtsanierung auch Balsam für das valencianische Regionalbewusstsein: Allzu lange musste man gegenüber der ungeliebten katalonischen Nachbarmetropole Barcelona den Kürzeren ziehen.

Barcelona: Olympische Spiele 1992
Die Kernstadt Barcelona hat seit den 1980er-Jahren kontinuierlich an Bevölkerung verloren, die im Zuge der Suburbanisierung in Umlandgemeinden wanderte. Die weltweite Wirtschaftskrise im Gefolge des Ölschocks von 1974 und die anschließende Deindustrialisierung bescherten der Stadt zusätzliche Freiflächen bzw. sanierungsbedürftige Industriebrachen. Die wirtschaftliche Rezession Ende der 1970er-Jahre hatte vorübergehend auch die städtische Bodenspekulation außer Kraft gesetzt, sodass die Stadt mit finanzieller Hilfe der Autonomen Region, der Zentralregierung sowie der EG zumindest partiell grundlegend umgestaltet werden konnte. Die Ausrichtung der Olympischen Spiele im Jahre 1992 bot eine zusätzliche Gelegenheit, umfangreiche Straßenbau- und Umweltprojekte zu realisieren. Im Zusammenhang mit der Vorbereitung der Olympischen Spiele wurden wichtige Planungsvorgaben im sog. „*Plan Estratégico*" festgeschrieben. Indem es Barcelona gelang, die Weltöffentlichkeit

für die Stadt zu interessieren, flossen zur Vorbereitung der Olympischen Spiele Milliardenbeträge (in Euro!) in das Zentrum Kataloniens.

Im Altstadtbereich zählten dazu der alte Hafen mit seinen weitgehend funktionslos gewordenen Flächen ehemals hafenständiger Betriebe und das degradierte Arbeiterviertel Barceloneta. Am Rande der *ensanche* erwies sich die Gleisführung der Eisenbahn mit dem Hauptbahnhof zunehmend als Hindernis für eine moderne Verkehrsplanung. Für eine grundlegend neue Innenstadtentwicklung wurde deshalb 1988 das Konzept der sog. „Neuen Zentralitäten" entworfen, mit dessen Hilfe insgesamt zwölf verschiedene Entwicklungsräume im Innenstadtbereich südlich der Mündung des Llobregat ausgewiesen wurden, um die innerstädtischen Quartiere der Kernstadt infrastrukturell besser zu erschließen. Im Vordergrund standen dabei Maßnahmen zur innerstädtischen Verkehrsoptimierung (U-Bahn-Bau, Modernisierung des Hauptbahnhofs mit Verlegung des Gleiskörpers in den Untergrund, Ausbau eines Ringstraßensystems – küstenseitig der *Cinturón del Litoral* bzw. die *Ronda del Mar*, gebirgsseitig die *Ronda da Dalt*) sowie die Erleichterung des diagonalen Verkehrs über die *Avenida Meridiana*.

Einen weiteren inhaltlichen Schwerpunkt bildete die *Waterfront*-Revitalisierung (zum Begriff und Konzept vgl. Breen & Rigby 1994; Fisher et al.

Abb. 130: *Das ehemalige Olympische Dorf ist heute als* Poble Nou *Teil der urbanen Wasserfront-Revitalisierung in Barcelona.*

Abb. 131: Hafenentwick-
lung und -revitalisierung
in Barcelona

Der Hafen von Barcelona 1970

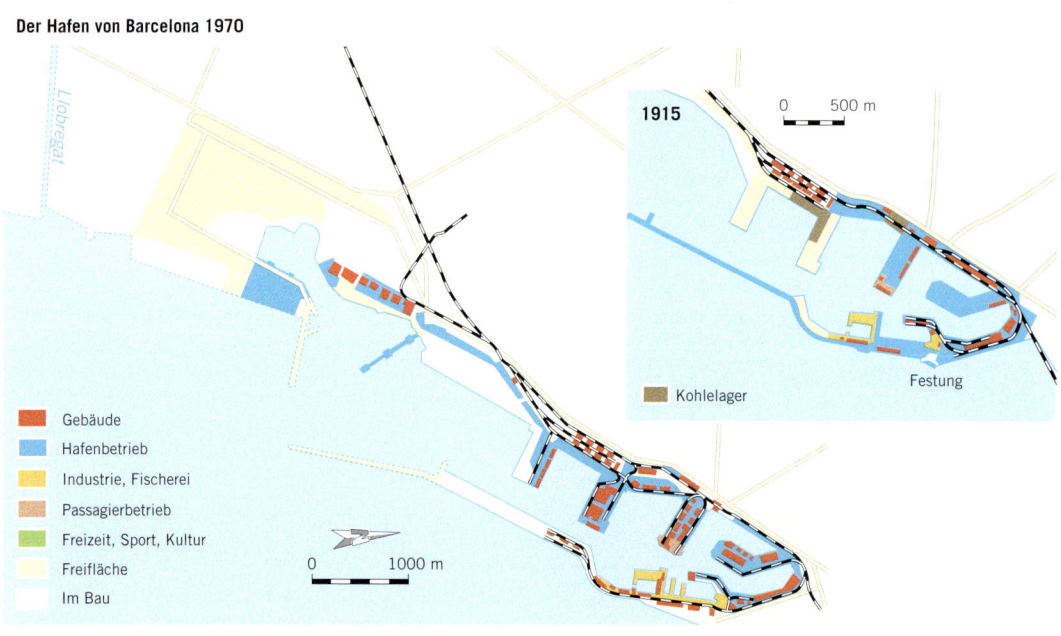

1915

0   500 m

- ▮ Gebäude
- ▮ Hafenbetrieb
- ▮ Industrie, Fischerei
- ▮ Passagierbetrieb
- ▮ Freizeit, Sport, Kultur
- ▮ Freifläche
- ▯ Im Bau

▮ Kohlelager

Festung

0   1000 m

Flächennutzung im Hafengebiet von Barcelona 2001

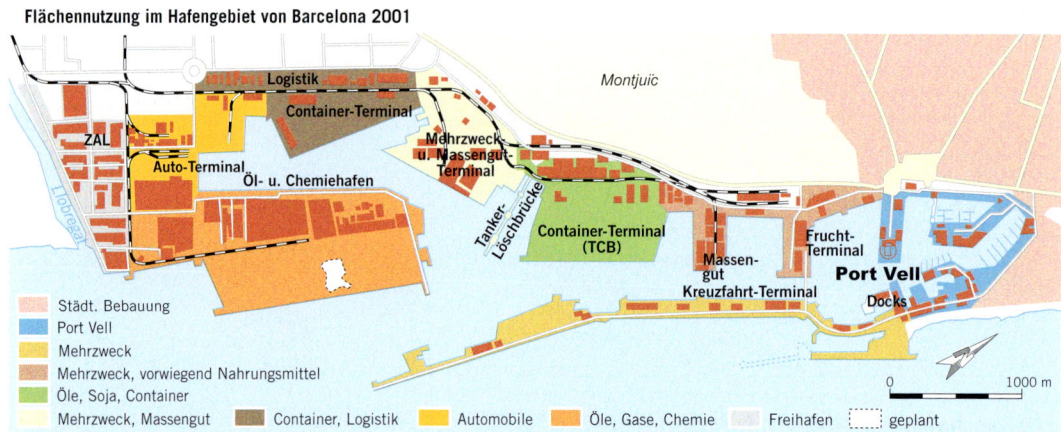

Montjuïc

Logistik

Container-Terminal

ZAL

Auto-Terminal

Öl- u. Chemiehafen

Mehrzweck-
u. Massengut-
Terminal

Tanker-
Löschbrücke

Container-Terminal
(TCB)

Massen-
gut

Frucht-
Terminal

Kreuzfahrt-Terminal

Port Vell

Docks

- ▮ Städt. Bebauung
- ▮ Port Vell
- ▮ Mehrzweck
- ▮ Mehrzweck, vorwiegend Nahrungsmittel
- ▮ Öle, Soja, Container
- ▮ Mehrzweck, Massengut
- ▮ Container, Logistik
- ▮ Automobile
- ▮ Öle, Gase, Chemie
- ▯ Freihafen
- ▯ geplant

0   1000 m

Revitalisierung der Wasserfront zwischen Port Vell und Olympiahafen

Raval

Barri
Gòtic

Ribera

Parc de
Ciutadela

Poble
Nou

Rambla

Via Laietana

Museu d'Art
Modern

Avenida del Bogate

Bahnhof

Zoo

Avenide d'Icaria

Museu Marítim

Colom

Palau de
Mar
Museu d'Historia

Ronda Litoral

Carrer Marina

Vila Olimpica

Ronda Litoral

Moll de la Fusta

R.C. Nautica

R.C. Marítim

Marina
Port Vell

Passeig

Marítim

IMAX

Aquàrium

Hospital

Platja de la
Nova Icária

Seilbahn

Multicinc

Maremàgnum

Moll de la Barceloneta

Parc de la
Barceloneta

World
Trade
Center

Port Vell

Barceloneta

Port
Olimpic

Moll de Barcelona

Institut Ciencias
del Mar

Platja Pg. Marítim

Platja de Barceloneta

0   200 m

Quelle: Wehrhahn 2004; verändert

2004) im Umfeld des alten Hafens (*Port Vell*), der zu einem innerstädtischen Freizeitzentrum mit verschiedenen Yacht-Clubs, Multicine- bzw. Imax-Großkinos, Museen und Einkaufszentrum umgestaltet wurde (vgl. Abb. 131). Nach Norden schließt sich ein künstlich geschaffener Strandabschnitt an, an dem auch der neue Olympia-Sporthafen (*Port Olimpic*) mit dem Olympischen Dorf entstand (Abb. 130). Zusammen mit dem ebenfalls neu gestalteten *Poble Nou* gilt die Neugestaltung der meerwärtigen Front inzwischen als Aushängeschild einer erfolgreichen Stadtplanung in Barcelona, nicht zuletzt deshalb, weil Fußgänger heute ungestört vom Autoverkehr vor der Kulisse der Altstadt auf der Hafenpromenade flanieren können, bis dahin in spanischen Städten eine Seltenheit. Insgesamt belegt die jüngste Stadterneuerung Barcelonas, die überwiegend im Rahmen von *public-private partnership*-Projekten geplant wurde, erneut das den Katalanen nachgesagte kommerzielle Geschick.

Sevilla und Lissabon: Weltausstellungen

Sevilla: EXPO 92

Die Weltausstellung von 1992 wurde nicht von ungefähr nach Sevilla (und damit in die viertgrößte Stadt Spaniens) geholt: 500 Jahre zuvor war Christoph Kolumbus von hier aus zu seiner berühmten Seereise nach Indien gestartet, die ihn de facto nach Amerika führte. Mit der Ausrichtung der „EXPO 92" in Andalusien verfolgte die Zentralregierung in Madrid gleichzeitig innenpolitische Ziele: Das sozialpolitisch unruhige und wirtschaftlich rückständige Niederandalusien sollte enger an den Zentralstaat und damit auch näher an Europa angebunden werden. Sevilla ist heute von Madrid aus mit dem Hochgeschwindigkeitszug AVE innerhalb von zweieinhalb Stunden zu erreichen, obwohl der Bau der Hochgeschwindigkeitsstrecke Madrid–Barcelona unter wirtschaftlichen Erwägungen vorrangig gewesen wäre. Damit ist Sevilla gleichzeitig an das europäische Hochgeschwindigkeitsbahnnetz mit europäischer Spurnorm angeschlossen. Zusätzlich verfügt die andalusische Metropole erstmals über direkte Autobahnverbindungen in die Landeshauptstadt ebenso wie nach Málaga und Granada. Damit ist die Distanz zur Costa del Sol für Autofahrer auf weniger als zwei Stunden geschrumpft. Auf dem neuen Flughafen San Pablo können dreimal so viele Passagiere abgefertigt werden wie zuvor. Für die optimierte überregionale Verkehrsanbindung Sevillas investierte Madrid aus dem nationalen Haushalt mehr als 7 Mrd. €.

Aus kommunaler Sicht war die durchgreifende Sanierung des innerstädtischen Verkehrsnetzes ungleich bedeutsamer. 120 Jahre lang querten nur vier Brücken den Guadalquivir, der sich in Verbindung mit der Trassenführung der Eisenbahn ab 1950 als schwerwiegendes Hindernis für eine organische Stadtentwicklung erwies. Über den Fluss quälte sich zuletzt täglich jeweils morgens und abends ein Strom von mehr als 500 000 Be-

rufspendlern, um die Arbeitsstätten in der Stadt bzw. die großen Satellitenstädte mit ihren Großwohnanlagen westlich des Río Guadalquivir zu erreichen. Diese waren in der Phase der ungeregelten Zuwanderung zwischen 1975 und 1990 auf der rechten Flussseite im sog. *Aljarafe* auf preiswertem Baugrund entstanden. Dank der EXPO 92 sind sechs weitere Brücken hinzugekommen, unter ihnen die futuristisch anmutende *Puente de la Barqueta* (Abb. 133). Der Durchgangsverkehr, der den gesamten innerstädtischen Verkehr zuletzt phasenweise kollabieren ließ, umfährt den Stadtkern nun im Osten mithilfe eines Autobahnrings (SE-30), der seinerseits an die überregionalen Autobahnverbindungen anschließt (vgl. Abb. 132).

Am folgenreichsten für den innerstädtischen Strukturwandel ist zweifellos die nunmehr verwirklichte organische Anbindung ehemals abgeschnittener Stadtviertel an den Stadtkern. Dafür wurden Bahngleise, die vordem das Stadtgebiet zerschnitten, entweder unter die Erde verlegt oder aber durch wenige neue, gebündelte Trassen ersetzt. Die alten Bahnhöfe von *San Bernardo* und *Plaza de Armas* in der Altstadt sind durch den neuen Großbahnhof von

Abb. 132: Sevilla: Stadtstruktur

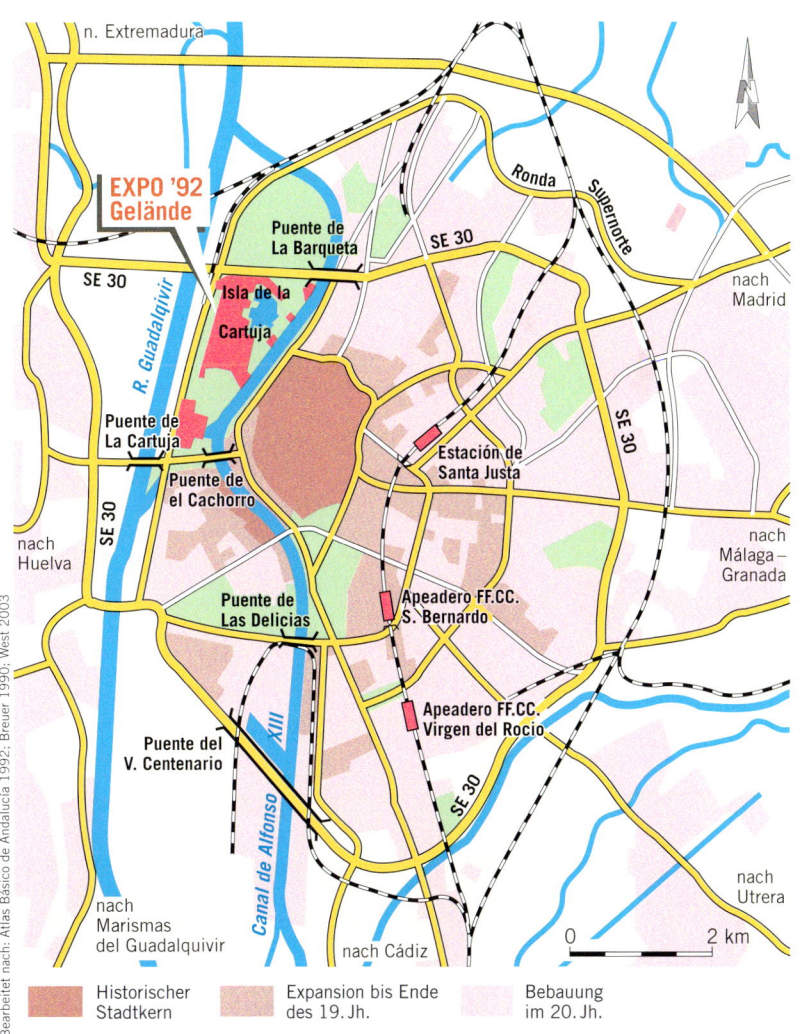

Bearbeitet nach: Atlas Básico de Andalucia 1992; Breuer 1990; West 2003

Historischer Stadtkern	Expansion bis Ende des 19. Jh.	Bebauung im 20. Jh.

Abb. 133: *Die* Puente de la Barqueta *ist seit der Weltausstellung von 1992 eines der Wahrzeichen des modernen Sevilla.*

Santa Justa ersetzt worden. Für den Río Guadalquivir wurde ein neues Flussbett künstlich ausgehoben. Zu den dergestalt gewonnenen zentrumsnahen Freiflächen kamen ehemalige Industriebrachen hinzu, sodass sich nach der Phase der unkoordinierten baulichen Entwicklung Sevillas nach 1950 nun erstmals Spielräume für eine kreative Stadtplanung ergaben. Davon profitierten vornehmlich der Wohnungsbau und die urbane Gestaltung des zentrumsnahen Wohnumfeldes (u. a. entstand am alten Flussufer des Guadalquivir eine neue Flaniermeile für die Wohnbevölkerung). Verständlicherweise haben die neuen zentralen Lagequalitäten sowie die Verbesserungen des Wohnumfeldes in den dergestalt aufgewerteten Stadtvierteln eine deutliche Teuerung und Bodenspekulation ausgelöst. West (2003) konnte anhand einer Korrespondenzanalyse mit 94 Variablen zum Bildungsstand der Wohnbevölkerung (den sie wiederum sozialen Klassen bzw. ausgewiesenen Lebensstilen zuordnet) in insgesamt 106 Stadtvierteln belegen, dass die ehemals degradierten bzw. marginalisierten und jetzt sanierten Viertel (wie z.B. San Bernardo und Las Huertas) vielfach einen Austausch der angestammten Wohnbevölkerung erfahren. Indem die sanierten, zentrumsnahen Wohnviertel nun auch für die Bildungsoberschicht attraktiv werden, verlieren wiederum deren bis dahin bevorzugte Wohnbezirke (wie z.B. das Viertel Porvenir oder die Gartenstadt Santa Clara) hinsichtlich des sozialen Status (gemessen am Bildungsindex) relativ an Rang. Per saldo haben die innerstädtisch-infrastrukturellen Verbesserungen entscheidend dazu beigetragen, in Sevilla einen homogenen städtischen Organismus zu schaffen. Insofern sind die Stadterneuerungsmaßnahmen, die im Zuge der Vorbereitung auf die EXPO 92 in Sevilla umgesetzt wurden, überwiegend positiv zu werten.

Das gilt weniger für das eigentliche Ausstellungsgelände auf der *Isla de la Cartuja*, einer Flussinsel im Guadalquivir von 215 ha Größe, die nach dem vormaligen Kartäuserkloster Santa María de las Cuevas aus dem 15. Jh. benannt ist. Diese Fläche war

trotz der zentrumsnahen Lage nur mangelhaft an die Innenstadt angebunden (u. a. fehlte eine Brücke über den Guadalquivir). Degradierte Bausubstanz und soziale Marginalisierung waren die Folge. Das sollte mit der Weltausstellung und ihrem Folgenutzungskonzept („*Cartuja 93*") behoben werden: In den zurückgebliebenen Pavillons sollte ein Technologiepark eingerichtet werden. Die Weltausstellung sollte Stadt und Region aus dem Stand heraus ins Hochtechnologiezeitalter katapultieren. Sogar von einem „Silicon Valley Europas" war die Rede.

Tatsächlich ließen sich auf dem ehemaligen EXPO-Gelände nur wenige neue Unternehmen nieder. Die Leerstände waren mehr als zehn Jahre nach der Weltausstellung noch erheblich. Einige der ehemaligen Ausstellungspavillons verfallen bereits; auf den großen Parkplatzflächen und Gehwegen wuchert teilweise Gras aus den Spalten der Plattenbeläge. Aus dem geplanten Technologiepark ist vorerst nur ein Vergnügungspark („*Isla Mágica*") nach amerikanischem Vorbild geworden. Damit darf das ursprüngliche Planungskonzept zumindest vorläufig als gescheitert gelten.

Dennoch kann die EXPO 92 für die Stadtplanung in der andalusischen Metropole als bahnbrechend bezeichnet werden. Die Defizite des alten Flächennutzungsplans von 1987 wurden schonungslos aufgedeckt. 2000 wurde ein neuer Generalplan für Sevilla in Angriff genommen, wobei 2001 auch eine Bürgerbeteiligung (*mesas de participación*) zum Einsatz kam (West 2003). Damit akzeptiert auch Sevilla erstmals die Erfordernisse einer modernen vorausschauenden Stadtplanung.

Lissabon: *EXPO 98*

Für Lissabon war das unter städtebaulichen Gesichtspunkten wichtigste Großereignis zweifellos die Weltausstellung von 1998 („EXPO 98"). In diesem Zusammenhang wurden wesentliche Verbesserungen der Verkehrsinfrastruktur initiiert, nämlich im innerstädtischen Bereich die Erweiterung und Neukonzeption des Metro-Netzes und im regionalen Kontext die Querung der Tejo-Bucht durch eine 18 km lange Autobahnbrücke (*Ponte Vasco da Gama*). Letztere wurde ab 1995 mit regionalen Fördermitteln der EU gebaut und konnte im März 1998 rechtzeitig vor Eröffnung der Weltausstellung fertiggestellt werden (vgl. Abb. 127).

Darüber hinaus bot die Weltausstellung der Stadt die Gelegenheit, auf einer ehemaligen Industriebrache am Tejo-Ufer, dem Dock von Olivais (*Doca dos Olivais*), eine umfassende Altlastensanierung mit einer neuen städtebaulichen Konzeption zu verbinden. Beplant wurde eine Fläche von ca. 300 ha Größe, auf der ehemals eine Raffinerie sowie petrochemische Großbetriebe gestanden hatten; zuletzt hatte sie u. a. als Müllhalde gedient. Die wichtigsten Gebäude der ehemaligen Weltausstellung sind Bestandteile eines Kulturzentrums mit Kongresshalle und Auditorium geworden. Hinzu kommen erlebnisorientierte Angebote wie ein Aquarium (das größte seiner Art in Europa), ein modernes Einkaufszentrum

(„*Vasco da Gama*"), ein Sporthafen u. a. m. Im Anschluss an das eigentliche EXPO-Gelände (Abb. 134) entstehen auf dem sanierten Industriegelände seit dem Jahr 2000 in unmittelbarer Nähe zur Wasserfront des Strohmeeres hochwertige Wohnanlagen für ca. 20 000 Einwohner, wobei das Preisniveau der Immobilien hier ein neues Oberschicht-Wohnviertel entstehen lässt. Das relativ zur *Praça do Comércio* sehr dezentral am Tejo-Ufer gelegene neue Stadtviertel wurde rechtzeitig zur Eröffnung der Weltausstellung 1998 durch die neue Metrolinie *Oriente* an das Stadtzentrum (*Alameda*) angebunden (Abb. 135).

Der neue Ostbahnhof (*Gare do Oriente*; Abb. 136) auf dem ehemaligen EXPO-Gelände, von dem aus der neue Hochgeschwindigkeitszug nach Porto abfährt, ist als Umsteigebahnhof bzw. Knotenpunkt mit der Eisenbahn konzipiert. Nach dem vollständigen Ausbau läuft die modernisierte Bahnstrecke von der Algarve nach Lissabon ebenfalls den Ostbahnhof an. Der Bahnhof wird damit die polyzentrische Struktur von Lissabon verstärken.

Abb. 134: *Das Gelände der Weltausstellung von 1998 – der „Park der Nationen" – auf einer ehemaligen Hafenbrache am Strohmeer ist mittlerweile zu einem attraktiven Stadtteil an der Wasserfront Lissabons geworden.*

Abb. 135: *„Wasserfront"-Revitalisierung Lissabon: „Park der Nationen"*

Quelle: Weber & Schott 2001, S.21; korrigiert und ergänzt

U-Bahn

S Sportbereich

B Bildungseinrichtung

K Knotenpunkt für öffentl. u. priv. Nah- u. Fernverkehr

R Reservefläche

Industriefläche

Fläche für Wissenschaft und Technologie

Fläche für Landwirtschaft, Freizeit, Erholung und Lehrpfade

Grünfläche

Einzelhausbebauung

Mehrgeschossige Wohnbebauung

Wohnbebauung auf historischen Flächen

Wohnbebauung in Industriezonen

Wohnbebauung und tertiäre Aktivitäten

Sanierungsbedürftiges landwirtschaftliches Gebäude

Erhaltenswertes Gebäude

Abb. 136: Der neue Ost-bahnhof (Gare do Oriente) mit dem Vasco-da-Gama-Einkaufszentrum setzt in Lissabon postmoderne städtebauliche Akzente.

Abb. 137: Unsanierte Arbeiterwohnviertel der ehemaligen Eisenhütte „Altos Hornos de Vizcaya" (AHV) in Baracaldo (Ría de Bilbao, Prov. Vizcaya)

Die Revitalisierung alter Industriegebiete: das Beispiel Bilbao

In Verbindung mit dem viel zitierten baskischen Unternehmergeist war schon im ausgehenden 19. Jh. im Mündungstrichter des Río Nervión in Anlehnung an die Stadt Bilbao ein Schwerindustriegebiet entstanden. Es basierte einerseits auf hochwertigen Eisenerzlagern beiderseits des Flussunterlaufs (mit einem Eisengehalt von durchschnittlich 54 %!) und andererseits auf britischer Kokskohle. Mit der Erfindung der Bessemer-Birne (1856) zur Stahlerzeugung hatte der Export von baskischen Erzen nach England eingesetzt, das bis zum Beginn des Ersten Weltkrieges jährlich ca. 5 Mio. t allein aus den baskischen Bergbaurevieren bezog. Das baskische Unternehmertum erkannte seinerseits recht bald die Möglichkeit, mit den Schiffen britische Kokskohle als preiswerte Rückfracht nach Bilbao zu transportieren, wo man mit dem Kapital aus den Eisenerz-

exporten den Aufbau einer eigenen Eisen- und Stahlindustrie betrieb. Bereits 1902 formierte sich der damals größte spanische Eisenhüttenkonzern „Altos Hornos de Vizcaya" (AHV) auf dem linken Flussufer unterhalb von Bilbao in Baracaldo (Abb. 137). Das Unternehmen beschäftigte hier sowie später am Standort Sestao zeitweise mehr als 15 000 Personen. Hinzu kamen weitere Großunternehmen zur Eisenverarbeitung wie z. B. Babcock & Wilcox, wo mehr als 4000 Beschäftigte Heizkessel, Lokomotiven und andere Schwermaschinen produzierten. Ergänzt wurde diese traditonelle Schwerindustrie durch die ausgedehnten Werftanlagen der „Astilleros Españoles S.A." direkt am Fluss mit über 8000 Beschäftigten. Auf diese Weise wuchs bis zur Mitte der 20. Jh. beiderseits der Ría von Bilbao eine städtisch-industrielle Agglomeration, die sich an den schmalen Uferleisten auf einem Gebiet von max. 3 km Breite und mehr als 15 km Länge zusammenballte. Die Agglomeration schloss eine Reihe von sekundären städtischen Zentren mit ein, wodurch sich ein chaotisch anmutendes Nebeneinander von Massenwohnquartieren und Industrieanlagen ergab. Die Großunternehmen der Schwerindustrie lagen vorwiegend auf dem linken Ufer der Ría; auf dem rechten Ufer siedelten sich stärker mittelständische Unternehmen der Metallverarbeitung, der Elektrogeräteindustrie sowie der Chemie an. Herzstück dieses hoch verdichteten Schwerindustriegebiets war der Hafen. Den vorläufigen Schlusspunkt der erfolgreichen Industriegeschichte des baskischen Reviers von Bilbao bildete in den 1970er-Jahren die Raffinerieanlage von Petronor am westlichen Ausgang der trichterförmigen Rías-Bucht. Damit konnten auch Großtanker bis 500 000 BRT mit einem Tiefgang von über 20 m das Industrierevier anlaufen. Zu Beginn der 1970er-Jahre war der industrielle Höhepunkt erreicht. Die Provinz Vizcaya (oder Bizcaia) zählte zu den wirtschaftlich stärksten Provinzen Spaniens (Gómez 1998).

Die Altlasten der Schwerindustrie

Die durch das Engtal des Río Nervión vorgegebene außerordentliche räumliche Konzentration der Industriegebiete hatte allerdings eine ebenso außergewöhnliche Umweltbelastung zur Folge. Die Kontamination des Flusswassers (beispielsweise mit Schwefelsäure, Beizbädern aus der Kaltmetallveredelung, Gerbsäuren der Lederwarenindustrie und Farbstoffen der Textilfertigung) erreichte europaweit negative Rekordwerte. Gleiches galt für den Grad der Luftverschmutzung, der an keiner anderen Stelle Spaniens erreicht wurde. Hinzu kamen massive infrastrukturelle Probleme für den Material- und Güteraustausch zwischen den verschiedenen Fertigungsstandorten ebenso wie für den Personenverkehr, die letztlich durch die topographische Situation im engen Flussmündungstrichter des Río Nervión verursacht wurden. Das Kernstück des baskischen Industrireviers war somit bereits zu Beginn der 1970er-Jahre an einem Punkt angelangt, an dem die ursprünglichen Standortvorteile nunmehr in sowohl massive ökologische als auch ökonomische Nachteile umschlugen (vgl. Breuer 1987, S. 201 ff.).

In dieser Situation traf die sog. „Ölkrise" – die genau genommen eine Öl*preis*krise war – in der ersten Hälfte der 1970er-Jahre das baskische Industrierevier gleich mehrfach in zentralen Wirtschaftsbranchen. Dazu zählten die Schwerindustrie im engeren Sinne, die Werftindustrie sowie der Seehafen von Bilbao. Die Bündelung aller drei genannten Standortfunktionen war ehemals ein zentraler Vorteil der baskischen Metropole gewesen. In der Zeit der Krise erwies sie sich jedoch als zusätzliche Belastung. Die sprunghafte Verteuerung der Energiekosten brachte den europäischen Stahlerzeugern in den traditionellen Schwerindustriegebieten mit vielfach veralteten Produktionsanlagen milliardenschwere Verluste. Die Folgen sind weithin bekannt: Die Massenproduktion von Stahl verlagerte sich in Schwellenländer mit niedrigen Lohnkosten, wie beispielsweise nach Brasilien und Korea. In Europa wurden alle klassischen Schwerindustriegebiete – von den englischen West Midlands über das Ruhrgebiet und Lothringen bis ins Baskenland – zum Sanierungsfall. Sofern sie den Strukturwandel bisher bewältigen konnten, sind sie heute nicht mehr das, was sie einmal auszeichnete. Sie haben ihre ursprüngliche Funktion als Motor der industriell-gewerblichen Wirtschaft samt und sonders verloren. Die Schwerindustrie von Bilbao hat darüber hinaus den sich anbahnenden strukturellen Wandel viel zu spät erkannt und entsprechend allzu spät reagiert, sodass das baskische Industriegebiet heute noch um einen Strukturwandel ringt, der beispielsweise im Ruhrgebiet inzwischen weitgehend vollzogen ist. Die Ursachen für diese verzögerte Reaktion der spanischen Wirtschaftspolitik haben ihre Wurzeln in den autarkieorientierten, den Idealen staatlicher Lenkung verpflichteten wirtschaftlichen Leitbildern der Franco-Ära. Wirtschaftspolitisch wirksame Gegenmaßnahmen wurden darüber hinaus vielfach durch das Konkurrenzdenken zwischen nationalstaatlichen Maßnahmen einerseits und regionalpolitischen Partikularinteressen der Basken andererseits entwertet.

Die Krise der Werften

Die Werftindustrie war nicht nur von der Stahlkrise betroffen, sondern musste gleichzeitig Antworten auf einen brancheninternen Strukturwandel finden: Die neue Nachfrage nach Großtankern bzw. Großfrachtern in bislang nicht gekannten Dimensionen, die die Übersee-Frachtschiff-Fahrt nunmehr zu dominieren begannen, konnte an den traditionsreichen Werftstandorten ohne großzügige Erweiterungsbauten kurz- und mittelfristig nicht befriedigt werden. Der Schiffsbau verlagerte sich aus Europa an neue Standorte in Fernost. Die Folgen waren wiederum europaweit wirksam.

Spanien, das 1969 unter den Schiffbaunationen der Welt noch auf Rang 5 lag, ist heute diesbezüglich nahezu unbedeutend. Damit ist ein glänzendes Kapitel der spanischen Wirtschaftsgeschichte zu

Ende gegangen. Es hatte 1750 mit einer Marine-Werft im galicischen El Ferrol begonnen. Am Ende der Franco-Diktatur waren in der Geburtsstadt des Diktators allein zwei Großwerften ansässig (BAZÁN mit ca. 10 000 Beschäftigten sowie ASTANO mit ca. 8000 Beschäftigten; BAZÁN war darüber hinaus auch noch an den Werftstandorten von Cartagena und Cádiz vertreten). Auf dem ehemaligen Werftgelände von ASTANO waren 2003 nur noch ca. 250 Werftarbeiter beschäftigt. Das kleine Nachfolgeunternehmen IZAR hat sich auf den Bau von Offshore-Bohrplattformen spezialisiert. Es beschäftigte 2003 in El Ferrol noch knapp 2700 Arbeitskräfte. Man hat sich auf die Rüstungsindustrie verlegt und ist auf den Bau von Fregatten spezialisiert. Nach dem Beitritt Spaniens zur NATO kommt ein Großteil der Aufträge aus den der NATO angeschlossenen Ländern.

An weiteren, im internationalen Kontext bedeutsamen Werften gibt es auf der Iberischen Halbinsel nur noch eine einzige: das portugiesische Unternehmen LISNAVE auf der Halbinsel Mitrena/Setúbal. Sie ist aus der ehemaligen Großwerft SETENAVE (Estaleiros Naveis de Setúbal) hervorgegangen. Es handelt sich um eine reine Reparaturwerft, die sich auf die Generalüberholung von Großtankern und Container-Frachtschiffen bis zur Größenordnung des PAN-MAX-Standards (max. 250 m lang, 32 m breit) spezialisiert hat. Der Standort profitiert von seiner Nähe zu den großen Schiffsrouten über den Atlantik sowie von den sehr kurzen Liegezeiten (dank einer bislang einzigartigen Dock-Technologie [„Hydro-Lift"] lässt sich die Standardrevision eines Großtankers inklusive komplettem Neuanstrich in weniger als 14 Tagen realisieren). Das Unternehmen beschäftigte 2005 nur 550 fest angestellte Arbeitskräfte; hinzu kamen ca. 1100 Beschäftigte in angeschlossenen Subunternehmen. Der deutsche Thyssen-Krupp-Konzern ist mit 20 % Kapital an LISNAVE beteiligt. Als Reparaturwerft ist das Unternehmen zur Zeit europaweit führend.

In Bilbao hingegen wurde die Chance vertan, den Werftstandort durch eine dem portugiesischen Unternehmen ähnliche Erschließung von Nachfragenischen zumindest partiell zu sichern. Die baskische Metropole ist deshalb inzwischen als Werftstandort bedeutungslos.

Der Strukturwandel der Seehäfen

Nach der Schwerindustrie und der Werftenkrise ist als dritter und letzter Aspekt des Strukturwandels im baskischen Industrierevier die strukturelle Umgestaltung der Seehäfen anzusprechen. Sie geht im Kern auf die neue Frachttechnologie der Container zurück, die als standardisierte Normbehälter nicht nur einen Quantensprung beim Umschlag von Stückgut ausgelöst haben, sondern gleichzeitig auch die Entwicklung von Großraum-Frachtcontainerschiffen zur Folge hatte. Das Ergebnis war die Verödung ganzer traditionsreicher, aber kleinteiliger Hafengebiete. Bekannte Beispiele für solche Hafenbrachen sind die Londoner Docklands ebenso wie die Spei-

cherstadt im alten Hamburger Hafen. Die städtepla-
nerische Herausforderung, die mit der Revitalisierung innenstadtnaher Hafenzonen verbunden war
und weiterhin ist, äußert sich (verkürzt) u. a. im Leitbild der *„waterfront development"*, das bereits an
den Beispielen von Barcelona und Lissabon angesprochen wurde. In Bilbao ist dieser Prozess zu Beginn des 21. Jh. noch nicht abgeschlossen. Die
Kernstadt steht damit ebenso wie der gesamte Ballungsraum gegenwärtig beispielhaft für den gleich
dreifachen Umbau einer altindustriell geprägten
metropolitanen Region auf der Iberischen Halbinsel.

Man schätzt, dass durch die Krise der Schwerindustrie im baskischen Revier mehr als 100 000 industrielle Arbeitsplätze verloren gingen (Meyer
2001a). Die nun eingeleitete Revitalisierung der
Hafen- und Industriebrachen an der Ría des Nervión verfolgt zwei grundsätzliche Zielsetzungen:

Zum Einen sollen alle industriell beanspruchten
Flächen an der Ría aufgegeben werden. An diesen
Standorten sollen hochrangige Dienstleistungsfunk-
tionen, hochwertige urbane Wohnfunktionen sowie

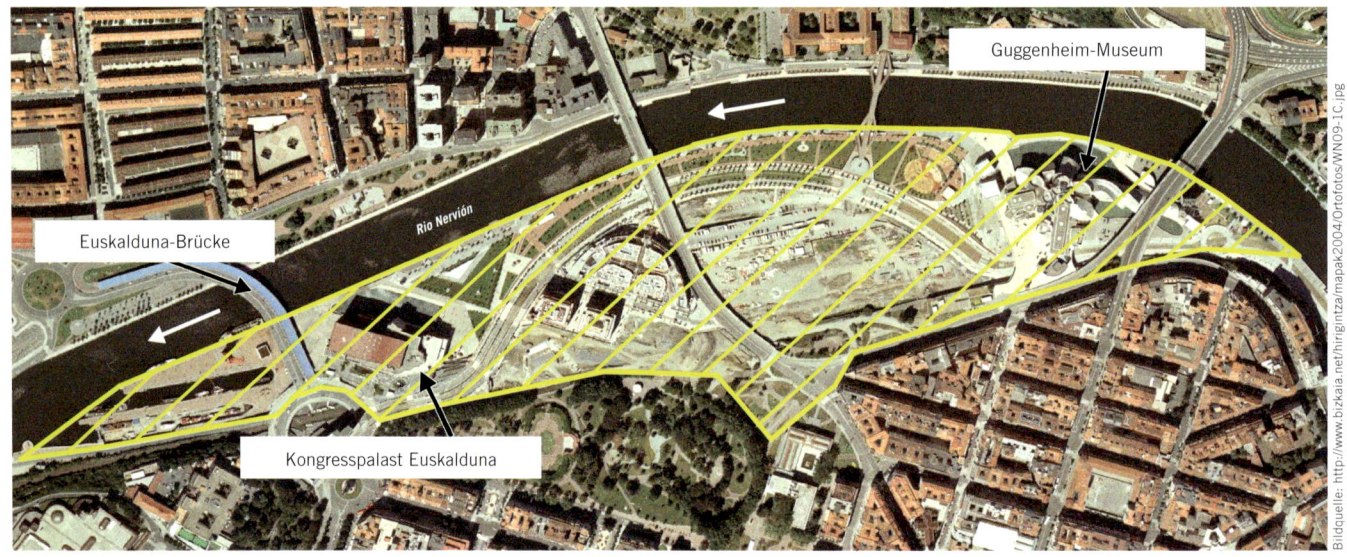

Bildquelle: http://www.bizkaia.net/hirigintza/mapak2004/Ortofotos/WN09-1C.jpg
03. 07. 2006

Sanierungsgebiet
Abandoibarra
(ehem. Hafenviertel)

0   200 m

Abb. 138: *Revitalisie-
rungsprojekt Abandoibarra
(Bilbao)*

kulturelle Einrichtungen von überregionaler Bedeutung entstehen. Zum Anderen soll die internationale
Wettbewerbsfähigkeit des Hafens von Bilbao wie-
derhergestellt werden. Das geschieht auf zweifache
Weise: Außerhalb des eigentlichen Nervión-Mün-
dungstrichters entsteht in Anlehnung an den ehemaligen Fischerort Zierbana nunmehr der schon seit
Jahrzehnten geplante „Superhafen" (*superpuerto*)
für Großtanker (Abb. 138) und Containerschiffe mit
allen erforderlichen Einrichtungen für einen („su-
per"-)schnellen Güterumschlag. Bestimmte Hafenfunktionen sollen in der Bucht von Santurtzi – d. h.
ebenfalls außerhalb der Nervión-Mündung, aber im
inneren Bereich des *superpuerto* – zur Nutzung von
Synergieeffekten gebündelt werden. Planung und
Organisation erfolgen bemerkenswerterweise nicht
durch eine zentrale Planungsbehörde, sondern

durch einen Zweckverband unter Beteiligung von
öffentlicher Hand und Privatwirtschaft nach dem
Konzept der *public-private partnership*. Das Konsor-
tium firmiert unter der Bezeichnung „Bilbao Metro-
poli 30" (BM30 = *Asociación para la Revitalización
del Bilbao Metropolitano*). BM30 verfügt nicht über
normale Planungskompetenzen, wie sie einer Planungsbehörde eigen wären. Die Stärke des Konsor-
tiums liegt vielmehr in der Koordination der unterschiedlichen Interessen der beteiligten Akteure.
Dazu gehören sowohl große Wirtschaftsunternehmen
als auch Behörden der Autonomen Baskischen Region. Die eigentliche Umsetzung der Planungskon-
zepte obliegt einer eigens gegründeten Kapitalge-
sellschaft: „Bilbao Ría 2000" (BR2000) ist zu
100 % in staatlichem Besitz, wobei die Gewichte
zwischen der Zentralregierung in Madrid und den

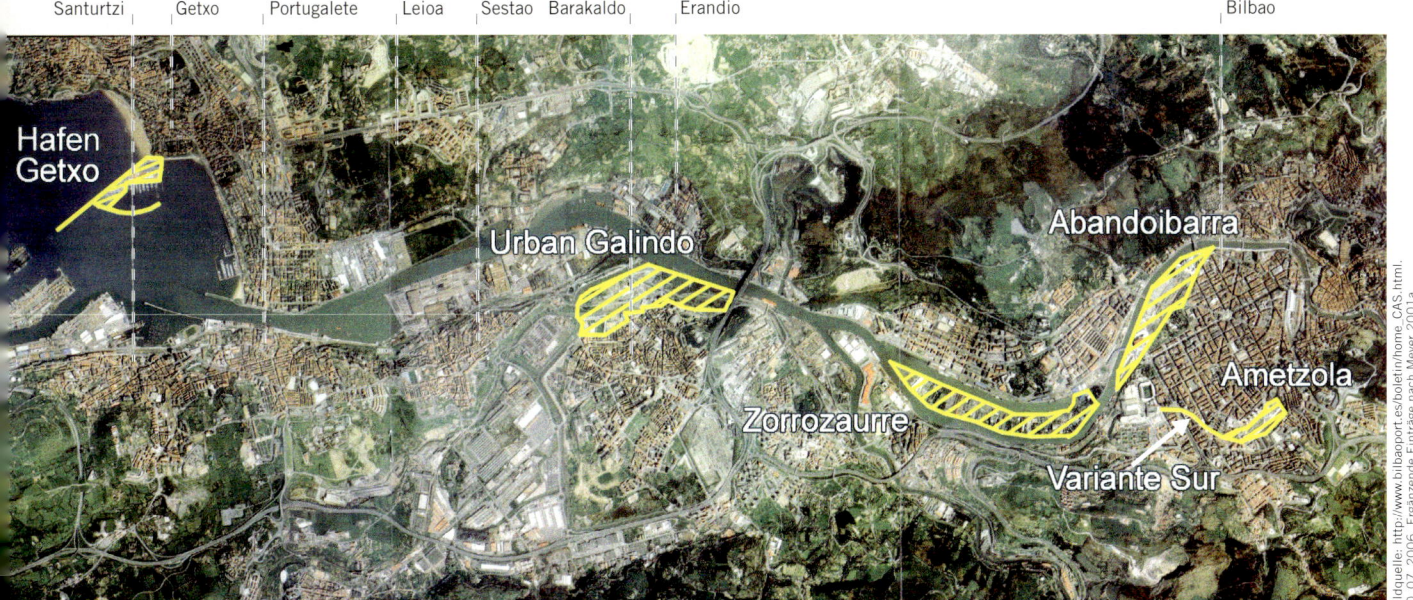

Santurtzi   Getxo   Portugalete   Leioa   Sestao Barakaldo   Erandio   Bilbao

Revitalisierungs-
projekte

0   2 km

*Abb. 139: Verdichtungs-
raum Bilbao im Ästuar des
Río Nervión*

*Abb. 140: Der Kongress-
palast von Bilbao wurde
auf dem Gelände einer
ehemaligen Werft erbaut.*

verschiedenen hierarchisch gestaffelten baskischen Verwaltungsinstitutionen sorgfältig austariert sind. „Bilbao Ría 2000" erfüllt de facto die Funktion einer formal nicht bestehenden übergreifenden Planungsbehörde. Für die Realisierung von Teilzielen gibt es darüber hinaus zusätzliche Zweckverbände. Als Beispiel kann das *Consorcio de Transportes de Vizcaya* dienen, dem die Planung für die neue Metro übertragen wurde. Die eigentliche Strategieplanung zum Ablauf der Revitalisierung richtet sich wiederum nach einem eigenen Flächennutzungsplan, dem *Plan Territorial Parcial Bilbao Metropolitano*.

Als „Filetstück" für die städtebauliche Neuplanung von Bilbao gilt das Areal von Abandoibarra (vgl. Abb. 138 und Abb. 139). Das ehemalige Hafengelände umfasst ca. 35 ha und schließt unmittelbar an die *ensanche*, d.h. die Stadterweiterung des 19. Jh. (1876), an. Dieser zentrumsnahe Standort soll nach den Vorstellungen der Planer zur neuen Freizeit- und Kultur-City von Bilbao werden. Realisiert wurde bisher u. a. der von Robert Stern entworfene Einkaufs- und Freizeitkomplex *Centro Comercial Zubiate* mit einer Verkaufsfläche von 21 000 m², wo sich auf vier Etagen 76 Einzelhandelsgeschäfte eingerichtet haben. Ebenfalls fertiggestellt ist ein Luxushotel der Sheraton-Kette (Architekt: Ricardo Legorreta). Die neue City wird symbolhaft von zwei Eckpfeilern der Kultur eingerahmt, dem Guggenheim-Museum im Osten an der Nahtstelle zur *ensanche* und dem Musik- und Kongresspalast (*Palacio de Congresos y de la Música*; Abb. 140) im Westen. Ergänzt wird das kulturelle Element durch Neubauten für Leitungsfunktionen der beiden Universitäten (Zentralbibliothek der *Universidad de Deusto*; Rektorat der Universität des Baskenlandes). Das Guggenheim-Museum wurde 1997, der Musik- und Kongresspalast 1999 eröffnet. Die bis nach Übersee

reichende touristische Attraktionskraft des Guggenheim-Museums wurde bereits im Kapitel „Die Wirtschaft im Kräftefeld von Politik und Globalisierung" angesprochen. Wenn auch der Beitrag dieses architektonischen Meisterwerks von Frank O. Gehry zur neuen Imagebildung von Bilbao nicht hoch genug eingeschätzt werden kann, so sind die direkten wirtschaftlichen Effekte des Museums weniger spektakulär: Zu nennen ist vorwiegend ein Kurzzeit-Städtetourismus, der zu Zeiten der Industriestadt Bilbao undenkbar gewesen wäre. Der im Überschwang der Gefühle bejubelte „Guggenheim-Effekt" muss deshalb vornehmlich in wirtschaftspsychologischer Hinsicht genutzt werden.

Im Übrigen ist das Guggenheim-Museum als Baustein in einer Planungsstrategie zu sehen, bei der Architekten von Weltrang einzigartige Glanzpunkte setzen und damit der Revitalisierung von Bilbao zu einem Alleinstellungsmerkmal verhelfen sollen, d. h., die Architektur wird im Sinne des Stadtmarketings instrumentalisiert. Der Musik- und Kongresspalast am Standort der ehemaligen Euskalduna-Werft wurde von den Architekten Dolores Palacios und Federico Soriano entworfen. Sie verfremdeten den in seinem Kern eher nüchternen Zweckbau durch eine rostige Stahlverkleidung der Fassade, die wie die Innenhülle eines doppelwandigen Tankers konstruiert ist und auf diese Weise die Tradition des Schiffsbaus architektonisch zitiert. Santiago Calatrava baute im Rahmen der Flughafenerweiterung von Sondica ein völlig neues Terminal, dessen Form an die Silhouette eines segelnden Vogels erinnert. Für die Gestaltung der U-Bahn-Zugänge wurde der britische Architekt Norman Foster verpflichtet. Die muschelförmigen Überdachungen der Eingänge zur Metro werden heute im Volksmund liebevoll als *„fosteritos"* bezeichnet und gelten ebenso wie das Guggenheim-Museum als Wahrzeichen des „neuen" Bilbao.

Von den zahlreichen Revitalisierungsprojekten im metropolitanen Raum Bilbao (vgl. Abb. 139) können im Folgenden nur die größeren Vorhaben angesprochen werden. In Ametzola liegt das Gelände des ehemaligen Güterbahnhofs. Die ca. 110 000 m² große Fläche bildete ursprünglich eine problematische Barriere zwischen der *ensanche* und den im Süden gelegenen Wohnvierteln von Recalde und Basurto. Inzwischen wurde der schienengebundene Personenverkehr hier unter die Erde verlegt. Die S-Bahn transportiert über diese sog. *Variante Sur* täglich mehr als 6000 Fahrgäste aus den südlichen Wohnbezirken an die Ría. Oberirdisch ist der Park von Ametzola als neue „grüne Lunge" konzipiert, in dessen Randbereich bis 2003 ca. 1000 hochwertige Wohnungen entstanden. Der ehemalige Industriestandort Zorrozaurre, der inzwischen vollständig aufgegeben wurde, bietet sich dank seiner Konfiguration als Halbinsel zwischen dem Nervión und einem Altwasserarm zur Bebauung mit Exklusivwohnungen ebenso wie mit hochrangigen tertiären Funktionen geradezu an. Die Halbinsel könnte so das nahe gelegene Abandoibarra sinnvoll ergänzen.

Besondere Beachtung verdient der Standort der ehemaligen Stahlhütte „Altos Hornos de Vizcaya" (AHV) in Baracaldo am linken Unterlauf der Ría. Die Stilllegung von AHV war seinerzeit gleich in doppelter Hinsicht dramatisch: Zum Einen verloren ca. 11 000 Beschäftigte ihre Arbeit, zum anderen trat mit AHV ein identitätsstiftendes Symbol für das gesamte Baskenland ab. Auf dem ehemaligen Betriebsgelände, das mit ca. 50 ha zu den größten Industriebrachen unmittelbar am Nervión gehört, soll eine komplette neue Stadt entstehen („*Urban Galindo*"; vgl. Abb. 139). Die Wunschvorstellungen der Planer zielen auf hochwertige Dienstleistungsunternehmen aus der Informationstechnologie-(IT-)Bran-

che. Grünanlagen im Bereich der Uferzonen sollen zusätzlich attraktive Rahmenbedingungen für qualitativ hochwertige Wohnanlagen schaffen. An der Schnittstelle der Autobahn A8 mit der Nationalstraße 637 entsteht das neue Messegelände *„Vega de Ansio"*. *„Urban Galindo"* stellt in ökonomischer ebenso wie in ökologischer Hinsicht eine besondere Herausforderung dar. Der hochgradig kontaminierte Baugrund der ehemaligen Hochofenstandorte musste komplett ausgetauscht werden. Das war nur durch den massiven Einsatz von internationalen Finanzmitteln aus den EU-Regionalfonds möglich.

Die nach dem Erfolg des Guggenheim-Museums erwarteten raschen und langfristig wirksamen ökonomischen Folgen zeigen sich allerdings eher verhalten: Auf dem ehemaligen AHV-Gelände von Barakaldo waren bis zum Frühjahr 2003 ganze 365 Arbeitsplätze in kleineren Nachfolgeunternehmen entstanden. Das Bemühen um ausländische Investoren war vor allem im produzierenden Gewerbe nur selten von Erfolg gekrönt. Verhandlungen mit Großinvestoren wie FIAT oder mit Flugzeugbauern scheiterten u. a. auch an der Haltung der baskischen Regionalregierung, die die Sicherheitsbedenken der ausländischen Investoren (im Hinblick auf baskischen Terrorismus) nicht zu zerstreuen vermochte. Die meisten ausländischen Investoren, die sich bisher in den Außenbezirken der Metropolitanregion von Bilbao niedergelassen haben, zielen auf das Konsumentenpotenzial der mehr als 1 Mio. Einwohner der Region. Dazu gehören der französische Einzelhandelskonzern *Carrefour*, Fastfood-Ketten wie *McDonald's* usw. Eine ökonomisch nachhaltige Revitalisierung müsste aber auf die dauerhafte Schaffung von Arbeitsplätzen zielen.

Dazu soll die Revitalisierung des Hafens von Bilbao entscheidend beitragen. Die Zielvorgabe besteht darin, den Hafen Bilbao zum zentralen Knotenpunkt und zum Motor für einen neuen wirtschaftlichen Aufschwung im Baskenland zu machen, nachdem Bilbao seinen ehemals zweiten Rang als Handelshafen in Spanien (hinter Barcelona) zwischenzeitlich an Valencia verloren hat. Der neue Hafen von Bilbao liegt westlich der Stadt Portugalete auf dem Gemeindegebiet von Santurtzi, also außerhalb der eigentlichen Ría des Nervión. Der „Superhafen" wird durch zwei ca. 8 km lange Molen gegen den offenen Atlantik abgeschirmt, die ein zusätzliches Hafenareal von 6 km² umschließen. Die Molen ermöglichen das Anlegen von Frachtschiffen mit einem Tiefgang von bis zu 25 m, und zwar unabhängig von Wasserstandschwankungen infolge von Ebbe oder Flut. Die Infrastruktur des Hafens ist auf den Stückgutumschlag in Form von Containern spezialisiert. Der Ausbau des Hafens von Santurtzi ist allerdings noch lange nicht abgeschlossen. Vielfach sind gewaltige Erdarbeiten erforderlich, um Raum für hafenständige Gewerbebetriebe, Lagerflächen sowie Logistik zu schaffen.

Als Reverenz an die historische Funktion des Standorts wurde am nordwestlichen Ende des Mündungstrichters bei dem ehemaligen Fischerdorf

Zierbena ein neuer Fischereihafen in Form einer kreisrunden Arena verwirklicht (vgl. Abb. 139), der allerdings ungeachtet der hohen Kosten nur noch von wenigen Fischern im Nebenerwerb genutzt wird. Innerhalb des „Superhafens" erfüllt er gegenwärtig bestenfalls nostalgische Funktionen.

Als wichtiger Standortfaktor für eine revitalisierte Metropolitanregion Bilbao gilt die Förderung der Mobilität. Hier hatte der Ballungsraum in der Vergangenheit erhebliche Defizite, die insbesondere der topographischen Lage im engen Mündungstrichter des Nervión geschuldet waren. Die Neugestaltung des öffentlichen Personennahverkehrs (ÖPNV) war deshalb eine der ersten Revitalisierungsmaßnahmen. Schon im November 1995 wurde das erste Teilstück der U-Bahn in Betrieb genommen. Das auf höchstem technologischem Standard ausgebaute und effizient organisierte Transportsystem übertraf in kürzester Zeit alle Erwartungen („*fenómeno metro*"). Inzwischen nutzen mehr als 32 Mio. Fahrgäste pro Jahr die Metro. Damit werden nicht nur 22 Mio. Stunden des früheren Pendlerverkehrs eingespart, sondern auch die tägliche An- und Abfahrt von ca. 9000 privaten Personenkraftwagen (lt. Internetportal von PM30). Auch der Flughafen Sondi-

ca, der in ca. 12 km Entfernung nördlich von Bilbao liegt, ist von der Innenstadt mit der Metro binnen zehn Minuten zu erreichen.

Problematischer gestaltet sich die Neuordnung der Wohnstandorte innerhalb der Stadtregion. Die Neubaumaßnahmen an der Wasserfront ebenso wie in zentrumsnahen Bereichen der Kernstadt haben eine Segregation kaufkräftiger Bevölkerungsschichten zur Folge. Dabei entstehen soziale Bruchstellen vorzugsweise in Kontaktbereichen mit alter, meist degradierter Bausubstanz, die von unteren Sozialschichten genutzt wird. Durch den Mix aus altindustriellen Standortvorgaben, neuen Dienstleistungszentren und modernen Wohnvierteln (wie beispielsweise in Sestao) wird auch der vormalige Dualismus zwischen industriellen Gewerbestandorten auf der linken Seite der Ría und Wohnstandorten der bürgerlichen Mittelschicht auf der rechten Seite des Nervión aufgehoben. Lediglich die Gemeinde Getxo (vgl. Abb. 139) am nordwestlichen Ausgang der Bucht von Bilbao mit eigenem Strand (*Playa de Ereaga*) und Sporthafen konnte ihre Position als statushoher Wohnstandort in exklusiver Hanglage über der Mündung des Nervión weiter festigen.

Global induzierte postmoderne Entwicklungen in iberischen Metropolen

Jenseits regionsspezifischer Entwicklungen lassen sich auf der Iberischen Halbinsel weitere europaweit parallele urbane Entwicklungen aufzeigen. Der Aspekt der De-Industrialisierung der Kernstädte betrifft insbesondere die traditionsreichen Standorte heutiger Problembranchen wie Schwerindustrie, Stahlerzeugung und Schiffsbau. Dazu zählen der ehemalige Erzhafen Cartagena ebenso wie die Werftenstandorte in Setúbal, Cádiz und La Coruña.

In der Folge des EG-Beitritts erfuhren Spanien und Portugal eine zeitweise boomartige Wirtschaftsentwicklung, verbunden mit einem entsprechenden Anstieg des individuellen Wohlstands, der eine zunehmende Angleichung des Lebensstandards an mitteleuropäische Verhältnisse ebenso wie vergleichbare Ausprägungen urbanen Lebens mit sich brachte. Vor diesem Hintergrund ist es nur folgerichtig, für die jüngste Entwicklung der iberischen Metropolen postmoderne Strukturelemente zu erwarten, die sich sowohl aus der Globalisierung des kommerziellen Konsumangebots als auch aus dem zunehmend international angepassten Konsumverhalten einer urbanisierten Gesellschaft westlichen Zuschnitts erklären lassen. Wehrhahn (2000, 2001, 2003a und b, 2004) ist dieser Frage sehr intensiv nachgegangen, wobei er sich als Arbeitshypothese an den von Soja (2000) benannten Kriterien für eine postmoderne Stadtentwicklung orientiert. Im Folgenden soll besonders auf die postmodernen Raumstrukturen abgehoben werden, für die Wehrhahn vornehmlich im Umland von Madrid Belege gefunden hat (vgl. Tab. 59).

Dazu gehört eine neue Kategorie von freizeitorientierten Konsumzentren, die weit über die Dimension bisher bekannter Shopping-Center hinausgehen. Allein im Zeitraum von 1995–1999 hat sich die Verkaufsfläche von Shopping-Centern und *hipermercados* im Umland von Madrid versiebenfacht. Im gleichen Zeitraum sind 45 große Fachmärkte sowie mehr als 450 Kinosäle, überwiegend als Multi-/Megaplex-Großeinrichtungen, entstanden. In die gleiche Kategorie von Freizeitkonsum-Großeinrichtungen fallen das Urban Entertainment Center „Heron City" in Las Rozas sowie die „Warner Movie World" (im Stil von Eurodisney in Paris) in San Martín de la Vega. Den bis auf weiteres extremsten Ausdruck einer neuen Freizeiterlebniskultur (vgl. Kleinefenn 2003) stellt der „Ski-Shopping-Freizeitpark" von Xanadú dar, wo die Madrileños jetzt selbst im Hochsommer bei 40 °C Außentemperatur Ski- und Après-Ski-Vergnügen auskosten können.

Hinter dem Angebot der neuen Erlebniskonsum-Großkomplexe stehen in der Mehrzahl der Fälle international operierende Großkonzerne: Der Ski-Entertainment-Komplex von Xanadú wird von der US-amerikanischen Mills Corporation finanziert. In den Erlebniskonsum-Centern findet der Verbraucher nahezu alle international bekannten Anbieter, sei es im Food-Bereich (Carrefour, McDonald's usw.), im Fachmarktbereich (von IKEA über MediaMarkt bis zu Baumärkten) oder in Factory-Outlet-Centern der Modebranche. Die neuen Freizeit-Erlebnis-Konsumwelten liegen in oftmals großer räumlicher Distanz von der Kernstadt im ländlichen Umland, d. h. noch

Dimension	Metropoli der Moderne	Postmetropolis
Wirtschaft	fordistische Produktions- und Distributionsstrukturen; Industrie überwiegt tertiären Sektor	postfordistische Produktions- und Distributionsstrukturen; tertiärer Sektor größter Wirtschaftszweig (postindustrielle Stadt)
Gesellschaft	sozioökonomisch bestimmte Klassen bzw. Schichten als wesentliches Differenzierungskriterium	Fragmentierung der Schichtengesellschaft; soziokulturelle Merkmale ergänzen/überlagern sozioökonomische Kriterien der Differenzierung (Lebensstile); teilweise soziale Polarisierung
Konsum	versorgungsorientiert; Massenware	erlebnis- und themenorientiert, spontan, außergewöhnlich
Demographie	Alters- und Haushaltsstruktur in Zentrum und suburbanem Raum jeweils eher homogen	insgesamt heterogene demographische Struktur; Peripherie sehr viel heterogener als in „moderner Stadt"; vielschichtige internationale Migration verstärkt Heterogenisierung
Planung und Politik	„Stadt als hoheitliche Verwaltungsaufgabe" (je nach Kulturraum)	„Stadt als Unternehmen", *public-private partnership, private urban governance*
Raumstruktur	monozentrische Struktur; klare Nutzungstrennung zwischen Zentrum und Peripherie sowie innerhalb der beiden Teilräume	disperse Siedlungsstruktur (heteropolis); z. T. Rezentralisierung in *edge cities*; Fragmentierung von Bevölkerung und Nutzungsarten; *gated communities* als Ausdruck soziokultureller Segregation

Tab. 59: Metropolitane und postmetropolitane Merkmalsdimensionen

Entnommen aus: Wehrhahn 2003, S. 23

außerhalb der suburbanisierten Zone im sog. periurbanen Raum, wobei Standorte an den autobahnähnlich ausgebauten Ausfallstraßen bzw. deren Schnittstellen mit den verschiedenen Schnellstraßenringen im Umland der Metropole bevorzugt werden (vgl. Abb. 141).

Zu den Merkmalen postmoderner metropolitaner Entwicklung zählt Wehrhahn weiterhin eine residentielle Segregation, die sich deutlich von traditionell mediterranen Wohnbedürfnissen unterscheidet: Dabei werden die bekannten Geschosswohnungs-Großanlagen zunehmend durch ausgedehnte Reihenhaussiedlungen sowie durch geschlossene Komplexe von Einfamilien- und Doppelhäusern ergänzt bzw. ersetzt. Aus siedlungsgeographischer Perspektive ist diese Tendenz zweifach bemerkenswert: Zum Einen wird deutlich, dass sich die individuellen Wohnbedürfnisse der neuen urbanen Gesellschaft in Spanien mit steigendem Einkommen immer stärker ausdifferenzieren, wobei offensichtlich vorzugsweise neue Leitbilder (Wohnen im ländlichen Raum, Wohnen im individuellen Haus usw.) aus Mitteleuropa übernommen werden. Die Wurzeln für diese Trendwende müssen möglicherweise in einem vorangegangenen Zweitwohnungsboom gesucht werden. Zum anderen erfuhren in diesem Kontext die an den suburbanen Raum anschließenden ländlichen Zonen, die durch Landflucht und Binnenwanderung entvölkert waren, seit den 1980er-Jahren eine neuerliche Aufwertung. Ein zunehmendes Freizeitbedürfnis der Großstadtbevölkerung in Verbindung mit einer wiedererwachten Wertschätzung ländlicher Traditionen hat diesen Trend forciert. Damit geht allerdings gleichzeitig ein Merkmal traditioneller mediterran-urbaner Wohnweise verloren. Das gilt in gleicher Weise für die Aufrissgestaltung: Mit der Ausdifferenzierung verschiedener Wohnbedürfnisse und Siedlungsformen löst sich die viel zitierte „Stadtkante" als physiognomisches Merkmal für die Randbebauung spanischer Städte zunehmend auf.

Bedeutsamer als die formalen Folgen einer sozioökonomisch stärker ausdifferenzierten Wohnpräferenz der urbanen Mittel- und Oberschicht ist ein funktional neues Element periurbaner Siedlungsentwicklung, die Ausbildung sog. *„Gated Communities"*, also geschlossener Siedlungskomplexe mit kontrolliertem Zugang als Ausdruck verstärkter Wohnsegregation. Sie gelten in der angelsächsischen Stadtforschung als zentrales Kriterium einer postmodernen Stadtentwicklung. Wehrhahn (2000) konnte zeigen, dass im periurbanen Umland von Madrid zwei Grundtypen von *„Gated Communities"* auftreten, deren Entstehung hier teilweise bis in die 1970er-Jahre zurückreicht. Das gleiche Phänomen ist von Raposo (2003) im Rahmen einer empirischen Bestandsaufnahme ebenfalls für Lissabon nachgewiesen worden, und zwar für Bauten, die zwischen 1985 und 1999 entstanden sind.

■ Beim ersten Grundtyp handelt es sich um größere Einfamilienhauskomplexe vom Typ der bereits angesprochenen „Urbanisationen" (s. Kapitel „Die Wirtschaft im Kräftefeld von Politik und Globalisierung"). Im Umland von Madrid wurden sie zunächst als Zweitwohnsitze im Rahmen der Wochenenderholung genutzt, vorzugsweise in landschaftlich attraktiven, damals aber noch umständlich zu erreichenden Standorten am Südrand der Sierra de Guadarrama bzw. der Sierra de Gredos. Im Zuge des zwischenzeitlich erfolgten Ausbaus der Schnellstraßen werden diese vormaligen Urbanisationen als Bestandteil des periurbanen Raumes von der Madrider Wohnbevölkerung nunmehr dauerhaft genutzt.

Abb. 141: *Großeinrichtungen des tertiären Sektors im periurbanen Umland von Madrid (aus Wehrhahn 2004)*

Einen zweiten Grundtypus stellen die sog. *condominios* dar. Es handelt sich meist um Apartmentblöcke mit 25–100 Wohneinheiten, die neben einem kontrollierten Zugang über gewisse nichtöffentliche Gemeinschaftseinrichtungen wie Sport- und Spielbereiche, Grünanlagen oder separate Innenhöfe verfügen und gemeinschaftlich verwaltet werden. Dieser Typus findet sich sowohl in nachverdichteten innerstädtischen Vierteln als auch im suburbanen Bereich. Dieses Wohnkonzept hat allerdings in mediterranen Städten eine lange soziokulturelle Tradition und ist deshalb auf der Iberischen Halbinsel nur eingeschränkt als Beleg für postmoderne urbane Strukturen dienlich.

Im Unterschied zu den aus US-amerikanischen Arbeiten bekannt gewordenen Typen von „*Gated Communities*" gehen in Spanien die Anfänge einer privatwirtschaftlichen Landerschließung, Parzellierung

und Bebauung nach dem Muster der *urbanizaciones* auf den Tourismus zurück; in diesem Kontext sind sie ein spezifischer Ausdruck des spanischen Bodenrechts und der daraus folgenden baulichen Entwicklung in spanischen Tourismusgebieten. In einem späteren Beitrag räumt Wehrhahn (2003a) denn auch ein, dass die in den USA sowie in Schwellen- und Entwicklungsländern erarbeiteten Interpretationen zu Motiven und Konsequenzen einer Privatisierung öffentlichen Raumes nur sehr bedingt auf den spanischen bzw. mediterranen Kontext anwendbar sind.

Zu den weiteren Kriterien einer postmodernen metropolitanen Entwicklung gehört eine disperse strukturelle Durchmischung von Siedlungskomplexen, tertiärem Gewerbe und modernen Produktionsstätten in den periurbanen Außenbereichen („*heteropolis*"). In Madrid haben sich viele internationale Unternehmen aus den Bereichen der Telekommunikation und aus Hightech-Branchen vorzugsweise in den Außenbezirken niedergelassen. Es entstanden private wie öffentliche *Business Parks*. Der ehemalige Weiler *„Tres Cantos"* nördlich von Madrid an der Südabdachung der Sierra de Guadarrama gilt gegenwärtig als größter Technologiepol Spaniens (vgl. Abb. 123 und 141). Wehrhahn (2003a, S. 23) spricht von einem „Patchwork an unterschiedlichen Nutzungen". Das Ergebnis ist eine fragmentierte Siedlungsstruktur, der wiederum eine Fragmentierung der Wohnbevölkerung – i. S. einer zunehmenden Ausdifferenzierung der Lebensstile bei gleichzeitiger sozialer Segregation und Polarisierung – entspricht.

Als letztes Element der Postmetropolis nennt Wehrhahn schließlich die neue Planungskultur im Kontext von *public-private partnership*-Kooperationen. Damit haben sich die Gewichte zwischen den Akteuren einer neuen *Urban Governance* nachhaltig zugunsten der Privatwirtschaft verschoben. Die hier ausgeführten Beispiele von Barcelona, Bilbao, Lissabon und Sevilla belegen, dass sich dieser Wechsel in der städtischen Planungskultur schon am Ende der 1980er-Jahre abzeichnete. Seither wird dieser Aspekt in der einschlägigen fachwissenschaftlichen Literatur über Großstädte in Spanien ebenso wie in Portugal immer wieder herausgestellt (zuletzt von Tzschaschel 2005; vgl. aber auch Rodriguès Malta 1999).

Festzuhalten bleibt, dass sich zu Beginn des 21. Jh. in der Entwicklung der meisten städtischen Metropolen auf der Iberischen Halbinsel Belege für die Entstehung international einheitlicher postmoderner Urbanitätsstrukturen finden lassen. Ob sie immer äquivalent mit formal gleichen Entwicklungen in US-amerikanischen Städten interpretiert werden dürfen, muss allerdings stark bezweifelt werden. Die im periurbanen Umland von Madrid nachgewiesene Fragmentierung bei Wohn- und Lebensweisen einerseits und tertiärwirtschaftlichen Strukturen andererseits bildet (noch) eine spektakuläre Singularität auf der Iberischen Halbinsel. Sollte sich diese Entwicklung als ökonomisch tragfähig erweisen, wäre die Frage nach den Ursachen für die Vorreiterrolle der spanischen Hauptstadt zu stellen.

Siedlungsdynamik im ländlichen Raum

Überblick

■ Der ländliche Raum entleert sich in beängstigendem Ausmaß. In verkehrsentlegenen Gebirgsräumen werden ganze Weiler und sogar Dörfer verlassen. Sie fallen wüst.

■ Jahrzehntelange staatliche Maßnahmen und Großprojekte zur Entwicklung der Agrarwirtschaft und des ländlichen Raumes, teilweise unter dem Anspruch einer Agrarreform mit vollmundig verkündeten Entwicklungsplänen, dürfen am Ende des 20. Jh. als endgültig gescheitert angesehen werden.

■ Nationale oder gar europäische wirtschaftliche Interessen degradieren den ländlichen zu einem fremdbestimmten Raum. Seine neuen Funktionen bestehen in einer ökologischen Reserve, bei entsprechender Eignung auch in der alternativen Energiegewinnung.

Abb. 142: Der ländliche Raum wandelt sich vom Lebensraum einer agrarisch orientierten Bevölkerung zum Ausflugsziel für eine urbane Wohnbevölkerung. Als Beispiel kann das traditionsreiche Castelo do Vide (im Vordergrund die Fonte da Vila) im portugiesischen Alentejo dienen.

Die ländlichen Siedlungen als Erbe der Vergangenheit

Das räumliche Verteilungsmuster der ländlichen Siedlungen auf der Iberischen Halbinsel spiegelt einerseits die durch den Naturraum vorgegebenen Restriktionen, andererseits die agrarsozialen Herrschaftsstrukturen verschiedener historischer Epochen wider. So sind z.B. die Gebirgsräume mit hoher Reliefenergie durch kleinteilige Siedlungsstrukturen mit zahlreichen kleinen Siedlungsplätzen gekennzeichnet. Die reliefbedingte erschwerte Zugänglichkeit ließ diese Berggebiete in Krisenzeiten zu Rückzugsgebieten werden, wohin größere politische Umwälzungen oftmals nur indirekt und in abgemilderter Form ihren Weg fanden. Aus dieser

Abb. 143: Siedlungsdichte in der Autonomen Region Aragón

Rückzugslage erwuchs hingegen in Zeiten wirtschaftlicher Dynamik ein Entwicklungsrückstand.

Für die durchgängigen Küstenebenen, Hochflächen und Beckenlagen gilt das Gegenteil: Restriktive naturräumliche Faktoren für die Anlage von Siedlungsplätzen waren, wenn überhaupt, noch am ehesten durch Fließgewässer bzw. durch die Verfügbarkeit von Wasser gegeben. Ansonsten wurden wechselnde Herrschaftsverhältnisse und damit verbundene sozialpolitische Umbrüche hier unmittelbar wirksam und sorgten für eine ungleich stärkere Entwicklungsdynamik. In generalisierender Vereinfachung lassen sich die historisch gewachsenen ländlichen Siedlungen der Iberischen Halbinsel bestimmten Strukturräumen zuordnen:

Der gebirgige Norden vom Alto Minho in Nordportugal über die spanischen Regionen Galicien, Asturien, Kantabrien und das Baskenland bis zu den Pyrenäen ist durch ein teilweise extrem klein gekammertes Siedlungsmuster gekennzeichnet mit einer Vielzahl von Siedlungsplätzen, vorzugsweise in Form von Weilern und Einzelhofsiedlungen. Gleichzeitig ist hier häufig die längste Siedlungskonstanz nachzuweisen, weil diese Gebirgsräume von großen revolutionären Veränderungen des Bodenrechts (wie bei der maurischen Besetzung, der christlichen Wiedereroberung usw.) verschont geblieben sind.

Der zentrale Bereich der Iberischen Halbinsel zeichnet sich durch die Dominanz flächenhafter Verebnungen aus. Dabei bildet das Hauptscheidegebirge (in Portugal: Serra da Estrêla; in Spanien: Kastilisches Scheidegebirge) eine siedlungsstrukturell bedeutsame Grenze: Nördlich davon dominieren ungeregelte Haufendörfer. Weiler sind seltener vertreten. Es handelt sich im Westen um das gesamte „Mittelküsten"-Portugal, auf spanischer Seite um die Nordmeseta, das Ebro-Becken und die schmalen Küstenebenen am Mittelmeer. Die genannten Raumeinheiten haben im Laufe einer regional jeweils unterschiedlichen, in der Summe aber wechselvollen Geschichte eine entsprechend heterogene Entwicklung der agrarischen Besitz- und Eigentumsverhältnisse erfahren. Das Ergebnis ist eine ebenfalls durchmischte Struktur der ländlichen Siedlungen. In Portugal finden sich in dieser Zone Einzelhöfe (*quintas*) ebenso wie Streusiedlungen und geschlossene Dörfer, die häufig als Reihensiedlungen mit geschlossenen Straßenfronten angelegt sind. In der spanischen Nordmeseta ebenso wie im Ebro-Becken sind Haufendörfer verbreitet, wobei die Verteilung der Siedlungsplätze ungleich weitständiger ist als in den benachbarten Randgebirgen. Das kommt in der Siedlungsdichte Aragoniens (Escolano Utrilla & Riva Fernández 2003) besonders gut zum Ausdruck, weil diese spanische Region im Sinne eines Nord-Süd-Profils an Teilen der Hochpyrenäen, des Ebro-Beckens und des Iberischen Randgebirges Raumanteile hat (vgl. Abb. 143).

Die Siedlungsstrukturen in den durchgängigen Räumen südlich des Hauptscheidegebirges sind

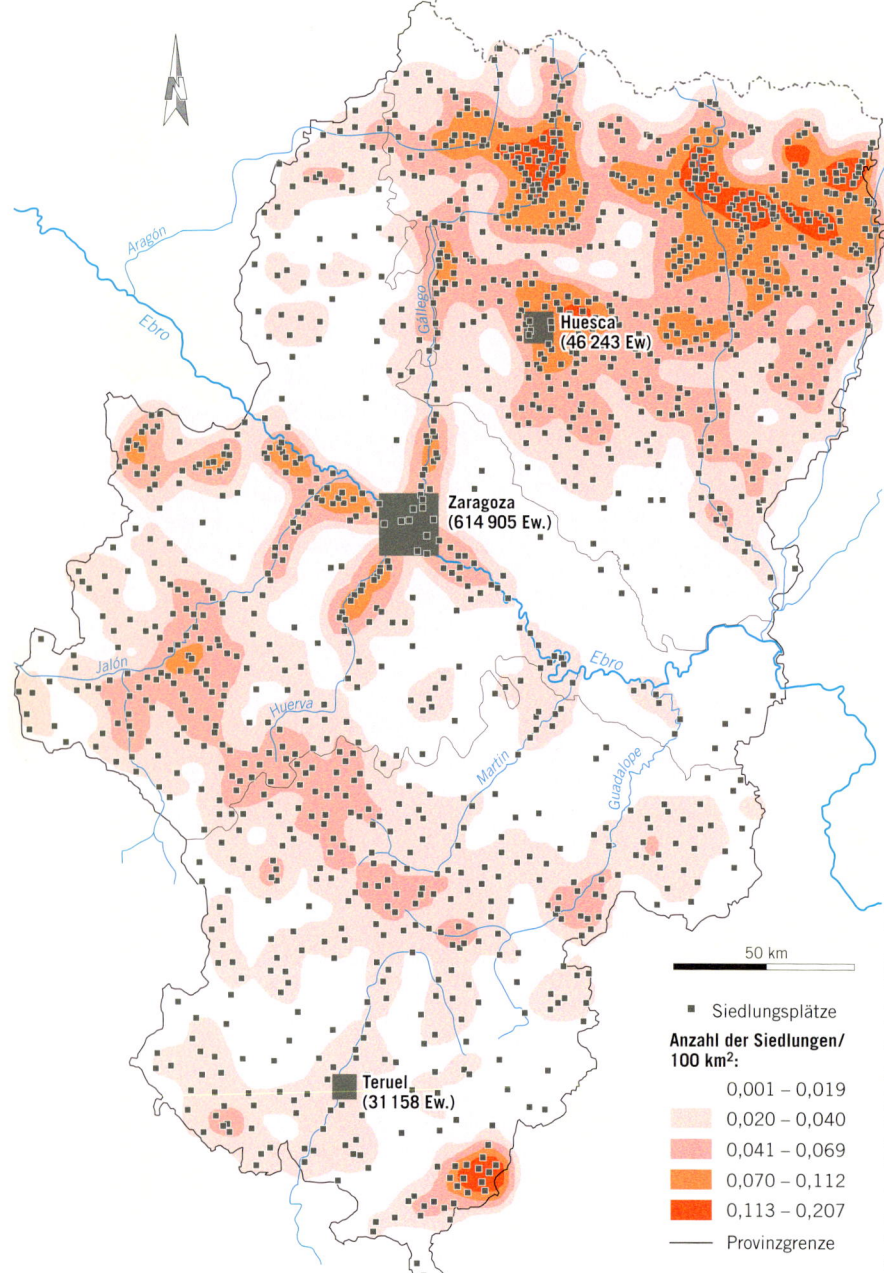

Huesca
(46 243 Ew.)

Zaragoza
(614 905 Ew.)

Teruel
(31 158 Ew.)

50 km

■ Siedlungsplätze

Anzahl der Siedlungen/ 100 km²:

0,001 – 0,019
0,020 – 0,040
0,041 – 0,069
0,070 – 0,112
0,113 – 0,207

— Provinzgrenze

Quelle: Escolano Utrilla & de la Riva Fernández 2003; verändert

vergleichsweise homogen, weil sie ähnliche historische Entwicklungsprozesse durchlaufen haben. Von der südlichen Estremadura und dem Alentejo in Portugal über die weiten Flächen der spanischen Extremadura und der Südmeseta war die Reconquista für die heutige Siedlungsstruktur maßgeblich verantwortlich: Rasche Landgewinne der christlichen Heere und eine vor den Kriegswirren geflohene Bevölkerung ermöglichten eine schnelle und grundlegende Landumverteilung zugunsten von Ritterorden, Klöstern, dem Hochadel sowie verdienten Heerführern.

Das Ergebnis war und ist bis zum heutigen Tag ein weit verbreiteter Großgrundbesitz. Siedlungsstruktureller Ausdruck dieser Konstellation sind die in der Flur gelegenen isolierten Herren- oder Pachthöfe, die in Andalusien als *cortijo*, in Portugal als *monte* bezeichnet werden. Funktional sind ihnen die Wohnsiedlungen der Tagelöhner, Kleinbauern und Kleinpächter zugeordnet. Als „Stadtdörfer" (Niemeier 1935) oder „Agrostädte" (Weber 1997, S. 383, spricht für das portugiesische Alentejo von „Großdörfern") sind sie ebenfalls typisch für die Latifundiengebiete des Südens.

Eine eigenständige Siedlungsstruktur kennzeichnet schließlich noch den äußersten Süden der Iberischen Halbinsel einschließlich der südöstlichen Levanteküste, der am längsten unter maurischem Kultureinfluss verblieben war und damit Elemente des kleinbäuerlichen Intensivgartenbaus bis heute konservieren konnte. Dem entspricht eine stark ausdifferenzierte Formenvielfalt bei den ländlichen Siedlungen mit entsprechend kleinteiligen, dabei aber sehr heterogenen Verteilungsmustern.

Nachdem Lautensach (1932, S. 166) das lückenhafte Wissen um die Siedlungsgenese auf der Iberischen Halbinsel beklagt hat, sind in der Zwischenzeit eine Reihe von siedlungsgeographischen Arbeiten aus historisch-genetischer Perspektive entstanden. Es handelt sich dabei vielfach um regionale Fallstudien wie etwa die von Martens (1990) oder Tyrakowski (1983). Mit zunehmender Detailfülle wird die regionale Ausdifferenzierung der verschiedenen Siedlungsentwicklungsphasen komplexer, sodass generalisierende Aussagen immer fragwürdiger werden. Eine synoptische Gesamtdarstellung der historisch-genetischen Siedlungsentwicklung auf der Iberischen Halbinsel wäre wünschenswert.

Von der „Inneren Kolonisation" zur regionalen Entwicklungsplanung

In der zweiten Hälfte des 20. Jh. erfuhr der ländliche Raum Spaniens durch die staatliche Agrarreformpolitik der Franco-Ära noch einmal einen nachhaltigen Impuls. Die Wurzeln des spanischen Konzepts der „Inneren Kolonisation" gehen auf das Jahr 1907 zurück, als in Reaktion auf den Verlust der letzten großen Überseekolonien ein entsprechendes Gesetz („*Ley de colonización y repoblación interior*") die Kultivierung und Besiedelung bislang extensiv genutzter ländlicher Räume im Landesinnern als Planungsziele formulierte. Zentraler Bestandteil dieses Konzepts war eine Bewirtschaftung der hydrologischen Ressourcen des Landes, um große Teile der landwirtschaftlichen Nutzfläche in Bewässerungsland überführen und damit die Flächenerträge erheblich steigern zu können. Gemeinsame Klammer für die „Innere Kolonisation" und die „*política hidráulica*" (vgl. Kapitel „Geschichte und Politik") war ein Gesetz zur Agrarreform (erstmals 1927), das in der Folgezeit mehrfach modifiziert und durch wechselnde staatliche Behörden umgesetzt wurde. Bedingt durch den Spanischen Bürgerkrieg konnten flächenwirksame Maßnahmen aber erst nach 1950 realisiert werden (vgl. hierzu auch Tab. 8).

Die bedeutendsten Projekte zur Überführung von Trocken- in Bewässerungsfeldland konzentrierten sich auf die Beckenlandschaften der großen Ströme Ebro, Duero, Tajo, Guadiana und Guadalquivir. Die sog. „Pläne" (*planes*) waren integrativ konzipiert, d. h., sie verfolgten sowohl wirtschaftliche als auch soziale Zielsetzungen. Durch Landumverteilung sollte der Lebensstandard der ländlichen Bevölkerung gehoben und der Landflucht entgegengewirkt

werden. Dazu wurden ganze Siedlungen einschließlich einer Basisausstattung an einfachen Dienstleistungseinrichtungen (Grundschule, Kirche, Sportplatz, Gemeindehaus usw.) neu entworfen und als geplante „Kolonistendörfer" (*pueblos de colonización*) meist ohne Anbindung an bestehende Siedlungen neu errichtet (Abb. 144). Neue Infrastrukturmaßnahmen (Wasser- und Energieversorgung, Straßennetz) sollten die Schaffung von Arbeitsplätzen außerhalb der Landwirtschaft fördern, um ein künf-

Abb. 144: Die Neusiedlungen aus dem Agrarprogramm der „Inneren Kolonisation" haben die Entleerung des ländlichen Raumes nicht dauerhaft verhindern können (Torre Fresneda, Prov. Badajoz).

tiges wirtschaftliches Wachstum aus eigener Kraft zu ermöglichen.

Diese Entwicklungs-„Pläne" haben in den 1970er-Jahren auch in der deutschsprachigen Geographie vielfache Beachtung und Bearbeitung gefunden; so beispielsweise die Kolonisation von Teilen des Ebro-Beckens im südlichen Vorland der Pyrenäen (Mayer 1960), der „Plan Badajoz" am Río Guadiana (Ruckert 1970), der „Plan Cáceres" im Einzugsgebiet des unteren Tajo (Brüser 1977) sowie der „Plan Jaén" am oberen Guadalquivir (Tyrakowski 1978, 1987). Ebenfalls nicht unerwähnt bleiben sollte in diesem Zusammenhang der „Plan Tierra de Campos" in der Nordmeseta (Sermet 1964; Alarcón 1994; Müller 1993). Alle realisierten Entwicklungsmaßnahmen haben ihre soziale Zielsetzung verfehlt; in den meisten Fällen musste man erkennen, dass auch die wirtschaftlichen Erwartungen überzogen waren. Die Landflucht konnte damit nicht gemildert, geschweige denn gestoppt werden. Aus vielen der neuen Kolonistendörfer waren schon nach einer Generation Halbwüstungen geworden (Tyrakowski 1993).

Ungeachtet dieser Bewertung bleibt hier aber festzuhalten, dass die franquistischen Pläne zur Entwicklung des ländlichen Raumes die Kultur- und Siedlungslandschaft in den betroffenen Beckenlagen der Iberischen Halbinsel teilweise einschneidend modifiziert haben. Die Projekte der „Inneren Kolonisation" haben im dritten Quartal des 20. Jh. den Siedlungen im ländlichen Raum Spaniens eine neue Kategorie hinzugefügt. Dafür gibt es auf portugiesischer Seite keine Entsprechung.

Aktuelle Dynamik und Strukturwandel

Zu Beginn des 21. Jh. sehen sich die ländlichen Räume in beiden Staaten allerdings mit den gleichen Strukturproblemen konfrontiert. Dabei handelt es sich einerseits um den aus anderen Industrieländern hinreichend bekannten Strukturwandel mit entsprechender Funktionsdifferenzierung des ländlichen Raumes (Ilbery 1998), der die Agrarproduktion als dominante Funktion verliert und immer stärker zu einem Ergänzungsraum (Erholungsraum, ökologische Reserve u. a. m.) für die städtischen Ballungsgebiete wird, die damit gleichzeitig zu Steuerungszentralen für die Entwicklungen im ländlichen Raum werden.

Andererseits sind die aktuellen Strukturprobleme der ländlichen iberischen Räume durchaus regionalspezifischer Art: Sie resultieren aus der dramatischen Entvölkerung marginaler Binnenräume und deren Folgen. Dazu gehört die Aufgabe der Landnutzung ebenso wie die Entstehung von Siedlungswüstungen. Wie die Ergebnisse der Volkszählungen von 2001 ausweisen, existieren in einigen Mittelgebirgsregionen des nördlichen Zentralspanien sogar Gemeinden (als formalrechtlich gültige Verwaltungseinheiten) mit einer Wohnbevölkerung von weniger als 25 Einwohnern! Auch in meerfernen Gebirgslagen Portugals erreichten einzelne Gemeinden (*freguesias*) nicht einmal 50 Einwohner (vgl. Abb. 145). Allein in der Provinz Soria waren schon bis 1991 ca. 90 Siedlungsplätze partiell oder vollständig aufgegeben worden (Manero Miguel 1993, S. 161). Das bedeutet in der Konsequenz den Zusammenbruch traditioneller sozioökonomischer Systemstrukturen auf lokaler Ebene. Verschärft wird die Situation der ländlichen Abwanderungsräume durch eine teilweise extreme Überalterung der Restbevölkerung, die ihrerseits ein Ergebnis der selektiven Landflucht in der zweiten Hälfte des 20. Jh. darstellt (vgl. Kapitel „Bevölkerungsstruktur und -dynamik" sowie Abb. 146).

Es gibt inzwischen zahlreiche Vorschläge für eine typisierende Differenzierung der betroffenen ländlichen Räume in Spanien (z. B. Silva Pérez 2002). Als einfacher Indikator für die Zuordnung zu den entvölkerten ländlichen Räumen mit erheblichen Strukturproblemen – und nur von diesen soll im Folgenden die Rede sein – gilt die Bevölkerungsdichte. Unter Würdigung der bekannten Schwächen dieses Maßes schlägt Gutiérrez González (2002) für die spanischen Provinzen (jeweils ohne Berücksichtigung der Bevölkerung der jeweiligen Provinzhauptstadt) zwei mögliche Schwellenwerte vor: 10 Einw./km² (das trifft für die Provinzen Cuenca, Guadalajara, Segovia und Teruel zu) oder 15 Einw./km² (dann sind zusätzlich Provinzen wie Albacete, Burgos, Huesca, Palencia, Segovia, Zamora und Zaragoza eingeschlossen). In Portugal träfe dieses Kriterium nur für die Planungsregion Baixo Alentejo zu.

Unabhängig von der Festlegung im Detail besteht die Herausforderung sowohl für Portugal als auch für Spanien darin, tragfähige Konzepte für die Raumordnung in entvölkerten ländlichen Räumen mit erheblichen Strukturproblemen zu entwerfen. Normative Vorgaben für die Erhaltung und Modernisierung bestehender Verkehrswege und sonstiger Infrastruktureinrichtungen (elektrische Energie, Wasser, Telekommunikation usw.) müssen allerdings erst noch erarbeitet werden. Dabei ist das Phänomen innerhalb Europas keineswegs unbekannt: Helmfrid (1970, S. 46) hat schon differenziert dargelegt, dass die Aufrechterhaltung einer Mindest-Infrastruktur in den durch Abwanderung entleerten Teilräumen Skandinaviens das Problem der „Last des Raumes und der Entfernungen" aufwirft. Mit einer zeitlichen Verzögerung von ca. 35 Jahren erreicht diese Erfahrung nun auch die regionalen Planungsbehörden der Iberischen Halbinsel. Die konkret betroffenen administrativen Raumeinheiten liegen hier sämtlich entweder meerfern im Binnenland oder aber schwer zugänglich in Küstennähe.

Eine theoriegeleitete, analytische Bewertung der rezent entvölkerten ländlichen Räume muss von

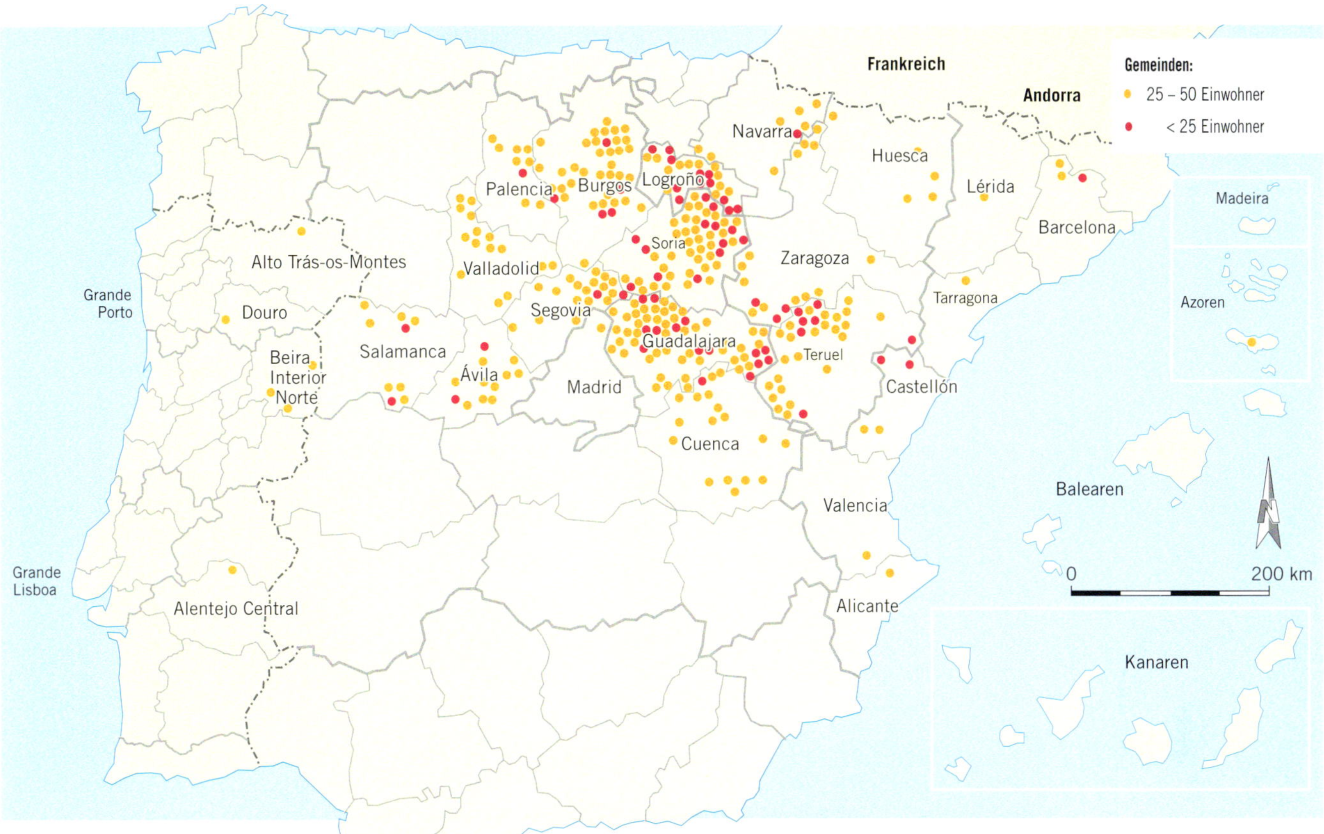

Quelle: I.N.E.; Census 2001

Gemeinden:
● 25 – 50 Einwohner
● < 25 Einwohner

Frankreich

Andorra

Navarra
Huesca
Lérida
Barcelona
Palencia Burgos Logroño
Soria
Zaragoza
Tarragona
Alto Trás-os-Montes Valladolid
Grande Porto Douro Segovia
Salamanca Guadalajara Teruel
Beira Interior Norte Ávila
Castellón
Madrid
Cuenca
Valencia
Grande Lisboa
Balearen
Alentejo Central
Alicante

Madeira
Azoren
Kanaren

0   200 km

zwei verschiedenen Raumtypen ausgehen, nämlich von den Hochflächen und durchgängigen Hügelländern einerseits und den Bergländern (span. *montaña,* port. *montanha*) andererseits. Bei Letzteren handelt es sich zwar vorwiegend um Räume mit Mittelgebirgscharakter; die hier angesprochene Problematik schließt aber auch Hochtalregionen in den Pyrenäen, in den Picos de Europa (Asturisch-Kantabrisches Gebirge) und in der Sierra Nevada mit ein.

Die Landflucht, von der die genannten Gebirgsräume betroffen sind, ist nur vordergründiger Ausdruck eines einschneidenden Wechsels in der räumlichen Organisationsstruktur: Lokale Austauschbeziehungen einer bäuerlichen Wirtschaftswelt werden durch nationale und globale Wirtschaftsinteressen ersetzt. Während das lokale, bäuerliche System über historisch gewachsene, autochthone Regulative in einem relativen Gleichgewichtszustand gehalten wurde, erfolgt mit dem Auftreten national und global orientierter Wirtschaftsinteressen eine neue Fremdbestimmung der ländlichen Peripherräume. Durch die Zuweisung neuer Funktionen für eine urbane Bevölkerung in einem globalisierten Wirtschaftsraum werden die traditionellen Regulative im ländlichen Raum entwertet; so verliert dieser seine Autonomie als eigenständiges System.

Konkrete Beispiele für „hegemoniale" Produktionsstrukturen (Cuesta 2003) sind die Ausbreitung des Vertragsanbaus in den offenen Agrarlandschaften Inneriberiens (vgl. Breuer 1985) und die Zu-

Abb. 145: *Gemeinden mit weniger als 50 bzw. 25 Einwohnern (2001)*

Abb. 146: *Die Abwanderung begann in den Bergländern schon in den 1970er-Jahren und hinterließ dort eine überalterte Restbevölkerung. Heute wirbt das Bergdorf Hervás in der Sierra de Gata (Prov. Cáceres, Spanien) um Sommertouristen.*

nahme agroindustrieller Verflechtungen bei der flächenintensiven Erzeugung landwirtschaftlicher Massenprodukte (beispielsweise im Oliven- und Weinbau; vgl. z. B. Bustos Gisbert 1994). In den Gebirgsräumen entstehen neue Zwänge durch nationale – und in der Konsequenz dann auch europäische, d. h. im weitesten Sinne globale – Interessen, sei es zur Energiegewinnung mittels Wasserkraft, durch die Ausweisung von Naturschutzgebieten oder durch die staatlich verordnete Aufforstung.

Die durchgängigen Räume sind auf diese Weise im Laufe der zweiten Hälfte des 20. Jh. von ehemaligen Kernräumen landwirtschaftlicher Produktion zu Peripherräumen (aus urbaner Perspektive) geworden. Müller (1987, S. 329) hat die Rolle der Landwirtschaft in den westspanischen Provinzen der Nordmeseta eingehend untersucht und den betroffenen Provinzen schon sehr früh attestiert, dass sie auch bei differenzierter Bewertung (als „westliche Peripherie", *dehesas* [Weiden für den freien Weidegang] und Berglandwirtschaft) im Rahmen der EU kaum realistische Entwicklungsperspektiven haben. Ökonomisch lebensfähig bleibt nur eine großbetrieblich strukturierte, mechanisierte und kapitalintensive Landwirtschaft, die in den „neuen" Bewässerungsgebieten der Tierra de Campos auf ebenen Flächen mit hinreichender Bodengüte Massengüter wie z. B. Getreide erzeugt. Am Bevölkerungsabfluss und der dadurch ausgelösten „Peripherisierung" Westspaniens ändert diese selektive Agrarentwicklung allerdings nichts (Müller 1990).

Die Hoffnungen auf positive Impulse, die nach dem Schengener Abkommen für die Grenzregionen in Nordspanien/Nordportugal erwartet wurden, haben sich bisher nicht erfüllt (López Trigal & Guichard 2000). Sehr viel wahrscheinlicher ist es, dass die durchgängigen Peripherräume zum Status bloßer Transiträume absinken. Die Chance für ein bescheidenes ökonomisches und damit auch demographisches Wachstum ist auf wenige Standorte an gut ausgebauten überregionalen Verkehrslinien beschränkt. Escolano Utrilla & Riva Fernández (2003) können für Aragonien zeigen, dass die Größenhierarchie der Siedlungen im entvölkerten ländlichen Raum ebenso wie deren Ausstattung mit tertiären Einrichtungen der Hierarchie des Straßennetzes entspricht.

Die Berggebiete sind von der Fremdbestimmung durch den nationalen/globalen Neokapitalismus in einschneidender Weise betroffen. Vor allem in entlegenen Talschaften und Hochtälern hatten sich vielfach sehr lokalspezifische, semigeschlossene agrare Wirtschaftssysteme (z. B. mit saisonaler Nutzung verschiedener Höhenstufen, mit speziellen Formen des Zuerwerbs usw.) mit eigenen sozialen Regulationsmechanismen (Formen gemeinschaftlicher Bodennutzung, Weiderechte, Erbrecht u. Ä.) entwickeln können. Diese traditionellen Systembeziehungen werden durch die schon zitierten „hegemonialen" Nutzungsansprüche von außen unwiderruflich zerstört. Das Beispiel des Sobrarbe, einer Hochtalregion in den aragonesischen Pyrenäen, ist be-

sonders eindrucksvoll (Cuesta 2003): Die Gemarkung umfasst eine Fläche von ca. 2100 km² und erstreckt sich vom Cinca-Tal in 400 m Höhe bis zu den Gipfellagen der Hochpyrenäen mit mehr als 3000 m; zu Beginn des 20. Jh. lebten dort 25 600 Menschen, an der Schwelle des 21. Jh. war die Bevölkerung auf ca. 6600 geschrumpft. Mit einer mittleren Bevölkerungsdichte von 3 Einw./km² zählt die Region zu den extrem dünn besiedelten Gebieten Spaniens. Die saisonalen Almsiedlungen reichten ursprünglich bis 1800 m, die Dauersiedlungen bis 1200 m. Inzwischen sind oberhalb 1000 m alle Siedlungen wüst gefallen; das Gleiche gilt für alle Siedlungen in der Größenordnung von Weilern (mit 10–15 Häusern), die einmal typisch für das Sobrarbe waren. Inzwischen existieren nur noch Ortschaften, die an oder in der Nähe gut ausgebauter Verkehrswege liegen. Ehemals wichtige Regulationsmechanismen, die die Dauerhaftigkeit des komplexen Wirtschaftssystems garantierten (wie z. B. die strikte Anwendung des Anerbenrechts bei gleichzeitigem Teilungsverbot des ererbten Grundbesitzes, differenzierte Weide- und Marktrechte), sind inzwischen obsolet geworden.

Die neuen, im weitesten Sinne der Produktionslogik des Kapitals folgenden Akteure werden durch das (halbstaatliche) Energieunternehmen IBERDUERO und durch den spanischen Zentralstaat repräsentiert. Aufgrund von mehreren konsekutiven Planvorgaben für die Provinz Huesca wurden seit 1964 sowohl die staatliche Aufforstung als auch der Bau von Talsperren zur Gewinnung elektrischer Energie konsequent vorangetrieben. Cuesta (2003, S. 169) erwähnt nicht ohne Bitterkeit die teilweise erzwungene Entsiedelung von Dörfern, die verschiedenen Stauseen zum Opfer fielen (z. B. Stausee von El Grado, Stausee von Mediano; für den projektierten Stausee von Jánovas sind die Siedlungen seit langem geräumt, doch der Stausee selbst wurde bis heute nicht realisiert). Er formuliert sogar die These, dass der franquistische Staat bei seinem Aufforstungsprogramm die Entvölkerung des Sobrarbe nicht nur billigend in Kauf genommen, sondern sogar bewusst verstärkt habe.

Das Ergebnis des erzwungenen Systemwechsels zeigt Abb. 147 in modellhaft generalisierender Weise: Der obere Teil der Darstellung veranschaulicht die traditionelle agrarräumliche Organisation des Tales mit dem Hauptdorf an der unteren Hangleiste, den verschiedenen Höhenstufen der Vegetation und den entsprechenden Nutzungsstufen im Rahmen des traditionellen agraren Wirtschaftssystems. Im unteren Teil wird sichtbar, wie der steuernde Eingriff des Staates bzw. der Energieunternehmen dieses traditionelle System zerstört: Die tief gelegenen Siedlungen mitsamt den Gärten, die ehemals die Subsistenz sicherten, und die landwirtschaftlich genutzten Flächen sind im neuen Stausee versunken. Die verschiedenen, für den Weidegang genutzten Höhenstockwerke sind aufgeforstet. Der neue See bietet neben der Energieerzeugung auch touristischen Besuchern Gelegenheit zum Freizeitsport.

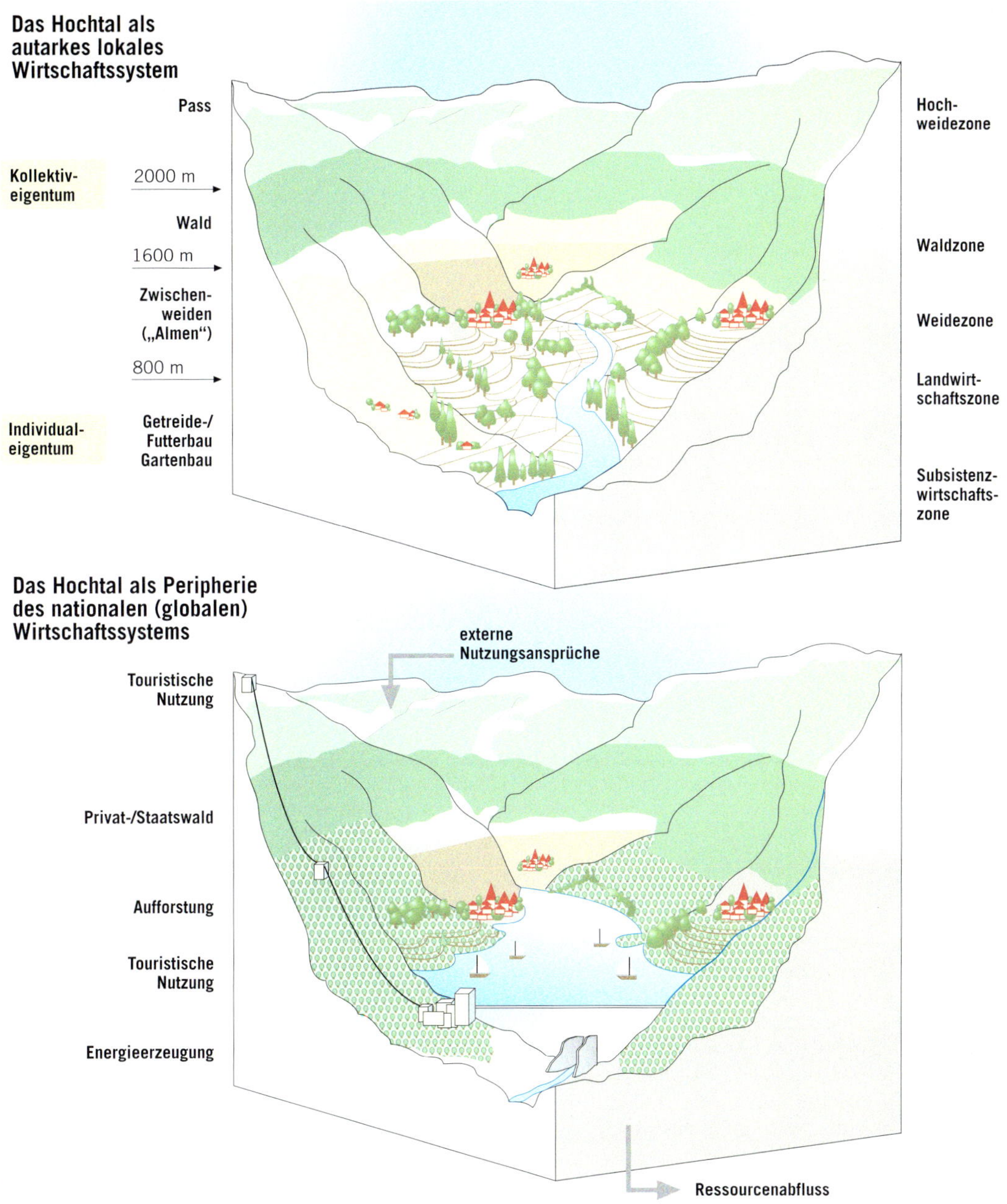

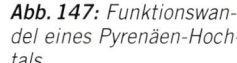

**Das Hochtal als
autarkes lokales
Wirtschaftssystem**

Pass

Hoch-
weidezone

Kollektiv-
eigentum

2000 m

Wald

Waldzone

1600 m

Zwischen-
weiden
(„Almen")

Weidezone

800 m

Landwirt-
schaftszone

Individual-
eigentum

Getreide-/
Futterbau
Gartenbau

Subsistenz-
wirtschafts-
zone

**Das Hochtal als Peripherie
des nationalen (globalen)
Wirtschaftssystems**

externe
Nutzungsansprüche

Touristische
Nutzung

Privat-/Staatswald

Aufforstung

Touristische
Nutzung

Energieerzeugung

Ressourcenabfluss

Abb. 147: Funktionswandel eines Pyrenäen-Hochtals

Quelle: Cuesta 2003

Die geschilderten prozessualen Umbrüche müssen indes wertfrei analysiert werden. An die Stelle historisch gewachsener, teilweise hoch differenzierter lokaler Produktionssysteme tritt ein nationales Wirtschaftssystem, das dem betroffenen ländlichen Raum eine neue, allerdings periphere Funktion – als ökologische Reserve und zur Energiegewinnung – zuweist. Beide Systeme sind kohärent! Nicht nur deshalb dürfte der Prozess der Globalisierung auf absehbare Zeit unumkehrbar sein. Die immer wieder geforderten Bemühungen um eine zumindest partielle Erhaltung traditioneller Systeme sind deshalb (systemlogisch) zum Scheitern verurteilt. Dies bedeutet konkret, dass „leere" Räume mit Siedlungswüstungen auf der Iberischen Halbinsel als

neue Realität zur Kenntnis genommen werden müssen. Das schließt den Verlust zahlreicher lokaler Varianten historisch gewachsener Kulturlandschaften mit ein.

Die neuen Funktionen, die eine urbane Bevölkerung in einer global orientierten Wirtschaft den ländlichen Peripherräumen zuweist, werden in den meerfern gelegenen Binnenräumen der Iberischen Halbinsel zu einer Eignungsselektion führen. In diesem Zusammenhang werden leere Räume verbleiben, für die keine der aufgezeigten Nutzungsalternativen infrage kommt. Andererseits bietet das neue globalisierte System durchaus alternative regionale Entwicklungsmöglichkeiten, die in ihrer Mehrzahl im Rahmen der EU-Regionalförderung (LEADER I bzw. II) auch aktiv umgesetzt werden. Obgleich regional differenzierende Evaluierungen von EU-Förderprojekten in Spanien bzw. Portugal bisher nur als Fallstudien vorliegen, lassen diese doch generalisierende Aussagen zu.

Offenkundig werden die meisten LEADER-Mittel im ländlichen Raum zur Förderung des „ruralen" Tourismus eingesetzt (García Marchante 2002). Die Synergieeffekte zur Konservierung traditioneller kulturlandschaftlicher Elemente sind dabei am größten. Ein gutes Beispiel dafür bietet die Transhumanz (vgl. Kapitel „Naturraum, Wirtschaft und Umwelt"), die zumindest lokal wiederbelebt werden soll, indem man sie für den ländlichen Tourismus instrumentalisiert. Der Paradigmenwechsel zu einem „sanften Tourismus" hat eine begrenzte Nachfrage nach Wandertouren ausgelöst (senderismo), die sich entweder an den alten Viehtriftwegen orientieren oder aber für Teilstrecken auch die Begleitung kleiner transhumanter Schafherden anbieten. Bislang ist diese Variante des ländlichen Tourismus aber nicht über ein Nischenangebot hinausgekommen (Calle Sanz et al. 1987).

Auf manchen Inseln werden alte Bergpfade als Wanderwege ausgewiesen (Moreno Medina & Santana Santana 1995). Wo möglich, wird die Agrarlandschaft selbst als touristisches Angebot vermarktet (z. B. in Weinbaugebieten wie der Rioja, am Douro oder in Galicien) oder in themenorientierte touristische Routen eingebunden (Jorge 2003). In Spanien erinnert man sich aber auch zunehmend an altindustrielle wie auch an Bergbaustandorte im ländlichen Raum, die als neue Ziele für einen Kulturtourismus dienen und damit zur Erhaltung des kulturellen Erbes beitragen können (Cortizo Álvarez 1999). Als Beispiele seien ehemalige Bergbaustandorte in den Provinzen León und Asturien oder alte Textilstandorte in Katalonien (etwa im Ter-Tal) genannt (Fraguell Sansbelló et al. 2003).

Der ökologischen Reservefunktion des ländlichen Raumes dienen insbesondere Maßnahmen des Natur- und Landschaftsschutzes. Gleichzeitig gewährleisten sie die Sicherung der hydrologischen Ressourcen zur Versorgung der städtischen Ballungsräume. Das bekannteste Beispiel bietet sicherlich der Großraum Madrid, der von der Wasserversorgung aus dem nördlich anschließenden Kastilischen Scheidegebirge abhängig ist. Die Verknüpfung von Wasserbevorratung mit der Funktion der Energiegewinnung wurde bereits im Kapitel „Naturraum, Wirtschaft und Umwelt" angesprochen.

Die ehemals dominante Funktion der agrarischen Produktion ist nur noch in Ausnahmefällen für die Regionalentwicklung bedeutsam. Als Beispiel kann auf das Jerte-Tal in der spanischen Extremadura verwiesen werden. Dort ist der Wechsel von der ehemaligen Subsistenzwirtschaft zur nunmehr hoch spezialisierten, marktorientierten Produktion offenkundig gelungen. Fast 5000 Genossenschaftsbauern erzeugten im Jahr 2000 allein 14 375 t Kirschen und ca. 1300 t Maronen (Esskastanien). Die wirtschaftlich erfolgreiche Entwicklung konnte den allgemeinen Bevölkerungsrückgang zwar nicht verhindern, bisher aber deutlich mildern: In Relation zum Bevölkerungsstand von 1950 und verglichen mit den übrigen Berggebieten in der Extremadura sind im Jerte-Tal 10 % Bevölkerung mehr verblieben. Gleichzeitig ist die Bevölkerung dort weit weniger überaltert (Leco Berrocal et al. 2002). Entgegen dem in Kapitel „Bevölkerungsstruktur und -dynamik" angesprochenen Trend, dass Immigranten vornehmlich in Ballungsräume wandern, zieht die Aussicht auf (zumindest saisonale) Arbeitsplätze in der Landwirtschaft zunehmend auch ausländische Immigranten in ländliche Gebiete beispielsweise der Extremadura (vgl. Abb. 15). Der Beweis einer wirtschaftlich nachhaltigen Entwicklung steht allerdings noch aus. Die strukturellen und konjunkturellen Schwächen des Jerte-Tals sind beachtlich: Hier sei nur die einseitige Ausrichtung auf den Obstbau – und insbesondere auf die Abhängigkeit von der Kirschenerzeugung – angesprochen. Hinzu kommt der zunehmende Konkurrenzdruck von Produktionsgebieten in Südfrankreich und in der Türkei, die näher an den städtischen Verbrauchermärkten liegen als das Jerte-Tal in der Extremadura.

Eine weitere Alternative für die Landwirtschaft besteht in der Nutzung von Marktnischen mithilfe von regionaltypischen Produkten, die vorzugsweise auf traditionelle Weise erzeugt werden (wie z. B. Käse, Wurstwaren, Honig u. Ä.). Sie können durch die Vergabe exklusiver Herkunftsbezeichnungen geschützt werden und heben sich damit als unverwechselbar von den Massenprodukten in den Regalen der Lebensmittelsupermärkte ab (Grünewald 2002; Voth 2001). Obgleich erste Bilanzierungen vorsichtig positiv ausfallen, muss sich eine regionalwirtschaftlich nachhaltige Wirkung dieses Konzepts erst noch erweisen.

Im Rahmen des Strukturwandels in entvölkerten ländlichen Räumen ist die Aufforstung die physiognomisch am deutlichsten sichtbare Folgenutzung, vor allem in den Bergländern. Sie besetzt (im Idealfall) die von der Bevölkerung aufgegebenen vormaligen Kultur- bzw. Weideflächen und erfüllt sowohl ökonomische als auch ökologische Funktionen. Der wirtschaftlichen Zielsetzung dienen vor allem schnellwüchsige Holzarten, die ihrerseits allerdings überwiegend als ökologisch nicht angepasst eingestuft werden müssen (vgl. Kap. „Naturraum, Wirtschaft und Umwelt").

Im Sinne einer Zwischenbilanz kann festgestellt werden, dass die neuen Funktionen, die eine urbane Bevölkerung in einer global orientierten Wirtschaft den ländlichen Peripherräumen zuweist, dort zu einer Eignungsselektion führen werden, die Peña Rotella (2002, S. 765) als „territorialen Darwinismus" („darwinismo territorial") geißelt. Die Begriffsschöpfung ist es wert, dass man darüber diskutiert: Unter dem Diktat einer ausschließlich ökonomisch bewerteten, funktionalen Zuweisung werden in den meerfern gelegenen Binnenräumen der Iberischen Halbinsel entleerte Räume verbleiben, für die keine der aufgezeigten Nutzungsalternativen infrage kommt.

Die Ultraperipherie der EU

Gibraltar und Ceuta/Melilla

Baskenland

Einblicke

Abb. 148: Faszination eines Naturschauspiels – vulkanische Schlacken im Nationalpark Timanfaya (Lanzarote)

Die Ultraperipherie der EU: „Freizeitperipherie" oder politischer Schachzug?

Lanzarote als „Freizeitperipherie"

Zur Erklärung des Freizeitverhaltens der Industriegesellschaft hat die Tourismusforschung die theoretische Konzeption einer sog. „Freizeitperipherie" entworfen. Der Grundgedanke besteht darin, dass der arbeitende Mensch des Industriezeitalters für seine geistige und körperliche Erholung Räume aufsucht, die komplementär zu seiner Alltagswelt angelegt sind. So sucht etwa die städtische Bevölkerung zur Erholung bevorzugt ländliche bzw. naturnahe Gebiete auf, die an der „Peripherie" der Wirtschaftszentren gelegen sind.

Zu Beginn des vorigen Jahrhunderts erfüllte die sog. Sommerfrische, sei sie nun im Gebirge oder an der See gelegen, diese Funktion. Mit Einsetzen des Massentourismus in Europa nach dem Zweiten Weltkrieg und der Entwicklung moderner Verkehrsmittel wandelten sich die südeuropäischen Mittelmeeranliegerstaaten zur europäischen Freizeitperipherie. Gegenwärtig erleben wir, dass sich im Rahmen des Ferntourismus eine globale Freizeitperipherie ausbildet. In diesem Zusammenhang werden auch exotische Ziele wie tropische Inseln (z. B. Malediven), innertropische Entwicklungsländer (z. B. Malaysia), Hitzewüsten (z. B. die Sahara) oder auch arktische Regionen (z. B. Grönland) vom internationalen Ferntourismus „entdeckt".

Lanzarote gehört als Teil des Kanarischen Archipels zur „konventionellen" europäischen Freizeitperipherie (Breuer 1996). Darüber hinaus hat Lanzarote naturräumliche Rahmenbedingungen zu bieten, die ansonsten nur wenige exotische Ziele des globalen Ferntourismus auszeichnen: Das Klima ist wüstenhaft trocken. Es fehlen eine flächendeckende Vegetation, die als Basis für eine Viehwirtschaft dienen könnte, sowie alte Verwitterungsböden, die eine differenzierte landwirtschaftliche Nutzung ermöglichen würden.

Etwa ein Viertel der heutigen Fläche Lanzarotes ist das Ergebnis von Vulkanausbrüchen im 18. und 19. Jh. Dabei begruben die sich flächenhaft ausbreitenden glutflüssigen Lavadecken ganze Dörfer mit altem Kulturboden unter sich. Wo die Lavaströme nicht hinreichten, überdeckte eine bis zu 3 m mächtige Schicht schwarzer vulkanischer Auswurfmassen („Lapilli") Siedlungen und Ackerfluren. Seither gibt es auf Lanzarote weder Fließgewässer noch Süßwasserquellen. Die längste Phase vulkanischer Ausbrüche dauerte von 1730 bis 1736. Damals gaben die Bewohner Lanzarotes ihre Insel als nicht mehr bewohnbar auf und flohen nach Gran Canaria. Die Eruptionen des 18. Jh. hinterließen im Nordwestteil Lanzarotes eine bizarre, wüstenhafte „Mondlandschaft". Angesichts der Tatsache, dass ca. 40 % der Inselfläche unkultivierbar bzw. extrem kulturfeindlich sind – bei gleichzeitig ganzjähriger Trockenheit und entsprechendem Wassermangel –, kann man mit Fug und Recht von lebensfeindlichen naturräumlichen Bedingungen für die menschliche Besiedlung und Bewirtschaftung sprechen.

Dennoch lebten bereits 1857 auf Lanzarote 15 526 Menschen, die sich (wenngleich mühsam) von Fischerei und karger Landwirtschaft ernährten. Ihr Leben war ein permanenter Überlebenskampf. Als die Inselbevölkerung im 19. Jh. dank verbesserter hygienischer Bedingungen und medizinischer Fortschritte wuchs, wanderten immer mehr Bewohner nach Lateinamerika (bevorzugt nach Kuba und Venezuela) aus.

Ausgedehnte Flächen im Norden und Nordwesten der Insel sind inzwischen als Naturschutzgebiete ausgewiesen, die Lavaflächen des Vulkanausbruchs aus dem 18. Jh. sogar als

Nationalpark (Nationalpark Timanfaya; Abb. 148). Ende 1993 wurde die gesamte Insel von der UNESCO zum schützenswerten „Biosphärenreservat" erklärt. Zu diesem Zeitpunkt besuchten 1,4 Mio. Touristen die östlichste der Kanarischen Inseln (2005 waren es bereits 1,8 Mio. Besucher). Sie verschaffen mit ihrem Ferienaufenthalt der inzwischen auf ca. 97 000 Einwohner angewachsenen Inselbevölkerung Arbeitsplätze und damit Lebensunterhalt. Daraus erwächst eine problematische Raumnutzungskonkurrenz zwischen Natur- und Landschaftsschutz einerseits sowie Massentourismus andererseits.

Auf Seiten der touristischen Nachfrage erfüllt Lanzarote zwei sehr unterschiedliche Motivationen: Einer großen Mehrheit von Urlaubern bietet sie den Rahmen für einen konventionellen Badeurlaub unter südlicher Sonne, für eine Minderheit ist die Insel aber ähnlich exotisch und anziehend wie sonst nur Ziele des Ferntourismus. Verhaltensanalytiker sprechen im Angesicht der jungen Vulkanlandschaft Lanzarotes von der „Ästhetik der Katastrophe" (so formuliert auf einem „Workshop zur kreativen Tourismusplanung" 25. 4. – 2. 5. 1995 auf Lanzarote). Unabhängig von einer solchen, möglicherweise überzogenen Formulierung ist und bleibt Lanzarote ein hochsensibler Lebensraum an der Peripherie des Dauersiedlungsraumes der Erde.

Ultraperipherie als politischer Schachzug

Im September 1987 fand in Saint-Denis auf La Réunion eine Konferenz der „Peripheren und maritimen Regionen" statt. Dabei sprach der damalige Präsident der Autonomen Region der Azoren, João Bautista Mota Amaral, von der „Peripherie der Peripherie oder Ultraperipherie". Im Abkommen von Maastricht (7.2.1992) der EU-Staaten wurden die ultraperipheren Regionen in Artikel 299 (2) rechtlich fixiert. Die damit verbundenen Sonderrechte und -regelungen bringen handfeste wirtschaftliche Vorteile. Mit Ausnahme des französischen Überseedepartements Guayana handelt es sich bei allen „ultraperipheren" Regionen um Inseln bzw. Inselarchipele (vgl. Tab. 60). Alle Inseln sind vulkanischen Ursprungs. Mit Ausnahme von

	Zahl der Inseln	Haupt-stadt (Distanz zur natio-nalen Haupt-stadt) km	Fläche km²	Größenord-nung der regionalen Struktur-hilfe der EU 2000–2006		EW [in 1000]	BIP/ Einwohner (EU = 100)		Arbeits-losen-quote [in %]		Ab-wande-rungs-rate [in ‰]	Reisende [in 1000]				Zahl der Studenten an Universi-täten	
				in Mio. €	€/ EW							Seeweg		Luftweg		[in %]	ab-solut
				1999			1986	2000	2000	2003	1998	1987	1997	1987	1997		1997
Azoren	9	Ponta Delgada (1500)	2333	854	3589	246,1	40	52	3,4	k.A.	1,97	42	66	770	1077	1,0	2200
Madeira	2	Funchal (1040)	795	705	2879	261,8	40	74	2,3	k.A.	2,58	171	336	945	1701	0,8	1800
Kanaren	7	Santa Cruz de Tenerife/ Las Palmas (2000)	7447	2743	1598	1630,0	72	78	14,5	12,6	4,97	2551	4987	14 258	24 647	3,3	50 694
Guade-loupe	8	Basse-Terre (6756)	1710	808	1898	422,3	37	58	26,1	26,3	1,43	147	1337	1421	2046	1,8	7633
Marti-nique	1	Fort-de-France (6830)	1080	674	1758	381,4	49	67	27,7	21,0	0,93	609	1039	1066	1425	1,9	7397
Guayana	0	Cayenne (7500)	84 000	371	2302	157,2	37	54	22,0	24,4	9,46	0	0,535	222	384	k.A.	1068
Réunion	1	Saint-Denis (9370)	2510	1516	2117	706,3	40	50	33,1	31,8	11,97	0	24	597	1320	1,8	13 338

Tab. 60: Vergleich statistischer Kennziffern für die ultraperipheren Regionen der EU

Grundlage: Unión Europea, CES 2002 (ergänzt nach Daten von Eurostat)

Archipel	Eroberung/ Kolonisation	Bevölkerung	Sprache	Dominanter Wirtschaftszweig
Azoren	1431–1445	europäisch	portugiesisch	Landwirtschaft
Madeira	1419	europäisch	portugiesisch	Tourismus
Kanaren	1402–1496	europäisch	spanisch	Tourismus
Guadeloupe	1635–1674	multiethnisch	mehrsprachig	Landwirtschaft/Fischerei
Martinique	1635–1674	multiethnisch	mehrsprachig	Landwirtschaft
La Réunion	1643–1662	multiethnisch	mehrsprachig	Landwirtschaft

Tab. 61: Charakteristika der ultraperipheren europäischen Archipele

Zusammenstellung: Santana Santana 2004

Lanzarote und Fuerteventura sind sie durch hohe Reliefenergie gekennzeichnet, die eine infrastrukturelle Erschließung und Flächennutzung erheblich erschwert. Eine Folge der absoluten Höhen ist eine ausgeprägte bioklimatische Höhenzonierung mit entsprechender Artenvielfalt (Neff 2004, S. 24, nennt die Azoren einen „Hotspot der Biodiversität") und differenzierter Kulturlandschaft. Zu den sekundären Folgen des Reliefs gehören die Luv-Lee-Effekte, die auf den Inseln eine jeweils lokal feuchte bzw. trockene Seite zur Folge haben. Zu den wichtigsten Vorteilen der Inseln gehören zweifellos ihre geostrategische Lagequalität sowie ihr Wert als touristisch nutzbare Ressource (Santana Santana 2004).

Die Förderung der ultraperipheren Regionen wird durch wirtschaftliche Rückständigkeit begründet. Diese wiederum wird am BIP/Kopf gemessen (ein wichtiger Schwellenwert sind 75 % des EU-Mittels, die für Förderungszwecke unterschritten werden müssen). Als Nachteile der Insellage gelten allgemein die großen Entfernungen zum nationalen ebenso wie zum EU-Wirtschaftsraum und die daraus resultierenden Kosten.

Abb. 149: Berge versetzen dank EU-Subventionen: Gewinnung von Baugrund durch Felssprengungen bei Puerto Rico (Gran Canaria)

Es ist aufschlussreich, unter der Perspektive der ultraperipheren Regionen die Situation von Madeira und den Azoren bzw. die Situation der Kanarischen Inseln zu bewerten (vgl. Tab. 61). Ihre jüngere Wirtschaftsgeschichte verlief weitgehend parallel (vom Zuckerrohranbau bis zur touristischen „Entdeckung" durch die Briten). Die Distanz zu den jeweiligen Mutterländern ist vergleichsweise gering (im Mittel 900 km), ihre Landoberfläche beachtlich (> 10 000 km²). Mit absolut 2,2 Mio. Einwohnern und einer mittleren Bevölkerungsdichte von 220 Einw./km² sind die Inselarchipele auch unter politisch-demographischen Gesichtspunkten gewichtig.

Betrachtet man die Zuwendungen an die peripheren Regionen aus dem europäischen Strukturförderfonds, so erhalten die Kanarischen Inseln im Zeitraum 2000–2006 von allen ultraperipheren Regionen bei Weitem die höchsten Fördermittel, in absoluten Beträgen fast das Doppelte dessen, was an Madeira und die Azoren fließt (vgl. Tab. 60).

Vor diesem Hintergrund sind diejenigen Basisparameter, die üblicherweise als Indikatoren für die Benachteiligung der ultraperipheren Regionen geltend gemacht werden (BIP, Arbeitslosenquote und Anteil der Studierenden als Maß für den Bildungsstand der Bevölkerung), von besonderem Interesse (vgl. Tab. 60).

Beim BIP/Einwohner sind Madeira und die Kanaren am weitesten an den EU-Mittelwert herangerückt. Madeira erfüllt seit 2005 bereits nicht mehr die Bedingungen, die eine Regionalförderung für Ziel-1-Regionen zulässt (vgl. Abb. 11); die Kanarischen Inseln konnten das durch phantasievolle Auslegung der statistischen Berechnungsgrundlage bisher noch verhindern. Am rückständigsten unter den iberischen Archipelen sind zweifellos die Azoren.

Auch die Arbeitslosigkeit zeigt, verglichen mit dem europäischen Mittel (9,1 %), für die iberischen Archipele erstaunlich günstige Quoten. Hier schneiden Madeira und die Azoren besonders gut ab, und auch die Kanaren bewegen sich durchaus im Mittelwertbereich. Dies ist wesentlich dem Tourismus zuzuschreiben.

Der Anteil der Studierenden spiegelt einerseits die Qualität der schulischen Ausbildung wider, die für einen Universitätsbesuch erst die Grundlagen schaffen muss, andererseits die wirtschaftliche Situation der Haushalte, die die für ein Studium erforderlichen Investitionen aufbringen können. Auch hier schneiden wiederum die Kanarischen Inseln besonders vorteilhaft ab.

Aus der sehr groben vergleichenden Bilanzierung nur weniger sozioökonomischer Parameter wird deutlich, wie fragwürdig das Konzept der ultraperipheren Regionen als Instrument zum Ausgleich von Benachteiligungen inzwischen ist. Das gilt insbesondere für Madeira und die Kanaren, die dank der ganzjährigen Nachfrage aus Nord-, Mittel- und neuerdings auch aus Osteuropa zu privilegierten Destinationen des internationalen Tourismus geworden sind. Von dem inzwischen erreichten hohen Lebensstandard der Bevölkerung in den Zentren des Tourismus kann sich auch der unbedarfteste Tourist ein eigenes Bild machen. Dennoch versucht die kanarische Regionalregierung, durch zweifelhafte Berechnung der vorgeblichen Kosten der „Ultraperipherität" das drohende Versiegen einer bisher reichlich sprudelnden Geldquelle zu verhindern (Gutachten des *Centro de Estudios Económicos Tomillo*" von 2001). Die durchsichtige Vorgehensweise ist bestenfalls als politische Chuzpe zu entschuldigen.

Der spanische Wirtschaftswissenschaftler Federico Aguilera, der an der Universität von La Laguna (Teneriffa) lehrt, gehört zu den wenigen Stimmen, die gegen die Inanspruchnahme von Fördermitteln der EU auf den Kanaren unter dem Etikett der ultraperipheren Regionen polemisieren (Aguilera Klink 2004). Seine stärksten Argumente thematisieren ein innerhalb Europas einzigartiges steuerliches Instrument zur Investitionshilfe, die sog. Investitionsreserve (*Reserva de Inversiones de Canarias*, RIC). Dabei konnten Freiberufler und bilanzierende Wirtschaftsunternehmen bis zu 90 % der (nicht ausgeschütteten) Gewinne in den drei folgenden Jahren steuermindernd zurückstellen, wenn sie behaupteten, sie im eigenen Unternehmen zu reinvestieren. Ein Nachweis über die Verwendung der Rückstellungen wurde nicht verlangt. Diese Regelung ist 1994 in Kraft getreten; bis 2003 wurden ca. 12 Mrd. € akkumuliert, aber nur knapp zwei Drittel dieser Summe materialisiert. Dennoch wurde die Regelung bis zum 31. 12. 2006 verlängert.

Ein erheblicher Teil der Investitionsreserve wurde in Baulandreserven und in Immobilien investiert. Ironischerweise trägt die RIC damit sowohl zur Steigerung der Baulandpreise als auch zur Erzeugung eines Betten-Überangebots auf den Inseln bei. Andere Unternehmen wissen nicht, wo sie ihre gesparten Steuergelder investieren sollen. Für diese Fälle gibt es die Möglichkeit des Kaufs von Staatsanleihen, d. h., die gesparten Steuergelder werden verzinslich an die Autonome Region verliehen. Das bedeutet nichts anderes, als dass die Regionalregierung ihre Unternehmer gleich doppelt belohnt: zum Einen durch den Erlass von erheblichen Steuerzahlungen, zum Anderen durch die Zinsen, die der Staat auf eben diese nicht eingenommenen, nun aber zu leihenden Finanzmittel zahlt. Der Präsident der kanarischen Regionalregierung, Adán Martín, hat denn auch selbst eingeräumt, dass Hoteliers auf den Kanaren bis zu 52 % ihrer Investitionen über direkte oder indirekte Subventionen wieder zurückerhalten können.

Nachdem nunmehr der Förderstatus als Ziel-1-Region sowohl für Madeira als auch für die Kanaren verloren geht, bemüht man als Argument für weiter sprudelnde Finanzhilfen aus Brüssel das Konzept der Ultraperipherität. Die profitablen Vorzüge der Insellage werden dabei geflissentlich verschwiegen. Man darf gespannt sein, ob und wie sich die „ultraperipheren" iberischen Inselarchipele im Atlantik beim weiteren Geschacher um europäische Finanzpfründe werden durchsetzen können.

Gibraltar

Gibraltar liegt im äußersten Süden der Iberischen Halbinsel an der gleichnamigen Meerenge, die den Zugang vom offenen Atlantik zum Mittelmeer bildet. Gibraltar gehört nicht zum spanischen Staatsgebiet. Stattdessen zählt der nur 6,5 km² große Felsen einschließlich eines teilweise künstlich aufgeschütteten Plateaus, auf dem u. a. der moderne Flughafen liegt, als „City of Gibraltar" zum britischen Hoheitsgebiet und ist damit *part of Her Majesty's dominions*". Bei den *„natives of Gibraltar*", wie die gibraltarische Zivilbevölkerung seit 1900 bezeichnet wird, handelt es sich um eine Mischbevölkerung aus Spaniern, Portugiesen, Maltesern und Genuesen. Ferner zählen dazu Inder, die 1870 als britische Staatsbürger und Händ-

Geopolitische Zankäpfel: Gibraltar und Ceuta/Melilla

Quelle: Meyer 1998

Abb. 150: *Gibraltars Lage im westlichen Mittelmeer*

ler aus Hyderabad kamen, sowie ursprünglich sephardische Juden – das sind die Juden, die bis zu ihrer Vertreibung 1492 auf der Iberischen Halbinsel ansässig waren – aus Marokko. Sie alle stimmten beim Referendum am 10. 9. 1967 mit überwältigender Mehrheit (95,1 % der 12 762 Wahlberechtigten) für den britischen Status quo des Felsens am Südzipfel der Iberischen Halbinsel. Im Herbst 2002 sprachen sich die Gibraltarer auch gegen die Einführung einer geteilten britisch-spanischen Souveränität aus, was die unveränderten Vorbehalte gegenüber Spanien nachdrücklich unterstreicht. Dieser Umstand nagt gewaltig am spanischen Selbstbewusstsein: Gibraltar ist „a stone in Spain's shoe" (Gold 1994).

Aus externer Sicht könnte man das als historisch erklärbare, territoriale Petitesse abtun. Die realpolitischen Konsequenzen dieser territorialen Kuriosität sind indessen in der Gegenwart durchaus wirksam: In der Zeit von 1995–1999 flossen 4,75 Mio. ECU aus dem Konver-II-Programm der EU (es soll den Verlust militärischer Arbeitsplätze ausgleichen) nach Gibraltar, wo sie zur Förderung des Tourismus verwendet wurden (schon 1995 empfing Gibraltar im Rahmen des kleinen Grenzverkehrs mehr als 5 Mio. Tagesgäste, überwiegend Einkaufstouristen). Zusätzlich flossen der Stadt 1997–2000 6 Mio. ECU im Rahmen der Ziel-2-Regionalförderung der EU zu (zugunsten von Gebieten mit rückläufiger industrieller Entwicklung). Von diesen nicht unerheblichen Summen profitierten ganze 13 000 Erwerbspersonen (Stand: 1996). Gleichzeitig konnte sich Gibraltar weitgehend unbemerkt von einer breiteren Öffentlichkeit zu einem wichtigen Bankenplatz für internationale Finanzströme („*off-shore banking*") entwickeln, vergleichbar mit Andorra, Liechtenstein und Monaco, wobei das ökonomische Gewicht dieses Wirtschaftszweiges schwierig zu quantifizieren ist. Das gilt erst recht für illegale Aktivitäten wie Schmuggel, Geldwäsche usw., die nach Einschätzung von Meyer (1998) für das Wirtschaftsleben Gibraltars am bedeutendsten sind.

Man könnte die Situation Gibraltars auch als permanente Mutation der immer gleichen geostrategischen Lagegunst interpretieren, nämlich einer Brückenkopffunktion im positiv ebenso wie im negativ wertenden Sinne. Zur Erinnerung:

- 711 war der Felsen der Landepunkt für eine kleine Gruppe maurischer Invasoren unter der Führung von Tariq Ibn Ziyad, nach welchem der Felsen seither benannt ist (Djebel al Tariq; vgl. auch Kapitel „Geschichte und Politik").
- Nach Abzug der Mauren und anschließenden knapp 250 Jahren unter kastilischer Krone (1462–1704) eroberte England 1704 den Felsen im sog. Spanischen Erbfolgekrieg (1701–1714). Der Vertrag von Utrecht (1713) besiegelte die Zugehörigkeit Gibraltars zur britischen Krone.
- Unter britischer Flagge hat Gibraltar seitdem seine Lagegunst als exponierter Brückenkopf an einer bedeutsamen Wasserstraße in wechselnden Funktionen und Konstellationen unter Beweis gestellt. Es diente als Flottenstützpunkt in den napoleonischen Kriegen ebenso zuverlässig wie im Ersten und Zweiten Weltkrieg.
- Mit der Eröffnung des Suez-Kanals (1869) wurde Gibraltar eine wichtige Etappe für den Seeweg von Europa nach Indien.
- Während des Kalten Krieges war Gibraltar ein wertvoller Beobachtungspunkt für Schiffsbewegungen in der Meerenge.
- Seit der politischen Wende Anfang der 1990er-Jahre wird Gibraltar zunehmend zum (unerwünschten) Einfallstor für Schwarzgeld und Drogen, neuerdings auch für die illegale Einreise in die EU-Staaten.

In der gegenwärtigen Funktion ist Gibraltar nicht nur für Spanien, sondern auch für Großbritannien ein schwieriges Erbe: Trotz der geringen Flächengröße und einer Festlandsgrenze von nur 1,2 km Länge sind die ca. 12 km der Küstenlinie nur schwer zu kontrollieren. Der Bedeutungsverlust als Militär- und Flottenbasis hatte nicht nur den Abbau von militärischem

Personal und in der Folge den Verlust von zivilen Arbeitsplätzen zur Folge, sondern wird in eher unerwünschter Weise durch das Einsickern von illegalen Wirtschaftsflüchtlingen ebenso wie von zwielichtigen Geschäftemachern „kompensiert".

In einer Zeit zunehmend durchlässiger werdender Grenzen im Rahmen des globalen Wirtschaftswettbewerbs und gleichzeitig zunehmenden Migrationdrucks auf die EU wird der „Brückenkopf" Gibraltar nunmehr auch zu einem Stein im Schuh Europas.

Ceuta und Melilla: Städte der „vier Kulturen"

Die spanischen Exklaven Ceuta und Melilla liegen an der nordafrikanischen Küste und dienten den Spaniern ursprünglich als Sträflingskolonien. In Melilla zum Beispiel bewachten um das Jahr 1800 918 Soldaten und 60 zivile Beamte ca. 1000 Strafgefangene (Popp 1998). Im spanischen Volksmund nennt man die spanischen Städte noch heute *presidios* (Zuchthäuser). Tatsächlich haben die nur 12 km^2 (Melilla) bzw. 19 km^2 (Ceuta) großen Städte formell den amtlichen Status einer „Autonomen Region" nach der spanischen Verfassung. Sie bilden damit gleichzeitig eine europäische „Region" auf nordafrikanischem Boden. In dieser Eigenschaft erfüllen die beiden Städte die Voraussetzungen für eine Ziel-1-Förderung aus dem EU-Regionalfonds. Allein zwischen 1994 und 1999 flossen fast 90 Mio. ECU in die beiden spanischen Exklaven, die inzwischen (v. a. im Vergleich zu Marokko) infrastrukturell hervorragend ausgestattet sind.

Vor diesem Hintergrund ist die Frage nach der ökonomischen Basis beider Städte angebracht. Für die Mitte der 1990er-Jahre errechnete Popp (1998) einen Warenimportwert von umgerechnet 240,4 Mio. €, dem allerdings nur nachgewiesene Exporte in Höhe von 13,2 Mio. € gegenüberstanden. Die Differenz zwischen registrierten Im- und Exporten geht überwiegend als Schmuggelware über die Grenze nach Marokko; zusätzlich werden in Ceuta und Melilla auch von wohlhabenden Marokkanern hochwertige Konsumgüter nachgefragt. In beiden Varianten ist der Warenumschlag unmittelbar für die marokkanische Volkswirtschaft und mittelbar für die Erwerbsbevölkerung in den *presidios* lebenswichtig. Die wirtschaftliche Funktion der spanischen Exklaven an der Nahtstelle zweier Wirtschaftsräume mit erheblichem Wohlstandsgefälle erweist sich damit für beide Seiten als vorteilhaft.

Gleichzeitig erfüllen beide Städte heute die Funktion von vorgeschobenen Außenposten der „Festung Europa" in Nordafrika (vgl. Kapitel „Bevölkerungsstruktur und -dynamik"). Dabei hatten die beiden Militärbasen auch in der Vergangenheit niemals die Funktion, als Brückenköpfe für eine Invasion Nordafrikas instrumentalisiert zu werden. Vielmehr sollten sie als spanische Marinestützpunkte (Melilla seit 1497, Ceuta seit 1581) das Seeräubertum eindämmen, das von Nordafrika aus vornehmlich die andalusischen Küsten bis ins 18. Jh. unsicher machte.

	Ceuta	Melilla
Gesamtbevölkerung	72 100	60 100
Christen	~ 54 000	~ 35 000
Muslime	~ 16 000	~ 24 000
Juden	~ 600–700	~ 700–800
Hindus	~ 500	~ 50–60

Tab. 62: *Die Bevölkerungszusammensetzung in Ceuta und Melilla nach Religionszugehörigkeit (1998)*

Quelle: Meyer, F. 2005

Seither hat die wechselvolle historische Entwicklung beiden Städten eine sehr spezifische Bevölkerungszusammensetzung beschert. Bei der Apostrophierung als „Städte der vier Kulturen" (Meyer 2005) handelt es sich um eine „Selbstklassifikation" der beiden, die unter dem Image einer gelebten wechselseitigen Toleranz gerne in einer positiven Vorreiterrolle gesehen werden möchten. Weil das spanische Recht eine statistische Erhebung der Religionszugehörigkeit aus Gründen der Diskriminierung verbietet, kann die Größenordnung der einzelnen konfessionellen Bevölkerungsgruppen nur geschätzt werden (vgl. Tab. 62).

Bei einer offiziellen Gesamtbevölkerung von ca. 72 000 (Ceuta) bzw. 60 000 Einwohnern (Melilla) sind etwa 75 % bzw. 58 % christlicher Konfession. In der Mehrzahl handelt es sich dabei um spanischstämmige Bevölkerung. Der Anteil der kasernierten Militärbevölkerung ist mit ca. 8500 in Ceuta und ca. 9000 in Melilla (Stand: um 1990; vgl. Popp 1998) immer noch sehr hoch. Darüber hinaus dominiert die spanischstämmige Bevölkerung fast den gesamten Bereich der öffentlichen Verwaltung. Die Muslime (vorwiegend marokkanischer Herkunft) stellen ca. 22 % bzw. sogar 40 % der Wohnbevölkerung in Ceuta bzw. Melilla. Sie werden überwiegend den unteren sozialen Schichten zugeordnet. Trotz ihres Minderheitenstatus kommt Juden (Hebräern) und Hindus in der sozialen Hierarchie aber eine Schlüsselfunktion zu. Die – in absoluten Zahlen fast vernachlässigbaren – Hindus indischer Herkunft sind fast ausschließlich als Händler tätig und beherrschen vor allem den Handel mit asiatischen Importgütern. Aus der Gruppe der Juden rekrutiert sich die Mehrzahl der Akademiker; darüber hinaus sind sie als Selbstständige im Handel sehr erfolgreich.

Angesichts der disparitätischen Verteilung der Konfessionsgruppen bei gleichzeitig dualistischer Struktur der sozialen Chancenzuordnung sind Konflikte und soziale Spannungen sozusagen vorprogrammiert. Zwischen dem hohen ethischen Anspruch, der im angestrebten Image der „Städte der vier Kulturen", also eines respektvollen Zusammenlebens (*conviven-*

cia) von vier religiösen Konfessionen formuliert wird, und der alltagsweltlichen Praxis klafft eine erhebliche Lücke. „Kultur" im Sinne von Traditionen, Wertehierarchien und Verhaltenskodizes wird im Alltag auf die Konfession reduziert.

Unter den konfliktträchtigen Rahmenbedingungen einer sozioökonomisch dualen Struktur der Erwerbsbevölkerung konnten sich zwei stabile, religiös-kulturell definierte kollektive Identitäten ausbilden, die die „vier Kulturen" de facto auf zwei vorgeblich „kulturelle" Gruppen reduzieren, nämlich (spanischstämmige) Christen und nordafrikanische (marokkanische) Muslime. Die polarisierte Wahrnehmung der eigenen bzw. der fremden kollektiven Identität mündet realiter in Ausgrenzung, der wiederum eine räumliche residenzielle Segregation zwischen Christen und Muslimen entspricht. Die überwiegend von Muslimen bewohnten randstädtischen Viertel sind mit negativen Images besetzt: illegale Zuwanderung, illegaler Hausbau, entsprechend unzureichende, teilweise chaotische Infrastruktur, hohes generatives Bevölkerungswachstum mit Armut, Klein- und Drogenkriminalität usw. Die Christen (ebenso wie Hebräer und Hindus) hingegen werden den zentralen Stadtteilen mit solider Bausubstanz sowie sozial und ökonomisch konsolidierten Strukturen zugeordnet.

Folgt man den Ergebnissen der sozialgeographischen Analyse von F. Meyer (2005), so ist die wechselseitige Selbstwahrnehmung und Ausgrenzung sowohl Ursache als auch Ergebnis der polarisierten Konstruktion zweier kollektiver Identitäten in den spanischen Exklaven auf nordafrikanischem Boden. Bemerkenswerterweise finden wechselseitig positive Erfahrungen der beiden Bevölkerungsgruppen in dem diskursiven Prozess kollektiver Identitätsfindung keinen Raum. Zu erinnern wäre beispielsweise an die Kulturleistung der Mauren im europäischen Mittelalter auf der Iberischen Halbinsel, aber auch an alltäglich praktizierte, wechselseitige Verhaltensadaptionen der verschiedenen Bevölkerungsgruppen in den *presidios*. Sie werden im öffentlichen Diskurs überhaupt nicht thematisiert.

Gleichzeitig hat sich das illegale Einsickern von Marokkanern über die grüne Grenze nach Ceuta und Melilla verstetigt (volkstümlich bekannt als „Marsch der Schildkröte"), sodass in beiden Städten bereits in der Mitte der 1990er-Jahre ca. 50 000 registrierte und geduldete, aber nicht legalisierte Marokkaner lebten. Hinzu kommt eine unbekannte Zahl von Tagespendlern aus den jeweils anliegenden marokkanischen Provinzen Tétouan (Ceuta) und Nador (Melilla), die im Rahmen des sog. „kleinen Grenzverkehrs" als Hausangestellte in christlichen bzw. jüdischen Familien, als Bauarbeiter oder auch als Lebensmittelhändler ein Auskommen finden, deren regelmäßige Rückfahrt aber kaum kontrollierbar ist.

Seit dem EU-Beitritt Spaniens hat sich zusätzlich der Migrationsdruck west- und zentralafrikanischer Flüchtlinge auf die beiden nordafrikanischen Exklaven verstärkt. Die Wirtschaftsflüchtlinge wollen als Gastarbeiter nach Europa und nutzen die *presidios* als Schlupflöcher. In Melilla wurden inzwischen umfangreiche Grenzsicherungsanlagen mit meterhohen Drahtzäunen, nächtlich beleuchteten Kontrollstreifen und dergleichen angelegt, die in der internationalen Presse vielfach mit der Berliner Mauer verglichen werden und die die illegale Zuwanderung erschwert haben. Im Gegenzug hat die Schleusung von Flüchtlingen über das Mittelmeer nach Andalusien stark zugenommen, wobei fast regelmäßig Todesopfer zu beklagen sind (vgl. auch Kapitel „Bevölkerungsstruktur und -dynamik").

Es kann kein Zweifel daran bestehen, dass die spanischen Exklaven Ceuta und Melilla auf nordafrikanischem Boden zunehmend zu Kristallisationspunkten für einen vorgeblich kulturellen Konflikt heranwachsen, der aus einer Abgrenzung der muslimischen Bevölkerungsgruppen resultiert und insofern nicht nur vermeidbar wäre, sondern auch den wirtschaftlichen Interessen Spaniens (bzw. Europas) und Marokkos zuwiderläuft.

Baskenland: territoriale Visionen zwischen Terror und Realpolitik

Das Verbreitungsgebiet der baskischen Sprache ist staatsübergreifend (vgl. Abb. 29; Trask 1997). Baskische Nationalisten artikulieren lautstark die Forderung nach einem unabhängigen baskischen Mutterland. Auf spanischer Seite erhielt das Baskenland im Zuge der demokratischen *transición* ein eigenes Autonomiestatut, getragen von der Sorge, der politische Konflikt mit den Basken könne andernfalls die neue spanische Verfassung gefährden. Die französischen Basken hingegen verfügen über keine eigene territoriale Verwaltung (wie z. B. ein baskisches Department). Es wäre durchaus zu erwarten gewesen, dass die EU-Integration auch formelle Zusammenschlüsse der Basken befördern würde. Das Gegenteil ist der Fall: Es gibt keine grenzüberschreitende Kooperation zwischen politischen Repräsentanten der Basken in Spanien und Frankreich. Insofern wird der baskische Nationalismus aus externer Sicht häufig überschätzt. Baskische Identität und die gleichzeitige Identifizierung als „spanisch" oder „französisch" schließen sich nämlich keineswegs aus. In der Realität trennt die spanisch-französische Grenze Basken mit spanischer und solche mit französischer Kultur. Entsprechend fragmentiert ist auch die nationalistische Ideologie der Basken. Dennoch eröffnet der baskische Nationalismus ein Konfliktfeld nicht nur mit politischen, sondern auch mit terroristischen Aktionen, die mit territorialen Ansprüchen verknüpft werden. Die geographische Dimension des baskischen Nationalismus ist dabei keineswegs eindeutig (Mansvelt Beck 2005).

Für die ethnische Minorität der Basken ist ihre Eigensprachlichkeit wichtigster Ausdruck. Das gesamte baskische Sprachgebiet (Euskal Herria) umfasst je drei Provinzen in Frankreich (Iparralde) und in Spanien (Euskadi) sowie Teile der Autonomen (spanischen) Region Navarra (Nafarroa; vgl. Tab. 63). Alle spanischen Provinzen, die Anteil am baskischen Sprachgebiet haben, werden als *Hegoalde* bezeichnet.

Euskal Herria steht gleichzeitig für die territoriale Vision eines panbaskischen Mutterlandes („*imagined country of basques*"; Mansvelt Beck 2005, S. 94), das von baskischen Nationalisten rhetorisch eingefordert wird. Euskal Herria ist aber weder mit der nationalistischen baskischen Ideologie noch mit formalen oder informellen panbaskischen Netzwerken deckungsgleich. Insofern stellt Euskal Herria nur eine politische Doktrin im Sinne einer politischen Zielvorgabe wie auch einer theoretischen Wunschvorstellung dar, die aber im größten Teil des beanspruchten Territoriums durch die betroffene Bevölkerung nicht unterstützt wird.

Indem die Wortführer der baskischen Nationalisten weder in Iparralde noch in Nafarroa von baskischen Dissidenten unterstützt werden, erwächst aus der ideologischen auch eine territoriale Fragmentierung. Der wirtschaftliche Wohlstand ebenso wie die lange demokratische Tradition in Frankreich sind ursächlich für die Loyalität der französischen Basken zu „ihrem" Staat, sodass ein baskisches Regionalbewusstsein sich dort vornehmlich in einem kulturellen „Revival" äußert, meist in folkloristischem Kontext. Südlich der Pyrenäen hingegen waren ein „spanisches" Bewusstsein und ein entsprechendes Vertrauen in den Nationalstaat nach den Erfahrungen von Bürgerkrieg und Franco-Diktatur nur bedingt ausgeprägt. Die Basken erfuhren stattdessen die Repressionen des Franco-Regimes besonders intensiv (am stärksten in Vizcaya und Guipúzcoa, weniger in Álava und Navarra), sodass nationalistisches Gedankengut bzw. eine ethnonationale Doktrin in den baskischen Kernprovinzen von Euskadi einen fruchtbaren Boden fanden.

Die Realpolitik der baskischen Nationalisten nimmt inzwischen de facto eine (Teil-)„Amputation" von Euskal Herria in Kauf: Zur Kernregion für die Artikulation des baskischen Nationalismus ist Euskadi geworden. Die territoriale baskische Identität unterliegt dabei einem diskursiven Prozess, innerhalb dessen drei verschiedene realpolitische Ziele aufscheinen: In Erweiterung des bereits bestehenden Status quo der Autonomen Region Baskenland (País Vasco) in Spanien wird für Euskadi eine Co-Souveränität gefordert, in radikalerer Variante ein unabhängiger baskischer Staat innerhalb der EU (die ihrerseits aber einen solchen baskischen Eigenweg klar ablehnt). Für Iparralde wird in Frankreich ein eigenes baskisches Department gefordert. Damit beschränkt sich der baskische Nationalismus realpolitisch auf die Autonome (baskische) Region in Spanien (Euskadi), weil nur dort die politisch-institutionellen Optionen für ein baskisches Nationalbewusstsein gegeben sind.

Tatsächlich bildet Euskadi bisher einen vergleichsweise erfolgreichen kulturellen „Container" für die baskische Identität, wobei auch dieser Container wiederum eine fragmentierte Gesellschaft einschließt. Selbst innerhalb von Euskadi differieren die Selbstwahrnehmung als „baskisch" und der Gebrauch der baskischen Sprache erheblich (vgl. Tab. 64).

Provinz/[Verwaltungssitz]	Baskische Bezeichnung	
Vizcaya [Bilbao]	Bizkaia	
Guipúzcoa [San Sebastián; Donostia]	Gipuzkoa	
Álava [Vitoria; Gasteiz]	Araba	
Vizcaya + Guipúzcoa + Álava		Euskadí
Navarra	Nafarroa	
Vizcaya + Guipúzcoa + Álava + Navarra [span. Baskenprovinzen]		Hegoalde
Labourd [Bayonne]	Lapurdí	
Basse Navarre	Nafarroa Beheroa	
Soule	Zuberoa	
Labourd + Basse Navarre + Soule [frz.-baskische Provinzen]		Iparralde
Baskenland		Euskal Herria

Quelle: Mansvelt Beck 2005, S. 3

Tab. 63: *Territoriale Struktur des Baskenlandes (Euskal Herria)*

Abb. 151: *Realitätsferne baskische Visionen in Form von Autoaufklebern: ein unabhängiges Groß-Baskenland (Euskal Herria) als Teil der EU mit Kuba als Vorbild (Aufnahme: Jan Mansvelt Beck)*

Region	Einwohner (E: 2001, F: 1999)	Baskisch sprechend %	Selbstidentifika- tion als Baskisch %	Wähler nationalistischer bask. Parteien[a] %
Euskadi (Span. Autonome Region Baskenland)[b]	2 082 587	24	74	45
Álava	286 387	7	70	33
Vizcaya	1 122 637	17	68	44
Guipúzcoa	673 563	44	85	53
Navarra (Span. Autonome Region)[b]	555 829	10	34	12
Iparralde (Hist. Baskische Provinzen in Frankreich)[c]	262 606	34	48	5
Labourd	218 910	27	43	k.A.
Basse Navarre	28 156	62	63	k.A.
Soule	15 540	64	71	k.A.
Total	*2 901 022*	*22*	*64*	–

[a] Berechnung basiert auf den spanischen Parlamentswahlen von 1996 bzw. französischen Parlamentswahlen von 1997; k.A. = keine Angaben
[b] Einwohnerzahlen der spanischen Regionen/Provinzen nach I.N.E.-Zensusdaten (www.ine.es; 16.10.2006)
[c] aktuell: Teile des frz. Département Pyrénées Atlantiques; Einwohnerzahlen: eigene Berechnung nach Daten des INSEE (www.recensement.insee.fr; 18.10.2006)

Tab. 64: *Indikatoren für eine baskische Selbstidentifikation*

Quelle: Mansvelt Beck 2005; u. a. nach El País 1997; Le Monde 1997, S. 83

Schlüsselelement für eine nationalistische Mobilisierung ist die baskische Sprache: Unter der Flagge territorialer Ansprüche wird deshalb Terror vorzugsweise in Vizcaya und Guipúzcoa eingesetzt, um dem baskischen Nationalismus zum Durchbruch zu verhelfen. Zielscheibe des Terrors sind einerseits Personen und Institutionen, die die spanische Zentralmacht repräsentieren, andererseits politische Personen oder Funktionen, die für eine Konsolidierung des bestehenden Autonomiestatus des Baskenlandes innerhalb Spaniens stehen. Innerhalb der genannten Provinzen agiert der militante baskische Nationalismus von dispers gelegenen Teilräumen aus, wo die radikalen Nationalisten eine quasi monopolartige Kontrollfunktion ausüben können. Das sind sowohl peripher gelegene dörfliche Siedlungen als auch Kleinstädte auf dem Lande oder Großstadtviertel mit einem hohen Anteil marginalisierter Bevölkerung, die sich als Verlierer der gesellschaftlichen Entwicklung sieht. Die sichtbaren nationalistischen Institutionen wie etwa die Büros der verschiedenen einschlägigen Organisationen sind vorzugsweise in eng begrenzten Teilbereichen der Altstadtkerne der Provinzhauptstädte angesiedelt. Der sog. „heiße" baskische Nationalismus, der von einem politisch mobilisierten Teil der Bevölkerung getragen und militant gegen Andersdenkende praktiziert wird, ist somit innerhalb des Baskenlandes auf „Mikro-Räume" beschränkt. Die Vorstellung einer einheitlichen baskischen Identität „zerbröselt" (Mansvelt Beck 2006, S. 525) daher zunehmend in den regionalen und lokalen Varianten des diskursiven Identifikationsprozesses. Eine Lösung des baskischen Konfliktes kann deshalb nur von einem innerbaskischen diskursiven Reifungsprozess erwartet werden, der auf lokaler Ebene an der Basis der baskischen Bevölkerung ansetzt.

Glossar der Abkürzungen und fremdsprachlichen Begriffe

aceite (span.) Öl

aceituna (span.) Olive

„el agua es de todos los españoles" (span.) wörtlich: „Das Wasser gehört allen Spaniern"; Argument für eine zentrale Verwaltung der Wasserressourcen im politischen Streit um den regionalen Wasseraustausch

AHV (span.) Altos Hornos de Vizcaya (wörtlich: Hochöfen von Biskaya); ehem. größter spanischer Eisenhüttenkonzern

alcázar (span.) Stadtburg; Fort (vgl. *al-qasr*)

alcornoque (span.) extensiv genutzter Weide-Wirtschafts-Wald in der span. Extremadura

Alfama Altstadtviertel in Lissabon

al-hammam (arab.) öffentliche Bäder (in der maurischen Altstadt)

al-minar (arab.) Minarett

al-qasr (arab.) Stadtburg; Fort (vgl. *alcázar*) (in der maurischen Altstadt)

AOC (frz.) Appellation d'Origin Contrôlé; kontrollierte Herkunftsbezeichnung als Qualitätsstandard für Wein

AP (span.) Alianza Popular (Volksallianz); politische Partei in Spanien

arco mediterráneo (span.) „mediterraner Bogen"; noch nicht formell etabliert, potenzielle europäische Planungsregion im westlichen Mittelmeerraum

área metropolitana (port./span.) Metropolitanregion

arroyo (span.) Bacheinschnitt

avenida (span.) breite (Haupt-)Straße in span. Städten

azulejos (port./span.) farbige Kacheln

Bairro Alto wörtlich: „Oberstadt"; Altstadtviertel in Lissabon

bairro de lata (port.) wörtlich: „Blechviertel"; marginalisiertes Stadtrandviertel

Baixa [Pombalina] „Unterstadt"; Altstadtviertel in Lissabon, das unter dem Marquês de Pombal nach absolutischen Vorstellungen im Schachbrettgrundriss nach dem Erdbeben von 1755 neu aufgebaut wurde

Baixa pobre „arme Unterstadt" Lissabons (östlicher Teil der Baixa)

Baixa rica „reiche Unterstadt" Lissabons (westlicher Teil der Baixa)

baldio (port.) (ehem.) gemeinschaftlich genutzte Allmendfläche, heute vielfach kommunale Waldfläche

barbecho semillado (span.) Einsaat von Brachflächen

barrio (span.) Stadtquartier, Stadtviertel

„beneficio" (port.) wörtlich: „Wohltat"; Verfahren bei der Portweinherstellung, bei dem der Wein mit Weinbrand verschnitten wird

caballero (span.) wörtlich: „Reiter, Ritter"; Angehöriger der Adelsschicht

caldas (port.) von lat. *calidus* („heiß-warm") abgeleitete Kurzform für „heiße Quellen"; aktuell vielfach Ortsnamenbestandteil bei port. Thermalorten (Caldas de …)

Camino de Santiago (span.) „Jakobsweg"; europäischer Pilgerweg nach Santiago de Compostela (Galicien)

Campanha/Batalha do Trigo (port.) wörtlich: „Weizenkampagne/-schlacht"; agrarpolitische Maßnahme des Salazar-Regimes, um die Versorgung der port. Bevölkerung mit Weizen zu gewährleisten

canarios (span.) Einwohner der Kanarischen Inseln

cañada (span.) von Herden und Hirten bei transhumanter Viehhaltung genutzter Viehtriftweg

caudal máximo instantáneo (span.) Äquivalent zu „höchster Abfluss" (HQ), gemessen in m³/sec

cava (span.) weißer Schaumwein, der u.a. in Katalonien produziert wird

censo (port./span.) Zensus; Volkszählung

cercanía (span.) S-Bahn-Linie (Spanien)

cerro (span.) isolierte Kuppe

chabola (span.) marginalisiertes Stadtrandviertel („Blechhütten"-Viertel)

cidade (port.) Stadt; bezeichnet alle Siedlungen mit mehr als 10 000 Einwohnern und zudem alle Verwaltungssitze der port. Distrikte unabhänig von ihrer Einwohnerzahl; ferner Siedlungen, die einen historischen Stadttitel tragen, obwohl sie heute weder funktional noch strukturell als städtische Siedlungen bezeichnet werden können

CiU (katalan.) Convèrgencia i Unió (wörtlich: Übereinstimmung und Einheit); regionale politische Partei in Spanien (Katalonien)

clandestinos (port./span.) wörtlich: „Heimliche"; Personen mit illegalem Aufenthaltsstatus

Comunidad Autónoma (span.) „Autonome Gemeinschaft"; höchste administrative Einheit in Spanien unterhalb des Zentralstaats, die aus einer oder mehreren Provinzen besteht; entspricht dem Aggregationsniveau NUTS II der europäischen Regionalstatistik

concelho [das comunidades portuguesas] (port.) port. administrative Einheit oberhalb der *freguesia* und unterhalb des *distrito*, vergleichbar etwa dem deutschen Landkreis

condominio (span.) Appartementblöcke von 25 – 100 Wohneinheiten mit kontrolliertem Zugang (Variante einer „Gated Community")

Confederación Hidrográfica (span.) Wasserwirtschaftsverband, dem die Wasserplanung eines Flusseinzugsgebiets obliegt

Congreso de los Diputados (span.) Abgeordnetenhaus; eine der beiden Kammern des span. Parlaments (Cortes Generales)

conquistador (span.) „Eroberer" adliger Herkunft aus Spanien bei der Kolonialisierung Südamerikas

Consorcio de Transportes de Bizcaya (span.) Zweckverband zur Planung des öffentlichen Nahverkehrs in Bilbao und der Provinz Bizcaya

convivencia (span.) „respektvolles Zusammenleben"

Cortes Generales (span.) span. Parlament, bestehend aus Congreso de los Diputados und Senado

cortijo (span.) Landsitz eines Großgrundbesitzers

CP (span.) Coalición Popular (wörtlich: Volkskoalition); politische Partei in Spanien

cultivo año y vez (span.) Zweifelderwirtschaft, traditionell mit regelmäßigem Wechsel von Getreideanbau und Brache

cultivo asociado (span.) Mischkultur

cultivo de regadío (span.) Bewässerungsfeldbau

cultivo de secano (span.) Trockenfeldbau

cultivo único (span.) Reinkultur (Monokultur)

cultivo bajo plástico (span.) wörtlich: „unter Plastik"-Kultur; Anzucht von (z.B.) Gemüsesetzlingen unter Tunneln aus Plastikfolie

cultivo enarenado (span.) wörtlich: „eingesandete" Kultur; Anbautechnik, bei der auf den Unterboden eine Sandschicht aufgebracht wird, um durch Wärmeabsorption die Bodentemperatur zu erhöhen und gleichzeitig den kapillaren Verdunstungssog zu vermeiden, sodass eine Wachstumsbeschleunigung erzielt wird

cultivo forzado (span.) Treibhauskultur

cultivo industrial (span.) wörtlich: „Industriekultur"; Kulturpflanze, die Rohstoffe zur industriellen Weiterverarbeitung liefert

culturas permanentes (port./span.) Dauerkulturen

darwinismo territorial (span.) „territorialer Darwinismus"; Begriffsschöpfung von Peña Rotella, die verdeutlichen soll, dass ländliche

Peripherräume einer zunehmenden Eignungsselektion für die Funktionen, die ihnen von einer städtischen, global orientierten Bevölkerung zugewiesen werden, unterworfen sind

dehesa (span.) Weide für freien Weidegang

desalojados (port.) nach der Nelkenrevolution (1974) aus Afrika Vertriebene mit portugiesischem Pass

desamortización (span.) Auflösung der Güter der Toten Hand im Rahmen der Säkularisierung in Spanien (Gesetz von 1855)

dinero indio (span.) wörtlich: „indianisches Geld"; Finanzmittel, die nach der Unabhängigkeit der span. Kolonien ins span. Mutterland zurückflossen

Diputación Provincial (span.) Dependance der span. Zentralregierung in einer Provinzhauptstadt

distrito [administrativo] (port.) höchste administrative Einheit Portugals unterhalb des Zentralstaates; nicht deckungsgleich mit einer Aggregationsebene der europäischen Regionalstatistik (NUTS)

DO[C] (span.) Denominación de Origen [Cualificada]; kontrollierte Herkunftsbezeichnung als Qualitätsstandard für Wein

DOC (port.) Denominação de Origem Controlada; kontrollierte Herkunftsbezeichnung als Qualitätsstandard für Wein

ensanche (span.) planmäßige Stadterweiterung in Spanien ab dem Ende des 19. Jh.

ERC (katalan.) Esquerra Republicana de Catalunya (wörtlich: Republikanische Linke in Katalonien); regionale politische Partei in Spanien (Katalonien)

espacios perdidos (span.) wörtlich: „verlorene Räume"; Freiflächen zwischen Großwohnanlagen in Randbezirken span. Städte

„España es diferente" (span.) wörtlich: „Spanien ist anders"; Parole des Franco-Regimes während der selbstgewählten (wirtschafts)politischen Isolation

Estado Novo (port.) wörtlich: „Neuer Staat"; Portugal unter der Diktatur Salazars

estantes (span.) ortsfeste Schafherden/-bestände

excursionistas (span.) ausländische Besucher ohne Übernachtung im grenzüberschreitenden Verkehr (Tagesgäste)

flor de sal (port.) „Salzblüte"; aus Kristallisationsbecken durch Abschöpfen gewonnenes, hochwertiges Salz mit besonders feiner Kristallstruktur, das unvermahlen konsumiert wird

foro (span.) Privilegien bei Bodenabgaben und Bodennutzungsrechten

„Fosteritos" (span.) Spitzname für die vom britischen Architekten Norman Foster gestalteten U-Bahn-Zugänge in Bilbao

freguesia (port.) wörtlich: „Pfarrei"; kleinste administrative Einheit in Portugal, vergleichbar etwa der deutschen „Gemeinde", allerdings mit geringeren administrativen Zuständigkeiten

funduq (auch: *wekala*; arab.) Speicherherberge in der traditionellen islamisch-orientalischen Stadt

gente del campo (span.) Unterschicht der Landarbeiter und Tagelöhner (in Agrostädten)

gente del pueblo (span.) städtische Bürgerschicht (in Agrostädten)

„¡godos fuera!" (span.) wörtlich: „Goten raus!"; mit „Goten" sind die Festlandspanier gemeint (aus der Sicht der „Canarios", d.h. der autochthonen Bevölkerung der Kanaren)

Guerra de Agua (span.) „Wasserkrieg"; Auseinandersetzung um die Verteilung von Wasserressourcen aus verschiedenen Autonomen Regionen in Spanien

herdade (port.) Erbgut

hidalgo (span.) Angehöriger des unteren Adels

horticultura de ciclo manipulado (span.) Gartenbau mit kontrolliertem Wachstumszyklus (n. Morales Gil)

horticultura temprana/extratemprana (span.) Frühgemüseanbau

huerta (span.) umgangssprachliche Bezeichnung für intensiven Gartenbau auf bewässerten Flächen (vorzugsweise an der span. Levanteküste verwendet)

huertanos (span.) Grundbesitzer, die *huerta*-Land bewirtschaften

imigração programada (port.) gesteuerte Einwanderung

INI (span.) Instituto Nacional de Industria (wörtlich: Nationales Industrie-Institut); span. Staatsholding zur Förderung der Großindustrie

Instituto de Reforma Agraria (span.) 1932 gegründete span. Behörde für Bodenreformen

Instituto Nacional de Colonización (span.) Nachfolgeorganisation des Instituto de Reforma Agraria

invernadero (span.) (Plastik-)Gewächshaus

IU (span.) Izquierda Unida (wörtlich: Vereinigte Linke); politische Partei in Spanien

Junta da Colonização Interna (port.) 1937 gegründete port. Behörde für Bodenreformen

latifundismo (span.) „Latifundismus"; Schlagwort für sozial und ökonomisch ineffiziente landwirtschaftliche Großbetriebe

Ley de Colonización y Repoblación Interior Gesetz zur Intensivierung der span. Land- und Forstwirtschaft („Innere Kolonisation") von 1907

marismas (span.) Flussmarschen

matorrales (span.) degradierte Strauchformationen

medina (arab.) maurische Altstadt

mesas de participación (span.) Bürgerbeteiligung (im kommunalpolitischen Entscheidungsprozess)

„Mesta" (span.) Weidetrust des 13.–19. Jh.

MFA (port.) Movimento das Forças Armadas (wörtlich: Bewegung der Streitkräfte); Träger der port. Nelkenrevolution (1974)

montado (port.) extensiv genutzter Weide-Wirtschafts-Wald

montaña/montanha (span./port.) Gebirge

monte (port.) Gutshof

monte alto (span.) Hochwald

monte bajo (span.) Niederwald

MOPU (span.) Ministerio de Obras Públicas y Urbanismo; span. Ministerium für Bauwesen und Raumordnung

moriscos (span.) nach der Reconquista auf der Iberischen Halbinsel verbliebene getaufte Araber

mozárabes (span.) „Fast-Araber"; während der maurischen Herrschaft assimilierte, aber christlich gebliebene Bevölkerungsgruppe

mudéjares (span.) nach der Reconquista auf der Iberischen Halbinsel verbliebene Araber

municipio (span.) span. administrative Einheit, entspricht der deutschen „Gemeinde"

noria (span.) Schöpfrad (maurischer Herkunft)

nucleos de extrarradio (span.) durch unplanmäßige Erweiterung seit Beginn des 20.Jh. in spanischen Städten enstandene statusniedrige Wohnviertel

ordenanzas (span.) Verordnungen von 1972, die die Umwidmung von brachgefallenen Industrie- oder Gewerbeflächen in Städten ermöglichten

„orgulhosamente sós" (port.) „stolzes Alleinsein";

gesellschaftspolitisches Leitbild der Salazar-Diktatur in Portugal

outra banda (port.) Gegenufer von Lissabon jenseits des Strohmeeres auf der Halbinsel von Setúbal

PALOP (port.) Paises Africanos de Lingua Oficial Portuguêsa: Afrikanische Länder mit Amtssprache Portugiesisch

paseo (span.) Bezeichnung für eine Flaniermeile ebenso wie das abendliche Flanieren selbst

Pasillo Verde Ferroviario (span.) Umwidmungsprojekt in Madrid, bei dem auf einer innerstädtischen Industriebrache ein neues Wohnviertel entstanden ist

pasta (port.) Zellstoff

pastagens/pastos permanentes (port./span.) Dauerweideland

pasto (span.) Weide

Patrimonio Forestal del Estado (span.) zentrale span. Forstbehörde

PCE (span.) Partido Comunista de España: Kommunistische Partei Spaniens

piso (span.) Stockwerk, Etage(nwohnung)

planes de desarrollo (span.) Entwicklungspläne

Plano de Povoamento Florestal (port.) Aufforstungsvorhaben (Portugal)

Plaza Mayor (span.) zentraler Platz in span. Städten

PNV (span.) Partido Nacionalista Vasco: Nationalistische Baskische Partei

política hidráulica Oberbegriff für politische Wasserbewirtschaftungsmaßnahmen in Spanien

PP (span.) Partido Popular (wörtlich: Volkspartei); politische Partei in Spanien

presidios (span.) wörtlich: „Zuchthäuser"; Bezeichnung für die span. Exklaven Ceuta und Melilla, die ursprünglich Sträflingskolonien waren

Primer Plan de Desarrollo (span.) 1. Landesentwicklungsplan (1964/67)

PSA (span.) Plataforma Solar de Almería: Solarplattform von Almería

PSOE (span.) Partido Socialista Obrero Español: Spanische Sozialistische Arbeiterpartei

pueblos de colonización (span.) Kolonistendörfer, die im Zuge von Maßnahmen zur „Inneren Kolonisation" im spanischen Binnenland entstanden sind

qanat (arab.) unterirdischer Kanal als Teil eines Bewässerungssystems (maurischer Herkunft)

„Quem não está bem muda-se" (port.) „Wem es nicht gut geht, der geht fort"; port. Sprichwort, eingebürgert seit der Übersee-Emigration des 19.Jh.

quinta (port.) wörtlich: „ein Fünftel"; Bezeichnung für ein Pachtgut, bei dem ursprünglich ein Fünftel der Nutzfläche auf eigene Rechnung bewirtschaftet werden konnte

rambla (span.) periodisch wasserführender Fluss

Rastro (span.) traditioneller Flohmarkt in Madrid

reconquista (span.) Wiedereroberung der an die Mauren verlorenen Territorien auf der Iberischen Halbinsel durch christliche Truppen

Reconversão (port.) „Konversion"; Ersatzbegriff für den Terminus „Agrarreform" nach einer Verfassungsänderung in Portugal 1989; damit verbunden Entschädigung der nach der Nelkenrevolution (1974) enteigneten ehemaligen Eigentümer durch Geldzahlungen oder Landrückgabe

refugiados (port.) „Flüchtlinge"; Schwarzafrikaner ohne port. Pass, die nach der Nelkenrevolution (1974) aus den ehemaligen port. Kolonien nach Portugal zuwanderten

regadío (span.) Bewässerungsland

regadío eventual/semiriego (span.) Flächen, die je nach verfügbaren Wassermengen nur sporadisch bewässert werden können

regiões naturais (port.) wörtlich: „Naturregionen"; elf im Jahr 1936 geschaffene Raumeinheiten in Portugal, die nie administrative Bedeutung besaßen, heute aber noch eine hohe identifikative Funktion haben; umgangssprachlich als „Provinzen" (Rosario S.da Silva 2002) bzw. als „historische Provinzen" (Freund 1979) bezeichnet

regularização (port.) regulierte Einwanderungspolitik in Portugal

residente estrangeiro (port.) wörtlich: „ausländischer Einwohner"; in Abgrenzung zu einem „imigrante" im port. Sprachgebrauch Bezeichnung für Ausländer aus Industriestaaten, die in Portugal leben

retornados (port.) „Rückkehrer"; nach der Nelkenrevolution (1974) aus den ehemaligen port. Kolonien in Afrika nach Portugal emigrierte Bevölkerungsgruppe; umfasst die *desalojados* und die *refugiados*

revitalización (span.) Revitalisierung

ría (span.) tief ins Land reichende Bucht („ertrunkenes" Flusstal)

Rías Bajas (span.) Name für den südlichen Abschnitt der galicischen Rías-Küste bis zur port. Grenze

Ribeira am Douro-Ufer gelegenes Stadtviertel von Porto, in dem sich Mitte des 20. Jh. vorwiegend hafenorientierte Funktionen konzentrierten

Ribeiro (galic.) säurereicher Weißwein, der in Galicien produziert wird

RIC (span.) Reserva de Inversiones de Canarias (wörtlich: Investitionsreserve der Kanaren); steuerliches Instrument zur Investitionssteuerung auf den Kanarischen Inseln

ronda (span.) Ringstraße

rua direita (port.) zentrale Einkaufsstraße in einer port. *vila*

Senado (span.) Senat; eine der beiden Kammern des span. Parlaments (Cortes Generales)

senderismo (span.) Wandertourismus im Rahmen eines „sanften Tourismus"

señores (span.) (Groß-)Grundeigentümer

Servicio Nacional del Trigo (span.) nationale span. Behörde für die Weizenversorgung, 1940 gegründet

Serviços Florestais (port.) staatliche Forstbehörde in Portugal

Siderurgia Nacional (port.) staatliches port. Unternehmen zur Eisenverhüttung (Betrieb Ende des 20. Jh. eingestellt)

„sin papeles" (span.) wörtlich: „ohne Papiere"; Bezeichnung für illegale Immigranten

talho (port.) Kristallisationsbecken bei der Meersalzgewinnung

TER (port.) Turismo no Espaço Rural (wörtlich: Tourismus im ländlichen Raum); touristisches Vermarktungskonzept (vergleichbar „Ferien auf dem Bauernhof")

terra arável (port.) Ackerfläche

terreno forestal (span.) Waldfläche

terrorismo ecológico (span.) „ökologischer Terrorismus"; gezielte Brandstiftungen, die zu flächenhaften Waldbränden führen

„Teruel existe" (span.) „Teruel existiert"; Kampagne der span. Provinz Teruel, die sich von der Zentralregierung vergessen fühlte

tierras comunales (span.) gemeinschaftlich genutzte Allmendfläche

tierras de cultivo (span.) landwirtschaftlich bewirtschaftete Fläche

tierras labradas (span.) Ackerfläche

tomillares (span.) Zwergstrauchformation

transición democrática (span.) Übergangsphase zu demokratischen Verhältnissen nach Ende des Franco-Regimes in Spanien

trasvase (span.) Überleitungskanal

UCP (port.) Unidade Colectiva de Produção (wörtlich: Produktionsgenossenschaft); in Portugal nach der Nelkenrevolution (1974) gegründete landwirtschaftliche Kollektiv-betriebe
urbanización, -ção, pl. **urbanizaciones, -ções** (span./port.) touristische Plansiedlungsform

vega (span.) bewässertes Kulturland im Hochflutbett von Tälern (vorzugsweise benutzt in Südspanien/Andalusien)

veraneo (span.) traditioneller sommerlicher Badeaufenthalt an der Küste in Spanien
vila (port.) Ort, dem als Verwaltungssitz eines *concelho* auch die Verwaltung der ihm zugeordneten *freguesias* obliegt
villeggiatura (ital.) Nutzung einer Sommerresidenz; zuerst durch den Adel in Italien, dann im übrigen Europa
vinho verde (port.) säurereicher Weißwein, der in Nordportugal produziert wird

vizconde (port.) Angehöriger der gehobenen Adelsschicht

zoco (span.) abgeleitet aus arab. *suq*; Gewerbe- und Handelsmarkt in der islamisch-orientalischen Stadt

Abbildungsverzeichnis

Tabellenverzeichnis

Literaturverzeichnis

Aguilera Klink, F. (1999): Hacia una nueva economía del agua: cuestiones fundamentales. In: Arrojo, P. & Martínez, J. (Hrsg.): I Congreso Ibérico sobre Planificación y Gestión de Aguas, Zaragoza, S. 49–65.

Aguilera Klink, F. (2004): Nacionalismo o subvencionalismo? Reflexiones sobre el modelo canario de victimismo económico. In: Disenso 42 (zit. n. http://www.pensamientocritico.com/fedagu0304.htm [21.7.2006]).

AHK (2003): Deutsche Unternehmen in Portugal. Geschäftslage und Erwartungen, Umfrage der Deutsch-Portugiesischen Außenhandelskammer 2003.

Alarcón, S. (1994): Las técnicas multicriterio y su aplicación a la evaluación de planes de desarrollo: El Plan Tierra de Campos. In: Revista Española de Economía Agraria 170, Madrid, S. 175–218.

Algora Weber, M. D. (1998): Spain and Europe: different approaches, common solutions. In: Biegel, R. (Hrsg.): Problèmes Migratoires en Région Méditerranéenne, Tunis, S. 221–225.

Allebrand, R. (1998): Tango: Nostalgie und Abschied. Psychologie des Tango Argentino, Bad Honnef.

Allebrand, R. (2000): Alles unter der Sonne. Irrtümer und Wahrheiten über Spanien (= Bensberger Protokolle 104). Bensberg, 160 S.

Alonso Fernández, J. (1990): La Nueva Situación Regional (= Geografía de España 15), Madrid.

Álvarez García, M. (2000): La organización administrativa local en España y Portugal. El municipio y la cooperación intermunicipal. In: López Trigal, L. & Guichard, F. (Hrsg.): La frontera hispano-portuguesa: nuevo espacio de atracción y cooperación. Monografías y estudios. Fundación Rei Afonso Henriques, Zamora, S. 267–283.

Artis Ortuño, M. et al. (1994): Potential attributes of economic growth in the Spanish Mediterranean Arc. In: Spécialisations sectorielles et espaces méditerranéens (= IV Colloque Grerbam), Universitat de les Illes Balears, Palma de Mallorca, S. 35–56.

Artola, M. et al. (1978): El latifundio. Propiedad y explotación ss. XVIII–XX. Min. Agric., Ser. Estudios, Madrid.

Atlas básico de Andalucía (1992). Junta de Andalucía, Sevilla.

Augé, M. (1994): Orte und Nicht-Orte. Vorüberlegungen zu einer Ethnologie der Einsamkeit, Frankfurt/Main.

Bähr, J. & Gans, P. (1986): Barcelona. Entwicklungsphasen und gegenwärtige Struktur der katalonischen Metropole. In: Geographische Rundschau 38, H. 1, S. 9–18.

Bahr, W. (1972): Die Marismas des Guadalquivir und das Ebrodelta. Zwei spanische Reisbaulandschaften (= Bonner Geographische Abhandlungen 45), Bonn.

Barriendos Vallvé, M. (1995): Oscilaciones climáticas seculares a través de las inundaciones catastróficas en el litoral mediterráneo, Siglos XIV–XIX. In: Estudios Geográficos 56, S. 223–238.

Barth, H.-K. (1993): Die Entwicklung des Bewässerungsfeldbaus in La Mancha, Spanien. In: Popp, H. & Rother, K. (Hrsg.): Die Bewässerungsgebiete im Mittelmeerraum (= Passauer Schriften zur Geographie 15), Passau, S. 63–70.

Bernecker, W. L. (2002): Von der Reconquista bis heute. Spanische Geschichte. Grundzüge, Darmstadt.

Bernecker, W. L. & Dirscherl, K. (Hrsg., 2004): Spanien heute. Politik – Wirtschaft – Kultur (= Bibliotheca Ibero-Americana; Veröffentl. des Ibero-Amerikanischen Instituts 91), 4. Aufl. Frankfurt/M.

Berriane, M. & Hopfinger, H. (1997): Informeller Handel an internationalen Grenzen. In: Geographische Rundschau 49, H. 9, S. 529–534.

Bieber, H. (1975): Portugal (= Edition Zeitgeschehen), Hannover.

Billeter, E. P. (1954): Eine Maßzahl zur Beurteilung der Altersverteilung einer Bevölkerung. In: Schweizerische Zeitschrift für Volkswirtschaft und Statistik 90, S. 496–505.

Bischoff, G. & Kerstan, F. (1986): Spaniens und Portugals Beitrag zur Europäischen Gemeinschaft – Rohstoff- und Energiewirtschaftliche Aspekte, Essen.

Borowczak, W. (1987): Agrarreform als sozialer Prozeß. Studien zum Agrarreformverhalten landwirtschaftlicher Produzenten in Portugal und Kap Verde (= Bielefelder Studien zur Entwicklungssoziologie 36), Saarbrücken.

Bowler, I. R. (1992): The industrialization of agriculture. In: Bowler, I. R. (Hrsg.): The geography of agriculture in developed market economies, New York, S. 7–30.

Braun, C. (1974): Teheran, Marrakesch und Madrid. Ihre Wasserversorgung mit Hilfe von Quanaten (= Bonner Geographische Abhandlungen 52), Bonn.

Braun-Blanquet, J. (1964): Pflanzensoziologie. Grundzüge der Vegetationskunde, 3. Aufl., Wien u. a.

Breen, A. & Rigby, D. (1994): Waterfronts: Cities Reclaim the Edge. New York u. a.

Breuer, T. (1979): Die Aufforstung in den „Hurdes" (Alta Extremadura, Spanien) und ihre sozioökonomischen Auswirkungen. In: Christians, J. C. (Hrsg.): Recherches de la Géographie rurale. Hommage au Prof. Frans Dussart, Tome I. Bull. Soc. Géogr. de Liège, Num. hors serie, S. 501–517.

Breuer, T. (1981): Die Dynamik der Fruchtfolge-Systeme in den Latifundien-Gebieten der andalusischen Campiña. In: Pletsch, A. & Döpp, W. (Hrsg.): Beiträge zur Kulturgeographie der Mittelmeerländer IV (= Marburger Geographische Schriften 84), Marburg, S. 99–118.

Breuer, T. (1982): Spanien, 1. Aufl. (= Klett Länderprofile), Stuttgart (2. Aufl. 1987).

Breuer, T. (1985): Die Steuerung der Diffusion von Innovationen in der Landwirtschaft. Dargestellt an Beispielen des Vertragsanbaus in Spanien (= Düsseldorfer Geographische Schriften 24), Düsseldorf.

Breuer, T. (1986a): Changing Patterns of the Population Distribution in Spain. In: GeoJournal 13, S. 75–84.

Breuer, T. (1986b): Innovative Entwicklungen der Landwirtschaft in Andalusien. In: Geographische Rundschau 38, H. 1, S. 20–27.

Breuer, T. (1990): Andalusien (= Problemräume Europas 9), Köln.

Breuer, T. (1992): Mallorca – eine Bestandsaufnahme aus geographischer Sicht. In: Tourismus auf Mallorca. Bilanz, Gefahren, Rettungsversuche, Perspektiven (= Bensberger Protokolle 77), Bergisch Gladbach, S. 9–32.

Breuer, T. (1995a): Juli 1994: Spaniens Ostküste brennt. In: Geographische Rundschau 47, H. 5, S. 304–306.

Breuer, T. (1995b): Spanien und Portugal auf dem Weg von der Agrar- zur Industriegesellschaft. In: Geographische Rundschau 47, H. 5, S. 266–276.

Breuer, T. (1996): Lanzarote – vom Feuer geformte Ferieninsel. Eine geographische Bestandsaufnahme. In: Isenberg, W. (Hrsg.): Kunstwerk Lanzarote. Tourismus im Biosphärenreservat (= Bensberger Protokolle 87), Bensberg, S. 9–39.

Breuer, T. (2001a): Altersruhesitze auf den Kanarischen Inseln: Das Beispiel der deutschen Rentner-Residenten. In: Freund, B. & Jahnke, H. (Hrsg.): Der Mediterrane Raum an der Schwelle des 21. Jahrhunderts (= Berliner Geographische Arbeiten 91), Berlin, S. 9–24.

Breuer, T. (2001b): Mallorca (Spanien) auf der Suche nach nachhaltigen Lösungen für ein Leben mit dem internationalen Tourismus. In: Bernecker, W. L. & Vences, U. (Hrsg.): Von der traditionellen Landeskunde zum interkulturellen Lernen (= Theorie und Praxis des modernen Spanischunterrichts), Berlin, S. 51–76.

Breuer, T. (2001c): Spanien als Mitgliedsland der EU in einer globalisierten Welt. In: Karrasch, H. et al. (Hrsg.): Europa 21 (= HGG-Journal 16), Heidelberg, S. 89–108.

Breuer, T. (2002): Ein Dauerplatz an der Sonne. Europas Rentner zieht es nach Süden. In: Praxis Geographie 32, H. 3, S. 21–27.

Breuer, T. (2003): Deutsche Rentnerresidenten auf den Kanarischen Inseln. In: Geographische Rundschau 55, H. 5, S. 44–51.

Breuer, T. (2004): Successful Aging auf den Kanarischen Inseln? Versuch einer Typologie von Alterns-Strategien deutscher Altersmigranten. In: Europa Regional 12, S. 122–131.

Breuer, T. (2005a): Alemanes de la tercera edad en Canarias. In: Rodríguez, V. et al. (Hrsg.): La Migración de Europeos Retirados en España, Madrid, S. 263–292.

Breuer, T. (2005b): Características del turismo residencial de Alemanes Jubilados: resultados de una encuesta realizada en las Islas Canarias. In: Mazón, T. & Aledo, A. (Hrsg.): Turismo residencial y cambio social. Nuevas perspectivas teóricas y empíricas, Alicante, S. 363–374.

Breuer, T. (2005c): Retirement Migration or rather Second-Home Tourism? German Senior Citizens on the Canary Islands. In: Die Erde 136, H. 3, S. 313–333.

Breuer, T. & Müller, D. (2005): Grenzenlose Mobilität? – deutsche Auslandsbevölkerung in Europa. In: Nationalatlas Bundesrepublik Deutschland, Bd. 11, Deutschland in der Welt, Leipzig, S. 68–71.

Breuer, T. & Weber, P. (1997): Spanien und Portugal. Fotografiert von J. Richter und K.-H. Raach (= Harenberg: Länder der Welt), Dortmund.

Brown, L. A. (1981): Innovation diffusion. A new perspective, London, New York.

Brückner, H. (1999): Küstensensible Geo- und Ökosysteme unter zunehmendem Stress. In: Petermanns Geographische Mitteilungen 143, S. 6–23.

Brunet, R. (1989): La France dans l'espace Européen, Montpellier.

Brunn, G. (Hrsg., 1996): Region und Regionsbildung in Europa. Konzeptionen der Forschung und empirische Befunde (= Schriftenreihe des Instituts für Europäische Regionalforschungen 1), Baden-Baden.

Brüser, G. (1977): Die Landwirtschaftsformationen in Alta Extremadura (= Arbeiten aus dem Geographischen Institut der Universität des Saarlandes 25), Saarbrücken.

Burdack, J. et al. (Hrsg., 2005): Europäische metropolitane Peripherien (= Beiträge zur Regionalen Geographie 61), Leipzig.

Busman, W. & Peperkamp, B. (1988): De ontwikkeling van de kolonistenbedrijven in de kolonisatiegebieden Ejea en La Violada tussen 1974 en 1987 (= Vakgroep Sociale Geografie van de Ontwikkelingsgebieden 52), Nijmegen.

Busskamp, R. & Schmidt, K.-H. (2003): Mittlerer jährlicher Abfluss und Abflussvariabilität. In: Institut für Länderkunde (Hrsg.): Nationalatlas Bundesrepublik Deutschland. Relief, Boden und Wasser, Heidelberg/Berlin, S. 126–128.

Bustos Gisbert, M. L. (1994): La industria agroalimentaria en España. In: Estudios Geográficos 55, S. 229–256.

Butler, R. W. (1980): Concept of a tourism area cycle of evolution: Implications for management of resources. In: Canadian Geographer 24, S. 5–12.

Calle Sanz, E. et al. (1987): La Cañada Leonesa (= Senderismo), Madrid.

Cañizares Ruiz, M. C. (2003): Patrimonio Minero-Industrial en Castilla-La Mancha: el Área Almadén-Puertollano. In: Investigaciones Geográficas 31, S. 87–106.

Capel Molina, J. J. (2000): El clima de la península Ibérica. Barcelona, 281 S.

Caravaca, I. & Méndez, R. (1994): Industrial revitalization of the metropolitan areas in Spain. In: International Journal of Urban and Regional Research 18, S. 220–233.

Caro Baroja, J. (1941): Retroceso del vascuence. In: Atlantis 14, S. 35–62.

Carrión, P. (1975): Los latifundios en España, 2. Ed., Barcelona.

Casado-Díaz, M. A. et al. (2004): Northern European retired residents in nine southern European areas: characteristics, motivations and adjustment. In: Ageing + Society 24, S. 353–382.

Castanyer, J. (1995): The role of regions. The case of Spain. In: Informationen zur Raumentwicklung 12, S. 846–848.

Cavaco, C. (1995a): A Place in the Sun: Return Migration and Rural Change in Portugal. In: King, R. (Hrsg.): Mass Migration in Europe: the Legacy and the Future, Chichester, S. 174–191.

Cavaco, C. (1995b): Tourism in Portugal: diversity, diffusion and regional and local development. In: Tijdschrift voor Economische en Sociale Geografie 86, S. 64–71.

Cebrián de Miguel, J. A. & Bodega Fernández, I. (2002): El negocio étnico, nueva fórmula de comercio en el casco antiguo de Madrid. El caso de lavapiés. In: Estudios Geográficos 63, S. 559–580.

Celdrán Bernabéu, M. A. & Azorín Molina, C. (2004): La Explotación Industrial de las Salinas de Torrevieja (Alicante). In: Investigaciones Geográficas 35, S. 105–132.

Centro de Estudios Económicos Fundación Tomillo (2001): Los Costes de Ultraperiferia de la Economía Canaria. Resumen ejecutivo (zit. n. http://www.ceet.com.es/publicaciones [4.8.2005]).

Chatel, T. (2006): Wasserpolitik in Spanien – eine kritische Analyse. In: Geographische Rundschau 58/2, S. 20–28.

Chuvieco Salinero, E. & Martín, M.P. (1994): Global fire mapping and fire danger estimation using AVHRR images. In: Photogrammetric Engineering & Remote Sensing 60, S.563–570.
Chuvieco Salinero, E. et al. (1995): Estimating forest fire danger from AVHRR data. In: Askne, J. (Hrsg.): Sensors and Environmental Applications of Remote Sensing, Rotterdam, Brookfield, S.371–376.
Chuvieco Salinero, E. et al. (1996): Cartografía, evaluación y seguimento de grandes incendíos forestales a partir de imágenes NOAA-AVHRR. In: Revista Española de Teledetección 3, S.20–27.
Cortizo Álvarez, T. (1984): León, propiedada y producción del suelo, Oviedo.
Cortizo Álvarez, T. (1999): Diario de un Geógrafo Ambulante por Asturias, Oviedo.
Cortizo Álvarez, T. (2002): HUNOSA es otra cosa. Unos Datos sin Palabras (unveröff. Manuskript), Oviedo.
Cuesta, J.M. (2003): Despoblación de la Montaña Pirenaica Aragonesa. El caso del Sobrarbe. In: Escolano Utrilla, S.& Riva Fernández, J. de la (Hrsg.): Despoblación y ordenación del territorio (= Actas Geografía), Zaragoza, S.161–175.

Deil, U. (1997): Zur geobotanischen Kennzeichnung von Kulturlandschaften: vergleichende Untersuchungen in Südspanien und Nordmarokko (= Erdwissenschaftliche Forschung 36), Stuttgart.
Deil, U. & Haug, H. (1996): Landnutzungswandel und Vegetationsveränderungen in Südwestandalusien – unter besonderer Berücksichtigung der Vergrünlandung im Campo de Gibraltar. In: Mäckel, R. et al. (Hrsg.): Landnutzungswandel und Umweltveränderungen in Spanien (= APT-Berichte 7), Freiburg, S.27–36.
Díaz Álvarez, J.R. & Capel Molina, J. (1980): Geografía de la Energía Solar en el Espacio Almeriense, Almería.
Díez Nicolás, J. (2002): Las dos caras de la inmigración. In: Eiras Roel, A. & González Lopo, D.L. (Hrsg.): Movilidad interna y migraciones intraeuropeas en la Península Ibérica (= Cursos e congresos da Universidade de Santiago de Compostela 134), Santiago de Compostela, S.235–257.
Díez Nicolás, J. & Ramírez Lafita, M.J. (2001): La inmigración en España: una década de investigaciones (= IMSERSO), Madrid.
Domínguez Mújica, J. (1996): La inmigración extranjera en la Provincia de Las Palmas, Las Palmas.
Drain, M. (1989): Agrostadt-Umland-Beziehungen am Beispiel Spaniens und Portugals. In: López-Casero, F. et al. (Hrsg.): Die mediterrane Agrostadt – Strukturen und Entwicklungsprozesse (= Forschungen zu Spanien 4), Saarbrücken, S.169–196.
Drain, M. (1992/93): L'Europe des grands domaines. In: Revue Géographique des Pyrénées et du Sud-Ouest 63, S.155–186.
Drain, M. (2000): Las aguas compartidas. In: López Trigal, L. & Guichard, F. (Hrsg.): La frontera hispano-portuguesa: nuevo espacio de atracción y cooperación (= Monografías y estudios. Fundación Rei Afonso Henriques), Zamora, S.177–183.
Drescher, A.W. (1988): Untersuchung eines Agrarökosystems in den Winterregensubtropen Spaniens: Naturpotential und Auswirkungen innovativer Entwicklungen in der Landwirtschaft (Dissertation an der Universität Freiburg), Freiburg/Breisgau.
Drescher, A.W. (1995): Landnutzungswandel und rezente Geomorphodynamik an der andalusischen Mittelmeerküste. In: Geoökodynamik 16, S.137–152.
Dunning, J.H. (1979): Explaning Changing Patterns of Industrial Production: In Defense of the Eclectic Theory. In: Oxford Bulletin of Economics and Statistics 41, S.269–295.
Dunning, J. H. (1981): Explaning the International Direct Investment Position of Countries: Toward a Dynamic or Developmental Approach In: Weltwirtschaftliches Archiv 117, S.30–64.

Eaton, M. (1999): Immigration in the 1990s: a study of the portuguese labour market. In: European Urban and Regional Studies 6/4, S.364–370.
Echeverría, M.T. et al. (2003): Untersuchung der Umweltdynamik nach einem Waldbrand in den westlichen Vorpyrenäen. Experimentelle Analyse in Agüero. In: Marzolff, I. et al. (Hrsg.): Landnutzungswandel und Landdegradation in Spanien, Frankfurt, S.73–84.
Emasesa (Hrsg., 1997): El final de la sequía 1996–1997, Madrid.
Engerman, S.L. & Neves, J. C. das (1997): The Bricks of an Empire 1415–1999: 585 Years of Portuguese Emigration. In: Journal of European Economic History 26, S.471–510.
Escolano Utrilla, S.& Riva Fernández, J. de la (2003): Marco conceptual y metodológico del estudio de los procesos de despoblación. In: Escolano Utrilla, S.& Riva Fernández, J. de la (Hrsg.): Despoblación y ordenación del territorio (= Actas Geografía), Zaragoza, S.7–14.
Espejo Marín, C. (2004): La energía eólica en España. In: Investigaciones Geográficas 35, S.45–65.
Esteve, M. A. & Martínez, J. (2001): Plan Hidrológico Nacional: trasvases y sostenibilidad desde la perspectiva de las cuencas beneficiarias. In: Arrojo, P. (Hrsg.): El Plan Hidrológico Nacional a debate, Bilbao, S.157–176.
Ettema, W. (1980): Spanish Galicia: a case study in peripheral integration (= Utrechtse Geografische Studies 18), Utrecht.
Europäische Kommission Generaldirektion Landwirtschaft (2002): Der Olivenölsektor in der Europäischen Union, Brüssel (http://ec.europa.eu./agriculture/publi/fact/oliveoil/2003_de.pdf [26.7.2006]).

Faust, D. (1995a): Aspekte der Bodenerosion in Niederandalusien. In: Heine, K. et al. (Hrsg.): Erträge geomorphologischer Forschung. Ausgewählte Beiträge der 19. Tagung des Deutschen Arbeitskreises für Geomorphologie in Regensburg 1993 (= Regensburger Geographische Schriften 25), Regensburg, S.23–37.
Faust, D. (1995b): Bodenerosion in Niederandalusien. In: Geographische Rundschau 47, H.12, S.712–718.
Faust, D. (2003): Niederschläge vor dem Erosionsereignis – ein bislang wenig beachteter Aspekt in der Bodenerosionsforschung. Beispiele aus Südspanien. In: Faust, D. (Hrsg.): Studien zu wissenschaftlichen und angewandten Arbeitsfeldern der physischen Geographie. Klaus Gießner zum 65. Geburtstag (= Eichstätter Geographische Arbeiten 12), München, S.139–152.
Faust, D. & Díaz del Olmo, F. (1997): Paläogeographie Südspaniens in den letzten 30000 Jahren: eine Zusammenstellung. In: Petermanns Geographische Mitteilungen 141, S.279–285.
Fernández de Rota, J.A. (1989): Ländliche urbane Welt in einer galicischen „vila": Betanzos. In: López-Casero, F. et al. (Hrsg.): Die mediterrane Agrostadt Strukturen und Entwicklungsprozesse (= Forschungen zu Spanien 4), Saarbrücken, S.269–302.
Fernández Martín, F. (2000): Islas y regiones ultraperiféricas de la Unión Europea (zit. n. http://www.eurisles.org/Textes/ultraperi/es/Titre.htm [4.8.2005]).
Fischer, J. (2000): Die Bewässerung der Vega von Granada im Spannungsfeld zwischen Siedlungsdruck und Wassernutzungskonkurrenz (= Paderborner Geographische Studien 13), Paderborn.
Fischer, T. (1904): Der Ölbaum, seine geographische Verbreitung, seine wirtschaftliche und kulturhistorische Bedeutung. Eine Studie (= Petermanns Geographische Mitteilungen, Ergänzungsheft 147), Gotha.
Fisher, B. et al. (2004): Remaking the Urban Waterfront, Washington.
Fonseca, M.L. et al. (2002): New Forms of Migration into the European South: Challenges for Citizenship and Governance – the Portuguese Case. In: International Journal of Population Geography 8, S.135–152.
Font Tullot, I. (1983): Climatología de España y Portugal, Madrid.
Forbiger, A. (1856–62): Strabos Erdbeschreibung. Übersetzt und durch Anmerkungen erläutert (versch. Bände), Stuttgart.
Fraguell Sansbelló, R.M. et al. (Hrsg., 2003): Nous usos per a antics espais industrials (= Diversitas 43), Girona.
Franco Aliaga, T. (1996): Geografía Física de España, Madrid.
Frankenberg, P. & Lauer, W. (1988): Klimaklassifikation der Erde. In: Geographische Rundschau 40, H.6, S.55–59.
Freund, B. (1977): Agrarprobleme Portugals und die Agrarreform in den Südprovinzen. In: Schott, C. (Hrsg.): Beiträge zur Kulturgeographie der Mittelmeerländer III (= Marburger Geographische Schriften 73), Marburg/Lahn, S.209–236.
Freund, B. (1979): Portugal (= Klett Länderprofile), Stuttgart.
Freund, B. (1993): Entwicklung und Perspektiven der Bewässerungswirtschaft in Portugal. In: Popp, H. & Rother, K. (Hrsg.): Die Bewässerungsgebiete im Mittelmeerraum (= Passauer Schriften zur Geographie 13), Passau, S.9–16.
Freund, B. (1995): Portugals Industrie in der westeuropäischen Arbeitsteilung. Branchenspektrum und Standortstrukturen eines Niedriglohnlandes. In: Geographische Rundschau 47, H.5, S.284–291.
Freund, B. (2003): A comunidade portuguesa na Alemanha. In: Revista da Faculdade de Letras-Geografia 19, Porto, S.129–140.
Freyer, W. (2001): Tourismus. Einführung in die Fremdenverkehrsökonomie, 7. Aufl., Oldenburg.
Friedrich, K. & Kaiser, C. (2001): Rentnersiedlungen auf Mallorca? Möglichkeiten und Grenzen der Übertragbarkeit des nordamerikanischen Konzeptes auf den „Europäischen Sunbelt". In: Europa Regional 9, S.204–211.
Fuchs, M. (2006): Europäische Peripherie im Wettbewerb und die Restrukturierung von Industrien in Süd- und Osteuropa. In: Kulke, E. et al. (Hrsg.): GrenzWerte. Tagungsbericht und wissenschaftliche Abhandlungen. 55. Deutscher Geographentag Trier 2005, Berlin, Leipzig, Trier, S.119–128.

Gans, P. & West, Ch. (2004): Bevölkerungsentwicklung und Migration: „re"-Reconquista Spaniens? In: Monheim, R. (Hrsg.): Transkontinentale Migration im Mittelmeerraum, (= Bayreuther Geowissenschaftliche Arbeiten 24), Bayreuth, S.27–44.
García Bellido, J. (1995): Das spanische Städtenetz und die hierarchische Gliederung des Raumes. In: Informationen zur Raumentwicklung 2/3, S.221–226.
García Marchante, J.S.(2002): Efectos de los programas de desarrollo europeos en las zonas de montaña de Castilla-La Mancha. Los espacios rurales entre el hoy y el mañana. In: Actas del XI coloquio de Geografía rural, Santander, S.605–614.
Gaspar, J. (1976): A dinâmica funcional do centro de Lisboa. In: Finisterra XI/21, S.37–150.
Gaspar, J. et al. (1999): Lissabon – Tor zum Südwesten Europas. In: Geographische Rundschau 51, H.10, S.548–554.
Gaviria, M. et al. (1974): España a Go-Go. Turismo charter y neocolonialismo del espacio, Madrid.
Geiger, F. (1970): Die Aridität in Südostspanien. Ursachen und Auswirkungen im Landschaftsbild (= Stuttgarter Geographische Studien 77), Stuttgart.
Geiger, F. (1987): Neue Entwicklungen in der Bewässerungswirtschaft Südost-Spaniens. In: Praxis Geographie 17, H.4, S.22–27.
Geiger, F. (1993): Alte und neue Bewässerungsgebiete in der Region Murcia (Südostspanien). In: Popp, H. & Rother, K. (Hrsg.): Die Bewässerungsgebiete im Mittelmeerraum (= Passauer Schriften zur Geographie 13), Passau, S.51–61.
Gil Olcina, A. (Hrsg., 2001): Geografía de España (= Ariel Geografía), Barcelona.
Gil Olcina, A. & Morales Gil, A. (Hrsg., 1995): Planificación Hidráulica en España, Murcia.
Gil Olcina, A. & Morales Gil, A. (Hrsg., 1999): Los usos del agua en España, Alicante.
Gil Olcina, A. & Morales Gil, A. (Hrsg., 2002): Insuficiencias Hídricas y Plan Hidrológico Nacional, Alicante.
Gili i Fernández, M. (2003): Las viviendas de segunda residencia. Ocio o negocio? (= Scripta nova. Revista electrónica de geografía y ciencias sociales Vol. VII, núm. 146(052), Barcelona.
Goetze, D. (1998): Weibliche Berufstätigkeit in Spanien. In: Tranvía 48, S.43–49.
Goetze, D. (2005): Entwicklungsoptionen, politische Räume und Widerstandsidentitäten – eine spanische Fallstudie. In: Peripherie, Zeitschrift für Politik und Ökonomie in der Dritten Welt, Sonderband 1, S.193–205.
Gold, P. (1994): A stone in Spain's shoe. The search for a solution to the problem of Gibraltar, Liverpool.
Gómez, M.V. (1998): Reflective images: the case of urban regeneration in Glasgow and Bilbao. In: International Journal of Urban and Regional Research 22, S.106–121.
Gonzálvez Pérez, V. (1999): Jornaleros extranjeros en el campo español. In: Eria 49, S.213–229.
Gonzálvez Pérez, V. (2002): La inmigración africana en la España mediterránea. El proceso de integración. In: Eiras Roel, A. & González Lopo, D.L. (Hrsg.): Movilidad interna y migraciones intraeuropeas en la Península Ibérica (= Cursos e congresos da Universidade de Santiago de Compostela 134), Santiago de Compostela, S.211–234.
Gonzálvez Pérez, V. et al. (2005): Les territories du tourisme littoral et les pouvoirs locaux dans la province d'Alicante (Espagne). In: Raveux, O. (Hrsg.): Action

publique et transformation des espaces en Méditerranée septentrionale (= Rives nord-méditerranéennes 20), Alicante, S. 39–62.
Gorgues, R. et al. (2004): Inercias y sesgos en el mapa electoral Español. In: Estudios Geográficos 65, S. 541–556.
Gormsen, E. & Klein, R. (1986): Recent trends of urban development and town planning in Spain. In: GeoJournal 13, S. 47–58.
Gormsen, E. et al. (1988): Stadterneuerung in Spanien und Portugal. Hintergründe, gesetzliche Regelungen, Entwicklungstendenzen. In: Ante, U. & Wagner, H. (Hrsg.): Probleme städtischer Verdichtungsräume in den Mittelmeerländern (= Würzburger Geographische Arbeiten 70), Würzburg, S. 43–56.
Grünewald, I. (2002): Entwicklungsimpulse durch Vermarktung regionaler Qualitätsprodukte. Das Beispiel der Serra da Estrêla (Portugal). In: Informationen zur Raumentwicklung 4/5, S. 277–281.
Guibentif, P. (1996): Le Portugal face a l'immigration. In: Revue Européenne des Migrations Internationales 12, S. 121–139.
Guichard, F. (1990): Géographie du Portugal (= Collection Géographie), Paris u. a.
Guillaume, J. (1999): Frankreich im Arc Atlantique. An der Peripherie Europas? In: Geographische Rundschau 51, H. 2, S. 90–96.
Gutiérrez González, S. C. (2002): La evolución reciente de la población rural: ¿un episodio coyuntural o un verdadero cambio de tendencia? Los espacios rurales entre el hoy y el mañana. In: Actas del XI coloquio de Geografía rural, Santander, S. 359–368.

Haas, H.-D. & Fleischmann, R. (1991): Geographie des Bergbaus (= Erträge der Forschung 273), Darmstadt.
Harsche, M. (2001): Standortverhalten bei grenzüberschreitenden Direktinvestitionen im Ausland – untersucht am Beispiel deutscher Unternehmen des verarbeitenden Gewerbes in Spanien (= Berliner Geographische Arbeiten 92), Berlin.
Heitkamp, T. (1997): Die Peripherie von Madrid: Raumplanung zwischen staatlicher Intervention und privater Investition (= Dortmunder Beiträge zur Raumplanung: Blaue Reihe 79), Dortmund.
Held, G. (1998): Potentiale der kompakten Stadt. Eine institutionenökonomische Studie über die spanische Schuhstadt Elche (= Dortmunder Beiträge zur Raumplanung 87), Dortmund.
Helfer, M. (1997): Solarthermische Energie in Andalusien. In: Geographische Rundschau 49, H. 6, S. 348–354.
Helfer, M. (2003): Solarenergie in Andalusien. Neue Technologien als Entwicklungspotential für eine rückständige europäische Region? Saarbrücken.
Helmfrid, S. (1970): Der Norden heute. In: Verhandlungen des Deutschen Geographentags, Bd. 37, Kiel 1969, Wiesbaden, S. 39–49.
Hempel, L. (1981): Der Mensch ist nicht allein der Sünder. Bodenzerstörung und Verkarstung im Mittelmeerraum gehen eher auf Klimaveränderungen zurück. In: Die Zeit Nr. 15 vom 4. 3. 1981.
Hernández Soria, M. (2001): El Trasvase Tajo-Segura. Lecciones del pasado. (http://www.panda.org/downloads/europe/finalstudytajosegura.pdf [15.5.2005]).
Hoffmann, G. (1988): Holozänstratigraphie und Küstenlinienverlagerung an der andalusischen Mittelmeerküste (= Berichte aus dem Fachbereich Geowissenschaften 2), Bremen.
Hoffmann, G. (1995): Natürliche und anthropogene Einflüsse auf das holozäne Erosions- und Sedimentationsgeschehen an der andalusischen Mittelmeerküste. In: Geoökodynamik 16, S. 197–210.
Höllermann, P. W. (1995): Wald- und Buschbrände auf den westlichen Kanarischen Inseln. Ihre geoökologischen und geomorphologischen Auswirkungen (= Abhandlungen der Akademie der Wissenschaften in Göttingen 46, Math.-Phys. Kl. 3), Göttingen.
Höllermann, P. W. (1996): Feuer als geoökodynamischer Faktor in subtropischen Winterregen-Gebieten. Das Beispiel der jüngsten Wald- und Buschbrände auf den Kanarischen Inseln. In: Geoökodynamik 17, S. 1–24.
Hopfner, H. (1955): Wandlungen des Siedlungsbildes und der Kulturlandschaft in Altkastilien seit dem 18. Jahrhundert. In: Geographische Rundschau 7, H. 4, S. 128–135.
Huber, A. (2003): Sog des Südens. Altersmigration von der Schweiz nach Spanien am Beispiel Costa Blanca (= Soziographie), Zürich.

Ilbery, B. (Hrsg., 1998): The geography of rural change, London.
I.N.E. (Instituto Nacional de Estadística) España (2003): Censo Agrario 1999, Madrid.
I.N.E. (Instituto Nacional de Estatística) Portugal (2001): Recenseamento Geral da Agricultura 1999, Lisboa.

Jacob, E. G. (1969): Grundzüge der Geschichte Portugals und seiner Übersee-Provinzen (= Grundzüge 12/13), Darmstadt.
Jansen-Merx, B. (2004): Strom aus Spaniens Sonne. In: Praxis Geographie 34, H. 3, S. 17–22.
Jorge, J. P. (2003): Oeste-Portugal. In: Schmude, J. & Trono, A. (Hrsg.): Routes for tourism and culture (= Beiträge zur Wirtschaftsgeographie Regensburg 5), Regensburg, S. 119–133.
Juárez Sánchez-Rubio, C. et al. (1989): Inundaciones en el Bajo Segura. Cronología de una lucha intermitente frente a una amenaza constante (1946–1987). In: Gil Olcina, A. & Morales Gil, A. (Hrsg.): Avenidas Fluviales e Inundaciones en la Cuenca del Mediterráneo, Alicante, S. 309–329.
Jurdao Arrones, F. (1979): España en venta: Compra de suelos por extranjeros y colonización de campesinos en la Costa del Sol (= Ciudad y Sociedad 7), Madrid.
Jurdao Arrones, F. & Sánchez, M. (1990): España, asilo de Europa (= Espejo de España hoy), Barcelona.

Kaiser, C. & Friedrich, K. (2002): Deutsche Senioren unter der Sonne Mallorcas. In: Praxis Geographie 32, H. 2, S. 14–19.
Kanz, H. (1995): Die Jakobswege als Erste Europäische Kulturstraße. Wanderpädagogische Reflexionen, Frankfurt/M. u. a.
King, R. (2000): Southern Europe in the changing map of migration. In: King, R. et al. (Hrsg.): Eldorado or Fortress? Migration in Southern Europe, London, S. 1–26.
King, R. et al. (1998): International Retirement Migration in Europe. In: International Journal of Population Geography 4, S. 91–111.
King, R. et al. (2000): Sunset Lives. British Retirement Migration to the Mediterranean, Oxford/New York.
Kleinefenn, A. (2003): Neue Konsum- und Erlebnislandschaften in Spanien. In: Geographische Rundschau 55, H. 5, S. 38–43.
Kolb, A. (1962): Die Geographie und die Kulturerdteile. In: Hermann von Wissmann Festschrift (= Tübinger Geographische Studien, Sonderband 1), Tübingen, S. 42–49.
Konitzky, A. (1992): Das Bäderwesen in Portugal, unveröff. Diplomarbeit an der Universität Münster.
Krauss, W. (2001): „Hängt die Grünen!" Umweltkonflikte, nachhaltige Entwicklung und ökologischer Diskurs. Eine ethnologische Fallstudie (Portugal), Berlin.
Kreienbrink, A. (2003): Spanische Einwanderungspolitik im Spannungsfeld von europäischen Anforderungen und nationalen Interessen. In: Swiaczny, F. & Haug, S. (Hrsg.): Migration – Integration – Minderheiten (= Materialien zur Bevölkerungswissenschaft 107), Wiesbaden, S. 49–75.
Kress, J. H. (1968): Die islamische Kulturepoche auf der Iberischen Halbinsel. Eine historisch-kulturgeographische Studie, (= Marburger Geographische Schriften 43), Marburg.
Kress, J. H. (1996): Strukturelemente der spanisch-islamischen Stadt und ihre formale Persistenz. In: Lüdtke, J. (Hrsg.): Romania Arabica (Festschrift für Reinhold Kontzi zum 70. Geburtstag), Tübingen, S. 213–239.
Krings, T. (1999): Editorial: Ziele und Forschungsfragen der Politischen Ökologie. In: Zeitschrift für Wirtschaftsgeographie 43, S. 129–130.
Krohmer, J. & Deil, U. (1999): Landnutzungswandel in der Serra de Monchique (Südportugal) in Abhängigkeit von natürlichen und anthropogenen Bedingungen. In: Geoökodynamik 20, S. 169–192.
Kulinat, K. (1998): Touristischer Strukturwandel in Torremolinos. Der Tourismus-Lebenszyklus (TLZ) an der Costa del Sol (Provinz Málaga)/Spanien. In: Breuer, T. (Hrsg.): Fremdenverkehrsgebiete des Mittelmeerraums im Umbruch (= Regensburger Geographische Schriften 27), Regensburg, S. 29–50.
Kulke, E. (1993): Regionale Wirtschaftsentwicklung in Portugal. In: Schätzl, L. (Hrsg.): Wirtschaftsgeographie der Europäischen Gemeinschaft, Paderborn, S. 186–198.

Lagendijk, A. & Knaap, B. van der (1995a): Spatial effects of internationalisation of the spanish automobile industry. In: Tijdschrift voor Economische en Sociale Geografie 86, S. 426–442.
Lagendijk, A. & Knaap, B. van der (1995b): The impact of foreign investments in the automobile industry on local economic development in Spain. In: Area 27, S. 335–346.
Lamb, H. H. (1982): Climate: Present, Past and Future. Climate, History and the modern world, Vol. 2, London.
Lauer, W. & Frankenberg, P. (1985): Versuch einer geoökologischen Klassifikation der Klimate. In: Geographische Rundschau 37, H. 7, S. 359–365.
Lauer, W. & Frankenberg, P. (1986): Eine Karte der hygrothermischen Klimatypen von Europa. In: Erdkunde 40, S. 85–94.
Lauer, W. & Rafiqpoor, M. D. (2002): Die Klimate der Erde. Eine Klassifikation auf der Grundlage der ökophysiologischen Merkmale der realen Vegetation (= Erdwissenschaftliche Forschung 40), Stuttgart.
Lauer, W. et al. (1996): Die Klimate der Erde. Eine Klassifikation auf ökophysiologischer Grundlage der realen Vegetation. In: Erdkunde 50, S. 275–300.
Lautensach, H. (1932): Portugal I: Das Land als Ganzes (= Petermanns Mitteilungen 213), Gotha.
Lautensach, H. (1960): Maurische Züge im geographischen Bild der Iberischen Halbinsel (= Bonner Geographische Abhandlungen 28), Bonn.
Lautensach, H. (1964): Die Iberische Halbinsel, München.
Lautensach, H. (1967): Geografía de España y Portugal, trad. de M. Solé Sugrañes, Vicens Vives, Barcelona.
Lautensach, H. & Mayer, E. (1960): Humidität und Aridität insbesondere auf der Iberischen Halbinsel. In: Petermanns Geographische Mitteilungen 104, S. 149–270.
Leco Berrocal, F. et al. (2002): El valle del Jerte (Cáceres): de la agricultura de subsistencia a la economía de mercado. Los espacios rurales entre el hoy y el mañana. In: Actas del XI coloquio de Geografía rural, Santander, S. 689–698.
Leib, J. (1983): Rimessen, Ersparnisverwendung und Investitionsverhalten. Das Beispiel Spanien. In: Geographische Rundschau 35, H. 2, S. 54–60.
Leib, J. (1984a): Die Rückkehr der spanischen Arbeitsemigranten. Rahmenbedingungen, Umfang, Gründe, räumliches Verteilungsmuster und Ergebnisse empirischer Untersuchungen in ausgewählten Provinzen. In: Mertins, G. (Hrsg.): Untersuchungen zur spanischen Arbeitsmigration (= Marburger Geographische Schriften 95), Marburg, S. 151–211.
Leib, J. (1984b): Typen der mediterranen Arbeitsmigration. In: Lenz, K. & Scholz, F. (Hrsg.): Tagungsbericht und wissenschaftliche Abhandlungen anläßlich des 44. Deutschen Geographentags in Münster, 24.–28. 5. 1983, Stuttgart, S. 175–184.
Leib, J. (1986): Neuere Ergebnisse über die Auswirkungen der Gastarbeiterrückwanderung in den mediterranen Herkunftsländern. Ein Forschungsbericht. In: Andres, W. et al. (Hrsg.): Geographische Forschung in Marburg. Eine Dokumentation aktueller Arbeitsrichtungen (= Marburger Geographische Schriften 100), Marburg, S. 38–62.
Lenz, B. (2005): Verkettete Orte: Filières in der Blumen- und Zierpflanzenproduktion (= Wirtschaftsgeographie 23), Münster.
Lois González, R. C. (2003): Regionalismus und Nationalismus in Spanien. Die politische Geographie von Sprachen und Wahlverhalten. In: Geographische Rundschau. 55/5, S. 18–21.
Lois González, R. C. & Somoza Medina, J. (2003): Cultural tourism and urban management in northwestern Spain: the pilgrimage to Santiago de Compostela. In: Tourism Geographies 5, S. 446–460.
López Bermúdez, F. (1990): El clima mediterráneo semiárido como factor de erosión. In: Estudios Geográficos 51, S. 489–505.
López-Casero, F. (1989a): Konstanz und Wandel der mediterranen Agrostadt im interkulturellen Vergleich. In: López-Casero, F. et al. (Hrsg.): Die mediterrane Agrostadt – Strukturen und Entwicklungsprozesse (= Forschungen zu Spanien 4), Saarbrücken u. a., S. 3–31.
López-Casero, F. (1989b): Strukturmerkmale und sozialer Wandel einer Agrostadt in der Mancha. In: López-Casero, F. et al. (Hrsg.): Die mediterrane Agrostadt – Strukturen und Entwicklungsprozesse (= Forschungen zu Spanien 4), Saarbrücken u.a., S. 225–253.
López-Moreno, J. I. et al. (2002): Floods Downstream the Yesa Reservoir, Spanish Pyrenees (= Cuadernos de Investigación Geográfica 28), Logroño/España, S. 101–108.

López Ontiveros, A. (1994): La agrociudad andaluza: Caracterización, estructura y problemática. In: Revista de Estudios Regionales 39, S. 59–91.

López Trigal, L. (1995): Esquema interpretativo del sistema urbano europeo y español. In: Cambios regionales a finales del siglo XX. XIV Congreso Nacional de Geografía, Salamanca, S. 366–369.

López Trigal, L. & Guichard, F. (Hrsg., 2000): La frontera hispano-portuguesa: nuevo espacio de atracción y cooperación (= Monografías y Estudios [Fundación Rei Afonso Henriques]), Zamora.

Lucht, A. (1998): Transformationsprozesse eines traditionellen Agrarsystems im Spannungsfeld wechselnder sozialer, wirtschaftlicher und politischer Rahmenbedingungen. Das Beispiel der spanischen Pyrenäengemeinde Borau, Aragón. In: Drescher, A. W. & Ries, J. B. (Hrsg.): Aktuelle geographische Forschung in Andalusien und Aragonien (= APT-Berichte 8), Freiburg, S. 87–107.

Luis Gómez, A. & Sanz Paz, J. J. (1992): La demanda turística en Cantabria durante el verano de 1991. Santander.

Madden, L. (1999): Making Money in the Sun: The Development of the British and Irish-owned Businesses in the Costa del Sol (= Research Papers in Geography 36.), Sussex.

Manero Miguel, F. (1993): Características geográficas de Castilla y León. In: El País/Aguilar (Hrsg.): Atlas de España, Tomo II, Madrid, S. 151–169.

Mansvelt Beck, J. (1999): The continuity of Basque political violence: A geographical perspective on the legitimisation of violence. In: GeoJournal 48, S. 109–121.

Mansvelt Beck, J. (2005): Territory and Terror: conflicting nationalisms in the Basque Country, London.

Mansvelt Beck, J. (2006): Geopolitical Imaginations of the Basque Homeland. In: Geopolitics 11, S. 507–528.

Marco Segura, J. B. (2002): La Infraestructura Hidráulica y su Problemática para el Trasvase Ebro-Arco Mediterráneo del Plan Hidrológico Nacional. In: Gil Olcina, A. & Morales Gil, A. (Hrsg.): Insuficiencias Hídricas y Plan Hidrológico Nacional, Alicante, S. 57–68.

Marquer, P. (2003): Struktur der landwirtschaftlichen Betriebe der EU: Olivenanlagen. In: Statistik kurz gefasst: Landwirtschaft und Fischerei 38, S. 1–7.

Márquez Fernández, D. (1977): La geo-economía forestal de Huelva y el dilema de sus Eucaliptales (= Ediciones del Instituto de Desarrollo Regional 11), Sevilla.

Martens, R. (1990): Die Paredes-Siedlungen – Siedlungsmuster der Reconquista in der gegenwärtigen Landschaft der Iberischen Halbinsel. In: Mitteilungen der Geographischen Gesellschaft 80, S. 621–650.

Martín, M. P. et al. (1994): Cartografía, evaluación y seguimiento de grandes incendios forestales a partir de imágenes NOAA-AVHRR. In: Revista de Teledetección 3, S. 20–27.

Martín Martín, V. O. (1999): Los grandes propietarios de la tierra ante el desarrollo urbano-turístico en el Sur de Tenerife. In: Ería 49, S. 185–202.

Martínez Gil, F. J. (1997): La nueva cultura del agua en España, Bilbao.

Martínez Orozco, J. M. et al. (1993): Environmental problems and the proposal to reclaim the areas affected by mining exploitations in the Cartagena mountains (southeast Spain). In: Landscape and Urban Planning 23, S. 195–207.

Marzolff, I. et al. (Hrsg., 2003): Landnutzungswandel und Landdegradation in Spanien. El cambio en el uso del suelo y la degradación del territorio en España. – Sonderband Frankfurter Geowissenschaftliche Arbeiten, Serie D, Physische Geographie. Frankfurt a. M., Zaragoza.

May, T. (1995): Wald- und Buschbrände in Spanien. Ursachen und Auswirkungen. In: Geographische Rundschau 47, H. 5, S. 298–304.

Mayer, E. (1960): Moderne Formen der Agrarkolonisation im sommertrockenen Spanien (= Stuttgarter Geographische Studien 70), Stuttgart.

Mayer, E. (1976): Die Balearen: Sozial- und wirtschaftsgeographische Wandlungen eines mediterranen Inselarchipels unter dem Einfluß des Fremdenverkehrs (= Stuttgarter Geographische Studien 88), Stuttgart.

Mayer, E. (1977): Der Fremdenverkehr als Impuls für eine Neuorientierung der Landwirtschaft auf den Balearen. In: Rother, K. (Hrsg.): Aktiv- und Passivräume im mediterranen Südeuropa. Symposium vom 24. bis 25. April 1976 im Geographischen Institut der Universität Düsseldorf (= Düsseldorfer Geographische Schriften 7), Düsseldorf, S. 87–92.

Melgarejo Moreno, J. (2000): Balance económico del trasvase Tajo-Segura. In: Investigaciones Geográficas 24, S. 69–95.

Méndez, R. & Molinero, F. (Hrsg., 1993): Geografía de España, Barcelona.

Mertins, G. (1986): Regionale Bevölkerungsentwicklung in Spanien. In: Geographische Rundschau 38, H 1, S. 38–47.

Mertins, G. (1993): Die Entwicklung der Bewässerungsflächen in Spanien von 1927/29 bis 1989. In: Popp, H. & Rother, K. (Hrsg.): Die Bewässerungsgebiete im Mittelmeerraum (= Passauer Schriften zur Geographie 13), Passau, S. 17–24.

Mertins, G. (1997): Demographischer Wandel in der Europäischen Union und Perspektiven. In: Eckart, K. & Grundmann, S. (Hrsg.): Demographischer Wandel in der europäischen Dimension und Perspektive (= Schriftenreihe der Gesellschaft für Deutschlandforschung), Berlin, S. 9–31.

Meyer, F. (1998): Gibraltar – Vom kolonialen Garnisonsstandort zu einem europäischen Finanzzentrum? In: Geographische Rundschau 50, H. 6, S. 330–336.

Meyer, F. (2002): Immigration nach Spanien und der Umgang mit den Fremden. In: Praxis Geographie 32, H. 3, S. 32–36.

Meyer, F. (2004): Die Städte der vier Kulturen. Eine Geographie der Zugehörigkeit und Ausgrenzung am Beispiel von Ceuta und Melilla (Spanien/Nordafrika), Habilitationsschrift, 11. 2. 2004 an der Universität Bayreuth.

Meyer, F. (2005): Die Städte der vier Kulturen. Eine Geographie der Zugehörigkeit und Ausgrenzung am Beispiel von Ceuta und Melilla (Spanien/Nordafrika) (= Erdkundliches Wissen, 139) Stuttgart.

Meyer, K. (2001a): „El Guggi“ und „Los Fosteritos“: Die Revitalisierung von Hafen- und Industriebrachen im Großraum Bilbao. In: Schubert, D. (Hrsg.): Hafen- und Uferzonen im Wandel. Analysen und Planungen zur Revitalisierung der Waterfront in Hafenstädten, Berlin, S. 295–318.

Meyer, K. (2001b): Entwicklung und Struktur der Städte in Castilla y León/Spanien (= Passauer Schriften zur Geographie 17), Passau.

Mintegui, J. A. et al. (1985): Metodología para la evolución de la erosión hídrica (= Ministerio de Obras Públicas. Servicio de Documentación), Madrid.

Miosga, M. (1995): Räumliche Disparitäten in Europa und Perspektiven zukünftiger Entwicklung. In: Geographische Rundschau 47, H. 3, S. 144–149.

Moral Ituarte, L. del (1994): Elabastecimiento de Sevilla y su zona de influencia: inercias de la política de oferta y debilidades de la gestión de la demanda. In: Investigaciones Geográficas 12, S. 119–131.

Morales Gil, A. (1997): Aspectos geográficos de la horticultura de ciclo manipulado en España, Alicante.

Morales Gil, A. (2002): Rentabilidad del agua para usos agrarios. In: Gil Olcina, A. & Morales Gil, A. (Hrsg.): Insuficiencias hídricas y Plan Hidrológico Nacional, Alicante, S. 149–178.

Morales Gil, A. et al. (2000): Diferentes percepciones de la sequía en España: adaptación, catastrofismo e intentos de corrección. In: Investigaciones Geográficas 23, S. 5–46.

Morales Matos, G. & Pérez González, R. (Hrsg., 2000): Gran atlas temático de Canarias. Arafo/Tenerife.

Moreno Medina, C. & Santana Santana, A. (1995): Guía de senderos de Gran Canaria, Las Palmas.

Morvan, Y. (1996): L'Arc Atlantique. In: Norois 43, S. 481–485.

Müller, A. (1987): Agrarlandschaftstypen Westspaniens: Struktur und Dynamik (= Würzburger Geographische Arbeiten 67), Würzburg.

Müller, A. (1988): Zum Urbanisierungsprozess in Zentralspanien seit 1950. In: Ante, U. & Wagner, H. (Hrsg.): Probleme städtischer Verdichtungsräume in den Mittelmeerländern (= Würzburger Geographische Arbeiten 70), Würzburg, S. 11–22.

Müller, A. (1990): Westspanien – Peripherie ohne Zukunft. In: Geographie Heute 11, S. 37–40.

Müller, A. (1993): Die Ausweitung des Bewässerungsfeldbaus in Castilla-León. Ökologische und ökonomische Probleme. In: Popp, H. & Rother, K. (Hrsg.): Die Bewässerungsgebiete im Mittelmeerraum (= Passauer Schriften zur Geographie 13), Passau, S. 43–50.

Müller, A. (2001): Die Küsten der Iberischen Halbinsel als Standort des Massentourismus. Ökologische und kulturelle Konflikte. In: Popp, H. (Hrsg.): Neuere Trends in Tourismus und Freizeit (= Bayreuther Kontaktstudium Geographie 1), Passau, S. 73–83.

Müller-Hohenstein, K. (1973): Die anthropogene Beeinflussung der Wälder im westlichen Mittelmeerraum unter besonderer Berücksichtigung der Aufforstung. In: Erdkunde 27, S. 55–68.

Myklebost, H. (1989): Migration of elderly Norwegians. In: Norsk Geografisk Tidsskrift 43, S. 191–213.

Neff, Ch. (2000): MEDGROW–Vegetationsdynamik und Kulturlandschaftswandel im Mittelmeerraum (= Mannheimer Geographische Arbeiten 52), Mannheim.

Neff, Ch. (2004): Azoren: Blumeninseln im Atlantik. In: Geographische Rundschau 56, H. 6, S. 24–28.

Niemeier, G. (1935): Siedlungsgeographische Untersuchungen in Niederandalusien (= Hamburgische Universität: Abhandlungen aus dem Gebiet der Auslandskunde, Reihe B, 42), Hamburg.

Niemeier, G. (1973): Die Fremdenverkehrslandschaft Costa del Sol (Südspanien). In: Geographische Rundschau 25, H. 3, S. 104–113.

Nohlen, D. & Hildenbrand, A. (2005): Spanien. Wirtschaft, Gesellschaft, Politik. Ein Studienbuch, 2. Aufl., Wiesbaden.

Núñez, X. M. (1996): Region-building in Spain during the 19th and 20th centuries. In: Brunn, G. (Hrsg.): Region und Regionsbildung in Europa. Konzeptionen der Forschung und empirische Befunde (= Schriftenreihe des Instituts für Europäische Regionalforschungen 1), Baden-Baden, S. 175–210.

OECD Factbook (2005): Economic, environmental and social statistics. Population and migration. Foreign population, Paris.

Pacheco, A. et al. (1999): Cartografía del vertido de lodos de la mina de Aznalcóllar mediante imágenes Daedalus ATM. In: Revista de Teledetección 12, S. 13–19.

Pardo Abad, C. J. & Olivera Poll, A. (1992): Les friches industrielles à Madrid: opportunités urbanistiques et réutilisation du sol urbain. In: Revue Belge de Géographie 116, S. 195–201.

Peña Rotella, A. (2002): Áreas rurales de montaña en España. Los espacios rurales entre el hoy y el mañana. In: Actas del XI coloquio de Geografía rural, Santander, S. 759–769.

Pérez-Cabello, F. & de la Riva, J. (2003): Waldbrände und aktuelle Degradation des spanischen Gebirgsraumes. Der Fall der westlichen Vorpyrenäen in der Provinz Huesca. In: Marzolff, I. et al. (Hrsg.): Landnutzungswandel und Landdegradation in Spanien, Frankfurt, S. 47–71.

Piqueras, J. (1988): Evolution récente et dynamique spatiale du vignoble espagnol. In: Méditerranée 65 (3), S. 29–36.

Pires da Fonseca, M. (2001): A Indústria Têxtil Algodoeira no Norte de Portugal. Porto: Faculdade de Letras da Universidade do Porto.

Pitsios, P. (2002): The ALAS Project: Compilation of Economic Information (= ALAS Interregional Studies), Lesvos.

Pitte, J.-R. (2001): La géographie du goût, entre mondialisation et enracinement local. In: Annales de Géographie 621, S. 487–508.

Plate, B. von (2003): Grundzüge der Globalisierung. In: Informationen zur politischen Bildung 280, S. 3–6.

Plaza, B. (2000): Evaluating the Influence of a large cultural Artifact in the Attraction of Tourism. The Guggenheim Museum Bilbao Case. In: Urban Affairs Review 36, S. 264–274.

Plieninger, T. (2006): Habitat loss, fragmentation, and alteration – Quantifying the impact of land-use changes on a Spanish dehesa landscape by use of aerial photography and GIS. In: Landscape Ecology 21, S. 91–105.

Plieninger, T. & Wilbrand, C. (2001): Die Dehesas in Spanien. In: Konold, W. et al. (Hrsg.): Handbuch Naturschutz und Landschaftspflege, Bd. 2 (Losebl.-Sammlung), 6. Erg.-Lfg. 10/01, Landsberg, S. 1–13 (XIV-3).

Popp, H. (1998): EU in Nordafrika – die spanischen Exklaven Ceuta und Melilla. In: Geographische Rundschau 50, H. 6, S. 337–344.

Pudemat, P. (1997): Ausländische Direktinvestitionen im Verarbeitenden Gewerbe Portugals. Strukturwandel im Zuge der europäischen Integration, Frankfurt a. M.

Raento, P. & Watson, C. J. (2000): Gernika, Guernica, ‚Guernica‘? Contested meanings of a Basque place. In: Political Geography 19, S. 707–736.

Raposo, R. (2003): New Landscapes: gated housing estates in the Lisbon Metropolitan Area. In: Geographica Helvetica 58, S. 293–301.

Real, F. (1999): A perspective on Neves Corvo Mining project development – a success against an EU Trend. Lissabon. http://www.igm.ineti.pt/edicoes_online/diversos/mining_develop/capitulo4.htm (10.04.2005).

Revilla Diez, J. (2003): Regionale Disparitäten in Spanien. Eine Bilanz nach 15 Jahren europäischer Integration. In: Geographische Rundschau 55, H. 5, S. 4–11.

Riedel, U. (1971): Der Fremdenverkehr auf den Kanarischen Inseln (= Schriften des Geographischen Instituts der Universität Kiel 35), Kiel.

Ries, J. (2003): Landnutzungswandel und Landdegradation in Spanien – eine Einführung. Cambios de uso del suelo y degradación de territorio en España – una breve introducción. In: Marzolff, I. et al. (Hrsg.): Landnutzungswandel und Landdegradation in Spanien, Sonderband Frankfurter Geowissenschaftliche Arbeiten, Serie D, Physische Geographie, Frankfurt a. M., Zaragoza, S. 11–29.

Ries, J. et al. (2003): Einfluss der Beweidung auf Vegetationsbedeckung und Geomorphodynamik zwischen Ebrobecken und Pyrenäen. In: Geographische Rundschau 55, H. 5, S. 52–59.

Rinschede, G. (1979): Die Transhumance in den französischen Alpen und in den Pyrenäen (= Westfälische Geographische Studien 32), Münster.

Rinschede, G. (1988): The Pilgrimage Center of Fátima/Portugal. In: Geographia Religionum 4, S. 65–98.

Ritaine, E. (1999): Enjeux Migratoires en Europe du Sud – Présentation: Convergence des Normes, Differentiation des Débats? In: Pole Sud 11, S. 3–7.

Ritter, W. (1966): Fremdenverkehr in Europa (= Europäische Aspekte A 8), Leiden.

Roca Cladera, J. et al. (2001): La caracterización territorial y funcional de las Áreas Metropolitanas Españolas, 1ª ed., Barcelona.

Rocha-Trindade, M. B. (2002): Perspectivas actuais das migracões em Portugal. In: Eiras Roel, A. & González Lopo, D. L. (Hrsg.): Movilidad interna y migraciones intraeuropeas en la Península Ibérica (= Cursos e congresos da Universidade de Santiago de Compostela 134), Santiago de Compostela, S. 147–170.

Rodriguès Malta, R. (1999): Villes d'Espagne en régénération urbaine. Les exemples de Barcelone, Bilbao et Madrid. In: Annales de Géographie 608, S. 396–419.

Rodríguez, V. (2000): European elderly residents in Spain, Seminar Paper presented at the exploratory research workshop on „European Dimensions of Changing Retirement: The Life Experiences of Older People Living Abroad", ed. by T. Warnes, Sheffield, UK.

Rodríguez, V. et al. (1998): European Retirees on the Costa del Sol: A Cross-National Comparison. In: International Journal of Population Geography 4, S. 183–200.

Rodríguez, V. et al. (2001): Northern Europeans and the Mediterranean: A new California or a new Florida? In: King, R. et al. (Hrsg.): Geography, Environment and Development in the Mediterranean, Brighton/Sussex, S. 176–195.

Rojo Pérez, F. et al. (2004): Diferenciación sociodemográfica y residencial en el distrito urbano del centro de Madrid. In: Estudios Geográficos 65, S. 665–703.

Romão, M. L. (2002): Elementos Estatísticos sobre Indústria Extractiva em Portugal no ano de 2000. In: Instituto Géológico e Mineiro (Hrsg.): Boletim de Minas, Vol. 39/1 (zit. n. http://www.igm.ineti.pt/edicoes_online/boletim/vol39_1/artigo2.htm [10. 4. 2005]).

Rosário S. da Silva, M. (2002): Regionen: ein realisierbares Projekt? In: DASP-Institut für Portugal–Afrika–Brasilien der Deutschen Gesellschaft für die afrikanischen Staaten portugiesischer Sprache (Hrsg.): Portugal Forum Nr. 2 (= DASP-Reihe Nr. 105–106), Bonn, S. 29–44.

Rother, K. (1993): Der Mittelmeerraum. Ein geographischer Überblick (= Teubner Studienbücher der Geographie), Stuttgart.

Ruckert, H.-J. (1970): Die Kulturlandschaft am mittleren Guadiana. Junge Wandlungen durch den Plan Badajoz (Dissertation), Bonn.

Ruppert, H. R. P. (1986): Spanien und die EG. In: Geographische Rundschau 38, H. 1, S. 4–8.

Sabelberg, E. (1984): Regionale Stadttypen in Italien. Genese und heutige Struktur der toskanischen und sizilianischen Städte an den Beispielen Florenz, Siena, Catania und Agrigent (= Erdkundliches Wissen 66), Wiesbaden.

Sabelberg, E. (1989): Die spezifische Struktur der süditalienischen Stadt. In: Dirschl, K. (Hrsg.): Die italienische Stadt als Paradigma der Urbanität (= Passauer Mittelmeerstudien 1), Passau, S. 11–27.

Sabelberg, E. (1997): Ein, zwei oder drei Italien? Zur kulturgeographischen Gliederung Italiens. In: Breuer, T. (Hrsg.): Geographische Forschung im Mittelmeerraum und in der Neuen Welt. Festschrift zum 65. Geburtstag von Klaus Rother (= Passauer Schriften zur Geographie 15), Passau, S. 25–38.

Salvà Tomàs, P. A. (1998a): Balears: Una „Nova California" per als europeos. In: El Mirall 96, S. 6–8.

Salvà Tomàs, P. A. (1998b): Die Revitalisierung spanischer Küstenbadeorte. Ein Zwischenbericht. In: Breuer, T. (Hrsg.): Fremdenverkehrsgebiete des Mittelmeerraums im Umbruch (= Regensburger Geographische Schriften 27), Regensburg, S. 9–28.

Salvà Tomàs, P. A. (1998c): El Arco Mediterráneo Español: sus perspectivas como espacio de futuro. In: Revista Valenciana d'Estudis Autonòmics 22, S. 23–41.

Santana Santana, A. (2004): Visión geográfica sobre la ultraperiferia (= unveröff. Vortragsmanuskript zur Tagung „O Desenvolvimento das Regiões Ultraperiféricas no espaço europeo – Diálogo de perspectivas" Funchal, Madeira 24–27 de Novembro de 2004), Funchal.

Santana Santana, A. & Arcos Pereira, T. (2004): Las dos Islas Hespérides Atlánticas (Lanzarote y Fuerteventura) durante la Antigüedad: del Mito a la Realidad (= unveröff. Manuskript).

Santana Santana, A. et al. (2002): El conocimiento geográfico de la costa noroccidental de África en Plinio: la posición de las Canarias (= Spudasmata 88), Hildesheim u. a.

Sanz Donaire, J. J. et al. (1992): Un humedal de marisma: Funcionamiento edáfico del Lucio del Cangrejo (preparque de Doñana). In: Cabero Diéguez, V. et al. (Hrsg.): El Medio Rural Español. Salamanca (Centro de Estudios Salmantinos), S. 191–198.

Saurí, D. & del Moral, L. (2001): Recent development in Spanish water policy. Alternatives and conflicts at the end of the hydraulic age. In: Geoforum 32, S. 351–362.

Schacht, S. (2002): Die Landwirtschaft des Algarve auf neuen Wegen. Dargestellt am Beispiel von zwei Quintas. In: DASP-Institut für Portugal–Afrika–Brasilien der Deutschen Gesellschaft für die afrikanischen Staaten portugiesischer Sprache (Hrsg.): Portugal Forum Nr. 2 (= DASP-Reihe Nr. 105–106), Bonn, S. 7–28.

Schacht, S. (2004): Iberische Halbinsel – Einheit und Vielfalt. In: Praxis Geographie 34, H. 3, S. 4–8.

Schlegel, W. (1995): Städtewachstum und Entleerung des ländlichen Raumes in nordspanischen Binnenregionen. In: Geographische Rundschau 47, H. 5, S. 307–311.

Schmitt, Th. (1999): Ökologische Landschaftsanalyse und -bewertung in ausgewählten Raumeinheiten Mallorcas als Grundlage einer umweltverträglichen Tourismusentwicklung (= Erdwissenschaftliche Forschungen 37), Stuttgart.

Schmitt, Th. (2002): Mallorca – vom Quantitäts- zum Qualitätstourismus. Eine Entwicklung zu mehr Umweltverträglichkeit? In: Karrasch, H. et al. (Hrsg.): Ferntourismus: Potentiale, Konflikte, Nachhaltigkeitsanspruch (= HGG-Journal 17), Heidelberg, S. 107–124.

Schmitt, Th. & Blàzquez i Salom, M. (2003): Der dritte Tourismusboom auf Mallorca (1991–2000) – zukunftsweisender Trend oder überschrittener Zenit? In: Tourismus Journal 4, S. 505–522.

Schmitt-Egner, P. (2000): Handbuch der europäischen Regionalorganisationen (= IFER 6), Baden-Baden.

Schnabel, S. & Ergenzinger, P. (1987): Analysen der Stauraumverlandung am Beispiel des Pantano de Pena (Nordost-Spanien). In: Die Erde 118, S. 217–225.

Schramke, W. & Uhlenwinkel, A. (2004): Eukalyptus in Portugal. Perspektivenwechsel im globalen ökologischen Dorf. In: Praxis Geographie 34, H. 3, S. 27–31.

Schultz, Hans-Dietrich (2006): Halbinseln, Inseln und ein ‚Mittelmeer': Südeuropa und darüber hinaus in der klassischen deutschen Geographie. In: Schultz, H.-D. (Hrsg.): Metropolitanes & Mediterranes (= Berliner Geographische Arbeiten 107), Berlin, S. 129–188.

Schürgers, P. (2005): Lokale Tourismus-Systeme Mallorcas. Integrative Analyse des Tourismus und seiner Raumrelevanzen als Grundlage ganzheitlicher lokaler Zukunftsentwürfe an der Badia de Pollença, Badia d'Alcúdia und Costa de Ponent (= Düsseldorfer Geographische Schriften 40), Düsseldorf.

Seguí Llinás, M. (1993): Barcelone, ou le poids des grands évènements et des Jeux Olympiques de 1992 dans la modernisation d'une métropole. In: Hommes et Terres du Nord 1993/2, S. 104–109.

Segui Llinás, M. (1995): Les Nouvelles Baléares. La rénovation d'un espace touristique mythique. Paris (= Collection Tourismes et Sociétés), 229 S.

Sermet, J. (1964): Le plan de developpement de la Tierra de Campos. In: Revue Géographique de Pyrénées et du Sud-Ouest 35, S. 310–315.

Serrano Martínez, J. (1994): The creations of regions in Spain and its consequences of urban system and its hierarchy. In: Société Belge d'Études Géographiques: Bulletin de la Société Belge d'Études Géographiques 63/1, S. 31–45.

Serrano Martínez, J. (1995): Changes in the interregional migratory pattern in Spain. Causes and reflections (frz. Summary). In: Société Belge d'Études Géographiques: Bulletin de la Société Belge d'Études Géographiques 64/1, S. 7–26.

Serrano Martínez, J. (2000): El corredor Verde del Guadiamar, dos años después del vertido de las minas de Aznalcollar. In: Medio Ambiente (Junta de Andalucía) 34, S. 24–31.

Serrano Martínez, J. (2005): El modelo territorial de la España autonómica. Recapitulación y perspectivas. In: Investigaciones Geográficas 36, S. 81–102.

Silva Pérez, R. (2002): Una propuesta tipológica de los espacios rurales en el contexto de la globalización. Los espacios rurales entre el hoy y el mañana. In: Actas del XI coloquio de Geografía rural, Santander, S. 455–465.

Soeiro de Brito, R. (1984): Portugal. Perfil geográfico. Lisboa.

Soja, E. W. (2000): Postmetropolis. Critical Studies of Cities and Regions, Oxford/UK, Malden/USA.

Solé Sabarís, L. (1991a): El relieve de la península Ibérica. In: Terán, M. de et al. (Hrsg.): Geografía General de España, Barcelona u. a., S. 17–25.

Solé Sabarís, L. (1991b): Las Aguas: Ríos y Lagos. In: Terán, M. de et al. (Hrsg.): Geografía General de España, Barcelona u. a., S. 171–193.

Sousa Ferreira, E. de (Hrsg., 1986): Closing the Migratory Cycle: The Case of Portugal (= Sozialwiss. Studien zu internat. Problemen 111), Saarbrücken, Fort Lauderdale.

Speetzen, H. et al. (1986): Das Be- und Entwässerungssystem im unteren Mondego-Tal, Portugal. In: Zeitschrift für Bewässerungswirtschaft 21, S. 80–97.

Stäblein, G. & Stäblein-Fiedler, G. (1973): Faktorenanalytische Untersuchungen zur fremdenverkehrsgeographischen Struktur der Provinzen Spaniens. In: Schott, C. (Hrsg.): Beiträge zur Kulturgeographie der Mittelmeerländer II (= Marburger Geographische Schriften 59), Marburg, S. 145–161.

Terán, F. de (1999): Historia del Urbanismo en España, Bd. 3: Siglos XIX y XX, Madrid.

Teschendorff, W. (1978): Der Küstenhof von Valencia (= Regensburger Geographische Schriften 10), Regensburg.

Thiel, J. (2000): Die EXPO 98 in Lissabon als strategisches Großprojekt. Rahmenbedingungen, Umsetzungsstrategien und stadtstrukturelle Auswirkungen. In: RaumPlanung 92, Dortmund, S. 234–240.

Thornes, J. B. (1976): Semi-arid erosional Systems: A case study from Spain (= Geographical Papers of the London School of Economics and Political Science, Department of Geography 7), London.

Trask, R. L. (1997): The History of Basque, London.

Troll, C. & Braun, C. (1972): Madrid. Die Wasserversorgung der Stadt durch Quanate im Laufe der Geschichte (= Akademie der Wissenschaft und Literatur 5), Mainz.

Tyrakowski, K. (1978): Probleme staatlicher Maßnahmen zur Entwicklung des ländlichen Raumes in Spanien. Dargestellt am „Plan Jaén" und seinen agrargeographischen Folgen am oberen Guadalquivir. In: Erdkunde 32, S. 47–60.

Tyrakowski, K. (1983): Räumliche Ordnungsmuster der Kolonisation in der Sierra Morena/Spanien unter Karl III. Versuch einer historisch-geographischen Rekonstruktion. In: Pinkwart, W. (Hrsg.): Genetische Ansätze in der Kulturlandschaftsforschung. Festschrift für Helmut Jäger (= Würzburger Geographische Arbeiten 60), Würzburg, S. 189–203.

Tyrakowski, K. (1985): Raumnutzungskonkurrenzen an der spanischen Mittelmeerküste. In: Popp, H. & Tichy, F. (Hrsg.): Möglichkeiten, Grenzen und Schäden der Entwicklung in den Küstenräumen des Mittelmeergebietes. Ein Überblick anhand von Beispielen aus zehn

Anrainerstaaten (= Erlanger Geographische Arbeiten, Sonderband 17), Erlangen, S. 9–28.

Tyrakowski, K. (1987): Agrarkolonisation und Regionalentwicklung am oberen Guadalquivir – unter besonderer Berücksichtigung der agrarsozialen Wandlungen im Rahmen des „Plan Jaén" (1953–1980), Naila.

Tyrakowski, K. (1993): La herencia del „Plan Jaén". Los resultados de la reestructuración agraria en la periferia del Alto Guadalquivir entre 1950–1980. In: Revista de La Facultad de Humanidades de Jaén 2, Granada, S. 87–114.

Tyrakowski, K. (1995): Ressourcen und Restriktionen der Landnutzung an der spanischen Mittelmeerküste. In: Geoökodynamik 16, S. 73–95.

Tyrakowski, K. (2004): Immigranten in Spanien. Das Beispiel der Marokkaner in Andalusien. In: Monheim, R. (Hrsg.): Transkontinentale Migration im Mittelmeerraum (= Bayreuther Geowissenschaftliche Arbeiten 24), Bayreuth, S. 61–82.

Tzschaschel, S. (2005): Madrid. In: Burdack, J. et al. (Hrsg.): Europäische metropolitane Peripherien (= Beiträge zur Regionalen Geographie 61), Leipzig, S. 66–81.

Unión Europea. Comité Económico y Social (2002): Dictamen: „Estrategia de futuro para las regiones ultraperiféricas de la Unión Europea", Brüssel, 29. Mai 2002.

Urmes, D. (2003): Handbuch der geographischen Namen, Wiesbaden.

Valero Garcés, B. L. et al. (1996–97): Una aproximación sedimentológica al aterramiento de embalses y la erosión en cuencas de montaña: El embalse de Barasona y la cuenca del Ésera-Isábena (Pirineos Centrales, Huesca). In: Cuadernos de Investigación Geográfica, Logroño 22–23, S. 7–31.

Vázquez Varela, C. (1999): Entre la despoblación y el envejecimiento. Estructura demográfica de un tejido social en crisis. El casco antiguo de Madrid. In: Estudios Geográficos 60, S. 651–692.

Vera Rebollo, J. F. (1993): Las infraestructuras de transporte en el arco del mediterráneo. In: Gil Olcina, A. et al. (Hrsg.): Algunas cuestiones de ordenación del territorio, Alicante, S. 67–109.

Vera Rebollo, J. F. (2005): Un modelo turístico de corte residencial: procesos y tendencias en la Comunidad Valenciana y Región de Murcia, unveröff. Vortragsmanuskript: Congreso de Turismo Residencial, Universidad de Alicante.

Vergés, J.C. (2002): El saqueo del agua en España, Barcelona.

Vilà Valentí, J. (1968): La Península Ibérica, Barcelona.

Volk, M. & Schenk, W. (2001): Die Entwicklung einer europäischen Peripherregion unter dem Einfluß des Tourismus: die südspanische Provinz Huelva. In: Europa Regional 9, S. 133–145.

Vorlaufer, K. (1993): Transnationale Reisekonzerne und die Globalisierung der Fremdenverkehrswirtschaft: Konzentrationsprozesse, Struktur- und Raummuster. In: Erdkunde 47, S. 267–281.

Voth, A. (1998): Die Industrialisierung der Reiswirtschaft in den Marismas des Guadalquivir in Spanien. In: Europa Regional 6, H. 4, S. 35–43.

Voth, A. (2001): La revalorización del origen regional de productos agrarios. In: Actas del XVII Congreso de Geógrafos Españoles, Oviedo, noviembre de 2001, S. 504–508.

Voth, A. (2002): Innovative Entwicklungen in der Erzeugung und Vermarktung von Sonderkulturprodukten (= Vechtaer Studien zur Angewandten Geographie und Regionalwissenschaft 24), Vechta.

Voth, A. (2003a): Demographischer Wandel in Spanien. In: Geographische Rundschau 55, H. 5, S. 12–17.

Voth, A. (2003b): Konflikte und neue Konzepte des Wassermanagements auf der Iberischen Halbinsel. In: Petermanns Geographische Mitteilungen 147, S. 53–55.

Voth, A. (2003c): Korkwirtschaft im Mittelmeerraum. In: Geographische Rundschau 55, H. 10, S. 56–62.

Voth, A. (2004): Der neue Alqueva-Staudamm im Alentejo. In: Geographische Rundschau 56, H. 11, S. 61–64.

Voth, A. (2005): Der Ölbaum. Strukturwandel einer traditionellen mediterranen Kultur in der EU. In: Geographische Rundschau 57, H. 7/8, S. 48–55.

Vries-Reilingh, H. D. de (1968): Gedanken über die Konsistenz in der Sozialgeographie. In: Ruppert, K. (Hrsg.): Zum Standort der Sozialgeographie. Wolfgang Hartke zum 60. Geburtstag (= Münchner Studien zur Sozial- und Wirtschaftsgeographie 4), Kallmünz/Regensburg, S. 109–117.

Wagner, H.-G. (1987): Die Region Puertollano: Zur Entwicklung eines peripheren Wirtschaftsraumes im südlichen Zentralspanien. In: Die Erde 118, S. 153–170.

Wagner, H.-G. (2001): Mittelmeerraum (= Wiss. Länderkunden), Darmstadt.

Weber, P. (1969): Alentejo – Bedingungen und Entwicklungsmöglichkeiten der Landwirtschaft im südlichen Portugal. In: Geographische Rundschau 21, H. 10, S. 389–400.

Weber, P. (1980): Portugal. Räumliche Dimension und Abhängigkeit (= Wiss. Länderkunden 19), Darmstadt.

Weber, P. (1995): Lissabon. Wiederaufbau des Chiado und die kommerzielle Umstrukturierung der portugiesischen Metropole. In: Geographische Rundschau 47, H. 5, S. 277–283.

Weber, P. (1997): Portugal im Überblick. Portugal – die Regionen. Jeweils in: Breuer, T. & Weber, P.: Spanien und Portugal. Fotografiert von J. Richter und K.-H. Raach (= Harenberg: Länder der Welt), Dortmund, S. 375–393 und S. 473–568.

Weber, P. & Schott, M. (2001): Lissabon: Stadtentwicklung zur Wasserfront. Urbanisierung und (Wieder-)Erschließung der Wasserfront. In: Europa Regional 9, S. 16–25.

Wehrhahn, R. (2000): Zur Peripherie postmoderner Metropolen: Periurbanisierung, Fragmentierung und Polarisierung, untersucht am Beispiel Madrid. In: Erdkunde 54, S. 221–237.

Wehrhahn, R. (2001): Gated Communities in der postmodernen Stadt – untersucht am Beispiel Madrid (Habilitationsschrift), Kiel.

Wehrhahn, R. (2003a): Postmetropolis in Spanien? Neue Entwicklungen in Madrid und Barcelona. In: Geographische Rundschau 55, H. 5, S. 22–28.

Wehrhahn, R. (2003b): Gated communities in Madrid: Zur Funktion von Mauern im europäischen Kontext. In: Geographica Helvetica 58/4, S. 302–313.

Wehrhahn, R. (2004): Hafen und Stadt in Barcelona. Zur Integration der Waterfront in die Stadtentwicklungsplanung. In: Priebs, A. & Wehrhahn, R. (Hrsg.): Neue Entwicklungen an der europäischen Waterfront (= Kieler Arbeitspapiere zur Landeskunde und Raumordnung 43), Kiel, S. 15–36.

Wessels, C. & Mansvelt Beck, J. (1994): Accessibility and language characteristics in Catalonia. In: Tijdschrift voor Economische en Sociale Geografie 85, S. 130–140.

West, Ch. (2003): Sevilla – Stadtplanung und Sozialstrukturwandel seit der Demokratisierung Spaniens. In: Geographische Rundschau 55, H. 5, S. 30–37.

Williams, A. & Hall, C. M. (2000): Tourism and migration: new relationships between production and consumption. In: Tourism Geographies 2 (1), S. 5–27.

Williams, A. M. et al. (1997): A Place in the Sun: International Retirement Migration from Northern to Southern Europe. In: SAGE Publications. European Urban and Regional Studies 4, S. 115–134.

Willies, L. (1994): Der eiserne Hut. Die industrielle Architektur am Rio Tinto. In: Stadtbauwelt 123, S. 1974–1979.

Windhorst, H.-W. (1989): Die Industrialisierung der Agrarwirtschaft als Herausforderung an die Agrargeographie. In: Geographische Zeitschrift 77, S. 136–153.

Wischmeier, W. H. & Smith, D. D. (1978): Predicting rainfall erosion losses – a guide to conservation planning (= US Department of Agriculture Handbook 537).

Zahn, U. (1973): Der Fremdenverkehr an der spanischen Mittelmeerküste: eine vergleichende geographische Untersuchung (= Regensburger Geographische Schriften 2), Regensburg.

Zapata Hernández, V. M. (2002): La inmigración extranjera en Tenerife, Primera.

Ortsregister

Sachregister